재중 한인디아스포라
연 구 총 서

1

재중 한인
이주사 연구

이 저서는 2011년 대한민국 교육부와 한국학중앙연구원(한국학진흥사업단)의 한국학 총서 사업 지원을 받아 수행된 연구임(AKS-2011-ABC-112).

재중 한인디아스포라
연 구 총 서

1

재중 한인
이주사 연구

김춘선(金春善) 지음

총서를 펴내며

　이 총서는 2011년 12월 한국학진흥사업단 해외한인연구 특별 기획과제로 선정되어, 5년간 진행된‘재중 한인 디아스포라의 재구성과 발전적 통합’ 사업의 각 학문분야별 연구 성과이다.

　1992년 한중 양국의 수교를 계기로 재중 한인 사회는 새롭게 재구성되었다. 올드커머(old comer)인 ‘조선족’사회에 더하여 뉴커머(new comer)인‘재중 한국인’사회가 새롭게 건설되었다. 한중 수교후 초창기 주재원 중심으로 구성되었던 재중 한국인 사회는 이제 다양한 계층이 장기 거주하는 사회로 변화하고 있다. 자영업자, 대기업과 중소기업의 주재원에 더하여, 유학생과 불법 체류자 등 다양한 인구집단이 유입되면서 재중 한국인 사회가 내적으로 큰 폭의 계층 분화를 경험하고 있다.

　조선족 사회 역시 매우 큰 변화를 겪고 있다. 1978년 중국의 개혁개방은 조선족으로 하여금 농토를 떠나 새로운 세상으로 이주하게 했다. 기존 동북3성에 형성되었던 민족 집거지역을 떠나, 중국의 동남부 연해지역으로, 나아가 한국으로, 일본으로, 미국으로, 심지어는 아프리카까지, 전 세계 곳곳으로 재이주의 범위를 넓혀가고 있다. 혹자는 더 나은 미래를 위해, 혹자는 학문을 위해, 혹자는 가족을 찾아, 그 재이주의 사유 또한 매우 다양하다. 재이주 경로와 재이주 후 현지사회에서의 정착양상 또한 그와 못지않게 다양하다.

밀입국에서 정상적인 이주까지, 불법체류자의 신분에서 영주권의 취득까지, 아주 다양한 신분과 삶의 모습으로 그들은 새로운 재이주의 삶을 개척하고 있다.

중국 국내에서 유동하는 조선족만 하더라도 동북3성의 기존 민족 집거지역을 떠난 이들은 예전과는 확실히 다른 삶을 꾸려나가고 있다. 베이징(北京), 텐진(天津), 칭다오(靑島), 선양(瀋陽), 상하이(上海), 광저우(廣州) 등 중국의 주요 도시에서 재중 한국인과 더불어 재중 한인 사회의 또 다른 구성원으로서 분명한 역할을 하고 있다. 재중 한국인 기업의 직원으로, 재중한국인의 현지정착의 동반자로서, 또는 신생 기업인으로서 활동하면서 미래 조선족의 경제 사회적 지도를 다시 그리고 있다.

이렇게 재중 한인 사회는 중국의 개혁개방, 한중수교와 더불어 두 가지 특징적인 변화를 보여주고 있다. 첫째는 조선족 중심의 사회에서 조선족과 재중 한국인이란 두 집단이 함께 구성하는 한인사회로 변화하고 있다. 둘째는 지역적 재구성이다. 기존에는 올드커머(old comer)의 집거지역인 동북3성이 한인사회의 중심이었으나, 한중수교 이후 뉴커머(new comer)인 재중 한국인의 진입에 따라 이 두 집단은 중국의 전 지역으로 확산되어가고 있다. 또한 한국, 미국, 일본 등지의 글로벌 지역을 향한 확산도 빠르게 진행되고 있다.

글로벌 환경의 변화는 재중한인 사회를 시시각각 변화하게 하고 있다. 따라서 이렇게 역동적으로 변화하고 있는 재중 한인 사회에 대한 총체적이고 종합적인 이해는 이미 선택사항이 아니다. 미래 지향적인 한중 관계의 구축을 위해서도 한중관계의 유력한 중개자로서의 재중 한인에 대한 이해가 무엇보다도 중요한 시점이 되었다고 할 수 있다.

이러한 재중 한인 사회의 확산과 재구성에 따라, 재중 한인사회에 대한 연구 또한 '조선족'과 '재중 한국인(재중 한상 포함)', 그리고 해외로 진출한 '글로벌 조선족'에 대한 연구로 확장되어야 했다. 하지만 그 동안의 '재중 한인'에 대한 연구는 동북3성을 집거지역으로 하는 조선족에 대한 연구에서 벗어나질 못했다. 최근 형성된 '재중 한국인 사회'와 해외로 진출한 '글로벌 조선족 사회'에 대한 연구는 절대적으로 부족했다. 특히 조선족 사회와 재중 한국인 사회 사이의 연계, 조선족 사회와 글로벌 조선족 사이의 연계에 대한 연구 및 그들의 초국가적 활동과 그것이 갖는 의미에 대한 연구는 매우 제한적이었다. 본 사업단은 이러한 기존연구의 한계를 극복하고 연구의 지평을 확장하는 데서 학술적 의의를 찾고자 노력했다.

본 사업단은 재중 한인 사회에 관한 종합적이고 체계적인 자료의 발굴과 수집을 통해 기존 연구 자료의 자료집화를 진행하였으며, 연구 대상이 분포하는 광범위한 지역에 대한 현지조사와 설문조사를 진행함으로써 최초로 재중 한인 사회 전반에 대한 포괄적 조사연구를 완성하였다. 또한 기존의 단일성 주제연구를 벗어나 거주국 내 전체 유동인구 변화의 틀에서 재중 한인의 유동경향을 파악하고, 계층적 분화와 지위 변화에 대한 논의 등을 진행함으로써 연구대상을 비교연구의 대상으로 확장시켰다. 이러한 연구방법과 연구 설계를 통해 재중 한인 사회에 대한 체계적이고 학제적이며 통합적인 연구를 진행했다.

그 결과 본 사업단의 연구총서는 연구대상별, 학문분야별로 균형적인 성과를 도출하였다. 우선, '재중 조선족'에 대해서는 역사학자인 김춘선(金春善) 교수가 '재중 한인 이주사 연구'를, 어문학자인 김춘선(金春仙) 교수가 '개혁 개방 후 조선족 문학의 변화양상 연구'를, 그리고 언어학자인 강용택 교수가 '개혁 개방 후 중국 조선어의 변화, 발전양상 연구'를, 정치학자인 우병국 교수가 '중국의 민족정치와 조선족'을, 경영학자인 백권호・문철주 교수가 '중국 조선족 기업의 발전과 새로운 이주'를 연구 출간하였다.

다음으로, '재중 한국인'에 대해서는 사회학자인 김윤태・예성호 교수가 '재중 한국인 사회의 형성과 초국가주의적 생활경험'을, 인류학자인 정종호 교수가 '재중 한인 타운의 형성과 발전: 베이징 왕징 한인 타운을 중심으로'를 연구 출간했다.

마지막으로 '글로벌 조선족'에 대해서는 사회학자인 설동훈 교수와 역사학자인 문형진 교수가 '재한 조선족, 1987-2017'을 연구 출간하였다.

본 연구 사업단은 이상과 같은 총서발간의 학술적 성과 외에도 적지 않은 성과를 내었다. 총18권에 달하는 자료집을 이미 출간, 연구자에게 제공하여 총서발간의 질적 담보를 기했고, 연2회 발간의 학술지'한중미래연구'를 2013년 여름부터 현재까지 발간하고 있다. 연2회의 국내/국제학술대회를 개최했으며 콜로키움, 전문가 포럼 및 특강 등의 개최를 통해 재중 한인 연구의 질적인 향상을 기했다. 그 밖에도 연구 성과를 KBS 한민족 방송에 소개하여 연구 성과의 사회적 확산에 기여했으며 조선족 마을사를 출간하여 조선족 마을의 자료보존과 학술적 기초자료 확보에 힘을 기울였다. 또한 재한 조선족의 대학방문 행사를 개최함으로써 조선족 동포의 정체성 확립과 통합적 한인사회 건설의 기초를 닦으려 노력했다. 총서발간 외의 이러한 노력과 성과들 또한 연구 성과 못지않은 중요한 자산으로 판단된다.

이 총서의 출간은 재외 한인 사회를 연구하는 학계와 관련기관,

그리고 재외동포의 큰 관심을 받게 될 것이다. 따라서 우리는 총서 발간에 더욱 많은 부담을 가졌다. 하지만 지금까지 연구된 재중 한인 사회에 대한 연구에 비해, 새롭게 재구성된 재중 한인 사회에 대해 종합적이고 학제적인 연구를 진행하였다는 점에서 최소한 후속연구의 토대가 될 수 있다는 판단, 후속세대의 재중 한인에 대한 관심 제고, 중국진출 한국기업과 한국유학생 등 재중 한국인 사회의 중국 정착에 긍정적으로 작용할 것이란 점, 재중 한인의 민족정체성 강화프로그램, 해외인적자원 개발 등 정부 및 공공기관에 대한 정책제언에 기여할 것이란 판단에 기대어 부족하지만 총서의 발간을 감행하였다.

이 총서가 발간되기까지 물심양면으로 지원을 아끼지 아니한 한국학진흥사업단 모든 분들께 깊은 감사를 드린다. 또한 수십 차례에 걸친 학술대회와 콜로키움, 전문가 포럼에서 훌륭한 조언을 아끼지 않으신 국내외 재외한인 연구자들께도 깊은 감사의 뜻을 전한다. 마지막으로 재중 한인 디아스포라 연구사업의 완성을 위해 함께 뛰고 함께 웃으며 땀 흘린 연구 사업단 식구들과 그 가족들 모두에게 심심한 감사의 말씀을 올린다. 아울러 이 연구 사업을 기반으로 향후에는 더욱 알차고 의미 있는 연구 성과를 지속적으로 생산할 것을 약속드린다.

2018년 11월
재중 한인 디아스포라 연구 사업단을 대표하여
동덕여대 한중미래연구소 소장 김윤태

1982년 중국에서는 제3차 전국인구보편조사(인구센서스)가 실시되었다. 이때 하북성의 청룡현과 평천현, 요녕성의 개현과 본계현 등 지역 박 씨 촌 '漢族' 주민 천여 명이 자신들은 원래 고려의 후손들이었으므로 본인들의 族籍을 조선족으로 고쳐줄 것을 요구하였다. 이에 현지 정부에서는 이들 조상들에 대한 다방면의 역사조사와 고증을 거친 후 그들의 족적을 조선족으로 회복해주었다. 이를 계기로 중국 조선족사학계에서는 상술한 박 씨 촌을 중심으로 광범위한 사회조사를 펼치는 한편, 재만 한인(조선족) 이주사에 대한 체계적이고 심도 있는 연구가 이루어졌다. 당시 북경중앙민족대학을 갓 졸업하고 연변조선족자치주 역사연구소에서 연구 사업에 종사하던 필자는 바로 이 같은 시대적 요구를 피부로 느끼면서 재만 한인 이주사에 관심을 가지기 시작하였다. 그 후 필자는 1994년 한국 국민대학교 국사학과 박사과정에 입학하여 조동걸 교수님의 지도하에 1999년 「북간도지역 한인사회의 형성 연구」란 논문으로 문학박사 학위를 수여 받았다. 이 과정에서 필자는 일찍부터 관심을 가져왔던 재만 한인 이주사에 대해 어느 정도 공부할 수 있었고 이를 토대로 그 후 연변대학교 석사, 박사생들에게 재만 한인 이주사를 가르치면서 몇 편의 이주사 관련 논문들을 발표하기도 했다.

현재 중국학계에서는 재만 한인 이주사를 한국(조선)사의 연장선이 아닌 중국 소수민족사의 한 부분으로 취급하고 있는 반면, 한국 학계에서는 한민족의 해외 유·이민사의 일부분으로 간주하고 있다. 주지하는 바, 중국 조선족은 '과경민족'의 후예들로서 근대적 디아스포라라 할 수 있다. 이러한 시각에서 볼 때 재만 한인(조선족) 이주사 연구는 중국 소수민족으로서의 국민정체성뿐만 아니라 한민족의 디아스포라로서의 민족정체성 범주에서 연구되어야 마땅할 것이다. 따라서 한인의 만주 이주와 정착, 나아가 중국 조선족공동체의 형성과 발전과정을 근대적 디아스포라라는 시각에서 접근하는 다양한 연구방법이 요망된다 하겠다. 근래 한국 사학계에서는 동아시아 한국학의 정립과 확산, 혹은 한국학의 세계화를 추구하기 위한 대형 프로젝트들이 추진되어왔다. 2011년 한국학중앙연구원에서 공모한 한인 디아스포라 프로젝트, 즉 동덕여자대학교 한중미래연구소에서 주관한『재중 한인 디아스포라의 재구성과 발전적 통합』프로젝트도 바로 이 같은 목적에서 계획된 것이라 생각된다.

본 총서는 필자가『재중 한인 디아스포라의 재구성과 발전적 통합』프로젝트 공동연구원으로 참여하여 다년간 발표한 연구논문들을 사진자료와 함께 재편집한 것이다. 도합 7개 장으로 구성된 본 총서는 제1장 서론에서 한국과 중국 내에서의 연구동향을 살펴보았다. 그리고 제2장에서는 한인의 이주와 정착, 제3장에서는 한인의 이주와 민족자치, 제4장에서는 한인의 이주와 생활실태 등을 시기별, 분야별로 나누어 재만 한인 이주사를 비롯한 한인사회의 형성과 발전과정을 다각적으로 분석, 정리하였다. 이어 제5장에서는 시기별 재만 한인의 국적문제에 대하여 집중적으로 조명하였으며, 제6장에서는 중화인민공화국 성립 이후 중국조선족으로서의 '조국관' 문제, 연변조선족자치주의 설립과 민족자치의 구현 등에 대하여 규명하였다. 제7장 결론부분에서는 금후 재만 한인 이주사 연구가 협애한 민족주의 사관이나 일국사적 편견에서 벗어나 근대 디아스포라 시각에서 다각적이고 체계적인 연구를 진행하여야 함을 제안하였다. 그러나 본 총서는 필자의 수년간의 노력에도 불구하고 수준의 한계로 말미암아 적지 않은 부족점이 있을 것으로 생각됨으로 독자들의 비평과 조언이 있기를 기대한다.

끝으로 필자에게 『재중 한인 디아스포라의 재구성과 발전적 통합』 프로젝트 공동연구원의 기회를 마련해 주신 동덕여자대학교 한중미래연구소 김윤태 소장님을 비롯한 본 연구과제 공동연구원 선생님들과 본 총서의 출간을 맡아주신 한국학술정보(주) 출판사업부 여러 선생님들께 충심으로 감사를 드린다.

2018년 8월
김 춘 선

제1장

서론

중국조선족[1]은 조선 후기(인조 연간, 중국의 명말, 청초)부터 한반도에서 중국 동북지역으로 이주해 간 천입(과경)민족이다.[2] 조선 후기(명말, 청초)부터 한반도에서 만주지역으로 이주한 조선인은 수백 년간 열악한 사회 환경 속에서 본 민족의 문화를 토대로 민족공동체를 형성하고 발전시켰으며, 이들은 봉금정책으로 인해 황폐했던 만주지역을 다른 민족들과 함께 개척하여 삶의 터전을 새롭게 가꾸었다. 다시 말하면 한민족의 일원인 중국조선족은 천입민족으로서 동북지역을 개척하고 건설하는 과정에서 점차 중국 소수민족의 일원으로 자리매김하게 되었다. 현재 한국학계에서는 중국조선족의 역사를 여전히 한민족의 해외 유이민사의 일부분으로 간주하고 있는 반면에 중국학계에서는 조선족의 역사를 조선민족사나 한국(조선)사의 연장선이 아닌, 중국 소수민족사의 한 부분으로 취급하고 있다.[3] 그러므로 중국조선족 이주사(즉 재만 한인 이주사)에 대한 연구는 한민족의 해외 유이민사의 일환으로 그들이 새로운 지역과 정치, 문화 환경 속에서 이루어낸 민족적 정체성과 문화적 전통성을 규명하는데 중요한 의의를 가지고 있을 뿐만 아니라 중국 소수민족으로서의 조선족사회의 형성과 발전, 나아가 조선족의 역사적 위치 규명에 있어서도 중요한 의의를 가지고 있다.

---

1) 중국조선족이란 55개 소수민족 중 조선민족에 대한 공식적인 호칭이다. 즉 조선민족으로서 중국 국적을 소유한 사람들을 가리켜 조선족이라 한다. 중국에서 조선민족에 대한 호칭은 시기에 따라 변화하였다. 청조시기에는 '조선인(朝鮮人)', '간민(墾民)', '한민(韓民)' 등으로 불렸으며, 중화민국과 만주국시기에는 상술한 호칭 외 '조교(朝僑)', '선인(鮮人)' '고려인(高麗人)' 등으로 불리게 되었다.

2) 중국에서는 민족문제를 언급할 때 土着민족의 대칭어로서 遷入민족이란 용어를 사용하고 있다. 현재 중국에는 약 20여 개 소수민족이 조선족과 같이 천입민족, 혹은 跨界민족으로 분류되어 있다.

3) 사실 중국조선족사는 중국 측 시각에서 보면 중국 소수민족사의 일부분이고, 한국 측 시각에서 보면 한민족 해외 유이민사의 일부분인 双重性을 지니고 있다. 이에 최근 중국조선족 사학계에서는 '一史兩用' 연구방법론이 제기되고 있다.

1. 한국학계의 연구동향

한국에서 재만 조선인[4])사회에 대한 연구는 초기 해외독립운동사의 일환으로 진행되어 왔다. 그리고 만주지역 독립운동에 관한 연구동향은 이미 한국학계에서 여러 번 검토된 바 있으므로[5]) 이 장에서는 조선인의 만주 이주사 및 사회사에 대한 연구 동향만 검토하고자 한다.

조선인의 만주 이주사 연구는 일찍이 일제 식민지시기에 김삼민의 ≪조선인의 궁상과 그 해결책≫(대련, 1931년), 李勳求의 ≪만주와 조선인≫(평양, 숭실전문학교, 1932년), 柳光烈의 ≪간도소사≫ (1933년) 등이 출간된 바 있다. 김삼민은 일제의 식민통치로 말미암아 조선인들이 만주로 이주할 수밖에 없었던 원인을 구체적인 통계자료를 통하여 상세히 분석하면서 1920년대 말 중국당국의 조선인 구축정책에 대한 해결책을 제시하고자 했다. 그리고 경제지리학자인 이훈구는 재만 조선인 201호에 대한 현지 설문조사를 토대로 재만 조선인들의 이주원인, 이주경로, 인구분포, 생활실태 등에 대하여 실증적인 연구를 진행하여 재만 조선인들의 이주경위를 상세히 규명함과 동시에 만주지역 개척에도 크게 공헌하였음을 논증하였다.[6]) 그러나 상술한 연구들은 모두 '만주사변' 전후시기에만 국한되어 있는 한계성을 지니고 있다.

---

4) 본 논문의 연구 대상인 재만 한인의 시기적, 지역적 특성에 따라 본문에서는 조선인과 한인이란 稱號를 함께 사용하였다.

5) 박영석, 「해외 한인 독립운동사 연구에 대한 회고와 전망」, ≪한민족독립운동사≫ 12, 국사편찬위원회, 1993년; 장세윤, 「중국지역 한인 민족해방운동사 연구의 과제와 전망」, ≪신연철 교수 퇴임기념논총≫ 서울, 일월서각, 1995; 조규태 외, ≪중국동북지역의 독립운동사 연구≫ 국가보훈처 연수원, 1995년.

6) 이훈구는 미국에서 교육을 받고 미국 지리학회의 프로젝트에 참여하여 세계의 변방지역에 관한 연구의 일환으로 본 연구를 진행하였다.

광복 후 한국에서의 재만 조선인 이주사 연구는 남북의 분단, 냉전체제의 형성 등 여러 가지 원인으로 장기간 공백상태에 처해 있었다. 특히 중국과의 교류 단절과 이념적인 문제로 인하여 중국사 관련 자료들을 접하기 쉽지 않은 상황에서 조선인 이주사 연구에 어려움을 더했다. 그러나 이러한 역경을 극복하고 의사 출신인 玄圭煥은 1967년 ≪한국 유이민사≫ 상·하권(어문각, 1967년)을 출간하였다. 현규환은 서언에서 본 저서의 출간목적을 "류이민들의 역사를 민족본사에 통합하는 데 필요한 기본 자료를 제공"[7])하기 위한 것임을 밝혔다. 이어 경제사학자인 高承濟의 「간도이민사의 사회경제적 분석」[8])과 吳世昌의 「재만 조선인의 사회적 실태」[9]) 등 재만 조선인 이주사 관련 논문들이 ≪백산학보≫에 게재되었고, 1973년에는 마침내 고승제의 이주사 전문저서인 ≪한국이민사연구≫(章文閣, 1973년)가 출간되기에 이르렀다. 이들 연구저서들은 대체로 세계적으로 주요한 조선인 이주지인 만주, 중국 본토, 연해주, 일본, 하와이 등을 연구대상으로 포함시킨 점에서는 동일하나 시기적으로는 다르다고 할 수 있다. 현규환은 고대로부터 근대 유이민을 총망라시킨 반면, 고승제는 근대 한국해외이민사만 다루었다. 현규환의 ≪한국 유이민사≫는 비록 자료집의 성격이 농후하나 조선인의 해외 유이민사 연구의 기틀을 마련하였다는 점에서,[10]) 그

---

7) 현규환, ≪한국 유이민사≫ 상, 어문각, 1967년, 권두언.

8) 고승제, 「간도이민사의 사회경제적 분석」, ≪백산학보≫ 5, 백산학회, 1968년.

9) 오세창, 「재만 조선인의 사회적 실태」, ≪백산학보≫ 9, 백산학회, 1970년.

10) 현규환의 ≪한국 유이민사≫는 대량적인 자료를 인용하여 중국뿐만 아니라 전반 해외 조선 인사를 체계적이고 계통적으로 다루어 해외 조선인 유이민사 연구의 礎石이 되었다고 하여도 과언이 아니다. 그러나 이 책은 자료의 나열에 비해 필자의 연구, 분석이 결핍되어 자료집의 성격이 농후하다.

리고 고승제의 ≪한국이민사연구≫는 조선인 이주민들의 사회실태에 대한 연구의 중요성을 부각시켰다는 점에서 긍정적인 평가를 받았다. 그러나 이들 연구들도 방대한 자료의 나열에 비해 조선인 이주사의 시기구분과 해외 조선인사회의 형성 및 발전 등에 대한 체계적이고 구체적인 분석과 규명이 결핍한 한계성을 지니고 있다.

한편 상술한 연구에 힘입어 이 시기 재만 조선인 이주민들의 사회경제적 실태를 밝힌 오세창, 박영석, 홍종필, 이형찬, 윤병석 등의 논문들이 연이어 발표되었다.[11] 오세창은 재만 조선인의 사회적 실태와 친일조직인 조선인 거류민회를 중심으로 재만 조선인사회의 다양성을 설명하였으며, 중국정부의 조선인 이주민에 대한 정책을 면밀히 검토하여 중국당국이 조선인 이주민들에게 심한 박해를 가해왔음을 지적하였다. 박영석은 ≪만보산사건 연구≫에서 재만 조선인 사회사 연구는 독립운동사 연구와 불가분의 관계가 있으므로 독립운동사의 기초적 연구로 재만 조선인 사회사 연구가 반드시 선행되어야 함을 강조하였다. 그리고 「일제하 한국인 만주 이주에 관한 연구」에서는 조선인의 만주 이주를 세 개의 시기로 나누었다. 제1기는 1628년에서 1909년까지, 제2기는 1910년에서 1931년 '만주사변' 발발까지, 제3기는 1931년부터 1945년 광복까지로 설정하고, 각 시기의 이주실태와 조·중·일 삼국의 조선인 이주민에 대

11) 오세창,「재만 조선인의 사회적 실태」,≪백산학보≫ 9, 1970년; 박영석,≪만보산사건 연구≫ 서울 아세아문화사, 1978년;「日帝下 한국인 만주 이주에 관한 연구─」≪성곡논총≫ 10, 1979년;「日帝下 재만 한국 유이민의 촌락형성에 관한 연구─울진, 경주 이 씨 일가의 이주사례─」, ≪한국사연구≫ 24, 1979년;「日帝下 한국인 만주이민문제─일제의 한국인 이민정책을 중심으로─」,≪한민족독립운동사 연구≫ 일조각, 1982년;「일제하 재만 조선인에 대한 중국관헌의 박해실태와 국내반응─1920년대 재만동포 옹호활동을 중심으로─」,『한국사연구』14, 한국사연구회, 1976년;「일제하 재만 조선인의 법적 지위─이중 국적을 중심으로─」,『尹炳奭敎授華甲紀念論叢』지식산업사, 1990년; 홍종필,「만주(중국동북지방) 조선인 농업이민에 대한 사적연구」, 경도대학, 1987년; 이형찬,「1920~1930년대 한국인의 만주이민 연구」, 서울대 사회학과 석사논문, 1988년; 윤병석,「尹政熙저 '간도개척사'」≪한국학연구≫ 3 별집, 1991년.

한 정책을 상세히 분석하였다. 또한 「일제하 재만 한국 유이민의 촌락형성에 관한 연구」에서는 울진 경주 이 씨 일가의 이주사례와 석주 李相龍의 구체적인 활동에 대한 분석을 통하여 조선인촌락의 형성과정과 조선인사회 실태를 규명하였다. 홍종필은 「만주(중국동북지방) 조선인 농업이민에 대한 사적 연구」에서 '만주사변' 전 재만 조선인사회의 수전 경영실태를 정밀히 분석한 후, 재만 조선인 이주민들이 그들의 필사적인 노력에도 불구하고 열악한 사회 환경과 불안정한 영농 현실에서 벗어나지 못하고 있음을 지적하였다. 이와 달리 이형찬은 「1920—1930년대 한국인의 만주이민 연구」에서 만주이민 현상을 각 농민의 동기와 사정이 아니라 '구조의 변동과정'이라는 맥락에서 이주 집단의 이민 원인과 성격을 분석하였으며, 북간도 지역의 延吉縣(지금의 용정시) 楊城村의 사례연구를 통해 이주민의 농업상황과 농민층 분화를 재조명하여 만주에서의 민족 간의 대립은 본질적으로 계급적인 대립이라는 결론을 도출하였다. 그러나 이형찬의 연구는 풍부한 자료와 깊이 있는 분석에도 불구하고 보편성의 결핍과 국제 정치 환경의 변화를 간과함으로써 단순히 계급분화만을 강조한 한계를 보이고 있다. 윤병석은 尹政熙의 '간도개척사'를 소개하면서 庚辰年 조선인 이주민들의 두만강 북안 지역(북간도)의 개척과 생활실태를 규명함으로써 조선인들의 대량 이주와 초기개척 연구에 크게 공헌하였다.

한국에서의 재만 조선인 이주사 및 사회사에 대한 본격적인 연구는 1990년대에 이르러서야 시작되었다. 1990년 전후 냉전의 종결, 민간 차원에서의 한중 문화교류, 1992년의 한중수교 수립 등은 한국에서의 재만 조선인 이주사 연구에 획기적인 전기를 마련해 주었다. 그 결과 20세기 말 한국학계에서의 조선인 만주 이주사 연구는 진일보하여 활성화되었고, 이에 대한 연구 성과들도 속속 발표되었다. 이 중에서도 홍종필[12], 전해종[13], 권석봉[14], 윤휘탁[15] 등의 논문들을 주목할 필요가 있다.

홍종필은 기존연구를 토대로 4편의 논문을 연속적으로 발표하였다. 그는 재만 조선인의 이주경과와 정착을 비롯하여 사회생활, 종교, 교육, 독립운동, 중국인의 박해 등 재만 조선인사회의 전반 문제를 다루면서 재만 조선인 이주사 및 사회경제사 등 연구 분야를 한층 확대시켰다. 전해종은 재만 조선인의 이주시기를 세 개의 시기로 나누었으며,[16] 그중 북간도 지역으로의 이주는 제2기에 해당하는 명말·청초에서 19세기 중기에 이르는 시기로 보았다. 그리고 우선 조선인들의 범월과정을 ≪同文彙考≫ ≪日省錄≫ ≪承政院日記≫ 등 1차 사료를 인용하여 구체적으로 밝힌 후 조선인들의 이주 원인과 분포상의 특징을 규명하였다. 권석봉은 「청말 간도지방의

---

12) 홍종필, 「'만주' 길림지방 조선인 이민의 경제상황에 대하여—1920년대 초기를 중심으로—」, ≪백산학보≫ 39, 1992년; 「1920년대 '재만 조선인'의 정착문제에 대하여—상조권, 귀화, 소작관습을 중심으로—」 ≪이태영 교수 화갑기념논총≫ 1993년; 「재만 조선인 이민의 분포상황과 생업—1910∼1930년대를 중심으로—」, ≪백산학보≫ 41, 1993년; 「만주(중국동북지방) 조선인 이민의 전개과정 소고」, 『명지사론』 5, 1993년.

13) 전해종, 「韓族의 만주(특히 간도)이주에 대하여—19세기 중기까지의 略史와 연구의 문제점—」, ≪동아연구≫ 26, 서강대 동아연구소, 1993년; 「연변 韓族의 정착과정과 초기 조선인사회—19세기 말에서 1920년대 초까지의 이민과 농업경영—」, ≪동아연구≫ 28, 서강대 동아연구소, 1994년.

14) 권석봉, 「청말 간도지방의 월간한민책 연구」 (상·하), ≪인문학연구≫ 23·24, 중앙대학교 인문과학연구소, 1995년.

15) 윤휘탁, 「1920∼30년대 만주 중부지역의 농촌사회구성」—간도지방의 조선인 농민을 중심으로—, ≪박영석 교수 화갑기념논총≫ 하권, 탐구당, 1992년; 「'만주국'시기 일제의 특수 공작 실태」, ≪길현익 교수 정년기념사학논총≫ 동 간행위원회, 1996년.

16) 세 개 시기의 구분은 다음과 같다. 제1기는 元代로부터 明初에 이르는 시기; 제2기는 명말·청초로부터 19세기 중엽에 이르는 시기; 제3기는 19세기 말에서 20세기 중엽 제2차 세계대전 시기(조선의 국권상실을 계기로 전·후 두 시기로 구분)로 보았다.

월간한민책 연구」에서 당시 청 정부의 대조선인 정책 및 변화과정을 정밀하게 검토하면서 청조의 '이민실변' 정책이 조선인 이주민들의 이주와 개간에 어떠한 영향을 주었는가를 밝혔다. 그러나 동양사 시각에서 조·청 간의 외교 교섭에 밀착하다 보니 조선인사회의 형성과 청조의 '移民實邊' 정책에 대한 인과 관계를 밝히지 못한 한계가 보인다. 윤휘탁은 "사회적 존재에 의해서 사회적 의식이 규정 된다"는 시각에서 북간도 농촌의 사회구성[17]을 분석하였으며 나아가 북간도 지방의 농촌사회구성에서 중요한 비율을 차지하고 있는 것은 '중국인 지주—조선인 소작농'의 관계이며, 중국인 지주, 고리대 자본가, 상인과 조선인 소작농, 빈농의 대립이 가장 근본적인 모순을 이루고 있음을 논증하였다. 이러한 연구는 그동안 한국학계가 만주지역 독립운동의 정치적 성격 규명에만 치우쳐 있던 경향에서 벗어나 재만 조선인 사회의 사회경제적 실태를 주목하는데 기여했다.[18] 그러나 본 연구도 '9.18'사변 후 만주지역의 주요모순이 이미 계급모순에서 민족모순으로 전환하였다는 점을 간과하였으며, 또 중국인과 조선인의 민족적 계급적 대립이란 표면현상에 빠져 북간도 조선인사회의 반제·반봉건투쟁의 성격을 제대로 파악하지 못했다는 아쉬움이 남는다.

이 시기 재만 조선인사회와 관련하여 1930년대 만주지역 강제이주와 '집단부락' 등 대조선인 통제정책에 대한 연구도 활발히 이루어졌다. 김기훈[19]은 '만주국'시기 일제의 조선인 이주정책을 초기

---

17) 윤휘탁은 농촌의 사회구성에 대한 개념을 지주—소작인 및 부농—고농이라는 '계급적 개념'과 빈고농, 빈농, 중농이라는 '계층적 개념'뿐만 아니라, '민족적 구성'이라는 개념까지도 포괄하는 것이라고 설명하고 있다.

18) 박영석, 「한민족독립운동사 연구의 회고와 전망」, ≪한민족독립운동사≫ 12, 국사편찬위원회, 1993년, 393~394.

의 '방임정책'과 후기의 '통제정책'으로 나누어 보았다. 즉 '만주사변'으로부터 1936년까지의 자유이민시기를 '방임기'로, 그 이후의 집단·개척이민시기를 '통제시기'로 파악하였으며, 관동군의 주도하에 시행된 '방임정책'의 형성과정도 상세히 논증하였다. 그리고 「'만주국'하 재만 조선농민의 경제상황」에서는 1936년 '만주국'에서 실시한 농촌실태조사 자료를 토대로 간도 지역 조선인 이주민들의 경제실태를 분석하였다. 홍종필은 「'만주사변' 이후 조선총독부가 건설한 조선인 집단부락에 대하여」[20]에서 일제의 '집단부락' 설치과정을 1~3차로 나누어 각 시기의 특징을 상세히 규명하였다. 그러나 그는 '집단부락'의 규모와 범위 등 외형적인 측면에 집중한 반면, '집단부락' 정책의 형성배경과 본질을 규명하는데 소홀한 감이 있다. 이 외에도 유현숙의 「1930년대 일제의 조선인 만주 이민 정책 연구」(≪釜大史學≫ 19, 부산대학교사학회, 1995), 현은주의 「1930년대 재만 조선인의 경제적 상황에 대하여」(≪실학사상연구≫ 12, 母岳實學會); 「1930년대 재만 조선인사회에 대한 일제의 통제정책 연구: 안전농촌과 대둔부락을 중심으로」(명지대 박사논문, 2001) 등의 논문들도 일제의 만주이민 정책을 다루면서 '집단부락'에 주목하였다. 그러나 이들 연구는 '집단부락'의 설치가 1937년을 기점으로 마무리 된 것으로 파악하고 있는 한계를 가지고 있다. 이러한 점을 보완한 것이 柳弼奎의 「1930~40년대 중국 연변지역 '집단부락'의 형성과 성격」(국민대학교 국사학과 석사논문, 2005)연구이다.

---

19) 김기훈, 「'만주국'시대 일제의 對滿 조선인 농업이민정책사 연구」, ≪학예지≫ 육사육군박물관, 1993년; 「관동군의 입만 조선인 '방임' 정책형성과정」, ≪육사논문집(인문사회편)≫ 1994년; 「'만주국'하 재만 조선농민의 경제상황」, 육사화랑대연구소 보고서, 1995.
20) 홍종필, 「'만주사변' 이후 조선총독부가 건설한 조선인 집단부락에 대하여」, ≪명지사론≫ 7, 명지사학회, 1995년.

이 연구는 일제의 '집단부락' 설치과정을 만주국 초기와 중일전쟁기 등 두 시기로 나누고 '집단부락' 설치목적이 초기의 '치안 안정성'에서 후기의 '수탈 강화성'으로 변화되었음을 지적하였다. 그러나 본 연구도 연변지역에 국한되다보니 남, 북만 지역에 설치하였던 '집단부락'에 대한 연구가 결여된 한계를 가지고 있다. 한편 한국학계에서의 재만 조선인사회에 대한 연구가 본격화되면서 중·일 양국의 대조선인 정책과 조선인 자치운동21)에 관한 논문들도 발표되었다.22) 중·일 양국의 대조선인 정책에 대한 연구는 일찍이 박영석의 ≪만보산사건 연구≫에서 검토된 바 있으나 이 시기의 연구는 주로 1909년의 「간도협약」, 1915년의 「만몽조약」, 1925년의 「三矢協定」을 중심으로 이루어졌다. 이러한 연구는 중국 당국의 박해 및 구축정책의 원인과 이에 대한 조선인사회의 대응을 다각적으로 검토함으로써 中·日 간의 모순과 대립 속에 처해 있던 재만 조선인들의 실상을 규명하는데 크게 공헌하였다. 그러나 연구의 초점이 중국관헌의 조선인에 대한 압박과 구축이란 측면에 집중됨으로써, 이와 같은 결과를 초래하였던 일제의 조선인에 대한 '통제와

---

21) 여기에서 사용하는 자치운동의 용어는 조선 국내의 자치운동과는 다른 개념이다. 당시 재만 조선인들은 중국정부를 상대로 민족자치를 위한 운동을 전개 하였는바, 이것을 자치운동으로 통칭하였다. 그리고 이러한 자치운동에는 일제의 탄압에서 벗어나려는 저항적 의지도 내포되어 있었다. 1920년대 중반 正義府의 자치운동은 그 좋은 보기이다. 그렇기 때문에 만주지역의 자치운동과 조선 국내의 자치운동과는 구분해서 보아야 할 것이다.

22) 박영석, 「장학량 중국동북군벌정권의 대조선인 정책─특히 길림성을 중심으로─」, 『오세창 교수 화갑기념 한국근현대사논총』 1995년; 「일본 제국주의하 재만 조선인의 법적지위에 관한 제 문제─1931년 만주사변 이전을 중심으로─」 ≪한국민족운동사 연구≫ 11, 1995년; 林永西, 「1910~20년대 間島韓人에 대한 中國의 政策과 民會」, 서울대학교 대학원 석사학위논문, 1993년; 황민호, 「1930년 재만 조선인 사회주의자들과 중국공산당의 합동에 관한 연구」, 『역사학보』 141, 역사학회, 1994년; 「1920년대 후반 재만 조선인에 대한 중국당국의 정책과 조선인사회의 대응」, 『한국사연구』 90, 1995년; 「1920年代 재만 조선인사회의 민족운동 연구」, 숭실대학교 박사학위논문, 1997년; 辛珠柏, 「1927, 28년 시기 재만 조선인 민족운동의 동향─민족유일당 및 '자치'문제를 중심으로」, 『阜村申延澈教授停年記念史學論叢』 일월서각, 1995년.

이용', '통제와 안정', '통제와 무육' 정책의 본질을 심층적으로 분석하는데 미흡한 점이 있다. 조선인사회의 자치운동에 대한 연구는 대체로 1920년대 중, 후반의 무장독립운동과 민족유일당 운동과 결부되어 검토되었다. 그러나 만주지역 조선인사회의 자치운동은 단순히 독립운동의 일환에서 이루어진 것이 아니라 해외 조선인 이주민들이 정치·경제·문화 등의 제반 영역에서 합법적인 권리를 취득하고, 민족자치의 방법으로 조선인사회를 발전시키기 위한 것이라고 봤을 때, 이와 같은 맥락에서 자치운동에 대한 보다 깊이 있는 연구가 진행될 필요가 있다.

이와 같이 20세기 한국학계의 재만 조선인 이주사 연구는 적지 않은 업적을 거두었다. 그럼에도 불구하고 상술한 연구업적들은 어디까지나 일국사적 관점에서 특정된 지역으로 이주한 조선인들의 사회, 경제사 연구에 편중되는 한계를 가지고 있었다. 그러나 이 같은 경향은 21세기에 들어오면서 새로운 연구방법의 모색과 대형 프로젝트 형식을 통한 공동연구 등으로 현저한 변화를 가져오기 시작하였다. 우선 인하대학교는 한국학의 동아시아적 융합의 필요성을 절감하고, 한국어문학, 사학, 철학, 문화 콘텐츠 등 전공분야들을 모아 대학원에 한국학과정을 합동으로 개설하였다. 또한 한국학 연구소를 중심으로 '동아시아 상생과 소통의 한국학'이라는 어젠다 아래 인문한국 HK사업을 본격적으로 추진하였다. 그리하여 2008년에는 '조선과 동아시아, 그 만남의 자취', 2009년에는 '근대전환기 만주와 조선인 디아스포라' 등 세미나에 이어 동년 11월에는 '재중동포문학과 민족적 정체성'이라는 주제로 콜로퀴엄을 개최하였다. 그리고 발표된 9편의 논문을 모아『동아시아 한국학 연구총서』 3집 ≪범월과 이산―만주로 건너간 조선인들≫23)을 출간하였다. 우경섭은 「총론」에서 저서의 출간목적이 '만주를 '민족의 고토'이자 '회복의 대상'으로 간주하는 한국, '교화의 대상'이자 '중화의 변방'으로 바라보는 중국, '근대화의 수혜지' 내지 '동아시아의 이상적인 실험장'으로 미화하려는 일본의 전통적 인식을 넘기 위한 방법을 찾기 위한 것이라고 설명하였다.

본 저서에 수록된 연구 성과들은 동아시아 한국학이라는 시각에서 17세기 초반부터 월강을 금지한 국법을 무릅쓰고 압록강과 두만강을 건너 만주로 넘어갔던 조선인들의 삶과 정체성을 규명함으로써 부동한 역사시기 조선인 이민사회의 실상, 조선출신 문인들의 만주 체험과 현실 인식, 해방 이후 중국조선족사회의 자기정체성 확립 문제 등 연구에 참신한 연구방법을 제시하였다. 김선민은 「변경의 인삼을 둘러싼 조선과 후금의 갈등」에서 인삼교역을 중심으로 조선과 후금의 갈등을 분석하였다. 그는 조선인들의 범월을 일국사적 관점에서 벗어나 동아시아 경제사의 시야에서 파악되어야 함을 강조하였으며, 임학성은 「20세기 초 서간도 조선인의 거주 양태」에서 서변계관리사 서상무가 작성한 3종의 변계호적 등 구체적인 통계자료에 기초하여 20세기 초 만주로 이주한 조선인들의 거주형태가 임시 거처가 아닌 '정착형 시스템'을 갖추고 있었음을 논증하였다. 그리고 김영은은 「중국 요녕성의 벼농사와 조선인 이민사회」에

---

23) 인하대학교 한국학연구소 편, ≪범월과 이산―만주로 건너간 조선인들≫ 동아시아 한국학 연구총서 3, 인하대학교출판부, 2010년; 수록된 논문들로는 김선민, 「변경의 인삼을 둘러싼 조선과 후금의 갈등」; 우경섭, 「만주로 귀화한 조선인들」; 임학성, 「20세기 초 서간도 조선인의 거주 양태」; 이의환, 「백초 유완무와 북간도에서의 민족운동」; 김영, 「중국 요녕성의 벼농사와 조선인 이민사회」; 김주용, 「1930년대 간도 지역 조선인의 집단이주와 삶」; 최학송, 「'만주' 체험과 강경애 문학」; 이해영, 「일제시기 간도 이주와 그 형상화의 두 양상」; 김호웅, 「디아스포라의 삶과 이중적 정체성의 갈등」.

서 중국 요녕성 지역의 벼농사 전개와 조선인 이민사회의 형성 과정을 분석하였고, 벼농사 지역의 확대는 곧 조선인 이민사회의 지역적 확대임을 천명하였다. 김주용은 「1930년대 간도 지역 조선인의 집단이주와 삶」에서 조선총독부의 통제 아래 집단이주한 조선인들이 중국인들로부터 '일제의 주구'로 인식되어 중첩적인 압박을 받았고, 만척에 고용된 소작농과 같은 삶을 살았음을 논증하였다. 이해영은 「일제시기 간도 이주와 그 형상화의 두 양상」에서 안수길의 ≪북간도≫와 이근전의 ≪고난의 년대≫에 대한 비교, 분석을 통하여 일제강점기 만주 이주민들에 관한 후대의 기억방식에 문제를 제기하였다. 즉 이해영은 광복 후 '잔류' 혹은 '귀환'을 선택했던 두 부류의 조선인들이 역사적 상황 속에서 어떠한 방식으로 두 작품을 이해할 것인지, 또 이 물음을 통해 두 작품을 '어떻게 살아 왔느냐?'와 '어떻게 살아야 하느냐?'의 구도 아래에서 살펴봐야 한다고 보았다. 김호웅은 「디아스포라의 삶과 이중적 정체성의 갈등」에서 조선족작가 허련순의 작품을 중심으로 조선족사회의 디아스포라적 성격과 이중적 정체성 문제를 거론하였다. 이러한 문제제기는 현재 중국조선족사회 내부에서도 논쟁으로 나타난 '조선족이 과연 디아스포라인가?'라는 것과 '조선족은 이중성 민족이 아니라 100퍼센트 조선족이다'라는 시각과 함께 앞으로 계속 논의되어야 할 중요한 과제로 부각되고 있다.

이 외에도 이 시기 조선인 이주사와 관련된 연구로 ≪만주, 동아시아 융합의 공간≫[24]이 주목받고 있다. 본 저서는 만주를 동아시아의 융합의 공간으로, 그리고 21세기 개방의 시대에 민족주의적

---

24) 한석정·노기식 편, ≪만주, 동아시아 융합의 공간≫ 소명출판, 2008년.

대립이 아닌 국제적 협력을 통해 만주의 발전을 제시하려는 목적에서 계획된 체계적이고 전문적인 연구저서이다. 그중 김기훈의 「만주의 코리안 디아스포라—제국 내 이민정책의 유산—」[25]은 재만 조선인 이주사를 디아스포라 시각에서 접근한 새로운 연구 성과라 볼 수 있다. 김기훈은 이 연구에서 19세기 중엽 이후부터 1920년대까지 이루어진 조선인 이민을 '국제이민'으로, 1930년 이후 만주국시기에 이루어졌던 조선인 이민을 '제국 내 이민'으로 규정하였다. 그리고 '해외에 흩어진 민족'이라는 뜻의 디아스포라를 사용하면서 조선인을 단순히 이주민이라고 하지 않고 '코리안 디아스포라'라고 한 점은 만주 이주가 일본 제국주의와 식민주의의 유산이라는 관점을 강조하기 위함임을 설명하고 있다.

다음으로 만주지역의 성시연구와 재만 조선인 사회사 연구를 접목시킨 ≪동아시아의 민족이산과 도시—20세기 전반 만주의 조선인—≫[26]연구도 주목된다. 한국정신문화연구원의 2002년도 공동연구과제로 수행되었던 이 연구는 김경일, 윤휘탁, 이동진, 임성모 등 4명의 연구자 공동연구로 진행되었다. 김경일의 「서론」과 「개관」에 이어 윤휘탁은 봉천에서 조선인의 사회적 지위와 위상을 다른 민족들과의 관계에서 검토하였고, 이동진은 조선인 내부에 초점을 맞추어 이주 조선인의 정착과정과 일상생활을 통해 민족공동체로 통합되는 과정을 분석하였다. 그리고 임성모는 하얼빈의 국제성의 실상과 허상이라는 문제의식에서 조선인의 생활실태를 구체적

---

25) 김기훈, 「만주의 코리안 디아스포라—제국 내 이민정책의 유산—」, 한석정·노기식 편, ≪만주, 동아시아 융합의 공간≫ 소명출판, 2008년.

26) 김경일·윤휘탁·이동진·임성모 지음, ≪동아시아의 민족이산과 도시—20세기 전반 만주의 조선인—≫ 역사비평사, 2004년; 김경일, 「서론」과 「개관」; 윤휘탁, 「봉천시의 민족구성과 조선인」; 이동진, 「신경의 조선인: 이산과 정착 사이」; 임성모, 「하얼빈의 조선인 사회」.

으로 규명하였다. 이 연구에 대하여 김경일은 「서론」에서 우리의
시각으로 조선인의 실태나 현황만을 따로 떼어 미시적, 고립적으로
검토하게 될 경우, 한국과 중국, 일본, 만주, 몽고 등이 복잡하게 뒤
얽혀있던 '다민족국가'로서 만주국의 실상을 제대로 이해할 수 없음
을 지적하였다. 그는 20세기 전반, 만주라는 곳에서 조선인 이민사
회를 단순히 고립된 공동체로 보지 않고, 내부적으로 다양한 민족 집
단들과의 상호관계를 통해, 외부적으로 식민지 조선이나 일본, 중국
등과의 연관관계에 초점을 맞추어 분석하였다. 그리고 그는 이러한
연구가 한민족 공동체의 지구적 연결망이라는 문제의식에 부합되는
것이라고 자평하였다. 실제로 이 연구는 지금까지 이 분야에 관한
연구가 거의 전무한 실정에서 재만 조선인 도시사회의 특성을 처음
으로 조명하였으며, 만주지역에서 조선인과 관련된 부분만을 따로
떼어 고립적으로 규명해오던 연구경향을 지양하였다. 또한 이 연구
는 만주국 자체의 역사적 맥락에서 조선인 이민사회의 실상을 다른
민족이나 인종집단들과 관련시켜 분석한 점에 대해 연구사적 의의
가 있다고 평가된다. 그러나 이러한 연구들은 재만 조선인 이주사
및 사회사 연구시각에서 볼 때, 만주국시기로 특정지어 설명하고
있다는 한계를 지닌다.

만주지역의 도시연구에 있어서 또 다른 연구 성과로는 ≪근대 만
주 도시 역사지리 연구≫[27]가 주목된다. 김주용은 「일제강점기 조
선인의 만주 이주와 도시지역의 구조변화」에서 봉천과 안동의 구체
적인 사례를 통하여 만주지역 조선인의 거주지 외연확대와 이것이

---

27) 유지원·김영신·김주용·김태국·이경찬 지음, ≪근대 만주도시 역사지리 연구≫ 동북아역사
재단 연구총서 26, 동북아역사재단, 2007년.

지닌 역사적 의미를 다각적으로 살펴보았다. 그리고 김태국은 「만주지역 조선인의 도시 거주지 형성 과정」에서 만주국시기 조선인들의 도시거주지의 형성과 그 과정 속에서 이루어진 조선인공동체의 특징을 규명하였다. 즉 도시 조선인거주지는 재만 조선인사회가 새로운 근대문화를 수용하는 구심적인 역할을 담당하였을 뿐만 아니라 조선인사회의 자치능력을 키워나가는 데도 중요한 역할을 하였음을 논증하였다. 이러한 연구들은 기존의 문헌사료의 해석과 실증에만 치우친 역사학적 연구방법에서 벗어나 역사학과 도시형태학을 접목시켜 도시 조선인사회의 실상을 살펴보았다는 점에서 긍정적인 의미를 지니고 있다.

이밖에도 이 시기 재만 조선인사회에 대한 한국 측의 일국사적 관점에서 벗어나 중국조선족이라는 시각에서 연구된 성과들도 적지 않다. 중국조선족에 대한 연구는 일찍이 한중수교 수립 전부터 시도된 바 있다. 1993년에 출간된 ≪중국 연변의 조선족—사회의 구조와 변화≫가 바로 그것이다. 서울대학교 한상복과 권태환의 공동연구로 추진된 본 연구는 중국조선족의 간고한 개척 이민사의 각종 생활경험을 인구학적 자료와 생존자들의 체험담을 통하여 재구성하였으며 조선족의 행동양식과 가치관, 가족·친족·혼인·공동체·생업·의식주·언어·교육·의례·보건 등 생활과 의식 전반에 걸친 총체적 구조와 변화를 실증적으로 규명한 최초의 연구업적이라고 할 수 있고, 연변 조선족 연구의 선구적인 성과 면에서 연구사적 의의를 지닌다. 그러나 이들은 1990년에 조사사업을 시작한 후, 연변의 8개 시, 현과 40개 마을, 2000호 가정과 2000명 개인에 대한 사회조사와 질문조사를 실시했음에도 불구하고 수집된 여러 자료를 연구에 이용하지 못하였으며, 그 결과 연구자들이 예상했던 연구 성과를 거두지 못하였다는 지적을 받고 있다. 이후 2006년 고구려연구재단 연구총서로 출간된 ≪연변 조선족사회의 과거와 현재≫도 중국 연변지역 조선족에 대한 전문적인 연구저서이다. 본 연구에 수록된 논문들로는 채영국, 「연변(북간도)지역 독립운동기지와 1920년대 조선인사회의 변천」; 박민영, 「만주국시기 일제의 연변지역 조선인 지배정책과 실상」; 장석흥, 「해방 후 연변지역 조선인의 귀환과 정착」; 김태국, 「연변조선족자치주의 성립과 조선족사회의 변천」; 염인호, 「'전단'을 통해서 본 중국 연변지방 문화대혁명과 파벌투쟁」; 김춘선, 「연변지역 조선족교육의 형성 발전과 금후 전망」 등 6편이 있다. 이들 논문들은 1920년대의 독립운동과 만주국시기 일제의 지배정책은 물론이고 광복 후 연변지역 조선인들의 귀환과 정착, 그리고 중화인민공화국 성립 후의 조선족자치주 성립과 조선족사회의 변천, 문화대혁명과 조선족교육의 형성 발전 등 초기의 이주사를 제외한 연변 조선족역사의 전반을 다루었다. 이 중 해방 후 조선인들의 귀환과 정착, 문화대혁명 등과 관련된 연구는 한국 학계에서 최초로 이루어졌다는 점에서 큰 의의를 지니고 있다. 광복 후 동북지역 조선족사회에 관한 연구로는 장세윤의 「중국조선족의 현황—1990년대 이후를 중심으로—」[28]가 주목된다. 이 연구는 개혁개방 후 조선족 집거지역이었던 중국 동북3성 조선족의 인구변동, 중국의 대도시 진출인구, 한국 진출인구, 한국인과의 결혼인구, 나아가 조선족의 대외진출이 빚은 조선족사회의 공동화현상, 가정의 위기 등을 인구학적 시각에서 연구되었다. 그리고 염인호의

---

28) 한석정·노기식 편, ≪만주, 동아시아 융합의 공간≫ 소명출판, 2008년.

≪또 하나의 한국전쟁─만주조선인의 '조국'과 전쟁─≫[29] 역시 주목할 필요가 있다. 염인호는 본 연구에서 기존에 발표하였던 「해방 후 중국 연변 조선인사회의 변동과 학교교육」(2003년), 「중국 연변의 '반간청산투쟁'과 토지개혁(1946)」(2006년), 「중국 국공내전기 만주 국민당지구 조선인의 동향(1948)」(2007년), 「중국 국공내전기 목단강시 조선인사회와 한반도와의 관계(1945. 8.~1948. 2.)」(2009년) 등 15편의 논문을 선정하여 연변지역 조선인사회(제1부), 북만주지역 조선인사회(제2부), 중국국민당 점령지의 조선인사회(제3부) 등으로 서술하였다. 특히 이 연구는 한국전쟁과 관련하여 중국 동북지역 조선인사회의 동향을 분석하였으며, 중화인민공화국 성립초기 중국조선족사회의 성격과 다양성에 대한 이해가 이루어졌다. 이 외에도 2012년 인하대학교 한국학연구소는 제18회 동아시아 한국학 학술회의를 개최하였다. 연변조선족의 민족 정체성과 문화 정체성을 주제로 한 본 학술회의에서는 염인호의 「중국조선족의 이중의 정체성과 재만 조선인 항일투쟁사 서술」과 김태국의 「중국 '조선족'의 명칭 변화로 본 민족의 정체성」 등 7편의 논문이 발표되어 중국 연변지역 조선족의 정체성에 대한 토론이 진행되었다.[30]

이와 같이 한국학계에서의 재만 조선인 이주사 및 사회사 연구는 초기의 이주동기, 이주경과와 생활실태 연구에서 점차 중일 양국의

---

29) 염인호, ≪또 하나의 한국전쟁─만주조선인의 '조국'과 전쟁─≫ 역사비평사, 1910년.

30) 인하대학교 한국학연구소, ≪연변 조선족의 정체성과 한국학≫(2012), 제18회 동아시아 한국학 학술회의 논문집; 수록된 논문으로는 김춘선, 「연변에서의 조선족 역사 연구 동향」; 염인호, 「중국조선족의 이중의 정체성과 재만 조선인 항일투쟁사 서술」; 김태국, 「중국 '조선족'의 명칭 변화로 본 민족의 정체성」; 우경섭, 「19세기 후반 두만강 지역 유학자의 '중화'세계─학음 김로규를 중심으로─」; 김준, 「간도 조선인 사회에서 보는 동아시아 공교운동」; 이용식, 「20세기 초 연변 조선인사회의 발전과 다문화 특성」; 최민호, 「중국조선족 민속 연구의 현황과 과제」 등이다.

대조선인 정책과 조선인사회의 형성과 발전 등으로 연구 분야를 넓혀갔다. 특히 21세기에 들어서 조선인에 관한 연구시각, 연구대상, 연구방법 등의 변화가 나타났다. 즉 과거 일국사적인 시각에서 일 개인의 연구논문 혹은 연구저서의 형식으로 진행되었던 재만 조선인들에 관한 연구가 동아시아 한국학의 시각에서 대형 프로젝트 형식으로 연구되었다. 또한 한·중·일 등 여러 나라 연구자들이 공동으로 참여하여 체계적인 연구를 진행하는 경향이 나타났다. 이에 한국학계는 만주학회의 건립과 동양사 연구자들의 만주 지역사 연구, 재만 조선인 사회사 연구를 접목시켰다. 이러한 재만 조선인에 대한 연구는 조선인의 초기 이주와 개척을 상징하는 역사로 설명할 수 있을 뿐만 아니라 코리안 디아스포라, 더 나아가 현재 중국조선족을 다각적인 시각으로 살펴볼 수 있음을 시사하고 있다.

2. 중국학계의 연구동향

중국에서의 조선족 역사에 대한 연구는 1958년 국가민족사무위원회의 주최로 사회과학원역사연구소·북경대학·길림대학·연변대학 등 일단의 역사학자들이 공동으로 동북3성 조선족 집거지역에 대한 사회조사와 역사자료의 수집 및 정리한 것에서부터 비롯되었다. 이를 바탕으로 1962년 내부발행 된 ≪조선족약사≫를 출간하였다. ≪조선족약사≫의 출간은 중국조선족 역사 연구를 체계적으로 진행할 수 있도록 기틀을 마련하였다는 점에서 주목된다. 그러나 1966년 '문화대혁명'이 발생하였고, 과경(跨境)민족인 조선족의 역사는 '연구금구(硏究禁區)'로 인정되면서 약 10년 동안 아무런 연구 성과도 거두지 못했다. 그 후 1976년 '문화대혁명' 종결, 1979 년 연변조선족자치주의 연변역사언어연구소 설립에 이어 1982년에 는 연변대학에 민족연구소가 창설됨으로써 조선족 역사연구는 새로 운 전성기를 맞이하게 되었다. 이 시기 중국조선족사 연구는 주로 동북지역 항일연군사 연구의 일환으로 진행되었다. 특히 1981년부 터 길림성 사회과학원과 연변대학, 연변박물관, 연변역사연구소에 서 공동으로 추진한 동북지역 항일유적지 답사와 항전 당사자들에 대한 인터뷰가 정리되면서 조선족 항일투쟁사와 관련된 약사, 투쟁 사, 열사전, 인물전, 회상기, 문물지, 문사자료집 등 각종 연구저서 와 자료집이 대량 출간되기 시작하였다. 그중 ≪조선족약사≫(조선 족약사편사조 편, 1986), ≪중국조선족역사연구≫(고영일 저, 1986), ≪남만인민항일투쟁사≫(김창국, 연변인민출판사, 1986), ≪조선족혁 명투쟁사≫(황룡국·최홍빈·문숙동 저, 1988) 등을 대표적인 연구 성과로 볼 수 있다. ≪조선족약사≫의 공개출간은 조선족 역사 연 구의 기틀을 제시해주었다는 점에서 연구사적 의의를 가지고 있 다.31) 왜냐하면 1980년대 중반까지 연변지역에서의 중국조선족사 연구는 대체로 투쟁사 혹은 인물사 연구에 편중되는 경향을 보이고 있었기 때문이다. 그러나 ≪조선족약사≫의 출간을 계기로 조선족사 연구는 연구범위를 확대해나갔으며, 경제, 문화, 교육 등 전문사 분 야에서 활발한 연구가 진행되었다.32)

---

31) 2007년 ≪조선족약사≫(수정본, 김춘선 주필)가 민족출판사에서 출간되었다. 수정본에서는 기 존의 '약사'에서 누락되었던 인용사료에 대한 '註釋'을 추가하고 틀렸거나 변경된 지명들을 새 롭게 수정하였으며 별도로 제7장 '新中國成立后朝鮮族社會的發展'을 설정하여 조선족자치주 건립 이후부터 개혁개방에 이르기까지의 내용을 보완하였다.

32) 이 시기 출간된 대표적인 전문사 저서로는 ≪연변농업경제사≫(연변인민출판사, 1987), ≪연변

중화인민공화국 건립 초기 중국학계에서는 조선족이 토착민족이냐 아니면 천입민족이냐 하는 문제를 둘러싸고 논쟁이 있었다. 이에 대하여 1962년 민족출판사에서 내부적으로 간행한 ≪조선족약사≫는 조선족이 고조선, 고구려 시기부터 동북지방에 거주했으며, 고구려가 멸망한 이후 그 후손들이 말갈족과 함께 발해를 건립하였고, 명나라 시기까지도 고구려인들이 기타 민족과 함께 동북지역에 살고 있었으므로, 조선족은 천입민족이 아니라 토착민족이라고 주장한 바 있다.[33] 그러나 이 같은 견해는 조선민족의 기원과 중국의 소수민족인 중국조선족 역사의 상한선 문제, 즉 조선민족사와 중국조선족사(민족사와 국사)의 서로 다른 개념을 混沌하였다는 비판을 받았다. 그리하여 1986년 중국 국가민족사무위원회에서 주관하고 '國家民委民族問題五種叢書'의 하나로 공개 발행된 ≪조선족약사≫에서는 '조선족이 19세기 중엽부터 중국 동북지역에 대량 이주한 후, 기타 민족과 함께 동북지역을 개척하고 건설하는 과정에서 점차 중국소수민족인 조선족으로 형성되었다'고 서술함으로써 조선족이 '토착민족'이 아닌 한반도로부터 이주한 '천입민족'임을 천명하였다.[34]

한편 이 시기 하북성 청룡현과 요녕성 개현, 본계현 등지에서는 조선족 이주사 연구에 획기적인 변화를 가져올 사건들이 전개되고 있었다. 하북성 청룡현 팔도하자향 탑구촌과 대장자향 맹가와포의

청년운동사≫(연변인민출판사, 1988), ≪조선족민속사연구≫(요녕민족출판사, 1988), ≪중국조선족문학사≫(연변인민출판사, 1990), ≪조선족문화≫(길림교육출판사, 1990), ≪중국조선족교육사≫(동북조선민족교육출판사, 1991), ≪연변여성운동사≫(연변인민출판사, 1992), ≪동북항일근거지사연구≫(연변인민출판사, 1992).

33) 朝鮮族簡史編纂委員會, ≪朝鮮族簡史≫ 민족출판사, 1962년(내부발행)

34) 朝鮮族簡史編寫組, ≪朝鮮族簡史≫ 연변인민출판사, 1986년.

380여 명의 박 씨, 요녕성 개현 진둔향 박 가구의 270여 명의 박 씨, 본계현 산성자향 박보·구재·화피 등 촌에 거주하는 1,234명의 박 씨들은 고려인의 후예들이므로 자신들의 족적을 원래의 만족이나 漢族에서 조선족으로 바꾸어 줄 것을 정부에 요구하였다.[35] 정부에서는 조사 연구를 거쳐 이들의 족적을 1982년에 조선족으로 바꾸어 주었다. 중국정부의 이 같은 조치는 조선족 역사의 상한선(이주기점)을 19세기 중엽으로 추정하고 있던 조선족사학계에 큰 충격을 주었다. 왜냐하면 상술한 박 씨 촌 주민들의 선조들은 대체로 '정묘호란'과 '병자호란' 때 이른바 '전쟁포로'로 동북에 끌려온 조선인들이었기 때문이다. 그러므로 이들의 族籍 변경은 사실상 중국조선족 역사의 起點은 이들 조상들의 이주시기인 명말, 청초로 다시 조정할 필요가 생겼다. 이러한 실정에서 1980년대 중반 연변대학 민족연구소와 연변사회과학원 역사연구소에서는 이들 박 씨 촌에 대한 전면적이고 다각적인 사회조사를 시작하였고, 1987년부터 각종 ≪보고서≫와 연구논문들이 대량 발표되기 시작하였다.[36]

---

35) 조사연구에 의하면 이들 박 씨 先祖들은 '정묘호란'과 '병자호란' 때 강제로 중국에 끌려왔다. 그 후 이들은 청조의 봉건통치와 중화민국의 민족기시 정책으로 말미암아 장기간 滿族(여진족) 혹은 漢人으로 자칭하면서 자신들의 族籍을 숨겨 왔던 것이다. 그리고 이들 중 하북성 청룡현의 박 씨들은 1958년 청룡현에 민족사무위원회가 성립되자 朴萬根 노인을 필두로 정부에 族籍 개정을 신청한 바 있었다. 그러나 당시 중국에서 연속되는 정치운동과 '문화대혁명' 등으로 인하여 박 씨들의 소원은 이루어지지 못하였던 것이다.

36) 朴昌昱, 「試論中國朝鮮族的遷入及其歷史上限問題」, 『朝鮮族研究論叢』 1, 延邊大學出版社, 1987年; 「論朝鮮族的遷入及歷史起點」, 『朝鮮族研究論叢』 2, 延邊大學出版社, 1989年; 姜龍範, 「遼寧省盖縣陳屯鄕朴家溝村朝鮮族社會歷史調查」, 『朝鮮族研究論叢』 1, 延邊大學出版社, 1987年; 姜龍範·孫春日, 「中國朝鮮族歷史上限新探」, 『朝鮮族研究論叢』 2, 延邊大學出版社, 1989年; 孫春日, 「遼寧省本溪縣朴堡朴氏朝鮮族社會歷史調查」, 『朝鮮族研究論叢』 1, 延邊大學出版社, 1987年; 劉秉虎, 「河北省靑龍縣朴氏朝鮮族社會歷史調查」, 『朝鮮族研究論叢』 1, 延邊大學出版社, 1987年; 範目, 「中國朝鮮族歷史上限問題管見」 『朝鮮族研究論叢』 2, 延邊大學出版社, 1989年; 王承禮, 「中國朝鮮族史研究中的若干問題」, 『中國朝鮮族遷入史論文集』 黑龍江朝鮮民族出版社, 1989年; 劉鳳翥, 「關於朝鮮民族史研究中的幾個問題」, 『中國朝鮮族遷入史論文集』 黑龍江朝鮮民族出版社, 1989年; 趙明哲, 「略述明末清初遷入河北省的朴氏朝鮮族的同化問題」, 『中國朝鮮族遷入史論文集』 黑龍江朝鮮民族出版社, 1989年; 潘龍海, 「關於中國朝鮮族歷史上限問題管見」, 『中

그런데 여기에서 주목되는 것은 상술한 두 개 연구기관 학자들은 동일한 박 씨 촌을 연구대상으로 선정하였음에도 불구하고 서로 다른 결론을 도출하였다. 연변대학 학자들은 박 씨 촌 후예들이 비록 민족 언어를 상실하였으나 민족풍속과 민족의식을 보존하고 있으므로 마땅히 중국조선족으로 인정하여야 할 뿐만 아니라 이들 선조들이 이주한 명말, 청초시기를 조선족 역사의 기점으로 보아야 한다고 주장하는데 반해 연변사회과학원 학자들은 이들 후예들은 이미 조선민족의 속성을 상실하고 기타 민족으로 동화되었으므로 이들의 族籍 문제는 반드시 재고되어야 하며, 따라서 중국조선족 역사의 기점은 여전히 19세기 중엽으로 보는 것이 타당하다고 주장하였다.

'명말, 청초설'의 대표적인 학자는 연변대학 박창욱 교수이다. 박창욱은 조선족 이주사 연구에서 첫째, 중국과 조선의 국경이 상대적으로 온정된 시기는 명말, 청초(1627년 「江都會盟」의 체결을 기준)시기이며, 둘째, 17세기 전후 조선 봉건통치의 잔혹한 삼정의 문란과 자연재해로 인해 조선 북부지역의 변민들이 살길을 찾아 분분히 동북지역으로 '非法潛入' 하였으며, 셋째, 명말, 청초 薩爾滸戰, '정묘호란', '병자호란' 등 세 차례의 전쟁에서 수만 명에 달하는 조선인들이 포로 또는 납치당하여 동북으로 끌려왔다는 점에 주목할 것을 강조하였다. 그리고 각종 ≪조사보고≫를 통해서도 요녕성

國朝鮮族遷入史論文集』黑龍江朝鮮民族出版社, 1989年; 安華春, 「略述東北朝鮮族的遷入」, 『中國朝鮮族遷入史論文集』黑龍江朝鮮民族出版社, 1989年; 金元石, 「關於朝鮮族歷史上限的起點問題」, 黑龍江朝鮮民族出版社, 1989年; 朴京才, 「明末淸初遼東地區的朝鮮人與中國朝鮮族歷史上限」, 黑龍江朝鮮民族出版社, 1989年; 魯德山의 「論中國朝鮮族的形成」,黑龍江朝鮮民族出版社, 1989年; 金鐵范・姜龍權・朴京才, 「遼寧省本溪縣山城子朴氏朝鮮族改族籍情況調查報告」,黑龍江朝鮮民族出版社, 1989年; 魯德山・崔峰龍・安華春, 「對遼寧省盖縣鎭屯鄕朴家溝村朴氏居民歷史調查」,黑龍江朝鮮民族出版社, 1989年; 崔峰龍, 「遼寧省盖縣朴家溝調查記實」,黑龍江朝鮮民族出版社, 1989年; 千壽山, 「河北省靑龍・平泉・承德縣朴氏家族歷史調查」.

과 하북성 박 씨 주민들의 사례와 같이 명말, 청초에 이주한 조선인들의 후예들이 현재 중국조선족과의 직접적인 연관성이 충분히 증명됨으로 중국조선족 역사의 상한선은 마땅히 명말, 청초로 보아야 한다고 주장하였다.[37] 그리고 范日(강룡범·손춘일)도 중국조선족 이주사의 기점은 1) 상대적으로 안정된 국경, 2) 이주지의 정착 여부, 3) 현재 조선족과의 혈통 및 민족속성상의 직접적인 연원 등 세 가지 기본조건에 부합하여야 하는데 상술한 박 씨 주민들의 선조 이주사례가 바로 이 기준에 부합됨을 규명하였다.[38] 이 외에도 명말, 청초설을 주장하는 학자들은 각종 「사회조사보고서」를 통하여 상술한 3개 지역 박 씨 주민들이 350여 년이란 세월을 다른 민족의 통치와 문화권 속에서 생활하여 점차 본 민족의 언어와 문자를 소실하였으나 아직까지도 민족의식과 조선민족의 고유한 풍속습관을 적지 않게 보유하고 있음이 확인된다고 주장하였다. 그 예로 1) 同姓은 서로 통혼하지 않았으며, 2) 여자들은 纏足을 하지 않을 뿐더러 전족을 한 여자를 며느리로 맞이하는 것까지도 기피하였고 3) 漢族은 '물장'을 담그는데 반해 이들은 '된장'을 담그고, 4) 빨래한 후 풀을 하고 다듬이질을 하며, 5) 식사할 때 노인들에게 독상을 차려 드리는 등등의 구체적인 사례를 제시하였다.[39]

'19세기 중엽설'의 대표적인 연구논문으로는 한준광의 「중국조선족 천입사 연구제강」[40]과 김원석의 「조선족 역사 상한선에 관한 몇 가

---

37) 朴昌昱, 「試論朝鮮族的遷入及其歷史上限問題」, 『朝鮮族硏究論叢』 1, 연변대학출판사, 1987년.

38) 范日, 「中國朝鮮族歷史上限問題管見」 『朝鮮族硏究論叢』 2, 연변인민출판사, 1989년.

39) 姜龍範, 「遼寧省盖縣陳屯鄉朴家溝村朝鮮族社會歷史調查」, 孫春日, 「遼寧省本溪縣朴堡朴氏朝鮮族社會歷史調查」, 劉乘虎, 「河北省靑龍縣朴氏朝鮮族社會歷史調查」, (≪朝鮮族硏究論叢≫ 1, 연변대학출판사, 1987년)

40) 韓俊光, 「中國朝鮮族遷入史硏究提綱」, 『中國朝鮮民族遷人史論文集』 흑룡강조선민족출판사, 1989년, 제3~8쪽.

지 사고」41)를 들 수 있다. 한준광은 중국 소수민족의 일환이 되기 위해서 첫째, 장기간 중국에 거주하여야 하며; 둘째, 당지의 형제민족들과 함께 변강을 개척하고 보위하여야 하며; 셋째, 자원으로 중국국적에 가입하여 공민권을 취득해야 하는 등 세 가지 기본조건이 구비되어야 한다고 주장하였다. 그러나 19세기 중엽 이전에 중국에 이주한 조선인은 중국의 소수민족인 조선족과 구별되며, 현재 중국조선족도 이들의 후예가 아니라는 견해를 역설하였다. 그 이유로는 ①19세기 중엽 이전에 이주한 조선인들은 대부분 정착생활에 실패하여 조선반도로 되돌아갔거나 기타 민족에게 동화되었고, ② 이들의 개별적인 이동과 집단적인 이주를 구분하여야 하는데 요녕성과 하북성의 일부 박 씨들이 족적을 고쳤다 하여 그들 조상들의 개별적인 이주시기를 중국조선족의 이주기점으로 설정하는 것은 과학적인 태도가 아니라는 점, ③1986년 연변지역에 대한 사회조사에서 1850년 이전에 중국에 이주한 조선족 이주민의 사례를 찾을 수 없었다는 것 등을 제시하고 있다. 즉 문헌자료나 사회조사를 통해봤을 때, 현재 조선족은 19세기 이전에 이주한 조선인들과 아무런 연관성이 없는 것이 증명되었다. 이에 한준광은 19세기 중엽을 기준하여 전자는 조선인 해외 이민사의 연구대상으로서 조선사의 범주에 속하며, 후자는 중국 소수민족인 조선족 천입사의 연구대상으로서 중국사의 범주에 속하기 때문에 양자를 엄격히 구분하여야 한다고 주장하였다. 김원석도 중국 내에는 수많은 천입민족이 있는데 이들은 대체로 ①중국국적에 가입하지 않아 공민권이 없는 이주민들, ②중국국적에 가입한 후 공민권을 소유한 이주민들, ③이주 후

---

41) 김원석, 「關於朝鮮族歷史上限的幾点思考」, 위의 책, 제192～239쪽.

기타 민족에게 동화된 이주민들, ④여러 가지 원인으로 고국으로 되돌아 간 이주민들 등 네 개 부류로 구분하였다. 여기서 중국조선족은 바로 두 번째 부류와 같이 중국국적에 가입하고 중국특색을 지닌 조선민족이라고 설명하였다. 그리고 그는 청조의 봉금정책이 완전히 해제된 시기는 1845년에서 1881년 사이이며, 이 시기에 이르러서야 조선인들의 이주형태가 비로소 '冒禁潛入'에서 '公開遷入', '自由遷入'으로 변화되었고, 이주 규모도 역시 분산적이며, 집단적이고 대규모적인 형태로 전환되었기에 이 시기를 중국조선족 역사의 시점으로 보아야 한다고 주장하였다. 이 외에도 연변사회과학원 역사연구소에서 발표한 수 편의 「조사보고서」에서는 모두 상술한 박 씨 주민들의 조상이 비록 명말, 청초에 중국으로 이주하였다 하더라도 그 후예들은 장기간 기타 민족과의 공동생활에서 이미 민족속성을 상실하고 기타 민족에게 동화되었다고 여겼다. 따라서 박 씨 주민들이 족적을 고쳤다 하더라도 이는 다시 재고되어야 할 필요가 있으며, 이들 조상의 이주시기를 조선족 역사의 상한선으로 보는 것은 타당하지 않다고 주장하였다.42)

조선족 역사의 상한선 문제에 있어서 상술한 두 가지 견해 외, '元末, 明初說'을 주장하는 학자들도 있다.43) '元末, 明初說'은 대체로 두 가지 사실에 주목하고 있는데, 하나는 원말, 명초 시기 조선인들이 동북으로 대량 이주하였다는 것이고, 다른 하나는 명초에

---

42) 金鐵范·姜龍權·朴京才, 「遼寧省本溪縣山城子朴氏朝鮮族改族籍情況調査報告」, 魯德山·崔峰龍·安華春, 「對遼寧省盖縣鎮屯鄕朴家溝村朴氏居民歷史調査」, 崔峰龍, 「遼寧省盖縣朴家溝調査記實」, 千壽山, 「河北省靑龍·平泉·承德縣朴氏家族歷史調査」(『中國朝鮮民族遷人史論文集』 흑룡강조선민족출판사, 1989년)

43) 高永一, 『中國朝鮮族歷史研究』 연변교육출판사, 1986년; 潘龍海, 「關於中國朝鮮族歷史上限問題管見」, ≪中國朝鮮民族遷入史論文集≫ 흑룡강조선민족출판사, 1989년.

이르러 양국 간의 국경이 압록강과 두만강을 자연 경계로 확정되었다는 점이다. 특히 '원말, 명초설'은 상대적으로 안정된 국계를 토대로 조선족 이주사의 상한선 문제를 규명하는데 있어서 주요한 근거로 제시되고 있다. 즉 민족의 일부 구성원들이 고국을 떠나 다른 나라로 이주함에 있어서 그것을 명확하게 구분하는 기준으로서 상대적으로 안정된 國界가 있어야 한다는 것이다. 그러나 이러한 견해는 국경이 민족의 이주를 구분 짓는 중요한 조건이 될 수 있으나 중국학계에서 규명하고자 하는 중국조선족역사의 상한선의 기준으로 설정될 수 없다는 지적을 받았다. 다시 말하자면 국계가 형성된 이후 중국에 이주한 조선인은 여러 가지 원인으로 나눠질 수 있으며, 그중 일부는 조선반도로 다시 돌아갔고, 일부는 다른 민족에게 동화되었기 때문에 이들의 이주역사가 비록 조선민족의 해외이민사에 속할지라도, 중국조선족의 역사범주에는 들어갈 수 있는 것은 아니다. 그리고 중국조선족 역사의 상한선은 현재 중국조선족 제1세대가 언제부터 중국에서의 생활을 시작하였는가 하는 문제이므로 국계는 이주를 구분하는 표준이 될 수 있지만, 중국조선족 역사의 상한선을 설정하는 기준으로 될 수 없다고 주장하였다.[44]

중국조선족 역사의 상한선 문제와 더불어 조선족사학계의 관심을 끌었던 문제는 조선족공동체의 형성에 관한 문제이다. 김원석은 중국조선족이 조선민족의 일원이나 조선반도의 조선민족과 국적 및 법률상에서 구분되는 중국특색을 지닌 민족이라고 설명하고 있다. 즉 중국조선족은 조선민족의 支流이자 중국의 소수민족의 일원으로서 双重性을 지닌 민족공동체라는 것이다. 그리고 조선족공동체의

---

44) 박창욱, 「論中國朝鮮族歷史的上限問題」, ≪中國朝鮮族歷史硏究≫ 연변대학출판사, 1995년.

형성과정은 1890년 청조의 '치발역복', '귀화 입적' 정책의 실시를 기점으로 1949년 10월 중화인민공화국의 성립에 이르러서야 최종 형성되었음을 밝히고 있다. 노덕산은 斯大林의 민족개념에 대한 네 가지 기준(공동한 언어, 공동한 지역, 공동한 경제생활, 공동한 문화상의 심리소질)에 근거하여 박 씨 촌 주민들이 이미 기타 민족으로 동화되었음을 밝히면서 중국조선족공동체는 19세기 60년대로부터 80년대에 이르는 시기에 형성되었다고 주장하였다.45) 그리고 김성진은 중국소수민족인 조선족의 '族源'은 조선반도의 조선인이나 19세기 중엽에 중국동북지역으로 대량이주한 후 점차 온정적이고 응집력을 지닌 새로운 조선족민족공동체를 형성한 것으로 분석하였다.46) 이와 같이 '19세기 중엽설'을 주장하는 학자들은 중국조선족 역사의 상한선을 조선인이 조선반도에서 처음 중국으로 이주했을 때를 기준으로 세우는 것이 아니라, 조선인이 중국으로 이주한 후 중국조선족공동체를 형성한 이주민들의 이주시기를 기준하여야 한다고 주장하였다. 이는 중국조선족공동체의 형성시기를 대체로 19세기 중엽으로부터 1885년 간민전간구역의 형성까지로 보고 있는 것이라고 할 수 있다.

'명말, 청초설'을 주장하는 학자들은 민족공동체란 한 민족이 한 나라로부터 다른 나라로 이주한 이후 장기적인 정치, 사회, 경제 등 제 방면의 변화를 거치는 과정에서 점차 형성되는 것으로 보고 있다. 박창욱은 중국조선족의 민족공동체 형성을 두 가지 측면에서 살펴보고 있다. 하나는 중국에서 조선민족의 문화와 전통을 계속

---

45) 魯德山,「論中國朝鮮族的形成」,≪中國朝鮮民族遷入史論文集≫ 흑룡강조선민족출판사, 1989년.
46) 金城鎭,「淺談中國朝鮮族遷入和形成」, 위의 책, 1989년.

보존하고 발전시켜 나가는 것이고, 또 다른 하나는 새로운 문화적인 환경 속에서 다른 민족과의 접촉과 교류를 통하여 그들의 문화를 새롭게 수용하는 문제라고 분석하였다. 그는 조선민족이 문화와 전통을 바탕으로 중국 기타민족의 문화를 흡수하는 과정 속에서 새로운 민족공동체가 형성되었다고 여겼다. 또한 민족공동체의 형성과 그 공동체를 이루고 있는 민족역사의 상한선은 별개의 문제이므로 민족공동체가 형성되는 시기를 중국조선족역사의 상한선으로 보아야 한다는 '19세기 중엽설'의 주장은 성립될 수 없다고 지적하고 있다. 손춘일은 「試論延邊朝鮮族聚居區形成」에서 연변지역이 가지는 지정학적 위치와 지리적 환경, 그리고 청조의 조선인 이주민에 대한 정책을 정밀히 분석하였고, 서간도 지역이 북간도 지역보다 조선인의 이주가 훨씬 빨랐음에도 북간도 지역에 조선족의 집거지가 형성된 연유를 규명했으며, 집거구의 형성과 민족공동체의 형성은 개념이 다른 별도의 문제임을 천명하였다.47)

조선족 이주사 연구에서 역사의 상한선 문제와 더불어 학자들이 관심을 가진 분야는 이주사의 시기획분 문제이다. 박창욱은 17세기 20년대로부터 1931년 '9.18'사변 전까지를 네 개 시기로 나누었다. 첫 번째 시기는 1620년대로부터 1670년대로, 이 시기 이주원인을 조선정부의 '삼정의 문란'과 통치계급 내부의 '사화' 및 '정묘호란', '병자호란'으로, 두 번째 시기는 17세기 70년대부터 19세기 80년대로, 이 시기의 이주 형식을 '冒禁潛耕'으로 나타냈으며, 세 번째 시기는 1885년부터 20세기 10년대로, 이 시기는 '이민실변'의 시기로

---

47) 손춘일, 「試論延邊朝鮮族聚居區形成」, ≪民族史碩士論文集≫ 1, 연변대학민족연구소편, 연변인민출판사, 1991년.

특징지었고, 네 번째 시기는 1910년부터 1931년 '9.18'사변 전까지로, 이 시기는 '자유이민'의 시기로 규정하였다.[48] 이와 달리 황유복은 시기별 이주성격에 따라 17세기의 고대이민(전쟁이민), 19세기 후반의 이민(자발적 이민), 20세기 10년대의 이민(정치망명 이주), 1920~45년의 이민(식민정책에 따른 이주)으로 구분하였다.[49] 그리고 최홍빈은 강제납치 시기(명말, 청초로부터 1670년대), 범월잠입 시기(1677~1880년대), 이민실변 시기(1880~1910년), 자유이민 시기(1910~1931. 9.), 강제이주 시기(1931. 9.~1945년), 광복이후 귀환 시기(1945~1949. 10.) 등 여섯 개 시기로 구분하였다.[50] 유병호는 일제의 이민정책을 기준으로 이주시기를 換位이민기(1907~1931. 9.), 자유이민기(1931.9~1936), 금융자경농이민기(1936~1941), 개척이민기(1941. 12.~1945. 8.)로 구분하였으며,[51] 안화춘은 1627년에서 1885년까지를 冒禁潛入 시기로, 1885에서 1930년까지를 자유천입 시기로, 1931년에서 1945년까지를 강제이민 시기로 구분하였다.[52] 심혜숙은 역사배경과 이주 특징에 따라 ① 咸豐年(1851) 전후 시기, ② 光緖年(1875~1908) 시기, ③ 宣統, 民國(1909~1930) 시기, ④ 僞滿(1931~1945) 시기 등 네 개 시기로 나누었다.[53] 그리고 김춘선은 명말, 청초로부터 1932년 괴뢰만주국 성립 이전 시기를 ①

48) 박창욱, 「朝鮮族遷入我國史程芻議」《中國朝鮮族歷史研究》 연변대학출판사, 1995년, 제40~69쪽.

49) 황유복, 「중국조선족이민사의 연구」, 《조선학》 북경, 중앙민족학원 조선학연구소, 1993년; 「중국조선족의 근·현대사 연구」, 《중국조선족사회와 문화의 재조명》 요녕민족출판사, 2002년.

50) 최홍빈, 「20세기 초 중국동북지방에서의 반일민족독립운동」, 《국사관논총》 15, 국사편찬위원회, 1990년.

51) 유병호, 「論日本帝國主義向東北的朝鮮人移民政策及其影響」, 《民族史碩士論文集》 1, 연변대학민족연구소, 1991년.

52) 안화춘, 「略述東北朝鮮族的遷入」, 《中國朝鮮民族遷入史論文集》 흑룡강조선민족출판사, 1989년.

53) 심혜숙, 《중국조선족 취락지명과 인구분포》 연변대학출판사, 1992년.

정묘, 병자호란에서 1880년까지, ② 1881년 훈춘초간총국의 설치에서 1909년 「간도협약」 체결까지, ③ 「간도협약」 이후부터 1931년 '9.18' 사변 등 세 시기로 구분하고, 각 시기의 이주형태와 성격 규모 등에 따라 제1시기는 '범월잠입' 시기, 제2시기는 '이민실변'에 따른 대량 이주 시기, 제3시기는 '자유이민' 시기로 규정하였으며54), 손춘일은 청나라 시기, 중화민국 시기, 위만주국 시기, 해방전쟁 시기 등 네 개 시기로 나누어 조선족의 이주와 정착을 비롯하여 정치, 경제, 문화 등 모든 방면의 내용들을 체계적으로 정리하였다.55)

차철구는 동북아지역을 대상으로 조선족의 이주와 분포상황을 고찰하였다. 그는 조선족의 동북아 이주를 19세기 중엽부터 1910년까지, 1910년부터 1931년 '9.18' 사변까지, 1931년부터 1945년까지 등 세 단계로 나누어 각 시기의 이주경로와 분포상의 특징을 분석하였다. 즉 동북아지역에서의 조선족 분포상의 특징을 첫째, 인구의 상대적인 집중, 둘째, 대부분 인근지역에 정착, 셋째, 특수한 인적관계 이용, 넷째, 이주민 중 유명한 인사와 부호들이 다수 있는 것으로 나눌 수 있다.56) 이광인은 압록강 유역을 중심으로 조선인들의 이주와 분포상황을 고찰하면서 이주시기를 대체로 ① 19세기 초, ② 19세기 중엽, ③ 19세기 70년대부터 90년대, ④ 20세기 10년대부터 20년대 등 네 개 시기로 구분하였다. 그리고 압록강 중·상류 지역이 청조의 통치가 薄弱하였기 때문에 조선인 이주민들이 일찍이 정착할 수 있었다고 파악하였다.57)

---

54) 김춘선, ≪延邊地區朝鮮族社會的形成研究≫ 길림인민출판사, 2001년.
55) 손춘일, ≪중국조선족이민사≫ 중화서국, 2009년.
56) 車哲九, 「東北亞地區朝鮮族遷移, 分布及其特點」 ≪中國朝鮮族史研究≫ 2, 연변대학출판사, 1994년.
57) 李光仁, 「鴨綠江流域朝鮮族遷入狀況」, ≪中國朝鮮民族遷入史論文集≫ 흑룡강조선민족출판사, 1989년.

이와 같이 지금까지의 중국조선족 학계의 조선족 이주사에 대한 시기 획분은 학자들의 설정기준에 따라 대체로 1910년을 계선으로, 전기를 청조의 동북지역에 대한 정책에, 후기를 일제의 조선에 대한 식민정책과 대륙침략 정책에 역점을 두고 이주시기를 획분하고 있음을 알 수 있다.

중국조선족 학계에서의 조선족 이주사 연구는 상술한 상한선 문제와 시기구분을 제외하고도 청조의 봉금정책과 조선인의 범월문제, 중일 양국의 조선족에 대한 지배정책, 조선족의 동북개척과 영농실태, 국적문제와 조선족사회의 형성 등 다양한 분야에서 이루어졌다.

우선 조선인들의 초기 이주와 정착에 관한 연구 성과로는 천수산[58], 차성파[59], 김춘선[60] 등의 논문들이 주목된다. 천수산은 청조시기 조선인들의 이주형태를 크게는 '強行擄入'과 '自行遷入'으로 구분하였으며, '自行遷入'을 '投順(歸順)형식의 潛入'과 '流民潛入'으로 나누어 보았다. 그리고 조선인들의 동북이주 원인은 첫째, 조선왕조의 폭정, 둘째, 조선 북부지역의 연속적인 자연재해, 셋째, 일본 제국주의의 조선침략 등으로 보았다. 특히 조선인들이 중국 동북지역에 정착할 수 있었던 역사적 조건으로는 청 정부의 봉금정책이 유명무실해졌고, 조선 이주민들에 대한 '관용정책'이 있었기 때문이라고 분석하였다. 차성파는 초기 조선 북부지역 무산인들의 이주에 주목하면서 그들의 이주원인, 이주형태와 경위, 분포상황 등을 고찰하였다. 그의 연구에 의하면 조선인들의 초기 이주민 중 무산인이 가장 많은 이유로 무산지역의 지리적 위치와 조선 북부지

---

58) 千壽山, 「論淸朝時期朝鮮族的遷入」, ≪中國朝鮮族史研究≫ 1, 연변대학출판사, 1993년.
59) 車成琶, 「茂山人早期遷入東北之透視」, ≪中國朝鮮族史研究≫ 2, 연변대학출판사, 1994년.
60) 김춘선, ≪延邊地區朝鮮族社會的形成研究≫ 길림인민출판사, 2001년.

역의 자연재해 및 부패한 관리들과의 밀접한 관계 때문이라고 보았다. 그리고 무산인들의 이주 경로를 추적하여 조선인들의 정착생활은 두만강 연안보다 오히려 압록강 연안에서 먼저 이루어졌음을 밝혔다. 김춘선은 명말, 청초로부터 '9.18'사변 전까지를 범월잠입, 대량이주, 자유이주 등 세 시기로 나누어 각 시기의 이주 특징을 규명하면서 조선족사회의 형성과정을 상세히 규명하였다. 즉 제1시기는 조선인들의 범월이 지속적으로 이루어졌으나 농경을 목적한 정착이민으로 자리 잡지 못하였으며, 제2시기는 청조의 '이민실변' 정책으로 조선인들의 대량이주와 집거구가 만들어졌으나 조·청 양국의 국경분쟁으로 조선족사회가 형성될 수 있는 사회적 기반이 조성될 수 없었음을 지적하였다. 그리고 제3시기에는 일제의 조선강점에 따른 조선인들의 대량이주와 1912년 중화민국의 창설, 1913년 조선족 자치단체인 간민회의 성립 등으로 인해 1910년대 연변지역에 명실상부한 조선족사회가 성립될 수 있는 정치, 사회적 환경과 토대를 마련하였다고 분석하였다. 이 밖에 조선족의 초기 이주와 '犯越'문제에 관한 논문들이 다수 있으나 대체로 위의 내용과 大同小異함으로 여기에서는 생략하기로 하겠다.[61]

　　다음으로 중일 양국의 조선족 이주민에 대한 정책 연구와 관련하

---

61) 金春善, 「19世紀末淸朝的移民實邊政策与延邊朝鮮族專緊區的形成」, ≪中朝韓日關係史硏究論叢≫ 2, 東方文化硏究院, 延邊大學出版社, 2001년 12월; 千壽山, 「朝鮮王朝時期中朝兩國的邊禁問題」, ≪中國朝鮮族史硏究≫ 4, 연변역사연구소편, 연변대학출판사, 2001년, 「論朝鮮王朝時期邊禁政策和流民犯越」, ≪北方民族≫ 4, 1999년; 孫春日, 「淸季東疆的經營与朝鮮邊民的冒禁遷入」, ≪韓國學論文集≫ 9, 북경대학한국학연구중심, 2001년; 李洪錫, 「試論19世紀60~70年代東疆地區封禁政策的危機」, ≪延邊大學學報≫ 3, 2002년; 姜龍范, 「淸代東北的封禁政策与朝鮮流民」, ≪朝鮮學韓國學硏究論叢≫ 5, 연변대학조선문제연구소, 1997년, 「淸政府移民實邊政策与中國朝鮮族的形成」, ≪社會科學戰線≫ 2, 2000년; 林世慧, 「近代東北危機与淸末的移民實邊思想」, ≪黑河學刊≫ 2─3, 1987년; 趙興元·都奇鋒, 「嚴禁─驅逐─接納─淸廷對越境朝民的政策演變」, ≪北方民族≫ 2, 길림성민족연구소, 2001년; 方民鎬, 「明淸時期朝鮮族歷史硏究的幾個問題」, ≪民族史碩士論文集≫ 1, 연변대학민족연구소, 1990년.

여 김춘선62), 강룡범63), 이홍석64) 등의 논문들이 주목된다. 김춘선
은 일제의 조선족에 대한 통치는 무력취체를 중심으로 '以韓制韓'
과 '以華制韓' 방법을 병행하였고, 1910년부터 1920년까지를 '통제
와 이용', 1921년부터 1931년 '9.18'사변 전까지를 '통제와 안정',
'9.18'사변부터 일제의 멸망까지를 '통제와 무육' 형태로 특징지을
수 있다고 분석하였다. 강룡범은 중국정부의 조선족에 대한 지배정
책의 특징을 청조 시기의 '회유'와 '동화'로, 중화민국 시기의 '귀
화 입적'으로, 일본의 통치정책의 시기를 이른바 '통제와 보호'라고
분석하였다. 또한 1909년 중일 간에 체결된 ≪간도조약≫은 청조의
부패와 무능을 집중적으로 반영한 것이며 '간도문제'를 둘러싼 중
일 간의 분쟁에서 무고한 조선족들이 제국주의와 봉건군벌의 이중
압박을 받아 왔음을 밝혔다. 이홍석은 청 정부가 '이민실변'의 목적
을 달성하기 위해 조선족에 대한 '안무정책'을 실시하였으며, 1885
년 연변지역에 설치한 화룡욕통상총국과 간민전간구역은 모두 '안
무정책'의 산물이라고 파악하였다. 박길춘65)은 ≪동삼성정략≫에
대한 분석을 통하여 동변도지역의 조선인 이주민이 거주권과 토지
소유권이 없는 반면 연변지역의 이주민들의 경우 토지소유권과 訴
訟權을 향유할 수 있었음을 규명하였다. 이 분야와 관련하여 박길
춘의 「從 ≪東三省政略≫ 看淸末朝鮮族移民的法律地位」(≪朝鮮族硏
究論叢≫ 3, 연변대학민족연구소, 1991), 양여련의 「淸廷對吉林邊疆

---

62) 金春善, 「試論日本帝國主義對朝鮮族的 '統制与利用' 政策」, ≪朝鮮族硏究論叢≫ 3, 연변대학민
    족연구소, 1991년.
63) 姜龍范, 「淸政府對朝鮮移民的政策─以懷柔与同化政策爲中心」(≪연변대학학보≫ 2, 1998), 「日
    本對間島朝鮮人的 '保護'政策」(≪연변대학학보≫ 2, 1999).
64) 李洪錫, 「論甲午以前淸政府對延邊地區 '越墾韓民'的按撫政策」, ≪中朝韓日關係史硏究論叢≫ 2,
    연변대학중조한일문화비교연구중심, 연변대학출판사, 2001년.
65) 박길춘, 「從 ≪東三省政略≫ 看淸末朝鮮族移民的法律地位」, ≪朝鮮族硏究論叢≫ 3, 연변대학
    민족연구소, 1991년.

少數民族地區的統治」(≪력사연구≫ 6, 1982), 김춘선의 「1920年代 末 동북군벌당국의 조선족에 대한 驅逐政策과 조선족사회의 대응」 (≪조선족공동체연구≫ 국제고려학회 아세아분과 2000년도 논문집, 연변대학출판사), 황금복의 「淸朝,民國政府對延邊朝鮮族人民的統治政策」(≪조선족연구논총≫ 2, 연변대학민족연구소, 1989), 전지화의 「簡論淸朝政府對朝鮮族的政策」(≪동북사대학보≫ 1, 1990), 양전련의 「淸廷對吉林邊疆少數民族地區的統治」(≪歷史硏究≫ 6, 1982) 등의 연구업적이 있다.66) 이 외에도 조선족들의 국적 문제와 경제 분야와 관련하여 적지 않은 논문들이 발표되었으나67) 지면상의 관계로 구체적인 소개를 생략하기로 하겠다.

한마디로 중국조선족 이주사 연구는 20세기 80—90년대의 상한선 문제와 이주시기 획분을 둘러싼 논쟁으로부터 그 이후의 구체적

---

66) 이러한 연구업적은 상술한 내용과 대동소이함으로 구체적인 소개는 생략함.

67) 權赫秀, 「1920—30년대의 동북지방 조선족 농민의 경제상황에 관하여」, ≪明知논집≫ 5, 1993년; 孫春日, 「民國時期東北朝鮮族 '双重國籍'問題的始末」, ≪東疆學刊≫ 3, 연변대학역사학부, 2000년, 「論僞滿時期日本對無籍朝鮮人籍救濟措施」, ≪延邊大學學報≫ 4, 2001년, 「論淸政府對犯禁朝鮮墾民的土地政策」, ≪滿族硏究≫ 3, 2002년; 姜龍范·崔永哲, 「日韓合倂'与間島朝鮮人的國籍問題—兼論中日兩國在朝鮮人國籍問題上的政策紛爭」, ≪東疆學刊≫ 4, 연변대학역사학부, 1999년; 趙剛, 「解放前東北朝鮮族國籍問題探究」, ≪延邊大學學報≫ 1, 2001년; 千壽山·洪景蓮, 「九·一八'事變前東北三省朝鮮人的入籍情況」, ≪朝鮮族硏究論叢≫ 4, 연변대학민족연구소, 1995년; 朴昌昱, 「日本帝國主義對在朝鮮人國籍問題的統治政策」, ≪中朝韓日關係史硏究論叢≫ 2, 연변대학 중·조·한·일 문화비교연구중심, 2001년, 「試論日本帝國主義在東北植民統治時期對朝鮮族農民所實行的 '自耕農創定計劃」, ≪中國朝鮮族歷史硏究≫ 연변대학출판사, 1995년; 孫春日·朴興鎭, 「淸代越界朝鮮人編入華籍之爭与中國國籍法籍制定」, ≪延邊大學學報≫ 2, 2000년, 「論僞滿洲國 '國籍法'的難產与在滿朝鮮人的國籍問題」, ≪東疆學刊≫ 2, 연변대학역사학부, 2001년; 權立, 「試論中國朝鮮族在歷史上的法律地位問題」, ≪朝鮮族硏究論叢≫ 2, 연변대학민족연구소, 1989년, 「中國朝鮮族在歷史上的法律地位」, ≪朝鮮學硏究≫ 2, ≪朝鮮學硏究≫ 編輯委員會, 1990년; 權立·李洪錫, 「試論中國朝鮮族在歷史上的社會地位問題」, ≪中國朝鮮族史硏究≫ 4, 연변역사연구소, 2001년; 車成甚, 「關於淸末延邊越墾四堡三十九社的位置」, ≪延邊歷史硏究≫ 1, 연변역사연구소편, 1986년, 「淸末和龍峪通商局卡始末初探」≪中國朝鮮族史硏究≫ 1, 연변역사연구소, 1993년; 權寧朗, 「朝鮮族的遷入与黑龍江近代水田開發」, ≪北方民族≫ 3, 길림성민족연구소, 1995년; 崔賢彬, 「延邊地區水田開發歷史初探」, ≪延邊史地≫ 1, 1986년, 연변조선족자치주사지편찬위원회; 黃今福, 「淺談近代延邊地區的水田開發」, ≪延邊歷史硏究≫ 1, 연변역사연구소, 1986년; 董萬侖, 「光緖初年吉林東部邊疆的開發」, ≪北方論叢≫ 5, 1980년; 張文豪, 「試論東洋拓殖株式會社在延邊地區的土地掠奪和對朝鮮族人民的經濟統治」, ≪中國朝鮮族史硏究≫ 4, 연변역사연구소, 2001년.

인 실증연구를 통하여 적지 않은 연구업적을 쌓아왔다. 21세기에 이르러 이를 바탕으로 한 중국조선족사 연구는 세계적 범위에서 문화의 다원화와 지구의 일원화가 촉진되는 가운데 주로 민족문화의 전승과 발전이라는 시각에서 조선족의 역사와 전통문화에 대한 연구에 박차를 가하였다. 특히 국내외에서 석·박사학위를 취득한 젊은 석학들이 다양한 연구이론과 연구방법으로 조선족사 연구를 진행하여 주목할 만한 연구 성과를 거두었다.

강룡범[68]은 중·조·일 삼국이 동북지역 조선족에 대한 정책과 그 영향을 비교, 분석하였다. 이 연구는 크게 청조와 중화민국 두 개의 시기로 나누었고, 청조시기에는 주로 조선인들의 시기별 이주형태의 변화와 정착과정을 상세히 규명하였으며, 민국시기에는 조선족사회단체인 간민회, 농무계, 농민회, 공교회 등 조직의 건립과 활동을 중심으로 조선족사회의 형성과 발전을 규명하였다. 이 연구에서 간민회는 자치단체의 성격을 구비하지 못한 일반적인 사회단체에 불과하며, 1909년 중일 간에 체결된 ≪간도협약≫은 청조의 부패무능을 집중적으로 반영한 것이라고 주장했다. 손춘일[69]은 청나라와 중화민국정부가 토지소유권 문제에 있어서 조선족들에게 '치발역복'과 '귀화 입적'을 강요한 것은 어디까지나 국가주권을 보호하기 위한 조치라고 보았다. 이러한 실정에서 약 20%에 달하는 조선족들은 歸化入籍하는 방법으로 토지소유권을 취득하였고, 귀화하지 않은 대부분의 조선족은 연변지역에서 전민제 방식으로 경작지를 소유하였음을 규명하였다. 또한 안전농촌·집단부락·자작농창정 계획·만선척식회사 등에 대한 종합적인 고찰을 통하여 괴뢰만주국

---

68) 강룡범, ≪近代中朝日三國對間島朝鮮人的政策硏究≫ 흑룡강성조선민족출판사, 2000년.
69) 孫春日, ≪해방전 동북조선족 토지관계사 연구≫ 상·하, 길림인민출판사, 2001년.

시기 일제가 조선족에 대하여 시종일관 '통제'와 '안정' 정책을 추진하였음을 밝혔다. 특히 일제는 이민정책을 추진함에 있어 조선족에 대해 방임자유정책을, 중국인에 대해 제한정책을 실시하였고, '만주국'의 민족비례를 '조절'함으로써 일본인 농업개척민의 이주를 촉진하였다고 지적하였다. 김춘선[70]은 조선족의 이주를 비롯하여 조선족 집거구와 조선족사회의 형성문제를 상세히 규명하였다. 그는 20세기 초 청조가 '치발역복 '에 의존하던 귀화 입적 정책을 재산의 소유 내지 토지소유권을 중심으로 한 귀화 입적 형태로 바꾸어 갔으나 이는 근대적 법적 규정이 결여한 한계를 가지고 있어 일제의 조선족에 대한 이용정책에 빌미를 주었다고 분석하였다. 또한 연변지역에서 조선족들이 전민제도를 이용하여 토지를 구입하였으나 이러한 방식으로 취득한 경지에 대하여 중국정부는 어디까지나 墾地權 내지 경작권만 인정하였을 뿐 토지소유권은 인정하지 않았음을 밝혔다. 뿐만 아니라 조선족 집거구역의 설치는 1885년이 아니라 1890년 이후인 4보39사의 설치를 기준으로 해야 하며, 조선족사회의 형성에 있어서는 반드시 1909년의 간민교육회와 1913년 간민회의 성립과 활동에 주목하여야 한다고 주장하였다. 즉 과거의 경우 오록정의 ≪연길변무보고≫를 토대로 연변지역 조선족사회의 형성시기를 대체로 광서11년(1885)으로 보아 왔으나, 이 연구에서는 집거구의 촌락형태와 조선족사회의 형성으로 구분하였다. 집거구의 경우 조선족들의 거주를 법적으로 인정한 사실을 바탕으로 둘 수 있지만, 조선족사회라고 할 경우 구성원의 의식과 문화, 사회적으로 공동체를 이루어야 함을 지적하였다. 이 외에도 이 연구는 조선족 자치단체에 주목하면서 간민회 성립과 성격, 조직기구, 주요활동 등

---

70) 金春善, ≪延邊地區朝鮮族社會的形成研究≫ 길림인민출판사, 2001년.

을 상세히 분석하였고, 장기간 거의 공백상태로 남아있던 조선족사회의 형성과 자치운동에 대한 연구에 크게 기여하였다. 유병호[71]는 1881년부터 1911년 사이 중·조 양국의 조선인 이주민의 국적문제에 대한 부동정책과, 이후 일제의 개입으로 인한 조선족의 귀화 입적 과정을 검토하였다. 김영[72]은 20세기 전후 조선인들이 동북지역으로 지속적인 이주를 했던 이유에 대하여 조선인들의 벼농사와 관련을 지었고, 조선인들의 수전 개발이 조선족사회의 형성과 발전에 막대한 공헌을 하였음을 구체적으로 논증하였다. 박금해[73]는 20세기 초부터 광복에 이르기까지 일본의 동북조선인에 대한 식민주의 교육정책을 학교교육을 중심으로 심도 있게 분석하였다. 이 연구는 동북조선인에 대한 일제의 식민교육의 시기별 변화와 특징, 조선족 사회에 미친 영향을 상세히 규명하였다. 그리고 풍부한 사료를 인용하여 일제 식민주의 교육정책의 본질을 폭로하는 한편, 조선족사회가 민족교육을 보존하기 위하여 어떻게 식민교육에 능동적으로 대처하였는가를 체계적으로 논증하였다. 팽회빈[74]은 중화민국시기 장작림을 위수로 한 봉계군벌 당국의 동북지역 조선인에 대한 정책을 검토하였다. 이 연구에서는 조선인들에 대한 봉계군벌의 정책변화과정을 정치, 경제, 교육 등 세 개의 방면으로 나누어 분석하였으며, 일제와의 모순과 충돌 속에서 이른바 '주권보호'라는 이름하에 실시한 압박과 구축정책의 본질과 조선족사회에 미친 영향을 규명하였다. 정광일[75]은 방대한 일본 측 사료를 대량으로 발굴하고 인용하였

71) 劉秉虎, 「在滿韓人의 國籍問題 硏究(1881—1911)」, 한국 중앙대학교 대학원 박사학위논문, 2001년.
72) 김영, ≪근대 만주 벼농사발달과 이주 조선인≫ 국학자료원, 2004년.
73) 박금해, 「일본의 동북조선인에 대한 식민주의 교육정책 연구」, 연변대학 박사학위논문, 2007년.
74) 팽회빈, 「봉계군벌의 동북조선인에 대한 정책 연구」, 연변대학 세계사 박사학위논문, 2010년.
75) 정광일, ≪일위시기 동북조선족 '집단부락 연구≫ 연변대학 세계사 박사학위논문, 2010년.

을 뿐만 아니라 현지조사와 당사자들의 인터뷰를 통하여 일제가 '집단부락' 설립을 계획하고 추진하는 전반적인 과정을 구체적이고 설득력 있게 논증하였다. 이 외에도 양소전·김춘선 등의 ≪중국조선족혁명투쟁사≫76)와 손춘일의 ≪중국조선족이민사≫77)가 주목된다. 길림성 사회과학원의 중점 프로젝트인 ≪중국조선족혁명투쟁사≫는 ≪조선족약사≫ 출간 이후 중국 정부와 학계, 그리고 조선족학자와 중국인학자들이 공동으로 집필한 최초의 대형 연구 저서이다. 이 연구는 비록 투쟁사라는 한계를 가지고 있지만 중국조선족의 이주와 정착, 국적문제, 민족주의계열의 반일운동, 조선공산주의자들의 반제반봉건 투쟁, 관내지역 조선인단체들의 활동 등에 대하여 전면적이고 객관적으로 서술, 평가함으로써 조선족 역사 연구에 크게 기여하였다.78) 그리고 손춘일의 ≪중국조선족이민사≫는 청조부터 중화인민공화국 창건까지의 약 300여 년간의 역사를 청조, 중화민국, 위만주국, 해방전쟁 등 네 개의 시기로 나누어 조선족의 이주와 발전과정을 체계적으로 서술하였다. 이 연구에서 제기된 주요 관점을 개괄하면 (1) 조선족의 동북이주 시점은 명말, 청초이고, (2) '간도'문제는 조선족들의 이민으로 인해 발생된 것이 아니라 1712년 목극등이 정계비 설립 이후 조선정부에서 제기한 토문, 두만 '兩江說'에서 비롯된 것이다. (3) 19세기 후반부터 조선족은 하나의 민족공동체로서 중화민족의 대가정에 합류하기 시작하였다. (4) 조선족들의 이민은 일본의 '만몽'침략으로 인한 희생품이다. (5) 조선족 이민은 동북지역의 수전 농업을 개발한 주역이며, (6) 위만주국 시기 조선개척민과 일본개척민은 상부상조의 관계를 형성하고 있었다. 또한 (7) 해방전

---

76) 양소전·김춘선 등 저, ≪중국조선족 혁명투쟁사≫ 길림인민출판사, 2007년.

77) 손춘일, ≪중국조선족이민사≫ 중화서국, 2009년.

78) 2010년 길림성정부 길림성사회과학 연구저서 2등상을 수여 받았다.

쟁시기 100여만의 조선족이 동북에 남아있으면서 중국을 조국으로 인정한 것은 그들이 동북대지에 대한 깊은 정을 가지고 있었음을 말한다. (8) 조선족이 중화인민공화국의 공민으로 된 것은 역사의 필연적인 결과이다. 이와 같이 이 연구에서는 조선족 이주사를 시대별로 나누어 각 시기의 정치, 경제, 문화, 민족 등 여러 가지 요소들을 종합적으로 분석, 검토함으로써 조선족 이주사 연구수준을 한 단계 끌어올렸다고 평가되고 있다.

이 시기에 이뤄진 연구 중에서 한중 공동프로젝트 형식으로 추진된 중국해양대학교 한국연구소의 연구 성과도 주목해 볼 필요가 있다. 21세기에 들어와 과거 연변을 중심으로 단일한 조선족공동체가 서서히 분해되었고, 중국 연해도시의 다원화, 다차원적이고 융합적인 새로운 조선족공동체가 형성되는 상황 속에서 이 연구소는 '황해권 한인공동체 구축을 위한 한국학의 창신'을 목표로 일련의 연구사업을 추진하였다. 그리고 중국해양대학교 한국학연구소 총서로 ≪근대 동아시아인의 이산과 정착≫(2010년)과 ≪귀환과 전쟁, 그리고 근대 동아시아인의 삶≫(2011년)을 출간하였다. ≪근대 동아시아인의 이산과 정착≫은 총 4부로 구성되었는데 이 중 제1부 재중 조선인의 이주와 정착, 제3부 재만 조선인 문학에 나타난 이산의 양상 등에서 재만 조선인사회와 관련된 9편의 논문이 수록되었다.79) 이들 연구는 크게 조선인들의 자치운동, 일제의 안전농촌 설치과정, '민족협화'의 자치, 조선인특설부대의 활동과 귀환 등 다양

---

79) 조춘호, 「1930년대 초반 북간도 지역 한인자치운동과 중국공산당 대응」; 유필규, 「1930년대 초반 만주 지역 안전농촌의 설치와 성격」; 다나카 류이치, 「'민족협화'와 '자치'—조선인의 중국 동북 이주의 정치사적인 성격에 대하여—」; 조건, 「일제 말기 '조선인특설부대'의 활동과 귀환」; 한수영, 「재만이라는 경험의 특수성: 정치적 아이덴티티와 이민족의 형상화를 중심으로」; 박은숙, 「일제강점기 재만 조선인 문학과 조선인 사회의 모순 형식」; 최일, 「신분과 역사서사: '만보산사건'의 문학화를 중심으로」; 이해영, 「만주국의 실체 고발하기와 사회주의자들의 반만항일투쟁 형상화: 강경애의 간도 체험 작품을 중심으로」, 「일제강점기 간도이주와 그 형상화의 두 양상」.

한 역사분야와 정치적 아이덴티티, 이민족의 형상화, 재만 조선인 문학과 사회의 모순, 신분과 역사서, 강경애의 간도 체험 작품 분석, 일제강점기 간도이주와 그 형상화의 두 양상 등 재만 조선인 문학에 나타난 이산의 양상을 분석하였다. 그러나 이 연구소의 계획과 달리 연구내용이 체계적이지 못한 것에 대하여 아쉬움이 남는다. 그리고 ≪귀환과 전쟁, 그리고 근대 동아시아인의 삶≫에서도 재만 조선인사회와 조선인들의 귀환 및 정착과 관련된 8편[80]의 논문들이 수록되었다. 이 중 해방 후 재만 조선인들의 귀환과 定着에 대한 연구가 당시 조선족사회의 복잡한 양상과 고향의식에 대한 정확한 이해에 도움이 된다고 볼 수 있다. 사실 재만 한인들의 귀환과 정착에 관한 연구는 앞서 손춘일과 김춘선의 연구에서도 그 중요성이 부각되었고 학계의 관심을 받은 바 있다.[81] 오늘날 중국조선족사회를 다룬 연구 성과도 적지 않다.[82] 그러나 여기에서는 지면상의 관계로 일일이 언급하지 않기로 하겠다.

---

80) 김춘선, 「재만 한인의 국적 문제」; 장석흥, 「해방 후 중국지역 한인의 귀환과 성격」; 염인호, 「조선사단의 재중국 활동과 북한 활동: 중국인민해방군 제156사단을 중심으로」; 조춘호, 「1920년대 후반 만주정세와 조선공산당 만주총국의 자치운동」; 최병우, 「해방직후 한국소설에 나타난 귀환과 정주의 선택과 그 의미」; 이광일, 「해방직후 조선족문학에서 보인 거주지와 고향의식의 관계」, 이해영・곽효인, 「1960년대 초반 중국조선족 장편소설에 나타난 민족의식 내면화: 리근전의 장편소설 '범바위'를 중심으로」, 이광재・지해연, 「조선족 농촌여성의 실존적 특징: 허련순의 '누가 나비의 집을 보았을까'를 중심으로」.

81) 손춘일, 「해방직후 재만 한인들의 한반도 귀환」, ≪해방직후 인구이동과 서울의 도시문제≫ 제9회 서울향토사학술대회 발표문, 2002년; 김춘선, 「광복 후 중국 동북지역 한인들의 정착과 국내귀환」, ≪한국근현대사연구≫ 28집, 한국근현대사학회, 2004년.

82) 주요한 저서와 논문집만 소개하면 다음과 같다. 김병호・류춘옥 편저, ≪중국조선족 인구문제와 그 대책≫ 민족출판사, 2007년; 손춘일 주편, ≪중국조선족사회문화 발전사≫ 연변교육출판, 2002년; 허명철・박금해・김향화・리정 저, ≪연변 조선족교육의 실태조사와 대안 연구≫ 요녕민족출판사, 2003년; 허명철 저, ≪전환기의 연변조선족≫ 요녕민족출판사, 2003년; 김호웅 저, ≪재중조선인 디아스포라문학연구≫ 연변대학출판사, 2010년; 김춘선 주편, ≪연변조선족사≫ 상, 연변인민출판사, 2010년; 김철수 주편, ≪연변조선족사≫ 하, 연변인민출판사, 2012년; 황유복 주편, ≪중국조선족사연구≫ 2008, 민족출판사, 2008년; 황유복 주편, ≪중국조선족사연구≫ 2009, 민족출판사, 2009년.

제2장

청초시기 한인들의
이주와 정착

제1절 청나라 초기 조선인 '포로'들과 그 후예들

1. 청조 건립 전 遼東(滿洲)지역의 전란과 조선유민

1) 遼·金·元 시기 요동지역의 전란과 조선유민

전통시대에서는 '요동'이라고 불렀으나 현재 중국에서는 만주를 '동북'이라고 부르고 있다.(순서변경) 만주는 장기간 山海關을 경계로 中原과 격절되어 있었기에 중국에서는 흔히 '關東' 혹은 '關外'라고도 불렀다. 고대 이 지역에서는 濊貊係, 肅愼係, 東胡係 등 세 개의 부족공동체[1]가 흥망성쇠하면서 한반도와 요동지역을 비롯한 중원지역의 역대 정치집단의 형성과 발전에 크게 영향을 주었다. 그들이 요동지역에 건립했던 여러 정권들과 민족(부족)공동체들의 역사를 '一史兩用'의 시각에서 보면 이후 한국사와 중국사를 형성한 주요한 요소로 작용하였다고 평가된다. 특히 중국대륙의 중원왕조와 한반도 내의 민족국가 간의 강역이 상대적으로 안정된 고려시대에 이르러 요동지역은 한반도와 중국대륙과의 정치, 경제, 문화 교류에 중요한 紐帶적 작용을 놓았다. 현재 중국 동북지역의 다원문화 특징도 바로 이와 같이 장기간 한·중 양국 사이에 위치하여 양국 문화의 교통로 역할을 수행한 요동의 독특한 지리적 위치와

---

[1] 중고시대 동호계, 예맥계, 숙신계 등 세 개 그룹 중에서 숙신→읍루→물길→말갈→여진→만족으로 연결되는 숙신계 그룹이 예맥계와 매우 긴밀한 관계를 갖고 있었다.

기능에서 비롯된 것이라 볼 수 있다.

주지하는 바, 고대로부터 요동지역에서 세력이 왕성해진 여러 부족(민족)들은 중국대륙을 지배하고자 끊임없이 군사를 일으켰다. 그들은 물리적인 힘으로 상대방을 정복하고 영토를 확대하여 나갔다. 반면에 끊임없이 일어나는 전란 속에서 수많은 백성들은 본인의 의사와는 무관하게 전쟁 '포로'로 취급되어 무참히 학살되거나 강제로 정복자들에게 끌려 고향을 떠날 수밖에 없었다. 그 대표적인 예시가 바로 고구려와 발해의 유민들이다. 669년 나당 연합군에 의해 멸망된 고구려의 유민 28,200호(약 20만)가 강제로 중원으로 끌려가 '江淮之南'과 '山西 京西諸州'에 안치되었다.[2] 그리고 925년 발해국이 契丹에 의하여 멸망되자 적지 않은 발해 유민들이 강제적으로 요동 일대로 끌려갔다.[3]

중국의 요·금·원 시기에도 한반도 내에 적지 않은 고려인들이 요동지역으로 이주하게 되는데 이 시기의 이주형태도 전 시기와 마찬가지로 대부분 전쟁에 의한 강제적 이주였다. 요나라는 993년(고려 成宗12년)부터 1019년(顯宗10년) 사이에 고려를 6차례나 침략한 후 수많은 고려인들을 납치하여 요동으로 끌고 갔다. 이 때문에 당시 요동이나 요서 일대에는 새롭게 고려인 부락들이 생겨나기 시작하였다.[4] 이에 대하여 『遼史』 '지리지' 中京道條에서는 억류된

---

2) 張博泉, 『東北地方史稿』 1958年, 吉林大學出版社, 239쪽.

3) 『遼史』 「地理志」; 劉祁, 『歸潛志』 券4; 『渤海國志長編』 卷13 等을 참조.

4) 『高麗史』 卷25, 元宗元年 2月條; 『遼史』 「地理志」 中京道·東京道條. 당시 上京의 여러 州縣(寧安 일대)의 유민들은 遼陽 일대로, 中京의 여러 주현(和龍)의 유민들은 北鎮과 態岳 일대로, 東京의 여러 주현(훈춘 일대)의 유민들은 鳳城 일대로, 南京의 여러 주현(조선 함경도 일대)의 유민들은 海城 일대로, 東平府(興開湖 일대)의 유민들은 新民 일대로, 定理府(연해주의 蘇城 일대) 유민들은 瀋陽 일대로, 鐵利府(흑룡강성 依蘭縣 일대) 유민들은 瀋陽西南 일대로, 銅山(지금의 연변 汪淸, 敦化 일대) 유민들은 開原 일대로 각기 이주시켰다.

고려민들은 집단부락을 형성하여 생활하고 있으며 "그 治所인 三韓縣에는 무려 5천에 달하는 고려인 민호가 있다"고 기록되어 있으며, 『요사』 '병술지'에서는 "그 현의 鄕丁이 1만"[5]이라고 기록하였다. 이 외에도 高州(지금의 내몽고자치구 적봉시)와 歸州에도 고려민(포로)을 이주하게 하여 州를 두었다는 기록도 있다.[6]

1115년 여진족의 完顔阿骨打가 會寧府(지금의 흑룡강성 아성)에 금나라를 건립하였다. 그러나 금나라 건국 초기 태조는 모든 역량을 총동원하여 하북, 산서, 내몽골 일대의 거란 세력과 최후의 결전을 벌이고 있었기에 될 수 있는 한 배후에 있는 고려와 충돌을 피하고자 했다. 그리하여 일부 모순과 충돌이 생기기도 하였지만 고려는 금으로부터 침탈당하거나 압박을 받지 않았고, 이 점은 여진인들이 고려인들의 조상을 자기들의 선조로 간주하고 있었던 점과도 연관이 있다.[7] 금은 요동에서 거란세력을 몰아낸 후 保州 땅을 고려에 내주었으며, 1175년 고려의 西京留守 趙位寵이 고려에 반기를 들고 자비령 이서에서 압록강에 이르는 40여 성을 거느리고 금나라에 내속하기를 원하면서 금에 군사원조를 요구할 때에도 금 세종은 이를 받아주지 않았다.

그 후 고려인들의 요동지역 강제이주는 元末明初 몽고군의 침입에 의해 대폭 증가하였다. 고종 41년(1254) 12월의 문서에 의하면 이 해에 원에서 납치한 고려주민은 무려 20만 6,800여 명에 달하였

---

5) 현규환, 『한국 유이민사』 상, 삼화인쇄출판부, 1976년, 제55쪽.

6) 『遼史』 권15, 聖宗本紀, 開泰元年 12월조.

7) 『금사』에는 "금 시조의 이름은 函普이다. 처음에 고려로부터 왔는데 나이 60세였다."고 기록되어 있으며, 1109년 여진 사신이 고려에 갈라진 9개성을 돌려줄 것을 간청할 때 "우리 할아버지는 대방(고려)에서 왔고, …… 고려를 부모의 나라로 섬기겠습니다."고 말한 바 있다. 이와 같이 금은 세약했던 시기에 고려를 '부모의 나라'로 간주하면서 고려에 來附했지만 금이 요를 멸망시킨 후에는 고려의 상국으로 되었다.

다[8]고 기록되어 있다. 이 시기 고려의 장수들이 자기가 관할하던 城과 州民들을 거느리고 원에 투항하는 현상이 속출하였는데 이는 고려의 지방 세력들이 부패한 최 씨 정권에 대한 소극적인 반항수단의 일환에서 이루어진 것이었다. 그러므로 고려의 "백성은 剝民橫歛의 고가 심하여 오히려 몽고군이 오는 것을 즐겼다."[9]라고 설명되기도 하며, 이러한 실정에서 1231년(고종18년) 麟州都統 洪福源이 1,500여 가구의 주민을 거느리고 원에 투항한데 이어 1233년에는 金信孝가 서경(평양)에서 10여 城을, 1238년에는 趙玄習・李元裕 등이 2,000여 명을, 1271년에는 강원도에서 張世 등이 1,000여 가구를 거느리고 원에 투항하였다.

1271년 李延齡・崔坦・玄元烈 등이 서경 일대의 60여 개 성읍을 거느리고 원에 투항하자 원에서는 그들을 불러서 위로하기 위해 고려의 서경에 東寧府를 설치하였다. 이어 1276년에는 동녕부를 東寧路總管府로 승격시키고 靜州・義州・麟州와 威遠鎭 등에게 성읍을 관리하도록 했다. 이 시기 요동으로 이주한 고려인들은 대체로 요양과 瀋陽을 중심으로 한 14개 주, 즉 新城州・遼城州・哥忽州・建安州・南蘇州・本底州・蓋羊州・代郡州・瀋藤州・摩米州・積利州・黎山州・延津州・安市州 등에 분산되어 집단부락을 형성하고 농경에 종사하였다.[10] 그 후 원은 고려인들을 효과적으로 관리하기 위하여 요동에 按撫高麗軍民摠管을 두었으며 忠宣王을 瀋陽王이라 봉하기도 했다.

---

8) 『高麗史』 卷24, 高宗 41年 12月條. '是歲蒙古兵所虜男女,無慮二十萬六千八百餘人,殺戮者不可勝計,所經州郡皆爲煨燼.

9) 『고려사』 世家 권24 고종 43년 2월조.

10) 『元史』 卷59, 「地理志」11, 瀋陽路; 『高麗史』 卷29, 忠烈王 5年 6月條.

한편 이 시기 고려에서는 장수들과 백성들의 투항을 저지하기 위하여 각 도에 按察使, 按撫使, 按廉使, 按集使 등 새로운 관리파견,[11] 귀환자에 대한 賑恤,[12] 관문의 防守강화, 戶籍點計 실시 등 일련의 조치를 취하여 유민들의 이동을 억제하는 한편, 적극적인 유민쇄환 정책을 추진하였다. 그리하여 1260년(원종원년) 2월 '王萬戶遣人 歸我國男女六十餘人'[13]이 귀환하였고, 동년 5월에는 '逃亡 또는 捕虜人四百四十餘戶'[14]가 귀환하였다. 특히 충렬왕시기 (1273—1308)에 이르러 원의 征東에 따른 戰費와 노동력의 확충 등의 원인으로 원은 고려의 유민들을 대량 쇄환시키기 시작하였다.[15] 그 결과 1299년 4월에 고려유민 350가구가 송환되었고,[16] 1359년 (공민왕 8년)에는 요양과 심양의 2,300가구의 유민들이 귀환하였으며,[17] 1370년에는 압록강 이북의 300여 가구가 귀환하였다. 이에 고려에서는 동북면과 서북면에 귀환한 유민들에게 식량과 토지를 나누어주는 우대조치를 실시하여 그들을 안착시켰다.

원말 몽고의 멸망과 더불어 流賊과 紅巾賊의 흥기로 요동지역에는 또 다시 전란이 일어났다. 그리하여 요동에 거주하고 있던 고려인들은 다시 조선으로 돌아왔으며 東寧衛의 千戶인 林剌八失里까지도 원의 잔여 부대인 漫散軍과 家屬을 거느리고 조선으로 도망쳐

---

11) 충렬왕 6년 3월조.

12) 『고려사』 권31, 충렬왕 16년 5월조.

13) 『고려사』 권25, 元宗元年 2월 癸巳條.

14) 『고려사』 권25, 원종원년 5월조.

15) 충렬왕 22년 2월조. '帝 幸城南觀獵 王扈從奏曰 …… 世祖嘉嘆龍睠日隆 至於小臣 釐降公主 世爲東藩 乙自己未年以來 被虜及流民在遼藩者 悉令歸國 帝許之 王感泣拜謝'

16) 『고려사』 권31, 충렬왕 23년 4월조.

17) 『고려사』 권39, 공민왕 8년 11월조.

나왔다. 조선은 그들을 경상도에 1,297가구, 충청도에 854가구, 좌우도에 488가구, 전라도에 1,589가구를 안치하였다.[18]

2) 명나라 시기 요동지역의 전란과 조선유민

원말명초 요동지역의 전란에도 불구하고 이 지역에는 수많은 고려인(조선인) 유민들이 거주하고 있었다. 이들은 주로 원 동녕부에 있던 고려인 후예들과 평안도 일대에서 賦役을 피해 이곳으로 이주한 조선인들이었다. 이 외에도 명나라가 洪武연간부터 두만강과 압록강 이동 지역에 招撫使를 보내어 歸屬을 종용함으로써 적지 않은 여진인과 고려인들이 來朝하였다. 1380년 요동도사는 귀화한 여진인과 고려인 매 5정마다 1정을 軍丁으로 편입하여, 東寧・南京・海洋・草河・女眞 등 千戶所를 설치하고 이를 다시 좌, 우, 중, 전, 후 5개소로 나눈 후 定遼前衛 指揮僉事 芮恭에게 명하여 이를 통솔하게 했다.[19] 그리고 1386년에는 이들 다섯 개 천호소를 통합하여 동녕위를 설치하였는데 그중 네 개 천호소의 주민들은 주로 고려인들로 구성되었다. 통계에 의하면 명나라 홍무연간(1368—1398) 요동의 동녕위 관할구역(오늘날 요양)에 정착한 고려인은 무려 3만여 명에 달하였다. 그리고 永樂年間(1403—1424) 요동지역에는 4만여 명의 漫散軍이 있었는데 그 가운데도 적지 않은 조선인들이 편입되어 있었다. 『遼東誌』에 의하면 명나라 正統年間(1436—1449) 고려인과 명조에 투항한 여진족은 요동인구의 30%를 점했는데 그들은 요양을 중심으로 남쪽으로는 海州・盖州, 북쪽으로는 鐵嶺과 開原,

---

18) 『朝鮮王朝實錄』太宗 2年 9月 丁酉.

19) 『명태조실록』권178, 洪武 19년 7월 戊午條.

동쪽으로는 鳳城・寬甸, 서쪽으로는 新民에 이르기까지의 광활한 지역에 分布되어 있었다.[20] 이 외에도 압록강 북쪽 寬甸六堡(寬甸・永甸・坦甸(大甸)・蘇甸・長甸)에도 漢族・女眞族・조선인들이 모여 살고 있었다.[21]

이 시기 조선인들이 요동지역으로 대량 이주하게 된 데는 명나라의 세금 및 병역에 대한 우대 정책과, 요동 東八站(甜水・頭館・連山・斜烈・開州・湯站・驛昌) 일대의 비옥한 토지와도 밀접한 관계가 있었다. 당시 조선의 한 관리가 요동 八道河에 이주한 조선인에게 그들이 이주하게 된 원인을 묻자 "중국의 법은 한 가정에 인구가 많아도 丁長만 役에 종사하는데 본국(조선)은 가정에 壯丁이 없어도 모두 軍籍에 편입시킴으로 그 賦役을 피하여 이곳에 왔다"고 대답하였다.[22] 이러한 실정에 대하여 『睿宗實錄』에서도 예종원년(1469) 이전 "평안도 백성들이 賦役을 피하여 요동으로 이주한 자가 몇 천 몇 만인지 헤아릴 수 없다"고 기록하고 있다.[23] 당시 동녕위에 조선인들이 얼마나 많았는지는 1443년 조선관원이 기록한 "동녕위는 본래 우리(조선)나라 사람들이다"[24]라는 내용과 1475년 요동에 갔던 한 조선관원의 "동녕위의 사람들을 보면 언어, 의복, 음식 모두가 우리(조선)나라와 같다"[25]고 서술한 기록에서도 살펴볼 수 있다.

요양으로부터 조선 의주(지금의 신의주)에 이르는 동팔참 지역의

---

20) 畢恭, 『遼東志』 卷1 地理; 『世祖實錄』 卷三十四,世祖十年 八月 壬年.

21) 『世祖實錄』 卷三十四,十年八月壬年.

22) 『成宗實錄』 권187, 성종17년 정월 경술조.

23) 『睿宗實錄』 권6, 예종원년 6월 辛巳, 庚申.

24) 『世宗實錄』 권101, 세종25년 9월 壬子.

25) 『成宗實錄』 권55, 성종6년 5월 癸亥.

토지는 매우 비옥하였다. 원래 이곳에는 여진인들을 제외한 기타 민족들이 거주하지 않았기 때문이었다. 그러나 명나라에서 요동변장을 압록강 변까지 연장하고 관전육보를 설치하자 조선 평안도의 변민들이 이곳으로 이주하기 시작하였고,[26] 그들은 대체로 동으로는 開州(지금의 봉황성), 서로는 요하, 남으로는 해주와 개주 등의 지역에 마을을 형성하였다. 1502년 조선의 관원은 '압록강으로부터 요하지역에 거주하는 사람은 모두 우리나라 사람들이다'[27]고 말하였으며, 그리고 1565년에 출간된『全遼誌』에 의하면 동녕위의 인구수는 도합 3,494가구 19,352명이었는데 이는 당시 요동 총인구 381,496명의 5.07%에 달하였다.[28] 이로 미루어볼 때 당시 동녕위에 거주한 조선인은 약 15,000에서 20,000명 정도로 추정해 볼 수 있다.

그러나 임진왜란을 전후하여 요동에 대한 명나라의 통제력이 약화되자 여진인의 건주좌위가 다시 요동에서 궐기하여 여러 부족을 통일한 후 명나라를 공격하기 시작하였다. 1606년 명의 요동경략 寧遠伯 李成梁도 건주여진의 공격에 못 이겨 관전육보의 7,000가구 백성들을 강제로 靉陽河 서쪽지역으로 이동시켰다. 그 결과 이 일대 대부분의 조선인들은 조선이나 여진족에 투신하였고 극히 일부분은 명나라 군대를 따라 다시 요동 일대로 이동하였다.[29]

앞서 살펴본 바와 같이 청조 건립 전 요동 일대에 이주하였던 고려인이나 조선인들 몇몇은 한반도로 돌아오고 나머지 사람들은 당지에 남아 여진과 한족을 비롯한 기타 민족들과 함께 살면서 새로

---

26) 『成宗實錄』 권219, 성종19년 8월 乙卯.

27) 『成宗實錄』 권43, 燕山君8년 4월 辛未.

28) 『全遼誌』 권2, 賦役, 손춘일, 『중국조선족이민사』 중화서국, 2009년, 제3쪽에서 재인용.

29) 『酌中志』 卷21.

운 생활을 영위해갔다. 그러나 전통시대에 노예매매가 성행하고 사람과 가축이 課稅制에 함께 포함되는 사회에서 요동지역의 대부분 고려(조선)유민들은 점차 기타 민족에게 동화되어 자취를 감추었다. 이와 같이 요동지역에서 흥기하였던 예맥계, 숙신계, 동호계 등 세 부족 공동체들은 제각기 국가를 세워 요동을 점유하고 통치하다가 앞뒤로 다른 공동체에 그 역사적인 사명을 이양하고 역사 무대에서 사라져갔다. 그러나 이러한 소실은 단순한 소멸이 아니라 다른 공동체와 상호 융합해가면서 하나의 새로운 공동체를 창출하는 과정의 반복이었다고 볼 수 있다. 예컨대 고조선과 부여가 멸망한 뒤 그 유민의 일부가 서로 융합하는 과정에서 말갈인들과 합쳐 고구려인이 되었고, 또한 고구려가 멸망한 뒤에는 고구려의 일부 유민들은 조선반도에 남아 신라인들 속에 동화되었으며, 일부는 요동과 요서에 남아 말갈인과 융합하여 발해인이라는 새로운 공동체를 창출하였다. 그리고 발해가 멸망한 뒤 발해인들은 거란인, 고려인들과 융합되었다가 요가 멸망한 뒤에는 거란이나 여진인, 몽골인의 일부로 편입되었다.[30] 현재 만주지역에 남아있는 고려촌, 高麗庄, 고려툰, 고려보, 고려영, 고려성, 高麗鋪 등의 지명들이 아직까지도 우리들에게 오래전 역사 무대에서 사라진 고려(조선)유민들의 행적을 말해주고 있다.

---

30) 김관웅, 『력사의 강 두만강을 말한다』 하, 연변인민출판사, 2012년, 제263쪽.

2. 정묘·병자호란과 조선인 '포로'

1) 여진·조선 관계와 정묘·병자호란

15세기 요동의 동부에는 여진 제부 즉 建州·海西·野人(東海) 등 3부가 있었다. 건주 여진은 백두산 동쪽에서 寧古塔, 瑚爾喀江 연안과 三姓(지금의 흑룡강성 의란) 일대에 분포해 있었고, 해서 여진은 송화강 북쪽 지방에, 야인 여진은 흑룡강 유역과 연해주에 이르는 지역에 거주하고 있었다.[31] 명은 이 지역에 奴兒干都司를 설치한 후 각 지역에 衛를 두고 그 수령들에게 지휘사의 명호를 주어 여진을 羈縻하였다. 이 시기 건주 여진들은 한 곳에 정착하지 못하고 요동 각지를 전전하였는데, 건주위는 삼성을 떠나 길림과 파주강 유역으로 전전하다가 渾河상류인 蘇子河에 정착하였고, 건주좌위는 삼성에서 두만강 하류인 琿春지방과 吾音會, 鳳州(開原) 일대를 전전하다가 다시 회령으로 귀환하였다. 그러나 이곳에서 猛哥貼木兒가 七姓야인에 의해 죽임을 당하자 살아남은 건주좌위 잔여세력은 홍경으로 이동하여 건주본위와 합류하였다. 그 후 건주좌위도독 董山과 건주위도독 李滿柱의 아들 古納哈이 함께 조선에 들어가자 명은 건주좌위를 공격하여 동산을 처형하고 조선의 원군과 함께 건주위도 공격하여 이만주 부자를 참살하였다. 결과 건주 여진은 장기간 흥기하지 못하고 잔명을 유지하다가 1583년에 누르하치(努爾哈赤,1559~1626)가 명으로부터 건주위 지휘사로 임명받고 1591년에 도독으로 승급됨과 동시에 龍虎將軍으로 책봉되면서 재기의

---

31) 건주 여진은 발해시대에 삼성 지방을 건주라 불렀던 것에서 유래한 것이고, 해서 여진은 연해주 일대를 해동이라 하고 송화강 하류를 해서강이라 불렀던 전통에 기원을 두었으며, 동해 여진을 야인이라 한 까닭은 그 문화 정도가 상대적으로 저급한 것으로 인식되기 때문이다.

발판을 마련하였다.

한편 이 시기 조선과 여진은 상호의 필요에 의해 간혹 조공관계를 유지한 바 있으나 양자 간에는 수시로 영토를 침범하는 크고 작은 규모의 무력충돌이 끊이지 않았다. 건주 여진들의 빈번한 침입에 조선은 그들의 入朝上京을 허락하여 回賜授職함으로써 회유하기도 하였지만 대체로 군사를 일으켜 정벌하는 방식을 취하였다. 조선의 첫 번째 여진인 토벌은 태종10년(1410)에 兀狄哈이 경원부를 침범한 것을 징벌한 것이며, 두 번째 정벌은 세종15년(1433)에 있었던 파저강 야인 정벌, 세 번째는 세종19년(1437)에 결행된 제2차 파저강 야인 정벌, 네 번째는 세조6년(1460)에 신숙주에 의해 주도된 회령 올량합 정벌, 다섯 번째는 명 측의 종용에 의해 세조13년(1467)에 이루어진 건주위의 정벌이다. 그 후에도 성종10년과 22년에 건주위와 올량합을 각각 정벌하였으며, 선조16년에는 藩胡의 반란을 토평하는 등 도합 13회의 정벌이 있었다. 이러한 정벌은 조선의 영토를 압록강과 두만강 선으로 확장하는 데는 크게 기여했으나 여진인과 조선 간의 관계는 날로 악화되는 결과를 초래하였다.

16세기 후반에 이르러 여진인들은 건주좌위의 누르하치를 중심으로 점차 통일을 이룩하기 시작하였다. 1586년에 누르하치는 소자하부의 尼堪外兰을 격퇴시킨 후 그 이듬해에 흥경 노성부근의 二道河子에 居城을 구축하고 명조로부터 직접 都指揮라는 직첩을 받고 기반을 굳혀나갔다. 1591년 누르하치의 세력이 소자하로부터 남쪽으로 佟佳江 일대까지 확대되자 명조는 누르하치에게 都督僉使, 龍虎將軍 등 직책을 주어 동북 일대를 관할하도록 했다.

1593년에 누르하치가 송화강 유역의 해서 여진과 몽골의 연합군을 격파함으로써 여진세력은 급속히 강대해졌다.[32] 누르하치는 여진족을 통일하는 과정에서 일찍이 수렵생활에서 형성된 10인 총령제도를 바탕으로 1601년에 이른바 軍政合一, 兵民合一의 八旗制度를 창립하였다. 팔기제도는 부족공동체를 기본 단위로 하고 각 지역에 산재해 있던 여진의 여러 부족들로 하여금 누르하치의 통일적인 지휘하에서 '전시에는 병사, 평시에는 백성'이라는 두 가지 사명을 충실히 실행할 수 있었기에 후금의 군사력 강화에 결정적인 작용을 했다.[33] 결과 누르하치는 1616년에 赫圖阿拉[34]에 금나라(역사적으로 後金이라 칭함)를 세우고 이곳을 흥경이라 개명하였으며, 1621년에는 수도를 요양으로 천도하고, 1625년에는 다시 심양으로 천도하면서 전 만주지역을 장악하는 데 성공하였다. 1626년에 누르하치가 사망하고 여덟 번째 아들인 皇太極이 왕위를 계승하여 칸(汗)이 되었다.

1623년 조선에서는 명나라와 후금 사이에서 중립, 실리 외교를 모색하던 광해군이 '인조반정'에 의해 실각되고 서인 '척화파'들이 조정의 대권을 잡았다. 그들은 명나라로부터 책봉을 받아 새 정권의 정통성과 통치기반을 다지려 했고, 명나라는 광해군 시기 조선군을 동원하기 어려웠던 관계로, 인조를 인정해주는 대가로 '명을 위해 조선은 후금과 적극적으로 맞설 것'을 강요하였다. 이러한 실정에서 인조는 명군에 대한 '再造之恩'을 강조하면서 공개적으로 '親明排金'의 외교정책을 펼쳤다. 후금군에 의해 격파당한 명의 毛

---

32) 누르하치는 1591~1594年間 長白3部를 征服하였으며, 1599년에는 哈達部, 1601년에는 輝發部, 1613년에는 烏拉部, 1598~1619년에는 葉赫部, 1607년에는 瓦爾略部와 庫爾哈部를 征服하였다. 後金을 세운 이후에도 努爾哈赤의 征服事業은 계속되어 선후로 黑龍江, 牡丹江, 綏芬河, 圖門江, 烏蘇里江 등 流域의 女眞部落을 전부 통일하였다.

33) 『太宗實錄』 卷七.

34) 赫圖阿拉는 만어로서 '橫崗', 즉 평평하고 작은 '山崗'이란 뜻이다.

文龍 부대를 조선 평안도에 받아들이고 경제원조까지 해주었다. 이는 결국 수십 년간의 정복사업을 통해 요동지역을 완전히 장악한 후금으로 하여금 명과 宗藩관계에 있는 조선에 대하여 군사행동을 개시할 수 있는 명분을 제공하였다. 따라서 1627년 1월 황태극은 貝勒 阿敏에게 3만 명의 병사를 주어 대의명분을 내세우면서 '친명배금'을 고집하는 조선을 침략하였다. 당시 후금의 침입목적은 영토 확장에 있는 것이 아니라 조선을 그들의 세력권 안에 넣음으로써 나중에 있을 '後患'을 제거하려는 것이었다. 조선은 파죽지세로 남하하는 후금군을 막을 수 없었다. 그리하여 후금군이 평양을 점령하고 평화담판을 요구하자 인조는 이에 응하여 동년 3월 3일 강화도에서 이른바 「江都之盟」을 체결하게 되었고,35) 이어 보충 조약인 「平壤之盟」도 체결되어, 전쟁은 끝났으나 수만 명에 달하는 무고한 조선 백성들이 후금군의 '포로'가 되어 강제로 요동지역으로 끌려갔다.36)

1635년 황태극은 여진을 만주라 개명, 1636년에는 국호를 淸으로 바꾸고 황제로 등극하는 한편 조선에는 '君臣之義'를 강요하였다. 그러나 청 태종의 이 같은 요구는 오히려 조선 내 강경파들의 주전론을 불러일으켰고 인조는 각 도에 척화의 교서를 반포하여 청과의 일전을 천명하였다. 이에 청 태종은 직접 13만 대군을 이끌고 1636년 12월에 재차 조선을 침공하여 불과 7일 만에 서울 부근까지 쳐

---

35) 강도회맹의 주요내용은 다음과 같다. 첫째, 조선과 후금은 형제의 맹약을 맺는다. 둘째, 후금은 和約이 성립되는 즉시 군사를 철퇴한다. 셋째, 양국은 서로 封疆을 지켜 압록강을 넘지 않는다. 넷째, 조선은 후금과의 강화 후에도 명나라와 단교하지 않는다. 다섯째 양국은 매년 춘추 2차에 걸쳐 사절을 교환하고, 조선 영내의 회령성과 의주, 구련성 사이 압록강 가운데의 난자도에 개시하여 무역을 한다.(『인조실록』 권15, 인조5년 2월 庚申條).

36) 『朝鮮王朝實錄』 仁祖 卷2, 5年 5月 辛巳條.

들어갔다. 결과 강화도가 함락되고, 이어 남한산성까지 고립상태에 빠지게 되었으며, 인조는 주화론자들의 주장에 따라 청과「南漢和約」을 체결하고 청나라와 치욕적인 '군신관계'를 맺게 되었다.37)

2) 조선인 '포로'들의 강제이주와 贖還

정묘·병자호란은 청이 정치, 군사상에서 조선과 명의 관계를 단절시켜 대명전쟁에서의 '후환'을 제거하려는 것이 주된 목적이었으나 다른 한편으로는 조선침략을 통해 인구와 재물을 약탈함으로써 명과의 전쟁에서 소모된 인적, 물적 자원을 보충, 확보하려는 목적을 동시에 내포하고 있었다.

1619년 후금과 명나라는 만주지역의 패권을 다투는 薩爾滸大戰을 撫順지역에서 벌였다. 조선은 명나라의 요청을 받고 五都元帥 姜弘立을 비롯하여 조선군 13,000명을 파견하였다. 그러나 조선군은 薩爾滸의 富察부근에서 후금군에 포위되어 左, 右營이 일시에 무너졌고, 강홍립은 5천 명의 中營을 이끌고 후금에 투항하였다.38) 투항한 5,000명의 조선 군대 가운데서 일부분은 후금군에 의해 학살되고 나머지는 요동 일대 만족귀족들의 장원에 분배되어 '包衣'39)로 전락하였다.

---

37) 최소자,『명청시대 중·한 관계사연구』이화여자대학교출판부, 1997년, 제105쪽.

38) 요녕대학역사계,『重譯滿文老檔』제1분책, 1978년, 제64쪽,

39) '包衣'는 노복 즉 최하층의 사회기본 노동력을 가리킨다. 명말청초에 포로가 되어 요동지구에 잡혀온 조선인들은 포로로 되어 여러 왕공귀족의 장원에 편입되었다. 현재 요녕성 당안관의 청조 도광15년에 다시 베낀『敬谨亲王府 丁层、佃戸花名冊地甫冊』과 광서28년 10월의『敬谨亲王府 丁差、佃戸花名冊之甫冊』그리고 중화민국 8년 6월 20일의『京都和硕敬谨亲王奉恩镇国公全公府地冊』에는 박 씨라는 사람들의 명단이 적혀있는데, 이는 요녕성 본계현 등지의 박 씨들은 17세기 초 화석경근친왕이 본계지구에서 토지를 점유하고 왕부의 장원을 설립할 때 '포의'로 경근친왕의 장원에 편입되었음을 말해주고 있다. (김철범·강룡권·박경재,「료녕성 본계현 산성자향 박 씨 조선족들이 족적을 고친 정황에 대한 조사보고」,『중국조선민족이주사론문집』흑룡강조선민족출판사, 1989년, 제243쪽.

정묘호란 때 군인은 물론이고 무고한 조선인 백성들까지도 이른바 전쟁 '포로'로 취급되어 강제로 만주로 끌려갔다. 당시 후금군은 세 갈래로 나누어 환군하였는데 그들이 지나간 평안도의 平山·瑞興·風山·牛峰·新溪·遂安·載寧·海州·文化 등 읍은 사람이고 짐승이고 거의 남은 것이 없었고,[40] 황해도의 각 군·읍 등 마을에도 가축 한 마리 남지 않았다.[41] 문헌기재에 의하면 정묘호란 시 남녀 '포로'는 평양 1193명, 掩骼 1169명, 江東 225명, 三登 1500명, 順安 576명, 肅川 378명, 咸從 121명에 달하였다.[42] 당시 평양을 비롯한 후방 지역에 속하는 江東, 三登, 順安, 肅川, 咸從 등 6개 군읍의 포로 수도 무려 4,986명에 달하였다.[43] 「강도회맹」 체결 후 조선 정부는 즉시 후금에 포로송환을 요구하였다. 동년 3월 3일 인조는 이왕자에게 문서를 보내어 '귀국의 군사가 우리나라에 깊숙이 들어오면서부터 우리나라 남녀 백성들이 사로잡혔는데 그 숫자가 매우 많습니다. 이들은 제각기 부모와 남편과 아내가 있는 자들입니다. 만약 잡혀서 다른 나라 땅에서 떠돌다 죽게 된다면 이는 진실로 어진 사람으로서는 차마 못할 일입니다. 귀국은 땅도 넓고 병사도 넉넉하니 사소한 포로들이 별 도움을 주지는 못할 일입니다. 강을 건너기 전에 모두 돌려보내 주신다면 의로운 명성이 무궁할 뿐만 아니라 어진 마음이 사물에까지 미치어 하늘이 필시 굽어보실 것입니다.'[44]라고 했다. 이에 후금은 동년 4월에 정주·선주·곽산·철산 등 읍민 3,210

---

40) 『인조실록』 권15, 인조5년 3월 丁卯.

41) 『인조실록』 권16, 인조5년 4월 丁卯.

42) 『朝鮮王朝實錄』仁祖 卷2, 5年 丁卯 5月 辛巳條.

43) 『인조실록』 권16, 인조5년 5월 辛巳條.

44) 『인조실록』 권15, 5년, 김춘선 주필, 『중국조선족사료전집』력사편 이주사 4권, 연변인민출판사, 2009년, 제237쪽.

여 명과 가산 등의 포로 2만여 명을 두 차례에 나누어 송환하였다.45) 그러나 이때 송환된 포로들은 후금군이 압록강을 넘기 전에 포로 중의 일부분을 송환시킨 것인데 이는 그들이 요구한 '한인 망명자의 송환'과 '留兵助糧', 開市 등의 목적을 달성하기 위한 일시적인 조치였다. 그 후 만주로 끌려간 포로들은 주로 속환의 방법으로 송환되었으나 여러 가지 사정으로 인해 큰 성과를 거두지 못하였다.

병자호란에서 포로로 만주로 끌려간 조선인 수는 정묘호란에 비하여 훨씬 많았는데 이는 청조가 정묘호란 후 포로에 대한 속환이 이루어지면서 이들 포로들의 경제적 가치를 충분히 인식하고 있었기 때문이었다. 수원 老敎山과 險川山 격전에서 충청·전라·경상도에 모집된 수많은 조선 병사들이 체포되었으며,46) 각 지역의 무고한 백성들도 '포로'로 취급되어 청군에 의해 대량 만주로 끌려갔다. 이들 가운데는 조선왕실과 대신들의 자녀들도 대량 포함되어 있었다. 황태극의 동생 和碩睿親王 多爾袞의 상서에 의하면 당시 청군에 억류된 인질 중에는 조선의 세자 李滢의 가족 남녀 8명, 부녀 11명, 家丁 9명, 太監 7명, 掌庫司疱 및 使令人役 22명, 次子 李淏 가족 부녀 5인, 가정 3명, 사령인역 16명, 軍役皀隷 44명, 尙書 安一訓, 侍郞 朴魯, 朴黃, 무관 李集思, 문관 李明順, 米應夏, 李澤高, 甄類成, 李奎, 隨從官 4명, 의사 4명, 通事 3명, 書辦 4명, 伴当 31명, 大臣質子 禮部尙書 자녀 1명, 工部上書 자녀 1명 및 그 가족 도합 180명이 포함되어 있다.47)고 기록하고 있다. 이와 같이 병자호란에서 청군은 조선 왕자를 비롯하여 이른바 척화파 인물 및 그

45) 『인조실록』 권16 인조5년 4월 甲辰, 甲寅條.

46) 『承政院日記』 卷55, 丁丑 2月 21日.

47) 潘哲 등, 『淸入關前史料選集』 제2집, 중국인민대학출판사, 1989년, 제491쪽.

들의 가족과 수만 명의 '포로'들을 강제로 요동으로 끌고 갔다.[48] 당시 주화파 대표자인 이조판서 崔鳴吉은 이 때 끌려간 '포로'는 50만 명이라 했고,[49] 兵曹參知 羅萬甲은 60만이라 했다.[50] 그리고 『山城日記』에서는 심양 시장에서 팔린 사람만 해도 66만 명이라 기록하고 있다.[51] 다른 한 통계에 의하면 임진왜란과 정묘, 병자 두 병란을 거쳐 조선의 인구는 약 백만 명이 줄어든 1076만 명이 었다고 한다.[52]

조선 정부의 포로속환은 정묘호란 직후부터 추진되었다. 조선 정부가 포로속환을 제기하자 후금은 오히려 조선 측에 開市와 捕虜贖還金 등을 요구해왔다. 당시 조선 측은 명조에 대한 대의명분을 고려하여 후금과의 개시를 꺼려하였으나 후금의 계속되는 독촉과 포로속환을 위해 1628년 2월 21일에 개시를 시작하고 포로속환에 착수하였다.[53] 당시 관가에서 속환하는 것을 '공속'이라고 하고, 일반인들이 사적으로 속환하는 것을 '사속'이라 하였는데 실질적으로 공속의 혜택을 입은 자는 극소수에 불과하였다. 제1차 공식적인 속환에서는 겨우 70여 명이 송환되었는데 沈陽使行을 따라가 행한 비공식적인 속환에서는 92명이 송환되었다.[54] 당시 속환부진의 원인은 속환가격이 예상 외로 높은 데 있었다.[55] 속환가격은 초기 청

48) 『瀋陽狀啓』丁丑 5月 24日; 『瀋陽日記』丁丑 5月 17日條.

49) 최명길, 『遲川集』권17, 제7책 2, '移陳都督咨'와 『대동야승』권34, '속잡록'4, 戊寅年 7月 16일조.

50) 나만갑, 『丙子錄』'急報以後日錄'.

51) 『산성일기』작가미상, 광주문화원 향토문화연구소, 2006년, 제64쪽.

52) 신용하·권대환, '조선왕조시대의 인구 산정에 관한 일시론' 『동아문화』1977년.

53) 『인조실록』권18, 인조 6년 1월 병자조.

54) 『인조실록』권19, 인조 6년 9월 갑인조.

55) 당시 영의정이었던 金瑬는 직접 용골대를 찾아가 '저의 딸을 돌려주신다면 보답금으로 천금을 드리겠습니다.'라고 하였다 한다.(윤용철, 『남한산성 굴욕 47일』서울교과서, 201년, 제194면 참조)

포 10필로 예상했으나 실제로는 65필이 책정되어 6배 이상이나 오른 가격으로 흥정되었다. 심지어 1명의 속환가격이 천 냥까지 치솟아 조선에서는 이를 감당할 수 없었다.56) 당시 조선의 농촌에서 하루 품삯이 한 냥이었고 쌀 한 가마니에 닷 냥이었다. 이에 최명길은 누구를 막론하고 속환가격을 절대로 100냥을 초과하지 못한다고 제안하였으나 별 효과를 거두지 못하였다.57) 그리하여 수많은 조선인 '포로'들이 속환되지 못하고 만주지역에 남아 여진인의 장원에서 노예생활을 할 수밖에 없었다.

1637년 2월 청군은 조선인 포로 송환가로 남자는 백금, 즉 은 5냥, 여자는 백금 3냥을 제시하였다.58) 조선은 강화도에서 납치된 왕족과 대신들의 자식 송환을 둘러싸고 청 측과 적극적인 교섭을 진행함으로써 소현세자와 봉림대군을 포함한 인질만을 제외하고 1,600여 명의 포로에 대한 송환이 성공적으로 이루어졌다.59) 그러나 청 측은 얼마 안 가 금후의 포로송환은 청군이 조선에서의 군대철수를 완료한 후 심양에서 시행할 것이며 중도에서의 송환은 일률로 금한다는 원칙을 제시하였다.60) 그리고 송환에 대한 기간은 10년(1637─1646)으로 한정하였는데61) 이는 이 기간이 경과되면 포로들은 자동적으로 청국민으로 편입된다는 것을 의미하였다.

56) 강성문, 『정묘, 병자호란시기의 포로 송환연구』 <군사>46, 한국국방부 군사편찬연구소, 2002년, 제136~137쪽.

57) 『인조실록』 권34, 인조 15년 4월 庚寅條; 김춘선 주필, 『중국조선족사료전집』 력사편·이주사 4권, 연변인민출판사, 2009년, 제421쪽.

58) 『대동야승』 권33, '속잡록'4, 丁丑年 2월 2일조.

59) 『인조실록』 권34, 인조 15년 2월 丁丑條. 김춘선 주필, 『중국조선족사료전집』 력사편·이주사 4권, 연변인민출판사, 2009년, 제419쪽.

60) 『瀋陽狀啓』 丁丑年 4月 12, 13日條.

61) 『瀋陽狀啓』 丁丑年 8月 19日條. 이 결정에 근거하여 소현세자는 만기 2년 전인 1644년에 귀국 통지를 받고 11월에 연경을 출발해 이듬해인 1645년 정월에 서울에 도착하였다.

동년 5월 17일부터 심양성 밑 채소밭에서 이미 노예의 신분으로 전락한 조선인 '포로'들에 대한 공개매매와 속환이 이루어졌다. 이 정경을 목격한 소현세자는 『심양장계』에서 '贖하기를 원하는 사람들이 매일 성 밖에 모여 각자 찾아서 속환하게 되는데 요구하는 값이 비싸기 그지없다. 士族과 각 개인의 부모와 처자 등의 속환가는 많으면 수백 또는 수천 냥이 되어 속하기 매우 어려우므로 사람들이 모두 희망을 잃었고 울부짖는 소리가 도로에 가득 찼다. 그중에 외롭고 친척이 없는 사람은 조만간 公家에서 속하여 돌아가기만을 기다리며 날마다 館所밖에서 울며 호소하니 참혹하여 못 보겠다.'[62]고 묘사하였다. 이때의 포로 송환에 대한 기준 속환가는 일반 백성의 경우 종전 제시한 가격의 5—10배나 증가된 1인당 25—30냥이었다. 그러나 현실적으로 거래된 실제 속환가는 이보다 높아서 1인당은 100—250냥 선에 이르렀다.[63] 속환가격의 상승은 당시 부유층 사대부 가문에서 갖은 경로를 통하여 고가로 청 측과 교섭한 것과 밀접한 관계가 있었다. 당시 兵曹 使令 辛成會의 아들은 속가 6백 냥이었고, 영의정 金鎏는 첩의 딸 속환에 1천 냥을, 좌의정 李聖求는 1,500냥을 제시한 바 있다.[64]

이 외에도 당시 청에서 조선에 제출한 도망자들에 대한 송환문제가 조선인 포로속환에 걸림돌이 되었다. 1637년 11월 청은 조선 정부에 첫째, 향화인을 쇄환할 것, 둘째, 漢人을 잡아 보낼 것, 셋째, 도망한 조선인 '포로'들을 잡아 보낼 것, 넷째, 말을 훔친 사람을 推問할 것,

---

62) 『瀋陽狀啓』 丁丑年 5月 24日.

63) 강성문, '정묘·병자호란기의 포로 송환 연구', 『군사』 46, 한국 국방부군사편찬연구소, 2002년, 제141쪽.

64) 『인조실록』 권35, 인조 15년 7월 癸酉條; 김춘선 주필, 『중국조선족사료전집』 력사편·이주사 4권, 연변인민출판사, 2009년, 제423쪽.

다섯째, 무오·정묘년에 잡혀간 사람 중에서 통사나 사환으로 도망한 자들을 잡아 보낼 것[65] 등을 통보하였다. 초기에는 청의 逃還人, 逃漢人, 向化人(여진인) 등 3종인 쇄환에 대하여 각종 명목으로 미루어 왔다. 그러자 청 측에서는 도망한 포로들은 물론이고 향화인들의 구체적인 이름까지 적어 보내면서 그들에 대한 쇄환을 독촉하였고,[66] 비국에서도 임금에게 '포로들이 다시 도망오지 못하도록 강과 연접한 여러 곳을 엄격히 조사하고 낱낱이 붙잡아 보낼 것'을 제안하였다.[67] 당시 인조는 3종인의 쇄환에 대하여 '漢人은 임진년에 나왔다가 우리나라에 남아서 이미 우리 백성으로 편입되어 각기 가업이 있는데도 뒤섞어 쇄환 당하였으니 이 점이 첫째 원통함이고, 향화인은 우리나라에 오래 거주하면서 자손을 기르고 있으며 심지어 우리나라 사람으로서 요역을 면하려고 그들 마을에 투숙한 자들까지도 잘못 함께 체포되었으니 이 점이 두 번째 원통함이며, 도망쳐 온 사람은 당초 진영에서 패하여 흩어진 자들로서 일시적으로 면역을 바라서 포로가 되었다고 거짓으로 말한 것인데도 고을에서 수색할 적에 역시 면치 못하였고 혹은 강을 건너기 전에 도망쳐 왔거나 또는 속환되었으나 문서를 분실한 자도 모두 붙들려 감을 면치 못하였으니 이 점이 세 번째 원통함'이라고 했다.[68] 즉 조선 내에 장기간 거주하고 있는 漢人과 여진인들은 이미 조선의 백성으로 편입된 사람들이며 상당부분 강

---

65) 『인조실록』 권35, 인조 15년 11월 丙戌條; 김춘선 주필, 『중국조선족사료전집』 력사편·이주사 4권, 연변인민출판사, 2009년, 제426쪽.

66) 『인조실록』 권37, 인조 16년 7월 29일, 庚寅條. 『중국조선족사료전집』 력사편·이주사 4권, 제437쪽.

67) 『인조실록』 권37, 인조 16년 7월 2일, 癸亥條. 『중국조선족사료전집』 력사편·이주사 4권, 제436쪽.

68) 『인조실록』 권41, 인조 18년 12월 14일, 庚申條. 『중국조선족사료전집』 력사편·이주사 4권, 제454쪽.

을 넘기 전에 도망친 포로들이나 이미 속환된 사람들이나 문서를 분실한 자들이기에 반드시 쇄환되어야 할 대상이 아니기 때문에 그들의 쇄환은 실로 원통한 일이라는 것이다.

그 후 포로로 잡혀간 조선인들이 죽음을 무릅쓰고 계속 조선 국내로 도망해오고 청 정부에서도 그 책임을 조선 정부에 떠넘기자 조선 정부는 1640년(인조18년)부터 이들에 대한 수색을 강화하고 체포 즉시 청국으로 되돌려 보내는 조치가 이루어졌다. 그러나 이러한 쇄환조치는 급기야는 조선사회에 커다란 혼란을 가져왔다. 이에 대하여 인조는 '슬프다! 무고한 우리 백성들이 다른 나라 땅에 잡혀가서 골육을 그리워한 나머지 죽음을 무릅쓰고 도망하여 돌아오기를 마치 그물을 벗어난 토끼가 숲속으로 뛰어 들어가듯 했다. …… 몸을 숨겨 목숨을 부지하기에 바빠 이미 본업도 잃었는데 일제히 찾아내어 결박하여 보내기를 도적들을 대하듯 하여 자식은 부모를, 남편은 아내를 이별하고 있다. 서로가 헤어질 때에 정리가 극도에 달하여 스스로 목매어 죽기도 하고 혹은 일부러 굶어 죽기도 하며 심지어는 수족을 잘라 이별을 보류하려는 자도 있다. 그리고 추위와 굶주림에 괴로움을 당하여 가는 도중이나 옥중에서 죽는 자도 많이 있다. 게다가 관리들이 엄한 독촉에 쫓기고 연루될까 두려워하여 隣族을 침노하는 등 그 해독이 온 마을에 퍼지게 되었다. 심지어는 여행하는 사람을 강제로 붙들어 그의 족속을 대신하여 보내는 일도 있었다. 그러나 조정에서는 기한이 긴박하여 일일이 판별할 수도 없어서 원통함을 안은 채, 함께 死地로 끌려가고 있는 실정이다. …… 이번의 쇄송은 나로 인하여 빚어진 일인데도 관리들을 호령하여 결박하는 일을 스스로 하고 있으니 이 어찌 인민의 부모가 되어 차마 할 수 있는 일이겠는가? 형편이 급박하여 그만둘 수 없는 일이긴 하나 마치 제 몸의 살을 베어 빈 창자를 채우고 四肢를 손상시켜 얼굴과 눈을 구원하는 것과 다름없는 짓을 하고 있으니 백성을 편안히 살게 하고 감싸 보호할 책임을 제대로 수행한다고 하겠는가?'69)고 한탄하기도 했다.

　조선 정부는 도망 포로들의 국내 진입을 철저히 봉쇄하기 위하여 압록강 연안의 수비를 강화하고 무릇 도망인들을 검거하지 않은 관리와 주민들에게도 책임을 물어 엄격히 처벌하였다. 그리하여 당시 압록강 북안에는 압록강을 넘으려다 실패하고 무참히 죽어간 시체들이 사방에 널려있었다. 이러한 상황을 당시 司諫院 正言 겸 春秋館 記事官으로 있던 河溍은 상소문에 '죽음을 아끼지 않고 부모가 계시는 나라라서 반드시 돌아가야 한다 하고 서로 뒤를 이어 돌아오는데 압록강 연안에 당도하면 변방의 장수는 국법을 꺼리고 그곳에 사는 백성들은 죄를 받을까 두려워서 주야로 막고 지키면서 그들이 강을 건너오지 못하게 합니다. 그러면 이들은 강가에서 통곡하며 오지도 가지도 못하고 강물에 뛰어들어 죽거나 목을 매어 죽거나 혹은 굶어서 죽기도 합니다. 이리하여 창성과 삭주 지방의 강줄기 위아래에 백골이 널려 있으니 이를 보고 들은 사람이면 눈물을 흘리지 않는 자가 없으며 그 부모와 처자들이 길거리에서 소리쳐 통곡하며 가슴이 막혀 허둥대는 모습을 어찌 차마 말할 수 있겠습니까?'70)라고 묘사하였다. 이러한 측면에서 보면 이 시기 청나라

---

69) 『인조실록』 권41, 인조 18년 12월 22일, 戊辰條. 앞의 책, 『중국조선족사료전집』 력사편·이주사 4권, 제456~457쪽.

70) 『인조실록』 권42, 인조19년, 11월 26일, 戊戌條, 앞의 책, 『중국조선족사료전집』 력사편, 이주사 4권, 제467쪽.

에서 조선 정부에 강요한 3종인 쇄환 중 조선인 포로들에 대한 쇄환은 경제적인 측면도 있지만 더불어 조선 정부를 압박하여 조선인 포로들의 도망현상을 원천적으로 봉쇄하려는 목적도 내포되어 있었음을 알 수 있다. 그러나 3종인 쇄환에서 주목되는 것은 이미 조선 백성으로 입적된 귀화漢人들과 향화한 여진인 문제이다. 이들에 대한 쇄환은 청나라의 주류 민족인 만족(여진인)의 민족정체성 확보와 사회공동체의 안정, 발전을 위한 조치라 분석된다.

1644년 청조가 북경으로 천도하자 3종인들에 대한 쇄환은 거의 정지 상태에 들어갔으나 도망한 포로들에 대한 쇄환은 지속적으로 이루어지고 있었다. 예를 들면 병자호란 시 포로로 잡혀갔던 安秋元은 북경에서 탈출한 후 28년 만인 1666년에 고향으로 돌아왔지만 결국 혈육을 찾지 못하고 다시 압록강을 넘다가 柵門에서 체포되었고, 安端은 37년 만에 북경에서 탈출하여 평안북도 중강에 닿았지만 의주부윤은 고향에 돌아갈 수 있도록 조처해달라는 그의 애원을 받아들이지 않고 그를 결박하여 요동 봉황성으로 압송하였다. 안단은 끌려가면서 "고국 땅을 그리는 정이 늙을수록 더 간절한데 나를 죽을 곳으로 빠뜨린다."고 절규하였다고 한다.[71]

1645년 10년에 걸쳐 진행된 조선인 포로속환은 昭顯世子와 봉림대군의 환국으로 종결되었다. 청조의 소극적인 송환정책으로 말미암아 송환된 인원수는 전체 포로의 10분의 1에 불과하였다. 결국 송환되지 못한 사람은 정묘호란 시기와 마찬가지로 만주지역에 남아 일부분은 팔기군에 편입되고, 나머지는 만주 왕공귀족의 농노로 전락되어 노예생활을 해야만 했다.

---

71) 김관웅, 『력사의 강 두만강을 말한다』 하, 연변인민출판사, 2012년, 제87~88쪽.

3. 조선인 '포로'들의 생활실태와 박 씨 後裔들

1) 조선인 '포로'들의 생활실태

정묘·병자호란 시 포로로 잡혀 온 조선인들은 대부분 만주팔기에 편입되었다. 1618년에 후금군 내에는 이미 '조선영 3천병'[72]이 있었다. 1627년 후금에 투항한 조선 의주인 김씨(만족이름으로는 辛達禮)는 청초 만주팔기 正黃旗 제4참령 제2좌령으로 임명되었는데 대부분 병사들이 조선인들로 구성되었다.[73] 1703년에 이르러 고려 좌령의 수가 증가하자 별도로 第一佐領을 만들어서 내무부 總管署 領侍衛內大臣散秩大臣이 관리를 겸하도록 했다. 이 외에도 팔기군의 정황기 만주통령 第4參領 第9佐領과 正白旗 만주통령 第1參領 第12 佐領 및 第14佐領 등은 모두 청조에 투항한 조선인으로 조직되었다.[74] 강희말기에 이르러 이러한 고려좌령은 8개로 증가하였다.

그러나 서술한 바와 같이 당시 조선인 포로들 중 일부는 팔기군에 편입되었으나 대부분은 '전리품'으로 취급되어 청조의 왕공귀족과 팔기군 관병의 家奴나 농장 농노로 전락되었다. 여진인들은 전쟁 시 '공이 있으면 상으로 군병이나 노비, 우마, 재물을 주고, 죄가 있으면 죽이거나 가두며, 군병을 빼앗거나 처첩과 노비, 재산을 빼앗는'[75] 제도가 있었기에 관병들은 전쟁 시 더 많은 포로나 재물을 가지기 위해 용감히 싸웠다. 청나라의 왕공귀족들은 모두가 장원을 가지고 있었다. 농장의 규모는 큰 농장이면 몇 십 가구의 농

---

72) 『광해군일기』 권3, 광해군 10년 己酉.

73) 『팔기통지』 初集 권4, 旗分誌 4.

74) 『八旗通志』 卷4, 旗分志 38쪽; 같은 책 卷6, 旗分志 제3쪽.

75) 고구려연구재단, 『조선시대 북방사』 2004년, 제96쪽, 「건주문견록」.

노가 있었고, 작은 농장이라 하더라도 8~9가구 정도의 농노를 가지고 있었다. 경작인들은 대부분이 漢人과 吾東(朝鮮人) 포로들이었다.[76] 이러한 실정에 대하여 李民寏은『建州聞見錄』에서 '奴酋(누르하치)와 諸子 지어는 卒胡에 이르기까지 모두 奴婢(상호매매), 농장(將胡들은 많으면 50여소)을 가지고 있는데 노비들이 경작하여 주인에게 바친다.'고 기록하였다.[77] 그리고 1619년 조선평안병사 禹致績이 후금군과의 전투에서 포로가 되어 여진인 농장에서 농노로 있다가 도망쳐 온 炮手에게 요동지역의 조선인 포로들의 상황에 대해 묻자 그는 '체포된 후 奴酋의 옛 성 밖에 있는 胡家에 보내져 농사일에 종사하였다'[78]고 설명하였다. 당시 청조의 왕공귀족들에게 억류된 조선인은 그 수를 헤아릴 수 없이 많았다. 조선왕조『숙종실록』에 의하면 당시 개주에는 조선인 포로 수백 세대가 하나의 자연부락을 이루고 살았다고 했다.[79] 이 외에도 의정대신은 1만여 명이나 되는 조선인들을 성경(지금의 심양)에 이주시켜 여러 牛彔들에게 분배하여 주고 후에는 요양·수암·풍성 등지에 있는 팔기에 편입시켰다.[80] 뿐만 아니라 청 정부는 '포로'가 된 조선인을 조선에게 빌미로 재물을 요구하였고 또한 '포로'들을 장원에서 노예처럼 부렸다.

두 차례의 전쟁에서 후금과 청에 잡혀간 사람들은 그 대부분이 만족 왕공귀족의 장원에서 阿哈包衣의 생활을 했다. 후금시기에 실

---

76) 위의 책, 제43쪽; 昭顯世子,『瀋陽日記』大洋書籍, 1975년, 제414쪽.

77) 고구려연구재단,『조선시대 북방사』2004년, 제94쪽, 이민환의「建州聞見錄」참조.

78)『광해군일기』권147, 광해 12년 5월.

79)『숙종실록』권5, 숙종 2년 12월 신미조.

80)『봉성만족자치현개황』김춘선 주필,『중국조선족통사』상, 연변인민출판사, 2009년, 제10쪽에서 재인용.

시한 編丁入庄 정책은 당시 왕공귀족들의 재정수입의 중요한 수단으로 이용되었다. 그들은 每庄十三丁으로 세수 수입의 지정단위를 만들었고 농노들을 왕공귀족의 사유 재산으로 전락시켰다. 후금의 왕공귀족들은 자신들의 '사유재산'을 보호하기 위하여 농노들에 대한 관제를 강화하였으며 그들에게 '薙发胡服'을 강요하면서 장원에서 한 발자국도 떠나지 못하게 했다. 만주 왕공귀족의 包衣로 전락된 조선인들은 아무런 인신자유도 없을 뿐만 아니라 이름조차도 가지지 못하였다. 예를 들면 遼寧省 本溪縣 山城子鄉의 박 씨 성을 가진 조선인의 선조들은 처음에는 누루하치의 큰 아들인 褚英에게 귀속되었다가 그가 죽자 그의 아들인 和碩敬謹親王 농장 농노(노예)가 되었다. 1620년 敬謹王의 토지대장에는 이들의 이름 대신 '朴一, 朴二, 朴三……'으로 등록되었다. 문헌기재에 의하면 당시 滿洲八旗에 편입된 조선인들의 성씨만 하여도 43개, 158호에 달하였다. 그 가운데 金氏 49명, 韓氏 12명, 李氏 12명, 朴氏 7명, 張氏 7명, 洪氏 6명, 崔氏 7명, 劉氏 5명, 黃氏 5명, 岡氏 4명, 傅氏 3명, 邊氏 3명, 宋氏 3명, 楊氏 3명, 吳氏 2명, 陳氏 2명, 曹氏 2명, 馬氏 2명, 鄭氏 2명이다. 나머지는 栢·文·孫·丁·任·伊·朱·徐·車·萬·江·郭·藩·方·秦·閔·佟·瓦·耿·孟·田·辛·河·林 등이 각기 1명씩이었다. 이들은 正身旗人으로서 自由民 혹은 騎士로 대우받았다.[81] 이러한 성씨들 중에는 천총(1616—1626)연간에 귀화한 조선인 성씨도 있지만 청 태종 황태극이 청이라 호칭을 바꾼 숭덕(1636—1643)연간에 정묘호란과 병자호란을 계기로 청나라에 귀화한 조선인 성씨들이 대다수를 차지하였다.

---

81) 『八旗滿洲氏族通譜』 卷72·73, '八旗滿洲高麗姓氏'.

1644년 청조는 북경으로 천도한 후 팔기병은 물론이고 만주지역의 모든 백성들까지도 전부 관내로 이동시켰다. 그리하여 만주팔기에 편입된 조선인이나 각 농장에 팔려가 포의로 전락한 조선인들 모두가 팔기병과 주인을 따라 관내로 들어갔다. 1646년 동지사 李基祚가 북경으로 왕래할 때 중국의 선비와 노인들에게 당시 만주 일대의 이동 상황을 묻자 그들은 "심양의 농민을 다 북경으로 옮겨 살도록 했다. 관내로부터 광녕까지는 10여 일이 걸리는 거리인데 남녀가 부축하고 이끌어 가는데 수레바퀴가 서로 맞닿을 정도였다"라고 말하였다.[82] 그 후 관내로 이동한 조선인들은 장기간에 걸친 타 민족들과의 混居생활에서 본 민족의 문화와 습관이 점차 소실되어 가면서 타민족에게 융합, 또는 동화되어 갔던 것이다.

1744년에 편찬한 『八旗滿洲氏族通譜』에서는 명말청초 전쟁에 의한 포로 혹은 기타 원인으로 자발적으로 도망 온 조선인 이주민들이 중국지역에서 대대손손 생활하면서 점차 기타 민족으로 歸化(同化)된 과정을 다음과 같이 기록하고 있다. '박 씨는 만주 팔기에 속한 고려의 한 성씨이다. 이 씨족은 易州(지금의 하북성 保定을 중심한 冀中 일대) 등 지방에 흩어져 살고 있다.' '朴東安은 鑲白旗에 속한 包衣人이다. 오래전부터 易州에 살았으며 天聰 때에 귀화하였다. 그는 원래 내대신이었고 그의 아들 圖爾薩은 包衣大였으며 그의 손자 赫達色은 護軍校로 있었고 다른 한 손자 雅奇保는 5品典으로 있었고 그의 증손자 赫二格은 지금 호군교로 있으며 元孫 赫玉柱는 지금 8품관으로 있다.'[83] '鑲白旗의 包衣 伊克濟理는 평양사

82) 『인조실록』 권47, 인조 24년, 2월 15일 壬辰條.
83) 『八旗滿洲氏族通譜』 卷之七十二, 遼寧書社, 1989년, 제794쪽.

람이다. 그의 손자 達色은 지금 6품포의대로 있으며 증손 朴存柱 역시 지금 6품포의대로 있다.'84) '정황기의 포의 舒吉理는 개성부 지방의 사람으로서 그의 아들인 德音尼는 원래 通事官을 지냈으며 그의 손자들인 金柱는 지금 驍騎校로 있으며 常柱와 費揚阿는 모두 지금 통사관으로 있으며 증손자 蘇成額 역시 통사관으로 있다.'85) '巴普濟는 평안도 지방의 사람이다. 그의 손자들인 보주는 원래 筆貼式을 지냈으며 巴什紫는 호군교로 있다.'86)

위에 서술한 박동안・이극제리・서길리・파보제 등은 모두 천총 연간(1627—1635)에 후금에 귀화한 사람들이다. 이들은 모두 농노 신분이었지만 귀화한 후 그들의 자손들은 장교나 통역관, 호군교 등의 직책을 역임하고 있었음을 알 수 있다. 한 마디로 명말청초에 여러 가지 형태로 만주지역으로 이주한 조선인 대부분은 점차 여진 족과 기타 민족들에게 동화되어 역사 무대에서 자취를 감추었다고 할 수 있다. 이러한 원인으로 1980년대 초까지만 하더라도 중국에 서 소수민족으로서의 조선족 역사를 연구할 때 이주의 상한선을 대 체로 19세기 중엽으로 인정하고 있었다.

2) 박 씨 후예들과 중국조선족

1982년 중국에서 실행된 제3차 전국인구보편조사에서 河北省 靑 龍縣의 八家子鄕 塔溝村과 大杖子鄕 孟家窩鋪, 평천현의 칠구진 박 장자촌, 그리고 요녕성 蓋縣의 陳屯鄕 朴家溝와 本溪縣 山城子鄕

---

84) 동상.

85) 동상.

86) 동상.

朴堡, 久才, 化皮 등 村의 천여 명의 '漢族'들이 자신들은 원래 고려의 후손들이었으므로 본 민족의 족적을 한족에서 조선족으로 회복해줄 것을 요구하였다. 그리하여 당시 정부에서는 국무원 인구조사소조와 국가민족사무위원회에서 규정한 '민족성분을 회복하거나 고치는 문제의 처리원칙에 관한 통지' 원칙에 좇아 조사와 확인을 거친 후 박 씨 촌 '한족' 주민들을 조선족으로 족적을 회복해 주었다. 상술한 박 씨 촌 주민들의 족적 회복과 지금까지 19세기 중엽으로 간주하던 중국조선족의 역사 상한선(한반도에서 동북으로 이주한 시점)은 역사학계에 일대 충격을 주었다. 왜냐하면 이들 박 씨 촌 주민들의 선조들이 바로 정묘호란과 병자호란 시 후금군에 의해 강제로 만주로 끌려온 조선인 전쟁'포로'였기 때문이다.[87]

그렇다면 위에서 언급한 박 씨 촌의 주민들의 역사는 결국 어떠한가?

하북성 청룡현 박 씨들의 선조들은 명말, 청초에 만주지역으로 이주하였다. 그 후 그들은 만주팔기의 鑲白旗에 편입되어 청군을 따라 관내로 들어가 북경지역에 주둔하다가 강희9년 봄에 만리장성 밖인 지금의 하북성 청룡현의 대장자 지방에 토지를 분배받고 정착하였다. 그리고 그들의 후예들은 점차 새로운 생활터전인 탑구촌과 맹가와포촌으로 이주하여 그 곳에서 농사를 지으며 지금까지 대대손손 살아왔다.[88]

---

87) 중국조선족 이주사 연구분야에서는 1980년대 초까지 이른바 '19세기 중엽설'을 '정통설'로 간주하고 있었다. 즉 고대로부터 한반도의 조선인들이 여러 가지 형태로 중국에 이주하여 왔으나 그들은 常地에 정착하지 못하고 국내로 되돌아갔으며 혹은 일부분이 당지에 남아 있었다 하더라고 그들은 장기간의 타민족과의 공동생활 속에서 이미 타민족에게 동화되어 지금의 중국조선족과는 아무런 연관성이 없다는 것이다.

88) 劉兼虎, 「河北省靑龍縣朴氏朝鮮族社會歷史調査」, 『朝鮮族研究論叢』 1, 연변대학출판사, 1987년, 제77쪽.

요녕성 개현 진둔현 박 가구의 박 씨 조상들은 淸 天聽年間에 청에 歸附하였다. 그들은 처음에는 누루하치 內務部의 농노였는데 후에 鑲紅旗 庄親왕 왕부에 귀속되어 청나라 황실의 양곡을 징수하는 업무를 담당하였다. 청군이 海城과 개현을 점령하면서 이곳에 농장을 세우자 그들은 개현에 분배되어 박 가구 일대의 개척자가 되었다. 그들은 비록 包衣라고 하지만 황궁의 糧穀을 거두는 직에 있어 왕공귀족과 접촉할 수 있는 여건을 가지고 있었다고 보아야 할 것이다. 그리고 일찍이 이곳에 정착하였기에 지명도 박 씨 성을 따라 박 가구라 부르게 되었다.[89]

요녕성 본계현 산성자향 박보, 구재, 화피 등지의 박 씨 선조들도 후금시기에 강제로 끌려와 누루하치의 장자인 愛新覚罗・褚英의 농노로 전락되었다. 이들은 후금군이 청하와 무순 일대를 점령하고 탕하 유역에 농장을 설치하자 그곳에 옮겨왔다. 褚英이 죽은 후 그의 셋째아들 尼堪(후에 和碩敬謹親王으로 승급)에게 귀속되어 300여 년 동안 줄곧 이 지역에 거주하면서 탕하유역을 개척하였다.[90]

박 씨들은 동성과 혼인을 하지 않았으며 반드시 타성인 여자를 며느리로 맞아들이는 혼인 관습을 유지하여 왔다. 이들의 족보에는 모계 배우자 중 박 씨 성을 가진 여자는 찾아볼 수 없다. 이러한 혼인 습관은 그 지역의 한족(汉族)과 완전히 다르다. 조사에 의하면 박 씨 주민들은 15대를 내려오면서 단 한 사람도 동성 혼인을 하지 않았다고 한다.[91] 그리고 본계현 박보촌의 박 씨 가문에서는 20세

89) 강룡범, 「遼寧省 蓋縣 陳屯鄕 朴家溝村 朝鮮族社會歷史調査」, 연변대학민족연구소, 위의 책, 43쪽.

90) 손춘일, 「遼寧省本溪朴堡村朝鮮族社會歷史調査」, 연변대학민족연구소, 위의 책, 53쪽.

91) 김철범・강룡권・박경재, '요녕성 본계현 산성자향 박 씨 조선족들이 족적을 고친 정황에 대한 조사보고', 『중국조선민족천입사론문집』 흑룡강조선민족출판사, 1989년, 제249쪽.

기 중반에 이르기까지 반드시 지켜야 하는 전통의례가 있었다. 즉 그들은 매번 결혼식을 올리기 전에 먼저 부근의 '고려묘'와 박 씨 가문 선조들의 묘소에 가서 절을 올린 후에 혼례식을 거행하였다. 또한 박 씨 주민들은 장례를 치를 때에는 삼일장을 지냈다. 그리고 神纸 위의 화상에 6신, 즉 중간에 조상의 신상을 하나 더 그려 넣었는데 이는 한족들이 5신을 그려 넣는 것과 구별되는 것이었다.[92] 서란현의 박 씨 주민들도 조상의 화상을 줄곧 보존하여 왔는데 그 조상이 입은 옷차림은 한족과 확연히 달랐다.

박 씨 가문의 족보를 보면 이 가문의 선조들은 명말청초에 이곳에 와서 정착하고 있었음을 알 수 있다. 요녕성 개현 진둔향 박 가구의 박 씨 가문 보서(谱书)는 이름순으로 의(义), 송(松), 유(有), 운(云), 득(得), 국(国), 존(存), 세(世), 련(连), 립(立), 경(庆), 경(景), 금(金), 영(永), 장(长), 항(恒), 면(绵), 수(守), 작(作), 옥(玉) 도합 20자가 있다.[93] 그리고 요녕성 본계현 박보 마을의 박 씨 가문의 족보에는 11대까지 기록되었는데 그 후의 4대까지 합치면 15대가 된다. 만약 한 세대가 25년 좌우의 차이라면 그들 선조들이 만주에 정착한 시간은 지금으로부터 약 370년 전후인 명말청초로 추정된다.

요녕성 봉성현에 있는 문 씨와 서가보의 서 씨 가문에도 족보가 있는데 그들도 개현의 박 씨들과 비슷한 시기에 이곳으로 이주하였다고 추정할 수 있다. 『봉성현지』에 의하면 문가보는 현성에서 몇 십리 떨어져 있는데 문 씨들은 각처에 분산되어 살면서 인구가 늘어나고 대대로 현명한 자가 나타나 관직을 세습하였다고 한다. 다시

---

92) 동상, 제234쪽.

93) 노득산·최봉룡·안화춘, '요녕성 개현 진둔향 박 가구 박 씨 주민들의 역사에 대한 조사', 『중국조선민족이주사론문집』 흑룡강조선민족출판사, 1989년, 제241쪽.

말하면 봉성현에 있는 문 씨 가문은 세세대대로 그곳에서 살아왔고 또한 청조 때에 어마어마한 관직에 있었던 인물이 많았는데 청조시기에는 통역관을 세습하였다고 했다. 이 문 씨 가문에서 청조의 관직에 있었던 사람은 도합 34명에 달하였다. 또한 이들이 통역관을 세습하였다는 사실은 이 가문에서 오랫동안 조선말을 사용하여 왔음을 말해준다.

그리고 『문 씨 족보』에 따르면 시조 문서공은 본래 조선인으로서 그의 가문은 조선 玉尚左洞(압록강에서 120여 리 떨어진 곳)에서 세세대대로 살다가 문서공이 30세 되던 해(청나라 순치연간, 1644~1661년)에 만주로 이주하여 양백기에 편입되었다. 그 후 그는 시험을 거쳐 四译官当差로 뽑혀 봉천성 봉황성에 가서 통역관으로 있으면서 해마다 공물을 바치러 오는 조선의 사신을 맞이하고 보내는 일들을 했다. 초기 그는 봉황성 동쪽의 삼관묘에 정착하여 살다가 후에 성 서쪽의 二台子에 이주하여 살았다. 제3대 때부터 일부 후손들은 북산, 홍화령, 당가구, 북경, 봉천 등지에 이주하였다. 이와 같이 통역관으로서 조선과의 연계가 밀접하였기에 조선인의 문화속성을 잘 보존할 수 있었다.[94]

정리하자면 박 씨들은 이주초기 신분이 비록 비천하였지만 상대적으로 안정된 생활공간에서 생활을 영위하면서 자기의 전통문화를 보존하고 지켜나갈 수 있는 기반을 마련하였던 것이다. 그러나 그들은 신분이 낮은 코리안 디아스포라로서 다른 민족과 더불어 생활하는 가운데서 민족차별 대우를 받았으며 그로 인하여 본 민족의 문화를 제대로 전승할 수 없었던 한계를 가지고 있었다.

---

94) 김춘선 주필, 『중국조선족통사』 상, 연변인민출판사, 2009년, 제13쪽.

첫째, 그들은 자신의 族籍을 그대로 가질 수 없었다. 그들은 지배계급의 민족동화 정책으로 말미암아 청나라 초기에 滿洲旗籍에 등록되었다가 그 뒤로는 필요에 따라 滿族 혹은 漢族으로 변경하면서 살아왔다. 그러나 이들은 비록 족적을 고쳤다하더라도 한민족의 속성은 줄곧 간직하여 왔다. 그러므로 그들은 결코 '한 시기 동화'된 사람들이 아니라 민족동화정책의 가혹한 시련을 능동적으로 대처하면서 참고 견뎌온 당당한 중국지역 코리안 디아스포라 제1세대의 후예들인 것이다. 그들이 조선족으로 족적을 회복한 것은 민족동화정책과 민족불평등의 억울함을 극복하고 왜곡된 지난날의 역사를 바로 잡은 위대한 장거라 평가된다. 나아가 이는 중국지역의 코리안 디아스포라는 19세기 중엽부터 시작된 것이 아니라 명말청초인 17세기 1620년대로부터 시작되었음을 강력히 시사하고 있는 것이다.

둘째, 그들은 350여 년이란 세월을 다른 민족의 문화권 속에서 생활하면서 점차 본 민족의 언어와 문자를 소실하게 되었지만, 그럼에도 불구하고 그들의 후예들은 지금까지도 일부 한민족의 풍속습관을 보유하고 있음을 알 수 있다. 예를 들면 박 씨들은 서로 통혼하지 않으며, 여자들은 전족(纏足)을 하지 않을 뿐만 아니라 전족을 한 여자를 며느리로 맞이하는 것까지도 기피한다. 그리고 가족생활에서 장을 만드는 방법을 보면 漢族은 '물장'을 담그는데 반해 그들은 '된장'을 만들고, 빨래한 후 풀을 하고 다듬이질을 한다. 이 외에도 식사할 때 노인들에게 독상을 차려드리는 등 한민족의 독특한 풍속습관들이 그들의 생활가운데서 일상화되고 있다. 특히 그들은 아직도 '高麗後裔(한민족)'라는 강한 민족의식을 지니고 있으며 조선족에 대하여 깊은 동질성을 표출하고 있다. 이것은 그들이 선조들로부터 세대를 이어오면서 지속적으로 자신들은 '고려인의 후손'이라는 강한 민족의식을 전수 받아왔기 때문이라 분석된다.

한 개 민족의 민족의식, 민족감정, 민족사상은 민족의 형성과 더불어 태동하고 점차 확고하게 자리 잡는다. 민족의식 가운데서도 가장 기본이 되는 것은 민족자아 의식, 즉 자기와 타민족에 대한 구별인식이다. 그리고 민족의식은 상대적인 안정성(穩定性)을 가진다. 즉 민족의 언어, 풍속 등은 한 민족을 다른 민족과 구분 짓는 기준이기는 하지만, 다른 민족과의 생활과정에서 쉽게 변용되는 부분이기도 하다. 그러나 민족의 공동심리나 민족의식은 언어와 풍속 습관이 바뀐 이후에도 장기적으로 남아 전해진다. 오늘날 세계상에는 본 민족의 언어와 민족풍속을 소실하였으나 그 민족의 공동심리 또는 민족의식을 보존하고 있는 민족들이 많다. 현재 중국조선족들 가운데도 일부 사람들은 관내에서 오랫동안 다른 민족들과 생활하는 과정에서 민족 언어와 풍속들을 잊었으나 민족자아의식과 민족감정은 그대로 간직하고 있다.

민족공동 심리나 민족의식은 또한 능동적이다. 민족이 형성된 후 민족공동심리나 민족의식은 민족의 단합과 문화를 보존, 발전시키며 다른 민족의 이질적인 문화요소들로부터 보호하여 주는 기능이 있다. 또한 자신의 발전을 위하여 다른 민족의 문화를 수용하는 등 능동적인 역할을 한다. 그러므로 민족공동심리 또는 민족의식은 본 민족의 보존과 발전을 추진하는 정신적인 원동력으로 된다. 바로 이러한 정신적인 힘이 상술한 박 씨 후예들로 하여금 몇 백 년이 지난 오늘에 와서도 당당하게 자신들의 본적인 조선족의 족적을 찾게 하였던 것이다.

4. 소결

　고대시기 요동지역에서 흥기하였던 예맥계, 숙신계, 동호계 등 세 부족공동체들은 제각기 국가를 세워 요동을 점유하고 통치하다가 선후로 다른 공동체에 그 역사적인 사명을 이양하고 역사무대에서 사라져갔다. 그러나 이러한 소실은 단순한 소멸이 아니라 다른 공동체와 상호 융합해가면서 하나의 새로운 공동체를 창출하는 과정의 반복이었다. 명말청초 정묘·병자호란 시 후금군에 의해 만주지역으로 끌려온 조선인 전쟁 '포로'들은 350여 년이 지난 오늘 그 대부분이 기타민족으로 동화되었으나 극소수인 박 씨 후예들만 화석처럼 남아서 중국지역 코리안 디아스포라를 증언해주고 있다. 청나라 초기 만주팔기에 편입되었던 43개의 조선인 성씨들 중에서 유독 박 씨들만 다른 민족에게 동화되지 않았다는 사실은 우리들에게 다음과 같은 몇 가지 점을 시사하고 있다.

　첫째, 민족정체성 확보에 있어서 민족문화의 특수성이 얼마나 중요한가를 말해준다. 박 씨라는 성씨(漢族 중에도 朴氏 성이 있는데 piao가 아닌 pu로 발음함)는 한자문화권에 속하는 동북아 여러 나라와 민족들 속에서도 유일무이한 독특성을 갖고 있다. 바로 이런 원인으로 만족의 팔기에 편입되어 들어간 43개의 조선인 성씨 중에서 대부분이 만족 등 다른 민족에게 동화되어 흔적도 없이 사라졌으나 유독 박 씨만이 비록 그 일부만이라도 자기 민족의 문화정체성을 확인하고 지켜나갈 수 있었다. 그러므로 말과 글이나 제도, 민속, 습관 같은 민족문화의 특수성을 지켜나가는 것이 바로 한민족이 세계 민족 간의 대립, 타협, 동화, 융합이란 소용돌이 속에서

쓰러지지 않고 자립해갈 수 있는 가장 중요한 버팀목이라는 것을 중국의 박 씨 촌과 그 후예들이 보여주고 있다.

둘째, 문화신분이라는 것은 고정불변의 존재가 아니라 형성되고 변화되면서 재생산된다는 점이다. 그러므로 만족(혹은 한족)인 속에 조선인이 있고 조선인 속에 滿族(혹은 한족)인이 있음을 명기할 필요가 있다.

제2절 順治~光緖初期 조선인 '범월'사례 연구

1. 초간시기(順治~雍正) 조선인의 만주 '犯越'

1) 청의 만주경영과 초민개간

청조는 북경으로 천도한 順治원년(1644)부터 전국적으로 行省制를 실시하였으나 만주지역만은 청 황조의 '발상지'라 하여 이른바 특별지제인 軍府制를 실시하였다. 동년 8월 순치제는 明이 만주에 설치하였던 都·司·衛·所를 전부 철폐하고 성경에 內大臣을 설치하고 正黃旗內大臣 何洛會를 성경총관으로 임명하였다가 1646년 5월에는 內大臣을 奉天昻邦章京으로 개칭하고 전 만주지역을 관할하게 했다.[1] 그리고 1653년에는 봉천앙방장경 관할 내의 沙爾虎達, 梅勒章京海塔, 尼噶禮 등을 뽑아 寧古塔에 주둔시키고 영고탑앙방장경을 설치하였으며,[2] 1676년에는 船廠(吉林)에 吉林烏拉城을 구축하고 그 곳에 장군서와 장군부를 설치하였다. 그 후 러시아가 남하정책을 펼치면서 흑룡강 지역으로 침략세력을 확장하자 청조는 1683년 흑룡강성(지금의 黑河市 璦琿)에 흑룡강 장군을 증설함으로써 만주지역에 대한 三將軍體制를 확립하였다.

한편 이 시기 청조는 장기간의 전쟁으로 인하여 침체된 만주경영

---

1) 『世祖實錄』 卷二六.

2) 『世祖實錄』 卷七五; 1662年 봉천앙방장경과 영고탑앙방장경을 요동장군과 영고탑장군으로 개칭하였다. 요동장군은 1665년에 다시 성경장군으로 개칭함.

의 재건과 조정의 재정확보를 위하여 만주지역을 부분적으로 개간하는 조치를 취하였다.[3] 청조는 1644년 「開墾荒地條例」[4]의 반포를 비롯하여, 1653년에는 「遼東招民開墾授官例」, 1656년에는 「遼東招民開墾例」를 각각 제정하여 漢人들의 만주 이주와 개간을 적극 권장하였다. 또한 청조는 漢人 移農者들에게 매달 식량 一斗를 대여해주었으며 토지 一坰에 종자 6升, 다섯 사람에게 소 한 마리씩 나누어 주었으며, 추수 후에도 모자라는 식량과 종자를 공급하기도 했다. 그리고 招民官에 대해서는 賞授, 陞叙까지 시키는 장려정책도 펼쳤다.[5] 그 결과 당시 요동지구에는 漢人 유민들이 대폭 증가하였고, 이에 따라 1653년부터 遼陽府, 遼陽縣, 海城縣 등 최초의 民治[6]官署들이 설치되기 시작하여 강희연간까지 遼西에 1부 3주현(錦州府·錦縣·廣寧縣·寧遠州), 遼東에 1부 6주현(奉天府·遼陽州·海城·承德·開原·鐵嶺·開平)의 행정기구가 연이어 설립됨으로서 봉천장군이 군정을 총괄하고 봉천부윤이 민정을 관리하는 이원체계가 형성되기에 이르렀다.

그러나 漢人 유민들의 요동지역으로의 대거 이주는 급기야 토지 점유를 둘러싼 漢族과 旗人간의 민족모순을 유발하여 지방기인들과 지방관들의 불만을 자아냈다. 특히 개간을 장려하기 위해 실시되던

---

3) 당시 요동지역의 개간을 적극 주장한 사람은 奉天府尹 張尙賢이었다. 그는 1661년 청 정부에 보고를 올려 황폐한 만주를 개척하는 것은 청조의 根本之地를 충실하는 장구지책임을 다음과 같이 기술하였다. '沃野千里 有土無人 有儿處荒城·廢堡·敗瓦·頹垣 点綴于茫茫原野中而已… … 欲弭外患 必當壽齒堤防 欲消内優 必當充實根本 以圖久遠之策, (『淸聖朝實錄』 卷2,제25~26쪽).

4) 『大淸會典事例』 卷一六六; '… … 州縣衛所荒地無主者, 分給流民及官兵屯種, 有主者令原土開墾, 無力者官給牛具籽種… …'.

5) 劉獻廷, 『廣陽雜記』 卷三;『盛京通誌』 卷三五, 「戶口」; '… … 招百名者, 文授知縣武授守備; 百名以下六十名以上者, 文授州同州判武授千總, 六十名以下五十名以上者, 武授縣丞主簿武授百總; 若數外多招者, 每百名加一級.

6) 民人에는 명나라시기에 만주에 거주하던 漢族土族, 하남·하북·산동 등지에서 온 流民, 관내지역에서 정배 온 流人 등이 포함된다.

'招民授官' 정책은 조정의 관리 임용 제도를 문란하게 하여 吏部에서도 이에 대한 폐지를 주장하기에 이르렀다.7) 이러한 상황에서 청조는 1667년에「遼東招民開墾授官例」의 폐기를 선포하고 그 이듬해에는「遼東招民開墾例」까지 철폐하였으나 날로 심각해지고 있는 관내지역의 경작지 부족현상을 극복하기 위하여 漢人들의 만주 이주와 개간에 대해서는 묵인 내지는 장려하는 이중적인 경향을 보였다.8) 특히 청조는 '三藩의 난'을 평정한 후 삼번의 부하 수만 명과 그들의 가족들을 만주지역에 안치시켰다. 그리고 1687년에는 각 지방관청에 성경지방의 광활한 토지에 유민들을 적극 입주시켜 屯種할 것을 요구하였다.9) 그리하여 인구밀도가 높고 경작지가 부족한 산동, 하북, 하남 등지의 백성들이 대량 봉천 일대로 밀고 들어왔다. 통계에 의하면 1681년부터 1724년 사이 성경지역만 하여도 증가된 인구가 15,983명이고, 民田은 무려 268,908무(畝)에 달하였다.10) 옹정연간에 이르러 만주에서의 移民墾荒 조치는 더욱 본격화되었다. 1723년 청 정부는 전국에 '무릇 각 성에 개간할 토지가 있으면 백성들이 자유롭게 개간한 후 정부에 보고하고 지방관은 이들에게 재물을 요구하거나 방해하여서는 안 된다'11)는 포고를 내렸다. 그리고 1727년에는 길림에 永吉州를, 영고탑에는 泰寧縣을, 伯都訥에는 長寧縣을 각각 설치하고 봉천부의 관할에 두었다.12) 이는 사실상 초민

---

7)『朝經典類纂』卷13.

8) 佟冬 주편,『중국동북사』제4권, 길림문사출판사, 1998년, 제1466쪽.

9)『光緒大淸會典事例』권166, '戶部・田賦・開墾一'; (위의 책,『중국동북사』4권, 제1467면에서 재인용).

10)『淸朝文獻通考』卷 19.

11)『淸世宗實錄』권6, 옹정 원년 4월 을해.

12) 乾隆,『盛京通誌』심양, 遼海出版社, 1997년, 권23, 제381쪽.

의 입주범위를 「요동초민개간례」에서 규정한 유조변 내로부터 길림과 영고탑 지역으로 확장시켰음을 의미하는 것이다. 그러므로 1739년까지도 관내 漢人 백성들은 臨楡縣에서 印票만 발급 받으면 언제든지 만주로 자유롭게 입주할 수 있었다.[13] 그 결과 이 시기 관내 지역의 漢人 유민들은 성경 일대 뿐만 아니라 邊外 지역인 압록강 북안을 비롯한 길림과 흑룡강 지역까지 밀고 들어왔다.[14] 1734년의 통계에 의하면 성경, 길림, 흑룡강 일대에 새롭게 증가된 流民수는 71,381명인데 그 가족까지 합치면 약 30~40만 명으로 추정되며 그들이 개간한 토지는 무려 280만 무에 달하였다.[15]

1662년 청은 南明 永曆정권을 붕괴시키고 1670년에는 '實宇一統'을 선포하였다.[16] 그리고 1677년 강희帝는 장백산을 조상들이 發祥한 靈山이라 명명하고 內大臣 覺羅武黙納을 길림으로 보내어 제사를 올리는 한편, 장백산을 비롯한 압록강과 두만강 이북의 천여 리 지역을 '龍興之地'로 규정하고 각종 보호조치를 취하였다.[17] 이 시기 청의 '룡흥지지'에 대한 보호조치는 盛京邊墻(老邊) 및 柳條邊墻(新邊)의 구축과 각종 위장, 哨卡의 설치를 통하여 구체적으로 실시되었다. 성경변장(1648~1654)은 산해관에서 시작하여 동북쪽으로 개원의 威遠堡에 이르고, 여기에서 다시 동남쪽으로 興京에 이른 후 서남으로 봉황성의 남해안(지금의 요녕성 東溝縣)에 이르는데 변장의 총 길이는 960여 리이고 16개의 변문이 설치되어 있

---

13) 『淸高宗實錄』 북경, 중화서국, 1985년, 高宗卷 제2책, 권102, 제543쪽.

14) 1733년 조선 강계의 건너편인 細洞에는 山西에서 온 李登田을 비롯한 3,4백 명의 유민들이 집을 짓고 개간하고 있었다.

15) 佟冬 주편, 『중국동사』 제4권, 길림문사출판사, 1998년, 제1469쪽.

16) 『청성조실록』 강희 10년 9월 3일 신해.

17) 『淸聖朝實錄』 卷70, 제80쪽, '長白山發祥重地 奇迹甚多 山靈宜加封號 永著祀典'

었다.[18] 유조변장(1670~1681년)은 남쪽으로는 성경변장의 개원 위원보 변문부터 시작하여 북으로는 法特東亮子山(舒蘭縣二道河子)의 法特哈邊門을 지나 송화강에 이르는데 변장의 총 길이는 690여 리이며 4개의 변문이 설치되어 있었다.[19] 청조는 20개의 변문에 정 5품 이하 3~40명의 병정을 배치하여 중원지역 漢人은 물론, 조선 인들의 潛入을 엄금하였다. 이와 같이 청조는 우선 유조변장의 설 치를 통하여 '龍興之地'(변문 외 지역)를 타 민족으로부터 격리시켰 다. 그리고 이 지역에서 산출되는 특산물을 독점하기 위하여 성경 위장, 길림위장, 南荒圍場을 비롯한 각종 蔘山, 採捕場을 설치하고 民人들의 입주와 개간은 물론이고 인삼채집, 산림채벌, 광산개발 등 모든 것을 철저히 금지시켰다.[20] 당시 청조는 官採 즉 打牲烏拉 總管이란 전문 기구를 통하여 인삼을 채취하였는데 기록에 의하면 1694년 영고탑, 길림에 가서 채삼하는 자가 3~4만 명, 소와 말이 7~ 8만 두, 식량 7~8만 석에 달한다고 한다. 『유변기략』에서는 '무릇 산을 다니는 자들은 산동, 산서 사람이 많으며 대개 모두 投採者들 이다. 해마다 3~4월이 되면 무리를 지어 입산하고, 9~10월에 돌 아간다. 배고픔과 추위를 견디지 못해 죽는 자가 얼마인지 헤아릴 수 없다. 그러나 산을 다니는 자들이 점점 많아져 해마다 만여 명 이 넘는다.'고 했다.[21] 그러나 蔘山이나 圍場 등에 들어가 채삼하거

18) 楊賓, 『柳邊紀略』 卷1; '揷柳爲邊, 高者三四尺, 低者一二尺, 若中土之竹籬而掘壕於其外, 人呼爲 柳條邊, 又曰條子邊'

19) 高士奇, 『扈從東巡日錄』; (孔經偉, 『淸代東北地區經濟史』 흑룡강인민출판사, 1990년, 제150쪽 에서 재인용)

20) 『海龍縣志』 卷2, '盛京以東, 伊通州以南, 圖門江以北, 悉爲封禁. 移民之居住有禁, 田地墾群有禁, 森林礦山之采伐有禁, 人蔘東珠之搆捕有禁'

21) 楊賓, 『柳邊紀略』 권3, 제7쪽.

나 수렵하는 민인들에 대해서는 가혹한 형벌이 내려졌다. 삼산에 들어가 채삼한 주모자는 양쪽 힘줄을 끊어 버리고 수종자는 한쪽 힘줄을 끊어 버리며,[22] 위장에 들어가 수렵한 자는 수렵한 수량에 따라 杖 100대로부터 3천리 유배 혹은 변강에 유배하여 병정의 노비로 전락시키기도 했다.[23]

2) 조선인의 만주 범월(犯越)

1605년 누르하치와 조선은 양측 변민들의 범월과 盜蔘 등에 관하여 약정한 바 있으나,[24] 양국 간의 국경선/영역을 공식적으로 획정한 것은 1627년의 「강도회맹」과 1637년의 「남한화약」에서 비롯되었다. 1627년의 「강도회맹」에서는 '양국은 이미 和好를 講하였으니 금후 양국은 이 서약을 遵하여 각각 강역을 엄수하고 私越을 禁斷한다'[25]고 하였으며, 1637년의 「남한화약」에서도 '각수봉강'을 재차 규명하여 양국 변민들의 월경(越境)을 엄금하기로 했다.[26] 그러나 양국 간의 영토 설정에도 불구하고 조선인들의 만주 범월은 계속되었다. 이러한 현상은 당시 변민들의 국계에 대한 모호한 인식에서 비롯된 것이라 볼 수 있겠으나 그보다도 더 중요한 것은 만주지역이 장기간 그들의 피난처이자 생활터전의 일부분으로 간주되

---

22) 『古今圖書集成』 「博物彙編 · 草木典」 권125, '人蔘部彙編'.

23) 薩英額, 『吉林外記』 권5, 제85쪽 참조.

24) 1605년 누르하치의 건주위와 조선은 양측 邊界民들의 범월과 盜蔘 등에 관한 최초의 약정이 이루어 졌다. 본 약정에서 누르하치는 도강자가 발생할 경우 양측은 상호 拿送할 것을 요구하였으며, 조선에서도 만주의 기타 부족들이 조선변경을 침입하지 말 것을 요구하였다. 이로 보아 건주위와 조선은 국경이 확정되지 않은 상황에서도 압록강과 두만강을 자연경계로 서로 범월을 금지하고 있었음을 알 수 있다. (『事大文軌』 萬曆 33年 9月 6日 胡書 및 11月 11日 答書)

25) 『仁祖實錄』 卷16, 仁祖 5年 3月 3日, 丁卯條.

26) 『仁祖實錄』 卷34, 仁祖 15年 1月 30日 丁丑條.

어 왔기 때문이라 분석된다.27)

청조는 정묘호란 후 조선 정부에 조선인들의 범월을 엄격히 단속할 것을 여러 차례 요청해 왔으며,28) 입관 후에도 변장의 설치와 금지령을 통하여 漢人들과 조선인들이 유조변 외 지역으로의 진입을 엄격히 단속하였다. 1652년 11월 청 세조는 孝宗에게 국서를 보내어 '조선인들이 월강하여 盜蔘함은 작은 일이나 封疆은 대사인 만큼 특별한 금지조치가 없다면 범월이 계속될 것이니 범월한 자는 물론이고 해당 지방관원까지 처벌할 것'을 강요하였다.29) 이는 당시 청조가 조선인의 범월문제를 단순히 경제적인 문제가 아니라 두 나라 국경문제 내지는 영토문제로 인식하고 있었음을 알 수 있다.

한편 1627년 정묘호란 후 후금의 강력한 압력을 받은 조선 정부는 변민들의 범월에 대하여 엄격히 단속하기 시작하였다. 1628년 5월 인조는 후금에 '嚴守疆斷禁私越等來意極是'30)라는 국서를 보냈으며, 1635년 渭原事件이 발생하자 즉시 범월인을 비롯하여 군수 許詳, 僉使 李顯基, 萬戶 金進 등 지방관원들을 모두 誅殺하라고 명하였다.31) 그리고 1646년에는 범월자 중 주모자는 境上에서 梟示하고 기타 수종자는 絶島로 유배시켰다.32) 그 후 조선 정부의 금월

---

27) 『仁祖實錄』 권34, 인조 15년 1월 30일, 丁丑條; 조선인들이 압록강과 두만강 이북 지역에 이주하여 개간한 사실은 일찍이 명나라 시기에도 발견되고 있다. 『世祖實錄』 세조 14년 3월 壬戌, 壬申, 辛己, 丁亥 등조에는 조선인이 朝·明 間의 空間地에 집을 짓고 토지를 개간한다는 기사가 있으며, 明宗 대에도 邊界民이 다수 여진지역으로 넘어갔고 특히 豆滿江 越使의 伊應巨島에서 경작지를 개간하고 慶興府民으로 하여금 경작케 하고 진을 설치하였다는 기사가 있다. (金慧子, 「朝鮮後期 北邊越境問題 硏究」, 『梨大史苑』 18·19합집, 1982년, 제60쪽 참조)

28) 『淸三朝實錄』 天聰 5年 閏 11月 癸亥條; 『淸三朝實錄』 卷15, 天聰 7年 8月 乙丑條,

29) 『通文館志』 卷之9, 紀年 孝宗大王 3年.

30) 牛丸潤亮·村田懋麿 共編, 『最近間島事情』(朝鮮及朝鮮人社, 1927년) 제59쪽.

31) 『仁祖實錄』 권31, 仁祖 13年 11月 丙寅條.

32) 『通文館志』 9, 紀年 仁祖 24年.

조치는 계속 강화되어 효종 대에 이르러 월강한 자는 죽이고 그 처자는 노비로, 해당 지방관은 유배시켰으며, 숙종 대에 이르러서는 '隨從 범월인은 本營鎭으로 연행하여 엄형 3차, 재범자는 엄형 5차, 三犯者는 효시'[33])하는 범월자 처단법을 제정하기에 이르렀다. 이어 1686년 「沿邊犯越禁斷事目」이 제정되고,[34]) 동월 8일에는 「南北蔘商沿邊犯越禁斷事目」[35])이 제정되었다.

「沿邊犯越禁斷事目」의 주요내용은 1) 西北沿邊의 범월자는 그 이유를 막론하고 모두 境上에서 梟示한다. 2) 南北兵使는 沿邊을 申飭하며 강북이 禁斷地域임을 알린다. 3) 兵使는 不時에 軍官을 沿邊各邑과 鎭堡에 파견하여 범월행위를 적발케 함과 동시에 매월 말 本道監司 및 비변사에 그 상황을 보고하며, 4) 범월인을 邊卒·邊將이 적발치 못하고 兵使에게 적발되면 그들을 拿問하여 極邊에 充軍시키고 범월사실을 알면서도 보고하지 않은 자는 범인과 함께 처단하고 특히 청국 땅에서 범월인이 잡힌 경우 변졸·변장이 비록 몰랐다 해도 중죄에 처하고 兵使·監司도 등급을 두어 죄를 결정할 것이다. 5) 犯越人임을 알고도 容接 또는 敎誘·指示한 자도 모두 범인과 똑같이 처단하고, 申告치 않은 자 중 閑良·公私賤人은 邊地의 殘邑에 奴로 삼고 良人 및 官人은 당사자만 西北沿邊 鎭堡에 充軍한다. 6) 범월인을 申告한 자는 良人 以上은 堂上으로, 堂上은 嘉善大夫로, 公·私賤은 良人으로 陞格시키며 아울러 범인의 財物도 준다는 것이었다.[36]) 그리고 「南北蔘商沿邊犯越禁斷事目」에서는

---

33) 『顯宗實錄』 현종 13년 정월 壬申條.
34) 『備邊司謄錄』 권410, 숙종 12년 정월 6일조.
35) 『肅宗實錄』 권16, 숙종 11년 11월 29일 乙酉條.
36) 『備邊司謄錄』 40冊, 肅宗 12年 正月 6日條.

지방관에 대한 처벌법이 상세히 규정되었는데 이에 따르면, 범월지방의 守令·邊將 등은 3년간 定配, 座首·兵房軍은 絶島에 유배하며, 변장이 감추고 범월인만을 徵讀하는 경우 그 장물까지도 아울러 論罪하며, 변장·수령이 범인을 적발 못하고 節度使에게 적발되면 遠邊에 충군하고 절도사가 적발하지 못하고 감사에게 적발되면 절도사가 삭직되고, 감사도 못할 경우 그도 삭직되는 연좌법, 그리고 변민이 청국으로 도망할 때 守令은 罷黜되며, 面·里任 등은 杖一百, 流三千里로 규정되었다.37)

이 외에도 조선 정부의 금월조치는 다양한 방식으로 실시되었는바, 채삼계절인 3월~9월에는 중앙에서 직접 관원을 파견하여 규찰하고,38) 연강지역에 파수군을 증가하여 一把守幕에 파수장 1인, 파수군 2인을 두고 5일마다 점고해 兵·監營에 보고하게 했다.39) 또한 鳥銃으로 인한 살인사건이 빈번히 발생하자 숙종 12년 비변사에서는 公私鳥銃을 전부 회수하여 관청에서 직접 보관토록 하였으며, 또 5家作統制를 실시하여 5일에 한 번씩 변계지역의 軍民人丁의 有無를 점검하여 監司 및 備邊司에 보고하도록 했다.40) 그리고 숙종 14년에는 「邊民採蔘犯禁之律」을 제정하여 범월이 발생할 경우 邊卒·邊將 등 採蔘管下者는 모두 極律로 다스리고 집단 범월시에 주동자를 처형하도록 했다.41)

그런데 이 시기 조선 정부의 금월정책에서 주목되는 것은 1712

---

37) 『肅宗實錄』 肅宗 12年 正月 8日條, 『續大典』 卷5, 刑典.
38) 『肅宗實錄』 12年 閏4月 壬午條.
39) 『北路紀略』 元江路守幕條.
40) 『備邊司謄錄』 48冊 肅宗 22年 正月條,
41) 『肅宗實錄』 14年 3月 庚辰條.

년의 정계비 건립을 계기로 숙종 대에 계속 강화되던 금월책이 점차 완화되는 경향을 나타낸다는 점이다. 이는 조선 정부가 과거 북방지역에 대한 소극적인 태세에서 벗어나서 보다 자립적이고 적극적인 정책을 수립해 나가는 과정이라고 분석된다. 이 시기 금월정책의 변화는 대체로 세 가지로 요약될 수 있는 데, 하나는 금월조치의 개정과 범월인에 대한 처단법의 완화이고, 두 번째는 청인들의 월경과 변경지역의 거주에 대한 적극적인 항의이며, 세 번째는 북변지역에 대한 주민들의 입주와 경작생활 허용, 즉 북방개척론의 부분적인 시행이라 볼 수 있다.

먼저 금월조치의 개정과 범월인에 대한 처단법의 변화과정을 살펴보면, 첫째 鳥銃사용에 대한 전면허용이다. 조선은 금월조치의 일환으로 민간에서의 조총사용을 엄격히 금지하여 왔다. 그러나 조총사용 금지법은 변민들의 수렵생활은 물론이고 나이가 어린 군병들은 조총이 어떠한 물건인지도 몰라 변방군사력의 강화에 막대한 곤란을 조성하였다.[42] 그러나 정계비 건립 이후 범월은 단속하되 수렵은 허용하여야 한다는 주장이 거론되어 영조 3년(1727)에는 조총훈련이 허용되었으며,[43] 영조 8년에는 매월 2,3차의 放銃訓練을 제도화하였다.[44] 둘째, 범월관련자들에 대한 처단법의 수정이다. 숙종 초부터 실시된 '연좌법'은 오히려 죄를 두려워 진상을 덮어 감추거나,[45] 아예 대안지역으로 도피하는 현상을 초래하였다. 이러한 현상은 1734년 道臣 朴師洙가 沿邊사람들이 죄를 피하여

---

42) 『肅宗實錄』 卷28, 肅宗 21年 6月 5日 乙未條.
43) 『英祖實錄』 卷11, 英祖 3年 6月 29日 甲寅.
44) 『英祖實錄』 卷31, 英祖 8年 3月 25日 壬午.
45) 『英祖實錄』 卷36, 領照 9年 10月 28日 丙子.

넘어가 숨은 자는 그 수효가 거의 다 헤아릴 수가 없다고 한 上疏에서도 알 수 있다.46) 이를 극복하기 위하여 영조는 범월인들에 대하여 심중한 조사를 거쳐 처단할 것을 강조하였고, 1735년 5월 함경감사가 범월한 백성 50여 명의 죄를 왕에게 문의하자 왕은 어사를 보내는 연석에서 '처벌을 너그럽게 한 잘못에 빠질지언정 사납게 하는 잘못에 빠지지 말라'고 지시하였다.47) 영조 대에 이르러 범월인들에 대한 처벌법도 대폭 약화되었는데 1734년 범월한 지방수령인 강계부사 金浚과 변장인 고산리 첨사 李泰祥은 형률을 고쳐서 減死島配하였다.48) 특히 1742년 청 측에서 범월자들의 사죄를 면해주라는 자문이 오자 조정은 동년 死罪를 범한 20명의 죄인 중 15명은 정배하고, 5인은 석방하였으며, 범월죄로 인하여 刑曹에 수감된 죄인은 모두 減死島配하고, 북도에 갇혀있던 죄인들도 전부 석방하였다.49)

두 번째는, 청인 월경에 대한 적극적인 항의와 수변책의 강화이다. 조선은 일찍부터 청인들의 월경에 인한 피해를 감수하면서도 단 한 번도 청 측에 공개적으로 항의한 적이 없을 정도로 소극적 태도를 보여 왔다.50) 그러나 정계비 건립 후 조선의 수변정책은 현저한 변화를 가져왔다. 즉 과거 변민들의 범월을 엄격히 규제하여 청조와의 외교적 마찰을 줄이려는 소극적인 대응 정책에서 외교적 분쟁을 감수하더라도 청인들의 조선 경내 침범을 철저히 견제하려

---

46) 『英祖實錄』卷38, 英祖 10年 5月 18日 癸巳.
47) 『英祖實錄』127, 附錄, 英祖大王 行狀3.
48) 『英祖實錄』卷38, 領照 10年 8月 20日 癸亥.
49) 『英祖實錄』卷55, 領照 18年 5月 29日 丁亥.
50) 『肅宗實錄』卷50, 肅宗 37年 3月 13日 壬寅條.

는 적극적인 변방대책으로 전환되어 갔던 것이다. 1714년 육진지방에서 경원과 訓戎 대안의 安都立·他木奴 등지에서 胡人들이 作舍墾田하며 도로를 개설하고 있다는 보고가[51] 올라오자 조정에서는 그 대책을 거듭 논의한 결과 동년 12월 司譯院正 金慶國을 통하여 처음으로 淸 禮部에 자문을 전달하기로 했다. 자문에서 조선 정부는 두만강 연안에 청인들이 거주하며 토지를 개간하면 조선변민들의 금월에 영향이 있으므로 철거시켜 줄 것을 강력히 요구하였다. 이에 강희제는 즉시 영고탑장군에게 명하여 관민들이 두만강 연안에서의 거주와 둔전을 금지시키고 그들을 後春陳荒處와 瑟海濱으로 옮겨 개간하도록 하였으며,[52] 이후 연강근처에서 家舍를 짓고 농사 짓는 것을 엄금하고 해당관원들이 수시로 조사해 違禁이 있으면 치죄하도록 명했음을 조선 정부에 알려왔다.[53] 이를 계기로 조선 정부는 그 후에도 이와 유사한 사건이 발생하면 즉시 청의 예부에 자문을 보내어 철거를 요구하였다.

세 번째는, 폐사군 이래 끊임없이 제기되던 '북방개척론'이 또 다시 조정의 의사일정에 오르게 되었다는 점이다. 이에 따라 조정은 북변지역에 대한 주민의 입주와 토지개척을 전면 허용하여 변경지역의 안정된 생활을 보장함으로써 변민들이 생활난으로 인하여 발생되는 범월을 사전에 방지하고, 나아가 정계로 인해 보장된 북방지역의 영유권을 보다 확고히 한다는 방향으로 정책전환을 시도

---

51) 淸朝는 1714년 琿春에 琿春協領을 설치하였다.

52) 『同文彙考』原編 卷四八, 肅宗四十年, 甲午 撤毀訓戎越邊房屋事;『肅宗實錄』卷五六, 四十一年 七月 甲午, '適有胡人, 出來江邊, 呼問以烏羅寧古塔兩處胡人, 將爲移居後春地然耶, 咨曰然, 江邊近處雖云土沃, 禁令至嚴, 卽有毁家之擧, 則不敢起耕, 故後春陳荒處及瑟海濱空虛之地, 將爲開墾矣'.

53) 『同文彙考』原編 卷之 48 疆界條, 康熙 54年 10月 25日, 禮部知會撤毁咨.

하기에 이르렀던 것이다.54) 영조 9년(1733) 평안감사 權以鎭은 평안도 위원군 건너편 청인들의 동정을 보고하면서 방어와 변금단속을 위해 촌락을 모으고 작은 堡들을 합쳐 큰 관부를 세울 것을 건의하였으며,55) 영조 10년 함경도 갑산의 유생 金命洙도 갑산·삼수 지역 방위를 위해 雲龍堡와 惠山鎭을 합쳐 군을 설치해줄 것을 청하기도 했다.56) 그리고 1741년 평안도의 유학 최성은 지난날 사군을 철폐한 것은 단지 야인이 침입하여 핍박한 때문이었는데 지금은 야인의 피해가 제거되었고, 또 관부로 하여금 서로 바라볼 수 있는 곳에 파수를 설치하면 범월은 근심할 바 없으므로 산삼이 생산되는 閭延의 동쪽과 갑산 북쪽의 虛項嶺 부근에 4군을 설치하여 백성들로 하여금 삼을 캐어 貢物에 충당하게 한다면 백성들은 충실하고 번성해질 것이라고 건의하였다.57)

그러나 조선 정부의 이와 같은 조치는 미봉책에 불과한 것이었기 때문에 조선인들의 만주 범월은 계속 이루어졌다. 아래에 이 시기 조선인들의 범월사례를 『조선왕조실록』·『동문휘고』·『동문관지』·『비변사등록』·『청실록』 등의 기록을 통하여 살펴보면 다음과 같다.

---

54) 朴權,『北征日記』壬辰年 7月 13日條. 정계비 건립 시 朝鮮接伴使였던 朴權은 '이제 국경의 限界가 정해졌으므로 沿邊人에게 압록강과 토문강이 경계임을 알리고 또한 두강 사이의 西水羅德虛項嶺綏項嶺等地 및 市多會山의 左右前後는 모두 蔘田이며 貂鼠가 産出되는 곳이니 백두산 아래의 天坪, 長坡 등지에 三水 甲山 茂山 3읍민의 採獵을 허락해 衣食을 족하게 하면 邊民의 偸越도 과히 念慮할 바 없다'고 지적하였다.

55) 『英祖實錄』 卷35, 英祖 9年 7月 13日 壬辰.

56) 『英祖實錄』 卷38, 英祖 10年 5月 25日 庚子.

57) 『英祖實錄』 卷53, 英祖 17年 1月 26日 壬辰.

(1) 1631년 5월 卜兒哈兎에서 조선인 10명이 수렵하다가 6명이 도망가고 4명이 체포됨.

(2) 1631년 9월 灰扒에서 조선인 5명이 채삼하다가 피살되고, 관전에서 채삼하던 조선인은 체포됨.

(3) 1631년 靑城 사람들이 월경 채삼하다가 체포되고, 만포 사람들은 체포, 송환됨.

(4) 1633년 9월 만포, 강계, 상토 사람들이 월경 채삼하다가 체포되어 송환됨.

(5) 1635년 7월 후금에서는 두 차에 걸쳐 조선인 월경 채삼자 14명을 송환함.

(6) 1638년 함경도 온성부 柔遠鎭의 金惟善·張大春·金有生·金戒立 등 4명이 월강하여 청국인 알두리와 그 일행의 거주시설을 파괴, 사람들을 살해하고 그들의 물건을 강탈.

(7) 1639년 訓戎人 4~5명과 경원인 12명이 월강하여 수렵하다가 청국인이 사냥한 독수리와 사냥 도구를 훔쳤음.

(8) 1642년 길주와 갑산의 李有先 등 65명이 월경하여 채삼하다가 체포됨. 실종된 자 및 주동자를 제외한 45명을 조선에 보내 처벌하였으며, 길주와 갑산의 관원들도 처벌받음.

(9) 1643년 9월 강계 변민들이 상토, 외괴 이동에서 월경한 후 채삼하다가 40명이 체포됨.

(10) 1643년 강계에서 50여 명이 월경하여 채삼하다가 청인과 충돌하여 청인 2명이 피살됨. 그리고 월경자 36명이 청에 체포되어 송환됨.

(11) 1645년 미전, 훈융, 창성 변민들이 월경하여 채삼하다가 체포되어 송환됨. 지방관리들은 추문을 당하였으나 청의 중원

입관에 따른 大赦令으로 인해 放免됨.

(12) 1646년 4월 갑산부 雲龍堡의 士兵 申男을 비롯한 조선인들이 월강하여 채삼하다가 영고탑주방들에게 체포됨. 범인 10명 중 2명은 달아나다 익사함. 기타 월경자 絶島에 정배되고 운총만호는 혁직됨.

(13) 1647년 2월 볼하의 조선인 3명이 월경하여 채삼하다가 체포되어 송환됨. 청 측의 요구에 의하여 월경채삼을 종용한 볼하 첨사 郭德立을 두만강 국경에 효시하고 월강자들을 유배함.

(14) 1648년 청국 순병들은 古喇湖에서 회령 조선인 12명이 조총과 말 8필을 가지고 수렵하는 것을 발견하고 체포. 그리고 邊外지역에서 또 종성 조선인 11명과 말 9필 조총 6정을 가진 조선인을 체포. 그중 1명 도주, 22명을 송환함.

(15) 1649년 조선인 2명이 영고탑 지역의 巡邊에 체포되었는데 그들은 賴達戶에게 고기와 쌀을 보내기 위해 강을 건넜다가 체포됨. 누르하치를 황제로 추존하는 恩赦에 면죄됨.

(16) 1652년 1월 別克屯城(벽동)의 潘向義 등 조선인 23명은 正白旗 包下 産蔘지방 東阿西牛兒蘑山에서 삼을 캐다가 체포됨.

(17) 1653년 월경하여 채삼한 劉春立 등 23명 체포됨. 유춘립, 高玄男, 姜破回, 李士立 등은 교형, 기타는 감죄되어 한 등급 강등되거나 罰俸 1년 혹은 면죄됨.

(18) 1654년 경원부 阿山堡의 金忠一 등 90명이 도강하여 벌목하였음. 청인 2명을 살해하고 소 두 마리를 약탈함.

(19) 1656년 2월 청은 조선국왕에게 금월에 소홀했던 책임을 물어 은 천 냥과 豹皮 50장, 獺皮 100장, 大紙 천 권, 腰刀 10

자루, 順刀 10자루를 벌금 할 것을 강요함.

(20) 1660년 8월 上土鎮 伐登浦의 토인 朴風과 朴葉, 禮男 등 3명이 慈城江에서 월강하여 채삼하였음.

(21) 1661년 의주인 1명이 淸에 投降하였다가 송환됨.

(22) 1661년 의주부 백성 金金同・鄭春同・劉貴金 등이 龍川지역 彌串鎭에서 월강하여 채삼하다가 체포됨. 3인은 경상에서 참형, 彌串첨사 白光祖는 혁직하고 徒配 3년, 부사 朴始漢은 혁직 등 처분을 받음.

(23) 1662년 의주성의 恩奴吉과 濃額必이 島中에서 木棍을 벌목하다가 월강하였는데 봉황성 주방 관병들에게 체포됨.

(24) 1666년 조선인 부녀 1명이 길을 잃고 헤매다가 강을 넘어 봉황성 愛哈村에서 체포되어 의주관에게 송환됨.

(25) 1680년 조선 온성의 巴克錫穩益(朴時雄), 張益里(張以立), 筆諾多爾素(奴道所) 등 3명이 영고탑 주방 관병들에게 체포됨.

(26) 1685년 함경도 三水郡의 백성 31명이 월경 채삼하다가 압록강 연안의 삼도구에서 지도를 그리기 위해 여행 중이던 주방 협령 勒楚 일행과 조우, 조선인들은 조총을 쏘며 대항하다가 달아남. 일부는 淸 側의 화살에 맞아죽고, 남은 사람 27명이 도망쳤다가 조선 측에 의해 체포되어 처벌받음. 이 문제로 청은 조선국왕에게도 2만 냥의 벌금을 안김.

(27) 1690년 함경도 백성 10여 명이 훈춘 일대에 잠입하여 청인 1명을 살해하고 인삼을 빼앗음.

(28) 1693년 강계, 만포 백성 30여 명이 월강함. 金仁白 등 5명은 경사에 효시, 金義桓 등 9명은 제주로 정배, 기타 17명은 석방됨.

(29) 1694년 함경도 富寧, 종성인이 범월하여 채삼함. 姜金丁・

朴之亨・金明仁 등 주모자는 경상에서 효시하고 徐天立・劉突・金啓運・李漢林 등 수종자는 남쪽 지방의 절도에 정배 보냄.

(30) 1696년 범월하여 채삼한 林貴立・方次叔을 경상에 효시하고 경원부사 신익염, 경흥부사 李弘肇를 치죄함.

(31) 1699년 흉년으로 월경하여 구걸하던 남여 3인이 영고탑에서 체포, 송환됨.

(32) 1700년 삼수 일대의 조선인 수십 명이 월경하여 채삼하다가 살인을 함. 삼수 현감 愼之逸이 근처의 十一堡의 변장과 더불어 사사로이 결탁한 책임을 물어 치죄함.

(33) 1702년 理山의 洪太望 등이 魚面堡로부터 월강하여 채삼하다가 체포되어 강계부로 송환됨.

(34) 1704년 1월 10일에 金有一・金禮進・金禮爀・朴仁旭・朴七連 등이 柳時萬・金巨勒・李友白・金起弘・小成 등과 함께 월경하여 살인, 약탈한 죄로 체포됨.

(35) 1710년 8월 위원의 李萬建・李萬枝 등 9명이 월강한 후 청인을 살해하고 인삼을 약탈하여, 주범은 효시하고 종범은 유배됨.

(36) 1714년 坡州人 郭萬國이 강계로부터 월경하였다가 봉밀구에서 체포됨.

(37) 1715년 9월 23일 蜂蜜溝에서 조선인 월강 구식자 1명 체포됨.

(38) 1721년 함경도 경성 군민들이 몰래 월경하여 사슴을 잡았는데 후에 발견되어 주모자 2명은 경상에서 효시하고, 기타는 차등을 두어 정배함.

(39) 1729년 온성부의 申丁龍 등 7명이 범월하였다가 체포됨.

1730년 申丁龍 등은 德順洞의 江邊에서 효시하고 해당 지방관도 혁직처분을 받았음.

(40) 1732년 朴處彬 등 5인이 월강하여 청인과 통상하다가 의주의 강변에서 피살, 범월 잠상 李永三은 경상에서 효시됨.

(41) 1733년 渭原 潛商 金尙萬·裵進萬 등을 효시함.

(42) 1733년 理山府 잠상 범월인 張世贊 등을 국경에서 효시함.

(43) 1733년 청인들이 넘어와 파수보와 장졸을 납치한 후 김상중 등이 빚진 인삼 값을 요구하여 위원군에서는 잠상 김상중을 경상에 효시함.

(44) 1733년 高山里의 金世丁 등 28명이 잠월하여 청인 9인을 살해하고 인삼 1근 10냥을 약탈함. 동년 범월자 徐貴江을 변경에 효시, 온성 범월인 金水京 등 4인을 경상에 효시함.

(45) 1736년 범월인 金世丁 등 3인을 참하고, 金貴同 등 16명은 免死爲奴하였으며, 徐云必 등 9인은 杖 100대, 高山僉使와 강계 부사는 2천리 유배됨.

(46) 1735년 의주 강변에서 인삼을 몰래 캐던 자들이 조선의 변경에서 무역을 하다가 적발되어 경상에서 효시됨.

(47) 1735년 북도 육진의 변민 40여 명이 월강죄로 체포됨. 임금은 육진의 민심안정을 위해 이들의 정상을 살펴 경중을 나누어 치죄하도록 지시.

(48) 1739년 온성인, 종성인 수십 명이 월경하여 청에 귀부함.

(49) 1739년 2년 전 월경하여 사냥에 종사하던 김시종·김동덕·김대룡·신여정 등은 체포된 후 사형에 처함.

위의 사례는 天聰~雍正연간 조선인들이 범월하였다가 청 측에 체포되어 송환되었거나 혹은 조선 정부에 발각되어 입건, 처리된 극히 제한된 관방기록에 불과하다. 이를 종합분석 해 보면 다음과 같다.

49번의 범월사례 중 채삼이 27번, 수렵이 4번, 살인약탈이 6번, 잠상무역 4번, 벌목 2번, 구걸 2번, 淸에 投入 3번, 물건전달 1번이며, 지역별로 구별해 보면 압록강 연안지역이 27번, 두만강 연안지역이 23번이다. 이를 다시 내용별, 지역별로 같이 구별하여 비교해 보면 채삼 27번 중 압록강 지역이 17번, 두만강 지역이 10번이고, 살인약탈 6번 중 압록강 지역이 3번, 두만강 지역이 3번이며, 수렵 4번 중 압록강 지역이 1번, 두만강 지역이 3번이다. 또한 벌목 2번 중 압록강 지역이 1번, 두만강 지역이 1번, 구걸 2번은 모두 두만강 지역에서 나타나며, 청에 투입 3번 중 압록강 지역이 2번, 두만강 지역이 1번이며, 잠상무역 4번은 모두 압록강 지역으로 나타나고 있다. 이 같은 사실은 다음과 같은 몇 가지 점을 시사하고 있다. 첫째, 이 시기 조선인들의 범월은 어느 한 특정시기가 아닌 전 시기 (1627~1739)에 걸쳐 지속적으로 이루어지고 있다는 점이다. 둘째, 어느 한 특정지역에 국한된 것이 아니라 압록강과 두만강 연안 전 지역에 걸쳐 이루어졌다는 점이다. 셋째, 범월 규모는 대체로 1, 2명부터 수십 명에 달할 정도로 규모가 다양하게 이루어졌다는 점이다. 넷째, 주로 인삼을 채취하기 위한 것이었다. 즉 50번의 범월사례 중 34번이 직접 혹은 간접적으로 인삼을 채취하기 위한 범월이었다는 것에서 나타난다. 다섯째, 범월인들은 인삼과 獸皮를 얻기 위해서는 살인행위도 서슴지 않았다는 점이다. 여섯째, 압록강 연안에서는 채삼이 주된 목적이었고 두만강 연안은 채삼보다는 수렵이 상대적으로 많았다는 점이다. 일곱째, 압록강 연안에서는 이익 추구를 위한 잠상활동이 이루어지고 있는 반면 두만강 연안에서는 떠돌아다니며 구걸하는 범월자들이 출현하고 있다는 점이다.

2. 봉금시기(乾隆 ~ 光緒初期) 조선인의 만주 범월

1) 청조의 봉금정책과 조선의 금월조치

18세기 초에 이르러 한인들의 만주 유입이 급속히 증가하였다. 통계에 의하면 1683년 봉천 民籍에 편입된 가구 수는 28,724정 명에 143,620가구였는데 1734년에 이르러서는 47,476정 명에 237,380가구로 대폭 증가하였다. 여기에 당시 민적에 기록되지 않은 漢人 수를 합치면 이보다 훨씬 많은 수일 것으로 추정된다.[58] 이와 같이 관내지역 한인들의 대량 유입은 과거 旗人들이 만주지역에서 누리던 각종 특권과 경제이권에 커다란 위협이 되었다. 이 외에도 대륙통일 후 사회질서가 안정되면서 북경 일대에는 일찍이 전쟁터에서 용맹을 떨쳤던 수많은 장병들이 향수생활에 도취되어 타락하는 피폐가 속출되었다. 이러한 실정에서 1737년 병부 좌시랑 舒赫德은 건륭제에게 '북경 일대의 기인들을 興京과 盛京에 이주시켜 농업에 종사시킬 것'을 제안하였다. 이에 건륭제는 1740년 舒赫德에게 성경의 중요성을 강조하면서 이 지역에서의 기인들의 독점권과 청조의 '發祥之地'를 보호하기 위한 조치를 강구할 것을 명하였다.[59] 성경지방의 토지는 '그들(漢人)에게 점거되기보다는 기인

---

58) 刁書仁, 「論淸代東北流民的流向及對東北的開發」, 『淸史硏究』 1995년 3기, 제32쪽.

59) 현재 중국에서는 청 정부의 봉금정책 실행시점에 대하여 몇 가지 설이 있다. 첫째, 1649년 설

들에게 명하여 땅을 개간'하여야 하며, '만약 기인들이 농사를 짓지 못한다면 그냥 비워두어 병사들을 훈련시키거나 圍獵하는데 사용하여도 무방하다'[60]고 지시하였다. 이에 따라 서혁덕은 성경장군 額爾圖와 의논한 후 성경지역에 대한 봉금8조를 제정, 공표하였다.

(1) 산해관의 출입인을 엄금한다. 무릇 봉천에서 무역하거나 혹은 독신 傭工 외에 가족을 거느리고 산해관을 통해 봉천으로 이주하는 것을 엄금한다.

(2) 내지 商船에 많은 사람을 태우고 봉천에 들어가는 것을 엄금하여 바다를 통해 유민들이 봉천으로 들어오는 길을 차단한다.

(3) 봉천에서 거주한 지 오래된 내지 민인은 보갑에 편입시키고 그렇지 않을 경우 원적지로 돌려보낸다.

(4) 봉천 일대의 空閑地는 전적으로 기인이 개간하며 백성들의 개간을 엄금한다.

(5) 내지인들이 봉천에서 광산물을 채취하는 것을 엄금한다.

(6) 인삼을 채취하는 자는 엄중히 치죄한다.

(7) 종실의 풍속을 정비한다.

(8) 산해관을 나가는 기인에게 인표를 발급하여 조사에 응하도록 한다.[61]

이다. 즉 '漢人을 口外로 데리고 나가는 것을 禁한다'고 규정한 것을 봉금의 시작으로 보고 있다.(張璇如, 「淸初封禁與招民開墾」, 『社會科學戰線』 1983년 제1기); 둘째, 순치말년 설이다. 즉 유조변 서단을 산해관 장성과 연결시켜 놓은 것을 봉금의 시작으로 본다.(薛洪波, 「再析淸代封禁東北之目的」, 『길림사범대학학보』 2005년 제2기); 셋째, 1667년 설이다. 즉 '요동초민개간령' 폐지를 봉금의 시작으로 본다.(牛淑萍, 「淸代山東移民東北述論」, 『煙台師範學院學報』 2001년 제1기); 넷째, 1740년 설이다. 즉 兵部侍郎 徐赫德이 황명을 받들고 관내지역 漢人이 육로 혹은 해로를 통해 봉천으로 들어가는 것을 금하는 8조항의 반포를 봉금의 시작으로 본다.(張杰, 「試論淸前期의 東北封禁」, 『社會科學輯刊』 1994년 제5기).

60) 『청고종실록』 권115, 건륭 5년 4월 갑오.

61) 『淸高宗實錄』 권115, 건륭 5년 4월 갑오.

이어 1741년 봉천부윤도 6개조에 달하는 「奉天流民淸理方法」[62]를 제정하였고, 동년 5월에는 길림에서도 '인삼과 진주가 생산되는 吉林江과 장백산, 烏蘇里 등 지역의 수로와 육로를 査禁'[63]하며, '백도눌지방의 황지는 민인들을 초모하지 않고 관병들이 개간하거나 목장으로 사용한다.'고 선포하였다. 그리고 동년 9월에는 영고탑 장군도 '길림·백도눌·영고탑 등지는 만주의 근본이므로 유민들이 잡거하는 것을 절대 허용하지 않으며', '현유의 민인들은 일률로 조사하여 보갑에 편입시켜 엄격히 관리하며', '만약 몰래 인삼을 캐고 사사로이 豹皮를 매매하며 토지를 개간하거나 숙지를 숨기고 보고하지 않거나 도박하는 자'는 일률로 원적지로 송환시킨다고 선포하였다. 즉 '현재 민인들의 토지를 철저히 淸丈하고', '금후에는 영원히 開荒을 금지한다.'[64]는 것이다. 이 시기 청 정부에서는 한편으로는 각종 봉금령을 제정, 공표하고 다른 한편으로는 유조변과 邊外지역에 卡倫을 증설하여 봉금을 강화하였다. 결과 18세기 초 성경 노변 동단 양측에 55개에 불과했던 卡倫이 이 시기에 이르러서는 100여 개로 증가되었고,[65] 두만강 연안에도 19개의 卡倫이 새롭게 설치되었다.

그러나 청 정부의 봉금 정책은 관내지역에서 밀물처럼 몰려드는 유민들의 행렬을 도저히 막을 수 없었다. 특히 관내지역에서 재해가 발생하면 청 정부에서는 災民들이 혹시 폭란을 일으킬까봐 산해관에 출입하는 것을 철저히 막지 못하고 그들의 입주를 허락하는 경

---

62) 『淸高宗實錄』 권137, 건륭 6년 2월.
63) 『淸高宗實錄』 권142, 건륭 6년 5월 辛未.
64) 『淸高宗實錄』 권150, 건륭 6년 9월 戊辰.
65) 佟冬 주편, 『중국동북사』 제4권, 앞의 책, 제1400~1405쪽.

우가 많았다. 그리하여 봉금시기 만주 일대로 이주한 한인들의 수는 그 전 시기에 비하여 오히려 더 많은 양상을 보였다. 1792년 하남과 直隷에 큰 재해가 들자 청조는 난민들이 풍년이 든 동북지역에 들어가 품팔이를 하며 살도록 권고하였으며, 건륭제도 '빈곤한 민들이 식구를 거느리고 관구를 나갈 경우 스스로 먹을 것을 해결할 수 있으므로 그 수가 많더라도 금하지 말 것'66)을 지시하였다.

봉금시기 만주지역에 한인 유민들이 급속히 증가하게 된 데는 위에 언급한 원인 외에도 전국 인구의 급속한 증가에 따른 경작지 부족 현상과 만주지역에서 많은 토지를 소유하고 있는 청인들이 농경에 익숙지 못하여 漢人들을 고용할 수밖에 없는 등의 여러 가지 요소들이 작용하였다. 청 정부에서는 1808년에 「嚴禁流民出口私墾章程」67)을 반포하고 봉금을 강화하고자 노력하였으나 별 효과를 보지 못하자 1834년에 貧民들이 가속을 거느리고 산해관을 넘어 만주에 정착하거나 개간하는 것을 사실상 묵인함으로써 봉금정책은 유명무실하게 되었다.68) 통계자료에 의하면 봉금초기 성경지역의 인구는 359,600명이었으나 1781년에는 792,093명, 1820년에는 1,757,248명으로 대폭 증가하였으며 民地는 1734년의 2,624,657무로부터 1812년에는 3,763,090무로 증가하였다. 길림지역의 민인 수도 건륭 중기의 56,673명에서 1812년에는 307,781명으로 약 5배 증가하였으며 민지는 옹정 연간의 60,880무에서 1812년에는 1,438,251무로 약 20배 증가하였다.69)

---

66) 『청고종실록』 권195, 건륭 8년 6월 정축.
67) 『淸仁宗實錄』 권201, 가경 13년 9월 壬辰.
68) 『淸宣宗實錄』 권250, 도광 14년 3월 乙酉.
69) 佟冬 주편, 『중국동북사』 제4권, 앞의 책, 제1400쪽, 제1486~1487쪽.

봉금시기 청 정부는 성경 일대의 민인 입주와 개간은 어느 정도 묵인하였으나 청·조 국경인 압록강과 두만강 연안 일대인 유조변 외의 지역에 대해서는 유민들의 입주를 엄격히 단속하였다. 특히 1842년 조선 정부가 청에 漢人들이 압록강 연안에서 作舍墾田하는 것을 단속해줄 것을 요구하자 청은 병사들을 파견하여 그들의 움막과 초가집을 허물어 버렸으며[70] 1846년 9월에는 애강 서쪽 일대에서 조선관원과 함께 공동수색을 전개하여 유민 300여 명을 체포하고 초가 200여 채를 불살랐으며, 경작지 5,000여 무, 목재 12,000여 개를 압수하였다.[71] 1847년에는 「盛京山場先后章程」을 제정하고 통순회초제를 실시하여 일정한 효과를 보았으나 함풍연간에 이르러 유민들의 개발을 묵인하면서 사실상 유명무실해졌다.[72]

1867년 동변 외 지역 개간민 河名慶은 '旺淸門 바깥쪽 육도하 등지에 수십만 명에 달하는 유민들이 모여 살고 수백만 상의 개간지가 있다'[73]고 보고하면서 자신들이 개간한 경작지에 대해 조정에서 과세할 것을 요구하였다.[74] 이에 청조는 1872년부터 이 일대에 대한 대대적인 황지조사 사업을 펼친 후 1875년부터 조세를 징수[75]함과 동시에 안동현·관전현·통화현·회인현을 설치함으로써

---

70) 『청선종실록』 권374, 도광 22년 6월 임신; 권381, 도광 22년 9월 을축.

71) 이화자, 『조청 국경문제 연구』 집문당, 2008년, 제213쪽.

72) 『청선종실록』 권439, 도광 27년 2월 신해; 권442, 도광 27년 5월 계묘;「성경산장선후장정」의 주요내용은 1) 애강 서쪽에 3개의 카룬을 증설, 2) 해마다 가을과 봄에 통순관을 파견하여 유조변을 나가 순찰, 3) 3년에 1회씩 봄철에 성경 부도통으로 하여금 관병을 거느리고 순찰, 4) 통순관이 유조변에 나갈 때 조선국 지방관에 회초를 요청, 5) 유조변 각 변문의 출입을 엄금, 채삼자와 식량을 운반하는 자는 반드시 이름과 인수를 기록, 6) 三道浪頭가 범인들이 목재를 운반하는 요로이므로 이곳에 관병을 배치하여 엄밀히 조사 등이다.

73) 『청목종실록』 권203, 동치 6년 5월 임신.

74) 1868년 평안도 암행어사도 '폐사군으로부터 의주에 이르기까지 청인들이 땅을 개간하고 방목한 것이 몇 천호가 된다.'고 보고하였다.(『고종실록』 권5, 고종 5년 11월 9일)

75) 『통문관지』 권11, 기년, 금상 12년.

사실상 압록강유역 동변 외 다른 지역에 대한 봉금은 완전 해제되었다.

한편 이 시기 조선 정부도 금월정책을 완화하면서 압록강과 두만강 연안 지역에 새로운 진보들을 설치하기 시작하였다. 특히 정조 연간부터 폐사군 지역에 대한 주민의 입주가 부분적으로 허용되면서 두만강 연안의 會寧·茂山·吉州·明川·三水·甲山·北靑 등지의 백성들이 이곳으로 지속적으로 모여들기 시작하였다.76) 정조 17년(1793) 12월 평안도관찰사 李秉模의 보고에 의하면 1792년 이 지역에 입거한 민가는 59가구, 인구는 223명이었고 개간한 토지는 294일경에 불과했으나, 이듬해에는 인구가 1,161가구에 3,742명으로 증가했으며 경작지는 6,465일경으로 대폭 증가하였고,77) 정조 20년에는 1,800가구로 급증하였다고 한다. 이러한 실정에서 1801년 강계부사 申鴻周는 압록강 일대를 전면 개방하여 주민입거를 허용할 것을 건의하였으며,78) 1809년 평안감사 徐榮輔도 「江界府防軍屯田節目」을 올려 압록강 연변 일대의 개간을 허용하여 둔전을 설치하고 방수군을 두는 방안을 건의하였다.79) 그러나 상술한 건의들에 대하여 비변사에서는 폐사군 지역에 이주를 원하는 주민들은 可居地를 찾아 빈번히 이동하는 유민의 성격이 강하므로 금월에 곤란을 조성할 수 있다는 이유로 미루어 오다가80) 지방관원들의 계속되는 건의로 말미암아 1809년에 북변지역에 대한 전면개발을 윤

---

76) 『正祖實錄』 卷40, 正祖 18年 7月 27日 壬子.

77) 『正祖實錄』 卷41, 正祖 18年 11月 19日 癸卯.

78) 『備邊司謄錄』 第193冊, 純祖 2年 8月 24日.

79) 『純祖實錄』 卷12, 純祖 9年 5月 30日 己丑.

80) 『備邊司謄錄』 第192冊, 純祖 1年 4月 12日.

허하기에 이르렀다. 그 결과 19세기 두만강과 압록강 연안에 입주한 민가와 그들이 개간한 농지는 급속히 증가하였다. 『大東地誌』의 기록에 의하면 18세기 후반 두만강 연안에 위치한 무산의 가구 수는 6,537가구로 17세기 말에 비하여 약 90% 이상 증가했고, 인구 수는 38,640명으로 약 75% 증가하였다. 농지 역시 18세기 중엽의 1,716결에서 19세기 초에는 旱田 3,722결, 續田 1,029결로 대폭 증가하였다.[81)

2) 조선인의 만주 범월사례

이 시기 청 정부의 봉금조치나 조선 정부의 북변개발 정책에도 불구하고 조선인들의 만주 범월은 계속 이루어졌다. 아래에 봉금시기 조선인들의 범월사례를 『朝鮮王朝實錄』과 『同文彙考』・『通文館志』・『承政院日記』・『備邊司謄錄』 등을 통해 살펴보면 다음과 같다.

(1) 1740년 관서의 백성 20여 명이 월경하였다가 청의 갑군(삼을 캐는 군대임)에게 체포됨. 평안감사 서종옥과 병사 장태소를 파직하고 변장과 수령 모두를 치죄함.

(2) 1741년 山城人 25명이 기아로 인하여 두만강을 넘어 범월하였다가 체포되어 봉천으로 압송되었다가 송환됨.

(3) 1747년 영고탑장군의 상주에 의하면 남해의 登登磯 지역에서 고려인 여성 2명이 체포됨.

(4) 1750년 柔遠鎭 士兵 金仁述 등 7명이 월강하여 청인 5명을

---

81) 姜錫利, 「조선 후기 함경도의 지역발전과 북방영토의식」, 서울대학교 대학원 박사학위논문, 1996년, 제61쪽.

타살, 7인 중 주범, 종범의 차이는 있으나 월경하여 살인한 죄로 전원을 사형에 처하고 그들의 처자들은 노비로, 재산은 몰수함. 관찰사와 절도사는 혁직되고 온성부사는 혁직 후 2천리로 유배됨.

(5) 1756년 영고탑에서 월경인 韓尙林, 李桂新 등을 체포한 후 송환함.

(6) 1756년 鍾城府民 趙自永 등 6인이 월강하여 청인 2인을 사살, 趙自永 등 6인 중 주모자 3명은 참하고 처자는 노비로, 재산은 몰수함. 기타 종범 3명은 본인들만 참형에 처함. 함경도 관찰사 徐志修와 절도사 吳王奕은 혁직되고 종성부사 정기안은 혁직한 후 2천리로 유배됨.

(7) 1757년 벽동의 범월 죄인 김성삼 등을 효시하고 수종자는 유배하였으며 변장과 지방관도 치죄함.

(8) 1760년 온성 범월인 6명을 처단하고자 상주하니 임금은 그들은 고기를 잡으려는 데 불과하였으므로 임자년의 하교에 따라 사형을 면하고 섬으로 유배 보내도록 지시함.

(9) 1761년 함경도 三水府의 7인이 범월하였다가 체포되었고, 2년 후에는 범월하여 채삼하던 조선인 23인이 체포됨.

(10) 1763년 강계부의 朴厚贊 등 10인이 범월하여 수렵하였음.

(11) 1764년 의주인 김경대 등 3인이 월강하여 청인을 살해함, 주모자는 효수하고 수종자는 감후추심으로 처리됨.

(12) 1801년 압록강 연안에서 월경한 후 청인들과 함께 다섯 달 동안 채삼하던 이동주가 위원에서 체포되어 송환됨.

(13) 1804년 성경 형부에서는 체포한 조선변민 8명을 심문하고 도망한 12명에 대하여 조선에 자문을 보내어 신속히 체포

하기를 독촉함.

(14) 1805년 崔宗大 등 7인이 범월하여 頭道黃溝 二道陽岔 등지에서 수렵하다가 체포된 후 치죄하였음.

(15) 1817년 길림지방 범월인 徐鏡은 범월한 지 4년 만에 체포되어 의주로 압송된 후 경상에서 梟示하고 관찰사를 비롯한 지방관은 혁직됨.

(16) 1817년 최덕래 등 6명이 월경하였다가 체포된 후 송환되어 경상에서 효시함.

(17) 1824년 聾啞인 金振聲이 월강하여 구걸하다가 체포되어 송환됨.

(18) 1827년 茂山府民 延必元·朴才昌 등 2명이 범월하여 수렵하다가 체포된 후 경상에서 효시하고 지방관은 혁직함.

(19) 1827년 경흥인 2명 松江河 일대에서 수렵하다가 체포됨, 범인을 경상에 효시하고, 함경도 감사와 병사는 혁직함.

(20) 1830년 갑산부의 장호경이 사냥을 하면서 국경을 넘어갔다가 길림에서 붙잡혀 만부에 압송되었는데 경상에서 효시함.

(21) 1831년 조선인 2명이 월경하여 채삼하고, 범인을 경상에서 효시하였으며, 함경도 감사와 병사 혁직함.

(22) 1832년 갑산부의 張高麗가 범월하여 채삼, 수렵하다가 체포된 후 경상에서 효시하고 지방관은 혁직함.

(23) 1834년 의주부 구걸자 1명이 봉성에서 체포됨. 범인은 정배되고 평안도 감사와 병사, 의주부윤은 혁직함.

(24) 1841년 경원 구걸자 1명이 영고탑에서 체포됨. 범인은 정배되고 함경도 감사와 병사 처벌함.

(25) 1842년 戒坤人 1명이 월경하여 구걸하다가 체포된 후 송환됨.

(26) 1846년 강계인 2인이 범월 후 애강 일대에서 벌목하다가 체
포되어 경상에 효시함.

(27) 1847년 강계의 하광군 등 2명이 월경하여 나무를 하다가 체
포되어 송환됨.

(28) 1854년 三水府 범월인 張添吉이 청에 投附하려다가 체포,
송환 후 효시함.

(29) 1857년 범월인 金益壽는 종성부에 송환된 후 효시함.

(30) 1860년 博川人 明德成, 義州人 鄭允化 등이 범월하여 淸의
甲軍을 사살하였으므로 법률에 의해 주살하고, 관찰사와 병
사는 혁직, 府尹僉使는 정배함.

(31) 1864년 범월인 金鳴順과 崔壽學을 慶興강가에서 효수함.

(32) 1866년 10월 慶源人들이 여러 번 도주 범월하였는데 한번
에 15가구, 남여 75인이 월경한 일이 있음.

(33) 1853년에 범월한 경원부의 李東吉은 18년간 琿春지방에서
생활하다가 가족과 함께 체포된 후 1871년 송환되어 효시됨.

(34) 1871년 淸의 대규모 수색으로 함경도에서 월경하였던 범월
자 511명이 송환됨.

위의 범월사례를 분석해 보면, 도합 34번의 범월사례 중 지역별
로는 압록강 연안 지역이 11번, 두만강 연안 지역이 22번이이며 내
용별로는 채삼이 12번, 수렵이 5번, 살인약탈이 4번, 벌목이 2번, 구
걸이 5번, 淸에 投入이 3번, 고기잡이가 1번이다. 이를 다시 내용별,
지역별로 비교해 보면 채삼 12번 중 압록강지역이 5번, 두만강지역
이 7번, 살인약탈 4번 중 압록강지역이 2번, 두만강지역이 2번, 수
렵 5번 중 압록강지역이 1번, 두만강지역이 4번, 벌목 2번 중 압록

강지역이 1번, 두만강지역이 1번, 구걸 5번 중 압록강지역이 2번, 두만강지역이 3번, 청에 투입 3번 중 압록강지역이 2번, 두만강지역이 1번, 고기잡이 1번은 두만강지역으로 나타나고 있다.

이와 같이 봉금시기 조선인들의 범월은 대체로 전 시기와 비슷한 양상을 나타내고 있다. 압록강과 두만강 연안의 전 지역에 걸쳐 지속적으로 이루어지고 있는 점, 범월규모도 대체로 1, 2명으로부터 수십 명에 달하는 점 등은 전 시기와 대동소이하다. 그리고 범월하여 살인약탈하거나 수렵, 벌목, 또는 청에 투입하거나 구걸하는 등 현상도 별 변화가 없는 것으로 분석된다. 그러나 이 시기의 범월에 있어서 현저하게 변한 점은 채삼현상이 전 시기에는 압록강 연안 중심이었는데 현 시기에는 두만강 연안으로 이동되었다는 점과, 범월사례가 압록강에 비해 두만강 연안이 현저하게 증가되었다는 점이다. 특히 1860년「북경조약」체결 후 조선과 러시아의 국경이 인접되면서 조선인들의 범월현상이 두드러지게 증가되고 있음을 확인할 수 있다. 이러한 점은 1866년 경원인 15가구, 75명이 조선으로 송환되고, 1871년에는 두만강 연안에서 체포된 범월인 511명이 조선으로 송환되는 사실을 통해서도 확인할 수 있다. 이 외에도 1860년대에 이르러 범월사건이 증가하고 범월규모도 확대되는 추세를 보이고 있는 바, 이는 당시 조선 정부의 북변개발 정책으로 말미암아 압록강 두만강 연안지역에 인구가 대폭 증가된 데다가 1860년대 후반부터 조선 북부지방에 연속되는 자연재해가 발생되었기 때문이라 분석된다.

3. 소결

청조는 북경 천도 후 장기간의 전쟁으로 인하여 침체된 만주경영을 위해 초민개간 정책을 실시하였으나 얼마가지 않아 토지점유를 둘러싼 漢族과 旗人 간의 민족모순이 첨예해지자 「遼東招民開墾例」를 철폐하였다. 그러나 중원지역에서의 한인 유민들의 만주 이주는 계속되었다. 이러한 실정에서 청은 1677년 장백산을 비롯한 압록강과 두만강 이북 천여 리 지역을 '龍興之地'로 규정한 후 이 지역에 위장, 삼산, 채포장 등을 설치하여 民人들의 입주와 개간은 물론이고 인삼채집, 산림채벌, 광산개발 등 모든 것을 철저히 금지시켰다. 한편 이 시기 조선 정부도 청의 압력에 변민들의 범월을 엄격히 단속하였다. 그러나 장기간 만주지역을 자신들의 피난처이자 생활터전의 일부분으로 간주하던 조선인들의 범월은 계속되었다. 이 시기 조선인들의 범월은 압록강과 두만강 전 연안에 걸쳐 지속적으로 이루어졌는데 주로 채삼과 수렵이 목적이었다. 압록강 연안은 채삼과 잠상을 위한 범월이 이루어진 반면, 두만강 연안은 수렵과 구걸을 위한 범월이 이루어졌다.

1740년 청은 만주지역에서의 기인들의 이권독점과 청조의 '發祥之地'를 보호하기 위하여 본격적인 봉금정책을 실시하기 시작하였다. 그러나 중원지역의 재해로 인한 민란을 고려하여 사실상 산해관의 출입을 철저히 막지 못하였을 뿐만 아니라 오히려 난민들의 입주를 권고하였다. 그 결과 이 시기 漢人들의 이주가 대량 증가하였고 1875년부터 이들이 개간한 토지에 조세를 징수함으로써 사실상 청 정부의 봉금은 완전 해제되었다. 한편 이 시기 조선 정부도 금월정책을 완화하면서 압록강과 두만강 연안 지역에 새로운 진보들을 설치하고 주민들의 입주가 부분적으로 허용되면서 변민들의 범월은 점차 줄어드는 양상을 보였다. 이 시기의 범월사례를 분석해보면 채삼을 위한 범월이 전 시기의 압록강 연안 중심으로부터 두만강 연안으로 이동되었다는 점과, 범월사례가 압록강에 비해 두만강 연안이 현저하게 증가된 점이 주목된다. 그리고 1860년『북경조약』의 체결, 청 정부의 봉금완화, 조선 북부 지역의 자연재해 등은 19세기 후반 조선인들의 채삼과 수렵을 위한 단기적이고 소규모의 범월을 장기적으로 농경을 위한 대규모 집단이주로 전환되는 계기로 작용하였던 것으로 분석할 수 있다.

제3절 淸정부의 '移民實邊'과 韓人集居區의 形成

조선 후기 한인의 만주에로의 이주는 대체로 제1시기(1627—1677), 제2시기(1678—1880), 제3시기(1880—1897)로 구분하여 볼 수 있는데,[1] 제1시기는 주로 전쟁에 의한 포로와 採蔘을 위한 犯越潛入으로, 제2시기는 범월에서 점차 농경을 목적으로 하는 日耕暮歸・春耕秋歸로, 제3시기는 청조의 移民實邊과 더불어 어느 정도 자유이민의 성격을 띠면서 농경을 목적으로 하는 정착이민 형태로 구분되어진다.

1. 19세기 중엽 한인들의 대량 '범월'과 이주민 실태

1) 19세기 중엽 조선 북부지역의 자연재해

조선왕조 철종 11년(1860) 조선의 북관 지방에는 유사 이래 보기 드문 大水災가 발생하였다. 그런데 이와 같은 水災는 그 후에도 연속되어졌고, 여기에 수년간 북면지역에 만연되었던 疾病은 그 해를 더 한층 심각하게 했다. 이로 인하여 1860년 부녕 일대만 하여도 천여 가구의 농민들이 유민으로 전락하였으며 길가에는 식량을 구걸

---

1) 선행연구에서는 이 시기를 대체로 鎖國時期(1626~1845), 黙許時期(1845~1885), 歡迎時期(1885~1909)로 구분하고 있다.

하며 하루하루를 살아가는 사람들이 가득하였다.[2] 이러한 현상은 그 후에도 계속되다가 1869년과 1870년에 또 다시 흉년이 발생하자 수많은 백성들이 길가에서 굶어죽는 비참한 상황을 만들었다. 이에 대하여 윤정희는 『間島開拓史』에서 다음과 같이 묘사하고 있다.[3]

高宗卽位 甲子(1864)年 以後로 北邊은 連年 凶作으로 民生의 艱難이 甚하더니 距今 85年(1870) 高宗 庚午에는 前古에 無한 大饑饉이라 比로 因하여 慶源, 慶興 兩郡은 廢邑의 지경에 至하였고 遊離하는 飢民은 人相食의 慘禍와 路邊에 飢餓의 尸體가 浪籍하여 自不忍見의 大變을 釀出하였다. 前進士 全羲錫氏의 年事狀啓草에 曰 禾黍는 長揖不拜하고 豆太는 仰天大笑라 하였으니 此文字의 意味를 見하면 穀不熱은 可知인 事라 然하나 朝家에서는 坐視할 따름이오 何等의 救濟가 無하였다. 畢竟 遊離하는 飢民은 越江하여 彼淸人의 奴隷 或은 子女로 還粮하고 或은 嫁母. 或은 收養子로 命을 連하여 餘生을 維持하였다. 所以로 庚午饑饉은 我民으로 越江케한 動機라 云한다.

윤정희는 여기에서 두만강 연안의 경원과 경흥 兩邑이 제일 비참한 지경에 이르렀다고 서술하면서 심지어 사람이 사람을 잡아먹을 지경에 이르렀는데도 정부에서는 아무런 대책도 취하지 않아 결국 기아에 허덕이던 변민들은 월경의 길에 나설 수밖에 없었다고 지적하고 있다.

사실 북변지역의 개발과 더불어 조선 정부는 饑饉時 백성들을 구제할 수 있는 교제창을 운영하여 왔다. 즉 함경도에 기근이 들면 강원도나 경상도의 곡물을 수송하여 구제하는 것이 17세기 말 18세기 초에 이르러 이미 관행으로 되었다는 것이다. 숙종 때의 사례를 보

---

2) 『日省錄』 庚申 9月 9日, 10日.

3) 尹政熙, 「間島開拓史」, 『韓國學研究』別集3, 1991년, 제41쪽.

면 1695년에 2만 5천 석, 1703년에 5만 석, 1720년에 1만 5천 석 등 여러 차례 영남의 곡물을 해로를 통하여 함경도로 운송하였다. 그리고 영조 13년(1737), 영조 17년에도 영남의 곡물을 관북으로 수송하였으며, 영조 22년에도 경상도의 14만 석이 함경도에 이송되었다.4) 특히 영조 30년에는 「咸鏡道吉州以北各邑交濟倉節目」이 제정되어 북관지역에도 안정적인 교제곡 운영이 가능해졌다.5)

그러나 18세기 말에 이르러 교제곡은 기근 구제라는 본래의 목적에서 벗어나 지방재정 보충에 쓰이는 현상이 나타났고, 19세기에는 이른바 三政紊亂에 따른 환곡의 부정이 심해지면서 주민수탈의 수단으로 이용되는 경우가 많아 함경도 주민들에게 커다란 피해로 작용하였다.

이 외에도 19세기 중엽 한인들의 대량 월강을 초래케 한 것은 개시문제이다. 조선과 청 간의 개시는 계속 개시지역 변민들에게 막대한 부담을 증가시켜 중대한 문제로 부각되어 왔다. 당시 경원부에서 부담하는 비용을 포로 계산하면 463동이 넘고 곡물로 계산하면 8,720여 석이나 되지만 국가에서 획급하는 것은 불과 田米 350석, 보리 2백 석에 지나지 않아 부담을 이기지 못한 백성들이 도망하여 4천여 가구 중에서 2천여 가구 밖에 남지 않았다.6) 그리고 개시지역이 아닌 온성의 피해도 상상을 초과할 지경이었다. 회령과 경원은 개시를 담당하는 읍이라 하여 어느 정도 정부의 지원을 받았으나 청 차사원들이 왕래하는 요로에 위치한 온성은 아무런 보상도 받지 못하여 피해가 컸다.7) 당시 함경감사의 보고에 의하면

---

4) 『備邊司謄錄』 第115冊, 英祖 22年 2月 4日.
5) 『備邊司謄錄』 第127冊, 英祖 20年 8月 20日.
6) 『英祖實錄』 卷93, 英祖 35年 1月 10日 壬辰.

온성은 4천 가구의 인구가 1천 가구로 줄고, 토지도 4천 결로 감소되었다고 했다.[8]

1850~1883年 咸鏡道 耕地 및 人口 減少 現況表[9]

地域別 人數	鍾城	潼關鎭	防垣鎭	計
駐防軍人數	2,197名	318名	145名	2,660名
現有軍人數	285名	198名	112名	585名
逃亡·死亡者數	1,912名	120名	33名	2,075名
減少比率(%)	87%	38%	23%	78%

1871年 鍾城等地 軍人減少 狀況表[10]

年代	耕地面積	戶數	資料來源
1850~1863年	49,363結	57,955戶	『大東輿地誌』
1870~1871年	46,928結	53,601戶	『北關邑誌』
1883年	44,928結	未詳	咸慶北道戶案文書

1860년대 이후 북관 지역에서의 연속적인 재해는 수많은 농민들을 파산으로 몰아갔으며 경작지도 현저하게 감소되어 갔다. 이러한 현상은 민간에서뿐만 아니라 지방 군인들에게도 커다란 영향을 미쳐 많은 군인들도 사망하거나 도망하는 사태가 벌어졌던 것이다. 따라서 1860년대 이후 압록강 북안과 두만강 북안에는 죽음을 무릅쓰고 월강한 한인들이 대거 이주하는 현상이 나타나기 시작하였다.

---

7) 『備邊司謄錄』 第140冊, 英祖 37年 2月 20日. 1761년 開市의 負擔을 피하여 穩城에서 茂山으로 流入한 戶口 中 일부를 다시 穩城으로 되돌려 보내는 措置도 행해졌다.

8) 『備邊司謄錄』 第140冊, 英祖 37年 2月 20日.

9) 高永一, 『中國朝鮮族歷史研究』 延邊敎育出版社, 1986년, 제119쪽.

10) 高永一, 『中國朝鮮族歷史研究』 延邊敎育出版社, 1986년, 제119쪽, (原典 『北關邑誌』)

132 재중 한인 이주사 연구

2) 압록강 대안 지역의 한인 이주민 실태

청 정부는 1860년대부터 만주지역을 부분적으로 개방하여 황무지를 개척하는 조치를 취하였으나 조선과 국경을 마주한 압록강 연안만은 조선 측의 거듭되는 항의로 말미암아 유민들의 입주를 엄격히 통제하여 왔다. 그러나 청 정부의 봉금완화 조치와 더불어 중원지역에서 밀물처럼 모여드는 중국인 流民들의 이주 행렬은 同治연간에 이미 압록강 연안에까지 이르러 청 정부로 하여금 국경문제의 우려를 자아내게 했다. 이에 따라 청 정부에서는 압록강 부근의 '流民私墾禁止問題'가 거론되었으며, 1867년에는 조선국왕에게 行文을 보내어 본국은 압록강 북안의 유민사간을 금지시키려 하는데 이럴 경우 流民들이 월경하여 조선 영토에 거주할 우려가 있고, 또 流民 중에는 越墾 韓民도 있을 수 있기 때문에 조선 정부는 사전에 상세히 조사하여 그들을 안착시킬 방법을 강구하기 바란다고 통보하여 왔다.[11] 그리하여 동년 奉天府尹과 朝鮮 差員[12] 간에 변경 지역의 엄금에 관한 장정이 구체적으로 논의되어 靉江 西岸 일대의 南北 400여 리 구간을 沿江에서 3~50리 넓이로 酌留시켜 양국 변민들의 월경을 단속하기로 협의하였다.[13] 조선과 청 간의 이와 같은 협정은 1860년대 이후 중국인들의 압록강 연안지역으로의 대량적인 유입을 저지하는데 일정한 효과를 보았던 것으로 추정된다. 1869년 성경장군 都興阿가 군기처에 올린 보고에 의하면 당시 성경부근의 봉황문 남쪽부터 旺淸門 북쪽에 이르는 지역은 이미 9만

---

11) 『大淸穆宗皇帝實錄』 卷203, 제23~25쪽, 同治 6年 5月 20日 壬申條.

12) 『承政院日記』에 의하면 당시 朝鮮 委員으로 파견된 사람은 江界府使 鄭周應, 滿浦僉使 李義明, 定州牧使 李京鎬(후에 楚山府使 趙昌和로 改差)로 推定된다.

13) 『大淸穆宗皇帝實錄』 卷264, 제8~9쪽, 同治 8年 8月 4日 癸卯條.

6천여 상의 토지가 개간되었고, 거주한 이주민은 무려 10여만 명에 달한다고 하였으나, 압록강 연안에 대해서는 8년 후인 1877년의 상주문에서도 '東邊外 朝鮮交界地域은 禁令이 嚴하여 彼此人民들이 私越하였다는 소문을 듣지 못하였다'[14]라고 할 정도로 유민들의 진입이 금지되었던 것이다.

그러나 1860년대 압록강 대안의 空曠지대의 설정은 오히려 조선 북부 지역 한인들이 자연재해로 인하여 대안지방으로 대량으로 월경하는데 지역적 공간을 마련해주는 결과를 초래하였을 뿐이다. 비록 당시 청 측의 조사자료에는 이 지역에 이주한 한인들의 사례가 명확히 밝혀지지 않고 있으나 1872년 압록강 북안을 답사한 최종범의 『江北日記』[15]에서는 1850년대부터 이곳에 이주한 한인들이 이미 촌락을 형성하고 정착생활을 하고 있는 모습을 그대로 기록하고 있다.

1872년 평안도 후창군 군수 趙瑋範은 최종범과 金泰興, 林碩根 등 3명을 압록강 북안 지역에 파견하여 이주민들의 상황을 조사하도록 지시하였다. 이에 따라 동년 5월 30일 최종범 등 3인은 臨江 七道溝口의 馬鹿浦(現 馬鹿溝)에서 출발하여 압록강 북안 지역의 한인 이주민 실태 조사를 7월 11일까지 약 40일 동안 진행하였는데 그들이 경유한 마을로는 馬鹿溝・穴岩坪・淸山洞(五道溝)・板乃洞(三道溝)・往乞路・二道溝・場乞里・高麗城・楡巨干子・王溝・小溝・三千洞・紅實羅阿子・道溝・頭江・巴瀟江(渾江)・卯峰・六道溝・道里沙

---

14) 『大淸穆宗皇帝實錄』 卷46, 제6쪽, 光緖 3年 正月 8日 甲子條. '東邊外與朝鮮交界地方 嚴立禁令 以杜彼此人民私越報聞'.

15) 『江北日記』는 1872년 崔宗範과 金泰興, 林碩根 등 3인이 鴨綠江 北岸地域을 調査하고 韓人들의 生活實態를 日記体 形式으로 記錄한 文書이다.

河・羅段洞・四道江・長沙福洞・地坎子・唱鷄城・始頭河・葛物伊・東台洞・八道溝(浮云洞)・巨柴洞 등 29개에 달하였다.[16]

조사에 의하면 한인들이 단순히 인삼채집을 위한 범월이 아니라 정착생활을 목적으로 이 지역에 이주하기 시작한 것은 1830~50년대였고, 대량적인 이주는 1860년대 이후였다고 한다. 당시 이 지역에는 470여 가구, 3000여 명에 달하는 한인 이주민들이 정착하고 있었는데 이들은 대체로 老嶺을 계선으로 두 개의 작은 집거구를 형성하고 있었다. 그리고 이 지역에는 이른바 '會上制'라는 자치조직이 설치되어 있었으며 會上制의 수령은 '都會上' 혹은 '大會頭'라 불렀다. 또한 각 마을의 頭目은 '會上', 또는 '統首'라 하였는데 한인마을에는 한인이 統首가 되고 華人마을에는 화인이 통수가 되었다. 영남의 한 都會頭는 辛太라는 사람이었는데 그가 관할하고 있는 지역은 조선의 함경도 三水郡 仁遮대안으로부터 평안도 厚昌郡 대안의 淸金洞에 이르는 약 400리 지역인데, 경내에는 18개 촌락과 한인 193가구, 1,673명이 거주하고 있었다.[17] 그러나 이들이 거주하고 있는 지역은 한인 이주민 외에도 163가구의 화인들도 함께 거주하고 있었다. 會上制는 자신들의 관할구역을 보호하고 비적들의 침입을 방지하기 위한 무장을 갖추고 있었으며, 辛太의 관할하에 있는 무력은 軍士 310명, 淸銃 85자루, 大銃 20자루, 鳥銃 48자루를 보유하고 있었다.[18] 그리고 다른 한 都會頭 金元澤은 영남의 淸金洞에서 三道溝 서쪽의 약 150리 지역을 관할하고 있었다. 경내에는 277가구, 1,466명의 한인이 거주하고 있었으며 대총 20자루,

16) 高永一編, 『朝鮮歷史硏究參考資料』第1輯, 延邊大學出版社, 1989년, 제156~177쪽.

17) 『江北日記』六月初三日條, 앞의 책, 제161쪽.

18) 『江北日記』六月初三日條, 傳搰書, 제161쪽.

청총 216자루를 소유하고 있었다.[19] 이 외에도 영북의 華人 都會頭 王老大가 관할하는 無順과 湯河유역에도 적지 않은 한인이 정착하고 있었다. 그러나 영남의 한인들은 가정을 중심으로 한인 촌락을 이루고 있는 반면, 영북의 한인들은 거의 모두가 홀로 이주하여 대부분 화인들의 고용인으로 생활하고 있었다.[20]

이 시기 한인들은 압록강 북안에 이주하여 정착하였으나 그들의 생활은 극히 불안정하였다. 이들은 황무지를 개간하여 감자와 보리를 일부 생산하고 있었으나 생계는 여전히 인삼채집과 수렵에 의거하는 실정이었다.[21] 따라서 그들의 생활은 극히 빈곤하여 남자들은 호복을 걸치고 여자들은 치마도 변변히 입지 못하여 차마 눈뜨고 볼 수 없을 지경이었다고 한다.[22] 이러한 상황에서 이곳의 한인들은 정착생활에 실패하고 고향으로 되돌아오는 경우도 있었는데 1872년 여름에는 이미 50여 가구가 떠났고, 가을을 기다려 떠나려는 사람도 적지 않았다고 한다.[23]

그런데 여기에서 압록강 지역에 이주한 초기 한인 월간민 중 대부분은 압록강 남안의 한인들이 아니라 두만강 남안의 무산인이라는 사실이 주목된다 하겠다. 『강북일기』의 저자 최종범은 압록강 연안의 천여 리 구간에서 만난 사람 가운데 '十居七八'은 무산인이라고 하였으며, 그 원인을 당지 이주민 李德禧에게 묻자 그는 무산 부사 馬行逸의 폭정과 조정의 還逋政策에서 비롯된 것이었다고 대

---

19) 『江北日記』六月初三日條, 傳携書, 제164쪽.

20) 『江北日記』六月十八日條, '我人之雇於胡者 不計其數 而絶無作家 獨戶者也'.

21) 『江北日記』六月初五日條, '問其所農 則地高且寒 只種甘薯 或有麥田 六月未熱 所居十三戶 皆是我人 而以採蔘獵貂爲業'.

22) 『江北日記』六月二十九日條, '皆至貧 男衣胡服 女不着裙 褌弊生也 眞不堪見也'.

23) 『江北日記』七月二日條, '日前還歸者 己至五十餘戶 而待秋欲還者 亦多有之'.

답하였다고 한다. 두만강 연안의 육진지역에 대한 환포의 피폐에 대해서는 1858년 암행어사 洪承裕의 조사보고서에 "六邑의 還逋는 매호에 正谷 5,60石에 달하고 獵戶에도 수십 석에 달하여 수많은 백성이 사처로 흩어져 유랑생활을 할 수 밖에 없었다."고 기록하고 있다.[24] 이 외에도 이 시기 무산인들의 대량 이주에는 당시 이 지역에서 실시되고 있는 御貢제도도 크게 영향을 주었다. 왜냐하면 당시 수렵인들은 매년 정부에서 규정한 일정한 양의 수렵물을 상납하지 못하면 엄한 책벌을 받아야만 하였기 때문이다.[25] 그러므로 수렵인들은 수렵에 실패한 후 종종 죄를 두려워 월경하는 경우가 많았다. 1862년 무산인 金汝玉은 백두산에서 수렵을 하다가 성공하지 못하자 그 죄가 두려워 압록강 북안으로 도피하였으며, 李春京·李興實·李成允 등 수많은 포수들도 모두 같은 상황에서 압록강 북안으로 이주하였던 것이다.[26]

그러나 무산인들이 압록강지역으로 이주한 것은 위에서 언급한 주관적인 원인 외에도 당시 청 정부의 봉금정책과도 밀접한 관계가 있었다. 즉 청 정부는 1860년대부터 압록강 대안 지역의 봉금을 점차 폐지하였으나 두만강 일대에 대해서는 계속 봉금을 강화하고 있었기에 무산인들은 두만강 북안을 지척에 두고서도 그 곳에 이주하지 못하고 압록강지역이나 혹은 북간도를 거쳐 러시아의 연해주지역으로 이주하는 현상을 초래하였던 것이다.

---

24) 『日省錄』哲宗戊午年, 1858年 2月 3日, 『朝鮮歷史研究參考資料』 앞의 책, 제148쪽에서 재인용.

25) 『北塞紀略』「孔州風土記」, '鹿茸每五月獵取, 七月進獻, 惟茂山多産而良', (高永一, 앞의 책, 제 173쪽에서 재인용)

26) 『江北日記』 六月八日條, '往在壬戌, 行獵於白頭山腰, 負債失(獵), ?其歸里督報, 毋寧自死不歸, 苟全此地, 頑縷不絶, 豈我意哉'.

3) 두만강 대안 지역의 한인 이주민 실태

두만강 대안의 북간도와 영고탑 지역은 한인들의 범월이 가장 빈번히 발생되던 지역이었다. 이 지역이 조선의 육진지방과 지리적으로 密接不離한 관계를 가진 것은 물론이고, 滿地住民은 일찍부터 北關開市를 통해서 상호 빈번한 來往交易을 하고 있었기 때문이다.[27] 특히 18, 19세기에 걸쳐 두만강 일대의 개발이 이루어지고 강변에 거주하는 인구가 늘면서 양국 변민들 사이에 접촉이 잦아졌으며, 이에 따라 범월사례도 증가하였다. 이에 대하여 1803년 북평사를 지낸 부교리 朴宗正은 "육진은 두만강 일대로서 남북의 限界를 삼고 있는데, 그 너비는 거룻배도 용납할 수 없고, 그 깊이는 치마를 걷고 건널 수 있으므로, 禁防이 조금 허술해지고 防守가 해이해지면 범월의 근심이 곳곳마다 도사리고 있습니다. 그래서 강이 잠시라도 얼어붙으면 나무하고 꼴을 베는 아이들이 다니는 길이 이루어지는데, 어리석은 백성들은 마치 外府처럼 보고 완악한 풍속이 법기를 알지 못하니… 또 오랑캐의 산에는 초목이 무성한데 우리나라 경내에는 민둥산이 되었으니 백성들이 금법을 무릅쓰는 것은 오로지 이에 말미암은 것입니다"[28]라고 보고하였다. 이는 당시 六邑地域 한인들이 銀貨의 무역은 물론이고, 땔나무까지 대안지역에서 해결하고 있어 사실상 범월의 금지가 어려웠음을 설명하는 것이기도 했다.

이와 같은 두만강 대안지역은 한인들이 범월이 잦은 지역이었으나 청조의 봉금 조치가 계속 엄격히 준수되어 1860년대에 이르러서도

---

27) 淸太宗은 寧古塔과 烏拉 일대에 거주한 駐防八旗들의 농경에 필요한 물자를 조선에서 求하기 위하여 天聰二年 10월부터 會寧과 慶源에 開市하도록 강요하여 兩國官憲의 監視하에 耕牛·鍋·鹽·布筒子·煙草 등을 교역케 했다.(『同文彙考』別編 卷3 交易, 原編 卷45 交易)

28) 『純祖實錄』 卷5, 純祖 3年 5月 11日 甲辰.

압록강 연안의 정착이민 현상은 보이지 않았다. 위에서 이미 서술하다시피 1860년대에 이르러 조선 북부 지역의 연속되는 재해로 하여 두만강 연안지역의 무산인들은 백두산을 가로질러 압록강 연안지역으로 이주하여 정착생활을 하고 있었음을 알 수 있다. 그러나 이와는 달리 두만강 중·하류 지역의 한인들은 초기에 북간도 지역에 이주하여 농사를 지으려 하였으나 청 측의 단속과 강제 축출을 당하여 부득이하게 거주지를 연해주지역으로 옮길 수밖에 없었다. 이러한 사실에 대하여 크라―베의 「조사보고」[29]에서는 1863년 육진지방에서 13가구의 가족적 이주자가 포셋트에 들어와서 정부의 허가도 없이 경작에 종사하였으며, 그 후 간도를 경유한 한인 窮民들의 이주가 계속 증가하여 노령지방의 한인 이주민은 1868년에 165가구에 달하였고 1869년에는 766가구로 급증하였다고 했다.[30] 이 시기 육진지역의 한인들이 간도에 이주하였으나 정착하지 못하고 연해주지역으로 이동한 사실은 중국 측 자료에서도 쉽게 찾아볼 수 있다. 1867년 2월 5일 길림장군 富明阿의 上奏文에서는 훈춘河口지방을 통하여 노령으로 이주하는 한인 남녀 200여 명을 탐문하니 그들은 흉년과 課稅의 증가로 인하여 생활을 유지할 수 없어 고향을 버리고 살길을 찾아 떠났다고 대답하였다고 기록한다.[31] 그리고 1890년 청 정부의 파견을 받고 러시아 국경지대를 답사한 山西太原鎭總兵管 聶士成의 보고에서도 연해주지역에 이주한 한인 李永白에게 그들의 이주경위

---

29) 크라―베의 報告書는 1911년 니콜라이 2世의 명에 의하여 沿黑龍江地方總署 엔·곤닷치가 主宰한 黑龍江調査報告 제11권으로 刊行되었고, 그 後『滿鐵調査資料』제8권「極東露領에 있어서의 黃巴人種問題」란 주제로 飜譯 記載되었다.(申基碩, 앞의 책, 제33쪽)

30) 申基碩, 앞의 책, 제33쪽.

31) 中央研究院近代史研究所編,『淸季中日韓關係史料』卷2, 臺北 1972, 제6쪽, '年景歉收 課稅加倍 交納無力 實難度日無奈棄家逃出渡命'.

를 묻자 그는 이곳에 이주한 한인들은 대부분 함경도 사람들인데 同治 9년의 재해로 인하여 훈춘에 이주하여 경작하려 하였으나 청국 관원들이 3일 내에 무조건 出境할 것을 강요하여 부득이하게 남녀 405명을 거느리고 이곳으로 이주하였다고 기록되어있다.[32]

1869년 11월 길림장군은 禮部에 러시아의 嚴杵河, 吉心河지방에 이주한 한인 수가 이미 1,000여 명에 달한다고 보고하자 예부는 조선국왕에게 行文을 보내어 越民을 領回하고 범월을 엄금할 것을 요구하였으며,[33] 이와 동시에 길림장군에게 변계 지역에 대한 순라군을 진일보 강화하여 한인들의 북간도 이주는 물론이고 나아가 간도를 경유하여 러시아 지역으로 이주하는 한인들까지도 철저히 단속할 것을 지시하였다.[34] 그 후에도 청 정부의 북간도 지역에 대한 봉금은 계속 강화되었으며,[35] 1870년에는 영고탑 부도통의 직접적인 감독하에 훈춘협령 관할 내 街市와 村屯을 비롯하여 두만강 이북의 霍蘭溝·瑪爾佳河·二道河·湾溝·密占通街大路·赫西和路 등지에 대한 대대적인 搜索을 감행하여 무려 524명에 달하는 越界韓民을 나포하였다.[36] 이듬해 조선 정부의 월경인에 대한 領回는 아주 소극적이었고, 差使員들은 월경인 호송에 소요되는 노비도 갖추지 않아 영고탑 부도통은 그들에게 수송비용으로 庫提銀 300

---

32) 聶士成, 『東游紀程』 卷一. '有李永白云 原係朝鮮咸慶道人 値同治九年旱荒 轉徙琿春 意慾種地其官不允 限三日內出境 違者治罪 因携帶男女四百五口 投人俄境'.

33) 『大淸穆宗毅皇帝實錄』 卷270, 제10~11쪽, 동치8년 11月 5日, 壬申條. '將逃赴俄界民人 飭令該邊界官悉數領回 並有該國王申明禁令 嚴飭該國沿邊官弁 約束民人 毋許再有逃越 以重邊防'

34) 『大淸穆宗毅皇帝實錄』 卷292, 同治 9年 10月 1日, 癸巳條. '防邊界各員弁 隨時認眞稽査 如有朝鮮民人 由中國地界 逃去俄國者 卽行査禁 毋任乘間偸越'

35) 王彦威 等編, 『淸季外交史料』 卷27, 臺北 文海出版社, 1964년, 제6쪽, 1882년 길림장군 銘安과 屯墾事宜 吳大澂이 禮部에 올린 보고에서 '嚴禁朝鮮民人越界成案'이라 한 것을 보면 당시 청조는 북간도 지역에 대한 봉금을 계속 강화하였음을 알 수 있다.

36) 『淸季中日韓關係史料』 卷2, 앞의 책, 제151쪽, 제238~239쪽.

여 냥을 빌려 주기도 했다.[37]

이 시기 조선 정부는 한인들의 범월이 자연재해로 인한 생활난에 있음을 너무도 잘 알고 있었다. 그러므로 高宗은 쇄환된 범월인들에 대하여 문책하지 말고 식량을 나누어 주어 안착시키도록 명하였다.[38] 이에 따라 온성부에서는 粮米를 壯年은 일인당 매일 七合五勺을, 婦女는 六合을, 老弱은 四合五勺을 분급하고 의복은 鄕收吏 및 부유한 자들로부터 釀出하여 급여하였다. 그리고 未納의 還穀과 稅金, 私債를 일체 탕감하고, 또 이미 타인의 소유가 된 田地을 도로 찾게 하였으며 경지가 없는 자들은 官에서 周旋하여 주고 鄕邑이 서로 보호하여 安業을 기하게 했다.[39]

이 시기 북간도에 이주한 한인들의 모습은 참으로 비참하였다. 굶주림에 시달린 월강민들은 청인들과 米 一, 二升에 처자식을 맞바꾸어 생계를 유지하는 경우도 있었다.[40] 오록정의 『연길변무보고』에 의하면 동치연간에 이주하여 본 지역에 남은 한인들은 그 대부분이 청인들에 의하여 '男僕女奴'의 운명을 피할 수 없었다고 한다.[41]

이와 같이 1860년대 이후 북간도 지역도 압록강 연안과 마찬가지로 한인들이 대량으로 이주하였으나 이 지역에 대한 청조의 봉금책의 강화로 인해 그 대부분이 연해주로 이동하거나 조선 국내로 쇄환됨으로써 정착 이민으로 이어지지 못했음을 알 수 있다. 그렇다고

---

37) 『高宗實錄』 卷8, 高宗 8年 8月 20日.

38) 『承政院日記』 高宗 第3, 제826쪽, 同治 10年 辛未 5月 28日條, '究其情則還爲衰矜 使之分給粮米各安其業 無有一民遊離梗遑之歎'

39) 『高宗實錄』 卷8, 高宗 8年 8月 20日, (申基碩, 앞의 책, 제36쪽)

40) 『吉林省志』 卷47. '同治初, 朝鮮曾人饑, 野殍狼籍, 饑民羣春逃至江左, 將妻室子女鬻於華人, 每名抵換米一, 二升, 傷慘已甚'

41) 吳祿貞, 『延吉邊務報告』 第4章, 「韓人越墾之始末」, 제2쪽, '然不逾年 而韓民之有家室者 仍歸故土 其流寓中國者 男僕女奴而已'

하여 이 시기 북간도 지역으로 이주한 한인들 전부가 쇄환되었거나 청인의 노복생활을 한 것은 아니었다. 비록 압록강 대안과 같이 한인 촌락을 형성하지 못했지만 청 측의 수색을 피해가면서 오지에 들어가 소규모로 황무지를 개간하고 농사를 지으면서 생활하는 사람도 있었다. 그 대표적인 사례가 바로 1853년에 월경하여 18년간이나 북간도에서 정착 생활을 하였던 李東吉一家의 범월 사례이다.

오록정은 『연길변무보고』에서 光緖 4년에 길림장군 銘安이 敦化縣 일대에 旗民들이 사사로이 墾荒하고 있음을 발견하고 정부에 派員하여 查勘升科할 것을 요구하였으며, 청 정부에서는 이를 인가함과 동시에 知縣 趙敦誠을 派遣하여 私墾地畝에 대하여 查明造冊하고 限年升科시켰는데 이것을 바로 圖們江北의 辨理荒務之始라고 했다.[42] 그러나 李東吉 일가는 청조의 돈화현 墾荒보다도 25년이나 앞선 1853년에 이미 북간도 일대에 잠입하여 개간・경작하면서 은거생활을 하고 있었던 것이다. 그렇다면 이동길 일가는 어떻게 장장 18년간이나 북간도 일대에서 隱居생활을 할 수 있었을까? 아래에 1871년 2월 4일 吉林將軍衙門에서 總署에 올린 咨文과 附件으로 된 「李東吉供狀」을 통하여 이동길 일가의 범월 이유와 은거생활 실태를 살펴보기로 하겠다.

1870년 10월 청의 훈춘협령이 파견한 순찰대에 붙잡힌 이동길은 「供狀」에서 자신의 범월 이유와 경과에 대하여 다음과 같이 진술하고 있다. 즉, 자신은 慶源府民이며 父 李陽恩과 母 崔氏의 둘째아들

42) 吳祿貞, 앞의 책, '光緖4年(1878—필자 주) 吉林將軍銘安奏 阿克敦城(卽今之敦化縣 一名阿克敦縣)一帶有私墾地畝 前經派員履查 據旗民各戶呈墾領接升科 並願補交荒價等情 現在賊?漸息(同治末及光緖初元吉林有匪徒滋擾) 應將私墾地畝查丈升科 派知縣趙敦誠等 前往阿克敦城 將旗民私墾地畝查明造冊 分別荒熟限年升科 是爲圖們江北辨理荒務之始'

로서 蔡씨를 妻로 맞아들여 경원에서 살고 있다가 함풍 3년(1853)에 滋事하여 관병의 遣捕를 받자 이를 파면하기 위하여 李靑由라 개명한 후 江東으로 범월하였다는 것이다.[43] 이어서 범월 후의 은거 생활에 대해서는 동년 族弟가 처 蔡氏와 함께 범월하여 유리걸식하다가 우연히 자기와 만나게 되었으며, 그 후 자신과 族弟二人은 薙髮易服한 후 채 씨와 함께 남쪽의 霍隆溝裡에서 황무지를 개간하고 고기를 잡으면서 생활하여 왔다는 것이다.[44]

그러나 이동길은 은거 생활을 하면서도 조선 국내 한인들을 유혹하여 범월하도록 사촉한 것으로 추정된다. 이것은 조선 국왕이 청국 예부에 자문을 보내어 이동길의 체포, 인도를 청원한 사실에서도 어느 정도 입증된다고 볼 수 있다. 1870년 9월 29일 예부에서 길림장군아문에 보낸 자문에는 조선 국왕의 청원 내용에 대하여 다음과 같이 기록되어 있다. 즉 조선국왕은 이동길이 훈춘지방으로 도망하여 '蓋屋墾田 嘯聚無賴'하고 있으며 또 본국인들이 자주 범월하는 것도 모두 이동길의 招誘에 인한 것이나 琿春人들이 그와 친숙하여 '不肯擧發'함으로 청 측에서 협조하여 조사, 체포하여 달라는 것이다.[45]

1870년 10월 23일 이동길은 훈춘협령에서 파견한 佐領 文福의 순찰대에 의하여 훈춘서남 토문강변 霍隆溝裡에서 체포되었다. 당시 이동길은 청국인 복장을 입고 있었으며 자신은 이동길이 아니라 이청산이라고 변명하였지만 관병들이 심문한 결과 그가 바로 이동길임이 밝혀졌다. 당시 이동길과 같이 체포된 사람들로는 이동길의

---

43) 『淸季中日韓關係史料』 2卷, 泰東文化史, 1980년, 제148~151쪽, 同治9年 12月15日(1871. 2. 4)
44) 동상.
45) 中央研究院近代史研究所 編, 『淸季中日韓關係史料』 2卷, 泰東文化史, 1980년, 제141쪽.

부친 李陽恩, 모친 최 씨, 이동길의 동생 李尙海, 처 邦 씨, 雇工 蔡諾彌, 이름 모를 부인 1인 등 도합 8명이었다.[46] 훈춘협령은 그들을 체포한 후 그들의 가옥과 밭을 소각해버리고 10월 25일 조선 경원부에 인도하여 징벌토록 했다.[47]

이 외에도 光緒初 무산인들이 청 측의 수사가 미치지 못한 무산 대안의 外六道溝 지방에서 일부 私墾에 종사한 것으로 추정된다. 이러한 사실은 1878년 돈화현의 개방을 위하여 황무지를 조사하던 중 외육도구 지방에서 한인들이 훔쳐 개간한 경작지를 발견하였다는 청 측의 보고를 통해서도 알 수 있다.[48] 그러나 이 시기의 사적 개간은 어디까지나 아침에 월경하였다가 저녁에 돌아오거나, 혹은 농번기에 들어갔다가 가을이 끝나면 되돌아오는 임시적인 월경 경작에 불과한 것이었고, 정착적인 이주는 아직 이루어지지 않았던 것이다.

2. '移民實邊' 정책과 韓人集居區의 形成

1) '移民實邊策'의 대두

중국에서의 이민실변 정책은 일찍이 漢나라 이후 사용하던 변강 통치 수단의 하나였다. 晁錯의 「守邊勸農疏」와 「募民實塞疏」에서 비롯된[49] 이민실변 정책은 中原지역의 밀집된 인구를 변강에 이민

---

46) 中央研究院近代史研究所 編, 『淸季中日韓關係史料』 2卷, 泰東文化史, 1980년, 제145~151쪽.

47) 『淸季中日韓關係史料』 2卷, 제161쪽, 앞의 책, 同治10年1月29日 「總署收署吉林將軍突榕文」

48) 吳祿貞, 앞의 책, 제2쪽, "光緖初元 敦化縣放荒淸査地畝 朝鮮茂山對岸如外六道溝等處 間有韓民私墾者……時則但有冒禁盜墾之韓民 而無領荒租種之韓民"

49) 晁錯은 「守邊勸農疏」와 「募民實塞疏」에서 秦나라 이후의 변강정책을 개괄하면서 이민실변방책의 중요성을 다음과 같이 지적하고 있다. "……然令遠方之卒守塞, 一歲而更, 不知胡人之能,

시키고 '둔전'의 방법으로 황무지를 개간함으로써 변강 수비에 필요한 인적·물적 자원을 당지에서 확보한다는 것이었다.

청조는 1760년부터 新疆·西藏 등 변강 지역에 대하여 이민실변 정책을 실시한 바 있으나, 청조의 발상지라는 특성상 북간도를 포함한 만주 지역은 줄곧 봉금정책으로 일관하여왔다. 그러나 만주 지역에 대한 봉금책은 19세기에 들어와 중원을 중심으로 한 사회적 변동 속에서 점차 완화되어 갔다. 청조의 이와 같은 정책변화는 다음과 같은 당시 상황에서 비롯된 것으로 볼 수 있다.

첫째, 중원 지역의 급속한 인구 증가와 이에 따른 사회 동란의 발생이었다. 明朝시기 중국의 인구수는 6,7천만에 불과하였으나[50] 咸豊원년(1851)에 이르러 43,189만에 달하여 청조시기 인구 증장의 최고점에 도달하였다. 따라서 인구수의 급증은 인구당 평균 경작지 소유면적의 절대적인 감소와 식량 부족 현상을 유발하였다. 즉 乾隆 18년(1753) 인구당 경작지 소유면적은 6.69무였으나 咸豊원년에는 1.78무로 감소되었다. 이는 당시 약 4무의 경작지가 있어야만 한 사람의 생계를 유지할 수 있는 실정이었으므로 미루어보아 실로 심각한 사회위기였을 것이다. 결과 1856~1865년 사이만 하더라도 무려 2,332회의 '民變'이 발생하였던 것이다.[51]

둘째, 제국주의 열강들의 침입으로 인한 경제 위기를 탈피하기 위한 것이었다. 아편 전쟁 이후 청조는 배상금으로 2,3억만 냥의 배상금을 갚아야 하였는데, 이는 당시 청조의 재정 수입의 두 배에 달하였다. 이 외에도 청조는 각종 불평등 조약의 체결로 하여 12억

不知選常居者, 家室常作, 且以備之"

50) 梁方仲, 『中國歷代戶口·田地·田賦的邊疆政策』甲表1.

51) 馬汝珩·馬大正 主編, 『淸代的邊疆政策』中國社會科學院, 1994년, 제106~107쪽.

에 달하는 외채를 짊어짐으로써 재정이 고갈되어 있었다.[52]

이와 같이 인구의 증장과 경작지의 부족과 '민란'의 발생, 재정의 고갈 등 일련의 위기국면은 청 정부로 하여금 새로운 대책을 마련하지 않을 수 없게 했다. 이때 난국 타개의 방안으로 제시된 것 가운데 하나가 만주 지방의 개방이었다. 당시 지방 관리들 중 상당수가 만주 지역에 대한 봉금폐지와 이민실변의 시행을 건의하였고, 그러한 상황에서 청조 역시 더 이상 봉금만을 고집할 수는 없게 되었다.

당시 만주 지역은 장기간의 봉금으로 인하여 인구가 적었고 드넓은 황무지가 그대로 방치되어 있었다. 따라서 만주지역의 개척은 정책 실무자들에게 있어 난국타개를 위한 방안으로 제기되고 있었던 것이다. 1880년 당시 河南省의 인구는 전국 인구의 6.75%를 차지하였으며 인구밀도는 ㎢당 153.90명이었으나 그에 반해 吉林의 인구는 48만 명으로서 전국 인구의 0.13%, 黑龍江은 67만으로서 전국인구의 0.18%였으며, ㎢당 인구 밀도는 길림성이 2.57인, 흑룡강은 1.45인에 불과하였다.[53] 이러한 상황에서 청조는 봉금을 폐지하고, 더불어 軍府制 산하에 民人管理기관을 설치하고 官地와 旗地를 民地로 전환시키는 등 일련의 조치를 취하면서 이민실변의 움직임을 보였다.

2) 서간도 지역 한인 집거구 형성과 이주민 실태

청조의 '이민실변' 정책은 크게 두 가지 유형으로 구분된다. 하나는 북간도와 같은 지역의 '국경수비와 개척'을 위한 것이었고, 다

---

52) 何淸漣, 「淸末中國的大量外債及其分析」 『財政硏究』 12期, 1988년, 제26쪽.

53) 趙文林·謝淑君 編, 『中國人口史』. 人民出版社, 1987년, 제176쪽.

른 하나는 몽고·남만주와 같은 지역의 '개척을 통한 국가재정수입의 확충'으로 구별할 수 있다.

서간도 지역은 압록강 하류지방부터 먼저 개발되었다. 安東 이북의 邊外地에는 1867년에 鳳凰 直隸廳이 개설되면서 安東縣이 설치되었고, 1868년에는 寬甸·懷仁·通化 등 3현이 연이어 설치되었다. 청은 안동·관전 두 현을 邊外南路라 하여 봉황청에 예속시켰다. 청정부가 이와 같이 압록강 연안지역을 개방하고 행정구역을 설치하자 관내지역 漢人들이 대량 이주하기 시작하였다. 이에 따라 청조는 그들의 이주를 적극 장려하였고, 그들에게 지권을 나누어주며 황무지 개간 또한 장려하였다. 이 시기 한인들의 이주도 대폭 증가하였다. 그리하여 1860년대부터 압록강 연안에 소집거구를 형성하고 정착생활을 하여온 기존에 살아오던 한인들과 새로 이주한 한인 이주민들은 과거 채삼과 수렵에 의존하던 생활방식에서 점차 황무지를 개간·경작하여 농사를 짓는 농경생활로 그들의 생활방식이 전환되면서 한인 집거구는 끊임없이 확대되어 갔다. 당시 압록강 연안지역의 하류와 중·상류 지역에 이주하는 양상을 보면 일정한 차이가 있었다. 하류 지역은 중국인들의 이주가 편리하였으므로 이주민의 절대 대부분은 중국인들이었다. 그리고 이곳에 거주한 중국인과 한국인의 생활상을 비교해보면 중국인들은 정부로부터 대량의 토지를 분여받았음에도 불구하고 여전히 伐木·狩獵·採茸 등에 집착하고 있는 반면, 한인 이주민들은 주로 농업에 열중하고 있었으며 漢人들 대부분이 한인을 소작인으로 고용하고 있었다. 이와는 달리 압록강 중·상류 지역은 지리적인 원인으로 인하여 중국인의 이주자보다 한인 이주자가 훨씬 많았다. 특히 상류 지역인 臨江縣에는 한인들이 중국인보다 3, 4배 혹은 지역에 따라 7, 8배 정도로 많았다.[54] 청 정부가 서간도 지역에서 추진한 이민실변은 계획적인 이민을 실시하여 황지를 개간하는 것이 아니라 먼저 이 지역을 개방한 후 漢人들이 입거하면 이에 따라 행정구역을 설치하고 그들에게 각종 우대정책을 베풀어 황지를 개간하는 방법으로 국가의 재정수입을 증가하려는 목적이었다. 이러한 원인으로 청 정부는 이민실변 시기 한인들의 이주와 개간을 사실상 묵인하고 있었던 것이다.[55]

한편 압록강 대안지역에 한인 이주민이 급증하고 한인 집거구가 확대되자 조선 정부는 1889년 평안북도 관찰사로 하여금 압록강 대안 한인 이주민 집거지역에 행정구역을 설치하여 조선 정부의 관할 내에 편입시키도록 명하였다. 이에 따라 평안북도 관찰사는 이 지역에 28개 면을 설치하여 江界·楚山·慈城·厚昌 4개 군에 귀속시켰다.

江界郡 소속: 新兵堡(興京), 大荒面(大荒溝), 小篁面(通溝), 八道江面(八道江), 九龍面(麻泉溝), 泰平面(太平溝), 檢樹面(楡樹林子), 新上面(大靑溝門子), 新下面(冷水甸子), 福江面(江甸子), 蘆靑面(拉古子)

慈城郡 소속: 鴻生面(帽兒山), 流淸面(七十二道口河), 葦沙面(葦沙河), 祥和面(三道溝)

楚山郡 소속: 雲山面(外岔河下流), 雲下面(外岔河下流), 蓮上面(二股流), 蓮下面(雙岔河), 橫道面(橫道川), 邱山面(馬鹿?門)

---

54) 牛丸潤亮, 『最近間島事情』 서울, 朝鮮及朝鮮人社, 1927년, 제83~36쪽.

55) 日本外務省編, 『日本の韓國侵略史料叢書』 韓國出版文化院, 제229쪽.

碧潼郡 소속: 水上面, 水下面56)

　이 시기 청 정부는 한인 이주민을 이용하여 황무지를 개간할 목적으로 한인들의 이주를 환영하였으며 여러 가지 편의를 제공하고 그들에 대해 어떠한 정치적 구속도 감행하지 않았다. 또한 이주민들 사이에 분쟁이 발생하면 주동적으로 朝鮮郡守와 연락을 취하고 爭訟은 한인의 訴訟이 아니면 이를 관여하지 않았다. 그리고 범죄자가 발생하면 되도록 조선 정부에 넘겨 조선 지방관헌이 이를 처리토록 했다.

　1897년 조선 정부는 압록강 대안지역의 관리를 진일보 강화하기 위하여 徐相懋를 서변계관리사로 임명하여 한인 이주민을 보호하도록 했다. 당시 한인 이주민은 압록강 대안지역 뿐만 아니라 오지인 통화지역에도 분포되어 있었다. 그리하여 徐相懋는 기존의 28개 면을 제외하고 통화현에 11면, 환인현 수상면 외 3면, 홍경부 왕청면 외 1면을 분할하여 이주민의 권익옹호와 행정업무를 관장하였다. 당시 서변계관리사가 관할하고 있는 한인 이주민 수는 8722가구, 37,000명에 달하였다.57)

　1902년 조선 정부는 서간도 지역의 한인 집거구역에 이른바 향약제라는 한인 자치 기관을 설치하였다. 이에 따라 조선 정부는 鄕約長에 議政府 參贊 李容泰를, 부향약에 徐相懋를 그리고 李完求(집안현 조선회 지부장)를 각각 임명하여 파견하였다. 이때의 향약은 조선중기에 실시되었던 것과는 성격상 일정한 차이를 보이고 있었다. 즉 鄕約長 또는 副長의 책임자를 정부에서 임명한 것을 보면

---

56) 玄圭煥, 『韓國流移民史』上, 서울, 語文閣, 1967년, 제139쪽.

57) 牛丸潤亮, 『最近間島事情 附:露支移住鮮人發達史』서울 朝鮮及朝鮮人社, 1927년, 제78쪽.

오늘날 외국에 파견되어 교민을 보호하는 영사관의 성격과 그리고 종래의 향약, 즉 상호 부조하는 자치단체의 성격 등이 융합된 半官半民적 성격을 띠고 있었던 것으로 보인다. 1903년 楊枝達·輯安縣·通化縣·桓仁縣·寬甸縣에 예속된 面은 32면, 호수는 6,357호, 인구는 45,593명에 달하였다.[58)]

그러나 압록강 대안의 한인사회는 상당히 불안하였다. 특히 청·일전쟁 이후 조선이 청국의 '속국'으로부터 독립되자 청 정부는 한인 이주민에 대하여 각종 압박을 가하면서 한인 이주민을 괴롭혔다. 뿐만 아니라 당지의 청인 비적들도 수시로 한인 마을에 침입하여 재물을 약탈하기도 했다. 이러한 상황에서 평안북도 관찰사 李道宰는 연안 지방을 둘러보고 월경민을 보호해야 할 필요성을 느꼈고, 이를 위해 압록강 연안의 각 군에 명하여 忠義社를 조직하고 민병을 모집하여 폭도의 경비에 나섰다. 충의사의 長 李澤奎, 金昌壽는 충의사를 거느리고 늘 국경을 넘어 압록강 대안의 이주민 보호에 임하였다. 또한 이도재는 압록강 대안지역의 행정구역을 다시 조정하여 연강 각 군의 관할 내에 귀속시켰으며 이주민들로부터 戶稅 30錢을 징수하도록 했다. 당시 연안 각 군에 귀속된 면의 상황은 아래와 같다.

厚昌郡: 九道面 八道面 七道面 六道面
慈城郡: 帽山面 葦沙面 流淸面 祥和面
江界郡: 大篁面 小篁面 新上面 新下面 九龍面 志淸面 福江面 泰平面
楚山郡: 央道面 雲上面 雲下面 蓮上面 蓮下面 邱山面 橫道面 新上面 新下面 泰平面 楡樹面

---

58) 牛丸潤亮, 위의 책, 제80~82쪽.

碧潼面: 水上面 水下面[59]

그러나 1909년 중일 간의「간도협약」이 체결되자 청 정부는 서간도 지역의 한인 이주민에 대하여 단속을 강화하기 시작하였다. 먼저 청국 지방관헌은 이주 한인에 대하여 호구조사를 시행하였으며, 韓僑辨法을 제정하여 각 면에 百家長 什家長을 임명하였다. 또한 한인 집거구역 내에 설치한 향약소를 전면 폐지시키고 그에 수반되는 재산을 몰수하였다. 이러한 상황에서 서간도 지역 한인사회는 새로운 자치제도를 구상하여 한인 공동체를 계속 보존, 발전시키려 노력하였다.[60]

이 시기 서간도 지역 한인사회에 있어서 제일 큰 재난은 청 정부가 한인들의 토지 소유권을 인정하지 않고 이미 개간하여 경작하던 토지마저 몰수하여 한인들의 생활기반을 하루아침에 빼앗아 간 것이었다. 1907년 청 정부는 혜산진 대안의 塔甸子에 장백부를 설치하고 이 일대에 대한 행정관리를 강화하였는데 그 조치의 하나로서 개간한 토지를 古田과 新田[61]으로 나누어 한인들이 경작하고 있는 고전을 일정한 기한까지만 경작하게 한 후 그 토지를 몰수하여 새로 이주한 漢人이주민들에게 나누어주었다. 결국 장백부 산하의 한인 이주민들은 하루아침에 토지를 빼앗기고 어쩔 수 없이 화인들의 전민으로 전락하였다. 이러한 사실에 대하여 1908년 장백부에서 奉天行省總督 徐世昌에게 보낸 보고에서도 '長臨地域의 韓

---

59) 國史編纂委員會, 『韓國獨立運動史』 제2권, 1983년, 제592∼593쪽.

60) 玄圭煥, 앞의 책, 제140쪽, 1)面長衣料, 分春秋兩季前每季 320兩, 2)面差屋錢, 分春秋兩季前每季 30兩, 3)面長一面代表也爲面務來往旅費面民負擔, 4)以少凌長者 杖三十度, 5)不法行爲者 依面合議懲罰, 6)揮酒雜技無視節目者面懲戒, 7)爲主各日洞禁而發見戶首隱匿之時難免重罰, 8)不問老少睦隣里者杖三十度逐出境外 面首, 面長, 戶首各署名印.

61) 1907년 長白府 設置를 기준하여 그 이전에 개간한 토지는 古田으로, 그 이후에 開墾한 토지는 新田으로 규정하였다.

人들은 家屋, 地畝에 대해서 所有權은 전혀 없을 뿐만 아니라 居留權限까지도 모두 華人地主들에게 달렸으므로 한인들은 말로는 朝僑이나 사실은 華佃이나 다를 바 없다'[62]고 설명하고 있다. 이 외에도 청 정부는 한인들에게 치발역복을 강요하였으며 만약 이에 불응하면 즉시 강제구축하기도 했다. 그 하나의 예로 1907년 임강현 知縣은 순찰도중 한인들을 불러놓고 치발역복을 강요하면서 이에 응하지 않는 자는 5일 내에 현 내에서 축출할 것이라고 공갈하여 200여 명의 한인들이 치발역복하고 귀화 입적을 신청하기도 했다.[63] 청 정부는 한인 이주민에 대하여 각종 가렴잡세를 징수하기도 했다. 寬甸縣 警務北路分局은 水下面 小志下洞에 거주한 한인 29호에 대하여 會錢이라 하여 銀 261元1角, 堡防錢이라 하여 84元4角, 唱戲錢이라 하여 6元8角을 징수하여 갔던 것이다.[64]

이와 같이 20세기 초 서간도 지역 한인들의 생활은 갈수록 어려워졌다. 그리고 귀화를 거부한 대부분 한인들은 피땀 흘려 개간한 토지를 하루아침에 빼앗기고 중국인의 소작농으로 전락되고 말았다. 이러한 실정에 대하여 1912년 일제의 조사원이 총독부에 올린 보고서에서 '대안의 중국 땅을 본토로 妄信하고 이주해 온 선인들의 그 理想은 花中之餅이 되어 한국인 대부분이 蓽戶蓬門으로 겨우 風雨를 막을 뿐 집안은 칸막이도 없이 父子 男女가 함께 생활하고 粟稗 혹은 강냉이로 주식으로 하며 겨우 기아를 면하는 형편이다'고 묘사하고 있다.[65]

---

62) 遼寧省檔案館所藏, 奉天省公署一類檔案, 卷2660號.
63) 日本外務省編, 『日本의 韓國侵略史料叢書』 韓國出版文化院, 1990년, 제241쪽.
64) 國史編纂委員會, 『韓國獨立運動史』 제2권, 1983년, 제592~593쪽.
65) 國史編纂委員會, 앞의 책, 제590~591쪽.

3) 북간도 지역 한인 집거구의 형성과 이주민 실태

북간도의 '이민실변'은 러시아의 남하에 대한 방비와 아울러 황무지 개척이라는 一石二鳥의 목적을 달성하기 위하여 시도된 것이었으며, 이는 북간도 지역이 가지고 있는 특수한 지리적 위치와 밀접한 관계가 있었다. 1860년 「中俄北京條約」에 의하여 청국과 러시아의 국경은 瑚布圖河口로부터 琿春河를 따라 圖門江入口로 확정됨으로써 북간도는 청·한·러 삼국의 접경지역이 되었다. 그런데 러시아는 그 후에도 수시로 군대를 파견하여 두만강 하구 지역에서 국경 문제를 일으켰으며 1868년에는 琿春長嶺子를, 1875년에는 琿春河 남안지역을 침범하기도 했다. 이러한 상황에서 청조는 국경 문제의 심각성을 인식하고 吳大澂을 督辨으로 임명하여 寧古塔과 훈춘 일대의 국경수비를 강화하였다.[66] 1881년 吉林邊務督辨 吳大澂은 寧古塔과 三姓, 琿春 등지에 靖邊軍을 설립하고 馬步兵을 7천명 증가하여 국경 수비를 강화하기도 했다.[67]

한편 이 시기 러시아는 극동개발정책에 따라 황폐한 연해주지역에 대한 본격적인 개척을 시행하였다. 그리고 개발에 필요한 인적 자원을 해결하기 위하여 한인들의 이주를 적극 권장하여 수많은 조선 난민들이 북간도에서 연해주로 대거 이주하는 현상이 나타났다.[68] 그리하여 오대징은 조선 정부에 「復張振軒制軍書」를 올려 북간도 지역에 대한 군사력의 강화와 함께 '이민을 모집하고 황지를 개간하여 변방을 충실히 할 것'을 강력히 건의하였

---

66) 『淸德宗實錄』 卷129, 光緖7年4月 戊戌條,

67) 吳祿貞, 앞의 책, 제5쪽.

68) 聶士成, 『東遊紀程』「財政」卷1, '同治九年旱荒 轉徙琿春 意慾種地 其關不允 限三日內出境 違者治罪因大牛曠土, 絶無人煙, 又系山重水復之區, 界址出入本不易辨, 卽蔭被俄人侵古, 中國地方官亦復茫然不知, 日久雖以理論, 鄙意函欲招民開墾以實邊隅'

다.[69] 길림장군 명안도 정부에 올린 보고에서 북간도 지역은 奉天地域의 황지 개간으로 인하여 많은 민인들이 이주하였기에 수렵하여도 아무런 수확도 없고, 또 李金鏞의 査勘에 의하더라도 蘇密과 靑頂子 사이에는 무려 27개의 高原平野가 있을 뿐만 아니라 토지가 비옥하여 개간하기에 유리하므로 마땅히 奉天省의 放荒條例에 따라 招佃墾種을 실시하여 백성들을 안정시키고 군량을 당지에서 조달하여야 한다고 건의하고 있다.[70] 이에 따라 청정부는 1881년 琿春協領을 副都統으로 승급시킴과 동시에 남황위장의 봉금을 완전히 폐지하고 「盛京東邊間曠地開墾條例」에 근거하여 북간도 지역을 전면 개방하기로 결의하였다.

1881년 훈춘에 招墾總局이 설치되고 南崗·琿春·東五道溝 등지에 墾局이 설치되면서 북간도 지역의 이민실변은 본격적으로 시행되었다. 초간총국은 墾局 아래에 17개 墾荒社를 설치하고 이미 개간한 熟地를 조사, 등록하였으며 민인들을 전부 編籍하여 간황사에 편입시켰다.[71] 그러나 장기간의 봉금정책으로 말미암아 당시 북간도 지역에는 간황에 필요한 인적 자원이 절대적으로 부족하였다. 이를 극복하기 위하여 초간총국의 李金鏞은 吳永毅 등을 산동의 登州, 菜州, 靑州 등지에 보내어 그곳에서 漢人개간민을 모집하여 이민시키도록 했다. 吳永毅는 1882년 4월 그 지역에서 漢人 농민 2백

---

69) 『手書信稿』「復張振軒制軍書」, 六月十三日, '俄人之處必積慮已非一日, 而琿春, 寧古塔邊界地方 大牛曠土, 絶無人煙, 又系山重水復之區, 界址出入本不易辨, 即蔭被俄人侵占, 中國地方官亦復茫然不知, 日久雖以理論, 鄙意函欲招民開墾以實邊陽'

70) 吳人澂, 앞의 책, 제6~7쪽.

71) 당시 건립한 墾荒社와 熟地面積은 다음과 같다. 南崗墾局: 志仁·尙義·崇禮·勇知·守信·明新 등 6社, 熟地는 1만8천여晌, 琿春墾局: 春和·春雲·春華·春明·春融·春陽 등 6社, 熟地는 5천 6백여晌, 東五道溝墾局: 春仁·春豊·春智·春信 등 5社, 熟地는 2천여晌. (吳祿貞, 앞의 책, 제7~8쪽)

여 명을 모집하여 북간도로 이주시켰고, 초간총국은 이들 이주민들에게 무상으로 황무지를 나누어주고 개간에 필요한 생산도구와 소, 식량 등을 공급하는 등 일련의 우대정책을 취하면서 漢人들의 이주와 개간을 적극 권장하였다.[72]

　그러나 청조의 북간도 지역에서의 이민실변은 초간총국의 이러한 노력과 각종 특혜정책에도 불구하고 큰 성과를 거두지 못하였다. 왜냐하면 당시 북간도의 이민실변은 어디까지나 '移漢實邊', 즉 關內 지역 漢人들을 대상으로 한 移民과 實邊이었기 때문이었다. 이러한 이민실변은 충분한 인적 자원과 편리한 교통수단이 전제가 되어야 하였으나 당시 북간도 지역에는 關內로부터 대량의 이민을 수송할 수 있는 교통조건이 구비되지 못한 실정이었다. 그러므로 북간도 지역에서의 '以漢實邊'은 실시 초기부터 개척에 필요한 인적 자원을 해결할 수 없었던 근본적인 한계점을 가지고 있었던 것이다.

　1870~1880년대 북간도와 길림으로 통하는 도로는 주로 두 갈래의 경로가 있었다. 하나는 훈춘에서 渤海日本道를 이용하여 영고탑에 이른 후 다시 영고탑 길림 간의 역참을 통하여 길림에 도착하는 경로이며, 훈춘에서 영고탑과의 거리는 약 600리이고, 영고탑에서 길림과의 거리는 약 800리이다. 이 경로로 훈춘에서 길림까지 가는 소요 시간은 약 17일이 걸리고, 다른 하나는 高麗嶺에서 南崗을 지나 額穆의 赫索羅에 달하는 경로로써 속칭 黑石嶺道라고도 부르는,[73] 이 경로로 훈춘에서 길림까지의 거리는 약 1,023리이며 소요 시간은 약 13일이 걸린다. 그중 흑석령도는 북간도 지역에서 영고

---

72) 馬汝珩・馬大正 主編, 앞의 책, 제113쪽.

73) 李澍田 主編, 앞의 책, 제444쪽.

탑을 통하여 길림으로 통하는 도로보다도 약 3~4일 간이나 단축할 수 있어 당시 북간도 지역의 국경수비와 개발에서 매우 중요한 위치를 차지하고 있었다. 훈춘협령은 黑石嶺道에 高麗嶺·小盤嶺·葦子溝·煙集岡嶺·南崗·甩灣子·官道口·老頭溝·楡樹川·土門子·珠盤嶺·蜂蜜磊子·哈爾巴嶺·凉水河·沙河鎭·通溝岡·牧丹江三岔口·額穆索站 등 18개 驛站을 설치하여 길림과 북간도 간의 통신 연락과 군수품의 조달 등을 보장하고 있었다. 그러나 흑석령도는 천여 리라는 먼 거리와 해발 484미터의 老頭溝嶺, 五虎頂子嶺, 해발 652미터의 哈爾巴嶺을 넘어야 했으며 또 크고 작은 하천에는 교량이 전혀 설치되어 있지 않아 중원지역 漢人이주민들의 대거 이주에는 상당한 어려움이 있었다. 특히 산림이 우거진 도로 구간에서는 마적들의 폭행까지 자주 발생하여 이주민들은 흑석령도를 공포의 도로로 인식하였다. 이러한 현상은 20세기 초까지 지속되어 북간도에 이주하려는 漢人들은 부득이하게 동청철도를 이용하여 해삼위에 도착한 후 다시 두만강을 넘어 북간도에 들어왔던 것이다.[74]

'以漢實邊' 정책의 한계는 교통문제 뿐만 아니라 漢人 이주민들의 속성에도 드러나 있었다. 이 시기 북간도 지역에 산재한 漢人들은 그 대부분이 경작을 목적으로 하는 영구적인 농업이민이 아니라 봉금시기 一攫千金을 노리고 혼자 잠입한 유랑민이거나 관내지역에서 流配왔다 풀려난 '流人'들이었다. 따라서 그들이 바라는 것은 황무지가 아니라 금전이었다. 결국 초간총국에서 이들에게 무상으로 분여한 황무지는 고스란히 개간, 경작에 능숙한 한인 이주민들에게 되팔려가는 결과를 초래하였다. 이러한 상황에 대하여 오록정은

---

74) 車成琵, 「淸代黑石嶺道初探」, 『中國朝鮮族史硏究』 2冊, 延邊歷史硏究所, 1994년, 제266쪽.

『연길변무보고』에서 '황무지를 분여 받은 華人 대부분은 墾種할 능력이 없어 모두 한인들을 고용하여 경작하거나 황무지를 한인들에게 팔아 이익을 도모하였다.'[75]라고 서술하면서 당시 청 정부의 '以漢實邊' 정책의 한계점을 지적하고 있다.

한편 청조의 이민실변이 이러한 원인으로 인하여 난관의 난관을 거듭하고 있을 무렵 북간도 지역의 두만강 上流沿岸은 이미 조선 북부 한인 이주민들에 의해 대량으로 개척되고 있었다. 1880년 회령부사 洪南周의 묵인하에 진행된 庚辰開拓[76]은 한인들의 북간도 이주와 개척에 획기적인 것이었으며, 나아가 청조의 이민실변책의 변화에도 커다란 영향을 주었다. 尹政熙의 「간도개척사」에서는 경진개척에 대하여 다음과 같이 서술하고 있다.

……昨日갓지 越犯律을 適用하던 地域을 許墾이라난 題辭에 民衆은 瞠目愕然하야 面面相視한다. 多數한 民衆은 一方으로 船隻을 準略하며 一方으로 農具을 携帶하고 府西距二十五里地點인 馬羅洞口 平野 百餘町步에 着手항새 引水한다난 文字난 名目뿐이고 開墾에만 主力을 用하니 不過幾日에 畢墾播種하니 此가 卽 庚辰開拓이라 云한다.…… 翌年春辛巳(1881)에 至하야난 隣郡도 同一한 步調로 響應하야 數萬의 農民이 開墾에 着手하니 長이 五百里오 廣이 四五十里의 江邊地帶가 破竹의 勢로 起墾되고 數千戶의 移住民이 入하였다.[77]

75) 吳祿貞, 앞의 책, 第四章, 『韓民越墾之始末』 제5쪽.

76) 1880년 홍남주는 당지의 유지인사들을 권유하여 引水灌漑의 명의로 越墾願書를 부사에게 제출토록 하였으며, 面長 林乘河가 會寧西部 馬羅洞 일대의 引水開墾願書를 올리자 즉시 「許墾向事」라 비준하여 두만강상류 일대의 개간을 본격화하였다.

77) 尹政熙, 「庚辰開拓과 間島의 命名」, 『韓國學研究』 3, 별집, 인하대학교, 1991년, 제14~16쪽.

위의 기록은 다음과 같은 점들을 시사하고 있다. 첫째, 경진개척은 조선 북부 지역의 민생고를 해결하기 위한 조치였으며 봉금 이래 처음으로 지방관부의 비호하에서 진행된 집단적인 월간개간이었다는 것이다. 둘째, 경진개척은 초기 회령대안에 있는 百餘町步의 평야를 개척할 것을 목적으로 하였으나 1881년부터 두만강 북안의 길이 五百里, 넓이 4,50里에 달하는 광활한 지역으로 급속히 확장되었다는 점이다.

이처럼 북간도 지역에서 漢人을 이주시켜 실변을 이루려 했던 청조의 이민실변 정책은 교통상의 여건과 漢人의 부적응으로 하여금 한계에 도달했고, 당시까지만 하더라도 禁越의 주요한 대상이었던 한인 월강민들이 오히려 북간도의 황무지를 대량 개척해 나가고 있었음을 알 수 있다.

북간도 지역의 한인 이주민은 1880년 경진개척을 계기로 대폭 증가하였다. 琿春招墾事宜 李金鏞의 보고에 의하면 당시 嘎呀河에서 高麗鎭에 이르는 연강지역에는 이미 수천 명에 달하는 월간한인이 거주하고 있었으며, 그들이 개간한 熟地는 무려 2천여 晌에 달한다고 했다.[78] 이와 같은 사실은 길림장군 명안과 屯墾事宜 오대징의 각별한 주의를 불러 일으켰으며 한인 이주민에 대한 대책 마련이 그들의 의사일정에 오르게 되었다.

1881년 10월 22일 명안과 오대징은 한인들의 월간개간을 이미 정해진 일로 받아들이기로 협의한 후 禮部에 「會奏」를 올려 한인들에 대한 領照納租策 실시를 건의하였다. 영조납조책의 주요 내용은 한인들이 개간한 토지를 每晌에 押荒錢 二千一百文과 地租 六百六

---

78) 朱壽朋 纂, 『光緒朝 東華錄』 2卷, 光緒7年10月 辛巳條, 「銘安等奏」, 上海大東書局 印本, 제1198쪽.

十文을 받고 토지집조를 발급하며, 押荒錢과 地租는 放荒委員이나 혹은 조선의 관원들이 대신 징수하여 琿春副都統에 교부한다는 것이다.[79] 여기에서 주목되는 것은 당시 명안과 오대징은 이전의 전례대로 군대를 파견하여 그들을 구축하거나 조선 정부에 서면이나 말로 알려 쇄환을 요구한 것이 아니라 오히려 한인들의 거주와 개간을 허용하고 그들로부터 세금을 징수하려고 시도하였다는 점이다. 이것은 경진개척을 계기로 사실상 북간도 개척의 주력군으로 등장한 한인 이주민을 이용하여 난관에 부딪친 이민실변의 한계를 극복하려는 지방관원들의 새로운 정책변화를 의미하는 것이었다. 이러한 점은 「會奏」에서 '土門江 北岸은 吉林의 관할지역임은 의심할 바 없다'고 주장하면서도 오직 한인 개간민들로부터 押荒錢과 地租를 받아 吉省의 개간사업에 사용할 수만 있다면 조선관부가 대신 징수하거나 牛로서 抵租하여도 무방하다는 그들의 견해에서도 그 단면을 엿볼 수 있다. 한마디로 청조의 이와 같은 변화는 이전의 이민실변 정책을 以漢實邊에서 以韓實邊으로 전환하고 있음을 시사하는 것이라 볼 수 있다.

그 후 領照納租策은 예부의 한인에 대한 귀화 입적의 강요와 자국민화 주장에 따라 점차 구체화되었다. 1882년 1월 길림장군 명안이 예부에 올린 「奏朝鮮貧民占種吉林邊地遵旨妥議覆陳摺」에서는 월간한인들의 관리방법은 다음과 같다. 첫째, 雲南省과 貴州省의 苗族들과 같이 잠시 그들의 편의를 도모하되 반드시 조선 국왕의 인가를 받아 실행하며, 또 예부의 의도대로 귀화 입적을 강행하여도 한인들은 공순하여 반드시 이를 따를 것이므로 徭役과 같은 賦

---

79) 朱壽朋 纂, 앞의 책, 1198쪽.

役은 면제시켜 관용을 베풀어야 한다. 둘째, 歸化入籍 編甲升科한 한인들은 훈춘과 敦化縣에서 분할 관리하며 지방의 소송과 인명안 및 절도안건 등은 길림에서 일률적으로 통괄한다. 셋째, 이미 치발 역복한 한인 농호와 공상인들은 犯禁者에 속하지 않으므로 그들을 학대하지 말아야 하며 금령은 계속 엄격히 실시한다는 것이다.[80] 이때의 영조납조책은 그 전 시기에 비하여 볼 때 한인들에 대하여 치발역복이 강요되고, 墾荒委員이나 조선 관원이 아닌 훈춘과 돈화 현에서 직접 분할·관리 한다는 점이 특징이라 할 수 있다. 이와 같이 영조납조책은 초기 지방관원들에 의하여 이민실변의 목적에서 시도되었으나 결국에는 한인 이주민들에게 귀화 입적과 編甲升科를 강요함으로써 한인들을 완전히 청국민화하려는 민족동화정책의 일 환으로 변화되어 갔다.

1882년 3월 8일 청조의 예부는 이야기한 결정을 조선 정부에 통 고하였다.[81] 그러나 조선 정부는 이에 대하여 월간한민들은 풍토와 습관이 청국인과 달라 만약 청국에 편적될 경우 사단을 일으킬 우려 가 있으며, 또 북쪽의 러시아와 동쪽의 일본에서도 모두 '天朝'의 법 을 따라 한인들을 귀화시킬 우려가 있다는 이유로 한인들의 刷還을 요구하였던 것이다. 하지만 두만강 이북에 거주한 한인들을 '越界墾 民'으로 인정하고 결정된 조선 정부의 쇄환조치는 1883년 6월 종성 부사의 '土門江國界說' 제기로 인하여 시행에 옮기기도 전에 사실상 무효화되었다. 그 후 조·청 양국은 1885년부터 관원을 파견하여 공 동으로 두 나라의 국경에 대한 사삼을 진행하였으나 토문강 국계설

---

80) 北京古宮博物館 編, 『淸光緖朝中日交涉史料』 卷3, 文件番號 98, 「吉林將軍銘安等奏朝鮮貧民占 種吉林邊地遵旨妥議覆陳摺」, 臺北, 文海出版社 印本, 1964년, 제6~7쪽.
81) 『大淸德宗景皇帝實錄』 卷143, 光緖8年2月 壬戌條, 「諭軍機大臣等」, 제4쪽.

과 두만강 국계설의 첨예한 대립으로 지루한 논쟁만 거듭하였다.

한편 조·청 양국의 관원들이 국경교섭을 진행하는 동안 한인들의 북간도 이주는 계속 증가하여 한인들의 개간지도 급속히 확대되었다. 따라서 토지와 재물을 둘러싼 양국 백성들 간의 마찰과 충돌도 빈번히 발생하였다.[82] 이러한 상황에서 청조의 대한인 정책은 다양한 형태로 변화되어 갔다. 그중 대표적인 것이 한인들에 대한 강제구축과 和龍峪通商總局의 설치 및 운영이었다.

한인들에 대한 구축조치는 길림장군과 훈춘부도통아문의 주도하에 1885년 봄부터 실시되었다.[83] 당시 청국관헌은 한인에 대한 강제구축은 "한인들이 南崗一帶를 저들의 영토라고 주장하면서 오히려 중국인들에게 蓄髮歸順을 강요하고 있는 실정"[84]에서 취해진 부득이한 행동이었다고 한인에 대한 강제구축의 정당성을 피력하고 있다. 그러나 구축정책의 실행과정을 분석하여 보면 청 정부의 한인구축은 쇄환이란 형식하에서 물리적인 방법으로 한인들에게 치발역복을 강요하여 '淸國版圖'에 귀속시키려는 그들의 의도가 내포되어 있었음을 알 수 있다.

1885년 3월 훈춘부도통아문은 右路統領 保成에게 군대를 파견하여 沿江一帶를 순찰하면서 한인들의 월강과 偸墾을 단속할 것을 명령하였다.[85] 이에 따라 右路左營營長 魁英은 부대를 거느리고 四道

---

82) 徐世昌, 앞의 책, 「邊務 延吉附件: 延吉廳建設之沿革」, 제5쪽, '至越墾韓民爲數旣衆 往往與華民爭墾互毆 局員平其曲直 使彼此息忿'.

83) 1885년 3월 9일 吉林將軍衙門에서 琿春副都統에 보낸 「吉林將軍衙門爲派兵沿江巡察以免朝民越界偸墾的咨文」에 '本年3月初八日 准貴帮辦咨開 前准函覆 以南崗沿江一帶刷朝鮮民人偸種荒地 應卽撥兵彈壓 免其再種等因'이라 한 것을 보면 이미 3월 8일 이전에 吉林將軍衙門에서 군대를 파견하여 南崗一帶 한인들의 偸墾을 彈壓하라는 지시가 있었음을 알 수 있다.

84) 中央研究院近代史研究所 編, 『淸季中日韓關係史料』 4卷, 앞의 책, 光緖11년 「吉林將軍希元文」, 1915~1918쪽.

85) 李澍田 主編, 『長白叢書』 5集, 「琿春副都統衙門檔案選編」 中冊, 吉林文史出版社, 1991년, 제320쪽.

溝·泡子沿·右洞溝·高力崴子里·六道溝·江明隘·砂金溝·彭山·桑樹衛·馬道溝·杉松背·福和磊子溝口·明川 등지를 순찰하면서 한인들의 귀환을 명하였다. 그러나 한인들이 이에 응하지 않자 즉시 무력을 앞세워 강제구축을 감행하기 시작하였다. 괴영은 구축과정에서 월간한민들에게 3일 이내에 전부 遷回할 것을 강요하였으며, 한인들의 재월강을 하지 못하게 한다는 명목하에서 한인들의 가옥을 불사르고 곡식을 훼손시켰으며 심지어는 한인들이 경작하던 토지에 牧場을 설치할 것이라고 소문을 퍼뜨리기도 했다.[86]

청조의 구축 조치로 하여 진퇴양난에 처한 한인 이주민들은 할 수 없이 초간총국에 귀화 입적을 요구할 수밖에 없었다. 동년 3월 강제구축에 시달리던 종성대안의 개간민들은 초간총국위원 賈元桂에게 오직 두만강 북안에 거주하면서 계속 농사만 지을 수 있게 한다면 치발역복하여 청국인이 되어도 무방하다며 귀화 입적의 뜻을 표하면서 柳雲根을 대표로 146명이 서명한 청원서를 직접 훈춘부도통아문에 제출하였다.[87] 이러한 상황에 근거하여 1886년 1월 督理吉林朝鮮商務委員分發補用知縣 奏煐은 길림장군에게 "훈춘부도통에서 군대를 파견하여 구축하였는데 고국에 경작지가 없는 한인들은 그 대부분이 치발하고 각종 명령에 순종할 것을 표명하고 있다"고 보고하면서 그들을 적당히 안치하여 '我國版圖' 내에 귀속시킬 것을 건의하였다.[88] 이 시기 청 정부가 구축을 통하여 한인들의 귀화 입적을 도모한 사실은 1885년 6월 8일 조선의 按撫使 趙秉稷

---

86) 李澍田 主編, 앞의 책, 제322~323쪽.

87) 『淸季中日韓關係史料』 앞의 책, 제1765~1766쪽.

88) 李澍田 主編, 앞의 책, 제332~333쪽, 光緖12年 1月 28日, 「吉林將軍衙門爲朝鮮墾民越界及復勘界碑情形靜候總署指示的咨文」.

이 李鴻章에게 보낸 「咸鏡道致外部函」[89)에서도 찾아볼 수 있다. 조병직은 여기에서 몇 가지를 이야기 하고 있다. 첫째, 지금 북간도에서 청 측 관원들이 추구하는 것은 단지 한인들이 개간한 토지뿐만 아니라 한인들에 대한 치발역복과 귀화 입적이다. 둘째, 오지에 들어간 한인들은 이미 치발역복하였거나 귀화 입적하여 그들의 '圈套'에 들어갔다. 셋째, 변복과 입적하지 않은 '越江結幕'한 한인들이 청 측의 주요한 구축대상이라고 지적하였다.

청조는 한편으로는 구축조치를 통하여 한인들의 귀화 입적을 촉구하였으나, 다른 한편으로는 화룡욕통상총국의 설치를 통하여 한인들에 대한 회유정책을 실시하기도 했다.

화룡욕통상총국의 설치문제는 일찍이 1883년 6월에 체결된 「吉林朝鮮商民貿易地方章程」에서 비롯되었으나 청조는 한인들의 쇄환문제를 구실로 설치 기일을 계속 미루어 왔다. 그러나 1884년 12월 朝俄陸路通商論議에 대한 소식이 전해지자[90) 길림장군 希元과 李鴻章은 總署에 보고를 올려 '월간한민에 대한 쇄환은 아직 철저히 이루어지지 않았으나 러시아의 세력을 저지하고 월간한민들을 懷柔하기 위해서는 先發制人의 방식으로 즉시 開市하여야 한다.'고 건의하였다.[91) 이에 따라 청조는 1885년 11월 조선의 회령대안인 和龍峪에 通商總局을, 慶源대안 西步江에 通商分局을, 鍾城대안 光霽峪에는 分卡을 각각 설치하여 본격적인 무역을 시작하였다.

그러나 청조가 이 시기 북간도 지역에서 월간한민들의 쇄환문제가

---

89) 『淸季中日韓關係史料』 4卷, 앞의 책, 제1020쪽.

90) 『淸季中日韓關係史料』 3卷, 앞의 책, 제1582~1583쪽.

91) 『淸季中日韓關係史料』 4卷, 앞의 책, 제1763~1764쪽, 光緒11年3月29日(1885. 5. 13.) 「總署收 吉林將軍希元文」 '吉韓貿易應卽行開市以阻俄陸路通商之議並請派奏燉爲督理商務委員'

완전히 해결되지 않은 상황에서 급하게 통상총국을 설치하고 무역을 개시한 것은 단순히 러시아와 조선 간의 통상을 저지하기 위한 조치라고는 볼 수 없다. 그것은 1888년 9월 督理商務委員 주영이 통상총국의 역할에 대하여 보고한 내용에서도 충분히 증명할 수 있다. 주영은 보고에서 통상총국의 역할에 대하여 한민들을 안치하고 교섭문제를 공정하게 商辨하였고, 한민과 중국인들 간의 모순을 공정하게 조정하여 해결하였으며, 나아가 훈춘아문과 돈화현관서가 3,5백리 밖에 떨어져 있는 상황에서 본 지역의 민심을 안정시켜 隱患을 방지할 수 있었다고 보고하였다.[92) 그리고 이홍장과 장순도 화룡욕통상총국의 설치목적은 "稅金을 증가하기 위한 것이 아니라 한민을 안착시키는 것"이며, "명의상으로는 세금의 징수라 하지만 실제에는 邊界의 조사에 있다"고 하면서, 비록 통상국의 운영에서 세금 징수는 실패하였으나 변강을 다스리고 한인을 안착시키는 장기적인 정책면에서는 필요한 것이었음을 강조하였다.[93) 이러한 점으로 미루어 볼 때, 당시 통상총국의 설치는 북간도 지역에 지방 관아가 설치되지 않은 실정에서 중국과 조선 간의 무역보다도 월간한민들의 관리와 안정, 나아가 중·조 변계문제에 더 큰 비중을 두었음을 알 수 있다. 결국 통상총국은 1893년 서보강분국과 광제욕분잡을 폐쇄하며, 화룡욕총국을 撫墾局으로 개칭하여 길림조선 간의 교섭과 월간한인의 撫墾을 취급하는 기층행정기구로 전환되기에 이르렀다.

　조·청 양국의 두만강·토문강에 대한 국경분쟁은 북간도 지역에 대한 영유권 분쟁인 동시에 한인들에 대한 관할권 분쟁이기도

---

92) 『淸季中日韓關係史料』 5卷, 앞의 책, 제2519~2520쪽, 光緖14年9月16日 「軍機處交出李鴻章抄片」.
93) 高麗大 亞細亞問題硏究所 編, 『淸案』(舊韓國外交文書, 卷9, 1971) 第2, 高宗 29年 壬辰 8月初 6日, 「吉林韓國間通商貨物課稅件回咨」, 제130쪽.

했다. 그러므로 이 시기 조선 측의 지방관원들은 청국의 항의에도 불구하고 계속 관리들을 파견하여 한인들로부터 조세를 징수하면서 관할권을 행사하고 있었다.94) 이러한 상황에서 길림장군은 1889년 12월 總署에 한인 이주민에 대하여 일률적으로 '歸化入籍'·'歸我 版圖'시킬 것을 건의하였다. 그 이유로는 첫째, 무산대안 以東의 光 濟峪·六道溝·十八歲子 등지에 수천 명의 한민들이 거주하고 있을 뿐만 아니라 그들이 개간한 토지는 무려 수만 상에 달한다. 둘째, 무산 이하 지역은 이미 두만강을 국경으로 인정하였으므로 금후의 査勘지역에 포함되지 않는다. 셋째, 지금까지의 정세로 보아 조선 정부는 쇄환능력이 없으므로 만약 그들의 거주와 개간을 그대로 방 치한다면 장차 주객을 분별할 수 없는 상황에 이른다는 것이다.95) 그러므로 길림장군은 먼저 변계가 명확하다고 인정되는 무산 이하 지역을 중심으로 이곳에 거주한 한인들을 일률적으로 淸丈·編甲· 升科시킬 것을 주장하였다.

1889년 길림장군 長順은 朝鮮商務有吉補用知府 葉聯甲을 淸丈越 墾事務로 임명하여 한인 이주민들에 대한 귀화 입적과 편갑승과를 본격적으로 실시할 것을 지시하였다. 이에 따라 엽련갑은 1890년 3 월부터 1891년 7월 사이에 한인들이 개간한 토지에 대하여 일률적 으로 淸丈·升科시켜 토지집조를 발급하여 주었으며, 「通省章程」에

---

94) 『淸季中日韓關係史料』 6卷, 앞의 책, 제3295쪽, 「請暫行設局撫輯圖門江北岸新近入籍越墾韓 民」, '…‥‥近年該處墾民疊以韓官越界徵租種種苛擾赴吉林控訴'

95) 王彦威 等編, 『淸季外交史料』 卷82, 臺北 文海出版社, 1964년, 제4～5쪽; 이러한 정책안은 1886년 駐紮朝鮮總理交涉通商事宜 袁世凱의 제의로 督辦交涉通商事務 金允植을 통하여 조선 정부에 건의된 바 있었다. 그러나 조선 정부에서는 월간한민들을 잠시 借地按置하더라도 한민 들에 대한 조세는 조선관원들이 代徵하여 중국관원에게 바치며 소송사건과 모든 政令은 韓官 들이 操縱하고 地界만 청 측에서 관할할 것을 제안하였고, 이에 대해 이홍장은 韓官이 徵租와 訴訟, 政令을 관할하는 것은 불가하다하여 일단 보류되었던 것이다.

근거하여 토지 1상에 大租와 小租 도합 銀 1錢9分9厘를 징수하였다. 그리고 1889년부터 1894년 사이에 무산·회령·종성·온성·경원 등 대안지역을 중심으로 鎭遠堡·寧遠堡·綏遠堡·安遠堡 등 四堡를 설치하였으며, 이를 다시 39個社와 124個甲, 415個牌로 나누어 한인들을 통일적으로 편입시켰다. 이 때 社甲에 편입된 한인 수는 20,899명이었고, 가구 수는 4,308가구였으며, 淸丈된 숙지는 15,442晌, 징수된 地租金額은 大租銀 2,779냥에 달하였다.96)

또한 청조는 '以韓制韓'의 방침하에 四堡 三十九社 내에서 신뢰할 수 있는 귀화 한인을 선발하여 鄕約으로 임명하였으며, 화인과 한인들의 거주 지역을 나누어 분할·관리하도록 했다. 즉 사보 삼십구사가 위치한 두만강 연안지역은 越墾地域으로, 기타 지역은 招墾地域으로 구분하여 한인들의 초간구역으로의 확산을 방지함과 동시에 화인들의 월간구역 내의 이주도 제한하였다. 이 외에도 훈춘 부도통아문에서는 고시문을 반포하여 "도문강 이북 일대의 월간한 민들은 황제의 은혜를 받아 編籍升科·薙髮易服하여 과거에는 天朝의 藩屬이었으나 금일에는 天朝의 邊氓이 되었다."97)고 널리 선전하면서 이후에는 지방 관병들이 한인들로부터 양식, 마초, 가축 등을 강제로 징수함을 절대로 엄금한다고 지시하였다.

四堡·三十九社는 청조가 북간도 지역에서 한인 이주민을 관할하기 위해 설치한 최초의 기층 행정기구였다. 그러나 開發社·開化社·歸化社·崇化社·善化社·德化社·上化社·懷恩社 등 명칭에

---

96) 鎭遠堡: 敬信社·懷恩社·尙義社·敦仁社·興廉社·崇讓社·歸化社·輸誠社 寧遠堡: 開泰社·開運社·開發社·開文社·開化社·光宗社·光德社·光昭社·光風社·光化社·霽晴社·霽霞社·月朗社 綏遠堡: 茂官社·茂德社·茂賞社·茂功社·對揚社·對越社·對山社·對川社·白鶴社·白雲社·白玉社·白日社 安遠堡: 崇化社·善化社·德化社·上化社·山溪社·白金社
97) 李澍田, 앞의 책, 中冊, 제320—322쪽.

서도 볼 수 있듯이, 청조의 한인 전간구역의 설치는 북간도의 개척과 한인들에 대한 자국민화에 상당한 비중을 두었음을 알 수 있다. 그럼에도 불구하고 19세기 말 청조의 以韓實邊 정책은 한인들의 북간도 이주와 한인사회의 형성에 획기적인 계기를 마련해 주었다. 특히 四堡・三十九社의 설치는 한인 사회의 형성에 지역적 공간을 제공해주었으며, '以韓制韓'의 목적에서 실시된 향약제는 한인 전간구역 내의 대부분의 사무를 한인 자신들이 직접 처리하게 함으로써 두만강 이북에서 해란강 이남에 이르는 넓은 지역에 명실상부한 한인사회가 형성되었던 것이다.[98]

이 시기 북간도 지역 한인 이주민들은 대체로 네 가지로 구분하여 볼 수 있다. 하나는 봉금 시기 범월하여 청인의 양자나 雇用人으로 들어갔다가 자연 동화된 귀화 한인들이며, 다른 하나는 오지에 잠입하여 귀화하지 않고 토지를 사사로이 개간, 경작하는 자들이며, 세 번째 부류는 이민실변 시기에 이주하였으나 토지 소유권을 얻기 위하여 표면상으로나마 치발역복・귀화 입적한 사람들이며, 네 번째는 四堡・三十九社 설치 이후에 이주한 비귀화 한인들이다.

먼저 봉금시기에 이주하여 귀화한 한인들의 이주 연도와 거주지, 토지소유 상황을 살펴보면 다음과 같다.

---

98) 기존 연구에서는 북간도 지역 韓人專墾區의 형성을 1885년으로 기준하고 있다. 이러한 주장은 주로 吳祿貞의 「延吉邊務報告」에서 光緒 11년 '劃圖們江北沿岸爲韓民專墾之區'라고 한 기록에 근거를 두고 있다. 그러나 필자는 당시 청조의 한인에 대한 驅逐政策이나 조・청 간의 국경분쟁 등을 감안하여 볼 때, 청조의 한인 전간구역의 설치는 마땅히 1894년의 四堡・三十九社의 설치를 기준하여야 한다고 생각한다.

지방별	성씨(國內原住地)	移住年度	소유면적(晌)
南崗六道溝口子	王氏(淸人養子, 慶源)	1868	60
嘎呀河流域牡丹川	王氏(穩城)	1868	25
北崗布爾哈通上流土門子	韓氏(慶源)	1869	15
東朝陽河河東	溫氏(本姓朱, 穩城)	1869	45
北崗布爾哈通上流土門子	崔氏(穩城)	1870	46
西崗虛來城	李氏(불명)	1874	20
東小磐嶺東	陳氏(會寧)	1879	31
鍾城間島三洞	金氏(鍾城)	1880	120

위 표에서 볼 수 있는 바로 이 시기 귀화한 한인들은 20—120상의 토지를 소유하고 있으며 거주 지역은 두만강 연안이 아닌 奧地의 北崗布爾哈通上流, 南崗六道溝, 嘎呀河流域, 西崗虛來城 등 지역에 분산 분포되어 있었음을 알 수 있다. 또한 그들의 출신지는 모두 두만강 남안 육진지역이며, 이주연도는 1860년대부터 1880년대에 해당된다. 이들은 일찍이 청국에 귀화 입적하여 생계는 어느 정도 보장받고 있었으나 장기간 청국인들과의 공동생활에서 점차 민족의식마저 상실하여 갔으며, 결국에는 "朝鮮에서 生하였으나 今日에 있어서는 조금도 淸國人과 다를 바 없고 本人도 淸國人으로 自任하며 그것을 移住鮮人에 자랑할 뿐 조금도 鮮人을 위한 利益을 謀치 않았으며,"100) 심지어는 同胞에 대하여 暴惡 驕慢한 行動까지 서슴지 않았다고 한다.101) 이러한 상황에 대하여 1915년 朝鮮總督府의 「國境地方視察復命書」에서는 "옛부터 이주해 온 이들은 스스로 歸

---

99) 統監府臨時間島派出所, 『間島産業調査書』 1910년, 제30쪽.

100) 국사편찬위원회, 『한국독립운동사』 2권, 1983년, 제521~523쪽.

101) 統監府臨時間島派出所, 『間島産業調査書』 1910년, 제30쪽.

化人이라고 稱하였고 中國官憲도 역시 이들을 歸化人과 동일하게 取扱하여 耕作地의 所有權을 認定하기 때문에 비교적 기름진 땅을 얻어 生計 역시 넉넉하다"고 기록하고 있다.102)

그리고 이 시기 귀화 입적은 하지 않았으나 해란강 연안의 平崗 지역과 六道河 東良下里社 등 지역에서 황무지를 개간, 경작하고 있는 이주민들도 있었다. 그 대표적인 개척자들로는 南營村의 李貴仁, 龍井村의 張仁碩·朴允彦, 山佛洞의 李貴孫, 土城洞의 朴某·王世英, 鶴洞에 吳昌烈·姜億石·郭永知·金致五, 藥水洞의 金君若·李春鳳, 柳亭村의 崔禹山, 虛乃城에 文成玉·張成芳, 二道溝의 鄭基禹, 三道溝의 崔端川·延基先·金還甲·尹弘烈, 四鄉村의 崔文石 등이었다.103) 그러나 이들은 귀화 입적한 자들과는 달리 일단 청국 측에 발견되면 토지의 몰수는 물론이고 '범월죄'로 처벌 받거나 혹은 강제로 조선 정부에 인도되었다. 1876년 按撫使 金有淵에 의해 招還된 281명의 쇄환자 중 대다수가 북간도의 大荒城·琿春·勺豆江·南崗·木坡山·玉田·三頭洞·塔城 등지에 거주하던 이민들이었던 것이다.104)

이와 같이 봉금시기에 이주한 한인들은 청국에 귀화 입적하여 자연동화 되었거나 혹은 오지에 들어가 암암리에 황무지 개척에 종사하였지만 결국 청 정부의 민족동화 및 봉금정책으로 말미암아 지속적인 발전을 이룰 수 없었을 것이다.

이민실변 시기 한인들의 북간도 이주와 개척은 초기 두만강 상류 지역인 무산 대안으로부터 시작하여 점차 중류 지역인 회령과 하류 지역인

---

102) 朝鮮總督府,「國境地方視察復命書」, 1915년, 『朝鮮統治史料』 10권, 제922쪽.

103) 東洋拓植株式會社, 『間島事情』; 玄圭煥, 『韓國流移民史』 상, 앞의 책, 제137쪽에서 재인용.

104) 『北兵營啓錄』 光緒2年10月初7日, 11月11日, 12月初9日, 同3年2月26日.

훈춘지역으로 급속히 확산되면서 두만강 북안지역에는 한인 촌락이 형성되기 시작하였다. 1880년대 무산·회령·종성·온성·경원 등 대안지역에 형성된 한인 촌락과 이주민 수를 살펴보면 다음과 같다.

1886~1887년 두만강 북안지역 한인 촌락과 이주민 수[105)]

지역	촌명	이주민 호수
茂山對岸	揮半洞	韓戶:30餘戶
	上下淵洞	韓戶:40餘戶
	小洞	韓戶:6~8戶
	上下蘆浦	韓戶:50餘戶
	咸朴洞	韓戶:10餘戶
會寧對岸	大小牛洞	韓戶:30餘戶
	漢城峴	韓戶:3戶
	先岩, 鋤犁洞	韓戶:50~60餘戶
	害難(龍井, 頭道溝地域)	韓戶:幾百餘戶
	五良洞	韓戶:40~50餘戶
穩城對岸	馬浦(牌)洞, 口洞	韓戶:100戶
慶源對岸	古珥島	韓戶:7~8戶
鍾城對岸	豊坪	韓戶:幾十戶
	香木左只	韓戶:幾十戶
	子洞	韓戶:150
	聞溪洞	韓戶:150
	門岩洞	韓戶:幾十戶
	弟洞	韓戶:70
	鋤全坪	韓戶:幾百戶
	夢基洞	韓戶:70~80戶
	獐洞	韓戶:40~50戶
	右洞	韓戶:40~50戶
	北坪	韓戶:幾十戶
	谷味	韓戶:10戶
	盜賊洞	韓戶:100戶

이 시기 두만강 북안지역 내에 형성된 한인 촌락과 이주민 수는 무산대안에 촌락 5개, 130여 가구; 회령대안에 촌락 6개, 340여 가구; 종성대안에 촌락 13개, 980여 가구; 온성대안에 촌락 2개, 100여 가구, 경원대안의 고이도에 10여 가구로 나타나고 있다. 이로 보아 이 시기 한인들의 촌락은 주로 두만강 상류 지역의 무산대안과 중류 지역의 회령, 종성대안에 집중되었으며, 촌락의 규모는 상류 지역의 평균 25가구에 비해 중류 지역은 평균 5,60가구로서 중류 지역의 인구밀집도가 훨씬 컸음을 알 수 있다. 이러한 현상은 상류 지역의 무산대안은 평지가 없는 반면에 중류 지역의 회령, 종성 대안지역은 상대적으로 평지가 많은 지리적 조건의 영향이 크다고 볼 수 있다. 그리고 여기에서 주목되는 것은 두만강 하류 지역에는 밀집된 한인촌락이 거의 형성되지 못하였다는 점이다.

1890년대 청조의 四堡·三十九社의 설치와 한인 전간구역의 형성은 한인 촌락의 분포와 이주민들의 출신지에도 현저한 변화를 가져 왔다. 위 표에서 볼 수 있는 바, 1890년대 한인 촌락은 두만강 북안지역에만 국한되지 않고 오지인 南崗, 北崗, 西崗, 嘎呀河 등의 지역에까지 확대되어 갔으며, 이주민들의 출신지도 육진지역을 비롯하여 그 남방의 鏡城, 明川, 吉州, 端川, 富寧 등지로 나타나고 있음을 알 수 있다. 특히 남강과 북강, 가야하 등 지역 거의 대부분은 육진 이남지역의 경성, 명천, 단천, 부녕, 길주 등지의 이주민들이었으며, 이주 연대도 연안지역에 비해 늦은 1890년대 이후로 나타난다. 이러한 사실로 미루어 볼 때, 북간도 지역의 한인촌락의 형성은 이 지역의 이주실태를 그대로 반영하고 있는 것이라 볼 수 있다. 즉 한인들

---

105) 『六鎭沿岸對岸情形目錄』咸鏡道觀察使李重夏의 調査報告; 高永一, 『朝鮮族歷史研究』遼寧人民出版社, 1982년, 제73—74쪽.

의 초기 이주는 두만강 상류 지역으로 시작되었고, 이에 따라 황무지 개척과 한인촌락의 형성도 상류에서 하류로 이어졌다는 것이다. 그리고 한인촌락의 규모는 지리상으로 중류 지역이 가장 컸고, 초기 이주민들의 출신지는 육진지역에 한정되었으며, 그들의 거주지도 대체로 대안지역에 불과하였다. 하지만 1890년대에 이르러 육진 이남의 이주민들이 연안지역을 거쳐 점차 내지로 이주하면서 오지에도 한인촌락이 형성되기 시작하였음을 알 수 있다.

그러나 새로운 개척지에서 한인들의 생활기반은 매우 빈약하였다. 그들은 비록 두만강 이북지역을 개간, 경작하고 있었으나 교통상의 편리를 이용하여 '春結農幕, 秋輒輟歸' 방식을 취하거나 혹은 국내에 집을 그대로 남겨 놓은 채 이곳에 간편한 움막집을 지어놓고 임시 거주하는 방식을 취하기도 했다.[106] 특히 자연조건이 열악한 두만강 남안지역의 백성들은 거의 모두가 대안지역에 의거하여 생계를 유지하고 있었으며, 심지어는 땔나무까지도 북안지역에서 해결하는 실정이었다. 이러한 관계로 두만강 양안의 한인들은 서로 姻戚을 이루거나 흉년이 들면 父는 子의 貧을 근심하고 弟는 兄의 굶주림을 구제할 정도로 왕래가 빈번하였다.[107] 그런데 1895년 조선이 청의 속국에서 벗어나 자주독립국으로 등장하면서부터 청 측으로부터 갖은 제재를 받기 시작하였다. 동년 훈춘부도통아문은 한인들이 월강하여 나무를 하거나 밭을 경작하는 것을 철저히 금지시킬 것을 명령하였으며 만약 이에 항거하면 즉시 체포하여 문죄하라

---

106) 李澍田 主編, 『長白叢書』 5集, 「琿春副都統衙門檔案選編」 中冊, 吉林 文史出版社, 1991년, 제 322~323쪽. 광서 11년 6월 1일 「吉林將軍衙門爲派兵沿江巡察以免朝民越界偸斫的咨文」에 의하면 당시 한인들의 가옥은 '就地挖深 架以細木數根 覆以草苫'에 불과하였으며, 재산은 '牛犂農具之外 長物無他'하여 遷移에 아주 편리하다고 했다.

107) 國會圖書館, 『間島領有權關係拔萃文書』 1975년, 제31쪽.

고 지시하였으며,[108] 1898년 2월에는 회령상인 羅秉瑚, 羅秉益 등
이 국내로 운반하는 좁쌀 10석, 보리쌀 14석, 高梁 13석 3두 도합
37석 3두를 회령대안의 稽査處에서 차압하기도 했다.[109] 그리고
1899년에는 북간도 지역에서 수재가 발생하였다는 이유로 한인들
의 곡식반출을 일체 금지시켰다.[110] 이 외에도 청 측의 관원들과
향약들은 월간구역 내에서 일정한 규정도 없이 마음대로 세금을 징
수하였다. 예를 들면 청 측은 군량의 貨錢을 한민들에게 배당하고
가구마다 엽전 30량을 강제적으로 징수하였으며 검우세, 검돈세,
어염세, 전토매각세 등 각종 가렴잡세를 강요함으로써 한인 이주민
들은 二重三重의 수탈을 당하기도 하였으며,[111] 이 시기 비적들에
의한 피해도 적지 않았다. 19세기 말 천주교도들이 모여 사는 大敎
洞은 청인들의 습격을 받아 막대한 피해를 입어 閔주교는 청 정부
에 소송하여 배상금 2백 냥을 받은 사실이 전해진다.[112]

당시 북간도 지역의 한인들의 상술한 경제적 압박을 제외하고도
국경 문제에 대한 심리적 고통도 있었다. 1897년 함경북도 관찰사
趙存禹는 북간도 지역 한인들의 심리적 고통에 대하여 '茂山에서
越邊하여 길이가 100여 리 혹은 수십 리, 넓이가 삼십 리 혹은
5,60리인 東北界인 穩城界에 이르기까지의 600리 지역에는 한민
이주자가 이미 수만 가구를 넘으나 모두 청인의 압박을 받고 있다.
淸人의 수는 한인의 1/100도 안되며 한인으로서 薙髮易服한 사람도

---

108) 李澍田 主編, 앞의 책, 제296쪽, '珲春副都統爲嚴禁朝鮮人越境樵采種田的札文'
109) 李澍田 主編, 『長白叢書』5集, 「珲春副都統衙門檔案選編」 下, '曲作寅爲査獲韓民私運小米及人
     麥的呈文', 吉林文史出版社, 1981년, 제297쪽.
110) 李澍田 主編, 위의 책, 제297쪽.
111) 統監府出張員事務所, 『間島産業調査書』1910년 7월, 제47쪽.
112) 韓興烈, 「延吉區敎 天主敎會略史」『가톨릭靑年』41, 1936년, 10월호, 제4쪽.

역시 1/100에도 차지 않는다. 이들이 토지를 점거하여 개간함에 있어 처음에는 우리 땅인 줄 알고 들어가 거주하였다가 마침내 저들의 땅이 되었으니 부득이 한때 計活할 수밖에 없었으나 조상의 분묘가 이쪽에 있으며 부자 형제가 각각 양국에 갈라진 자들이 많아 고토를 잊지 못하고 매양 定界하기를 해를 바라듯 바라고 있다.'[113] 라고 묘사하였다. 이러한 상황에서 1898년 종성인 吳三甲은 간도에 거주하는 한인에 대한 조선 정부의 보호를 요청하여 왔고, 내부대신 李重夏도 청 정부의 四堡・三十九社의 설치는 그들이 한인들의 힘을 모아 황지를 개간하는데 해롭지 않으나 우리나라에 있어서는 실로 國民을 遺失하는 虛荒한 일이 아닐 수가 없다고 지적하면서 조선 정부의 보다 적극적인 조치를 촉구하였다. 또한 이종하는 북간도 오지로 이주한 한인들이 이미 情跡이 떨어져 恩威를 베풀 수 없으나 강안 이내로 월간 왕래하는 자들에 대해서는 해당 관청에서 票據를 발급하여 춘추로 그 존재여부를 점고하면서 그들의 안정된 생활을 도모할 것을 건의하였다.[114] 그 후 이와 같은 조치가 실제로 실시되었는지는 확실하지 않으나 조선 정부는 두만강을 마주한 대안지역에 한하여 수시로 관원을 파견하여 공권력을 행사하여 왔음을 알 수 있는 바이다. 결국 북간도 지역에 거주한 한인들은 국경이 확정되지 않은 상황에서 경제적으로나 심리적으로 많은 고통과 시달림을 맛보아야만 하였으며, 형성 중에 있는 한인사회는 그 후에도 장기간 조선 정부와 청 정부 간의 모순과 대립 속에서 갖가지 시련을 겪을 수밖에 없었다.

---

113) 金魯奎, 『北輿要選』下, 「察界公文攷」, '光武元年 丁酉秋 咸鏡北道觀察使 趙存禹 接節到府 考據探界 兩蹟探察形勢 精成圖本附以談辨凡五條'.

114) 國會圖書館, 앞의 책, 제73쪽.

3. 소결

1860년대 북부지역에서 발생된 연속적인 자연재해로 말미암아 조선 북부 지역의 수많은 한인들이 대량으로 만주 이주를 감행하였다. 한편 청 정부는 이 시기에 봉금을 완화하면서, 漢人이주민들의 입주와 개간을 점차적으로 허용하는 정책을 취해 나갔다. 그러나 청 정부는 한인들의 압록강 연안 이주는 조선과 청 간의 국경문제를 유발할 수 있다는 점을 내세워, 압록강 북안 애강 일대의 넓이 3,50리, 길이 4백여 리 구간을 공광지대로 설정하고 조선과 청 양국 변민들의 입주를 금하였다. 하지만 이 시기 압록강 대안의 공광지대의 설정은 오히려 조선 북부지역 한인들이 자연재해로 인하여 대안지방으로 대량 월경하는데 지역적 공간을 마련해주는 결과를 초래하였다. 따라서 1860년대 압록강 북안 지역에는 점차 한인촌락이 형성되기 시작하였다. 1860년대 청조는 압록강 북안지역에 대해 부분적으로 개방 정책을 취하였지만, 청 황조의 발상지로 간주하는 두만강 북안지역에 대해서는 철저하게 봉금정책으로 일관하였다. 그리하여 이 시기 북간도에 이주하였던 한인들은 부득이하게 러시아의 연해주지역이나 압록강 북안지역으로 옮겨갈 수밖에 없었다. 그러나 19세기 중엽에 이르러 청 정부는 경작지 부족, 민란 발생, 재정 고갈 등 일련의 위기국면을 맞게 되었으며, 이를 타개하기 위한 방안으로 만주 지역에 대한 이민실변 정책을 실시하게 되었다. 결과 1881년 청조는 북간도 지역을 완전히 개방하고 이민실변을 본격화하였는데, 이는 황무지 개척뿐만 아니라 당시 러시아의 남하세력에 대한 방비라는 一石二鳥의 목적에서 시도된 것이기도 했다.

한편, 당시 북간도 지역은 사실상 한인 월간민에 의하여 대량 개척되고 있었다. 그 대표적인 사례가 1880년 회령부사 홍남주의 묵인하에 진행된 경진개척이었다. 1881년 청 측의 기록에 의하면 북간도 지역에는 이미 수천 명의 한인들이 거주하고 있었으며 그들이 개간한 토지는 무려 2천여 상에 달하였다 한다. 이러한 실정에서 길림장군과 오대징은 1890년부터 두만강 북안에 四堡·三十九社를 설치하고 이 지역을 한인 월간민들의 전간구역으로 확정하였다. 이에 따라 1890년대 두만강 이북에서 해란강 이남 지역에 이르는 넓은 지역에는 한인 집거구가 형성되었다. 이 시기 북간도 지역 한인 촌락의 형성과정을 살펴보면, 1880년대에는 주로 두만강과 인접한 무산·회령·종성 대안에 국한되었으나 1890년대에 와서는 점차 오지인 남강·북강·서강·가야하 등 지역으로 확대되어 갔음을 알 수 있다. 그리고 이주민의 출신지도 초기에는 대부분 육진지역에 불과하였으나 1890년대에는 육진 이남 경성·명천·길주·단천·부녕 등지의 이주민들이 대량 증가하는 추세를 보였다. 촌락의 규모는 상류 지역이 평균 25가구, 중류 지역이 평균 50가구로 나타났다. 하지만 하류 지역인 경원 대안에는 20세기 초까지도 밀집된 한인 촌락은 형성되지 못하였으며, 몇 리 내지 몇 십리 구간에 몇 가구씩 분산되어 있는 것이 특징적이었다. 이러한 현상은 두만강 상류 지역은 한인 이주민에 의해 개척되는 반면에 하류 지역은 주로 중국인 이주민에 의해 개척되었음을 의미하는 것이기도 했다.

이 시기 서간도 지역의 한인 이주민 수도 현저히 증가하였다. 그러나 청 정부는 서간도 지역의 개발을 위해 한인들의 이주와 개척은 환영하였지만, 북간도 지역과 같이 한인 전간구역은 설치하지 않았다. 이러한 실정에서 조선 정부는 이 지역에 28개 면을 설치하여 江界·楚山·慈城·厚昌 4개 군에 귀속시켜 관리하도록 했다. 그런데 1897년 대한제국이 건립과 함께 조선이 청의 '속국'에서 벗어나자 청 정부는 서간도 지역 한인들에 대한 단속을 강화하기 시작하였다. 결과 서간도 지역의 한인사회는 새로운 위기국면에 접어들게 되었으며 형성 중에 있던 한인 집거구는 북간도 지역과 같이 지속적인 발전이 되지는 못하였다.

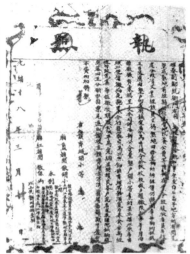

<그림 2-1> 1875년 한인이주민들이 요녕성 환인현의 拐磨子일대에서 최초로 수전농사에 성공했다. 사진은 2002년 조선민족사학회에서 세운 동북 수전 제1촌 비석이다.

<그림 2-2> 1892년 훈춘부도통에서 발급한 토지대장

<그림 2-3> 1899년 2월 김약연, 김하규 등 4가족 141명이 용정촌 육도하 일대에 이주하여 장재촌과 명동촌 마을을 건설하였다. 사진은 지금의 용정시 지신향의 장재촌과 명동촌 마을 전경이다.

<그림 2-4>
1908년 조선 온성에서 배를 타고 북간도 양수천자로 건너오는 이주민들

<그림 2-5> 1908년에 촬영한 용정촌의 전경

<그림 2-6> 러시아 연해주지역에서 이주해 온 한인 이주민들이 러시아 복장을 입고 농
사일에 나선 모습

<그림 2-7> 북간도에 이주한 한인농부가 밭갈이 할 농구를 정비하고 있는 모습
(1908년 촬영)

<그림 2-8> 이민실변 시기 동북에 이주한 한인들은 대체로 귀화 입적하여 생활의 안정을 도모하였다. 사진은 귀화입적한 후 중국복장을 입은 어린이들이다.

<그림 2-9> 이주초기 한인이주민들의 움막

<그림 2-10> 이주초기 한인이주민들의 초막

<그림 2-11> 청의 광서황제는 흑룡강성 동녕현의 한인마을에 고안촌이란 액자를 써주었다.

제3장

중화민국시기 한인의
이주와 자치운동

제1절 만주지역으로의 한인의 대량이주와 영농실태

1910년 일제의 조선강점 이후 한인의 만주이민 수는 급속히 증가하였다. 그리하여 1908년 재만 한인 수가 12만 4천 명에 불과하던 것이 1910년에는 20만 명, 1920년에는 46만여 명, 1930년에는 무려 60여만 명에 달하였다. 이는 당시 조선 국내 한인 인구의(2천 43만여 명) 3%에 해당되었다.[1] 제1장에서는 1910~1920년대(중화민국시기) 한인이 만주로 대량이주하게 된 원인과 경로, 한인 이주민의 분포, 일제의 식민약탈과 한인의 영농실태 등 세 개의 부분으로 나누어 고찰해보았다.

1. 한인의 대량이주 원인과 경로

1910~1920년대 한인의 만주 이주는 그 전 시기에 비하여 새로운 양상으로 진행되었다. 이 시기 이주 특징은 대체로 세 가지로 나누어 볼 수 있는바, 첫 번째는 이주의 규모가 확대된 것이고, 두 번째는 이주의 중심지역이 서간도로부터 북간도로 이동한 것이며, 세 번째는 이주의 범위가 두만강과 압록강 연안을 비롯한 길림, 봉천뿐만 아니라 오지인 북만주지역까지 폭넓게 이루어졌다는 점이다.

---

1) 朝鮮總督府, 『昭和5年朝鮮國勢調査報告』 1, 1934년, 제64~65쪽.

이 시기 한인들이 만주로 대량 이주하게 된 동기와 원인은 크게 두 가지 측면에서 살펴볼 수 있는데, 하나는 대량적인 이민을 배출한 조선 국내의 사정이고, 다른 하나는 한인 이주민들을 대량 수용할 수 있었던 만주지역의 사회, 경제적 여건이다.

우선 이 시기 한인들이 만주로 대량 이주하게 된 주요한 동기를 살펴보면 다음과 같다. 당시 일본외무성 아세아국은 경제적 동기로서 1) 만주지방이 한국에 비하여 살기 쉽기 때문, 2) 한국 내의 과잉인구 때문, 3)「간도협약」에 의하여 한인도 토지를 소유할 수 있게 되었기 때문, 4) 한국에서는 천후의 흉작이 빈번하기 때문, 5) 한국에서는 경지가 감소하고 地價가 高騰하기 때문, 6) 만주의 농업이 유망하다는 풍설에 자극되었기 때문, 7) 철도의 개통으로 말미암아 교통이 편리하여졌기 때문 등의 원인으로 살펴보았으며, 사회적 원인으로는 1) '한일합방'을 전후하여 한인의 대일불평이 심해졌기 때문, 2) 중국관민이 한인에 대하여 동정심을 가졌기 때문, 3) 만주를 피난처로 생각하는 미신을 믿었기 때문 등으로 분석하였다.[2] 그리고 일본 외무성 통상국은 한인의 이주동기에 대하여 1) 조선에서 文物, 制度의 발달에 따라 물가가 올라 생활상의 곤란이 현저하여진 일, 2) 간도의 개발이 점차 이루어졌고, 그것이 세상에 주의를 환기시키게 된 일, 3) 간도에 있어서 일본제국의 세력이 신장되어 일반 한인에게 인정시키게 된 일, 4) 길회철도의 완성에 의하여 교통이 편리해진 일 등으로 보았다.[3] 이와 같이 일본 외무성 아세아국과 통상국은 한인들이 만주로 이주한 동기를 조선 국내의

---

2) 日本外務省 亞細亞局 編,『在滿朝鮮人槪況』동경, 1933년, 제132~135쪽.

3) 朝鮮總督府,『朝鮮の經濟事情』1933년, 20쪽.

인구과잉 및 지가상승, 그리고 만주지역이 조선 국내보다 월등한 생활환경이 조성되었기 때문이라고 분석하면서 일제의 조선에 대한 식민통치 및 이로 인하여 발생되는 만주이민 현상의 본질을 덮어 감추고자 했다. 즉, 한인들의 만주 이주는 경제적인 원인으로 인한 자연발생적인 이주현상으로 일본의 조선강점과는 직접적인 연관이 없음을 시사하고 있었던 것이다.

이 시기 한인들의 만주 이주 동기를 객관적으로 분석한 자료는 1930년 李勳求가 이주민 201호를 대상으로 조사한 보고내용이 있다.

한인의 만주 이주 동기(1930)[4]

이민동기 및 이유	호수	비율%
경제적 곤란	30	14.9%
금전난	33	16.4%
생활난	72	35.8%
의식난	2	1.0%
사업의 실패	24	12.0%
여행의 결과	2	1.0%
정치적 이유	7	3.4%
만주농업의 이익성	18	9.0%
돈을 벌기 위하여	11	5.5%
사업의 성공	1	0.5%
친척의 권유	1	0.5%
計	201	100.0%

위 표는 한인들의 이주동기를 11가지로 세분화 하였는데, 이를 개괄하면 크게 정치적인 이유와 경제적인 이유로 구분하여 볼 수 있다. 이에 따르면 201호 중 194호(96.9%)가 경제적인 이유로 이

---

4) 朝鮮總督府, 『滿洲と朝鮮人』 1931년, 제106쪽.

주한 것으로 나타나고 있는데, 이는 한인 이주민의 절대 다수가 경제적인 동기로 인하여 만주로 이주하였음을 말해주는 것이다.[5] 그런데 여기서 주목해야 할 점은 한인의 만주 이주가 경제적 궁핍으로 인하여 발생하였음을 추론할 수 있으나 이러한 경제적 窮乏을 가져온 원인이 도대체 무엇인가 하는 문제이다. 이에 대하여 高承濟는 『한국이민사연구』에서 '일본의 한국에 대한 식민정책이 진전되면 될수록 한국인의 경제적 궁핍은 격화되어갔고, 이것 때문에 한국인이 간도를 비롯한 만주로 이민하지 않을 수 없었던 동기와 이유가 증대되어 갔던 것이다'고 분석하였다.[6] 즉, 한인들이 만주로 대량 이주하게 된 주요 동기와 원인은 일제의 조선강점과 식민지약탈정책에서 비롯되었다는 점이다.

주지하는바, 1910년 조선을 강점한 일제는 1912년부터 이른바 '토지조사사업'을 실시하여 수많은 토지를 약탈하였는데, 1918년에 이르러 이미 15만 9천 400여 정보의 토지를 손안에 넣었다. 조선총독부는 약탈한 토지 대부분을 일본식민회사와 일본인 지주들에게 불하하는 정책을 실시하였고 식민침략의 선봉으로 활약한 동양척식주식회사는 1910년의 1만 2천여 정보에서 1924년에는 9만 6천여 정보, 1930년에는 무려 123만 5천여 정보의 토지를 점유하게 되었다.[7] 이와 같이 일본식민회사와 일본인들의 토지점유 증대는 대지

---

5) 李智澤은 그의 「북간도」에서 한인들의 이주동기를 아래와 같은 6가지로 설명하였다. 1) 간도·연해주의 토지가 비옥하여 생활하기가 쉽다. 2) 배일사상을 가진 애국지사의 권유를 받았다. 3) 일제의 강제적인 병합 때문에 망명적 이주를 기도했다. 4) 일본인의 국내진입으로 생활이 곤란해질 것을 염려해서이다. 5) 조세의 징수 방법 변경으로 조세가 가중되어 가계 생활이 더욱 힘들게 되었기 때문이다. 6) 함경도·평안도의 경우는 삼림령 실시로 그나마 붙여먹던 火田을 잃었기 때문 등이다. 그러나 이주자들 90% 이상이 생활난을 해결하기 위해 기름진 땅을 찾아온 것이었다.(李智澤, 『북간도』(4), 남기고 싶은 이야기들(584), ≪중앙일보≫ 1972. 10. 16.(5))

6) 高承濟, 『韓國移民史硏究』 서울 장문각, 1973년, 제33쪽.

7) ≪일본농업연보≫ 1932년 하반기, 1933년, 제425~426쪽.

주를 출현케 하였고 이에 따라 지주호수도 대폭 증가하였다. 통계에 의하면 1914년 당시 조선 국내의 지주호수는 4만 6천여 호에 불과하였으나 1929년에는 무려 100만 4천여 호로 증가하였다. 반면 자작농은 1914년의 56만 9천여 호에서 1930년의 50만 4천호로 감소되었고 자작 겸 소작농도 1914년의 106만 5천 호에서 1930년의 89만 호로 감소되었다.[8] 특히 지주호수의 증가와 자작농 및 자작 겸 소작농의 감소는 그대로 소작농의 증가로 나타났다. 그런데 고정된 농토에서 소작농의 절대적인 증가는 소작농이 소작지로부터의 이탈을 의미하는 것이었고 이는 결국 농토를 잃은 한인 농민들이 만주 지역으로의 대량 이주하는 결과를 초래하게 되었던 것이다.

일제는 1910년대의 '토지조사사업'에 이어 1920년부터는 농업수탈을 본격화하기 위한 이른바 '산미증산계획'을 실시하였다. 그 결과 식민자본의 보호육성으로 중산층과 자작농의 몰락은 가속화되었고, 소작농 대부분은 소작료 인상에 의하여 絶糧農家가 되었다.[9] 이 외에도 한인들이 만주로 이주하게 된 또 하나의 주요한 요인으로 총독부가 1911년부터 실시한 「森林令」과 1912년에 공포된 「國有山林山野保護規則」을 들 수 있다. 「삼림령」은 당국의 허가를 받지 않은 경우 保安林의 낙엽, 단지, 土石, 나무뿌리, 풀뿌리의 채취 등을 금지시켰으며, 이를 위반할 때에는 200원 이하의 벌금에 처한다고 규정하였다. 뿐만 아니라 삼림에 불을 내거나 함부로 모닥불을 피운 자에 대해서도 상술한 규정에 따라 처벌한다고 규정하였다. 그리고 1912년 12월 19일에는 通牒 제162호로써 「火田地課稅」

---

8) 조선총독부식산국, ≪조선의 농업≫ 1932년, 제172쪽.
9) 조동걸, 「1920년대의 日帝 收奪體制」, 『韓國民族主義의 發展과 獨立運動史研究』 지식산업사, 1993년. 제109쪽.

를 반포, 실시하여 수많은 화전농들의 생활난을 가중시켰다.[10) 그 결과 유일한 생활터전마저 빼앗긴 수많은 화전농들은 어쩔 수 없이 살길을 찾아 만주 이주의 길에 나설 수밖에 없었다.

이 시기 한인들이 만주지역으로 대량 이주하게 된 배경에는 상술한 조선 국내의 내적인 원인 외에도 중국 측의 여러 가지 주, 객관적 요소와도 밀접한 관계가 있다. 먼저 당시 만주지역은 인구가 희소한 반면 드넓은 황무지가 펼쳐져 있었으며 중국인 지주들은 비옥하고도 광활한 토지를 소유하고 있었다. 여기에 1911년 초, 조선 내 경의선의 개통과 만주지역 안봉선 표준궤 개축공사의 준공은 한인 이주민들이 철도를 이용하여 동변도지역은 물론이고 남, 북만의 오지까지도 편리하게 이주할 수 있도록 유리한 교통수단을 제공해 주었다.[11) 다음으로 1910년대 특히 제1차 세계대전의 발발로 인하여 쌀값이 폭등하자 동북지방당국은 물론이고 중국인 지주들까지도 한인들의 이주를 환영하였다. 특히 한인 이주민들은 중국인들에 비해 토지를 고가로 매수하였고,[12) 중국인들이 개간할 수 없는 습지를 논으로 만들어 경제적인 효과를 창출할 수 있는 능력을 갖추고 있었다. 그리고 한인 이주민들은 대량의 토지를 소유하고 있던 중국인 지주들에게 매우 유용한 존재로 인식되어졌다. 세 번째는 중국인들의 한인들에 대한 신뢰감과 동정심이다. 이 시기 한인들의 이주는 주로 일제의 조선강점과 식민약탈에 따른 경제적 이유에서 비롯된 것으로 이주민의 절대 다수는 새로운 삶의 터전을 찾아 나

---

10) 姜萬吉,「日帝時代의 火田民生活」上・下,『동방학지』27・28호, 1981년.

11) 정재정, 《한말 일제초기 철도운수의 식민지적 성격》(상), 《한국학보》 제28집, 1982년 가을, 일지사, 제123쪽.

12) 《每日申報》 1915. 12. 2.(1)

선 농업이민이라고 볼 수 있다. 그리고 이 시기 일제는 만주침략의 주요한 방책으로 이른바 일본인 만주이민계획의 실행에 주력하였기 때문에 한인들의 만주 이주는 대체로 자유이민의 형태로 이루어졌다. 그러므로 당시 중국 측은 한인들의 이주를 정치적으로 어떠한 위험으로 인식하지 않았을 뿐만 아니라 힘없는 약자로 생각하였으며, 이들을 동정하는 마음으로 대하였기에 한인들과 당지 중국인들은 비교적 화목한 관계를 유지할 수 있었다. 이러한 관계는 한인들이 만주지역으로 대량 이주를 촉진시킨 주요한 요소로 작용했다.

한인들이 만주로 이주한 경로는 다양하였다. 1910년대 북간도로 이주한 수단을 보면 주로 배편과 말 달구지를 이용하는 것이었으며, 형편이 어려운 이주민들의 선택은 도보밖에 없었다. 당시 만주지역은 철도가 없었기 때문에 이들은 주로 부산에서 원산·청진, 그리고 블라디보스토크로 가는 怡降양행의 증기선을 이용하였다. 평양의 경우 원산까지 5백 50리 길을 걸은 후, 원산에서 다시 배를 타고 청진으로 이동하였다. 서울에서는 京釜線을 이용하여 부산까지 간 후 배를 타고 청진으로 갔다가 다시 도보 혹은 말 달구지 등을 이용하여 두만강에 이르렀다. 당시 한인들의 북간도 지역으로의 이주경로를 살펴보면 대체로 6갈래가 있었다. 첫 번째는 온성에서 두만강을 건넌 후 양수천자를 거쳐 국자가로 가는 100여 리 길이며, 두 번째는 黑山嶺을 넘어 국자가로 가는 100여 리 길, 세 번째는 종성에서 두만강을 건넌 후 회경가를 경유하여 팔도하자에 이르고 다시 그곳에서 대교동을 거쳐 용정에 이르는 110여 리 길. 네 번째는 회령군 仁溪面에서 두만강을 건넌 후 兀良哈嶺을 넘어 火狐里溝, 新興坪, 칠도구를 경과하여 용정에 이르는 160여 리 길, 다섯 번째는 회령에서 두만강을 건넌 후 화룡현 杉松背를 지나 국자가에 이르는 180여 리 길, 여섯 번째는 무산에서 두만강을 건넌 후 牛心山과 삼도구를 거쳐 국자가에 이르는 300여 리 길이다.

사실 당시 두만강을 건너는 방식은 어떠한 지역인지에 따라 달라졌으며, 쉽지 않은 선택이었다. 회령 북쪽 20리쯤 되는 곳의 高嶺鎭에서는 옷을 벗고 두만강을 건널 수 있는 얕은 여울목이 있었지만 그 밖의 길목에는 나루터에서 배를 타고 건너야 했다. 두만강의 나루터에는 대체로 한두 척의 나룻배가 있었는데 한 번에 약 20여 명이 탈 수 있었다. 그리고 경우에 따라서는 소달구지 2대 또는 말 6,7필도 실을 수 있었다. 두만강의 나루터는 가장 좁은 곳의 폭이 30미터였고, 가장 넓은 곳의 폭이 100미터였다. 나룻배는 사람이나 짐 또는 가축들을 건네주고 돈이나 양곡을 삯으로 받았는데 인당 5전을 받았다.[13]

이 시기 압록강을 넘어 서간도 지역으로 이주하는 경로도 역시 세 갈래로 나눌 수 있다. 첫 번째는 압록강 상류지방 즉 평안북도에서 고정된 경로가 없이 압록강 대안으로 이주하는 것이었다. 이 지역은 지리적인 편리로 말미암아 남만에서 한인의 이주가 제일 먼저 시작된 곳이라고 할 수 있다. 두 번째는 평남, 경기, 충청, 전라, 경상, 강원 등지에서 주로 철도를 이용하여 安州로 온 후, 도보로 寧邊, 雲山, 楚山을 경유하여 압록강 대안인 外岔溝와 新兵堡, 東西甸子 및 통화지역이거나 신의주에서 강안을 따라 내려오다 압록강 대안인 대황구에서 강을 건넌 후 오지로 진입하는 방식, 安東縣을 경과하여 환인지방으로 가는 길이었다. 세 번째는 함경남도에서 長津, 新乫坡鎭 등을 경유하여 厚州, 茂昌里, 富山洞, 梨坪里에 도착한 후

13) 이지택, '남기고 싶은 이야기들', 《중앙일보》 1972년 10월 14일부, 제5면.

압록강 대안 혹은 그 북방인 湯河 방면으로 이주하는 길이었다.14)

북만 지역으로의 이주도 크게 세 갈래 경로를 통해 이루어졌다. 하나는 중동철도를 이용하여 이주하는 것이었다. 한인 이주민들은 먼저 러시아 연해주지역에 이주한 후 다시 중동철도를 이용하여 북만으로 이주하였다. 이들은 주로 동녕현, 목릉현, 영안현 등 중동철도연선의 동부지방에 정착하였다. 이 외에도 블라디보스토크로부터 하바롭스크로 통하는 철도를 이용하여 흑룡강과 우수리강 유역을 따라 길림성 동부와 흑룡강 남단의 綏遠, 饒河, 綏東 등지에 이주하는 경우도 있었다. 두 번째는 북간도 지역에서의 2차 이주이다. 북간도에 이주했던 일부 이주민들은 중동철도가 준공되자 철도연선과 밀산 방면으로 재이주를 시도하였다.

세 번째는 남만 지역에서의 2차 이주이다. 안봉선이 개통된 후 남만으로 이주했던 일부 이주민들은 철도연선을 따라 봉천, 관동주, 장춘, 하얼빈 등지로 이주하였다.15) 이렇듯 한인들의 북만으로 이주한 경로를 살펴보면 대체로 2차 이주의 형태를 보이고 있음을 확인할 수 있다. 즉 조선 국내의 이민자들은 서, 북간도나 연해주를 경유하여 이주하였고, 연해주나 서, 북간도 지역의 한인들 역시 생활여건이 더 좋은 북만으로 재이주를 시도하였다.

북만으로의 이주 경로

조선에서	938호	3,673명	연해주에서	186호	742명
남만에서	596호	2,404명	서백리에서	49호	196명
동만에서	524호	2,126명	기타	19호	76명

*자료: 金正柱 編, 『朝鮮統治史料』 제10권, 韓國史料硏究所, 1971년, 제270쪽.

---

14) 현규환, ≪한국류이민사≫ 상, 어문각, 1967년, 제164쪽.

15) 김정주 편, ≪조선통치사료≫ 제10권, 한국사료연구소, 1971년, 제267쪽.

2. 한인 이주민의 분포

1910년대부터 한인 이주민들은 여러 갈래의 경로를 통하여 중국 만주지역으로 대량 이주하였다. 이 시기의 이주는 20세기 전후시기와는 달리 어느 한 특정된 지역에 국한되지 않고 만주 전역에 걸쳐 골고루 분포되었으며, 주로 철도연선을 중심으로 이주범위를 확대해나갔다.

1910년 9월부터 1911년 12월까지 북간도 지역으로 이주한 한인 수는 17,753명이었다.[16] 이처럼 대량적인 이주는 일제의 조선강점에서 비롯된 것이었으며, 시간에 따라 계속 증가하는 추세를 보였다. 불완전한 통계라고 할지라도 1911년 북간도 지역의 한인 이주민 수는 126,000이었으나 1912년에는 이미 163,000에 도달하여 전년대비 약 3만 7천 명이 증가하였다.

북간도 지역 한인 중국인 인구 증가표[17]

연도	한인	중국인	계
1912년	163,000(76.88)	49,000(23.11)	212,000
1916년 말	203,426(76.96)	60,896(23.04)	264,322
1918년 말	253,961(77.76)	72,602(22.24)	326,563
1921년 말	307,806(80.67)	73,748(19.33)	381,554
1922년 말	323,806(82.07)	70,698(17.93)	394,504
1923년 말	323,011(80.60)	77,709(19.40)	400,720
1924년 말	329,391(79.92)	82,730(20.08)	412,121
1925년 말	346,194(80.76)	82,472(19.24)	428,666

위의 표에서도 볼 수 있다시피, 1912년 이후 한인들의 북간도이주는 매년 약 2만 명의 증가율을 보이고 있음을 알 수 있다. 이후

---

16) 이지택, '남기고 싶은 이야기들', ≪중앙일보≫ 1972년 10월 16일부, 제5면.
17) 김정주 편, ≪조선통치사료≫ 제10권, 한국사료연구소, 1971년, 제349~350쪽.

에도 한인의 이주민 수는 꾸준히 증가하였는데, 3.1운동이 발발한 1919년에는 22,800명, 1920년에는 24,000명에 달하였다. 그러나 1920년의 일제의 간도침범과 경신참변 이후에는 이주민 수가 대폭 감소되어 평균적으로 한 해에 3,4천 명 정도로 이주규모가 축소되었다. 그럼에도 불구하고 1925년에 이르러 북간도의 한인 이주민 수는 무려 34만 6천여 명에 이르렀으나 한인들의 이주에 비해 중국인들의 이주는 아주 미미하였다.

1910년 일제가 조선을 강점한 후 남만 지역에는 압록강 대안인 조선의 평안도 이주민은 물론이고 경상도로부터 온 이주민들도 적지 않았으며, 1917년에서 1920년 사이 남만 일대 한인 이주민 수와 분포상황을 살펴보면 다음과 같다.

남만 일대 한인 호수와 인구수[18]

현 별	호 수	인 구	비 고
봉천시	245	1,336	1920년(대정 9년) 12월말 조사
심양현	5,326	26,977	
신민현	4,289	22,764	
무순현	3,156	15,431	
본계현	2,330	12,335	
홍경현	약 13,326	65,231	
금 현	9	50	1918년 말(대정 7년) 조사
개평현	2	5	
해성현	1	10	
영구현	24	128	
료양현	33	328	
료중현	9	41	
철령현	114	599	
개원현	125	613	
창도현	1	1	
법고현	25	118	
서풍현	242	1,210	
서안현	58	302	
동풍현	167	819	
해룡현	350	1,469	

지명		
휘남현	38	171
류하현	1,502	6,786
통화현	1,426	7,605
환인현	2,924	14,609
림강현	1,563	6,122
집안현	5,248	26,240
안동현	315	1,480
관전현	3,520	33,600
장백현	3,258	21,627
봉황현	871	5,283
계	50,497	273,290

본 표의 대부분은 대정 7년 말의 조사이다. 대정 8년에 조선 내지로부터 온 이주자가 급증하여 1920년 현재 이주민 총수는 30만을 넘을 것으로 추정된다.

위의 표를 통해 1919년 남만 지역 한인 이주민 수는 약 30만에 달하며, 이들은 주로 압록강 본류와 지류인 혼강 연안에 집중 분포되어 있음을 알 수 있다.

북만 지역 한인 호수와 인구수(1922년 3월 조사)[19]

지 명	호 수	인 구	지 명	호 수	인 구
하얼빈	132	691	동녕현	258	1,544
빈강현	5	15	부금현	13	32
쌍성현	26	78	의란현	5	17
동빈현	109	423	밀산현	298	1,192
녕안현	953	3,705	흑룡성 각지	314	661
목릉현	172	859	계	2,312	9,217

북만 지역의 한인 이주민 수는 1922년에 9천여 명에 불과하였다. 한인 이주민의 분포상황을 살펴보면 주로 철도연선과 논농사에 적당한 지역을 중심으로 대량 분포되어 있음을 알 수 있다. 그중 영안현의 경우 약 3,700여 명이 거주하였는데, 이는 북만 지역으로의

18) 김정주 편, ≪조선통치사료≫ 제10권, 한국사료연구소, 1971년, 제239~240쪽.
19) 김정주 편, ≪조선통치사료≫ 제10권, 한국사료연구소, 1971년, 제270쪽.

주된 이주목적이 농업이민이었기 때문이라고 분석할 수 있다.

한인들의 대량 이주는 주로 1920년대에 이르러 북간도 지역에 집중되는 경향을 보였다. 통계에 의하면 1922년 3월 말 당시 만주지역으로 이주한 한인 호수는 103,568호이며, 인구수는 651,096명이었다. 이 가운데 북간도를 비롯한 길림성에 이주한 한인 호수는 72,897호이며, 인구수는 490,020명에 달하여 총 이주인구수의 75.2%를 차지하였다. 이에 반하여 서간도 일대에 이주한 한인 호수는 30,266호이며 인구수는 159,907명에 불과했다. 1931년의 통계에 의하면 만주지역의 한인 이주민 수는 도합 630,982명인데 그중 북간도 지역에만 382,405명이 거주하고 있었다.[20]

3. 일제의 식민약탈과 한인의 영농실태

1) 일제의 식민약탈

동북지역에서 일제의 식민약탈은 주로 토지약탈에 그 목적이 있었다. 이를 위해 일제는 우선 우세한 식민자본을 바탕으로 금융기구를 설치하는데 박차를 가하였다. 1917년 3월 20일 일제는 일본 상인들의 자금부족 해결과 북간도 지역 상업의 발전을 위한다는 미명하에 용정에다 조선은행 용정출장소를 설치하였다.[21] 용정출장소 설치 후 북간도 지역에서 유통되던 조선은행의 '金票' 유통이 대폭 증가하자 중국 측은 일본금융의 침투를 막기 위해 국자가에 殖邊銀

---

20) 조선총독부, ≪재만 조선인개황≫ 1936년, 제107쪽.
21) 남만주철도주식회사, ≪만철조사월보≫ 1936년 9월호, 제127~128쪽.

行支店과 중국은행 연길지행을 설치하고 일제의 금융침투에 맞섰다. 그러나 자본총액의 결핍과 경영상의 문제로 일련의 난관에 봉착하면서 조선은행 용정출장소와의 경쟁에서 밀려났다. 그 결과 북간도 지역 각 상부지의 점포들은 모두 금표를 사용하였고, 심지어 지방관청마저도 외국상인들과 큰 규모의 무역을 진행할 시 금표를 사용하는 현상이 나타났다.22) 이와 같이 일본은 1917년부터 우세한 금융자본을 토대로 북간도 지역에 대한 경제침투를 본격화하였다. 이에 따라 일본화폐와 경쟁하던 중국 측 관첩의 가격이 폭락하기 시작하였다. 1917년 9월 관첩은 일화 1원에 6조 3백 문이었으나 1919년 상반기의 경우 이미 34.5조까지 폭락하였다.23)

1914년 제1차 세계대전이 발발하자 조선은행권의 유통 범위는 북간도를 비롯하여 돈화, 액목, 영안 등 지역으로 급속히 확대되어 갔다.24) 이러한 상황에서 일제는 1928년 7월 31일 조선은행 용정출장소를 지점으로 승격시켰고, 1930년의 경우 조선은행 용정지점의 자본총액은 무려 2,500만 원에 달하여 만주관은호 연길분호의 18배, 길림영형관은호 연길분호의 33배나 되었다.25)

일제가 북간도 지역에 대량의 식민자본을 투입한 것은 북간도 지역을 일제의 상품원료기지로 전락시키기 위함이었고, 싼 가격으로 자원을 약탈하려는데 그 목적이 있었다. 이를 위해 일제는 북간도 일대의 금융계를 독점한 후 철도부설에 박차를 가했다. 1919년에 도문철도 시공을 시작으로 1924년까지 회령에서 上三峯, 종성을 경

---

22) 김택 주필, ≪해방 전 연변경제≫ 연변인민출판사, 1994년, 제442쪽.
23) 조선총독부, ≪만주 및 씨비리의 조선인사정≫ 1923년, 제180~181쪽.
24) 조선총독부 철도국영업과 편, ≪두만강유역 경제사정≫ 1926년, 제87쪽.
25) 김택 주필, ≪해방 전 연변경제≫ 연변인민출판사, 1994년, 제442~443쪽.

유하여 潼關鎮에 이르는 전 구간의 철도시공을 완료하였고, 두만강을 따라 조선 북부를 연결시키는 교통망이 형성되었다.26)

이와 같이 1917년 이후 북간도 지역에서 일제는 금융자본과 교통망의 형성을 통해 북간도를 명실상부한 식민자원의 공급기지로 전락시켜버렸다. 특히 1920년대 후반에 이르러 일제는 북간도 지역의 곡물을 대량으로 약탈하기 위하여 대두공동판매제도27)를 만들어냈으며, 삼정(三井), 三菱 등 일본곡물상회사를 통하여 대량의 곡물을 약탈하였다. 이들 회사들은 용정에 본거를 설치하고 각 지방의 경우 연락상을 두어 북간도 지역의 모든 생산과 수출을 지배하였다.28)

1925년 이후 대두가 수출무역에서 절대적인 상위를 차지하게 되면서 콩의 경지면적이 대폭적으로 증가한 반면 밀, 옥수수, 수수의 경지면적은 지속적으로 감소되었다. 이는 일제의 금융자본 통제 속에서 북간도의 농업이 자연경제작물을 경작하는 것으로부터 상품경제작물로 이전되고 있음을 의미하는 것이었다. 즉 조의 생산을 중심으로 하는 자연경제작물의 경작에서 점차 대두를 경작하는 것으로 상품경제작물이 전환된 것이다. 1928년의 조사에 의하면 북간도의 총 농경지면적 20만 정보 중 12만 정보의 농토가 조와 대두의 재배에 이용되었고,29) 대두의 경지면적은 1923년부터 1931년 사이에 약 2배로 급증되었다. 이는 북간도도 이미 일제에 의해 단일적인 농업경영궤도에 들어섰음을 설명해주고 있다.

---

26) 우환윤량 편, ≪최근간도사정≫ 앞의 책, 제399쪽; 조선총독부 철도국영업과 편, ≪두만강유역 경제사정≫ 1926년, 제93쪽.

27) 남만주철도주식회사, ≪만철조사월보≫ 1936년 7월호, 제95~100쪽.

28) 김정명 편, ≪조선독립운동≫ 제5권, 원서방, 1968년, 제516~518쪽.

29) ≪조선경제잡지≫ 1928년 10월호, 「북선 및 간도 지방 상권 확장 조사보고」, 제39~40쪽.

당시 북간도는 동북에서 대두의 시장 출회률이 가장 높았던 지구였다. 1929년경 대두의 시장 출회률은 총 수확액의 88.9%를 차지하여 동북지역의 평균비율보다 7.8% 더 높았고, 잡곡의 시장 출회률도 35.8%나 되어 동북의 평균비율에 비해 22.4%나 더 높았다. 농산물의 평균 시장 출회률은 49.1%로 거의 총 수확량의 절반이 시장에 투입되었는데 이는 동북 평균비율인 33.2%에 비해 16.9%나 더 높았다.

이러한 사실은 북간도 지역이 동북에서 농산물의 상품화정도가 가장 높은 지역으로 부상되었음을 의미한다. 이와 같이 대두를 중심으로 농산물의 상품화정도가 높아지면서 북간도의 농업경제는 일본의 식민자본의 지배하에 세계시장으로 편입되어 갔다.[30]

일제는 토지점거를 통해 동북을 침략하고, 동북을 일제의 식민지로 만드는데 있어서 '연결대'이며, 더 나아가 '만몽에서 특권을 획득하고' '만몽을 경영하는 근본문제'라고 인정하였다. 이 때문에 일제는 경제침략을 감행함에 있어서 줄곧 토지약탈을 첫자리에 놓았고, 한인들을 이용하였다.

1911년 5월 9일 용정촌 중앙에 위치한 중국인 가옥에서 시작된 화재로 인해 용정촌 전체 가옥의 7% 정도가 소실되었고, 가옥피해는 한인가옥 140채, 일본인가옥 40여 채, 중국인 가옥 20채이며 인명피해는 한인 사망자 2명이었다.[31]

1911년 9월 용정에서 화재가 난 틈을 타서 조선총독부에서는 한인을 구제한다는 명목으로 25,000엔을 투자하여 용정에 이른바 용

---

30) 군정부고문부, ≪만주공산비연구≫ 제1집, 1936년, 제73쪽.
31) 외무성경찰사: ≪간도 지역 한국민족투쟁사≫ 1, 고려서림, 1989년, 제321쪽.

정구제회를 설립하였고, 이는 일본 제국주의가 북간도에 세운 제일 첫 번째 경제침략기구이다. 설립 당시 구제회의 주요 업무는 재난을 당한 일본인과 한인들에게 '구제'의 명목으로 신용대부를 해주는 것이었다.[32] 그러나 일제는 이 과정에서 한인들의 토지를 빼앗기 위해 반드시 부동산 혹은 地權을 담보하도록 강요하였다. 그 결과 화재를 입은 한인 농민들은 생존을 위하여 어쩔 수 없이 토지를 담보로 구제회에 가서 융자를 받을 수밖에 없었다. 그리하여 구제회는 설립된 지 얼마 안 되어 부동산, 지권 등을 담보로 723,000여 일원을 대출하였으며 경영범위도 용정촌으로부터 북간도 전역으로 확대시켰다.

1911년 12월 중국정부는 일제의 구제회에 대항하기 위해 자본금 25만 조를 투입하여 共濟會를 설립하고 대출범위를 상부지 뿐만 아니라 농촌지역에까지 확대하였다. 그러나 공제회는 경영자의 대출금 남발과 담보물의 부실 등으로 미구에 대부금의 회수불능상태에 빠졌으며 1917년 이후에는 거의 유명무실해졌다.[33]

1918년에 자본투자를 위주로 한 일제식민기구—동양척식주식회사가 북간도에 간도출장소를 설립하고 종래의 용정구제회 업무를 인수받았다. 동척은 북간도에서 한인 농민들이 터무니없는 고리대착취에 시달리는 기회를 교묘히 이용하여 토지증서를 담보로 저리자의 대부금을 대출하였는데 주로 부동산을 담보로 5년 이상의 정기상환 또는 10년 이내의 年賦償還의 방법을 취하였다.[34] 그리고 만약 지정된 상환기일이 지나면 담보로 저당 잡힌 토지를 무조건

---

32) ≪間島關係(開放及調查)≫ 1, 고려서림, 1990년, 제174~177쪽.

33) 남만주철도주식회사, ≪간도사정≫ 제73쪽.

34) 만주국군정부고문부, ≪만주공산비연구≫ 제1집, 1936년, 제572쪽.

몰수하였다. 초기에 동척은 북간도 지역의 한인들을 주요 대상으로 설정하였으나 중국인들이 대부분의 토지를 소유하고 있는 상황에 근거하여 점차 중국인에게 대출을 확대하였다. 그리하여 1929년에는 한인에 대한 대출액이 431,280일원인데 반해 중국인에 대한 대출액은 무려 2,480,510일원에 달했다.[35]

당시 동척의 업무중심은 '墾殖'이며, '간식'의 목적은 토지약탈이라고 할 수 있다. 이를 위해 동척은 대량의 식민자금을 동북에 투자하였다. 통계에 의하면 1917~1927년까지 조선, 중국 동북과 북부, 南洋 등지에 투자한 동척의 자금 가운데서 중국 동북에 대한 투자가 총 투자액의 40%를 차지하였다.[36] 그리고 1926~1931년까지 동척은 북간도에 8,267,899일원을 투자했으며,[37] 농민들이 제때에 빚을 갚지 못하여 빼앗은 토지는 무려 58,000무에 달하고 기타 명목으로 약탈한 토지는 도합 12만 무에 달하였다.[38] 1922년 11월에 동척의 '농경비대부금' 총액은 77,383원이었는데, 1929년에는 1,472,500여 원으로 크게 늘어났다. 그리고 일본인, 만주인, 조선인들에게 내준 동척의 대부금 가운데서 한인이 차지한 비율은 1922년의 26%에서 1931년의 56%로 늘어났다.[39] 이렇듯 '9.18'사변 전 한인들의 대부금액수가 늘어남에 따라 일제가 약탈한 토지면적도 급속한 증가세를 보였고, 그 결과 수많은 한인 농민들이 땅을 잃고 유랑생활 혹은 일제식민회사의 소작농으로 전락되었다.

---

35) 김주용, '일제의 대간도 금융침략정책과 한인의 저항운동 연구'—1910~1920년대를 중심으로—, 동국대학교사학과박사학위논문, 2000년 제61쪽.

36) 남만주철도주식회사 서무부조사과, '만주의 농업금융', 1930년, 제18~19쪽.

37) 군정부고문부, ≪만주공산비연구≫ 강덕 3년, 제573쪽.

38) 심여추, ≪연변조사실록≫ 연변대학출판사, 1987년, 제58~59쪽.

39) 김정주 편, ≪조선통치사료≫(10), 한국사료연구소, 1989년, 제370쪽, 제682쪽.

동아권업주식회사는 일제가 동북에서 토지를 약탈하기 위해 설립한 또 하나의 경제침략기구이다. 통계에 따르면 1926년 동아권업은 社有地 내에서 한인 소작농들에게 191,433일원의 대부금을 지급하였고, 보조의 명목으로 조선인 민회 금융부와 농무계에 내려보낸 금액은 103,961일원으로 奉天小洋 763,621원에 달하였다.[40] 그리고 동아권업주식회사는 1928년부터 북간도 지역에서 한인과 중국인을 이용하여 대량의 토지를 수매하였는데 매매계약서의 대부분은 계약서의 명의를 변경시키는 방법으로 이루어졌다. 이러한 실정에서 중국 지방당국은 일제식민회사에 사사로이 토지를 팔아넘긴 중국인 지주 5명과 한인 3명을 체포하여 國賊으로 엄벌에 처하였으며 용정촌에 거주한 한인 車斗均에게는 사형까지 선고하였다.[41] 그러나 중국 지방당국의 강력한 제재조치에도 불구하고 동아권업의 토지약탈은 계속되었고, 1931년에는 이미 7,209,710헥타르에 달하는 대량의 토지를 점유하였다.

조선인 거류민회 금융부는 일본 제국주의가 '경신년토벌' 이후 한인을 '구제'한다는 명목하에 일본 육군성을 통하여 10만 원(후에 5만 원을 추가)을 주어 조선인 거류민회 내에 설치한 또 하나의 식민금융기구이다. 금융부에서는 주로 중농 이하를 대상으로 100원 이하의 신용 또는 담보 대출을 해주었다. 대출조건은 2인 이상의 연대보증하에서 평의원회의를 거쳐 민회장이 조서를 작성하고 다시 이사에게 회부하면 이사가 이를 조사하고 대출을 시행하는 방법을 취하였다. 그리고 대출금리는 日步 4전 5리이며 연체이자는 일보 5

---

40) 동아권업주식회사, ≪1926년 사업보고서≫ ; 김춘선, '9.18사변' 전 한인에 대한 일본 제국주의의 정책과 후과', ≪민족사론문집≫ 연변대학민족연구소, 1990년, 제88쪽.

41) 조선총독부경무국, 「재만 선인과 지나 관헌」, 1930년, 제285~291쪽.

전 8리가 되었다.[42]

금융부는 조선인 거류민회 내에 금융부가 없는 지역의 경우 금융부의 이사 또는 경리를 파견하여 춘기에 대부금을 내주고, 추기에 대부금을 받아들이는 방법으로 사업범위를 넓혀갔다.[43] 이때의 대부방식은 여러 가지가 있었으며, 금융부에서는 '靑田貸付', 수확 전 높은 기준으로 적용한 대부금액을 수확 시 저렴한 곡가기준에 따라 환불해주는 방법으로 고리대착취를 진행하였다. 그리고 이를 이자로 계산하면 5~6푼 내지 1할에 달한다고 볼 수 있다.[44]

금융부의 대부금 총액은 1922년 말의 84,119원에서 1930년의 698,737원으로 7년간 약 5.7배 이상 증가하였다.[45] 그럼에도 불구하고 토지를 소유하지 못한 대부분 한인들은 금융부의 대부금을 받지 못했다. 통계에 의하면 1930년 초, 대출금을 받은 한인은 12,000호로서 이는 민회에 가입한 46,500호의 25%, 전체 한인의 10%에 불과하였다.[46]

앞에서 살펴본 바와 같이 일제는 '구제'와 '원조'의 허울하에 '동척', '동아권업', '금융부' 등의 금융기구를 통하여 한인 농민들에게 수많은 자금을 투자하였는데 그 목적은 한인들의 힘을 빌어 '동북을 개발'하고 '제국의 발전'을 위하여 새로운 기회를 만들고자 함이었다. 그 결과 한인을 이용한 일제의 토지약탈은 중국인들로 하

---

42) ≪일본외교사료관문서≫ 기밀 제71호, 1922년 2월 9일; 김주용, ≪일제의 간도 경제침략과 한인사회≫ 선인, 2008년, 제130쪽 참조.

43) 동양척식주식회사, ≪간도사정≫ 1918년, 제311쪽.

44) 조선총독부경무국, 「길림성 동부지방의 상황」, 1928년, 제377쪽.

45) 가와구찌 다다시, ≪간도 훈춘 북선 및 동해안 지방 여행기≫ 제83쪽. 김주용, ≪일제의 간도 경제침략과 한인사회≫ 선인, 2008년, 제136쪽 참조.

46) 가와구찌 다다시, 위의 책, 제25~27쪽; 김주용, 위의 책, 제139쪽.

여금 한인들을 일제의 동북침략의 '선봉'으로 인식하도록 만들었고, 중국당국은 일제의 대륙침략을 미연에 방지한다는 이유로 한인들에 대한 제재와 단속을 끊임없이 강화시켜 나갔다. 이후 1925년 「미쯔야 협정」체결을 계기로 동변도 지역에서 실시되던 한인에 대한 박해, 구축정책은 1927년에 이르러 전 동북지역으로 확대되었고, 한인사회의 지속적인 발전에 커다란 타격을 주었다.

2) 한인의 영농실태

1909년 체결된 「간도협약」에서는 잡거구역 내 한인들은 중국인과 똑같이 토지소유권을 향유할 수 있다고 규정하였다. 그러나 여기에서 인정된 토지소유권은 어디까지나 '치발역복'을 전제로 한 것이기에 귀화 입적한 한인들만 토지소유권을 인정받을 수 있었다. 하지만 귀화한 한인이라도 중국인과 똑같은 권리가 보장된 것은 아니었다. 중국당국은 중국인들에게 토지증서를 발급하였지만 귀화한 한인들에게는 이른바 '淸票'라는 임시증서를 발급하였던 것이다. 따라서 청표에 명시된 토지는 중국관헌이 언제든지 자의로 처리할 수 있어 귀화한 한인들의 토지소유권은 사실상 매우 불안정하였다.

이러한 실정에서 북간도 지역의 한인들은 귀화하지 않고도 토지를 구입할 수 있는 佃民制度를 만들어냈다. 전민제도란 비 귀화인들이 귀화인의 명의를 빌어 토지를 구입하는 하나의 독특한 토지구입 및 소유 방식이다. 즉 몇 명 혹은 수십 명의 비 귀화인들이 자금을 모아 귀화인의 명의로 토지를 구입한 후 금액에 따라 地權을 나누어 가지는 것이다. 이때 관아에 등록된 토지증서의 주인은 귀화인으로서 '명의지주' 혹은 '지방주인'이라 하고 실질적으로 자금을 내고 토지를 소유하는 비 귀화인들은 '전민'이라 했다.

전민제도는 청 말에 나타났으나 한인사회에 급속히 확산되면서 북간도 지역의 주요한 토지제도로 정착되어 갔다. 이 시기 전민제도가 북간도 지역에서 널리 보급될 수 있었던 이유는 당시 북간도 지역의 특수한 사회환경과 밀접한 관계가 있기 때문이었다. 중국정부의 입장에서 전민제도는 첫째, 북간도 거주민의 75%를 차지하고 있는 한인들을 이용하여 북간도 지역을 지속적으로 개발할 수 있었고, 둘째, 전민제도는 법적으로 토지소유권이 귀화인인 명의지주에게 있으므로 비 귀화인들의 무분별한 토지소유를 방지할 수 있어 일석이조의 목적을 이룰 수 있었다. 그리고 한인들의 입장에서 전민제도는 첫째, 귀화하지 않고도 토지를 구입하여 경작권을 소유할 수 있었고, 둘째, 한인 이민자들의 대부분은 토지구입자금이 충분하지 못한 상황에서 여럿이 돈을 모으면 토지구입이 가능하였고, 셋째, 한인 이민자들은 전민제도를 매개로 소규모 생활공동체를 형성함으로써 상호 단합하여 관청의 비리와 비적들의 폭행에 공동으로 대처할 수 있어 일석삼조의 효과를 볼 수 있었다.[47]

전민제도의 구체적인 형태와 내용은 다음과 같다.[48]

① 명의지주와 전민과의 관계: 전민제도에서 명의지주와 전민은 종속관계가 아니라 상호협의에 의한 평등관계이다. 명의지주는 단순히 명의인에 불과하며 실질적인 지분은 전민들에게 속하였는데 이는 표면상의 소유자와 실질상의 소유자로 구별되는 표리부동한 토지소유 형태였다. 명의지주를 중심으로 전민은 적게는 한 사람

---

47) 김춘선, ≪연변지구 조선족사회의 형성 연구≫ 길림인민출판사, 2001년, 제215쪽.
48) 나까다니 쥬지,「간도의 농업기구 개요」, ≪만철월보≫ 12권 12호, 1935. 12, 제59∼61쪽.

많게는 수십 명으로 구성되었다. 전민제도는 중국정부의 토지정책에 따라 토지를 소유할 권한이 있는 귀화인이 표면상의 소유자로 되었지만 실제상 토지소유권이 없는 비 귀화인이 실질적으로 토지를 소유하고 있는 것이 특징적이다.

② 전민이 명의지주에게 주는 보수: 전민은 토지구입의 명의료로 구입 토지 총면적의 1할에 해당되는 지분을 명의지주에게 주어 영구적으로 전민관계를 유지하는 것이 상례로 되었다. 그러나 토지구입자금의 1할에 해당되는 금액을 명의지주에게 지불한 후 실질적인 관계를 끊어버리는 경우도 있었다. 이럴 경우 당지 지방관헌은 地稅나 公課 등을 직접 토지를 소유했거나 경작하고 있는 전민들로부터 징수했다. 이는 당시 중국지방관청이 비 귀화인들의 토지소유권은 인정하지 않았으나 전민제도를 통한 전민들의 간접적인 토지소유는 묵인하고 있었음을 말해준다.

③ 토지증서와 馬上草: 전민들이 자금을 모아 명의지주의 명의로 토지구입을 관아에 신청하면 관아에서는 명의지주의 이름으로 해당 토지에 대한 토지증서를 발급한다. 그러나 토지증서는 전민들이 중국법률에 대처하기 위한 데 불과한 것이었고 실제에 있어서는 전민 각자가 출자한 비율에 따라 지분을 가지게 된다. 그리고 토지증서에 대한 공유관계를 확증하기 위하여 이른바 마상초라 불리는 臺帳을 별도로 만들어 거기에 구입토지의 총면적과 구입자금, 각자의 지분 매매양도관계, 지세, 공과, 부담의 비율 등 필요한 사항을 기록해 놓는다. 마상초에 기재한 토지의 전부가 하나의 소유권으로 되면 공유자는 지분을 분할 받을 수 있다. 전민 각자의 권리는 지분의 범위 내에 제한되어 있는 것이 아니라 전체 공유토지의 관리에도 일정한 권

한을 행사할 수 있다. 따라서 지분면적의 크기는 소유권의 한도를 의미하는 것이 아니라 경작권의 범위를 상징하는 것이다.

④ 전민의 권한과 지분에 대한 관리: 전민은 기타 공유자의 이익에 손상을 주지 않는 상황에서 자신의 지분을 임의로 처리할 수 있다. 다만 사전에 이러한 사실을 마상초를 보관하고 있는 명의지주 혹은 전민대표에게 보고하고 그 내용을 마상초에 상세히 기록한 다음 지분을 자유롭게 처리할 수 있다. 그리고 공유자 중 한 사람, 즉 전민이 자신의 지분에 소속된 토지를 포기하고 도망하거나 혹은 상속자가 없이 사망할 경우 직계친족이 상속할 수 있으며 만일 상속인이 없으면 기타 공유자들의 공동소유로 만들었다.

⑤ 공유자의 의무: 공유지에 대한 지세, 공과 등 부담방법은 전민 각자가 지분에 따라 부담액을 책임졌다. 만약 전민 가운데서 자신의 지분에 대한 각종 세금의무를 실행하지 못할 경우 기타 전민이 이를 대신하여 책임졌다. 그러나 대신할 사람이 없으면 해당 지분에 소속된 토지에서 생산된 수확물 혹은 지분을 강제적으로 수납하여 빚을 갚도록 했다. 공유물에 대한 처분과 부담의 설정할 경우 전체 전민의 동의를 거쳐야 하며 전민 중 한 사람이 다른 사람 혹은 기타 전민에게 빚이 있을 때 채권은 지분을 구입하는 자 혹은 상속자에게 요구하였다. 따라서 담보권을 설정한 지분을 취득한 전민은 지분에 대한 담보를 책임질 의무가 있었다. 전민 공유물에 대한 증서 및 마상초는 전민 전체의 협의에 의하여 보증인을 결정하였다.[49]

북간도 지역으로 이주한 한인 이주민들은 대부분 경제력이 약하여 전민제도가 있었음에도 불구하고 토지를 구매할 수 있는 재력이

---

49) 국적정리국, 《간도성의 전민제도에 대하여》 1938년, 제2~11쪽.

없었다. 그리하여 한인 이주민들은 이주초기 중국인 혹은 귀화인 지주들의 소작농이나 자소작농으로 생계를 유지하였다. 그 결과 1910년대에 북간도 지역의 절대 다수의 토지는 토지소유권과 일정한 경제능력이 있는 중국인들이 소유하고 있었다. 1916년의 조사에 의하면 당시 북간도 지역의 한인은 33,917호, 183,422명으로서 전체 인구의 87.1%를 차지하고 있었으나 한인들이 소유한 토지는 중국인의 1/7밖에 안되었다. 이러한 현상은 1920년대 중반까지도 별다른 변화가 없었다. 1926년 한인 지주는 전체 한인농가의 6%를 점하는데 반하여 중국인 지주는 47%에 달하였다. 한인 농민 가운데 55% 이상은 소작 혹은 자소작농이었으며 자작농이라 하여도 소작 혹은 자소작농에 가까운 생활을 영위하고 있었다.

20세기 20년대 후반 북간도 지역 민족별 토지소유상황은 다음과 같다.

북간도 지역 민족별 토지소유 상황(1926년)[50]

현 별	기경지면적	한인 소유(%)	중국인 소유(%)
연길현	110,425	51%	49%
화룡현	32,666	69%	31%
왕청현	31,220	19%	81%
훈춘현	15,799	36%	64%
합 계	190,110	47%	53%

위의 표에 의하면 한인의 토지소유 비율은 거의 절반에 가까운 47%에 이르고 있음을 알 수 있다. 그리고 한인이 집거하고 있는 화룡현과 연길현은 이미 한족이 점유한 토지의 면적을 초과하고 있

---

50) 재외조선인사정림시증간호, ≪남만 및 간훈 조선인사정≫ 하권, 제149쪽; 손춘일, ≪해방 전 동북조선족 토지관계사 연구≫ 길림인민출판사, 2001년, 제233쪽에서 재인용.

었으며 화룡현 월신사에서는 20여 호의 중국인이 한인지주의 소작농으로 있는 특이한 현상도 있었다.[51] 그러나 이러한 현상은 북간도 지역에서 한인들의 토지소유면적이 부단히 증가되고 있음을 말해주고 있지만 당시 한인 인구가 한족과 비교하여 4배나 된다는 점을 감안해서 보면 아직도 한인들이 소유한 평균토지면적은 한족에 비해 훨씬 열세에 처해있음을 알 수 있다.

북간도 지역 한인 이주민 대다수의 원적지는 조선 북부의 함경도 지역이다. 이들은 주로 한전농사를 지었고 주요 작물로는 콩, 보리, 밀, 옥수수, 수수, 감자, 조, 벼 등을 재배하였다. 1926년에 재배한 곡물면적을 보면 조 58,900정보, 콩 52,000정보, 밀 14,900정보, 보리 11,000정보, 옥수수 16,000정보, 수수 12,000정보, 벼 8,000정보 합계 196,000정보에 달하였으며,[52] 이 중 콩과 조가 전체 곡물의 절반을 차지하였다.

북간도 지역에서 한인들이 개간한 토지는 대부분 경작하기 어려운 황무지나 한전 농사를 짓기 어려운 습지 등이었다. 그런데 한인들의 벼농사는 중국인 지주들로부터 크게 환영을 받았다.[53] 20세기 초, 북간도 지역의 벼농사 규모는 기타 지역에 비해 보잘 것 없었으나 1910년대 중반에 조선 함경북도 농사시험장으로부터 小田代 5호, 津輕早生, 井越早生 등 우수한 종자들이 보급되면서부터 신속히 확대되었다. 통계에 의하면 1916년에 북간도 지역의 수전 면적은 393.4정에 불과하였으나 1926년에 이르러서는 8,185.4정으로 급증하였다.[54] 수전 농사의 확대와 더불어 한인이 경영하는 稻田公司

---

51) 동상.

52) 손춘일, 《해방전 동북조선족 토지관계사 연구》 길림인민출판사, 2001년, 제227쪽.

53) 남만주철도주식회사, 《만몽전서》 제6권, 1923년, 제76쪽.

들도 생겨났다. 1922년의 경우, 화룡현 한인 농민 張子郁가 灌漑水利公司를 건립하고 한인 농민 3백 명을 모집하여 수전을 개간하였는데 1년 내에 200여 헥타르의 논을 풀었다.[55]

그러나 북간도 지역에서의 한인 이주민들은 주로 밭농사를 했다. 1930년의 북간도 지역 경작지의 총면적 중 한전 면적은 94.6%가 된 반면, 수전 면적은 5.4%에 불과하였다. 그리고 북간도 지역 한인 농민 중 밭농사에 종사하는 자의 경우 253,000명인데 비해 벼농사에 종사하는 사람은 겨우 30,000명에 지나지 않았다.[56]

북간도 지역의 소작관계는 대체로 소작료는 지주가 지조를 바치고 수확물은 절반씩 나누는 것이 보통이었고, 소작물은 물납형태가 주를 이루었다. 소작계약을 보면 1) 가을의 수확과는 관계없이 봄에 미리 소작료를 정하는 경우, 2) 춘경을 시작하기 전에 미리 소작료를 돈으로 받는 경우, 3) 수확물과 돈을 함께 상납하는 경우, 4) 전당계약(典当契约) 등 4가지 형태가 있었다.[57] 그리고 한인 농민이 중국인 지주의 토지를 소작할 경우 미개간지를 개간하여 소작하는 것과 숙지를 소작하는 경우가 달랐다. 미개간지를 개간할 경우 개간 첫해에서 3년까지는 소작료 없이 농사를 지을 수 있었다.

소작료는 보통 경작지 1헥타르에 조, 수수, 콩으로 1섬 5말을 상납하였다. 보통 경작지의 수확을 보면 1헥타르에서 평균 6섬을 거둘 수 있어 소작료를 지불하고도 1헥타르에서 4섬 5말이 남을 수 있었다. 보통 남자의 경우 3헥타르의 토지를 경작한다고 봤을 때

54) 김정주 편, ≪조선통치사료≫ 10권, 1971년, 제594쪽.

55) 의보중, ≪동북농업근대화연구≫ 길림문사출판사, 1990년, 제148쪽.

56) 오이께 우이찌로, ≪만몽의 미작과 이주선농문제≫ 1927년, 동양협회, 제57∼59쪽.

57) 조선총독부, ≪국경지방시찰복명서≫ 2, ≪백산학보≫ 제10호, 1971년 제202∼203쪽.

이들이 가을에 수확할 수 있는 농산물은 13섬 5말에 달하였다. 그러므로 흉년이나 기타 흉재가 없으면 이주생활의 기반은 어느 정도 마련할 수 있었다.[58] 그러나 중국인 지주가 한인 소작농으로부터 징수하는 것은 소작료뿐만이 아니었다. 우선 지주는 소작농들을 하례(下隷—남자종)로 보내면서 소작농들로 하여금 닭, 오리, 돼지 등 축산물을 무상으로 바치게 했다. 이밖에도 일상적인 가사, 가옥 건축, 관혼상제 시 소작인들에게 노력의 무상제공을 강요하였다. 또한 한인 소작농들은 경작지 1일경당 소수레로 땔나무를 2~3차 정도 바쳐야 했다. 그리고 소작인들은 소작계약 시 지주에게 보증금(押租钱)을 지불하여야 했으며 지주가 부담해야 할 토지조세까지도 부담하여야 했다.[59]

남만 지역에 이주한 한인들도 대부분 농업에 종사하였다. 그러나 이들은 계속해서 중국당국으로부터 거주권과 토지소유권을 인정받지 못하였으므로 일부 귀화인을 제외하고 모두 중국인 지주의 소작농으로 생활을 영위하였다.

1915년의 조사에 의하면 남만 지역 한인 이주민들은 주로 옥수수와 수수를 주식으로 삼았고 조밥과 쌀밥은 자작농들도 쉽게 접할 수 없었다. 그리고 주거상황을 보면 중국인 지주의 가옥을 한 칸 혹은 몇 칸을 빌려 공동생활 하는 사람이 대부분이었다.

1910년대에 남만 지역에서 중국인 지주들은 한인의 이주를 환영하였는데 이는 한인들이 가지고 있었던 수전 경작기술 때문이었다. 특히 1914년 제1차 세계대전을 계기로 쌀값이 오르자 중국인 지주

---

58) 국사편찬위원회, ≪한국독립운동사≫ 제2권, 자료편, 1983년 제523~524쪽.
59) 이노우에 마나부, 「일본 제국주의와 간도문제」, ≪조선사연구회논문집≫ 제10집, 1973년, 제59쪽.

들은 한인 이주민을 고용하여 수전 개발에 박차를 가하였다. 그 결과 남만주지역의 습지들은 한인 이주민들에 의하여 대규모의 수전으로 개척되었고, 수전 농사는 한인들이 거의 독점하였다. 한인들의 수전 개발은 '중국인들이 버려두어 전혀 쓸 수 없었던 저습지'를 수전으로 개간하는 것이었기 때문에 중국인들과의 마찰을 피할 수 있었다. 그리하여 한인 이주민들은 중국인들이 재배가 편리한 콩, 수수 등 밭농사에 주력하는 동안 그들이 내버려둔 저습지를 훌륭한 논으로 바꾸어갔다. 이러한 상황은 아래의 표를 통해서도 확인할 수 있다.

수전 경작에 종사하는 한인과 중국인의 비례(%)[60]

봉천부근 85:15	안동부근 70:30
무순부근 80:20	흥경 통화부근 85:15
길림 및 북만지방 100	동산방면 90:10

1930년 만주지역 각 성 수전 면적과 벼 수확량 비교표[61]

항목 / 성	면적(町)	비율	수확량(일본석)	비율
봉천성	29,438.46	47.46%	609,843.16	41.80%
길림성	27,864.48	44.92%	728,772.15	49.95%
흑룡강성	4,721.70	7.61%	118,320.00	8.11%
합 계	62,024.64	100%	1,458,935.31	100%

---

60) ≪동아일보≫ 1923년 1월 3일부.

61) 동아권업주식회사, ≪東亞勸業株式會社十年史≫ 1947년, 제330~335쪽.

위의 표에서 보면 수전 면적으로 보나 수확량으로 보나 '9.18'사변 전의 수전 경작의 90% 이상은 봉천성과 길림성에 집중되어 있었다. 그리고 남만 지역에서 1000정 이상의 수전 면적을 가지고 있는 현은 심양·개원·신민·신빈·통화·환인·집안·유하 등 8개 현에 달하였다. 이 외에도 한인들이 집거하고 있는 안동·장하·홍경·봉성·서풍·해룡·회덕·무순·복현·수엄·관전·철령 등 현들도 모두 만 무 이상의 수전 면적을 가지고 있었다.[62]

남만 지역의 소작방법은 크게 세 가지로 나눌 수 있다.

첫째는 보통 소작이다. 山地의 경우 소작료는 수확의 2할 내지 3할이고 평지는 절반이었다. 미개간지에 화전이거나 수전을 개간하려면 소작농이 먼저 개간하고 난 후 3년 내지 5년까지는 지세를 납부하지 않고 무료로 농사를 지을 수 있었다.

둘째는 자본금이 없는 자에 대한 소작이다. 자본금이 없는 이주민들이 중국인 지주의 토지를 소작 맡으려면 우선 지주가 신용하는 중국인 또는 한인 보증인 2명 혹은 3명의 명의로 소작계약서를 작성하여 지주가 보관하였다. 그리고 지주는 다음 수확기까지의 衣食費, 종자, 농기구 등을 소작인에게 빌려주고 소작인은 소작료를 비롯하여 차입물에 대한 연 2할 내지 4할의 이자를 수확기에 지주에게 납부해야만 했다.

셋째는 토지전당소작이다. 중국인 지주는 토지를 典과 押이라는 두 가지 방법으로 당사자에게 빌려주었는데 여기서 전은 장기이고 압은 단기이다. 당사자는 먼저 소작하려는 토지의 가격을 협정하고 소작인은 그 금액을 지주에게 제공하였다. 지주는 보통 10년 이하

---

62) 김영, ≪근대 만주벼농사의 발달과 이주조선인≫ 국학자료원, 2004년, 제162쪽에서 재인용.

의 기한을 정해서 소작지를 소작인에게 제공하였고, 소작인은 자유롭게 사용수익을 얻는 권리를 가졌다. 그리고 기한이 만료되거나 또는 해제될 경우 토지는 지주에게 반환되고 供托金은 소작인에게 반환되었다. 지주는 공탁금에서 생기는 이자로 소작료를 충당하는데 이것을 전당이라고 했다.

이 외에도 만주지역에는 어느 지역이든 방청형식이 있었다. 방청은 지주와 소작인이 부담하는 정도에 따라 내방청과 외방청이 있었다. 내방청은 지주가 토지와 가옥은 물론 농업에 필요한 역축, 농기구, 종자, 비료 등 생산수단과 일용품, 의복, 식료품 등 생활필수품까지 소작인에게 대여해주고 수확 후 반환하는 방식인데, 보통 수확물은 지주가 6~7할, 소작농이 3~4할의 비율로 분배되었다. 외방청은 지주가 토지와 가옥만 제공하고 기타 생산수단과 생활필수품은 소작인 스스로가 해결하는 방식인데 지주가 4~5할, 소작농이 5~6할로 거의 일반 소작농과 비슷하였다.[63]

방청형식은 중국인 지주들에게는 벼농사 기술이 뛰어난 한인들을 이용하여 높은 수익을 얻을 수 있었고, 새로 이주한 한인 이민들에게는 중국인 지주에 기탁하여 생활안정을 찾을 수 있었기에 만주지역에서 널리 유행하였다.

한인소작인들은 지방세인 학교비, 순경비, 보위단비 등도 바쳐야만 했으며, 지방세는 지역에 따라 다르지만 대체로 토지 1무에 소양 10~30전이었다.[64] 이 외에도 소작인들은 촌비로 1상지에 奉小洋 은화 4~12원, 거주세, 등록비 등도 내야만 했다.[65]

---

63) 아사다 교찌, ≪일본 제국주의와 구식민지지주제≫ 동경 龍溪史學, 1968년, 제174쪽.

64) 만철서무부조사과, ≪만주수전이야기≫ 1926년, 제14쪽.

65) 만철경제조사회, ≪만철조사월보≫ 1932년, 제12권 제9호, 제198~199쪽, 제226~228쪽.

20세기 20년대 중국 지방당국이 북만 지역에 대한 개척을 본격화하면서 수전 개발을 장려하자 벼농사에 익숙한 한인 농민들이 이 지역으로 대량 이주하기 시작하였다. 북만 지역에서의 벼농사는 대체로 3개의 경로를 통해 들어온 한인 이주민들에 의해 시작되었다. 한 갈래는 1918년에 러시아 연해주에 이주하였던 한인 농민 중 일부가 수분하를 거쳐 濱綏線 磨刀石 부근 및 해림 부근에 들어와 벼농사를 시작한 것이고, 다른 한 갈래는 1919년에 북간도 일대의 한인 농민들이 동경성, 영고탑을 거쳐 빈수선 연선인 해림, 마도석, 목릉 등지로 이주하여 벼농사를 개시한 것이며, 또 다른 한 갈래는 남만 지방으로 이주를 갔던 한인 농민들이 북진하여 1918년에 하얼빈부터 빈수선을 따라 일면파, 해림 및 기타 연선에 들어가서 벼농사를 시작하였다.[66]

1920년대 후반 다수의 한인 농민들은 광활한 황무지가 펼쳐져있고 인구밀도가 낮은 북만 지역으로 몰려들었다. 1929년 당시 요녕성의 인구밀도는 1평방 리에 209명이었던데 비해 길림성은 87명, 흑룡강성은 25명에 불과하였다.[67] 한인 농민들은 능숙하고도 싼 노동력으로 습지를 수전으로 개척하기 때문에 지방관헌 및 중국인 지주들은 한인 농민들이 이 지역으로 들어오는 것을 저지하지 않았다. 1917년에 목릉의 한인 농민인 安孔根이 소전대의 시험경작에 성공하면서부터 북만 지역에서 무상기가 짧은 수도 재배 기술문제가 대체적으로 해결되어 벼농사가 신속히 확대될 수 있었다. 그리하여 하얼빈지방의 벼농사는 1924년부터 시작되었고, 치치할 부근은 1925년

---

66) ≪寧安縣誌≫ 권3, 1923년.
67) 이훈구, ≪만주와 조선인≫ 평양 숭실전문학교 경제연구실, 1932년, 제77~78쪽.

에 그리고 북위 49도인 札蘭屯 부근은 1927년에, 북위 51도인 博克圖 부근은 1929년에 각각 벼 재배가 가능해졌다. 북만 지역의 수전 개발은 대부분 한인들에 의해 이루어졌는데, 1929년 당시 북만 지역에서 벼농사에 종사한 한인 수는 12,650명에 달하였다.[68]

1920년대 중반 중국당국은 남만 지역에서 일제의 토지약탈을 미연에 방지한다는 미명하에 한인들의 귀화를 엄격히 제한하였다. 그러나 북만 지역에서는 이 시기에도 여전히 일부 한인 농민들이 귀화한 후 대량의 토지를 구입하는 현상이 나타났다. 1925년의 조사에 의하면 吳英和는 阿什河에서 토지 90정을, 金鼎和는 呼蘭에서 토지 180정을 구입해 한인 농민들에게 소작 주었다.[69] 이 외에도 이 시기 북만 지역의 한인들은 귀화 후 조차권, 전권, 압권 등 토지 이용권도 취득할 수 있었으며 분익소작형식도 기타 지역에 비해 소작인에게 유리하였다. 소작료는 1헥타르에 벼 1섬 4말로 남만 지역보다 적었다.[70]

한마디로 20세기 10~20년대 만주지역에 이주한 대다수 한인 농민들은 경제적인 원인으로 인하여 소작농이 될 수밖에 없었다.[71] 그러나 이들은 불합리한 소작관계와 가렴잡세 그리고 연 3할 또는 5할에 달하는 높은 고리대착취 등으로 말미암아 평생 힘들게 농사를 지어도 빚을 상환할 수 없는 열악한 생활환경에 처해있었다. 그 결과 20세기 20년대 한인농호 중 지주, 부농, 자작농은 감소되는 반면 하중농, 빈농, 고농은 증가하는 추세가 나타났다. 통계에 의하면

68) 이금당, '북만 수전사업의 근황', 《동북신건설》 제1권, 1929년, 제5쪽.
69) 《상해시보》 1925년 7월 24일자.
70) 이금당, '북만 수전사업의 근황', 《동북신건설》 제1권, 1929년, 제3쪽.
71) 김정주 편, 《조선통치사료》 1, 한국사료연구소, 1970년, 제353쪽.

1925년부터 1926년 사이 한인의 집거지인 북간도 지역의 한인농호는 52,078호로부터 53,321호로 1,243호가 증가하였다. 그중 지주, 부농은 3,990호로부터 3,951호로, 자작농은 19,024호로부터 18,815호로 각각 감소되었고, 하중농과 빈농은 11,751호로부터 12,396호로, 고농은 17,313호로부터 18,159호로 각각 증가되었다.[72] 즉 2년 사이 지주, 부농, 자작농은 248호가 감소된 반면 하중농과 빈농, 고농은 오히려 1,491호가 증가되었던 것이다. 이러한 현상은 1920년대 말에 이르러 더 두드러지게 나타났으며, 1928년 북간도 지역 한인농호 중 빈농과 고농의 호수는 무려 34,274호에 달하였다.[73] 그리고 다른 한 통계에 의하면 1931년에 북간도 지역 한인농가의 56.6%가 소작농 또는 자소작농이었고 이들이 경작하는 토지 가운데 41.3%는 중국인 지주로부터 소작을 받았다.[74] 그 결과 1930년 북간도 지역에서는 '홍5월 투쟁', '8.1길돈 폭동', '추수투쟁' 등 일련의 반제반봉건투쟁이 전개되었다. 이에 충격을 받은 지방당국은 새로운 소작법을 제정하여 지주와 소작농 간의 악화된 관계를 개선하려고 했다. 1931년 3월 29일에 연길현 정부는 길림성 정부의 동의를 거쳐 「墾民租地納糧及墊補食糧方法」을 반포하였다. 주요한 내용을 살펴보면, 제3, 4조, 수확물 분배율은 지주 4할, 소작인 6할로 하고 곡, 초류는 전부 소작인의 소유로 한다. 제5조, 봄에 지주가 소작인에게 대여한 식량은 가을 회수 때 1섬에 3푼의 이자를 부과해 징수할 수 있으나 금액으로 환산하여 불법 이득을 취할 수 없다. 제8조, 지주가 본 규정을 위반하여 소작인이 고소하게 될 경우 행정처

---

72) 김정주 편, ≪조선통치사료≫ 제10권, 1971년, 제505쪽.
73) 간도성공서, ≪간도지방개황≫ 1938년, 제47~48쪽.
74) 김정명 편, ≪조선독립운동≫ 제5권, 원서방, 1968년, 제512~513쪽.

분으로 그 지주가 받을 1년간의 소작료와 소작인에게 미리 대여해
준 식량과 자금을 몰수하며, 상황이 심각하다고 판단될 시 「토호열
신징벌조례」에 의해 지주는 처벌을 받는다.[75]

그러나 연길현 정부에서 규정한 본 '방법'은 지주들의 강력한 반
발에 부딪쳐 미구에 「소작간민 구제방법」으로 수정되었다가 후에 다
시 「소작간민 구제법개정시행규칙」[76]으로 재수정되었다. 수정된 법
에 의하면 1) 지주, 소작인의 4:6 수확물분배율에 대한 규정을 철폐
하고, 관청에서는 지주, 소작인 쌍방이 자유로이 체결한 소작계약을
유효로 인정하도록 하며, 지주 분배율이 5할 이상을 초과해서는 안
된다. 2) 지세 및 지방세는 지주가 부담한다. 3) 북간도 지역의 소작
인이 지주에게 소작료를 지불하는 외에 지주 측이 소작인을 무임금
으로 땔감채취 등 노동을 시키는 폐습을 폐지한다. 그러나 감
정이 좋아 스스로 해주는 것은 이 제한에 포함되지 않는다. 4)
곡물대여의 貸金환산을 허용하지 않으며 이자는 3푼을 초과해
서는 안 된다.

이와 같이 북간도 일대의 지방당국에서는 「간민소작지의 양곡납
부 및 양곡보조방법」을 제정하여 악화된 지주와 소작농 간의 소작
관계를 완화시키고 한인 농민들의 부담을 경감시키고자 시도하였으
나 중국인 지주들의 강력한 대항에 부딪쳐 결국에는 「소작간민 구
제법개정시행규칙」으로 지주들과 타협하는 방향으로 나아갔다.

---

75) ≪만철조사월보≫ 제15권, 제12호, 제65쪽.
76) ≪만철조사월보≫ 제12권, 제4호, 1932년, 제196―197쪽.

4. 소결

1909년 「간도협약」의 체결과 1910년 일제의 조선강점은 한인의 만주 이주에 있어서 획기적인 것이었다. 그리하여 1910~1920년대 한인의 만주 이주는 그 전 시기에 비하여 새로운 양상으로 나타났다. 이 시기의 이주특징을 살펴보면, 첫째, 대규모적인 이주가 이루어진 점이다. 일제의 조선강점과 이후 식민통치 정책의 일환으로 실시된 '토지조사사업', '삼림령'의 실시, '산미증산계획' 등은 결국 조선인 농민들의 토지를 약탈하는 과정이기도 했다. 이러한 과정에서 수많은 농민들은 몰락을 피할 수 없었고, 그 결과 생활터전을 잃은 다수의 농민들은 만주로의 이민을 선택하지 않을 수 없게 되었다. 둘째, 이 시기 이주의 중심지는 압록강 중상류 지역에서 북간도 지역으로 옮겨지게 되었다. 이러한 현상은 두 지역의 정착여건의 차이에서 비롯된 것이었다. 만주로 이주한 대다수의 한인들은 농업이민이었다. 그러므로 땅의 비옥도, 토지소유권 문제, 당시 중국인들의 인구 밀도는 한인들의 이주에 직접적인 영향을 미쳤다. 압록강 중상류 지역은 토지가 척박한데다가 청 정부는 이 지역에서 한인들의 토지소유권은 물론이고 거주권까지 인정하지 않았다. 이와는 달리 북간도 지역은 토지가 비옥하고, 「간도협약」의 체결로 인하여 한인들의 토지소유권이 어느 정도 보장받을 수 있었다. 이러한 사회, 경제여건의 차이로 북간도 지역은 점차 한인사회의 중심지역으로 부상하였다. 셋째, 이 시기 한인의 이주는 만주 전역에 걸쳐 이루어진 시기였다. 중동철도의 구축은 한인들이 만주지역으로 이주할 수 있도록 편리한 여건을 조성하였다. 이밖에도 1914년 제1차 세계대전을 계기로 미가가 폭등하자 중국인들은 수전 개발에 박차를 가하였으며, 수전 경작에 능숙한 한인들은 중국인들의 환영을 받았다. 그리하여 수전 농사가 가능한 지방이면 어디라도 한인 이주민들의 발길이 이어졌다. 특히 개발이 뒤늦게 진행된 북만주지역은 1920년대 한인들의 대량이주에 지역적 공간을 마련해 주었다.

일제는 토지점거를 '만몽에서 특권을 획득하고' 만몽을 경영하는데에 있어서 '연결고리'이자 '근본문제'라고 인정하였다. 때문에 일제는 한인을 이용하여 경제침략을 진행하는 동안 줄곧 토지약탈을 1순위에 놓았다. 이를 위해 일제는 '구제'와 '원조'의 허울하에 '동척', '동아권업', '금융부' 등 금융기구를 통하여 한인 농민들에게 수많은 자금을 투자하였다. 일제는 명목상 한인들을 통해 '동북을 개발'하고 '제국의 발전'을 위하여 새로운 기회를 만들기 위함이라고 강조하였지만 한인을 이용한 일제의 토지약탈은 중국인들로 하여금 한인들을 일제의 동북침략의 '선봉'으로 인식하게 하였고, 중국당국은 일제의 대륙침략을 미연에 방지한다는 이유로 한인들에 대한 제재와 단속을 끊임없이 강화시켜 나갔다. 그 결과 1925년 「미쯔야 협정」 체결을 계기로 동변도 지역에서 실시되던 한인에 대한 박해, 구축정책은 1927년에 이르러 전 동북지역으로 확대되면서 한인사회의 지속적인 발전에 커다란 타격을 주었다.

한편 일본은 토지약탈과 함께 우세한 금융자본을 동원하여 만주지역을 일본의 식민지공급기지 혹은 시장으로 전락시켜버렸다. 1917년부터 일제의 경제침투가 본격화되자 일본화폐와 경쟁하던 중국 측의 관첩 가격은 폭락하였고, 한인 집거지역의 농업경영도 점차 자연경제작물의 경작으로부터 상품경제작물로 이전되었다. 이처럼 만주지역은 일본 식민자본이 지배하는 세계시장으로 들어갈 수밖에 없었다.

중화민국시기 북간도 지역의 한인들은 전민제도를 통하여 토지를 구입 혹은 경작할 수 있었으나 법적으로 토지소유권을 인정받은 것은 아니었으며, 남만 지역에 이주한 한인들은 중국당국으로부터 거주권과 토지소유권을 인정받지 못하였으므로 일부 귀화인을 제외하고는 모두 중국인 지주의 소작농으로 생활을 영위하였다. 그러므로 당시 재만 한인의 대부분은 소작농으로 지위가 떨어졌고, 근근이 생계를 유지할 수 있었다. 여기에 당시 만주지역에서 성행하던 불합리한 소작관계와 가렴잡세, 그리고 연 3할 또는 5할에 달하는 높은 고리대착취 등은 한인 이주민들의 생활을 더욱 열악한 환경으로 몰아갔다. 그 결과 1930년 북간도 지역에서는 '홍5월 투쟁', '8.1길돈 폭동', '추수투쟁' 등 일련의 반제반봉건투쟁이 전개되었고, 이에 충격을 받은 지방당국은 「간민소작지의 양곡납부 및 양곡보조방법」을 제정하여 악화된 지주와 소작농 간의 소작관계를 완화하고 한인 농민들의 부담을 경감시키고자 시도하였으나 중국인 지주들의 강력한 저항에 부딪쳐 결국에는 「소작간민 구제법개정시행규칙」으로 지주들과 타협하는 방향으로 나아갔다.

제2절 북간도 지역 한인 자치운동과 민족정체성

　　1912년 중화민국의 성립과 이에 따른 '중화민국임시약법'의 반포, '연성자치'의 실시와 같은 공화정치는 동북지역 한인사회의 자치운동에 새로운 전기를 마련해주었다. 그 결과 1910년대 동북지역에서는 간민회·부민단 등 자치단체들이 설립되어 한인 이주민들을 기반으로 한 폭넓은 자치운동을 전개함으로써 한인사회의 형성과 발전에 크게 공헌하였다. 1920년대에 이르러 한인사회의 자치운동은 독립운동 단체들을 비롯한 각종 사회단체들이 공동으로 참여하면서 지역과 시기에 따라 다양한 형태를 보였다. 비록 이들 단체들이 추진했던 자치운동은 여러 가지 주, 객관적 원인으로 인하여 한인자치를 실현시킬 수 없었지만 민족정체성 확보와 한인사회의 지속적인 발전에는 크게 기여하였다.

1. 신해혁명과 중화민국의 성립

　　1840년 아편전쟁 이후 청 정부는 구미열강들의 침입을 막고 국력을 강화하기 위하여 일련의 자강개혁을 실시하였다. 그러나 이 시기 청나라는 '신정'을 추진하면서도 정치개혁의 핵심인 입헌제에 대해서는 시종일관 소극적인 태도를 보였다. 하지만 러일전쟁 이후 지방의 鄕紳과 상공업계를 기반으로 한 입헌파들은 러일전쟁에서 일본이 승리할 수 있었던 것은 입헌정치에서 비롯된 것이라고 주장하면서 헌법제정과 국회 및 지방의회 개설 등을 주요내용으로 하는 입헌운동을 진행하였다. 그리하여 청 정부는 1907년부터 국회와 지방의회의 전신이라 할 수 있는 資政院과 諮議局을 중앙과 지방에 설치하고 1908년에는 '欽定憲法大綱'을 반포하여 '9년 후 입헌을 실행할 것'을 선포하였다. 이 시기의 입헌운동은 양무운동(1861—1895), 유신운동(1895—1898)에 이은 제3차 대형개혁으로 입헌대청제국을 군주입헌국가로 만들려는데 그 목적이 있었다. 그러나 청 정부의 이른바 '정권' 개조는 민족자산계급을 대표로 하는 신흥사회의 역량과 이익, 그리고 요구를 만족시키지 못하였다. 이에 따라 각 지역의 입헌파들은 서둘러 '선언'을 발표하였고, 국회의 신속한 개설을 요구하는 한편 대규모적인 '청원운동'을 전개하였다. 그러나 이들의 '청원운동'은 오히려 청 정부의 탄압을 받았고 이를 계기로 일부 급진적인 입헌파 인사들은 반청무장투쟁을 전개하기 시작하였다. 여기에 1911년 5월 청 정부가 철도의 국유화를 선포하고 민영화 되었던 철도를 담보로 유럽열강의 금융자본 연합체인 4개국 차관단으로부터 거액의 자금을 빌려 재정난을 타개하려고 획책하자 호남, 호북, 광동, 사천 등의 성들에서는 광범위한 '保路運動'이 일어났다.

한편 이 시기 중국 내 각 지역에서는 입헌파가 아닌 유학파들을 중심으로 한 혁명조직들이 연이어 건립되기 시작하였다.[1] 이를 바탕으로 1905년 8월 일본의 동경에서는 전국적인 혁명조직인 중국

---

1) 1903년 黃興 등 유학생들이 중심이 되어 호남성 장사에서 華興會를 설립하였으며, 1904년에는 상해에서 채원배, 장병린 등이 광복회를 조직하였다. 이 외에도 흥중회, 공진회, 문학사 등 혁명단체들이 각 지역에 건립되었다.

동맹회가 성립되었다. 1906년 孫中山을 비롯한 黃興, 장병린 등은 '중국동맹회혁명방략'을 채택하고 삼민주의를 제창하였다.[2] 이후 입헌파들을 중심으로 전국적인 '청원운동'이 일어나자 일찍이 무한 일대에서 문학사와 共進會 등을 조직하여 新軍공작을 벌여오던 동맹회 회원들은 1911년 10월 10일 무창에서 봉기하여 신해혁명의 도화선에 불을 붙였다.

1911년 10월 10일 무창의 신군병사들로 구성된 혁명군은 무장봉기를 일으켜 湖廣總督衙門을 점령하였으며, 12일에는 漢口와 漢陽 신군의 호응하에 무한 3진을 완전히 장악하였다. 이에 앞서 11일 혁명군은 호북 자의국에서 黎元洪을 도독으로 한 혁명군정부를 수립하고 국호를 중화민국으로 명명하였다. 무창봉기는 신해혁명의 도화선으로 되어 전국을 급격한 혁명의 소용돌이로 몰아넣었다. 무창봉기 후 1개월 사이에 섬서, 산서의 북방 2성과 호남, 운남, 귀주, 강소, 절강, 광동 등 남쪽에 위치한 대다수의 성들과 상해는 청나라로부터의 독립을 선포하고 혁명군에 가담했다. 이어 전국의 24개 성 중 13개 성이 연이어 독립을 선포했다. 청 정부는 멸망의 위기에서 벗어나려고 '헌법중대신조19조'를 내놓고 袁世凱를 중심으로 책임내각을 조직하는 등 일련의 조치를 강구하였으나 기울어져가는 상황을 피할 수 없었다. 독립을 선포한 각 성에서는 통일적인 임시중앙정부를 수립하고자 도독부대표연합회 및 각성대표회의를 소집하였다. 그러나 혁명군이 한구와 한양전투에서 청군에 대패하자 승승장구하던 북벌이 큰 난관에 부딪치게 되었다. 여기에 열강들의

---

2) 손중산은 청나라 정권의 타도와 중화의 회복을 지향하는 민족주의, 민주국가의 수립을 지향하는 민권주의, 지권을 평균화하는 민생주의를 제창하였다.

압력과 지방권력을 장악한 입헌파의 책동, 그리고 혁명파 내부의 갈등 등 여러 가지 원인으로 혁명군은 어쩔 수 없이 북벌을 중지하고 원세개와의 협상, 즉 정치적 타협을 요구함으로써 신해혁명은 무장투쟁으로부터 南北議和로 변질되어갔다. 그리하여 12월 29일 혁명군 측은 남경에서 손중산을 임시대총통으로 하는 임시정부를 건립하였으나 손중산은 원세개에게 청 정부의 타도를 조건부로 총통직을 양보하겠다는 의사를 표명하였다. 그 결과 원세개는 1912년 2월 12일 청 황조의 퇴위를 실현시키고 3월 10일에는 북경에서 임시대총통에 취임하였다. 이로써 혁명파는 정권취득에 실패하게 되고 구세력인 원세개가 중앙정권을 장악함으로써 신해혁명은 철저한 성공을 거두지 못한 채 좌절되었다. 그 후 손중산을 비롯한 혁명파들은 동맹회를 개조하고 소당파들을 규합하여 국민당을 창립하고 의회정치의 실현을 요구하는 운동을 벌였으나 열강과 일부 입헌파의 지지를 받고 있던 원세개에 의해 무참히 진압되었다. 이러한 실정에서 혁명파는 제2차 혁명(1913년 7월)과 제3차 혁명(1915년 12월)을 일으켜 원세개의 정권과 대결하였으나 결코 반제반봉건의 과제는 해결하지 못했다.[3]

이와 같이 신해혁명은 원세개를 비롯한 구세력에 의하여 철저한 성공을 거두지 못한 채 실패로 돌아갔다. 그러나 신해혁명을 통하여 중국은 아시아에서 처음으로 자본주의민주공화정체를 선보였다. 1912년 1월 1일 손중산은 '취임선언'에서 중화민국임시정부의 임무는 "전제주의 잔재를 척결하고 공화를 공고히 하여 혁명의 목적

---

3) 1913년의 원세개에 대한 토벌전쟁을 제2차 혁명, 1915~1916년의 반제투쟁을 제3차 혁명으로 지칭하면서 신해혁명을 미완의 혁명인 제1차 혁명으로 부르기도 한다.

을 달성하는 것"이라고 명확히 지적하였으며, "한족, 만주족, 몽골족, 회족, 장족의 여러 지역이 하나의 국가를 이루며 한족, 만주족, 몽골족, 회족, 장족의 여러 민족이 모여서 하나의 국민(인민)이 되니 이것이 곧 민족의 통일이다"고 했다.4) 신해혁명에서 주목되는 것은 1912년 3월 8일 손중산이 정령으로 반포한 '중화민국임시약법'이다. 우선 이 약법에서는 "중화민국의 주권은 전체 국민에게 있다."고 규정함으로써 중국 역사에서 처음으로 인민에게 민주, 자유, 평등의 권리를 부여하였다. 다음으로 중화민국 인민은 일률적으로 평등하며 종족, 계급, 종교의 차별이 없고, 인신, 거주, 언론, 출판, 집회, 결사, 통신, 신앙 등 자유를 누릴 수 있다고 밝혔다. 또한 재산과 영업의 자유는 물론이고 청원, 소송, 시험, 선거 등의 권리를 가진다고 명확하게 규정하였다. 세 번째는 정치체제의 삼권분리 원칙과 책임내각제도도 분명히 한 점이다. 중화민국임시약법에는 "중화민국은 참의원, 임시대총통, 국무원, 법원으로 그 통치권을 행사한다."고 명시되어있다. 그 결과 중화민국초기 중국에서는 '정치열조', '정법열조', '신문열조', '선거열조' 등 다방면의 정치, 문화와 관련된 새로운 사조가 나타났으며, 각종 정당과 사회단체들이 우후죽순 생겨났다. 불완전한 통계를 살펴보더라도 1911년 10월부터 1913년 사이 黨, 團, 會, 社 등으로 자칭하는 신흥단체들은 무려 682개, 신문사가 500여 개소에 달하였다. 뿐만 아니라 이 시기 민주정치에 적응하기 위하여 '법률과 정치를 가르치는 학교가 전국에 널렸고', 각 법정학교와 대학법률학과의 입학생이 급증하는 추세를

---

4) '임시대총통선언서' 1912년 1월 1일, 중국사회과학원근대사연구실, ≪손중산전집≫ 제2권, 중화서국, 1981년, 제2쪽.

보였다. 그리고 1912년 말부터 1913년 초 사이 각 성들에서는 '약법'에 근거하여 국회의원선거가 이루어졌는데 이는 보수적이고 '민주'가 무엇인지도 몰랐던 중국의 민중들에게 있어서는 한 차례의 생동한 사상계몽 수업이었다.

1911년 10월 무창봉기 후 각 성에서는 서둘러서 독립을 선포함과 동시에 자체적으로 본 성의 '헌법' 혹은 '약법'을 제정하여 지방자치를 도모하기 시작하였고, 1911년 10월 호북의 「中華民國鄂州約法」, 12월의 「中華民國江蘇約法」, 1912년 1월의 「江西臨時約法」등이 그 대표적인 사례라고 할 수 있다. 뿐만 아니라 이들 성들에서는 모두 공화정부를 수립하였는데 정부의 명칭은 대체로 軍政府 혹은 都督府로 명명하였다. 특히 신해혁명 과정에서 독립을 선포한 각 성들의 핵심세력은 대체로 지방 인사들로 구성되었기 때문에 각 성의 자립과 자치를 강하게 주장하고 있었다. 이러한 상황에서 신해혁명의 성과를 탈취한 원세개도 집권초기에는 각 지방 세력의 자치요구를 수용하여 '연성자치'를 실행할 수밖에 없었다.

청나라 말기 '헌정개혁'에서 시도되었던 '지방자치제'와 신해혁명 후 중화민국에서 실시한 '연성자치'는 재만 한인사회의 자치운동에 새로운 전기를 마련해주었다. 그리하여 중화민국 초, 재만 한인사회에서는 수많은 사회단체들이 건립되면서 한인사회의 자치운동은 새로운 국면을 맞이하게 되었다.

2. 간민회의 자치운동과 민족정체성

1) 간민회의 건립과 자치활동

청 정부는 1909년에 북경에 憲政編査館과 資政院을 세우고 각성에 諮議局을 설립하여 헌정의 기초로서 지방자치의 도입을 추진한 바 있다. 이에 따라 각 성들에서는 잇따라 자치회가 건립되었으며, 동년 3월과 4월에는 북간도 지역의 돈화현과 훈춘현의 자치연구소 설립을 효시로 길림성의 22개 부, 청, 주, 현에 선후로 15개 자치연구소가 조직되었다. 이러한 사회적 환경은 재만 한인들이 민족자치를 실현할 수 있는 절호의 기회를 제공해주었다. 그리하여 일찍부터 한인사회의 형성과 발전을 위해 갖은 노력과 지혜를 모아왔던 한인유지들은 한인사회를 자주적으로 이끌어갈 수 있는 합법적인 자치단체―간민회를 결성하기 위하여 모든 노력을 다하였다.

간민회의 前身은 간민교육회이다. 일찍이 1909년 9월 琿春副都統이 철폐되고 吉林東南路兵備道公署가 설립되자 북간도 지역의 李同春, 朴茂林 등은 병비도공서에 '신청서'를 올려 한민자치회의[5] 설립을 요구한 바 있다. 그들은 '신청서'에서 한인들은 언어, 습관, 성격이 중국인과 다르기에 하나의 독립적인 자치단체가 필요함을 호소하였다.[6] 그러나 당시 지방당국은 일본과의 외교 분쟁을 두려워하여 비준하지 못하고 전보로 길림순무 陳昭常에게 이 사실을 보

---

[5] 한민자치회를 혹은 간민자치회라고도 부른다. 경술국치 이전 일본 측은 '한민'이란 용어만 사용하다가 경술국치 이후에는 '한민'과 '간민'이란 용어를 혼용하기 시작했다. 그러나 중국 측은 시종일관 '간민'이라는 용어를 사용했다. 길림순무 진소장의 '비밀명령'에서는 이 단체의 명칭을 '임시자치회의소'라 기록되어 있다.

[6] 조선총독부경무국, 《청국국경관계서》 제3책, 한국정부기록보존소 소장; 李盛煥, 《近代東亞政治力學》 금정사, 1991년, 제116쪽에서 재인용.

고하였다. 이에 대하여 진소상은 비밀리에 지령을 내려 만약 그들
의 요구를 '准하면 곧 여러 가지 폐단이 생길 것이고 禁하면 곧 감
정을 크게 상하게 할 것이니 두 가지를 공평하게 하려면 國籍을 해
결하는 것'이 상책이라고 지적하면서 歸化入籍을 전제로 한인에게
'權利義務를 均能하게 享有'하도록 처리할 것을 지시하였다.7) 이에
따라 1910년 1월 박무림 등이 재차 자치회의 설립을 延吉府 知府
에게 요구하자 지부 陶彬은 상급의 의사대로 그들에게 우선 귀화
입적을 권유하였다. 얼마 후 자치단체의 건립과 귀화 입적의 先后
를 둘러싸고 줄다리기를 하던 지방당국과 한인유지들은 일제의 간
섭을 피하기 위해서 1910년 3월 표면적으로 '자치'와 직접적인 관
계가 없는 간민교육회8)를 설립하기로 합의하고 '보통조약'과 '비밀
조약'을 체결하기에 이르렀다. '보통조약'에서는 '본 교육회는 지방
관에 附屬'하며 '본회 내에 특히 自治一部를 두고 지방 소재의 한
민학교는 본회에서 관리한다.'고 규정하였다.9) 그리고 '비밀조약'10)
에서는 '첫째, 한민이 입적하여 청인이 된 후에 延吉知府는 그 자
치권을 승인한다. 둘째, 청국의 국제상의 비밀사건은 본회에서 책
임지고 정탐하여 보고한다. 셋째, 사건이 일단 발생하면 한민은 동
일한 운동에 참가해야만 하는 의무를 가진다. 넷째, 입적한 한민에
대하여 지방관은 그 정황을 순무에게 보고한다. 다섯째, 입적한 한
민은 지방관의 특별 보호를 받는다. 여섯째, 본회가 발전하기 위해

---

7) 「爲密飭事」, 선통원년 11월 초10일, 연변당안관 소장, 문서번호: 全宗5—目錄3—案卷—621.

8) 간민교육회의 명칭은 이 외에도 선민교육회, 선인교육회, 한인교육회, 한민교육회 등이 있다.

9) 동남로도당안자료. 「有關墾民教育會資料」, 선통2년 4월, 연변당안관 소장, 문서번호: 全宗20—目
錄1—案卷—76.

10) 公信제16號(1911.2.13), 「간민교육회에 관한 보고 건」 및 憲機 제351호(1911.2.13) 「국자가간
민교육회에 관한 건」, ≪불령단관계잡건—조선인부—재만주부(1)≫

서는 반드시 한민에게 권고한 후 입적시킨다.'고 규정하였다. 이렇
듯 '보통조약'에서는 간민교육회의 산하에 특별히 '自治一部'를 두
기로 하였고, '비밀조약'에서는 한민들의 귀화 입적을 전제로 한 한
인들의 자치권을 허가하기로 하였음을 알 수 있다. 즉 한민 모두가
귀화 입적을 하게 되면 자치권을 인정해 줄 수 있으나 우선 이전에
간민교육회 내에 별도로 '자치부'를 설치한다는 것이다. 그런데 여
기에서 주목되는 것은 한 달 후인 1910년 4월과 5월에 지방관청에
서 정식 공포한 '墾民敎育會章程'이나 '墾民敎育會試辦簡章'에서는
'자치일부'의 설치나 '자치권을 인정한다.'는 내용이 전부 배제되었
다는 점이다. 특히 '간민교육회시판간장'에서는 단체명칭을 '연길부
간민교육회'라 규정하고 단체의 성격도 勸學所에 예속된 잡거구역 간
민교육의 보조기관임을 강조하였다.11) 이런 점으로 미루어 볼 때, '보
통조약'과 '비밀조약'은 북간도 지역 한인유지들과 지방관청 간에 협
의과정에서 비밀리에 체결된 것으로 상급기관의 인정을 받지 못하였
음을 추정할 수 있다.12)

간민교육회는 「敎育會章程」에 따라 회장 1명을 두었고 다수의 회
원은 간도지방 각 학당의 교원들로 구성되었다.13) 간민교육회의 주

11) 최봉룡, 「북간도 간민회의 조직과 활동 및 성격」, ≪북간도 지역 한인 민족운동≫ 독립기념관
한국독립운동사 연구소편, 역사공간, 2008년 제221쪽.

12) 일부 학자들은 '보통조약'과 '비밀조약'은 연길지부와 간민교육회가 합의하여 제정한 것이 아니
라 한민교육회가 협의용으로 제시한 것으로 분석하고 있다.(박걸순, 「북간도 간민회 선행조직
의 추이와 성격」, ≪한국근현대사연구≫ 51집, 2009년 겨울호, 제51집, 제241쪽)

13) 1910년 4월 현재 간민교육회의 주요 인원들로는 회장 玄天黙, 부회장 蔡奉笿, 총무 朴贊翊, 金
秉周, 議事部長 李鳳雨, 학무부장 李同春, 재무부장 崔公一, 재무원 鄭鉉高, 韓昇變, 講論부장
具春先, 경법부장 朴昌濤, 체육부장 文永穆, 書記 李有恒 朴世豪 등이었다. 이 외에도 朴茂林,
金躍淵, 鄭載冕, 鄭安立, 桂奉瑀, 金立, 尹海, 朴祥煥, 張錫咸, 姜鳳羽, 尹命熙, 金永學, 姜佰奎,
文治政, 金定圭, 金河圭, 馬晋 등 사립학교 및 종교계 인사들도 대거 참여한 것으로 추정된다.
(東南路道檔案資料, 宣統 2年 4月, <20─1─76>, 「有關墾民敎育會資料」 '韓人敎育會任員組織一
覽表', 延邊檔案館所藏)

요사업은 한인사회를 대표하여 독자적으로 학교를 설립, 운영하는 것이었다. 이를 위하여 간민교육회에서는 먼저 마을마다 순회연설을 다니면서 이주민들을 각성시켜 사립학교를 건립하였으며,[14] 교육자금은 의무금과 學田으로 충당하도록 권장하였다. 그리고 1912년 간민교육회에서는 민족교육에 알맞은 교재를 편찬하기 위하여 小營子 광성학교의 桂奉瑀, 명동학교의 鄭載冕, 臥龍洞 창동학교의 南公善 등 3인을 교과서 편찬위원으로 임명하여 초등·중등 교과서 수집과 편찬에 노력하도록 했다. 이 시기 간민교육회에서 편찬하고 보급한 역사 교과서들로는 「大韓歷史」·「幼年必讀」·「大東歷史略」·「越南亡國史」·「吾讐不忘」·「最新東國史」 등이 있었다. 당시 간민교육회에서 발표한 교육총칙 가운데 역사교육의 실시세칙에서는 「동국역사를 가르치는 목적에 대하여 國體大要, 國民志操의 공덕 등 아국발달의 사적과 함께, 현하 국가사회의 책무 일반을 밝혀 사람들이 알 수 있도록 하며 더 나아가 애국정신의 함양을 제일의 목표로 한다.」고 규정하였다.[15] 이를 통해 봤을 때 당시 간민교육회의 역사교육은 '역사지식의 교육'이 아닌 '역사의식의 교육'이라는 목표를 가지고 있었으며, 민족의식을 결집시키고자 했다.[16]

간민교육회는 교육회산하에 연구회를 설치하고 회장에 李鳳羽를 임명하였다. 연구회의 주요임무는 중국지방정부의 한인교육에 대한 諮詢이었다. 그리고 간민교육회는 墾民模範學堂 내에 農林學校 소학당을 부설하였으며 별도로 임시교원양성소를 설치하여 민족교육의 전문교

---

14) 당시 간민교육회의 노력으로 건립한 학교는 명동, 와룡동, 소영자 등지의 중학교를 비롯하여 도합 20여 개의 소학교가 있었다.(桂奉瑀, ≪조선역사≫ 3권, 제45쪽)

15) 徐紘一, 「1910年代의 北間島의 民族主義 敎育運動」, ≪白山學報≫ 30·31합집, 1985년, 제227쪽.

16) 金正明, ≪朝鮮獨立運動≫ 3, 原書房(東京), 1967년, 제284~286쪽.

사를 배양하였다. 또한 ≪月報≫를 간행하여 한인교육의 활성화를 시도하기도 했다. 이 외에도 간민교육회는 이주 한인들의 법적 권리를 보호하기 위하여 중국관헌들과 친중적 관계를 유지하면서 한인들의 법적 문제가 야기되면 직접 중재를 맡아 해결하는 역할도 담당하였다. 이와 같이 간민교육회는 중국 지방관청의 산하기관으로 출발하였으나 자녀들의 교육뿐만 아니라 한인사회와 관련된 정치, 경제 문제에도 관여함으로써 한인자치단체의 역할을 수행하기 위해 노력하였다.

바로 이러한 시기에 중국에서 신해혁명이 발생하였다. 1911년 10월 10일 무창봉기가 일어나자 동북지역의 혁명당 인사들은 심양에서 '관외혁명군정부'를 건립하고 오록정을 대도독으로 추대하였다. 이들은 봉천에서 봉천성자의국 국장의 명의로 성내 각 계층 대표자회의를 개최하고 치안유지란 명목으로 봉천성보안회를 건립한 후 趙爾巽을 관내로 축출함으로써 평화적인 방법으로 봉천의 독립을 선포하고자 계획하였다. 그러나 11월 12일 봉천성 각계대표회의에서 장작림이 공개적으로 조총독을 비호하게 되면서 회의는 혁명당인들의 계획과는 달리 오히려 '봉천국민보안공회'란 기구가 설치되고 조총독이 회장으로 추대되는 방향으로 진행되었다. 11월 15일과 17일 길림순무와 흑룡강순무는 차례대로 '길림국민보안공회'와 '흑룡강국민보안공회'를 설립하였다. 그 결과 동삼성에서 혁명당인사들이 평화적인 방법으로 독립을 선포하려던 계획은 실패로 돌아갔다. 이러한 실정에서 혁명당인인 張榕, 徐鏡心 등은 무력으로 동북지역의 만청세력을 축출하기 위한 계획을 세우고, 1911년 11월 17일 '봉천연합급진회'를 설립하여 각 지역의 반청무장을 조직한 후 무장기의를 일으켰다. 11월 20일 顧人宜, 顧人邦은 庄河와 復縣에서 무장봉기를 일으켰으며, 11월 25일에는 商震, 程起陸 등이 요양에서 기의를 일으켰다. 이 외에도 해성, 봉황성, 안동 등 지역의 혁명당 인사들도 역시 기의를 일으켰다. 그러나 이러한 기의들은 통일적 영도가 부족하였기 때문에 동삼성 총독과 순무들을 무력으로 진압하는 과정에서 모두 실패하였다. 1912년 3월 15일 원세개는 동삼성의 조이손을 동삼성 총독으로, 그리고 진소상과 송소염을 각각 길림성과 흑룡강성의 도독으로 임명하였다.

비록 동북지역에서의 신해혁명은 실패하였으나 중화민국 초 원세개가 자신의 권익을 보호하기 위하여 실시한 '연성자치'는 재만 한인들에게 자치운동을 전개할 수 있는 새로운 환경을 조성해주었다. 물론 당시 원세가 제창한 '연성자치'와 '지방자치'는 재만 한인사회에서 추구하는 민족자치와는 다른 엄연한 차이가 있지만 간민교육회의 주요 인물들은 이 기회를 이용하여 북간도 지역 한인사회의 자치를 도모하고자 했다.

1913년 2월 이동춘, 김약연, 김립 등은 간민교육회를 토대로 한인자치단체인 '잡거구역간민회'를 건립하기로 결의하고 26일 길림동남로관찰사서에 '청원서'와 '간민회초장'을 올렸다. 김약연은 '초장'에서 간민회의 건립목적은 '잡거지역에 있는 간민들이 친선을 도모하고 중국의 법률을 연구하여 동일한 언어와 풍속을 실현하기 위한 것'이라고 밝혔다. 그리고 간민회 회원자격은 '잡거구역 내에 墾地가 있는 자, 잡거구역 내에 3년 이상 거주한 자, 품행이 단정한 자, 성인이 된 남자로서 능력이 있는 자' 등으로 규정하였다.[17] 이

---

17) 「請願書」 1913.2.26. 『延吉縣延吉府文集』 卷28, 延邊自治州檔案館藏書; 張朝柱, ≪길림왕청현정치보고서≫(2), 「길림동남로잡거구역간민회초장」, 연변대학민족역사연구소 소장, 제99~101쪽.

에 대하여 동남로관찰사서는 '지방자치'의 규정에 의하여 '議事會'와 '參事會' 같은 지방자치 단체의 건립은 허락할 수 있으나[18] 민족자치인 간민회는 임의적으로 비준할 수 없다는 이유로 거부하였다. 그러나 이 보고를 받은 길림도독은 오히려 '김약연 등이 간민회를 조직하는 것은 친목을 도모하려는 것이니 가히 실시할 수 있는 것이고 작성한 草章도 합당하기에 응당 그대로 실시하라'고 지시를 내려 간민회의 성립을 인가하였다.[19]

1913년 4월 26일 局子街에서 간민회 성립대회가 개최되었다. 이 대회에서는 간민회 총회의 행정부서와 임원을 선발하였다. 간민회 총회는 회장과 부회장을 두고 산하에 총무, 서기, 민적조사과, 교육과, 법률연구과, 재정과, 식산흥업과 및 評事員을 두기로 했다.[20] 그리고 총회본부는 국자가에 설치하고 연길, 화룡, 왕청현에 각각 분회를 설치하였다.[21] 간민회의 원명은 雜居區域墾民會이다. 당시 중국지방 당국은 북간도 지역 한인 이주민들의 거주지역을 '간도협약'에서 규정한 상부지, 잡거구역, 비잡거구역으로 엄격히 구분하여 관할하고 있었기 때문에 간민회는 비잡거구역인 훈춘과 왕청현 가야하 이북지역을 포함시키지 않음을 나타내었고, 명칭도 잡거구역 간민회라 했다. 다시 말하여 간민회는 될 수 있는 한 중국 지방당국의 법률에 저촉되지 않는 범위 내에서 한인들의 자치를 실현하려고 시도하였음을 알 수 있다.

---

18) 당시 현의사회와 참사회는 '지방자치제'의 실시에 따른 지방자치기구로서 각 현 공서에 설치되어 현공서 지방자치사업을 감독, 관리하는 막강한 권력을 소유하고 있었다(조선총독부, 「국경지방시찰복명서」1 915년, ≪백산학보≫ 9호, 1970년 12월, 제202쪽).
19) 동남로관찰사서당안자료, 간민총회장 김약연의 「報告」, 1913년 12월 30일.
20) '간민회통지서', 1913년 5월 1일 간민회 총회, ≪연길현연길부문집≫(28) 연변주당안관소장.
21) 훈춘현은 잡거구역이 아니기에 분회를 설치할 수 없었다.

간민회는 비록 '簡章'에서 간민회 건립목적이 '친선의 도모와 중국법률의 연구'라고 하였지만 간민회 성립 이후 그들이 추진했던 호적조사, 토지매매 참여, 체육대회 개최 등 다양한 활동은 간민회가 단지 중국 법률연구를 위한 연구기관이 아니라 한인사회를 이끌어 갈 수 있는 명실상부한 한인자치단체임을 충분히 보여주고 있음을 알 수 있다.

① 사회활동

20세기 10년대 초 북간도 지역에는 약 15만 명의 한인들이 거주하고 있었는데 이는 당시 북간도인구의 77%에 달하였다. 간민회는 한인들에 대한 효과적인 관리를 위하여 무엇보다도 먼저 한인 이주민들의 정확한 호구수를 파악하여야만 했다. 그리하여 간민회는 관찰사서에 보고를 올려 간민회 회원들이 지방경찰들과 함께 호구조사를 진행할 수 있도록 비준해 줄 것을 요구하였고, 관찰사서는 이를 윤허하였다.[22] 간민회는 한인 이주민에 대한 호구조사를 마무리한 후 화룡, 연길, 왕청 등의 현에 분회를 건립하고 5백호 이상 1000호 이내의 범위로 지회를 세워 지방조직을 체계화하였다. 간민회의 성공적인 호구조사는 간민회 내에서 지방조직을 체계화시킬 수 있을 뿐 아니라 의무금 징수와 통일적인 관리를 가능케 하여 간민회를 중심으로 한 한인사회의 형성과 발전에 크나큰 역할을 했다.

② 경제활동

북간도 지역 한인 이주민들의 대다수는 농민들이었기 때문에 토지문제는 그들에게 있어서 제일 큰 관심사였다. 1913년 말, 연길현

---

22) 장조주, ≪길림왕청현정치보고서≫(2), 「길림동남로잡거구역간민회초장」, 제99~101쪽.

議事會에서 한인들의 토지매매를 금지시키고 왕청현에서 간민회 왕
청분회 基地구입까지 거부되자 간민회는 한인사회를 대표하여 토지
문제에 적극 관여하기 시작하였다. 이에 1913년 11월 20일 김약연
은 관찰사서에 '건백안'을 올려 "현재 간민들은 전문 농사에 종사
하는 사람들인데 지방의 사회에서 토지매매를 금지한 그때로부터
민심이 크게 동요되고 어쩔 바를 몰라 합니다. 이로 인하여 민심이
상반되는 쪽으로 쏠리고 동종으로 보살피는 그 정분에 비감케 될까
우려됩니다. 그리고 변방의 방책에도 큰 문제가 될 것이니 시세를
모르지 않는 사람은 방관하지 않을 겁니다. 하물며 韓族은 이 땅을
제2의 고향처럼 여기면서 의리 있는 사람들은 모두 생명으로 고수
하려 합니다."23)라고 했다. 그리고 한인들의 토지매매에 관한 방법,
자격, 의무 등을 작성하여 관찰사서에 제출하였다.24) 그러나 관찰
사서에서는 '토지구입을 금지하는 일은 의사회에서 규정한 내용이
이미 있기 때문에 간민회에서 제기한 여러 조목은 불편이 많아 실
시하기 어렵다'는 이유로 간민회의 건의를 거부하였다.25) 이처럼
관찰사서의 반대로 간민회는 한인사회를 대표하여 한인들의 토지매
매에 직접 참여하려던 계획을 실행할 수 없게 되었다. 그러나 그들
이 제출한 '건백안'에서는 당시 간민회가 한인자치단체로서 한인들
의 경제 권리를 보장하기 위해 많은 노력을 기울였음을 확실하게
보여주고 있다.

---

23) 길림동남로관찰사서, 「간민회 총회장 김약연의 <건백안> 제2호」, 중화민국2년, 연변당안관소장.

24) 東南路觀察使署, 墾民會 總會長 金躍淵의 「建白案」第2號, 中華民國2年 11月 20日, 延邊檔案館
所藏.

25) 길림동남로관찰사서, '간민총회에서 올린 간민회 토지매매를 비준할 데 관한 건에 대한 회시',
중화민국2년, 연변당안관소장.

③ 체육대회

　간민회는 한인사립학교에서 군사교육의 일환으로 진행되었던 학내의 체육활동을 한 학교에 속한 학생들뿐만 아니라 여러 학교, 나아가 학부형들까지 참여할 수 있는 사회활동으로 확대시켰다. 당시 북간도 지역 한인 이주민의 대다수는 조선 북부지역의 시골농민들이었다. 이들은 조선 국내에서 굳어졌던 생활풍습을 그대로 유지하면서 地緣이나 血緣을 벗어난 사회활동에는 등한시하고 있었다. 이러한 실정에서 간민회는 당시 한민족의 전통명절인 단오절을 이용하여 북간도학생연합대운동회를 개최함으로써 한인 이주민들의 사회생활공간을 확대시키고 각 지역의 학교 학생들과 각 마을의 사람들이 한 곳에 모일 수 있도록 만들면서 조직화된 한인사회의 형성을 도모하고자 했다.26) 1913년 단오절 용정촌의 합성리에서는 북간도학생연합대운동회가 개최되었다. 명동학교를 비롯한 부근 4,50리 내의 중소학교 학생과 학부모들이 모였는데 그 수는 무려 1,500여 명에 달하였다. 이는 북간도 지역 한인 이주민들에게 있어서 이주 이래 처음으로 맞는 연합운동대회이자 군중집회이기도 했다. 간민회 대표인 김약연과 김영학의 주최하에서 이틀간 진행된 운동대회는 폐회식을 마친 후 학생들과 학부형들이 중심이 되어 거리를 행진하면서 일본 제국주의의 침략을 규탄하고 애국가를 부르는 등 일대 반일시위로 이어졌다.27) 춘기운동회의 원만한 진행은 북간도 지역의 교육계 나가서는 전반 한인사회의 형성과 발전에 커다란 영향을 주었다. 이와 같이 간민회는 중화민국의 '연성자치'와 이른바

---

26) 현규환, ≪한국류이민사≫(상), 어문각, 1967년, 제403쪽.

27) 국사편찬위원회, ≪한국사≫(21), 탐구당,1978년, 제130~133쪽.

민주공화의 사회적 배경을 이용하여 한인들의 자치와 사회경제적 지위향상을 위하여 노력하였다.

2) 간민회와 농무계 간의 갈등과 해체

중화민국 초, 간민회의 건립과 상술한 활동은 당시 북간도 지역에서 기존세력이라 할 수 있는 儒林들의 강력한 반발을 자아냈다. 그것은 간민회가 주장하는 민주공화정치와 신문화교육이 유림들이 갖고 있는 '중화'사상에 어긋났고, 또 그들의 사회기반이었던 서당교육을 궁지로 몰아갔기 때문이었다. 이에 유림세력들은 農務契28) 를 건립하여 간민회와 대항하는 한편 공교회 연길지회를 설립하여 공교운동으로 간민회의 세력을 배격하고자 했다. 그러나 양자 간의 갈등과 대립은 급기야는 북간도 지역 한인사회의 주도권을 둘러싼 신구세력 간의 싸움으로 비화되면서 한인사회의 발전에 커다란 걸림돌로 작용하였다. 사실 일반적으로 이 시기 간민회와 농무계 간의 갈등과 대립을 단순히 이념과 종교의 갈등에 의한 주도권 다툼으로 이해하는 경향이 있다. 그러나 이러한 관점은 단편적인 견해라고 평가된다. 왜냐하면 당시 북간도 지역 한인사회 내 신구세력 간의 갈등과 대립은 표면적으로 보이는 이념과 주도권 다툼뿐만 아니라 중일 양국의 한인들에 대한 정책과도 밀접한 관계가 있었다.29) 즉 청말 '간도협약'의 체결을 비롯하여, 중일은 재만 한인들의 관할권을 사이에 두고 치열하게 대립하고 있었고, 중일 양국의

---

28) 농무계, 농민계, 농민회, 농무단, 농림회 등 단체들이 있는데 대체로 농무계와 같은 단체로 추정된다.

29) 박걸순 교수는 간민회와 농무계의 근본적인 해체 원인은 중국 관헌은 간민회를, 일제는 농무계를 내세워 자국의 입장에서 한인을 이용하고자 한 한인정책에서 비롯된 것으로 분석하였다. (박걸순, 「북간도 간민회의 해산과 추이」, ≪중앙사론≫ 30, 2009년, 제206쪽.)

대한인 정책은 한인사회의 갈등과 분열, 통합과 발전에 결정적인 영향을 미치고 있었기 때문이다.

중화민국 초 간민회에 대한 유림들의 반발은 주로 두 가지 측면에서 이루어졌다. 하나는 사회단체로서의 농무계를 조직하여 간민회와 법적인 소송투쟁을 전개하는 것이었고, 다른 하나는 孔敎會延吉支會를 건립하여 공교운동으로 대중적 기반을 확대하여 한인사회의 헤게모니를 장악하는 것이었다. 이 외에도 유림들은 東邊民族親協會를 조직하여 지방정권과의 타협을 모색하기도 했다.

우선 농무계의 설립과정을 살펴보면 다음과 같다. 1913년 6월 29일 북간도 지역의 유림들은 연길현 志仁鄕 甩灣子에 모여 총회를 개최하고 사회단체로서 농무계를 설립하였다. 농무계는 총회를 지인향 솔만자로 남촌에 설치하고 화룡현 勇新鄕 칠도구와 開泰鄕 회경가에 지회를 두었다. 회의 참가자는 약 300여 명이었으며, 총회장에 崔南起, 총무에 韓振東, 지회장에 張文七, 文述模, 설유위원에 홍자문 등이 선임되었다. 회장 최남기는 설립대회에서 "우리들이 이곳에 정착한 지도 삼십여 년이라 오랜 주인이라고 할 수 있는데 현재 간민회를 꾸리는 주동자들은 이곳에 온 지 불과 몇 년 밖에 되지 않는다. 뿐만 아니라 그들은 모두 머리를 깎은 자들이며 유신당을 신봉하니 우리들이 어찌 그들의 기편과 모욕을 받을 수 있겠는가. 그리고 들은 소문에 의하면 간민회가 우리들을 강박하여 의무금 30전을 내라고 한다는데 비록 현재는 실시하지 않았다만 만약 이런 가렴잡세를 거둔다면 본 회장은 회원 전체가 함께 일어나 목숨을 걸고 반항할 것을 희망한다. 오늘 개회의 종지는 바로 이러하니 다 같이 노력하기를 바란다."30)라고 역설하였다. 여기에서 '유신당 무리'들이란 간민회의 주도세력을 의미하며 '머리를 깎은 자들'이란 간민회에서 추진하는 귀화 입적을 의미하며, '주인행세를 한다.'거나 '강제적으로 의무금을 징수한다.'는 것은 간민회에서 한인사회의 주도권을 행사하고 있음을 의미하는 것이라고 분석할 수 있다. 즉 농무계는 '主客이 顚倒'되어 손님이 주인행사를 하고 있는 상황에서 오랜 주인이라 할 수 있는 유림들이 간민회의 기편과 모욕을 받을 수 없어 목숨 걸고 반항하기 위해 설립한 것임을 알 수 있다.

다음으로 공교회 연길지회의 설립과정을 살펴보면 다음과 같다. 중화민국 성립 후 원세개와 북경정부가 공자를 尊崇하는 방침을 세우고 공교회를 비롯한 산하단체들의 건립을 승인하였다. 이는 재만 한인사회의 유림세력들에게 종교단체를 설립하여 기독교에 바탕을 둔 간민회와 대항할 수 있는 절호의 기회를 제공한 셈이다. 1913년 8월 '공교회 청원서'가 북경정부에 제출되면서 전국적으로 존공운동이 절정에 오르자 최상돈, 김정규 등은 80여 명의 유림들이 서명한 편지를 공교총회에 보내 공교회 연길지회 설립을 요청하였다.[31] 얼마 후 그들은 공교총회의 인준을 얻자 화룡현 개산툰 문암동에 모여 임시임원을 선출한 후 동년 11월 국자가 권학소에 모여 공교회 연길지회를 정식으로 창립하였다. 공교회 연길지회는 설립 후 농무계와 함께 민족동화를 반대한다는 명목하에 한인들의 귀화 입적을 반대함과 동시에 한민족의 고유한 언어와 전통문화를 전승하면서 간민회와 정면으로 맞섰다.

---

30) 길림동남로관찰사서, 1913년 11월 13일, 상부국번역원 이동춘의 보고, 「竊査農務會始末由」.
31) 김정규, ≪용연 김정규 일기≫(중), 제501~502쪽.

그러나 이 시기 농무계와 공교회는 비록 민족동화를 반대하였지만 중국정부에서 권장하는 귀화 입적을 무조건 반대한 것만은 아닌 것으로 추정된다. 왜냐하면 중국에 거주하면서 지방당국의 관할을 받아야만 하기 때문에 이들도 간민회와 같이 중국 지방관청의 지지를 얻어 자신들을 보호할 수 있는 방안을 모색하지 않으면 안 되었기 때문이다. 그리하여 1913년 10월, 김정규와 정안립 등은 잡거구역 내에 귀화 한인과 중국인들이 함께 참여하는 東邊民族親協會라는 단체의 조직을 준비하고 '籌備宣言書'와 동변민족친협회 '잠정회장'을 작성하였다. 이에 따르면 회원자격은 중국인, 중국에 귀화한 한인이며, 주요사업은 인권보장을 비롯하여 위험과 고통에 빠진 사람을 도와주는 일, 문명을 창달하는 일, 실제 사업을 장례하는 일이며, 지향점은 중국 문명을 보급하고 나라를 사랑하며 종족을 보존하는 것이라고 했다.[32]

이와 같이 북간도 지역의 유림세력들이 농무계 설립에 이어 공교회 연길지회와 동변민족친협회를 설립하여 간민회에 공개적으로 대항하자 북간도 지역 재만 한인사회는 순식간에 갈등과 대립의 소용돌이 속으로 말려들어갔다.

그렇다면 당시 간민회와 농무계 간의 주요한 갈등은 도대체 무엇일까?

첫째는 이념문제이다. 1914년 6월 1일 연길현 지사 關雲從은 동남로관찰사서에 올린 「보고」에서 간민회와 농무계 간의 갈등에 대하여 다음과 같이 설명하고 있다. "간민회는 대체적으로 적극적인 주의를 가지고 한민교민을 간민회 범위 내로 받아들였으며, 귀화민

---

32) 위의 책, 제527～530쪽.

을 입적시켜 머리를 자르게 하고 옷을 바꾸어 입도록 권장하면서 공화민권을 신장하여 합병의 속박에서 벗어날 수 있도록 만들었습니다. 그런데 농무계 사람들은 모두가 중국에 거주한 지 오래된 초간, 월간 韓族들로서 전답과 재산을 가지고 있으므로 생활과 관련지어 봤을 때, 망국에 관한 사상이 없습니다. 이들은 비록 겉으로 보았을 때 입적하지 않은 것처럼 보이나 이들은 일찍부터 동화되었으며, 복장과 풍속은 여전하지만 그것은 순전히 수구파의 표현입니다. 이들은 유신파들이 머리를 깎고 양복을 입는 것을 보면 격렬한 수단을 써 가면서 무리를 지어 공격합니다. 이것이 간민회와 농무계의 의견이 맞지 않는 원인입니다."[33] 이와 같이 연길현 지사는 간민회와 농무계 간의 갈등을 공화민권을 신장하는 신진세력과 낡은 풍습을 고집하는 수구파 간의 대립으로 인식하고 있었다.

둘째는 종교문제이다. 간민회는 대부분 기독교(장로회)를 신앙하는 유신파로 구성되었다. 1913년 기독교 장로회는 용정 동산에 2만 3천 5백여 평을 매수하여 선교 근거를 정하였다. 첫 선교사로 박걸 부부가 임명되면서부터 기독교세력은 개척전도 및 교회지도에 힘을 입어 더욱 신속히 발전하였다. 1913년 제3회 함경노회 때 김내범은 용정에 첫 번째 목사로 부임한 후 전 북간도 지역뿐만 아니라 연해주까지 순회하였으며, 교회의 기반을 확대할 수 있도록 조성하며 많은 공적을 쌓았다.[34] 이 외에도 훈춘지역에서는 기독교우회가 활약하고 있었다. 기독교우회는 黃丙吉 白圭三 吳秉黙 등이 설립하였는데 琿春 일대에만 약 5만여 명의 신도들이 있었다.[35] 이에 맞서 유림파인 崔志殷,

---

33) 東南路觀察使署, 「延吉縣公署報告 第154號, 知事關雲從」 中華民國3年 6月 1日.

34) 김약연, 『동만노회30주년약사』 1937년, 참조.

35) 사방자, 「북간도 그 과거와 현재」(1) 『독립신문』(상해판), 1920.1.1.

沈相敦 등은 중화민국에서 공교를 국교로 정하자 북경공교총회의 인준을 얻은 후 1913년 11월 29일 간도공교회 연길지회를 창립하였다.36) 이후 연길지회에서는 공교운동의 일환으로 유학의 종교화뿐만 아니라 기독교를 이질문명의 상징으로 간주하면서 기독교를 배경으로 한 간민회의 모든 활동을 저지의 대상으로 여겼다.37)

세 번째는 귀화 입적에 대한 인식상의 갈등이다. 간민회는 한인들의 입적을 통해 일본 측의 간섭에서 벗어나려고 했으며 더 나아가 한인사회의 자치와 정치, 경제적 지위향상을 도모하고자 했다. 그러나 보수적인 농무계의 입장에서 봤을 때, 입적은 곧 민족의 고유전통의 배반이요, 종족의 멸망이요, 또한 그것은 중국인에 대한 아첨으로 인식되었다. 위정척사계열이며 유교학자로서 공교회운동에 앞장섰던 김정규는 자신의 '일기'에서 간민회의 입적운동에 대하여 "간민회는 바로 한인회이다. 간민회는 한인회라고 이름을 지었으면서 우리 백성을 중국 백성으로 변화시키려 하니 도대체 무슨 생각을 하는 것인가. 머리를 묶어 상투를 틀고 흰 옷을 입는 것은 본래 우리 민족의 제도이다. 그러나 지금 간민회는 머리를 깎고 검은 옷을 입은 채 같은 언어를 쓰고 우리의 풍속을 유지하려고 한다. 이런 상황 속에서 한국사상은 도대체 어디에 있는가. 한국사상이 없어진 채, 우리의 국권을 되찾는다고 주장하는 것은 사람들을 속이는 심한 말이라고 밖에 볼 수 없다. 중국 사람이 우리에게 호적을 올리라고 권하는 것은 자기 나라를 위하는 그 사람의 정성이

---

36) 길림동남로관찰사서, '연길현공서보고154호, 지사 관운종' 중화민국3년.

37) 공교운동을 주도했던 인물들의 유교관은 서로 달랐다. 道統祠공교회를 주도한 李祥奎는 전통적인 유교관, 조선공교회를 주도한 李炳憲은 今文經學的 유교관, 동삼성한인공교회를 주도한 李承熙는 道學的 유교관, 간도공교회를 주도한 김정규는 유학교육을 중시하는 유교관을 계시하였다.

겠지만 자기도 한국 사람이면서 우리에게 중국에 호적을 올리라고 권하는 것은 나라를 팔아먹은 일진회보다도 더 심한 경우이다. 일 진회는 단지 우리 땅을 넘겨주었을 뿐이지만 지금 이 간민회는 종 족을 속박하여 조상도 잊고 후손도 끊어버리는 위기 속으로 우리를 던지는 것이니 진실로 통탄할 만하다. 앞으로 어떻게 나아가게 될 것인가."[38)라고 혹평하였다.

넷째, 의무금 징수문제이다. 간민회는 설립 당시 본 회의 유지비 용은 간민들이 공동으로 부담한다는 원칙하에 호마다 의무금 30전 씩 징수하기로 규정하고 관찰사서 도빈에게 보고하였다.[39) 이에 대 해 도빈은 '회원들이 회비를 담당하는 것을 주장하더라도 집집마다 30전씩 거두는 것은 額面이 너무 많으며 이는 강제로 징수하는 것 과 유사함으로 마땅히 각 현 지사로부터 조사한 후 확인한 다음 비 준하여 이에 따라 실행하여야 한다.'고 회시하였다.[40) 그러나 간민 회에서는 이에 구애받지 않고 각 지회를 통하여 호구조사 시 등록 된 호적에 따라 일률로 의무금을 징수함으로써 농무계의 강력한 반 발을 자아냈던 것이다.

다섯째, 교육문제이다. 19세기 말 재만 한인들의 자녀교육은 주로 유림인사들을 중심으로 한 서당교육이 주류를 이루었다. 교육내용은 주로 봉건윤리도덕에 주안 한 계몽교육과 유가경전 교육이었다. 그 러나 20세기에 들어서면서 신학의 흥기와 더불어 구식서당교육은 점차 근대교육으로 전향하기 시작하였다. 간민교육회와 간민회의 사

---

38) 김정규, 『야사』제9권, 1913년 6월 14일, ≪용연 김정규 일기≫ 독립기념관 한국독립운동사 연구소, 1994년, 제492~493쪽.

39) 길림동남로관찰사서당안, 1913년 7월 24일, 간민회회장 김약연, 「報告 第5號」.

40) 길림동남로관찰사서당안, 1913년 8월 1일, 吉林東南路觀察使署批示, 「關於墾民會幹部任命與會 費報告件」.

립학교 설립이 바로 그 대표적인 사례이다. 이러한 실정에서 전통적인 서당교육을 고집하던 유림들은 1912년 7월 10일 사숙개량회를 조직하여 신학교육에 대항하고자 했다.[41] 사숙개량회의 요지는 첫째, '개량'에 의탁함으로써 신학문 무리의 압제를 면하고자 하는 것; 둘째, 주로 한문을 읽음으로써 우리 도의 정맥을 부지하고자 하는 것; 셋째, 대중의 마음을 단결시켜 다른 날의 쓰임으로 삼자는 것이었다.[42] 그러나 사숙개량회의 활동은 간민교육회의 반발에 부딪쳐 열흘 만에 막을 내리고 동년 8월 1일 김정규를 학장으로 하는 사우계가 비밀리에 조직되어 유학의 기본정신을 이어나갔다. 이후 중화민국이 건립되고 공교가 국교로 인정되자 공교회 연길지회는 지방관청의 도움으로 대성학교[43]를 꾸리고 재차 사숙개량을 추진하면서 유교문화와 조선민족의 고유한 전통문화 및 습속을 수호하는데 주력하였다.[44] 그러나 이때에도 이들은 신학만은 여전히 반대하는 입장을 취했기에 간민회와 심한 갈등을 빚고 있었다.[45]

여섯째, 친일행적에 관한 문제이다. 간민회는 농무계를 친일단체로 인정하고 있었다. 이동춘은 농무계의 친일행적에 대하여 지방당국에 다음과 같이 보고하였다. "…… 육도구의 일본영사가 이 소식(농무계 설립에 관한 소식―필자 주)을 접하고 암암리에 주구인 韓振東을 농무계에 파견하여 상세한 내막을 탐지하고 또 일본돈 삼백

---

41) 김정규, ≪용연 김정규 일기≫(중), 앞의 책, 제382쪽; 김정규는 간민회를 신학문 세력이라고 평가했다.(일기, 중 권9, 1912년 12월 13―14일자)

42) 김정규, ≪용연 김정규 일기≫(중), 앞의 책, 제405~406쪽.

43) 공교회에서 연길에 공자묘를 건립하고 대성학교를 세울 때 도윤은 '尊聖衛敎'라는 액자를 써주기도 했다.

44) 이종수, 「1910―1920년대 한인공교운동의 연구」, 연세대학교 박사학위논문, 제170쪽.

45) 김정규, ≪용연 김정규 일기≫(중), 앞의 책, 제403쪽.

원을 송달하여 특별 의연금으로 하였다 합니다. 그러니 그 회원 중에서 좀 양심이 있는 자들은 일본인의 농락수단임을 알아채고, 즉각적으로 사퇴한 자가 3분의 1이라고 합니다. 다른 사람들은 아직 출회하지 않았지만 일본인들이 송달한 돈은 돌려주고, 남은 힘을 아끼지 않고 간민회를 반대할 것을 주장합니다. 또 회원 洪子文을 파견하여 각 지역마다 요언을 산포하고 간민들에게 입회를 권유함으로써 현재 농무계 회원 수는 삼천여 명에 달하였고, 모두 완고무지한 자들입니다. 가히 염려할 일은 아니지만 장래에 일본인들의 이용수단이 되는 것이 우려되니 저의 짧은 생각으로는 일찍이 방비하는 것이 상책인 줄로 압니다."[46]

위에서 살펴본 바와 같이 간민회와 농무계 간의 갈등은 주로 이념문제, 종교문제, 입적문제, 의무금문제, 교육문제, 일친행적문제 등으로 개괄할 수 있다. 농무계와는 달리 관찰사서의 공식적인 인준을 받고 합법적으로 설립된 간민회는 상술한 갈등을 지방관청의 힘을 빌려 해결하고자 시도하였다. 1913년 7월 29일 김약연은 관찰사서에 보고를 올려 "崔安方, 金禹錫, 許官淸 등은 간민회를 반대하고 파괴할 의향을 품고 동네를 돌면서 여론을 조성하여 우매한 자들을 선동하여 강제로 서명하도록 하게 만들며, 우리들도 뭉치면 관찰사의 훈령도 거역할 수 있고 또한 간민회의 종지와 명의를 깨뜨릴 수 있다고 하는데, 이들이 이렇게 행동할 수 있는 이유는 솔만자의 몇 사람의 뜻으로 행해지는 것이 아니라 어느 조선인회의 사주로 이 자들이 망동한 듯 보여 집니다, 이것을 방관하면 본회의 파괴만이 아니라 이곳에 살고 있는 간민과 당지 지주들까지도 가슴이 써늘할

46) 길림동남로관찰사서, 1913년 11월 13일, 상부국변역원 이동춘의 보고, 「竊査農務會始末由」.

정도"라면서 "엄령을 내리시어 주모자 세 사람의 악습을 징벌하게 되면 여당들은 와해될 것이고 이 땅의 위험을 제거하고 본회의 근본도 보장되는 것"이라고 했다.[47] 이어 동년 11월 13일, 상부국번역원 이동춘도 관찰사서에 보고를 올려 일본영사관에서 주구 韓振東을 통해 일본돈 삼백 원을 의연금으로 농무계에 송달한 사실을 알리면서 무려 3천여 명에 달하는 완고무지한 자들이 장래에 일본인들의 이용수단이 될 수 있으므로 사전에 방비하는 것이 상책이라고 건의하였다.[48]

1913년 11월 29일 공교회 연길지회가 설립되자 김약연은 재차 보고를 올려 공교회가 "공교를 세력대고 첫째는 유신교육을 훼방하고, 둘째로는 간민회를 반대하는 것"이라고 질책하였으며, "종교의 성격을 살펴보면 어떤 종교든 도덕을 기르는 것이 목표일 것인데, 간민 학구들이 조직한 공교는 절대로 선한 마음을 품은 것은 아니며, 그들이 농민들을 선동하며 말하기를 공교는 정부에서 인가한 국교이고 간민회는 길림민정장께서 접수하였을 뿐이라 하였으니, 이는 본회의 발전에 큰 장애로 여겨지며, 그자들의 행실을 따져 봤을 때, 형식상 공교의 이름을 띠고 있지만 그 내용은 농무계와 한 동아리로 되는 것과 마찬가지이니 이는 실로 지방행정의 앞날에 실질적인 위험이 될 수 있는 문제"라고 지적하였다.[49]

한편 간민회와 농무계 간의 대립에 대하여 관찰사서에서는 신중한 태도를 취했다. 도윤은 "공교회는 도덕을 양성하는 것으로서 행정과는 방해가 없으며, 간민회의 법률을 연구하고 언어를 동일하게

47) 길림동남로관찰사서, 1913년 7월 29일, 墾民總會會長金躍淵致觀察使陶彬, 「報告」.
48) 길림동남로관찰사서, 1913년 11월 13일, 상부국번역원 이동춘의 보고, 「竊查農務會始末由」.
49) 吉林東南路觀使署, 1913년 12월 30일, 간민총회회장 김약연의 「報告」.

한다는 종지와도 모순되는 것은 아니라고 하면서 서로 간에 의견을 품고 사단을 초래하지 말 것"을 거듭 부탁하였다.50) 그러나 도윤의 화해요청에도 불구하고 두 단체 간의 갈등과 대립은 갈수록 첨예해져갔다. 그 결과 1913년 음력 11월 30일 공교회 회원 鄭安立이 국자가 吉新女子學校에서 공교회연례를 진행하던 중 간민회 회원들에게 구타당하는 사건이 발생하였다. 이 사건을 계기로 양 단체 간의 갈등과 대립은 표면화되면서 극치로 치달았다. 우선 공교회에서는 연명으로 관찰사에 '청원서'를 올려 이동춘, 김립, 도성의 세 가지 죄악을 성토하면서51) "不義한 것을 멸하여 천하의 백성을 다스리는 것은 고금의 義政이므로 성인을 모욕하는 역적, 백성을 해치는 악당, 정치를 더럽히는 간신들을 형률에 따라 엄벌하여 사민의 원통을 풀어 주시기 바란다."고 호소하였다.52) 이어 동년 12월 13일에는 연길, 화룡, 왕청 등 세 현의 농무계 대표 許逸 등 12명은 간민회의 죄악 7가지를 열거한 '陳請書'를 연길현의사회에 제출한 후 즉시 심사해줄 것을 요구하였다. 이에 대해 18일 연길현의사회에서는 도빈에게 만약 이들이 제기한 '진청서'의 내용이 사실이라면 간민회는 한민의 공적일 뿐만 아니라 북간도 지역의 우환이라면서 그들이 계속 치안을 소란하게 할 수는 없으므로 신속히 처리할 것을

---

50) 吉林東南路觀察使署, 1913년 12월 6일, 동남로관찰사, 「批示」.

51) 그들이 열거한 세 가지 '죄악'은 다음과 같다. 첫째는 작년 음력 7월 사숙개량회의 때 이동춘 등이 권학소장 명령을 운운하면서 순경을 이끌고 와서 본 회의 수백 명 사람들이 모두 일본의 앞잡이기에 응당 축출하여야 한다고 공갈하며 해산시켰으니 이는 민족의 큰 역적이라는 것; 둘째, 그 여당을 파견하여 백성을 강박하면서 간민회에 입회하지 않으면 국경 밖으로 축출한다면서 위세를 부리며 극도로 사람을 해쳤는데 이것은 백성을 해치는 역적이라는 것; 셋째는 이번 달 3일에 공교강회를 길신학당에서 소집하는데, 이, 김, 도 세 놈은 사람을 구타하고 공자성인을 모욕하였으며, 또한 정안립을 학교 문밖에 불러낸 후 마구 구타하였으니 죄로 보면 때려죽여 마땅하다고 하였으니, 이것은 정치를 더럽힌 간신이라 했다.

52) 吉林東南路觀察使署, 1913년 음력 11월, 공교회회원, 「請願書」.

건의하였다.53) 농무계 측의 각종 '청원서'와 '진청서'는 그 후에도 여러 가지 경로를 통해 지속적으로 관찰사서에서 제출되었다. 그러나 도윤은 적극적으로 간민회를 비호하면서 시종일관 효과적이고 적극적인 조치를 취하지 않았다. 이에 농무계에서는 관찰사서에 정식으로 간민회를 상소하기로 결의하고 회원들에게 通喩文54)을 보내는 한편 '연길, 화룡, 왕청 3현 만인대표'의 명의로 직접 길림민정장관에게 이동춘, 김립, 도성에 대한 8가지 죄명을 진술한 '청원서'를 올리고 그들에 대한 처벌을 요구하였다.55)

농무계는 '通喩文'에서 "우리 농무계 사람들이 간민회 사람들에게 억압과 침해를 받았으므로 일전에 고소문을 올린 것을 주지하는 바이다. 또 최근에 사실대로 그 조목을 열거하여 관찰공서에 올렸지만 아직까지도 아무런 처리도 없어 사람들의 원통함을 하소연할 곳이 없다. 하지만 간민회 사람들의 악습은 지금 날이 지남에 따라 더욱 심해지는 바, 불쌍한 우리 殘民들이 어찌 견디어 낼 수 있겠는가, …… 한번 결판을 지으려고 정한 기일을 공포하오니 各社各里의 여러 동포들은 契内契外를 막론하고 오직 간민회 사람이 아니면 이 통문을 보신 후 정한 날짜에 함께 회의에 오신다면 행운이라 하겠다. 그리고 날짜는 오는 12일 오전 9시로 정하고 장소는 국자가 남영 관찰공서의 문 앞이며, 참가하는 사람들은 5일분의 식량을 준비하고 오시기 바란다."고 통고하였다.56)

53) 吉林東南路觀察使署, 1913년 음력 12월 17일, 연길현의사회, 「僞延吉縣議事會關於延,和,汪墾民代表許逸等陳述墾民會杖勢壓人罪惡7個案件審劾要求之件」.

54) 길림동남로관찰사서, 1913년 11월 13일, 상부국번역원 이동춘의 보고, 「竊査農務會始末由」.

55) 吉林東南路觀察使署, 1913년 12월 29일, 「洪子文等延和汪三縣人民萬餘名致吉林省民政長之呈文」.

56) 吉林東南路觀察使署, 1913년 음력 12월, 농무계 「통유문」.

1914년 1월 7일 아침 10시, 농무계는 국자가 서교 상발원에서 '擧民登狀'이란 기치를 든 6백여 명의 한인들을 인솔하고 국자가 연길현 행정공서로 향해 출발하였다. 그들은 연길현 지사에게 '청원서'를 올려 간민회를 비롯한 패두, 향약들의 불법행위에 대하여 엄한 처벌을 내려줄 것을 강력히 요구하였다. '청원서'에는 "간민회의 이동춘, 김립, 도성 무리들은 매호 30전씩 멋대로 거두는 것은 무슨 명목이며, 한 푼도 공익에 쓰지 않고 사적으로 사용하니 백성들의 원통이 들끓는 것을 형언할 수 없다. 그리하여 농무계에서는 관찰사에 청원했지만 牌示가 아직 없고 백성들의 억울함을 씻을 곳이 없어 어쩔 수 없이 기세에 3현 중민을 거느리고 하소연하게 되었다."57)고 밝혔다.

1월 7일 농무계의 집단시위는 지방당국을 크게 놀라게 했다. 당시 신년인사차 용정으로 출장 갔던 도윤은 농무계와 일본 측과의 관계를 의심하여 급하게 간도일본총영사관으로 달려가 선후지책을 논의하는 한편 그들의 동태를 살폈다. 그리고 일본영사관에서 강경한 태도를 보이지 않자 즉시 60여 명의 순경과 100여 명의 군인을 동원하여 농무계의 집회를 해산시키고 항거하는 300여 명의 농무계 회원들을 체포하여 순경총국에 감금하였다.58) 중국 지방당국의 신속한 진압에도 불구하고 분노한 시위군중들은 이날 간민회 회원의 숙소와 연길현 지회를 소각하였으며 이튿날부터는 관찰사서 문 앞에 정좌하여 시위를 벌이면서 체포된 동료들의 석방을 요구하였다. 이러한 상황 속에서 관찰사서는 사태의 신속한 수습을 위해 그

---

57) 吉林東南路觀察使署, 1914년 1월 7일, 延和汪三縣人民崔南勳洪子文崔武鉉萬餘人, 「請願書」.
58) ≪申報≫ 1914년 1월 20일자.

들의 청원서를 접수하고 구금된 사람들을 전부 석방하였으며 금후 불법으로 입적비를 받아 사욕을 채운 관리들을 엄벌에 처할 것을 약속하였다. 이어 1월 10일에는 '포고 제1호'를 반포하여 금후 간민회의 회비징수를 엄금한다고 선포하였다.[59]

관찰사서에서 간민회의 회비징수를 금지시킨 것은 간민회의 실질적인 운영에 있어서 커다란 타격이 되었다. 1월 17일 간민총회에서는 관찰사서에 '건백안'을 올려 만약 간민회에서 회비를 징수하지 않으면 간민들의 대표 기관으로서의 정당성을 상실하게 됨으로 이는 사실상 해산을 선포하는 것과 같다고 주장하면서 본 명령을 재고해줄 것을 간청했으나[60] 도윤은 이에 응하지 않았다.

간민회의 의무금 징수가 '불법'으로 인정되자 농무계에서는 지금까지 관찰사서에서 간민회를 비호하고 있었다면서 1월과 2월 연속 두 차에 걸쳐 '청원서'를 올려 과거 간민회에서 불법으로 징수한 회비를 돌려줄 것과, 이동춘, 김립, 도성 3인을 엄벌할 것을 강력히 촉구하였다. 이에 도윤은 본사에서 간민회를 비호한다는 것은 오해라고 설명하고 만약 이동춘 등이 법률을 위반한 사실이 있다면 당신들은 司法衙門에 기소하라고 회시하였다.[61]

이와 같이 '1.7'사태 이후 이동춘 등 3명에 대한 농무계의 소송이 계속되자 길림성 민정장관은 2월 11일 동남로관찰사서에 이들이 재물을 협박한 사건에 대해 조사할 것을 명령하였다.[62] 그러나 3월 11일 화룡현 지사 善元의 보고에서는 "명령에 따라 각 사에 가

---

59) 吉林東南路觀察使署, 1914년 1월 10일, 吉林東南路觀察使署, 「布告第1號」.
60) 吉林東南路觀察使署, 1914년 1월 17일, 간민회 총회, 「爲建白書」.
61) 吉林東南路觀察使署, 1914년 2월 16일, 「觀察使道允對金乃鐘等延, 和汪三縣萬餘名所呈請願書牌示」.
62) 吉林東南路觀察使署, 1914년 2월 11일, 「吉林省行政公署訓令第78號」.

서 집집마다 물었는데, 많은 간민들이 말하기를 입회 초에 회비로 매호 30전씩 납부하였고, 이는 회소의 수리 및 총무, 간사, 재무, 서기 등 임원들의 숙소비로 지출하기 위한 것이며, 이동춘 등이 가장한 순경을 대동하여 집집마다 돈을 협탈한 일은 더욱 없다"고 보고하였다.63) 이를 통해 봤을 때, 당시 도윤을 비롯한 지방관원들이 간민회에 호감을 가지고 있었으며 간민회의 회비징수에 대해서도 어느 정도 합리성을 인정하고 있었음을 엿볼 수 있다.

1914년 3월 초, 원세개는 황제로 등극하기 위하여 전국에 포고령을 내려 각 성의 지방자치령을 폐지시킴과 동시에 각종 자치단체의 활동을 금지 시킬 것을 명령하였다. 이는 장기간 간민회와 농무계 간의 갈등 문제로 고심하던 도빈에게 있어서 실로 희소식이 아닐 수 없었다. 도빈은 3월 12일 「훈령」 제77호를 반포하여 "연길, 화룡, 왕청 3현 간민 중에 前에 設한 간민회, 농무계 두 기관은 모두 자치성질이 있으므로 마땅히 일률적으로 취소한다."고 선포하였다.64) 이어 4월 2일에는 '포고' 제12호를 반포하여 "이전 간민회와 농무계에 속했던 자들은 해산하여 각자의 직업에 안착해야 하며 이후 다시 트집을 잡고 소식을 전해서 향민들을 집결하고 사람을 모아 연길에 와서 협박하거나 또는 자진해서 사람들의 모임에 附和하는 자는 발견되면 주모자나 추종자를 불문하고 모두 법에 의해 추궁할 것"65)이라고 선포하였다. 이는 사실상 간민회와 농무계 해산에 대한 최후통첩이었다.

간민회와 농무계는 비록 해체명령을 받았지만 간민회 이동춘 등에

63) 吉林東南路觀察使署, 1914년 3월 11일, 和龍縣知事渃元, 「爲呈報事」.
64) 吉林東南路觀察使署, 1914년 3월 12일, 길림동남로관찰사공서, 「訓令 第77號」, 「布告 第11號」.
65) 吉林東南路觀察使署, 1914년 4월 2일, 길림동남로관찰사공서, 「布告 第12號」.

대한 농무계 측의 소송은 계속되었다. 4월 13일 농무계 대표들은 길림민정장에게 상소문을 올려 이동춘, 朴東轅 두 사람의 직무를 해임하고 김립, 도성을 경외로 축출할 것과 일본인에 동조하였다는 '不義의 罪名'을 벗겨 주기를 청원하였다.66) 그리고 19일에는 최남훈, 홍자문, 김우종 등도 '3만여 명 인민대표'의 이름으로 관찰사서에 '청원서'를 올려 이동춘과 박동원의 축출을 재차 요구하였다. 한편 이 시기 농무계의 연속적인 상소로 인해 열세에 몰려있던 간민회의 김약연 등도 3월 26일 도빈에게 '禀詞'를 올려 농무계의 홍자문 등을 민국의 법률에 따라 엄중히 처벌할 것을 요구하였다.67) 이러한 상황에서 도빈은 각 현의 지사들에게 간민회와 농무계의 주요 성원들에 대한 조사를 지시하였고, 6월 4일 화룡, 왕청, 연길 세 개 현 지사들이 보고한 조사 자료에 기초하여 길림 순안사에게 '홍자문 등이 이동춘 등을 공소한 사실을 조사하고 농무계 간민회를 처리한 상황에 관한 보고'를 올렸다. 여기에서 도빈은 간민회가 "회비를 징수한 것은 입회자들이 자발적으로 낸 것인데 있을 수 있는 일로, 이동춘 등이 돈과 재물을 호색한 사실은 아직 밝혀진 바가 없고 홍자문 등이 돈을 거두었다고 공소한 각 세절은 억단인 것이며, 또한 농무계 계원은 모두 여러 해 되는 開墾戶들로 농사를 지으며 본분을 지키며 살아왔는데 지난날 농무계를 조직한 것은 사실상 간민회를 상대하기 위한 것이었을 뿐 다른 외인과 관계가 없었다."고 해명했다.68) 이에 대해 길림 순안사는 6월 25일 "현재 간민회, 농무계 두 조직은 이미

---

66) 吉林東南路觀察使署, 1914년 4월 13일, 농무계대표인 「上訴文」.

67) 吉林東南路觀察使署, 1914년 3월 26일, 金躍淵等致東南路觀察使陶彬之, 「禀詞」.

68) 吉林東南路觀察使署, 1914년 6월 4일, 「洪子文等公訴李同春等事實調査及處理農務契墾民會狀況報告件」.

일률적으로 취소되었으며 서로 잘 지내고 있는바 다시 더 의논할 필요가 없다"[69]고 회시하였다. 이로써 간민회와 농무계 간의 갈등과 대립은 비로소 끝을 보게 되었다.

주지하는바, 간민회와 농무계 간의 대립 원인은 종교적 측면과 이와 연계된 한인사회의 주도권 문제, 사회 경제적 이해관계에 기인한 것으로 보아야 할 것이다. 그러나 여기에서 유의할 것은 이들의 대립관계를 중국과 일본이 자국의 이해관계에 따라 이용하고자 한 점이다.[70]

일제는 간민회의 해산을 한인과 중국 관헌이 서로를 이용하려는 정책이 실패한 것으로 분석하였다.[71] 간도일본총영사는 외무대신에게 보내는 보고에서 중국 지방관헌이 '점차 간민회의 존치가 치안에 도움이 되지 않는다고 여긴데다 일본 영사의 '충언'을 받아들이지 않아 간도에 대혼란이 발생하게 될 경우 큰 책임을 질 것을 두려워하고 있던 상황에서 대총통의 자치기관 정지 훈령이 '무상의 호기회'가 되었다고 설명하였다.[72] 뿐만 아니라 일제는 도빈이 당초 간민회의 존재가 한인 統治上 유리하다고 판단하고 설립을 인정하여 왔으나 농무계와의 반목, 분쟁하는 상황을 보고 간민회가 도리어 유해하며 자신의 治積上 일대 오점을 남긴 것으로 생각하고 있다고 분석하였다.[73] 사실 도빈은 간민회의 설립 초기 지대한 관

---

69) 吉林東南路觀察使署, 1914년 6월 25일, 「吉林巡安使公署批示」.

70) 박걸순, 「북간도 간민회의 해산과 추이」, ≪중앙사론≫ 30, 2009년, 제217쪽.

71) 機密公信 제1호(1914.3.20), 『간민회의 허가취소와 지나 관헌의 조선인 정책 실패 건』 ≪불령단관계잡건─조선인의 부─재만주의 부(3)≫ .

72) 機密 제15호(1914.3.18), 『선인결사금지 및 간민회 해산에 관한 건』 ≪불령단관계잡건─조선인의 부─재만주의 부(3)≫ .

73) 機密 제32호(1914.6.10), 『이동춘의 전근에 관한 건』 ≪불령단관계잡건─조선인의 부─재만주의 부(3)≫ .

심과 지지를 보냈다. 1913년 간민회 회관 개관식에는 도빈을 비롯하여 연길현 지사, 순경국장, 헌병대장, 권학소장, 관아의 각부 장관 등 수많은 지방 관리들이 참석하였다. 그리고 도빈은 축하연설에서 "간민회 설립 취지와 목적에 크게 찬성을 표하고 장래 커다란 발전을 희망한다."[74]고 했다. 이 외에도 도빈이 한인들의 민족교육을 간민회에 의뢰하고, 간민회의 회비징수를 사실상 묵인하여 왔으며 심지어 지방당국에서 진행하는 호구조사에까지도 간민회를 동참시키는 등 일련의 사실로 미루어 볼 때 지방관헌이 간민회를 비호하면서 사회 안정을 도모하고자 하였음을 알 수 있다.

간도일본영사관도 간민회와 농무계 간의 갈등을 교묘하게 이용하였다. 이러한 점은 당시 간민회에서 농무계의 이른바 '친일행적'을 보고한 사실 외 기타자료들에서도 어렵지 않게 찾아볼 수 있다. '1.7'사태 발생 후 중국 관헌들은 농무계와 공교회의 배후로 간도일본총영사관을 의심하였다. 그리고 이러한 사실은 ≪大阪每日新聞≫에 그대로 보도되었다. 특히 ≪大阪朝日新聞≫에서는 '간도 주재 加藤 헌병 중위로부터 총독부에 보내 온 전보에 의하면'이라고 취재원의 이름까지 밝히며 이 사건은 일본이 교사한 것이라는 기사가 보도되었다.[75] 그리고 연해주의 ≪권업신문≫에서는 간민회와 농무계 간의 갈등에 대한 분석 기사를 연속 보도하면서 이는 일제의 사주를 받고 간민회의 항일운동을 음해하기 위한 농무계와 공교회의 책동이라고 비난하였다.[76] 그중 1914년 1월 25일자 기사에서는 「

---

74) 公信 제132호(1913.7.25.) 「선인 간민회 회관 개관식 및 임시총회에 관한 건」, ≪불령단관계잡건─조선인의 부─재만주의 부(2)≫

75) 박걸순, 「북간도 간민회의 해산과 추이」, ≪중앙사론≫ 30, 2009년, 제209면 참조.

76) ≪권업신문≫ 1913년 9월 21일자, 1914년 1월 25일자, 2월 1일자, 13일자, 4월 5일자.

간민회 방해로 농민계 조직」이란 제목으로 "농무계가 간민회를 방해할 목적으로 농민계를 발기할 때 당초 당지 주재 일영사관에서 간민회를 압박하려고 백방으로 설계하다가 무뢰배 한진도(원거는 함흥이요 협잡에 유명한 자로 원수의 倀鬼된 자)로 하여금 최남기(완고 몰각한 자로 패악의 성병이 있는 자)란 자를 꾀어 이 계를 조직하고 취지서를 발표하였으며, 또한 이전 훈춘에서 소문을 들은 즉, 국자가에 있는 鄭安立, 朴宜豊(일인의 고등 倀鬼) 등이 간민회를 박멸한 계책으로 공교회를 조직하고 북경공교회의 지부가 되어 형식적으로는 공교를 존봉하는 듯하나 실제는 간민회를 음해하려 함이라"고 보도하였다.77) 간민회에서도 ≪권업신문≫에 농무계가 친일파로서 장차 일본영사관의 지원을 받아 농학교와 모범농원을 건설할 것이라는 사실을 게재하기도 했다.78)

이 시기 간민회와 기타 언론에서 농무계를 친일이라고 질책하는 데는 당시 간도일본영사관에서 간민회와 농무계 간의 갈등을 교묘하게 이용한데서 비롯된 것으로 분석된다. 일본영사관 측은 중국 지방 당국의 비호를 받으면서 합법적으로 반일활동을 전개하고 있는 간민회에 대하여 어떤 방법을 사용하던지 제동을 걸어야만 했다. 이때 농무계의 출현 및 간민회 간의 갈등은 일제에게 한인사회 내부의 대립과 분열을 심화시키는 절호의 기회로 작용하게 되었다. 그리하여 간도일본영사관은 수시로 중국 지방관헌에 간민회의 현황을 질문하고 그들의 행동에 경계할 것을 강요했으며,79) 농무계 창설 시 고의적으

---

77) ≪권업신문≫ 1914년 1월 25일자.
78) 朝憲機 제188호(1914. 3. 25.) 「북간도상황휘보」, ≪불령단관계잡건―조선인의 부―재만주의 부(3)≫.
79) 公信 제53호(1913. 9. 22) 「선인간민회의 근황보고 건」, ≪불령단관계잡건―조선인의 부―재만주의 부(2)≫.

로 농무계에 경비를 지원해주는 음모를 획책했던 것이다. 특히 '1.7'
사태 후 일본영사관에서는 농무계원에 대해서는 처벌을 하지 말고
석방해 달라고 요청하였으며,80) 간민회에 대해서는 그 존재가 '상황
상 악영향'이 심각하기 때문에 관찰사에게 해산시킬 것을 요구하기
도 했다.81) 이와 같이 중화민국 초 일제는 한인사회 내부의 통합을
저지시키기 위해 간민회와 농무계 간의 갈등을 교묘하게 이용하는
민족이간 정책을 실시하였던 것이다. 그러므로 당시 간민회와 농무
계 간의 대립과 해체에는 중국당국 뿐만 아니라 일본의 영향도 크게
작용하고 있었음을 유념할 필요가 있다.82)

위에서 살펴본 바와 같이 중화민국 초, 북간도 지역에는 기독교
를 배경으로 한 간민회와 공교회를 배경을 한 농무계가 각기 독자
적인 단체를 건립하여 활동하면서 심각한 갈등과 대립을 빚어왔다.
이 시기 간민회와 농무계 간의 갈등과 대립은 20세기 10년대 초
북간도 지역 한인사회의 다양한 의식형태를 반영하는 것이었으며
또한 反日親中이란 공통적인 목표하에서도 기독교를 중심한 신진세
력과 공교를 중심한 수구세력 간의 갈등과 대립을 반영하는 것이기
도 했다.83) 당시 지방관원들도 간민회에 대한 농무계의 반발은 공

---

80) 機密 제9호(1914. 1. 20.) 「선인집단의 嗷騷에 관하여 處罰赦免의 건」, ≪불령단관계잡건―조선
   인의 부―재만주의 부(3)≫ .
81) 조헌기 제192호(1914. 3. 26.) 「自治機關 및 墾民會 農務契 解散에 관한 건」, ≪불령단관계잡
   건―조선인의 부―재만주의 부(3)≫ .
82) 농무계 일부 성원들의 친일행적과 농무계의 친일성향은 엄연히 구분해보아야 한다. 당시 일
   본 측도 농무계가 진심으로 '제국 신민'으로서 지조를 지니고 있다고 속단하기는 어렵다고 분
   석하였다.(機密 제9호(1914. 1. 20.) 「선인집단의 嗷騷에 관하여 處罰赦免의 건」, ≪불령단관
   계잡건―조선인의 부―재만주의 부(3)≫).
83) 3・1運動 以後 反日과 祖國獨立이라는 共同目標下에서 人倧敎와 孔敎會가 聯合으로 人韓正義
   團이라는 反日團體까지 建立하기도 하지만 결국에는 保皇主義와 共和主義 대립으로 또다시
   分裂되는 結果를 가져오기도 했다.(獨立運動史編纂委員會, 『獨立運動史資料集』10, 1976, 제
   281~282쪽).

화민권을 주장하는 신진세력에 대한 수구파의 저항으로 인식하고
있었다. 그런데 시간의 흐름에 따라 간민회와 농무계 간의 갈등과
대립이 점점 첨예화되자 관찰사서에서는 두 단체에 대한 감독 관리
를 한층 강화할 필요를 느꼈다. 이러한 시점에서 원세개의 지방자
치기관 혁파에 관한 명령이 하달됨으로써 간민회와 농무계는 1년
도 못되어 강제 해산되는 운명을 피할 수 없었던 것이다.[84]

3) 신구세력 간의 새로운 통합과 장업회

1914년 3월 12일 吉林東南路 觀察使署의 「포고」 제11호에 의해
간민회와 농무계는 사실상 해산되었다. 중국 지방당국의 이와 같은
조치는 간민회나 농무계 모두에 있어서 치명적인 타격이 되었다.
이에 간민회와 농무계는 관찰사서의 해체 명령을 순순히 받아들이
지 않았다. 특히 간민회의 경우 총회는 해체시켰으나 지방조직은
계속 유지하려 시도하였으며 해체 포고가 지방에 전달되어 거리에
나붙으면 즉시 포고를 떼어 버리기도 했다.[85] 하지만 이러한 방법
으로서는 지방 당국의 계속되는 단속과 取締를 벗어날 수가 없었
다. 이러한 상황에서 간민회와 농무계의 일부 인사들은 새로운 단
체의 건립으로 불의에 들이닥친 위기를 극복하려 시도하였는데 이
것이 바로 1914년 5월에 건립한 奬業會 조직이었다.

장업회는 원 간민회와 농무계 일부 성원들이 공동으로 발기한 단
체였다. 장업회는 5월 18일 觀察使署에 올린 '奬業會簡章條例'에서

---

84) 간민회와 농무계 간의 갈등 원인에서 지연관계에도 주목할 필요가 있다. 윤정희는 '간도개척
  사'에서 간민회와 농무계의 충돌을 '함경도 대 평안도 패당의 투쟁'으로 보았다.(윤정희, 「간도
  개척사」, ≪한국학연구≫ 3별집, 인하대학교 한국학연구소, 1991년, 제23쪽).

85) 東南路觀察使署, 「吉林東南路觀察使署 訓令 第101號」, 中華民國 3年 3月 26日.

"실업 교육만이 현 세계 인류의 급선무이며 잠시도 늦출 수 없는 것입니다. 그러나 이제 인심이 흩어져서 대중적 힘이 전혀 없는 때를 맞이하게 되었으며, 자본이 충분하지 못하여 유통이 원활하지 못할까 근심하고, 지식이 완비되지 못하여 소식이 통하지 못한 까닭에 실제 효과를 거두기 어려운 상황임으로 우리 동인들은 장업회를 특별히 발기하였습니다. 이 장업회는 新舊를 가리지 않으며, 정치에 간섭하지도 않고 오직 실업과 교육을 진흥시키려는 것을 기본으로 삼습니다."[86]고 하여 실업교육의 진흥이 장업회 발기 목적임을 천명하였다. 여기에서 주목되는 것은 장업회가 '新·舊를 가리지 않고', 또 '정치에 간섭하지 않고 오직 실업교육의 진흥'만을 강조하였다는 점이다. 다시 말하면 신구를 가리지 않는다는 것은 전 시기 간민회와 농무계 간의 대립적 차원을 벗어난 두 세력 간의 새로운 연합을 의미하는 것이라 할 수 있으며, '정치와 관계없이 실업과 교육을 진흥 시킨다'는 것은 이미 해체된 간민회, 농무계와는 달리 사회 정치에는 참여하지 않겠다는 의사를 표명하는 것이라 이해된다.[87]

그러나 이와 같은 현상은 당시 한인자치가 도저히 불가능한 사회적 환경하에서 한인 지도층이 한인사회의 발전을 위한 새로운 모색이 9아니었나 생각된다. 장업회의 발기인들로는 화룡현에 韓泰根, 劉孝樂, 金成來, 金通吉, 玄德勝, 蔡秉默, 金銀山, 徐相庸, 朴允涉, 皮元敬, 蔡奎晉, 許泳, 朴兌桓 등 13명, 연길현에 崔昌極, 朴正山, 金禹鍾, 朴鶴獜, 方雨龍, 金載範, 朱甲龍, 許昌五, 吳德勝, 元壽千, 金一龍, 李承喬, 桂奉瑀, 李炳徽 등 14명, 왕청현에 崔喜(최진동), 宋九汝, 閔

---

86) ≪신한민보≫ 1914년 5월 28일,「장업회를 설립코져」.
87) 김춘선,「북간도 지역 한인사회의 형성 연구」, 국민대학교 박사학위논문, 1998년, 제170쪽.

成海, 蒙天財, 崔正國, 全宗鳳 등 6명, 훈춘현에 韓奎良, 李春, 黃丙吉, 甲萬長, 朴炯奎, 徐才一, 吳在泳 등 7명으로서 도합 36명이다. 장업회에는 전 간민회와 농무계의 주요 인물들이 직접 참여하지는 않았는데 이것은 아마 지방정부의 단속을 피하기 위한 일종의 수단에 불과하였다고 판단된다. 장업회의 발기인이 간민회 창립 당시 발기인 27명에 비해 36명으로 증가된 사실이나 장업회의 발기인으로 간민회의 李承喬・桂奉瑀・崔喜 등과 농무계의 金一龍・蔡秉黙・金禹鐘 등이 공동으로 참여한 것으로 보아 이는 간민회와 농무계가 공동으로 발기한 것임을 알 수 있다. 즉 장업회는 간민회나 농무계에 비해 단순한 양적 확대가 아닌 신구세력이 공동으로 참여한 질적 변화를 의미하고 있다.[88] 이 외에도 장업회는 연길・화룡・왕청 3현 뿐만 아니라 훈춘현까지 포함하고 있는 것으로 미루어보아 북간도 지역의 한인사회는 점차 활동공간을 잡거구역으로부터 비잡거구역으로 확대시켜 갔음을 알 수 있다. 특히 간민회와 농무계 회원들의 공동 참여는 일제와 중국 지방당국의 감시와 방해를 극복하고 북간도 지역 한인사회의 새로운 통합을 모색하고 있음을 시사하는 것으로 평가되고 있다.

　장업회는 회장, 총무, 회계, 서기를 각 1인씩 두고 간사 4인, 평의원 30인, 고문 약간을 두기로 했다. 그리고 실업과 교육을 장려하기 위한 목적으로 ≪장업월보≫를 간행하기로 했다. '장업회간장' 제13조에서는 "본 월보는 정치상 저촉되는 사항을 등재하지 않고 오직 무실역행을 권장하고 '화간인'의 감정을 연락하는 것을 大旨로 삼는다."고 규정하였다. 장업회의 공식 설립 여부와 구체적인 활

---

88) 박걸순, 「북간도 간민회의 해산과 추이」, ≪중앙사론≫ 30, 2009년, 제228쪽.

동에 대해서는 아직까지 자료의 부족으로 잘 밝혀지지 않고 있다. 그러나 당시 도빈은 장업회의 간장 내용에 문제를 제기하고, 또한 설립 신청을 상급에 보고하여 비준을 받아야 하는데 절차상에 문제가 있다는 이유로 불가함을 표명한 것으로 미루어 볼 때 공식적인 설립 인가를 받지 못한 것으로 추정된다.[89]

이와 같이 당시 북간도 지역의 신, 구세력들이 일치단결하여 장업회를 설립하고자 필사의 노력을 해왔으나 결국에는 실패하였다. 장업회의 창립이 실패하게 된 데는 여러 가지 원인이 있을 수 있으나 중요한 것은 북간도 지역이 가지고 있는 지리적 역사적 특수성에서 비롯된 것으로 분석된다. 1909년의 '간도협약'에서 중국정부는 일본으로부터 재만 한인들에 대한 관할권을 승인받았다. 그러나 경술국치 이후 일본은 모든 재만 한인들을 일본 천황의 '신민'으로 간주하면서 한인들의 관할권을 주장하고 있었다. 이러한 실정에서 지방당국의 대한인 정책은 민족 자치단체는 물론이고 기타 비정치적 단체까지도 일괄적으로 허용하지 않는 방향으로 수정해나갔던 것이다.

4) 동성한족생계회의 성립과 자치운동

간민회와 농무계 등이 강제해산 된 후 북간도 지역에서 활약하던 정안립, 김약연, 박무림 등은 북간도 지역이 아닌 길림지역에서 새로운 통합운동의 일환으로 東省韓族生計會 설립을 계획하였다. 자료에 의하면 본 회의 발기인은 길림, 목릉, 무송, 봉천, 서간도, 해룡, 환인, 유하, 북간도 등지를 망라한 149인이었다. 동성한족생계회는 회장에 呂準, 부회장에 김약연, 총무부장에 李沰, 실업부장에

---

89) 연변당안관자료, 한국 독립기념관 자료번호, 3—005437—007.

朴茂林, 조사부장에 金東三, 재무부장에 尹世俊, 문사부장에 孟幹, 서기에 全永一, 고문에 吳宗濂, 대리회장에 정안립 등을 선임한 후 북경에 파견하여 설립인가를 얻고자 했다.

1917년 12월 16일 정안립, 전영일, 박태려 등은 동삼성 한인대표 149명의 명의로 중국의 대총통, 국무원 총리, 외교부와 내무부 총장 등에게 東省韓族生計會의 설립을 청원하는 서한을 보냈다. 그들은 「동성한족생계회종지서」에서 "오직 우리 韓族은 4천년의 신성한 민족으로서 天賦의 인격과 인권을 결코 버리거나 포기해서는 안 된다. 그러나 슬프게도 교포들이 거주하는 동삼성의 1백만 형제들은 백성과 민족을 소중히 사랑할 줄 모르고, 두텁고 이로운 근본이 있어도 확장할 수가 없고, 커다란 손해가 있어도 배제할 생각을 하지 않고, 지극히 원통하고 억울한 일이 있어도 깨끗이 씻어내려 하지 않는다. 이렇듯 분란이 해결되지 못하면 교육이 발전할 수 없으니 장차 어떻게 20세기에 살면서 인격을 이루어 인권을 보호할 수 있겠는가? 우리는 이를 두려워하여 이 모임을 발기하고, 이름을 동성한족생계회라고 정하였다. 농업을 권장하고, 공상업을 일으켜 苛斂誅求를 피하고, 원통하고 억울한 일을 씻어내며, 자치를 도모하여 교육을 일으키려고 한다."[90]고 설명했다. 이 외에도 동성한족생계회에서는 중앙정부에 북간도 지역 한인들의 입적문제, 수전 개발문제 등을 비롯하여 8개 조항의 요구사항을 제출하였는데 그중 핵심문제는 상술한 문제들을 총괄적으로 해결할 수 있는 墾民統轄官署를 설치하자는 것이었다. 즉 '특별히 동삼성 내에 중앙 정부 관

---

90) 朝憲秘 제79호(1918. 2. 28.), 『동성한족생계회조직에 관한 건』, ≪不逞團關係雜件―朝鮮人의 部―在滿洲의 部(6)≫.

할의 간민통할관서를 두고 각지에 분관서를 만들어 간민을 관리로 專用하여 간민으로써 간민을 통치하는 책임을 부여하여 정부의 행정사법을 보좌'하도록 하게 해 달라는 것이었다.[91]

동성한족생계회는 재만 한인사회의 각 지역 각 세력들이 공동으로 참여하고 있었으나 실제로는 일찍이 북간도에서 동변민족협친회를 설립한 경험이 있던 농무계 계열 정안립이 주도하고 있었다.[92] 1918년 4월 13일과 14일에 걸쳐 길림 小東門外에 있던 정안립의 거처에서 동성한족생계회 제1회 총회가 개최되었다. 대회에서 정회장에 여준, 부회장에 서상용을 비롯하여 부장과 검사원, 서기 고문 평의원, 찬성원 등 20여 명이 선임되었다. 총회에 참가한 22명 회원들을 종교별로 분류하면 불교 10명, 예수교 7명, 공교회 4명, 대종교 1명으로서 이 회가 명실상부한 한인사회의 통합 조직임이었음을 확인할 수 있다.[93] 그런데 지도층의 명단을 북경파견 대표 선출명단과 비교해보면 김약연, 김동산, 이탁, 박무림, 윤세준 등이 빠져있는데, 그 원인에 대해서는 앞으로 별도의 연구가 요구된다하겠으나 이는 아마도 이전 간민회와 농무계 두 단체 간 갈등의 영향이 컸을 것으로 판단된다. 왜냐하면 당시 북간도의 지방관헌들이 정안립의 활동을 금지시키고 심지어 관하의 鄕正들에게 정안립의 유혹에 빠지지 말 것을 훈령한 점과 연길현 지사가 한인 각 사장들에게 동성한족생계회에 간여하지 말라고 훈시한 사실 등으로 미루

---

91) 박걸순, 「북간도 간민회의 해산과 추이」, ≪중앙사론≫ 30, 2009년, 제236~237쪽.(政機密 제14호(1918. 4. 11.), 『배일선인의 동정에 관한 건』, ≪불령단관계잡건─조선인의 부─재만주의 부(6)≫).

92) 機密 제14호(1918. 5. 10.), 『정안립 등 배일선인에 관한 건』, ≪不逞團關係雜件─朝鮮人의 部─在滿洲의 部(6)≫.

93) 朝憲密 제330호(1918. 5. 29.), 『東省韓族生計會 組織에 關한 件 續報』, ≪不逞團關係雜件─朝鮮人의 部─在滿洲의 部(7)≫.

어 볼 때 전 간민회의 성원들이 본회에 불참한 것이 아니라 지방당국의 간섭으로 참여할 수 없었던 것으로 추정된다.[94]

총회 개최 후 정안립은 길림에서 동성한족생계회의 조직을 확대시키기로 계획하고 동삼성을 5개 구역으로 나누어 제1구는 백두산 부근, 제2구는 서간도, 제3구는 安奉線, 제4구는 북간도, 제5구는 東淸線으로 획분하였다.[95] 특히 정안립은 최남기를 중심으로 연길에 崔禹益, 車鍾範, 金正奎, 화룡에 洪子文, 李哲, 金成七, 왕청에 金昇旼, 李某 등을 모집위원으로 임명하고, 하얼빈 이남지역의 宋王營, 煙秋, 秋風, 水靑 및 蜂蜜山 방면의 민족운동 세력과도 연계를 꾀하였다. 동성한족생계회가 정식으로 중국정부의 설립인가를 받았는지는 아직까지 자료의 부족으로 명확하지 않다. 그러나 1918년 11월 30일의 일본 측 자료에는 원 생계회가 이미 해산되었다고 기록되어 있는 것으로 미루어봤을 때 이 시기 동성한족생계회는 이미 해산된 것으로 분석된다.[96]

한마디로 말하자면 동성한족생계회는 간민회와 농무계가 해산된 후 북간도 일대의 신구 세력들이 연속되는 좌절을 극복하고 한인사회의 새로운 통합을 모색하기 위해 활동공간을 북간도에서 동삼성 한인사회로, 그리고 교섭대상을 지방정부로부터 중앙정부로 확대시켜 나갔다. 그럼에도 불구하고 장업회와 동성한족생계회의 설립을 주도했던 신구 세력들이 한결같이 갈망했던 한인자치와 대통합은

---

94) 機密 제16호(1918. 5. 22.), 『정안립 등 배일선인에 관한 건』, ≪不逞團關係雜件─朝鮮人의 部─在滿洲의 部(7)≫ .

95) 朝憲密 제214호(1918. 4. 18.), 『동성한족생계회 조직에 관한 건 속보』, ≪不逞團關係雜件─朝鮮人의 部─在滿洲의 部(7)≫ .

96) 機密公 제62호(1918. 11. 30.), 『배일선인 정안립 및 선농에 관한 건』, ≪不逞團關係雜件─朝鮮人의 部─在滿洲의 部(8)≫

여러 가지 원인으로 성공하지 못하였다. 그러나 그들이 서로 간의 갈등을 극복하고 통합을 이루기 위해 부었던 필사적인 노력은 3.1운동 이후 상해임시정부를 중심으로 한 재만 한인사회의 새로운 대통합이 이루어질 수 있는 사회적 토대를 마련해주었다.

3. 조선인 거류민회의 자치운동과 민족정체성

1920년대 동만 지역의 자치운동은 주로 친일단체인 조선인 거류민회를 중심으로 전개되었다. 1920년 일제의 '경신년대토벌' 이후 동만 지역의 한인사회는 대체로 친중반일과 친일반공으로 급속히 양분되는 현상이 나타났다. 한편 1910년대까지만 하더라도 한인들의 독립운동에 동정하면서 음으로 양으로 적지 않은 도움을 주던 중국 지방관헌들도 점차 한인들을 일제 중국침략의 '화근'으로 간주하면서 한인들을 무시하고 심지어는 사살하는 사건들이 빈번히 발생하였다. 1921년 용정에서 허병섭이 중국 군인의 총에 맞아 죽었고, 국자가에서는 최동이라는 12살 되는 아이와 김동환이란 사람이 중국 경찰에게 피살되었으며, 팔도구에서도 김 씨 성을 가진 무고한 농민이 중국군인 총에 맞아 사망하였다.[97] 그러던 중 1923년 2월 13일 용정촌시장에서 崔昌鎬[98]가 또 아무런 이유도 없이 중국 관헌의 총에 맞아 사살된 사건이 발생하게 되었다. 당시 중국 측에서는 이 사건은 과실로 인한 傷害致死事件에 불과함으로 피해자 가

---

97) 문재린·김신묵 회고록, ≪기린갑이와 고만네의 꿈≫도서출판 삼인, 2006년, 제463~464쪽.
98) 당시 신문기사에는 최창호의 이름을 崔昌浩 혹은 崔祥浩 등으로 기록하고 있다.

족에게 은 300원을 지불하는 것으로 무마시키려 했다.[99] 그러나 당시 한인유지들은 이는 우발적인 사건이 아니라 중국인들이 한인에 대한 멸시와 편견의 발로라고 인정했으며, 이러한 결과를 초래한 근본 원인은 '만몽조약' 이후 한인들이 처한 '이중 국적'과 이에 따른 이중적 통치체계에 있다고 주장하면서 대규모의 시민대회를 개최하여 본 사건의 철저한 규명을 촉구하였다. 그런데 여기에서 주목되는 것은 이 사건을 계기로 이때까지 친일적 경향만 보여 왔던 조선인 거류민회가 오히려 시민대회의 주최로 등장한 점과, 본 사건이 한인이 중국관헌에게 무고히 살해되었음에도 불구하고 한인사회의 대응은 오히려 일본국적의 이탈을 요구하면서 궁극적으로는 한인자치를 요구했다는 점이다.

먼저 시민대회의 개최상황을 살펴보면, 동년 2월 14일 민회는 용정에서 대책위원회를 열고 첫째, 일본의 통치 아래에서는 생명재산을 보호받을 수 없으니 탈적운동을 개시할 것, 둘째, 중국정부에 엄중 항의할 것을 결의하였다.[100] 이에 따라 동월 26일 용정촌에서는 주민대회가 개최되었는데 대회에서는 金正琪 위원장을 비롯한 34명의 집행위원이 선출되었으며,[101] 간도의 한인 30만 명의 일본국적 이탈운동과 중국정부에 제출할 항의문을 채택하였다. 이에 의하면 일본국적 이탈운동을 전개하는 이유는 1) 간도에 거주하는 한인은 일본과 중국 양국의 이중법률을 받음으로써 일상생활에서의 엄청난

---

99) ≪동아일보≫ 1923. 3. 22.(3), 「간도용정촌의 조선인 총살사건」.

100) 東亞日報≫ 1923. 2. 16일자(3).

101) 金正琪(委員長) 李庚在・李庚在・鄭士斌・尹和洙・鄭在(載)昷・金演君・安容浩・金龍錫・洪錫燦・李容碩・朴定奎・朴贊順・韓相愚・申一熙・金躍淵・姜瑾・李熙廛・趙商九・王金鵬・金用燦・曹喜林・安壽翼・孫定龍・李昌來・崔斗南・申鈇黙・姜載厚・金秉湜・金炳華・林炳斗・崔伯允・白楡品・崔昌奉・宋義淳.

곤란을 당하고 있는 것, 2) 행복한 생활을 개시하기 위해, 3) 일본이 우리 동포의 생명재산을 완전히 보호할 능력 유무를 신뢰할 수 없다는 것 등이었으며,[102] 중국 측에 항의할 내용은 1) 간도는 국제적 조약에 의해 우리 한인이 거주할 권리가 있고, 또 60여년 이래로 개간을 위해 끊임없이 노력하여 금일의 옥토를 만든 공로가 있으며 이에 한인은 이 땅에 거주할 권리가 당연함에도 불구하고 중국인들이 백주에 죄 없는 양민을 총살해 인권을 유린한 일, 2) 세금을 제한 없이 받아서 한인의 생활을 안정치 못하게 하는 일, 3) 하급관리들이 주민에게 무리한 압박을 하고 불법적인 행동을 해 생활의 안정을 얻지 못하게 하는 일, 4) 법률에 위반되는 세금을 강제로 받는 일 등이었다.[103] 집행위원회는 외교대표 鄭載冕·尹和洙·金正琪 등 3명을 일본영사관과 중국지방관청에 보내어 상술한 내용을 전달하였다. 이에 대해 중일 양측은 모두 강한 반대의사를 표명했으나 대표위원들은 '우리들은 일중 양국을 반대함이 아니라 다만 한인자치를 철저히 하려는데 불과함'을 재삼 천명하였다.[104] 이러한 실정에서 중국당국은 최창호 유가족에게 무휼금으로 은 3백 원을 주어 사건의 확대를 저지시키려 시도했으나 민회를 중심한 한인들의 일본국적 이탈운동과 자치활동은 계속 고조되어 갔다. 28일 대표위원들은 일본국적 이탈문제, 한인자치문제, 이중법률 철폐문제 등 사항에 대해 토의한 결과, 國籍脫離運動案과 중국정부에 대한 항의안은 잠시 보류하기로 하고 우선 조선인의 자치기관으로 朝鮮民團을 건립해 한인자치를 실현하기로 결의하였다. 그리고 조선민단의 건립을 위해

---

102) 柳光烈, ≪間島小史≫ 大華書館, 1933년, 제86쪽.

103) ≪東亞日報≫ 1923. 2. 24.(3), 「國籍脫離의 理由」.

104) 柳光烈, ≪間島小史≫ 大華書館, 1933년, 제87쪽.

다음과 같은 사항들을 결의해 집행하기로 했다.

① 각 지방의 주민대회상무집행위원회를 조직
② 10일에 1차씩 정기통신을 할 일.
③ 선전원 6개 대를 간도 전 지방에 파견해 순회
④ 주민대회 경비를 위해 의연금 징수의 권리를 지방집행위원회에 줄 것
⑤ 조선민단 설립을 위해 각지의 조선인회를 중심으로 각각 공동결속할 일.
⑥ 주민대회에서 작성한 조선민단 규칙을 수정해 곧 정식으로 일본정부에
  認可願을 제출하는 권리를 주민대회집행위원회에 부여할 일.105)

　최창호 피살사건을 계기로 개최된 간도주민대회는 조선민단이란
자치기구를 건립할 목표로 자치운동을 급속하게 발전시켜 나갔다.
민회는 이 운동에서 핵심적인 역할을 발휘하면서 각 지방의 민회
조직망을 이용해 보다 조직적이고 체계적으로 활동을 전개하고자
했다. 그러나 민회를 중심한 자치활동은 중일 양국의 강력한 단속
을 피할 수 없었다. 1923년 4월 1일부터 3일간에 걸쳐 개최된 주민
대회에서 일제의 스에마쓰(末松) 警視는 "민회의 조선민단 기성운
동의 참가를 허락하지 않으며 이번 운동은 현재 사회를 파괴하는
불온한 기운이 있으니 앞으로 주의하지 않으면 취체 하겠다."고 경
고했고,106) 중국 측도 상부국장 高士遠을 주민대회에 보내어 조선
민단의 건립은 절대 허락할 수 없음을 밝혔다. 왜냐하면 당시 일본
측은 한인들의 자치운동은 동시기 북경 및 봉천지역에서 金奎植과
張鎭宇 등이 추진하고 있는 「한인자치기성회」107)의 활동과 연관이

<hr>

105) 柳光烈, ≪間島小史≫ 大華書館, 1933년, 제89쪽.

106) ≪東亞日報≫ 1923년 4월 6일자.

107) ≪東亞日報≫ 1923. 1. 21.(3), 「韓人自治期成會」 '독립단 수령 金奎植·張鎭宇·金精一·南
　　鎭伍 등은 동삼성에 있는 조선 사람으로 자치회라는 단체를 조직해 일본의 세력범위를 벗어
　　나서 전혀 중국관헌의 보호아래서 일본인을 대항코자 한인자치기성회를 조직하고자 목하 북

있다고 인정하였고, 중국 측은 일본으로 하여금 재차 출병할 수 있는 기회를 조성하려는 것이라고 의심하고 있었기 때문이다.[108]

이렇듯 조선인 거류민회는 일본영사관의 철저한 감독하에 일본 총독부의 기층행정 사무를 처리하는 친일기구에 불과하였다. 그렇다면 1923년 민회가 일본국적 이탈과 한인자치를 요구하는 이유는 무엇일까? 여기에는 여러 가지 원인이 있겠으나 주로 다음과 같은 이유에서 비롯되었다고 볼 수 있다.

첫째, 조선인 민회는 이른바 일본의 '한인보호'에 대한 진의를 점차 깨닫게 되었으며 특히 '경신년토벌'에서 무고한 한인을 대량 살해한 사실에 대해 분개하고 있었다. 1923년 2월 18일 ≪동아일보≫에 기재된 「龍井市民大會에서 本社에 住民大會開催의 通電」 내용을 살펴보면, 간도의 한인들이 일본 국적을 벗어나려는 이유로 "이 사건은 중국인이 조선민족을 모욕한 일 뿐만 아니라 조선민족 전체가 전혀 일본대국의 압박아래에 있는 까닭이다. 이번에 간도에 거주하는 삼십만 조선인이 목숨을 내어놓고 부르짖는 탈적운동은 현재 조선인의 생명재산의 안전을 도모함에 피치 못할 운동이라 일본정부에 보호를 청함이 아니오, 일본정부는 一視同仁이라는 말 아래에서 격심한 차별을 하고 간도재류 국민을 보호한다는 미명하에 군대를 출동하게 만들어 무죄한 조선인을 학살하고 생명과 재산을 빼앗을 뿐 아니라 중국인에게까지 모욕과 압박을 받게 함은 이루다 말할 수 없다"[109]고 했다. 이로 보아 당시 간도지방의 일부 민회회

경과 봉천에 있는 중국 관헌에게 교섭한다더라'.

108) ≪東亞日報≫ 1923년 1월 21일자, 2월 18일자. '이번 운동을 당지 일본영사관 당국에서는 동삼성 조선인자치운동과 관계가 있는 듯이 의심하고……또 중국당국에서는 우리들의 운동을 일본으로 해금 출병을 하게 하는 것이라고 의심하는 모양이다.'

109) ≪東亞日報≫ 1923년 2월 18일자.

원들도 일본이 한인보호의 미명하에 무고한 한인들은 학살한데 대해 증오하고 있었으며 현재 중국당국의 모욕과 압박을 받는 원인도 일본 때문이라고 인식하고 있었음을 알 수 있다.

둘째, 간도주재원 히다카 헤이고로(日高丙子郞)의 이른바 도덕광명주의를 내건 '光明會'사업의 영향에서도 기인한 바가 크다고 볼 수 있다. 히다카 헤이고로는 1923년 1월 용정촌에 광명회를 설치하고 간도에 理想鄕을 건설한다고 주장하였다.[110] 그리고 민회조직을 중심으로 기타 유지인사들과 광범하게 접촉하면서 이른바 도덕광명주의를 내걸고 광명어학교·광명사범과·영신소학교 등을 인수하여 경영했으며, 광명수양원·광명일요아동회 등 수양사교단체를 만들어 농원경영까지 하면서 한인사회에 커다란 파문을 일으켰다. 그러나 당시 히다카의 광명회사업은 그가 사이토 마코토에게 보고한 바와 같이 민회가 한인사회에서 배척받는 상황에서 방법을 바꾸어 민족종교의 범위를 초월한 도덕광명주의를 내걸고 친중적인 한인은 물론이고 중국인도 그들의 침략정책에 이용하려는 데 그 목적이 있었다.[111] 그럼에도 불구하고 민회는 이러한 표면적인 현상에 고무되었고, 한인사회 내부의 일은 한인들 스스로가 처사하는 자주권을 바라게 되었다. 이에 따라 이들은 1910년대 귀화 입적을 통한 자치권의 확보가 아닌 국적이탈 방식으로 일본 측도 아니고 중국 측도 아닌 독자적인 자치를 획득하고자 시도했다고 볼 수 있다. 이는 당시 이중 국적으로 인한 한인재판권문제가 해결되지 않은 상황에서 일본 국적이든 중국 국적이든 한인들의 정당한 법적 권리가 보장될

---

110) ≪東亞日報≫ 1923년 1월 16일자. 「間島에 理想鄕 建設」.

111) 齋藤實 文書≫ 「日高丙子郞關係書類」2, '內鮮人融合機關設立卑見(1921년 4월)', 姜東鎭, ≪日本朝鮮支配政策史硏究≫ 東京大學出版會, 1979년, 제253~254쪽에서 재인용).

수 없다고 인식했기 때문이다. 사실 당시 한인들은 어느 한 쪽에 기울여 완전한 자유와 평등을 찾을 수 없었으며, 이러한 현실이 그들로 하여금 민족정체성 확보와 한인자치에 대한 욕구가 더 증폭되게 만들었다고 보인다. 결국 한인들은 자신들의 문제가 먼저 일본의 영향력에서 완전히 벗어난 후 중국에서의 합법적 권리를 보장받을 수 있는 자치권을 획득해야만 완전한 해결을 볼 수 있다고 판단한 것이다.112) 이러한 측면에서 볼 때, 조선인 거류민회는 친일적인 성격을 가지고 일제의 대륙침략 정책에 이용당하고 있었지만 민회에 참가한 한인들 대부분은 일제의 통제에서 벗어나 자치를 갈망하고 있었던 것으로 분석된다.

1923년 최창호 사건을 계기로 북간도 일대에서 전개되었던 일본국적 이탈운동과 한인자치활동은 중일 양측의 반대로 말미암아 큰 성과를 올리지 못하고 실패로 돌아갔다. 그렇지만 이 시기의 자치활동은 1910년대 반일 친중적 성향을 지닌 간민회의 자치활동과 달리 친일단체인 민회를 중심으로 기타 유지인사들이 공동으로 전개했다는 점에서 주목할 만하다.113) 또한 일제의 정치적 무력적 압력과 생활고로 인하여 마지못해 민회에 참여하였던 한인들도 점차 자신들의 운명은 일본도 중국도 아닌 우리들 자체가 중심이 되어 해결해야 한다는 민족정체성을 자각한 것으로 보인다.

---

112) 林永西는 「1910~20년대 간도한인에 대한 중국의 정책과 민회」(서울대학교대학원 석사학위 논문, 1993年)에서 민회가 '반민족적 친일단체'로 전락한 것은 중국당국의 수동적인 민족정책으로 인해 한인들에게 친일이냐 친중이냐 라는 오도된 선택을 강요한 결과라고 보고 있다. 그리고 그는 민회도 귀화와 자치 실현이라는 자신의 엷은 친일적 색채를 뛰어넘는 주장을 폈으나 중국 측의 적절한 대응책이 없었기에 친일적으로 전락했다고 보고 있다.

113) 당시 주민대회 집행위원 가운데는 金正琪·卞和洙·鄭載冕·金演君·韓相愚·金躍淵 등 많은 민족진영 인사들이 참여하고 있었다.

4. 중국당국의 한인 '구축정책'과 한인사회의 대응

일제는 1927년 4월 '산동출병'을 단행했으며, 6월에는 '동방회의'를 개최해 8개 항에 달하는 '만몽적극정책'을 발표하여 대륙침략 정책을 공식화하였다. 그리고 동년 10월에는 동북군벌을 핍박해 돈도 철도(敦化~圖們)와 북만 일대의 철도부설권을 획득했으며, 1928년 5월에는 '濟南事件'을 일으켜 중국 내의 반일감정을 크게 고조시켰다.[114] 이러한 실정에서 중국정부는 이른바 일제의 침략을 미연에 방지한다는 미명하에 동북지역 한인들에 대하여 '구축정책'을 실시하기 시작하였다. 따라서 동만 지역의 자치운동은 1920년대 후반에 이르러 동북군벌의 한인 '구축정책'에 맞서 한인유지들을 중심으로 군중집회 또는 각종 시민대회를 개최하는 방식으로 전개되었다. 그런데 1927년 9월 화룡현 옥돌골에서 한인 소작농 崔昌洛이 중국인 지주 邢田甲에 의해 무고히 살해된 사건이 발생하게 되었고, 이는 구축반대운동을 고조시키는 계기로 작용하였다. 9월 12일 용정과 국자가의 한인유지들은 조선인사회단체협의회를 발기하고 용정의 공회당에서 용정국자가시민연합대회를 개최해 중국당국과 지주들의 폭정을 규탄하였다. 대회에서는 중국당국에 살인자 형전갑을 처단하고 이를 비호한 지방관헌을 엄격히 처벌할 것을 강력히 요구했으며, 전간도주민대회를 소집해 민중을 각성시키고 조선국내의 신간회에 보고해 여론을 환기시킬 것을 결의하였다.[115]

최창락 피살사건을 계기로 동만 지역에서는 간민교육연구회를

---

114) 李鴻文 等著, ≪東北人民革命鬪爭史≫ 吉林人民出版社, 1989년, 제124~125쪽.

115) ≪朝鮮日報≫ 1927년 9월 21일자, 「용정 국자가 연합시민대회 결의사항」.

중심으로 중국당국의 한인구축에 대한 한인사회의 조직적인 대응이 전개되면서 점차 자치운동으로 전환되어 갔다. 1928년 3월 18일 간민교육연구회 회장 김영학의 주최로 국자가 청년회관에서 연변간민유지자대회가 개최되었고 연변대표자촉성회를 결성하였다. 이 회의에서는 길림성에 대표를 파견해 한인구축에 항의할 것을 결의하였다.116) 1929년 1월 1일 연변지방간민대표 전성호 등은 길림에서 10여 명의 각 현 대표자들과 회합을 갖고 북간도지방의 시민대회 활동을 합법적 자치운동으로 전환할 것을 결의하고 다음과 같은 9개 사항의 운동방침을 제정하였다.

① 국민정부 및 국민당간부에게 혁명운동의 성공한 결과로 손총리가 주창하던 삼민주의 실현을 축하하는 내용의 축전을 발송한다.
② 동삼성 행정과 기타 각 기관의 대혁신에 접해 韓族문제를 강구하는 기관을 특설하는 방안을 당국에 건의한다.
③ 각 현에 同鄕會를 급속히 설치하고, 재만 한인의 자치운동을 조직적으로 일으키는 것으로 民意를 당국에 알린다.
④ 재만 한인에 대한 귀화수속은 간편화를 기하며 각지 동향회에서는 귀화를 권유해 속히 공민권을 획득한다.
⑤ 공민권을 획득한 자는 중국인과 동등하게 참정권을 가지도록 당국에 요망한다.
⑥ 연변지방에 거주하는 한인은 중일 양국 관헌의 이중제재를 받는 상황이므로 이를 근본적으로 개혁하기 위한 수단으로, 직, 간접적으로 영사재판권의 철폐를 위하여 노력한다.
⑦ 연변지방에 있는 일본 측 금융기관에 대항할 수 있는 금융기관을 설치해, 한인 농민에게 저이자 자금을 대출해 줄 것을 중국당국에 청원한다.
⑧ 각지에 있는 반일회와 서로 호응해 배일선전을 진행하며 중국당국의 방침을 迎合한다.

116) 延邊代表者促成會의 준비위원은 金永學·金喆·方呂洛·金英浩 등으로 선정되었으며, 임시사무소는 局子街 泰東商店으로 정했다.(≪朝鮮日報≫ 1928년 3월 31일자, 「韓僑 當面問題로 延邊墾民會 吉林省에 代表派遣을 決議」.

⑨ 중국당국자를 선동하여 만주 각지에 있는 조선인 민회를 해산시키며,
향사갑촌제도를 보다 유력한 기관으로 건설한다.[117]

위의 내용을 보면 대표자회의에서는 자치기관의 설치와 한인들
의 권익보장은 물론 중국당국의 국권회복 운동의 중심과제인 일제
의 치외법권의 철폐를 요구했고, 특히 중국인들의 반일회와 연합해
배일운동을 전개해 조선인 민회를 해산시키고 중국지방행정 체계인
향사갑촌제도를 강화하고자 했음을 알 수 있다. 이것은 당시 중국
당국이 배일운동의 일환으로 한인구축을 감행하는 상황에서 한인자
치 운동도 배일운동의 일환임을 강조하여 중국당국으로부터 자치운
동의 합법성을 인정받아 한인사회의 위기국면을 타개하고자 했던
것으로 보인다.

이 외에도 1930년 3월 국자가의 한인유지들은 합법적인 자치기관
으로 新華民會를 조직했다. 신화민회는「簡章」에서 본회의 주요사업
과 임무를 '1) 국민정부의 현행법령 및 기타 법장에 따라 신화민을
지도해 동등한 공권을 향유한다. 2) 신화민에게 기존의 습관, 풍속
을 개량할 수 있도록 권유한다. 3) 일반 신화민은 법률 및 규장에
대한 모든 상식을 순회강연을 통해 民智를 계발한다. 4) 삼민주의를
강습한다. 5) 관민 간의 의사소통과 신, 구화민 간의 친목을 도모한
다. 6) 인민의 은닉사실을 관청에 보고해 관민 간의 간격을 없게 한
다. 7) 일반 불량배를 제거해 연변의 주권을 보호한다. 8) 본 회원은
조선인 민회에 가입하지 않는다. 또한 일본의 금전을 차용할 수도
없다'고 규정하였다.[118] 그런데 여기에서 주목되는 것은 '신화민의

---

117) 朝鮮總督府警務局, ≪在滿鮮人ト支那官憲≫ 1930년, 제330~331쪽.
118) 위의 책, 제222~223쪽.

기존의 습관, 풍속을 개량한다.'는 점이다. 이는 신화민회가 주장한 자치는 한인으로서의 민족자치가 아니라 중국인으로 완전 동화한 신화인으로서의 자치를 의미하는 것이라 볼 수 있다. 그러나 이러한 경향은 당시 중국당국이 한인들의 귀화를 제한하고 민족동화를 강요하는 실정에서 동만 지역 한인들이 그들이 처한 위기국면을 극복하기 위한 임시적인 조치에 불과한 것으로 분석된다. 사실 신화민회는 설립초기 중국 지방당국의 지지를 받은 것으로 보인다. 그리하여 1930년 4월 국자가 下市場에 있는 시정주비처번역원 李今龍도 신화민회에 가입해 한인들의 귀화 입적과 한인 자치운동에 관한 41개조를 제출하는 등 적극적인 활동을 펼치기도 했다.[119]

한마디로 말하자면 이 시기 한인들의 자치운동은 다양한 형태로 진행되었으나 궁극적인 목표는 민족정체성을 유지하면서 한인사회의 진정한 자치를 실현시키는 것이었다. 따라서 자치운동의 중요한 내용은 민족문화를 보존할 수 있는 민족교육이었다. 특히 1920년대 후반에 이르러 중국 당국이 한인교육에 대한 통제를 대폭 강화하면서 한인학교를 강제로 폐쇄시키고 학생들을 縣立學校에 강제 편입시켰으며 심지어는 한인학생들의 조선어 등 민족교과를 폐지하고 한복의 착용까지 금지하는 사례가 비일비재 했다. 이에 각지 한인 유지들과 단체들은 자치운동의 일환으로 한인교육의 특수성과 당위성을 중국당국에 진정, 항의함과 아울러 합법적인 범위 내에서 조선어와 조선역사를 학교의 정규과목으로 허용해줄 것을 청원하였다.[120] 그 결과 1930년 8월, 탄압일변도로 달리던 길림지방당국의

---

119) ≪東亞日報≫ 1930년 4월 5일자, 「歸化同胞網羅 新國民會組織」.
120) 박금해, '간도조선인에 대한 중국당국의 정책과 조선인사회의 대응', ≪중국 동북지역 한민족 항일투쟁의 역사적 의의≫ 광복70주년·항전70주년 공동학술회의 논문집, 2015년, 제191~192쪽.

교육정책도 일단 완화의 조짐을 보이기 시작하였으며 급기야는 「연변간민교육변통판법5조」를 반포하여 한인교육의 특수성을 인정하였다.

(1) 鮮人사립학교는 교육부에서 정한 과정표준과 교과서에 근거하여 수업을 진행하는 것 외에, 저학년은 매주 4교시에 조선어를, 고학년은 2교시에 조선역사와 조선지리를 가르칠 수 있다.

(2) 공립학교는 교육부에서 정한 학제표준과 교과서에 따라 수업을 진행하는 외에 과외시간을 이용하여 저학년은 매주 4교시에 조선어를, 고학년은 매주 2교시에 조선역사와 조선지리를 가르칠 수 있다.

(3) 연변4현의 교육국과 교육위원회는 정원이 부족할 시 자격 있는 조선인을 선발하여 조선인학교의 감찰임무를 담당하도록 하여야 한다.(이하 생략)[121]

이어 1931년 2월, 길림성교육청에서 반포한 「鮮人學校取締辦法」에서도 한인학교의 조선문, 조선역사, 조선지리 등 민족교과를 허용(중문 역문을 첨부)하였으며 같은 시기의 「중화조선언문교환판법」에서도 공립학교·민중학교·길림성 제4사범학교에 中朝言文과를 설치하여 중국인 학생과 조선인학생들이 서로 중조언문을 배우도록 권장하는 등 일련의 조치들이 취해지면서 한인들이 민족교육과 민족문화를 고수하고 민족정체성을 지키는데 크게 일조하였다.

그러나 이 시기의 한인 자치운동은 1930년 중공연변당부와 한인

---

121) 朴今海, 《日本對東北朝鮮族的植民主義教育政策》 延邊人民出版社, 2008년, 제142쪽.

공산주의자들이 전개한 '5·30폭동'을 계기로 일대의 전환을 가져왔다. 1930년 9월 12일 연길시정주비처장 張書翰은 연길·화룡·왕청·훈춘 4현의 한인대표들이 참가한 이른바 조선인원로회[122]를 개최하고 '연변4현자치촉진회'를 성립할 것을 권유하였으며, 지방당국은 이에 적극 협조하기로 결정하였다.[123] 중국 지방당국의 이 같은 조치는 당시 '5·30폭동'을 전후로 동만 지역의 한인 공산주의자들이 과거 반일운동에만 치중하던 경향에서 점차 동북군벌과 중국인 지주 및 고리대금업자들도 타도의 대상으로 규정하는 등 반제반봉건 투쟁으로 전환되고 있다는 판단에서 민족주의 세력을 적극적으로 이용하여 以韓制韓의 방법으로 한인 사회주의자들을 탄압하려는데 목적이 있었다고 볼 수 있다. 이에 대해 당시 일본 측의 조사보고에서도 '중국 측은 공산주의운동의 압제에 민족주의자를 이용하여 민심의 완화를 도모하는 한편 面村制의 실시로 我方施設의 조선인 민회에 대항하고자 한다.'고 분석하였다.[124]

중국 지방당국의 적극적인 협조로 1930년 10월 4일 연변4현자치촉진회[125]는 '규칙 14조'와 '활동방침'을 제정하고 발표하였다. 먼저 '규칙 14조'의 주요내용을 살펴보면 다음과 같다.

제1조: 본회의 명칭은 연변4현 자치촉진회로서 華墾 양 민족의 감정을 융

---

122) 延吉縣代表: 金廷一·金京禧·張元俊; 汪淸縣代表: 玄天極·崔振東; 琿春縣代表: 蔡聚伍 등 20여 명.

123) ≪東亞日報≫ 1930년 9월 23일자,「朝鮮人元老會」; 1930년 10월 11일자,「자치촉진회 길림성에서 허가」.

124) 姜德相 編, ≪現代史資料≫ 29,「朝鮮」5, みすず書房, 1972년, 제627쪽.

125) 연변자치촉진회 발기인 명단은 다음과 같다. 延吉縣: 金廷日·朴京林·張相河·嚴能彦·朴基坪·張元俊·安世勳·李基燦; 和龍縣: 金信模·金鎭川; 汪淸縣: 玄天極·崔振東; 琿春縣: 蔡全伍, (≪間島警察史≫ 8, 제452쪽,「支那側ノ朝鮮人民族主義者利用」)

합시키며, 자치지식의 보급 및 자치진행의 촉성을 목적으로 한다.

제2조: 본회의 본부는 연길에 두고 훈춘, 화룡, 왕청 각 현에는 분회를 둔다.

제3조: 본 회원의 자격은 華藜민을 불문하고 다음과 같은 2가지로 정한다. 1) 各區長과 村政 지도원. 2) 본회의 종지에 찬동하는 紳民으로서 회원 2명 이상의 소개자가 있어야 한다.

제4조: 본회의 임원은 회장 1명, 부회장 2명, 간사 6명으로 한다. 분회에 는 분회장 1명, 간사 4명, 명예간사 약간을 둔다. 그러나 위 임원 은 회원의 선거로 선발된다.

제5조: 본회 임원의 임기는 1년으로 하고 개선 시에 당선된 자는 재임할 수 있다.

제6조: 본회의 개회는 정기와 임시로 정하고 정기회는 매년 2차, 임시회는 회원의 반 이상이 요구하고 회장의 승인을 받아 개최된다.

제7조: 본회의 會務는 다음과 같다. 1) 自治學識을 촉진할 것. 2) 자치사 무의 利弊를 연구할 것. 3) 의견과 조사보고 자료를 彙集할 것. 4) 자치사상을 보급할 것. 5) 회원의 의사를 연락하고 상호 격려할 것.

제8조: 본회의 종지를 관철시키기 위하여 제1조항으로부터 제4항에 이르 는 범위 내에서 잡지를 발행할 것.

제9조: 본회는 행정관서 및 자치기관의 諮詢조사에 응답하거나 보고할 의 무가 있다.

제10조: 본회는 自治進行에 대한 의견이 있으면 자치당국 및 감독관서에 건의해야 한다.

제11조: 본회의 경비는 회원의 의무금과 有志의 喜捨金으로써 충당한다.

제12조: 본 회원이 아닌 자가 喜捨金을 본회에 기증할 때에는 贊助員으 로 인정한다.

제13조: 각 분회는 매년 정기총회에서 회원의 성명과 會務進行 상황을 총 회에 보고한다.

제14조: 본 규칙은 관할관서의 비준을 얻은 날부터 시행한다.[126]

자치촉진회는 본 회의 설립목적이 "華·韓 양 민족의 감정을 융 합시켜 자치지식의 보급과 자치진행의 촉성을 목적으로 한다."고 했으며, 의무는 "자치학식의 촉진, 자치사무의 利弊에 대한 연구,

---

126) 姜德相 編, ≪現代史資料≫ 29, 「朝鮮」5, みすず書房, 1972년, 제628~629쪽.

자치사상의 보급" 등으로 규정함으로써 명실상부한 한인자치단체를 표방하고 있었음을 알 수 있다. 그러나 자치촉진회의 '운동방침'을 살펴보면 자치촉진회의 설립목적은 한인자치의 미명하에 민족주의 운동으로 사회주의 운동을 제압하고자 하는데 있었음을 확인할 수 있다. 요컨대 자치촉진회의 운동방침에는 1) 연변4현 자치촉진회를 선인사상의 선도 기관 겸 자치지식 양성기관으로 인정하고, 동회 회원은 민족주의자 및 각 종교단체의 유력자들로 조직할 것, 2) 동 분회 각 지부는 당분간 공산주의운동의 타도에 전력을 쏟으며 점차 자치촉진을 계획할 것, 3) 동 자치회는 공산주의 타도를 위한 임시편법으로 遊說隊를 편성하여 각지에 유세를 진행하고 공산주의 불합리성을 일반 민중에게 이해시킴과 동시에 선인의 민족적 대동단결의 필요를 고조시킬 것, 4) 공산주의 타도와 민족주의 고취의 선전문을 배포할 것 등으로 규정되었다.[127] 이렇듯 4가지 활동방침 중 3가지는 모두 공산주의 타도와 민족주의 고취로 일괄되어 있음을 볼 수 있다. 여기에서 연변4현 자치촉진회는 비록 한인자치를 표방하고 있었으나 활동의 중심은 자치보다 공산주의 타도에 역점을 두고 있었음을 알 수 있다. 한편 길림당국은 길림성정부 겸 全省警務處通譯 吳人華를 국자가에 보내 자치촉진회 간부 全盛鎬와 金廷一 등을 만나 민족주의자 및 종교계 인사들과 협의해 공산주의 운동을 민족주의 운동으로 전환시키는데 주력하는 등 적극적인 지지를 보냈다. 이에 따라 자치촉진회는 동만 지역 내 민족세력의 규합은 물론이고 나가서는 남만 지역 한족총연합회 출신의 南大觀까지도 불러들여 한인 사회주의자들에 대한 중국당국의 탄압

---

127) 姜德相 編, ≪現代史資料≫ 29, 「朝鮮」5, みすず書房, 1972년, 제628쪽.

과 체포에 적극적으로 협조하였다.[128]

이와 같이 동만 지역에서 민족주의자들이 추진했던 합법적 자치운동은 1920년 후반에 이르러 사실상 일제와 중국당국이 한인 사회주의자들의 반제반봉건 투쟁을 진압하는데 이용되었으며, 이는 결국 한인사회내부의 분화와 대립만 증대시키는 결과를 초래하게 되었다. 이러한 실정에서 연변4현 자치촉진회의 자치활동은 더 이상의 진전을 보지 못하고 1931년 중국당국의 일방적인 명령에 의해 강제해체되는 운명을 맞이할 수밖에 없었다.

연변4현 자치촉진회를 제외한 기타 한인유지들은 여전히 민중대회를 개최해 여론을 환기시키고 한인대표를 선발해 중국당국과 교섭하는 방식으로 한인들의 권익을 보호하고자 했다. 이에 따라 1930년 9월 20일 용정시 공회당에서는 연변민중대회가 개최되었다. 대회에서는 ① 신문지상으로 여론을 환기시킬 것, ② 대표를 길림성 정부에 파견해 항의할 것, ③ 살해 동포의 구휼금을 모집할 것, ④ 민중대회의 상설기관을 설치할 것 등 4개 사항의 결의문이 채택되었다.[129] 그리고 동년 10월 26일에는 全延邊民衆大會召集準備委員會가 조직되었다. 이후 이들 단체들은 한인들의 피해 실상을 상세히 조사한 후 대표를 길림성 정부에 파견하여 정식으로 항의하는 한편 언론을 통해 국내외에 호소하는 등 다양한 활동을 전개하였다.

---

128) ≪間島警察史≫ 8, 앞의 책, 제976쪽, 「昭和六年中間島·琿春及接壤地方治安概況ノ件」.
129) ≪東亞日報≫ 1930년 10월 5일자. 「軍警戒嚴中間島民衆大會」.

5. 소결

이상에서 살펴본 바와 같이 중화민국시기 동북지역 한인사회의 자치운동은 부동한 세력을 중심으로 한 다양한 형태로 전개되었다. 1910년대 동만 지역의 간민회는 지방당국을 비롯한 당지 한족들과의 관계를 돈독히 함과 동시에 한인사회를 대표하여 호적조사, 토지문제, 교육문제 등에 직접 개입하는 방식으로 한인사회의 자치를 구현하고자 했다. 그리고 1920년대 후반 중국당국의 한인에 대한 압박이 심화되자 북간도 지역 한인사회의 여러 세력들은 그들이 처한 사회경제적 환경과 정치 이념에 따라 각기 부동한 형식의 자치운동을 전개하였다. 즉 독립운동단체들은 장기적인 항일무장투쟁을 전개하기 위한 독립기지 건설의 일환에서 자치운동을 추진하였고, 민족주의자들은 귀화 입적을 통한 합법적 자치운동으로, 그리고 조선인 거류민회는 일본국적의 이탈을 주장하면서 한인들의 자치를 호소하였다. 그러나 조선인 거류민회는 어디까지나 일제의 친일단체조직으로서 한인자치운동을 조직하고 전개하는데 있어서 근본적 한계를 드러냈다. 민족진영에서 추진했던 합법적 자치 청원운동도 당시 중일 간에 모순이 첨예화되고, 또 일제가 한인들의 대한제국 국적이탈을 승인하지 않아 사실상 성사되기 어려운 난관에 부딪쳤다. 하지만 이 시기 이들 단체들이 추진했던 한인사회의 자치운동은 한인들의 민족정체성을 재확립시킴과 동시에 반일민족해방운동의 지속적인 전개에 크게 공헌하였다.

제3절 남, 북만 지역 한인 자치운동과 민족정체성

1. 경학사, 부민단의 자치운동과 민족정체성

남, 북만 지역 한인사회의 자치운동은 일찍이 신민회 회원이었던 이상룡·이회영·이동녕 등에 의해 추진되었다. 1911년 이들은 해외독립운동기지를 건설한다는 취지하에 중국 유하현 삼원포에 집단 이주한 후 동년 4월 군중대회를 개최하고 다음과 같은 5개 사항을 의결하였다. 첫째, 민간적 자치기관의 성격을 띤 경학사를 조직함; 둘째, 전통적인 도의에 입각한 질서와 풍기를 확립함; 셋째, 제농주의에 입각한 생계방도를 세움; 넷째, 학교를 설립하고 주경야독의 신념을 고취함; 다섯째, 기성군인과 군관을 재훈련하여 기간장교로 삼고 애국청년을 수용하여 국가의 동량인재를 육성함.[1] 이와 같이 경학사는 건립초기부터 자치단체로 출발하여 남만 지역 한인사회의 정치, 경제, 문화 등 제반 권리의 취득에 중점을 두었다. 그러나 경학사의 사업은 그들이 생각했던 바와는 달리 순조롭게 진행되지 못했다. 당시 남만 지역의 지방관원들은 한인들에게 치발역복을 강요하였으며 토지소유권을 인정하지 않을 뿐만 아니라 모든 부동산을 소유하지 못하게 했다. 여기에 1910년부터 동북지구에서는 연속적

---

[1] 이관직, ≪우당리회영실기≫을유문화사, 1985년, (김춘선 주필, ≪신해혁명과 중국조선족≫ 연변인민출판사, 2011년, 제13~14쪽 참조)

인 자연재해가 발생하여 경학사는 결국 해체의 위기에 직면하였다.

1912년 중화민국이 건립되자 이상룡은 새롭게 등장한 공화주의 국가에 큰 희망을 가졌다. 그들은 경학사 시기 중국인들의 의구심과 배척운동을 해소할 목적으로 전개해왔던 변장운동을 그 내용과 형식을 바꾸어 계속 전개하기로 했다. 이상룡은 변장운동을 '나의 동포 잃었으니 이웃 동포 내 동포요, 나의 형제 잃었으니 이웃 형제 내 형제라'라는 인식과 작은 것을 죽이고 큰 것을 살리려는 생각에서 일치단결하여 '머리를 자르고 복식을 바꾸어 모두 중국식으로 따랐다'고 표현하였다.2) 여기에서 '작은 것'이란 변장이고 '큰 것'이란 민족정체성과 자치를 의미하는 것이라 분석된다. 이러한 의미에서 볼 때 당시 이상룡 등이 추진했던 변장운동은 자원적인 민족동화가 아니라 남만 지역에서 한인사회가 시급히 해결해야 했던 한인들의 민적가입과 황무지 개간, 나아가 자치의 실현을 위한 고육지책이라 평가된다.

이상룡은 유하현 지사에게 조선이 비록 멸망했지만 중국이라는 모국이 존재하고 있기에 한인 이주민들이 이곳에 이주해 올 수 있다는 것과 귀화하고 입적하기를 원하니 조속히 집조를 발급하여 중화민국 민적에 가입시키고 토지부조를 발급하여 민족교육을 중시하고 학교를 설립하게 할 것을 요구하였다.3) 또한 중화민국 국회에 제의서를 보내어 한인들의 귀화 입적을 승인할 것과 이를 받아들이면 "중국인들의 비축물을 매매할 수 있어 재력이 커질 수 있고, 황무지를 개간하여 옥토를 만들 수 있으며 한인들이 자치를 하면서

---

2) 서중석, ≪신흥무관학교와 망명자들≫ 역사비평사, 2001년, 제74쪽.

3) 안동독립운동기념관편, ≪석주유고≫(상), 경인문화사, 2008년, 제549～552쪽.

더불어 살게 되면 서로 감화되는 유익함이 있고 몽골을 정벌하고 러시아의 침입을 방지하는데 유익하며 일본과 러시아의 침략에 대처할 수 있는 인력을 얻을 수 있다"는 등 다섯 가지 유리한 점을 지적하였다. 이 외에도 이상룡은 중국어강습소를 설치하여 중국인들과의 소통과 친선을 도모하게 했다. 그러나 이상룡 등의 상술한 행동은 일부 보수적인 유림인사들의 반발을 자아냈다. 이에 대하여 이상룡은 "머리카락은 작은 몸이고 옷은 바깥의 꾸밈인데 일의 형편상 혹 바꿀 수도 있으니 태백이 머리를 자르고 형의 땅으로 도망친 것과 공자가 장보관을 쓰고 송나라에 있었던 것이 바로 그 예입니다. 큰일을 하려는 자가 어찌 자잘한 것에 얽매여서야 되겠습니까? …"라고 하면서 귀화 입적이 무슨 민족정체성을 잃는 것이 아니라 나라를 되찾고 민족을 상생시키는 행위라고 설명하였다.[4]

이후 이상룡 등 남만 지역의 유지들은 한인사회의 자치를 위해 중국정부에 청원하는 한편, 경학사를 토대로 공리회, 부민단 등 자치단체를 조직하였다. 뿐만 아니라 자신계, 광업사, 길남사, 신성호 등 부속 기구들을 설립하여 남만 일대의 황무지와 습지들을 조차한 후 한인 이주민들로 하여금 산에서 내려와 논을 만들어 벼를 심게 하고 구역을 획정하여 자치제를 실행하였다.[5]

부민단은 통화현 합니하에 본부를 두고 산하에 서무, 법무, 검무, 학무, 재무 등 부서를 두었으며, 지방조직은 10호, 100호, 1,000호를 기준으로 패(牌), 구(区), 지방으로 나누고, 패에는 패장(牌长) 또는 십가장(十家长) 1인을 두고, 구에는 구장 또는 백가장(百家长) 1

---

4) 안동독립운동기념관편, ≪석주유고≫(하), 경인문화사, 2008년, 제153～157쪽.
5) 위의 책, 제156쪽.

인을 두었으며, 지방에는 천가장(千家长) 1인을 두었다. 이와 같이 부민단은 중앙본부와 지방조직을 만들어 남만 지역 한인사회의 자치를 도모하였으며 한인과 중국인들 간의 관계도 원활하게 처리하여 당지인들의 호평을 받았다. ≪석주유고≫에서는 당시 부민단의 자치활동에 대하여 "민호를 배정하고 구역을 획정하여 자치제를 행하였다. 법령이 엄하고 판결이 명확하니 만주 사람도 문서를 가지고 와서 소송의 해결을 요청하는 자가 있었다."[6]고 기록하였다.

그러나 부민단의 자치활동은 중국정부의 비준을 받고 합법적으로 이루어진 진정한 의미에서의 자치는 아니었다. 동북 지방당국은 한시기 한인들을 황무지나 수전 개간에 적극 이용하기 위하여 이주와 정착을 장려한 바 있었으나 1915년 '만몽조약'이 체결되고 일제가 한인들의 이중 국적과 토지소유권을 미끼로 대륙침략에 박차를 가하자 한인에 대한 단속과 취체를 대폭 강화하였다. 이러한 실정에서 이상룡 등은 중국당국에「한교가 중국에 바라는 것」이란 글을 올려 한인들이 중국에 바라는 것은 관직이나 참정의 권리가 아니라 "민적에 편입되는 것을 허가받아 원수의 굴레에서 벗어나고, 황무지를 개간하는 것을 허가받아 구덩이에서 죽어 나뒹구는 위기를 면하며, 자치를 행하는 것을 허가 받아 동족의 협잡을 제어하며, 공교를 설립하는 것을 허가 받아 성인을 우러르는 작은 정성을 펴며, 무예를 익히는 것을 허가받아 장래의 목적을 달성하는 것에 지나지 않는다."[7]고 호소하였다. 그리고 한인에 대한 동북지방 당국의 정책은 "스스로 오는 것은 그대로 두어 금지하지 않되 무정한 듯이

---

6) 위의 책, 제156쪽, 「행장」.

7) 안동독립운동기념관편, ≪석주유고≫(상), 경인문화사, 2008년, 제651~652쪽, 「한교에 대한 중국의 대우」.

대하고 보호를 하지 않아 마침내 의지할 데 없는 교민들로 하여금 실망하게 하여, 떠나가려고 하면 떠나갈 사단이 없고 머무르려고 하면 머무를 만한 매력이 없게 만드는 것"과 같다고 지적하면서 "이는 전대 청나라의 부패한 시대에나 간혹 일시적으로 보완하는 방도가 될 수 있었던 것입니다. 지금 문명한 공화의 초기에 혁파하지 않은 폐단이 없는데 유독 이 한 건만은 옛 정치를 그대로 답습하는 것은 어째서입니까?"하고 반문하기도 했다. 마지막으로 한인들 중에서 미국의 남쪽으로 이주한 사람들은 이미 보호를 받은 경우가 반이나 되고, 북쪽 러시아로 이주한 자들도 또한 새로운 자치를 인정받았는데 유독 중국 땅으로 와서 거주하는 자들만은 현재 살아갈 가망이 없다고 호소하면서 "세 나라 중에서 누군들 세계의 대국이 아니며 누군들 공화의 선정을 베풀지 않겠습니까? 그러나 전혀 상관이 없는 저 미국과 러시아는 오히려 먼 곳에서 온 사람들을 회유하는 아름다운 뜻을 지니고 있는데 일찍이 4천 년 동안 지리적, 역사적으로 긴밀한 관계의 중국이 그 은혜를 교민에게 베풀지 않을 수 있는 것입니까?"[8]라고 하여 중화민국도 동북에 이주한 한인들에게 마땅히 자치를 인정하여야 한다고 호소하였다. 이상룡의 이 같은 주장은 당시 남만 지역 한인사회가 얼마나 자치를 갈망하고 있었는가를 여실히 보여주고 있다. 이와 같이 이상룡을 비롯한 부민단은 매우 어려운 환경 속에서도 한편으로는 변장운동과 입적운동을 벌여 지방당국과의 관계개선을 도모하였으며, 다른 한편으로는 지방조직을 건립하여 한인사회의 자치를 실현하고자 하였던

---

8) 안동독립운동기념관편, ≪석주유고≫(상), 경인문화사, 2008년. 제651~652쪽, 「한교에 대한 중국의 대우」.

것이다. 이에 대하여 당시 한때 三源浦에 머문 적이 있던 김산은 자신의 회억록에서 "여기는 소규모의 민주도시로서 읍내에는 중국인 3,000여 명과 한인 1,000여 명이 거주하고 있으며 부근에는 한인 7,000여 명이 있었다. 한인들은 자신들을 위한 '인민정부'와 재판소가 있었으며 진정한 자치제를 실행하고 있었다. 그들은 진정한 민족주의자들이었기에 한국어를 사용하였다"9)고 평가하였다.

2. 반일단체들의 자치운동과 민족정체성

1920년대 남, 북만 지역 자치운동의 주요한 특징은 반일운동 단체를 중심으로 전개되었다는 점이다. 1920년 말, 밀산에 집결된 반일단체들은 유생역량을 보존하기 위하여 대한독립군단을 결성하여 러시아로 넘어갔으나 이듬해 6월 뜻하지 않게 '자유시참변'을 겪고 대부분 다시 동북지역으로 돌아왔다. 그러나 이 시기 동북지역의 한인사회는 전 시기에 비하여 현저한 변화를 가져왔다. 즉 러시아 10월사회주의혁명이 승리하고 사회주의사상이 연해주와 인접된 동, 북만 지역으로 전파되면서 이들 지역들에서는 이미 사회주의 청년단체들이 조직되어 각종 정치투쟁을 벌이고 있었다. 뿐만 아니라 일제의 '경신토벌' 이후 친일단체들이 대폭 증가하면서 동북지역의 한인사회는 반일친중과 친일반공 등 양대 세력으로 분열되어 있었다. 이러한 실정에서 민족주의 계열은 어쩔 수 없이 남만 지역이나 중동로 이남의 북만 지역으로 이동하여 새로운 독립기지 건설에 착

---

9) 김산 · 님 웨일즈 공저, 『백의동포의 영상』 요녕민족출판사, 1986년, 제142쪽.

수하는 한편, 장기적인 대책으로 한인자치에 주력하였다.

1922년 8월 남만 일대 17개 단체대표들이 모여 통합단체인 대한통의부를 결성하였다.[10] 군정과 민정의 이원체제를 갖춘 대한통의부의 주요 임무는 한인사회의 자치와 반일무장투쟁이었다. 대한통의부는 관할지역의 각 현에 총감사무소를 설치하였는데 총감의 관할 범위는 1,000세대를 한 개 단위로 그 밑에 100세대 혹은 200세대를 기준으로 구장을 두어 지방조직체계를 이루었는바, 1923년 겨울까지 통화·통남·환서·환남·환동·집안·집남·관동·관북·흥경·유하·임강·장백 등 도합 26개 지방에 총감사무소를 설치하였다.[11] 또한 통의부는 상술한 지방 총감사무소를 통하여 관할 내의 한인들로부터 일정한 금액의 세금(매년 매 세대에 평균 7원 좌우를 징수)을 징수하여 경비로 사용하였다. 그러나 대한통의부는 얼마 못 가 내부적으로 복벽주의 계열과 공화주의 계열 간의 이념 대립으로 분열되어 전덕원 등 복벽주의 계열은 의군부를 설립하고, 백광운 등 공화주의 계열은 상해임정과 손잡고 육군주만참의부를 설립하였다.

참의부는 중앙부서에 중앙의회와 민사부를 설치하였지만 무장투쟁을 위해 설립된 군사조직으로서 창립초기 주로 군사작전에 중점을 두었다. 그러나 1925년 3월 '고마령사건'[12]을 겪으면서 큰 타격을 받은 후 투쟁방략의 전환을 시도하였다. 즉 집안현을 비롯한 관

---

10) 1922년 8월 환인현 마권자(馬圈子)에서 개최된 남만한족통일회의(南滿韓族統一會議)에서 서로군정서, 대한독립단, 관전동로한교민단(寬甸東路韓僑民團), 대한광복군영, 대한정의군영, 대한광복군총영, 평안북도독판부 등 대표들이 모여 통일단체로서 통의부(統義府)를 결성하였다. 통의부는 총장에 김동삼, 부총장에 채상덕이 임명되었다.

11) 윤병석·김창순, ≪재발한국독립운동사≫(1), 한국일보사, 1987년, 제266쪽.

12) 1925년 3월 16일 집안현 고마령에서 참의부 주요 간부들이 작전회의를 하다가 조선총독부 초산 경찰대와 헌병대의 기습을 받아 참의장 최석순을 비롯한 29명의 간부들이 희생된 사건이다.

전·환인·통화·무송·장백·안도·유하 등 관할지역 내 1만 5천 호 한인 이주민을 토대로 민사조직을 구축하면서 기존의 단순한 무장투쟁 우선주의로부터 한인사회의 자치에 더욱 치중하는 방략으로 정책을 바꾸어 나갔다. 이를 위해 참의부는 윤세용을 제3대 참의장으로 추대하고 중앙기구로는 행정, 경무, 교통, 사법, 학무, 군법 등 부서를 설치하였으며, 민사조직은 천호(千戶)를 단위로 하여 백가장(百家長)을 두고 그 밑에 십가장(什家長)을 임명하였다. 그리고 한인들이 많이 모여 사는 지역에는 행정구를 설정하고 산업의 진흥과 민족교육의 발전에 모든 노력을 기울이면서 자치정부의 역할을 발휘하였다.13)

참의부가 통의부를 이탈한 후 남만 일대의 독립운동 단체들 간에 이념상의 갈등과 헤게모니 다툼으로 동족상잔이 빈번히 발생하자 이를 극복하기 위한 방책으로 독립운동단체 간의 재통합이 추진되었다. 그리하여 1924년 11월 24일 화전현에서 새로운 통합단체인 정의부가 결성되었다.14) 정의부는 성립초기 중앙행정위원회, 干政院, 중앙심판원, 군사령부 외 민사·군사·법무·학무·재무·교통·생계·외무 등 8개 행정부서를 설치하였다.15) 그리고 각 지방에 천호를 단위로 지방조직을 설치하였으며, 경제자립과 부흥을 위하여 공농제를 실시하고 흥실업사, 농민호조사 등을 설립하였다. 민족교육으로는 소학교 외 화흥중학(흥경 왕청문), 동명중학(유하현 삼원보), 화성의숙(화전현), 남만주학원(유하현 왕청문) 등을 설립하였으며,

---

13) 김양, ≪압록강유역의 조선민족과 반일투쟁≫ 요녕민족출판사, 2001년, 제326쪽.

14) 단체의 명칭은 '인류 평등의 정의와 민족 생업의 정신으로서 광복 대업'을 성취한다는 뜻에서 정의부라 명명하였다.

15) 한국독립기념관 독립운동사 연구소, ≪한국독립운동사사전≫ 6, 운동, 단체 편 4, 2004년, 제290쪽.

≪대동민보≫·≪신화민보≫·≪전우≫ 등 신문과 잡지도 발행하였다.[16] 또한 정의부는 학무위원장의 명의로 남만, 북만의 한인학교에서 일본어로 된 교과서를 사용하지 말고 일본 측의 경비지원을 받지 말 것을 호소하는 한편, 남만교육회를 개최하여 교육제도 개학, 학교의 증설, 조선어로 된 교과서 편찬 등을 결의하였다.[17] 정의부는 1926년 말에 이르러 남만 지역에 17개 지방총관소를 설치하고 17,000여 세대, 87,000여 명의 한인 이주민을 관할하였다. 정의부는 이 지역에 구(100세대 이상), 지방(1,000세대 이상), 중앙의 3급 의회 및 행정위원회, 사법기관을 설치하는 등 '자치'정부의 형태를 갖추었다. 정의부의 자치에 대하여 당시 동북 군벌당국의 한 비밀보고에서는 "韓人으로 길림성 경내에 거주하는 자는 최근의 통계에 의하면 약 70여만 명이다. 들건대 그 내부에는 정의부라고 부르는 일종의 단체가 조직되어 있으며, 이는 중앙과 지방 두 副로 나뉘어 있고 자치행정과 외교 등 일을 실행한다. 무릇 韓人에 관계되는 모든 사무는 모두 그 副에서 통치하며, 암암리에 교육·경찰·징병·세제상에서 상응한 규정이 세워져 있다. 그리고 상해·봉천 등지의 韓人과 연계가 있는데 그의 봉천에 있는 단체는 참의부라 부르고 정의부의 관할에 속한다(사실상 종속관계가 아닌 독립적인 단체임). 때문에 奉省의 韓人들은 여태까지 관청에 도움을 구한 사실이 없으며 항상 중국관청에 향하여 일종 국제형식의 보장을 체결하려고 한다."[18]라고 분석하였다.

한편 이 시기 북만 지역에서도 통합단체가 결성되었다. 1925년 1

---

16) 한국국사편찬위원회편, ≪한민족독립운동사≫(4), 1988년, 제254쪽.

17) 위의 책, 제257~258쪽.

18) 奉天省政府당案, 당안번호: JC10—1767(遼寧省檔案館 所藏), 제2219~2221쪽.

월 대한독립군단[19](김좌진·최호·박두희 등)과 대한군정서(김혁·조성환·정신 등) 대표들은 목릉현에 모여 부여족통일회를 개최하고 그해 3월 영고탑에서 통합단체인 신민부를 조직하였다. 신민부는 중앙집행위원회(행정기관)·참의원(입법기관)·검사원(사법기관) 등 삼권분립제도로 조직되었으며, 영안현을 비롯한 주하·목릉·밀산·요하·액목·돈화·안도 등 지역에 지방조직인 총판소를 설치하였다. 그리고 군사조직으로 별동대와 보안대를 설립하고 소추풍에 성동사관학교를 세워 군사인재를 배양하였다. 민족교육으로는 관할구역 내에 50여 개소에 달하는 소학교를 설립하였으며,[20] 기관지로서 ≪신민보≫를 발행하여 대중들의 반일의식을 고양시켰다. 특히 신민부는 한인 이주민들의 생활문제를 해결하기 위해 공농제를 토대로 공동농지를 경영하였으며 식산조합을 실시하여 부업을 장려하였다. 그러나 1927년 3월 신민부 본부가 일경에게 습격당하여 12명이 체포되고, 동년 12월에 개최된 총회에서 지도층이 군정파와 민정파로 나누어져 각자 독자적인 활동을 전개하다가 결국에는 1928년의 빈주사건[21]을 계기로 해체의 국면에 직면하였다.

---

19) 1922년 8월 4일 원 대한군정서를 중심으로 총합부·신민단·광복단·한민단·신민회·의군단·고려군모험대 등 8개 단체가 모여 대한독립군단을 결성하였다가 1924년 3월에는 다시 대한군정서를 재조직함.

20) 현규환, ≪한국 유이민사≫(상), 어문각, 1967년, 제486쪽.

21) 신민부는 관할구역 내 매 호당 수전 소상에 합대양 2원, 대상에는 3원, 한전 소상에 1원, 대상에 2원 50전, 상인들은 재산의 20분의 1을 모연금으로 받아들였다. 1925년 10월 총회에서는 또 매 호당 ⌐稅로서 대양 6원씩 납부하도록 개정하였으며, 만약 기한 내에 납부하지 못하면 '의단분자', '반동분자'로 취급되어 처벌받거나 심지어 처단당하기도 했다. 이때 좌익계통에서는 재민농민동맹 또는 청년동맹을 조직, 발동하여 그들의 '협박'에 항거하여 나섰다. 1928년 11월 18일 '빈주사건'은 바로 이런 상황에서 발생되었다. 이백호를 위수로 한 신민부 무장대가 빈현에 가서 주민들에게서 의무금을 모집하는 과정에서 민중들이 돈이 없어 납부할 것을 주저한다고 하여, 유연동·김봉진·김유문과 장문숙 등 주민들 수 명을 격살시켰다. 이 사건을 역사상 '빈주사건'이라고 하며, 이를 계기로 광대한 북만민중은 신민부 군정파를 멀리하였을 뿐만 아니라, 최호를 위수로 하는 민정파들은 김좌진을 '동족학살의 괴수'·'혁명전선의 교란자'·'매족적 주구'·'혁명의 사기한인 장본인'이라고 비방 중상하였다.

이와 같이 1920년대에 이르러 남, 북만 지역의 독립운동단체들은 국제정세의 변화와 중일 양국의 공동탄압이라는 열악한 환경에서 본격적이고 직접적인 무장투쟁보다도 오히려 한인사회의 자치를 도모하면서 어느 정도 안정된 반일기지를 형성하여 장기적인 무장 독립운동에 대처하고자 했다. 그러나 이러한 자치는 비록 일정한 지역을 관할구역으로 하고 조직기구를 공화정체의 형식에 따라 삼권분립의 '국가'형태로 구성하였지만 공화정치국가 의회정치의 기본 요소인 정당의 결핍으로 '이당치국'의 수준에 이르지 못한 한계를 보였다.

일찍이 김성희는 ≪논정당≫에서 "오늘날 세계에 정당이 없는 입헌국은 없고 정당이 있는 전제국가 없다."고 언급하면서 "정당이 세워진 이후에 국회가 이루어져 헌법이 정해지고 헌법이 정해져 감독기관이 갖추어진 이후에 정부가 책임내각이 된다."22)고 밝히며 정당이 의회, 사법, 행정의 선행조건임을 강조하였다. 따라서 남, 북만 지역의 독립운동단체들도 1920년대 말에 이르러서는 과거의 한계를 극복하고 '이당치국'의 형태를 새롭게 갖추어 진정한 한인 자치와 독립운동의 최종목적을 달성하고자 정당건립에 착수하였다.

이 시기 민족주의 독립운동단체들의 정당건립은 민족유일당 운동의 일환에서 이루어졌다. 민족유일당 운동은 분산된 민족해방 역량을 집중하여 하나의 민족적 대당을 결성한다는 주지에서 전개된 통합운동으로서 중국 국내의 제1차 국공합작에서 크게 영향 받았다. 1924년 중국 국민당이 '연소·용공·농공부조'의 3대 정책을

---

22) 유병호, 「1920년대 중기 남만 지역의 반일민족운동에 대한 연구」, ≪한민족독립운동사논총≫ 탐구당, 1992년, 제638쪽.

채택하면서 국공합작이 이루어져 민족주의 및 자유주의자와 공산주의자가 모두 국민당으로 통합되었다. 당시 국민당은 광동정부에 우월하여 '이당치국'의 체제로서 통일 혁명전선을 형성하여 북벌을 성공적으로 수행해나갔다. 민족유일당 운동은 바로 이러한 '이당치국'의 정치체제와 통일전선의 영향 속에서 전개되었던 것이다.

1928년 5월 남, 북만 지역의 좌, 우파 진영의 18개 단체대표가 길림에 모여 전민족유일당회의를 개최하였다. 이후 민족유일당 운동은 이념과 조직방법상의 차이로 인하여 뜻대로 진행되지 못하고 결국에는 3부 통합운동이 재개되어 남만에는 국민부, 북만에는 한족총연합회가 결성되었다. 국민부는 정의부를 주축으로 하는 신민부 민정 계열과 참의부의 심용준 계열이 1929년 3월 길림에서 제2차 3부 통합회의를 개최하고 성립한 단체이다. 국민부는 본부를 신빈현 왕청문에 두고 관할 행정구역을 40여 개 구로 나누어 그 아래에 지방, 구, 촌을 설치하여 관리 운영하였다. 그리고 1929년 12월에는 민족유일당조직동맹[23]을 조선혁명당으로 개칭하고 소속 조선혁명군을 당군으로 재편함으로써 조선혁명당·국민부·조선혁명군 삼위일체인 '이당치국'의 체제를 형성하였다. 국민부의 교육 사업은 농민자녀들을 위한 교육(소학교 외 화흥중학, 동명중학 등 중등학교 설립)과 독립군 간부양성을 위한 군사교육(왕청문의 남만학원)의 두 가지 방향에서 이루어졌다. 그리고 농민운동(지방정부와 교섭하여 농민들의 편의를 도모, 농업조건 개선, 소작조건 개선 등)과 치안활동(친일세력이나 일제 주구배 숙청 등) 등도 폭넓게 전개하였다. 그러나 국민부는 민

---

23) 1929년 9월 20일 국민부 제1회 중앙위원회에서는 혁명과 자치를 분리해 혁명사업은 민족유일당조직동맹에 위임하고 국민부는 자치 행정만 전담할 것과 군사부를 폐지하여 종래의 조선혁명군을 민족유일당조직동맹에 속하도록 결정했다.

족유일당 운동이 무산되는 과정에서 결성된 통합단체로서 지도층 인사들은 민족주의 계열과 사회주의 계열로 나뉘어져 있었다. 당시 민족주의 진영은 국민당과의 합작을 추진하였고, 사회주의 계열은 중국공산당과 연계하면서 국민부 해체와 새로운 형태의 민중조직 건설 및 중국공산당 가입을 주장하였다. 결국 1930년 8월 국민부를 지지 육성하려는 민족주의 인사(현익철·양서봉·고이허·김문거·양하산 등)들과 이에 반대한 사회주의 인사(현정경·고활신·김석하·이진탁·이웅·이성근·이동림·이장청 등) 간의 분열과 갈등이 나타나게 되었고, 유혈사태까지 발생하게 되면서 좌파세력은 국민부에서 이탈하였다.24) 이후 9.18사변이 발생하면서 한중연합작전이 전개되자 조선혁명당은 국민부와 조선혁명군을 통합하여 당·정·군 삼위일체인 조선혁명군정부를 조직함으로써 국민부과 조선혁명당은 사실상 유명무실해졌다.

1929년 국민부가 조직되자 재만책진회의 주도 세력들은 옛 신민부 본거지였던 북만주로 이동한 후 그해 7월 중동선 일대 각 마을 단위로 조직되었던 농무회 및 대종교 신도, 무정부주의자들과 연합하여 한족총연합회를 결성하였다. 이와 같이 북만 지역 한인들의 자주적 협동조직체로 조직된 한족총연합회는 군사보다 오히려 민사에 주력하는 자치기관의 성격을 가지고 있었다.25) 주요활동은 생활 향상을 위한 협동조합과 치안을 위한 군사훈련 등이었다. 이 외에도 민족교육을 위해 북만중학기성회를 조직하였으며 동포들의 생활

---

24) 좌파인 이진탁과 우파 김문거가 무력충돌에 의해 사살되자 국민부를 장악한 현익철 등은 1931년 6월 중국 관헌과 협정을 맺고 한인 공산주의자들을 토벌하는 반공정책을 강화했다.
25) 민족주의 계열은 정신, 권화산 등이고, 무정부주의 계열은 김종진·전명원·이을규·김성수·이준근·김야운 등이며 김좌진은 점차 무정부주의로 전향하고 있었다.

안정을 위해 산시에 정미소를 운영하기도 했다. 1931년 1월 김좌진이 암살되자 홍진·이청천·민무·황학수·신숙·이장녕·정신 등은 그해 7월 한족총연합회와 생육사를 모체로 한국독립당을 결성하고 삼본주의[26]를 당의 강령으로 채택하였다. 그리고 당군으로 이청천을 사령관으로 한 한국독립군을 조직하였으며, 1931년 2월에는 자치 및 행정기관으로 한족자치연합회를 결성하였다. 이로서 북만 지역도 당·정·군 삼위일체인 '이당치국' 체제가 형성되어 한인사회의 자치와 항일무장투쟁을 전개하였다.

3. 韓族同鄕會의 자치운동과 민족정체성

1927년 11월 28일 길림성 거주 한인들은 반일단체를 중심으로 韓僑驅逐問題對策講究會를 조직하고 길림성 당국에 한인구축 조치를 즉각 중지시켜 줄 것을 요구하였다.[27] 또한 동년 12월 6일에는 길림성 당국에 歸化鮮民同鄕會 결성에 관한 청원서를 제출하고, 14일에는 대표단을 성정부에 파견해 아래와 같은 5개 사항의 요구조건을 건의하였다. 즉 첫째, 귀화 입적한 한인은 정부에서 보호해줄 것, 둘째, 귀화 입적한 후 역복하지 않으며 정치적 대우와 납세는 기타 민족과 차별 없이 취급할 것, 셋째, 반일단체를 취체 한다는 명의로 무고한 양민을 함부로 체포하지 말 것, 넷째, 친척과 친지를 따라 이주해 오는 한인을 제한하지 말 것, 다섯째, 귀화선인동향회의 결성을

---

26) 삼본주의는 민본정치의 실현, 노본경제의 조직, 인본문화의 건설을 말한다.

27) ≪東亞日報≫ 1927年 12月 3日字.

허락할 것 등이다. 그러나 길림성 당국은 귀화선인동향회 결성을 허락하지 않았을 뿐만 아니라 한인구축을 반대하는 각종 집회를 엄금한다고 선포하였다.[28] 그럼에도 불구하고 남, 북만 지역 한인들의 귀화 입적과 자치운동은 기타 지역으로 급속히 확산되어 갔다. 1928년 1월 奉天·新民·撫順·鐵嶺·海龍·營口 등 지역의 23개 단체 40여 명의 대표들은 만주조선인대회를 개최하고 중국당국의 한인구축 정책을 규탄하면서 한인들의 귀화 입적 인가를 요구하였다.[29] 이후 남, 북만 지역 한인들의 귀화청원 운동은 1928년 9월 동성귀화한족 동향회[30]의 설립을 계기로 재빨리 한인자치 운동으로 전환되어 갔다. 한족동향회는 한인들이 중국에서 향유할 수 있는 모든 권리의 획득을 최고의 목표로 규정하고, 한인들이 거주하는 현마다 지회를 두어 통일적인 조직체제를 구축하고자 했다.[31] 이를 위해 한족동향회는 만철부속지와 북간도의 4개 현을 제외한 47개 현에 지회를 설치하고 한인사회를 대표해 중국당국과 자치권 획득을 위한 교섭을 진행하였다.[32] 그리하여 1929년 4월부터 30년 초에 이르는 사이 崔東旿·吳松坡·金學奎 등의 대표들을 국민정부에 파견해 재만 한인의 곤경을 호소하고 중국국적 취득과 한인자치에 관한 요구를 거듭 재촉하였다.[33] 이 중 1930년 2월 한족동향회 대표 최동오가 국민정부에 제출한 「청원서」의 주요내용은 다음과 같다.

---

28) ≪조선족약사≫ 편찬조, ≪조선족약사≫ 연변인민출판사, 1986년, 제99~100쪽.

29) ≪東亞日報≫ 1928년 1월 12일자.

30) 金俊燁·金昌順, ≪韓國共産主義運動史≫ 4, 아세아문제연구소, 1980년, 제175~176쪽; 한족 동향회는 孫貞道·崔東旿 등 남북만 지역 민족진영의 유력인사가 망라되어 자치를 표방하는 조직으로 결성되었다.

31) ≪中外日報≫ 1928. 11. 17日字. 「在滿居留同胞統一機關韓族同鄉會를 組織」.

32) ≪東亞日報≫ 1928. 11. 18日字. 「在滿韓族同鄉會의 組織」.

33) 秋憲樹 編, ≪資料 韓國獨立運動≫ 4권, (하), 연세대학교출판부, 1975년, 제1492~1503쪽.

- 현행 중국국적법을 개정해 입적비를 면제시키고 동북 각 성정부에 명해 속히 실시해 줄 것을 요청하고, 입적을 신청한 자는 일률적으로 허가해 줄 것이며 중국 국민으로서 권리와 의무를 부여할 것.
- 蒙·藏·回部의 三例에 따라 중앙 및 동북 각 성 정부관하에 있어서 입적한 한인들 중 중국어에 정통한 자를 선발하여 入籍朝鮮人部를 설치하고, 중앙 및 지방정부에 전문위원을 두어 同部의 사무를 지도하는 한편 黨化訓練을 시켜 한인의 자치사무를 처리하도록 할 것.
- 봉천당국이 주장하는 '한인 중 입적을 원하는 자는 일본 내무성으로부터 탈적증명서를 취득해야 한다.'는 조건을 취소할 것을 중앙으로부터 봉천성 당국에 지령할 것.
- 1914년 12월 30일부로 공포한 수정국적법 제2조를 개정해 입적민의 공권행사 제한을 철폐하고 평등 대우를 해줄 것
- 간도협약, 雙方商定取締韓人辦法綱要를 취소할 것.
- 중앙 및 동북정부는 입적한 한인의 교육에 주의하고 한글과 漢文으로 번역해 국민 교육을 흥하게 하며 한국인 자제를 위한 학교를 증설할 것
- 중앙 및 동북지방정부는 입적한인의 경제적 시설에 유의하고 농민은행을 설립해 농업자본을 융통하고 농민회 등 농민 개발의 기관을 설치할 것[34]

여기에서 한족동향회는 중국당국에 「간도협약」 및 「삼시협정」의 철폐, 한인학교의 증설과 한국어 교육, 농민은행의 설립과 농민회 건립 등을 청원했음을 알 수 있다. 그리고 중국정부 산하에 入籍朝鮮人部를 두고 귀화 한인들의 자치사무를 처리하고자 했는데 이는 당시 민족주의자들이 중국정부의 행정지도하에 합법적 자치기관의 설치를 통해 한인들의 권익을 보호하고자 시도했음을 보여주는 것이라 분석된다.

그러나 남만 지역의 한인자치 운동은 민족주의자들의 상술한 노력에도 불구하고 큰 성과를 거둘 수 없었다. 그것은 일제의 대륙침략으로 인해 중일 간에 첨예화된 대립구도에서 일제가 한인들의 국

---

34) ≪在滿鮮人卜支那官憲≫ 앞의 책, 제202~203쪽.

적이탈을 계속 부정하는 한 중국당국은 한인들의 귀화와 자치를 받아들일 수 없다는 주장을 고집하고 있었기 때문이다.35) 중국당국의 이 같은 주장은 1929년 7월 4일 중국정부 외교부 흑룡강 특파교섭원서회의에서 한족동향회의 청원서를 검토한 '說帖'을 통해서도 어느 정도 확인되고 있다.

한인이 중국에 유입되는 것이 중국 國計民生에는 중대한 관계가 없지만 國權上의 관계에 있어서는 그 영향이 매우 크다고 할 수 있다. 그 이유는 영사재판권에 있다. 영사재판권이 철폐되기 전에는 일본 영사재판권이 한인에 대해 일률적으로 적용되는데, 한인이 가는 지방은 곧 일본 영사재판권이 이르는 곳이며, 또한 중국주권이 상실되는 지방이기도 하다. 실로 百害無一利한 일이라고 말할 수 있다. 따라서 중국은 가능한 한 한인의 유입을 허락하지 않는 것을 確定不移한 宗旨로 여겼다. 그리고 한인이 중국에 귀화하나 귀화하지 않으나 별다른 차이가 없고, 이렇게 될 경우 일종의 複國籍人이 되는 것에 불과하다. 그리고 이것은 일본정부가 한인의 出籍을 인정하지 않기 때문이다. 이로 말미암아 한인들은 오히려 그 중간에서 교묘함을 취할 수 있게 되는데, 권리를 누리고 싶으면 중국인이라고 하고 外援을 얻고 싶으면 여전히 한인이라고 하면서 일본 측의 간섭을 일으키고 있다. 따라서 한인들의 귀화를 받아들이는 것은 귀화를 허락하지 않는 것보다 못하다.36)

여기에서 중국당국은 일제가 한인들의 중국귀화를 인정하지 않

---

35) ≪中外日報≫ 1929年 5月 9日字, 「歸化同胞의 公民權否認」.
36) 「外交部特派黑龍江交涉員署會議關於韓人問題呈及說帖」, 1929. 7. 4. (高永一 編, ≪中國朝鮮族歷史硏究參考資料匯編≫ 2輯, 第1分冊(상), 백산대학총서, 1993년, 제231~233쪽.

을 뿐만 아니라 오히려 한인에 대한 영사재판권을 이유로 중국의 국가주권을 침해하고 있으므로 한인들의 귀화 입적은 귀화하지 않은 것만 못하다고 주장하고 있었음을 알 수 있다. 이러한 실정에서 남만 지역에서 한인들의 자치운동은 더 이상의 진전을 보지 못한 채 오히려 일제의 친일단체 조직에 역이용되는 결과를 초래하게 되었다.[37] 그 결과 한족동향회는 점차 한인사회에서 지지기반을 상실해 갔으며 마침내 1930년 5월 해체를 선언하기에 이르렀다.[38] 그 후 남, 북만 지역의 민족진영은 중국국민당에 의거해 반제(일본 제국주의 타도) · 반소(소련을 비롯한 사회주의자 박멸)투쟁으로 한인 사회의 안정을 도모하고자 하였으나[39] 민족진영의 이 같은 방략은 당시 한인구축이 중국국민당과 봉건지주 관료들에 의해 진행되고 있는 실정에서 한인 농민들의 적극적인 지지를 얻을 수가 없었다. 결국 민족주의자들이 국민당에 의존해 한인 농민들을 통제하면 할수록 민족주의 기반은 점차 축소되었고, 이와는 반대로 중국공산당과 제휴해 '중국봉건군벌 타도'와 '토지혁명'을 주장하는 사회주의 계열의 정치적 영향력은 끊임없이 확대되어 갔다.[40]

---

37) 1928년 일제는 친일단체인 鮮民府를 한인자치단체로 표방하기 위해 韓僑同鄕會로 개칭하고 자치활동을 빙자해 일제의 지휘하에 독립운동자들에 대한 수사와 탄압에 주력했다.

38) ≪中外日報≫ 1930년 5월 10일자.

39) ≪外務省警察史～在吉林總領事館及敦化分館編≫ 「昭和4年8月7日附在間島岡田總領事發往幣原外務大臣宛報告要旨～在吉林全滿韓族同鄕會ノ時局ニ對シ排日宣傳ニ關スル件」, 제9637～9675쪽;(辛珠柏, 「만주지역 한인의 민족운동 연구(1925～40)」, 성균관대학교 박사학위논문, 1995년, 참조)

40) 辛珠柏, 「만주지역 한인의 민족운동 연구(1925～40)」, 성균관대학교 박사학위논문, 1995년, 제199쪽.

4. 소결

이상에서 살펴본 바와 같이 중화민국시기 동북지역 한인사회의 자치운동은 부동한 세력을 중심으로 다양한 형태로 전개되었다. 1910년대 동만 지역의 간민회와 남만 지역의 경학사 및 이를 이은 부민단 등 자치단체들은 주로 입적운동과 역복운동을 통해 지방당국을 비롯한 당지 한족들과의 관계를 돈독하게 맺었으며, 한인사회를 대표하여 호적조사, 토지문제, 교육문제 등에 직접 개입하는 방식으로 한인사회의 자치를 구현하고자 했다. 그리고 1920년대 후반 중국당국의 한인에 대한 압박이 심화되자 동북지역 한인사회의 여러 세력들은 이들이 처한 사회경제적 환경과 정치 이념에 따라 각기 부동한 형식의 자치운동을 전개하였다. 즉 독립운동단체들은 장기적인 항일무장투쟁을 전개하기 위한 독립기지 건설의 일환에서 자치운동을 추진하였고, 민족주의자들은 귀화 입적을 통한 합법적 자치운동으로, 그리고 조선인 거류민회는 일본국적의 이탈을 주장하면서 한인들의 자치를 호소하였다. 그러나 조선인 거류민회는 어디까지나 일제의 친일단체조직으로서 한인자치운동을 조직 전개하는데 있어서 근본적 한계를 드러냈고, 반일단체들과 민족진영에서 추진했던 관할구역 내의 자치와 합법적 자치 청원운동도 당시 중일간에 모순이 첨예화되고, 또 일제가 한인들의 대한제국 국적이탈을 승인하지 않아 사실상 성사되기 어려운 난관에 부딪쳤다. 하지만 이 시기 이들 단체들이 추진했던 한인사회의 자치운동은 한인들의 민족정체성을 재확립시킴과 동시에 반일민족해방운동의 지속적인 전개에 크게 공헌하였다.

<그림 3-1> 1908년 용정촌에 있는 마차역이다.
당시 마차는 북간도지역의 주요한
교통수단이었다.

<그림 3-2> 1910년대 한인 목공 작업장

<그림 3-3> 1910년대 한인이주민들이 개척한 수전.
농부들은 인력으로 논갈이와 썰레를 하였다.

<그림 3-4> 1910년에 준공한
안동대교를 넘어오는 한인들

<그림 3-5> 1920년대 용정촌의 우시장

<그림 3-6> 1920년대에 준공된 도문강 대교와 한인들의 이주 행렬(대안은 조선의 남양임)

<그림 3-7> 1925년 12월 새로 건축한 간도일본총영사관

<그림 3-8> 간도구제회 청사

<그림 3-9> 두만강연안의 조선 상삼봉과 중국 개산툰을 이은 임시목교. 1910-1920년대 수많은 한인들이 이 목교를 통해 북간도로 이주하였다.

<그림 3-10> 두만강연안의 조선회령에서 배를 타고 북간도 삼합으로 이주하는 한인들

<그림 3-11> 두만강중류인 남양에서 배를 타고 북간도 회막동(현 도문)으로 건너오는 한인이주민들

<그림 3-12> 두만강하류인 경흥 도선장(1920년대)

<그림 3-13> 압록강연안인 집안대교 부근의 한인촌락

<그림 3-14> 용정조선인거류민회의 금융부 청사

<그림 3-15> 일제는 만주의 자원을 약탈하기 위해 철도건설에 박차를 가했다. 사진은 도녕철도 (도문에서 목단강) 부설을 위해 측량하고 있는 장면

<그림 3-16> 일제의 조선강점 후 만주로 밀려드는 한인이주민들

<그림 3-17> 중국 안동의 한인거리   <그림 3-18> 한인들이 개척한 북간도 해란강반의 수전

<그림 3-19> 흑룡강성 동녕현의 동흥무 양복점

<그림 3-20> 흑룡강성 영고탑 부근의 한인촌락

제4장

만주국시기 한인들의
이주와 생활실태

제1절 일제의 만주강점과 '만주국'의 식민통치

1. 일제의 만주침략과 '만주국'의 건립

1894년의 청일전쟁, 1904년의 러일전쟁, 1914년의 제1차 세계대전, 이와 같이 10년에 한 번씩 침략전쟁을 일으키거나 세계적인 큰 사건을 계기로 만주 지역에서 지속적으로 '이권'을 확대하던 일제는 1931년 마침내 만주사변을 일으켜 중국 만주(동북)지역을 무력으로 강점하였다. 이는 일제가 명치유신 이래 지속적으로 추구해 오던 대륙침략정책이 본격적인 궤도에 들어섰음을 의미하는 것이었다.

1931년 만주사변의 발발은 당시 일본사회가 가지고 있던 내적 모순 외에도 1929년부터 시작된 세계적인 자본주의 경제공황이라는 외적 원인과도 밀접한 관계가 있었다. 1929년 10월 미국에서 과잉생산으로 시작된 경제공황은 순식간에 전 세계로 확산되면서 일본사회에도 커다란 타격을 주었다. 그 결과 일본 국내의 모든 수출품 가격이 급속히 하락하게 되면서 수많은 공장들이 파산됨으로서 1930년 10월에 이르러 일본국내의 실업자 수는 무려 237만 명에 달하였다. 농산품 시장에서도 입쌀 가격이 1섬에 26,91전에서 17,70전으로 대폭 하락하였으며, 누에 실 가격도 1관에 7,57엔에서 3,08엔으로 떨어졌다. 1930년 일본에는 보기 드문 풍년이 들었으나 경제공황으로 인하여 쌀값은 오히려 40%나 하락하여 수많은 농민들이 빈곤에 처하는 현상이 나타났다. 통계에 의하면 1930년 일본 농민들의 채무는 세대당 평균 7,800엔에 달하였다. 일본이 직면한 경제공황은 필연적으로 일본 사회의 정치위기를 초래하였다. 결과 1929년부터 1931년 사이 노동자들의 파업과 농민운동이 꼬리에 꼬리를 물고 일어났다. 세계적인 경제공황은 중국 만주지역에도 영향을 주었고, 장학량의 배일정책과 맞물리면서 일본의 만주에 있어서의 '특수이권'에 심대한 타격을 주었다.

한편 이 시기 일본에서 새롭게 등장한 군국주의자들은 일본사회가 처한 위기 국면을 만주에 대한 침략전쟁으로 해결할 것을 주장하면서 일련의 음모를 꾀하였다. 1931년 8월 육군대신 미나미 지로의 사촉하에 작성된 「만몽문제 해결방책 대강」에서는 1) 만약 만주에서의 배일운동이 계속 발전할 경우 어찌하면 군사행동도 감행할 수 있다. 2) 일본국민과 세계 각국으로 하여금 만주의 배일활동에 대하여 헤아려 알도록 함으로써 군사행동을 단행할 때 국내외 여론의 양해를 얻는데 편리를 도모한다. 3) 군사행동을 감행할 때 필요한 병력은 관동군과 협의한 후 참모 본부 작전부에서 작성하여 상급에 보고한다. 4) 국내·외의 양해를 얻기 위해 행해지는 조치들은 약 1년을 기한으로 하여 내년 봄(1932년 봄)에 종료한다고 규정하였다.[1] 여기에서 주목되는 것은 일본 군국주의자들은 자신들의 만주침략의 정당성과 명분을 만들기 위해 만주에서 전개되는 대중적인 배일운동을 극대화시켜 국내외 여론의 양해와 지지를 얻고자 시도한 점과 '만몽'침략의 구체적인 시점을 1932년으로 계획하고 있었으나 결과적으로 관동군에 의해 그보다 1년 앞당긴 1931년에

---

1) 강덕상 등편, 『현대사자료』 7, 만주사변, 三鈴書房, 1972년, 제164쪽.

만주침략이 이루어졌다는 점이다.

이 시기 관동군참모부에서도 전쟁을 통하여 '만몽'문제를 해결한다는 원칙하에 구체적인 '만주강점 작전계획'을 작성하기 시작하였다. 관동군은 1929년 7월부터 1931년 7월 사이에 3차에 걸쳐 이른바 '참모여행'을 조직하여 침략전쟁을 할 수 있는 군사방면으로 준비를 끝냈다. 이제 남은 것은 침략전쟁을 할 수 있는 구실을 찾는 일이었다. 이러한 실정에서 일본은 '만보산사건'을 조작한데 이어 '나까무라사건'도 왜곡하여 자신들이 만주사변을 일으키는 구실로 삼았다. 1931년 7월 '만보산사건'이 발생하자 일본의 정우회는 시데하라 외교를 비난하면서 대표단을 만주와 조선에 파견하여 전쟁 히스테리를 고취하였다. 그리고 8월 '나까무라사건'이 알려지자 일본 정부와 군부는 나까무라 등이 '중국 군대에게 무참히 살해되었다'는 선동적인 포고문을 발표하여 전쟁 분위기를 고조시켰다. 8월 24일 일본 육군성은 중국정부에 나까무라 살해사건을 부인하거나 일본의 요구를 접수하지 않는다면 조남, 쒀룬 지구를 점령할 것이라는 성명을 발표하였다.[2] 일본수상 若槻禮次郎도 '우리나라는 만몽에서 국민의 생존과 관계가 긴밀한 이권을 향유하고 있다. 그러므로 우리들은 我國의 생존권을 보호하기 위하여 반드시 모든 희생을 감수하더라도 毅然이 奮起할 것이다'고 선포하였다.[3]

1931년 9월 18일 관동군 참모부에서는 柳條湖 부근의 남만 철도를 폭파하고 이를 중국 측에서 한 도발 행위라고 날조하면서 즉시 중국군 병영인 북대영과 심양에 대해 공격을 개시하였다. 일본정부

---

2) 고바야시 다쯔오, 『走向太平洋戰爭的道路・(別卷)』자료편, 제357쪽.

3) 今井淸一, 『태평양전쟁사』1, 제260쪽.

는 9월 24일 소위 '만주사변'에 관한 '제1차 성명'을 발표하여 '봉천부근의 중국부대가 남만 철도선을 파괴하고 일본 수비대를 습격하였기에 충돌이 생겼고, …… 제국정부는 긴급내각회의를 열고 사변의 불확대 방침을 채택하였으며, …… 제국정부는 만주에 대하여 그 어떠한 영토요구도 없다'[4]고 표명하였다. 이와는 달리 관동군 사령관은 사건 발생 당일 오후 4시, 참모 본부에 전보로 '사태가 이 지경에 이르렀으므로 이 같은 절호의 기회에 우선 적극적으로 전 만주의 치안유지를 군대에게 맡기는 것이 제일 중요한 사안'이라고 제안하였고, 관동군 참모부에서는 신속히 『만몽문제 해결방안』을 작성하여 '我國의 지지를 받아 동북4성과 내몽고 지역을 宣統帝가 원수로 한하는 支那政權을 건립하여 이를 만주 각 민족의 樂土로 만든다.'는 방침을 제정하였다. 그 후 관동군에서는 『만몽문제 해결방안』을 수정하여 '지나를 본토와 絶緣되고 표면상에서 지나인에 의해 통일을 실현한 것으로 되나 실질적 권력은 우리들의 손에 장악되어 동북3성과 내몽고를 영역으로 한 독립적 만몽국가를 건설'한다는 이른바 『만몽문제를 해결하는 근본적인 방안』을 제정하였다.[5]

일본 관동군의 만주 강점은 계획대로 신속히 이루어졌다. 9월 19일 일본군은 심양과 장춘을 점령한데 이어 21일에는 길림까지 점령하였다. 11월 19일에는 흑룡강성의 치치할을 점령하였으며, 1932년 1월에는 하얼빈을 점령하였다.[6] 이와 같이 4개월 사이에 무력으로 만주를 완전 장악한 관동군은 1932년 2월 16일 요녕성의 臧式毅, 길림성의 熙洽, 흑룡강성의 馬占山과 동성특별구의 張景惠 등

4) 일본외무성, 『일본외교년표 및 주요문서』 하권, 原書房, 1972년, 제181~182쪽.

5) 고바야시 다쯔오, 『走向太平洋戰爭的道路·(別卷)』 자료편, 제117쪽.

6) 姜念東 外, 『僞滿洲國史』 長春, 吉林人民出版社, 1980년, 제79~80쪽.

지방 위정권의 '四巨頭'를 심양에 불러들여 이른바 동북행정위원회를 성립하였다. 성립 후 18일에는 동북행정위원회의 명의로 '東北省區는 국민 정부와의 관계를 脫離하여 완전 독립한다.'[7]고 대외에 선포하였다. 이어 2월 25일 동북행정위원회는 관동군이 미리 작성한 '신국가' 실시 방안을 발표하였는데, 이에 따르면 신국가의 국명은 '만주국'이며, 원수의 칭호는 執政이고, 국기는 紅·蘭·白·黑·黃 5色旗, 연호는 大同이고, 수도는 장춘으로 하되 '新京'이라 개칭한다고 규정하였다.[8] 1932년 3월 1일 동북행정위원회는 관동군의 지시에 따라 만주를 '왕도낙원'과 '오족협화'의 국가로 만든다는 이른바 『건국선언』을 발표하여 만주국의 성립을 선포했으며, 부의는 3월 9일 정식으로 만주국 執政으로 부임하였다.

1932년 9월 9일 일본 정부는 천황의 인가를 받고, 일본은 만주국을 정식으로 승인한다고 대외에 선포하였다. 그리고 2년 후인 1934년에는 만주국의 집정 체제를 帝制로 전환시키고 연호도 大同에서 康德으로 개정하였다.[9] 그러나 만주국의 실권은 여전히 관동군사령관의 손안에 장악되어 있었으며 관동군은 만주국의 명실상부한 太上皇으로 군림하고 있었다. 이와 같이 만주국은 비록 형식상에서는 '독립국'으로 잘 포장되어 있었지만 실질적으로는 일본에 예속된 괴뢰국가에 불과하였다.

7) 강덕상 등편, 『현대사자료』 7, 「續·滿洲事變」, 삼령서방, 1964년, 제384쪽.

8) 만주국사편찬간행회, 『만주국사(총론)』 만몽동포후원회, 1970년, 제401쪽.

9) 「만주국제정실시에 관한 건」, 일본국립공문서관 소장; 임성모, 『만주국협화회의 총력전체제 구상 연구― '국민운동' 노선의 모색과 그 성격―』 연세대학교 대학원 박사학위논문, 1997.12, 제16~17쪽에서 재인용.

2. '만주국'의 식민통치와 경제약탈

일제는 만주지역을 강점한 후 저희 자신들의 식민통치와 경제약
탈을 위한 일련의 경제 정책들을 제정하였다. 1931년 12월 8일 관
동군은 『滿蒙開發方策案』을 제정하고 '만몽개발'은 '평시와 전시의
군사물자를 확보하여야 하며 일본의 경제발전에 기여하여야 하고',
'일만일체 계획경제를 실시하여야 한다.'고 규정하였다.[10]

1933년 1월 만주국은 「만주국 경제건설 요강」을 제정·발표하였
다.[11] 일만의 '경제통제론'을 체계화한 본 「요강」은 교통, 농업, 공
업, 금융, 상업 및 사인경제 등 10개 부분으로 구성되었다. 「요강」에
서는 어려움에 빠진 일본경제가 세계경제의 집단화에 대항하기 위
해 일본과 만주국의 경제 집단화를 확립하여야 하며, 일본은 자원과
원료가 결핍하기 때문에 경공업을 중심으로 한 산업구조를 개변하
려면 중공업자원이 풍부한 만주의 협조가 있어야만 가능함을 강조
하였고, 중요한 산업에 대해서는 국가에서 전면적인 통제를 실시하
고 일본의 군사 수요를 충실하기 위하여 일본과 만주국이 서로 협
조하는 국방경제를 확립하여야 한다고 규정하였다. 그리고 일본의
세력을 추켜세움에 있어서 지난날의 자유주의 경제로는 실현될 수
없으므로 국가의 엄격한 통제가 필요하며, 외국인의 기업경영을 허
용하여 외국자본의 투자유치를 촉진함에 있어서 반드시 경제적 통제
로 조절하여야 하기에 일본은 일·만 경제 통제를 지도하는 강·유
력한 기관을 건립한다고 규정하였다.'[12]

---

10) 일본만주국사편찬간행회, 『만주국사』 '총론', 1970년, 한문역본(1990년), 제387쪽.

11) 위의 책, 제388쪽.

12) 일본만주국사편찬간행회, 『만주국사』 '총론', 앞의 책, 제388~390쪽.

그 후 일제는 본 「요강」의 방침에 따라 1934년 6월 28일에 '산업 통제'에 관한 보충 규정을 발표하여 특수 회사를 통하여 국가에서 통제하는 '국방상의 중요한 산업, 공공 및 공익사업 그리고 일반산업 의 기초산업 즉 교통, 통신, 강철, 경금속, 금, 석탄, 석유, 자동차, 유 산암모늄, 소다, 목재' 등 중요한 산업 외의 기타 부분은 민간에서 자유로이 경영할 수 있다고 재차 언명하였다.[13] 이는 일제가 '통제 산업'과 '자유 산업'의 계선을 한층 더 명확히 하여 만주에 대한 일 본산업계의 투자를 더 활성화시키려는 목적이었다. 이리하여 1932년 부터 1936년 6월 사이에 새로 세워진 일본회사 가운데서 이른바 '통 제' 기업소가 회사 총수의 42%를 점하고 그 자본총액은 73%를 점 하였으며 '자유' 기업소는 회사총수의 58%를 점하였으나 그에 반해 자금액은 자본총액의 27% 밖에 되지 않았다.[14]

일제의 식민통치가 날로 강화되고 또한 침략전쟁이 날로 확대됨에 따라 '경제통제' 정책도 나날이 강화되었다. 1937년 5월 1일 만주국 정부에서는 「중요산업통제법」을 공포하였는데, 이는 지난날에 공포 한 「경제건설요강」의 계속으로서 "중요한 산업을 지정함에 있어서 대체로 한 가지 산업은 한 개의 기업이 맡는 것을 원칙으로 하고 혹 은 소수의 강·유력한 기업을 부추겨 정부의 강·유력한 지도와 감 독 밑에 두어야 한다."고 했다.[15] 「중요산업통제법」은 「경제건설요 강」의 근본적인 정신을 계승하였을 뿐만 아니라 지난날에 행정면에 서 중요산업에 대한 통제를 실시하던 토대위에서 경제 '통제'에 대하

---

13) 위의 책, 제392~393쪽.

14) 남만주철도주식회사경제조사회, 『만주산업통제정책의 변화 및 특수회사의 특징』(등사본), 제22 쪽 참조.

15) 일본만주국사편찬간행회, 『만주국사』 '총론', 앞의 책, 제394쪽.

여 더욱 강·유력한 법적근거를 제공하여 주었다. 그리고 『통제법』과 함께 공포된 제67호 칙령의 규정을 보면 '중요산업'의 범위와 종류도 확대되었으며, 무기제조업, 비행기제조업, 자동차제조업, 액체연료제조업, 강철 등 금속야금업과 탄광 등 국방산업과 국민경제산업을 포함하여 모방직업, 면방직업, 삼방직업, 제분업, 맥주양조업, 사탕제조업, 연초제조업, 소다제조업, 비료제조업, 펄프제조업 등 원료가공업과 식용유, 시멘트, 성냥 등 제조업들이 망라되었다.16)

위에 언급한 대부분 '중요산업'을 경영하는 '특수회사'는 일제가 식민지 침략정책을 실시하는 도구로서 국영기업과 별로 차이가 없었다. 이런 회사들은 한 가지 산업이 한 가지 기업 즉 '1업 1사주의 원칙'에 따라 업종별로 세워져 주금의 제한, 간부의 임면, 회사의 경영, 이익금의 분배 등의 면에서 국가의 '통제'를 받았으며 이익금보조, 채권발행, 세금면제 등의 면에서는 국가의 보살핌을 받았다.

일제 및 만주국의 '경제통제' 정책은 자본가의 자유경쟁과 일부 기업가들의 이익독점을 반대한다는 허울을 쓰고 국가독점 자본주의를 실시하는 구체적인 표현이었다. 그러나 이런 독점은 독점자본집단에 의뢰했을 뿐만 아니라 독점자본가의 이익에 강·유력한 국가적인 보호를 실시하였다. 그러므로 '특수회사'는 독점자본과 정부가 공동으로 경영하는 회사였다. 다시 말하면 일본 독점자본과 만주국 정부에서 공동으로 경영하는 '특수회사'인 것이다. 일제는 바로 이런 '특수회사' 제도를 이용하여 만주의 공장, 광산 및 교통 등 제반 경제 분야를 지배함으로써 저들의 침략야심을 실현하는 군사 자원을 제멋대로 약탈해 갈 수 있었다.

---

16) 위의 책, 제395쪽.

일제는 식민지약탈과 파쇼적 폭압통치를 실시하기 위해 농촌 고유의 봉건적, 반봉건적인 토지관계를 보존하는 한편, 갖은 수단으로 농민들의 토지를 대량 강점하였다. 그 당시 만주국 인구의 85%가 농민으로서 그들이 경작하고 있는 토지는 도합 1천 700여만 헥타르에 달하였다. 1932년 5월 일제는 만주국 민정부 산하에 '토지국'을 설치하고 이른바 '토지관습조사'와 토지정책제정사업에 착수하였다. 그리고 1935년 8월에는 '임시토지제도조사회'를 내오고 1936년 3월 26일에는 만주국 국무원 산하에 '地籍整理局'을 설치하고 '지적정리' 8개년 계획에 착수하였다. 이 계획에 좇아 일제와 만주국은 6천여만 원의 경비와 550만 명의 인원을 투입하여 130만 평방킬로미터 되는 전 만주의 토지 가운데의 72만 평방킬로미터 이상의 땅과 3천만 건의 민용지를 '정리'하였다.[17]

일제가 만주의 토지를 강점함에 있어서 가장 일반적인 형식은 토지를 '商租'하는 것이었다. 일찍이 1915년에 일제는 중국에 '21개 조약'을 제출한 후『남만주 및 동부 내몽고에 관한 조약』(즉 민4조약)을 체결하여 이른바 '상조권'을 취득하였다. 즉 '일본사람은 남만주에서 상업이나 공업 경영에 필요한 집과 공장을 짓거나 농업을 경영하려 할 때 소요되는 토지를 상조할 수 있다'는 것이었다. 이를 계기로 일제의 토지약탈행위는 갈수록 창궐해졌다. 만주사변 후 일제는 괴뢰만주국 '법령'의 보호하에 '상조'의 형식으로 더욱 많은 토지를 약탈하였다. 1932년 9월 15일 일본과 만주국이 체결한「일만의정서」에서는 '만주국은 일・중 간의 기정 조약, 협정 등 기타 협의 그리고 공적이나 사적인 계약에 의한 일본국 혹은 일본 신민

---

17) 일본만주국사편찬간행회,『만주국사』'분론'(상), 앞의 책, 제79쪽.

들의 모든 권리와 이익을 승인하고 존중한다.'[18]고 규정하였다. 그리고 1936년 6월 10일에 체결한「만주국에서의 일본국 신민의 거주와 세금부과에 관한 만주국과 일본국 간의 조약」에서는 '일본국 신민은 만주국 영역에서 자유로이 거주하고 다닐 수 있으며 농・공・상업 그리고 기타 공적 혹은 사적인 여러 가지 업무와 직무에 종사하고 또한 토지면에서 모든 권리를 향수할 수 있다'[19]고 규정하였다. 언급한 '지적정리'는 바로 일제가 자신들의 모든 권리를 확인하기 위한 구체적인 보조였다. '상조권' 문제에서 일제는 '만주국 정부는 지난날 일본국 신민이 향유하였던 상조권 및 규정에 따라 마땅히 토지소유권과 이에 해당된 토지의 권리를 변경시켜야 한다.'[20]고 규정하였으며, 1932년 9월 21일에 만주국을 통하여『상조권 정리법』을 공포하고 '본 법에서 말하는 상조권은 제국 경내에서 강덕 3년 6월 30일 이전에 일본 신민이 소유한 모든 토지권리를 가리킨다.'[21]고 규정하였다. 이 모든 것들은 '상조권 정리'의 명의제 밑에 일제가 여러 가지 형식과 수단으로 이미 탈취한 모든 토지에 대한 권리를 확인함으로써 그것을 합법화 하려는 것이었다. 이리하여 일제 침략자들의 '상조권' 신청수와 그들이 차지한 토지는 갈수록 늘어갔다. 1936년의 통계에 따르면 그 해 9월 21일에『상조권 정리법』이 공포되기 전의 '상조권' 건수는 도합 12만 700건이었다. 그러나 이 가운데서 영사관의 인정을 받은 '상조권' 건수는 7,700여 건밖에 되지

---

18) 위의 책, 제348쪽.

19) 위의 책, '분론'(상) 제90쪽.

20) 동상.

21) 전만주조선인민회연합회발행,『상조권 정리법령에 관한 문집』『전만주조선인민회연합회보』제44호 '부록', 제15쪽.

않았고, 나머지 11만 3,000여 건은 영사관의 수속이 없는 비법적인 도용행위였다. 하지만『상조권 정리법』이 공포되면서부터 1937년 9월 20일까지 일본법인과 개인이 '상조권' 신청을 하여 토지집조를 얻은 건수는 도합 18,890건에 달하였고 그에 해당하는 토지는 566만 3,041헥타르나 되었다.[22] 이러한 '상조권 정리'는 만주국 후기까지 지속되어 1942년 말까지 토지권 처리 수는 도합 6만 3,876건에 달하였으며 1943년에도 상당한 수량에 달하였다.[23]

이와 같이 일제는 이른바 '지적' 및 '상조권'의 정리라는 속임수로 만주에서 수많은 토지를 약탈하여 저들의 이민침략에 소요되는 토지를 마련하였으며 침략전쟁을 확대하는 기지로 만들었다. 특히 일본 동아권업주식회사 등 식민회사들은 한인 이주민들을 고용하여 약탈한 토지를 개척·경영하였다.[24] 1933년과 1934년에 동아권업주식회사에서는 관동군의 위탁을 받고 동북 삼강평원지역에서 토지를 '수매'하였는데 당시 토지가격이 헥타르당 200원씩 하는 상등지를 56원씩, 160원씩 하는 중등지를 40원씩, 120원씩 하는 하등지를 24원씩으로 하여 토지주인에게 '수매계약'에 강박적으로 수표하게 하였으며,[25] 북만 지역의 어떤 곳에서는 시장가격이 헥타르당 10원 내지 17~18원씩 하는 경작지를 황무지와 한데 섞어 평균 헥타르당 1원씩 '수매'하였다.[26] 이렇게 '수매'한 동아권업회사의 토지는 1936년에 이르러

---

22) 만주국지적정리국,『상조권 정리중의보고서』제35쪽; 강념동 등 편:『괴뢰만주국사』제339면에서 재인용.

23) 일본만주국사편찬간행회,『만주국사』'분론'(상), 앞의 책, 제91쪽.

24) 동아권업주식회사,『동아권업주식회사10년사』1933년, 제47쪽.

25) 중앙당안관, 중국 제2력사당안관, 길림성사회과학원,『동북대토벌』중화서국, 1991년, 제714~716쪽 참조.

26) 일본만주국사편찬간행회,『만주국사』'총론', 앞의 책, 제440쪽.

전 동북과 내몽골 지역에서 11만 정보에 달하였다.[27]

1936년 9월 만선척식주식회사가 설립된 후 동아권업주식회사의 허다한 업무를 이어받게 되었다.[28] 만선척식회사에서도 동아권업 못지않게 갖은 수단을 다 써가며 새로운 토지들을 사들였다. 만선 척식회사는 자신들이 '합리'적인 가격으로 토지를 '수매'하기 위하여 당지의 일본영사관과 헌병대를 동원하였을 뿐만 아니라 지방의 관원들까지도 매수하여 가격을 낮추게 했다. 예를 들면 간도성 안 도현에서 토지를 '수매'할 때 만선회사에서는 '토지수매위원회'를 세우고 안도현 현장이 위원장을 맡고 기타 참의들과 참사관들이 위 원을 맡게 한 후 그들을 통하여 1937년 한해에만 하여도 두 번에 나누어 도합 36,000헥타르의 토지를 '수매'하였다.[29] 이와 같은 방 법으로 만선척식회사는 다른 곳들에서도 대폭적인 토지 '수매'를 실시하였는데 북간도 외 북만 지역의 葦河, 남만 지역의 반석, 류 하, 몽강, 태래, 회덕, 통화, 금천, 휘남, 화전, 흥경, 철령 그리고 내 몽골 지역의 開魯, 扎賚特 등지에서 27만 5,500여 정보의 토지를 '수매'하였다.[30]

---

27) 고건성, 『선만척식주식회사 · 만선척식주식회사 5년사』 만선척식, 1941년, 제67쪽.
28) 위의 책, 제66쪽.
29) 만선척식주식회사, 『間島省安圖縣鮮農移民地建設入殖實施經過』 1937년, 제4∼5쪽.
30) 남만철도주식회사산업조사부, 『만주농업이민개황』 1939년, 제89쪽.

제2절 만주사변 후 한인의 강제이주와 분포

1931년 만주사변으로부터 1945년 일제패망까지의 14년 동안을 재
만 한인 이주사에서는 대체로 방임정책기(1932—1936)와 통제정책기
(1937—1945)로 나누고, 통제정책기는 다시 1941년을 기준하여 전기
는 집단이주시기, 후기는 개척이주시기로 구분한다. 여기에서 방임정
책기는 사실상 일제가 한인에 대한 강제이주를 진행하기 위한 준비
단계로 볼 수 있기에 만주사변 이후의 14년을 일반적으로 일제통
치하에서의 '강제이주시기'라 통칭하기도 한다.

1. 방임정책기(강제이주 준비시기: 1932년 ~ 1936년)

만주사변 전후시기 한인의 만주 이주 수는 급속히 증가하였다. 이
는 당시 조선 국내의 내적 원인과 만주지역의 외적 원인이 상호작
용하면서 나타난 현상으로 즉, 조선 내의 유출조건과 만주지역의 유
입조건이 유기적으로 결합된 필연적인 결과이기도 하다. 조선 국내
의 사정을 살펴보면 1928년부터 조선에 밀어닥친 농업공황과 자연
재해는 조선 국내 특히 삼남지방의 농촌사회에 막대한 파괴를 가져
와 농민들의 대량적인 유랑민화를 초래했고, 중국 만주지역에는 일
제의 무력침략에 의해 괴뢰만주국이 건립되면서 과거 중국정부가

한인 이주민들에 대해 박해하거나 구축하던 장애가 사라지면서 한인의 이주가 전 시기에 비하여 어느 정도 자유로운 형태로 진행될 수 있었다. 이러한 실정에서 조선총독부는 한인들의 만주 이주를 적극 추진하고자 계획하였다. 그 이유로는 첫째, 조선 국내에서 날로 첨예화 되어가는 민족모순과 계급모순을 완화하고, 둘째, 한국의 파산농민들이 일본으로 유입하여 일본 국내의 노동시장을 점유하는 것을 방지하며, 셋째, 한인의 값싼 노동력으로 더욱 많은 만주의 자원을 약탈할 수 있다는 것이다. 이에 따라 조선총독부는 1932년 4월 '만선농사주식회사' 설립안을 작성하고 매년 2만 호씩 15년간 30만 호의 한인 농가를 만주에 이주시킨다는 방침을 일본정부와 관동군 측에 제안하면서 협조를 요구하였다.[1) 그러나 조선총독부의 기대와는 달리 당시 일본정부와 관동군은 한인들의 만주 이주에 대해서는 권장도 통제도 하지 않는 이른바 방임하는 태도를 취하였다.[2) 이 시기 일본정부와 관동군이 한인들의 만주 이주를 적극 추진하지 않은 데는 다음과 같은 몇 가지 인식에서 비롯된 것이라 볼 수 있다. 첫째, 일본은 무력으로 만주를 점령하였으나 현재 만주에서의 식민통치질서가 확립되지 않았기에 '치안'과 '안정'이 선차적인 것이지 한인 이주가 우선이 아니라는 점; 둘째, 일본인 만주이민을 통하여 국내의 '과잉인구' 문제 해결과 더불어 국내의 계급모순을 완화시킨다는 점; 셋째, 일본인 만주농업이민을 통하여 만주에서의 민족비율을 개변함으로써 만주를 제2의 '일본'으로 만들어야 한다는 점; 넷째, 쌀농사에 익숙한 한인 농민들을 만주에 이주시키면 일본

---

1) 조선총독부, 「만선농사주식회사계획요항」, 1932년 참조.
2) 조선총독부관방외교과, 『재만 조선인 이민에 대하여』 1932년, 제16쪽.

의 쌀값에 직접 영향을 미치게 되고, 일본인 만주개척지와 수전 경작지가 줄어들게 된다는 점; 다섯째, 한인들은 '적화의 화근'이고 '반일의 선봉'이기에 한인들의 대량 이주는 조선의 식민통치는 물론이고 나아가서 재만 한인사회의 안정에도 막대한 장애를 가져다준다는 등이다.3) 이 같은 인식에 입각하여 1934년 11월 25일 일본관동군은 "일본개척민을 적극 招募하고, 조선개척민에 대해서는 管制와 指導, 중국인개척민에 대해서는 調整한다"4)는 내용을 골간기본으로 하는 「이민방침」을 제정하였다. 이와 같이 만주사변 직후 한인들의 만주 이주를 둘러싸고 일본관동군과 조선총독부 간에 일정한 어느 정도 의견충돌이 있었으나 이는 어디까지나 일본이 조선과 만주에 대한 식민통치질서 확립과 대륙침략정책을 어떻게 효과적으로 추진할 수 있는가 하는 공동한 목표를 둘러싼 분쟁에 불과한 것이었기에 양측은 곧 상호 타협하는 원칙에서 각자의 이주방침과 계획에 따라 한인들의 이주업무를 추진하기 시작하였다.

만주사변 후 조선총독부와 관동군을 제외하고도 일제의 식민침략기구인 남만철도회사와 동아권업회사, 그리고 친일단체인 조선인 민회연합회 등도 한인들의 만주 이주에 대한 갖가지 방책을 제정하였다.

---

3) 『만주농업이민방책』 앞의 책, 제254∼255쪽, 제292∼293쪽.
4) 만주문화협회, 『만주년감』 1940년, 제339쪽.

한인 이주민에 대한 정책입안 과정

문건 작성 부서	문건 명	작성시기
만철지방농무과	만주에 있어서 이민책요강(선인의 부)	1932. 1
동아권업회사	선농이식계획서	1932. 1
전만조선인민회연합회임시대회	재만 조선인 구호와 장래 이주 장려 통제에 관한 계획	1932. 1. 25.～ 27
만철경제조사회 제2부 농업반	농법의 설정안	1932. 4
만철경제조사회 제5부	재만선인근본대책	1932. 7
만철경제조사회 제2부 제1반	조선인 이민대책안대강	1932. 8
관동군	조선이주민처리요강	1932. 12

위 표의 내용을 개괄하면, 첫째, 기주 재만 한인에 대한 '통제와 안정'의 방침 확정; 둘째, 한인 농민들이 만주에 이주하는 것을 저지도 장려도 하지 않고, 자연적인 추세로 방임하는 것을 한인 이민 대책의 근본방침으로 규정;[5] 셋째, 금후 20년 사이에 매년 5,000가구씩 이민하여 10만 가구 한인을 자작농으로 창정, 그리고 한인 농민의 자격은 혈족 또는 소지역에서 5가구 이상 농업경영 경험이 있는 자로 구성된 단체여야 하고 재만 한인 농민과 이민통제기관에서 인정하는 단체여야 함;[6] 넷째, 한인의 만주 이주에 대해 통제하여야 하며, 특히 엘리트 계층에 대해서는 더욱 통제해야 함;[7] 다섯째, 한인 이주는 두 시기로 나누어 추진하는바, 전기는 기주 남북 만주의 한인 농민들을 모두 수용하여 자작농을 창정하며, 후기는 조선 국내에서 신규 이민을 모집하여 만주에 이주시킴;[8] 여섯째, 재만 한인 가운데서 무고정 직업자, 불정당한 영업에 종사하는 자,

---

5) 『만주농업이민방책』 제254쪽 참조.

6) 滿鐵農務課 編, 『滿洲に於ける移民策要綱』 1932. 1.

7) 『만주농업이민방책』 앞의 책, 제292～293쪽.

8) 「연합회 연혁」, 『전만조선인민회연합회회보』 1933년 3월호, 창간호.

귀순자 등 약 2,300가구 중 약 400가구는 동아권업회사에서 경영하는 하동과 영구농장에 수용시키고, 나머지는 영사관과 총독부 혹은 개인들이 계획하고 있는 통화농장(하얼빈시 특무기관 계획), 강교농장(치치할 영사관 계획), 파니하자농장(신경수리조합 계획), 만보산농장(신경민회 계획), 간도자경농장(조선총독부 계획), 간도경비부락(간도영사관 계획) 등 농장에 수용시키는 것 등이다.[9] 이 외에도 1932년 1월 동아권업회사에서는 봉천 부근에다 표준적인 소작농장을 창립하여 토지를 개간한다는 계획을 작성하였는데, 이 계획에 따르면 자작농창정과 소작인모집을 통하여 동아권업회사의 지도아래 한인 농민들이 스스로 자치농촌을 형성하게 하여 최종적으로 강력한 통제와 집단화를 목적으로 하는 한인 집단부락 계획의 모델로 만든다는 것이다.

이상의 내용으로부터 보면, 만주사변 이후, 일제는 기주 재만 한인에 대해서는 「통제와 안정」의 방침아래 안전농촌, 집단부락, 자작농창정 등을 실시하여 그들을 통제하려 하였음을 알 수 있다. 다시 말하여 만주사변 직후 일제는 한인들의 이주를 자유이민 즉 방임하는 태세를 취하는 듯 했으나 사실은 부정적 입장을 취하였는 바, 이는 당시 한인들은 이미 영토 확장을 위한 수단으로 의미를 상실했고, 더욱이 만주를 영구적인 식민지를 전환시키기 위한 일본인 농업이민의 라이벌로 간주되었기 때문이라고 분석된다. 왜냐하면 당시 일제의 만주개척정책은 일본 내지 개척민의 이주를 중핵으로 하고, 나아가서 이를 기반으로 동아신질서 건설의 구체적 거점을 확보한다는 구상을 갖고 있었기 때문이다.[10]

---

9) 『만주농업이민방책』 제249~250쪽, 관동군 통치부, 「조선이주민처리요강」, 1932. 12.

10) 김경일 등 지음, 『동아시아의 민족이산과 도시』 역사비평사, 2004년, 1월, 제42쪽.

그러나 이 시기 일제의 방임정책에도 불구하고 일제의 식민약탈과 세계공황의 여파로 인한 조선의 농촌경제의 피폐와 궁핍은 극에 달하였고, 이로 인하여 생성된 수많은 파산농민들은 결국 살길을 찾아 만주에로의 이주를 선택할 수밖에 없었다.

'9.18'사변 전후시기 재만 한인 인구 비교표[11]

'9.18'사변 전 3년간		'9.18'사변 후 3년간	
1927년 말	558,280	1933년 말	673,794
1930년 말	607,119	1936년 말	888,181
3년간의 증가	48,839	3년간의 증가	214,387
1년간의 평균증가	16,279	1년간의 평균증가	71,462

위 표에서 볼 수 있는바, 1927년부터 1930년 사이 이주민의 증대는 5만 명에 못 미쳐 연평균 1만 6천여 명에 불과하였지만 1933년부터 1936년 사이에는 무려 21만 명에 달하여 연평균 7만 1,000여명의 증가를 보이고 있다. 1936년의 통계에 따르면 간도성의 한인수는 이미 47만 명에 달하였으며 봉천성에는 11만 2,000명, 안동성에는 11만 명, 빈강성에는 9,000명, 길림성에는 6만 7,000명, 삼강성에는 2만 명, 용강성에는 6,000명, 금주성에는 2,800명, 흑하성에는 800명, 흥안 각 성에는 200~300명씩 거주하고 있었다.[12] 1938년에 이르러 재만 한인수는 무려 111만 7,892명에 달하였다.[13]

1933년부터 1935년까지 재만 한인 인구의 지역별 증가수를 보면 아래와 같다.

---

11) 滿洲國通信社, 『滿洲開拓年鑑』 1941년, 제276쪽.

12) 만주문화협회, 『만주년감』 1938년, 제355쪽 참조.

13) 만주국통신사, 『만주개척년감』 1941년, 제276쪽.

연차	남만	동만 5개 현	북만	합계
1933	190,608	405,953	59,771	655,972
1934	214,744	421,941	73,885	710,600
1935	248,367	453,345	98,350	850,062

1935년 재만 한인 인구는 850,062명인데 그중 남만 지역에 248,367명, 북만 지역에 98,350명, 동만 지역에 453,345명으로서 동만 지역의 한인수는 전체 재만 한인 인구의 51.2%를 차지하였다. 이는 방임정책기 재만 한인의 분포지역이 점차 남북만 지역으로 확대되어 가고 있는 추세를 보이고 있었지만 그때까지만 해도 동만 지역에 절반 이상의 한인이 거주하고 있음을 알 수 있다.

1936년 재만 한인의 집거구 분포상황을 지역별로 살펴보면 다음과 같다.

1936년 남만 지역 한인 집거구 분포상황[15]

---

14) 朝鮮總督府, 『在滿朝鮮人槪況』 1936년, 제107쪽.

15) 慧淑, 『中国朝鮮族聚落地名与人口分布』 延边大学出版社, 首尔大学校出版部, 1994年, 제53쪽.

1936년 길림성내 한인 집거구 분포상황[16)]

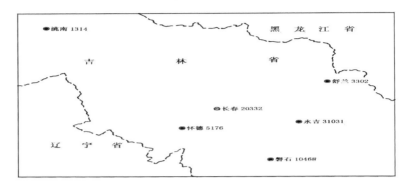

1936년 북만 지역 한인 집거구 분포상황[17)]

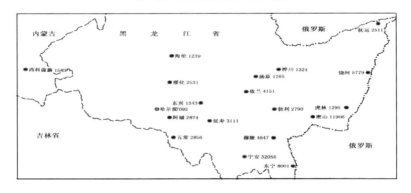

위 표에서 볼 수 있는바, 1936년 남만 지역에서 1만 명 이상이 거주하는 집거지로서는 심양, 장백, 단동, 무순, 집안, 흥경, 환인 등 7개 곳이며, 길림성 내는 6개의 집거구 중 2만 명 이상이 2개, 1

16) 동상.

17) 沈慧淑, 『中国朝鲜族聚落地名与人口分布』 연변대학출판사, 首尔大学校出版部, 1994년, 제53면.

만 명 이상이 1개, 천 명 이상의 집거구가 3개로서 대, 소 집거구가 혼재되어 있었으며, 북만 지역에는 대체로 19개의 소규모 집거구가 형성되어 있음을 알 수 있다.

이 외에도 북만 지역의 송강성, 합강성, 치치할성과 서만 지역에도 적지 않은 크고 작은 한인 집거구가 형성되었다. 그중 주하현의 하동과 수화현의 흥화 등지에도 천여 명의 한인들이 거주하고 있었고, 특히 밀산현에는 11,906명의 한인이 거주하고 있었다.[18]

이 시기 재만 한인들의 분포는 당시 조선총독부의 안전농촌 건설과 중국 내의 철도부설과도 밀접한 관련이 있었다. 1932년부터 조선총독부는 철령현의 난석산, 영구현의 전장대, 주하현의 하동, 수화현의 흥화, 유하현의 삼원포 등 5개 지역에 안전농촌을 설립하여 남북만의 3,500여 호 난민을 수용하였다. 안전농장은 처음에는 사변을 피하여 조선 국내로 귀국한 난민들을 만주로 다시 송환하기 위해 설립되었으나, 나중에는 만주지방의 피난민과 조선 국내의 삼남지방의 재해 농민들을 선발하여 송출함으로써, 안전농촌 이민은 조선총독부에 의하여 추진된 최초의 계획이민이었다고 볼 수 있다.[19]

한편 이 시기 만주지역에서의 철도부설은 한인들의 북만이주를 한층 가속화시켰다. 1933년 도문에서 돈화에 이르는 철도선이 준공된데 이어 1934년에 교하 拉法에서 하얼빈에 이르는 철도선, 1933년에 흑룡강성 海倫에서 北安의 克山에 이르는 철도가 개통되자 북간도, 길림, 남만 및 조선 경내의 한인 이민들이 북만 지역으로 이주하여갔다. 특히 1935년 7월에 도문에서 영안, 영안에서 가목사에

---

18) 동상.
19) 김기훈, 「만주의 코리안 디아스포라—제국 내 이민 정책의 유산」, 한석정·노기석 편, 『만주, 동아시아 융합의 공간』, 소명출판, 2008, 제203쪽.

이르는 철도가 부설되자 조선 경내와 동만 지역의 한인들이 철도선을 따라 勃利, 林口 방면으로 이사하여갔다. 통계에 의하면 1933년부터 1935년까지 북만 지역에 도합 5만 2,599세대에 23만 2,697명 한인들이 이사하여갔다.[20] 이 시기 북만 지역의 한인들이 급증한 원인에는 소련 경내의 한인 이주들이 재차 만주지역으로 이주하여 온 것과 갈라놓을 수 없다. 특히 북만 동부지역의 동녕, 밀산, 호림, 목릉 등지의 한인 인구의 70%가 소련에서 넘어온 사람들이었다.[21]

이 시기 한인들의 분포에서 주목되는 것은 도회지에 한인 집거구가 형성되기 시작하였다는 점이다. 이주 한인들은 농촌에서 강한 생활력과 인내력을 바탕으로 어느 정도 경제적인 부를 축적하고, 중국의 현지 사정에 어느 정도 적응되면, 도회지로 2차 이주를 단행하면서 삶의 터전을 넓혀 갔다. 그중 북간도의 국자가와 용정을 비롯한 남북만 지역의 안동·봉천·길림·장춘·하얼빈 등 대도시들이 한인들이 새로운 삶의 터전을 넓혀 나가는 주요 대상 지역이 되었다. 초기 경제력이 빈약한 한인들은 집값이 싸고, 중국인이나 일본인들의 세력이 잘 미치지 않는 도회지 주변지역을 중심으로 거주지를 형성하였다가 점차 도심으로 확장하여 갔다. 그리하여 봉천에서는 '한인 시가'의 성격을 띤 西塔이 형성된데 이어 십간방에도 한인 상점들이 연이어 생겨나면서 한인 소집거구가 이루어졌으며, 신경에는 梅枝町, 寬城子, 八里堡 등지를 중심으로 '한인촌'이 형성되었으며, 하얼빈에서도 부가전(도외)과 부두(도리) 구역, 백계 러시아인 빈민가인 신안구[22] 등지에 한인촌이 형성되어 있었다.

---

20) 하얼빈철도국 북만경제조사소, 『북만경제자료 제24호·북만에 있는 조선인 이민의 유입 및 정착사정』(1936년 7월), 제9쪽.

21) 위의 책, 제25쪽.

2. 통제정책기(1937년 ~ 1945년)

통제정책기는 일본의 이민정책 내용에 따라 집단이민시기(1937년~1941년)와 개척이민시기(1941년~1945년)로 나누어 볼 수 있다.

1) 집단이민시기(1937년 – 1941년)

1934년 10월 일본 내무성은 조선총독부 등 관계 기관들과 협의한 후 한인의 내지 도항 문제를 해결하는 방안으로 한인의 만주 이주를 적극적으로 추진할 것을 제안한 바 있다.[23] 이에 관동군 측도 독자적인 한인 이민회사를 인정하는 등 새로운 정책전환을 모색하기 시작하였다. 그러나 이 시기 관동군의 정책전환은 어디까지나 무통제의 한인 이주민을 억제하려는 목적으로 시도된 것이었다. 관동군의 한인 이주민에 대한 통제는 연간 입식호수를 제한하는 '양적 통제', 정착지역을 제한하는 '지역 통제', 이주 증명서를 발급하는 '질적 통제' 등 다양한 수단을 통해 이루어졌다. 양적 통제는 새로 만주에 이주하는 한인 농민을 매년 1만 호 가구 이내로 제한한다는 것이고, 지역 통제는 입식지역을 지도원조 지구인 간도, 동변도 일대의 23개 현과, 부수적으로는 재만 한인의 '통제집결지구'인 16개 현에 제한시키는 것이었으며, 질적 통제는 일제의 만주 통치에 순응하고 확실하게 농업에 종사할 의사를 갖고 있으며, 한 가족에 적어도 2명 이상의 성인 남자 노동력을 보유한 자작 농가 또는 소작 농가를 선별하여 이주증명서를 발급하는 형식으로 이루어졌다.[24]

---

22) 김경일·윤휘탁 등 지음, 『동아시아의 민족이산과 도시: 20세기 전반 만주의 조선인』 역사비평사, 2004년, 제109, 197, 305쪽.

23) 박경식, 「日帝時期における'協和會'について」, 『계간 현대사』 5호, 1974년, 제139~140쪽.

1936년 8월 일제는 1932년부터 추진했던 시험이민시기의 경험을 토대로 이른바 「20개년 백만 가구 개척민 계획」을 작성하였다.[25] 그 후 일본관동군에 의하여 작성되고, 일본정부와 만주국 정부에 의하여 최종 결정된 백만 호 가구 이주계획에서는 갑종이민(정부이민)과 을종이민(자유이민) 두 가지 형태로 구분하여 1937년부터 향후 20년 사이 5년을 1기로 도합 4기로 나누어 실시한다고 규정하였다. 즉, 제1기는 10만 호 가구, 제2기는 20만 호 가구, 제3기는 30만 호 가구, 제4기는 40만 호 가구 도합 백만 호 가구를 만주에 이주시킨다는 것이다.[26] 본 계획은 일제가 백만 호 가구를 1호 한 가구당 5명으로 계산하여 20년 후면 재만 일본인이 500만 명으로 증가되어 만주 총인구의 10%를 차지할 수 있으므로 만주에서 능히 일본인 중심의 식민통치질서를 확립할 수 있다는 음흉하고도 정밀한 계산이 깔려 있었다.

　　1937년 일제는 중국에 대한 본격적인 침략전쟁을 개시하였다. 그러나 일제의 생각과는 달리 중·일 전쟁이 장기전으로 들어가면서 일본 국내에서는 수많은 농업 노동력이 군대나 군사공정에 징용됨으로써 농업노동력의 급속한 감소를 초래하여 일본인 백만 호 가구 이주 계획은 계획대로 시행되지 못하였다.[27] 이러한 실정에서 일제는 한인의 만주 이주에 대한 종전의 방임정책을 계획적인 통제이민, 즉 강제이주정책으로 바꾸어갔다. 이 시기 일제가 종전의 방임정책

---

24) 『만주국선농관계규정집』15—21쪽, 한석정, 노기식 편, 『만주, 동아시아 융합의 공간』소명출판, 2008년, 제207~208쪽 참조.

25) 天澤不二郞, 『開拓政策の展開』河出書房, 제144~115쪽.

26) 『現代史資料』11, 앞의 책, 제950쪽.

27) 天澤不二郞, 『開拓政策の展開』河出書房, 제144~116쪽.

에서 통제정책으로 전환하게 된 데는 일본인 이주가 뜻대로 이루어지지 않은 원인 외의 다음과 같은 몇 가지 요소가 작용한 것으로 분석된다. 첫째, 일본 국내의 실업문제와 이에 따른 사회 불안정 문제를 해결하기 위한 것이다. 당시 일본은 전 시기 세계경제공황에서 받은 후유증에서 탈피하지 못한 채 새로운 경제공황을 맞이하였다. 그리하여 대량의 실업노동자들이 발생하면서 일본사회의 부담과 불안정 요소가 급증하고 있었다. 여기에 이 시기 한인들의 일본에로의 유입은 해마다 증가되어 1936년에는 70만 명에 이르렀다. 이러한 실정에서 일제는 국내의 사회적 부담과 불안정 요소를 해소하는 유일한 방법이 바로 일본으로 유입하는 한인 이주민을 만주로 돌려놓는 것이라 생각하고 있었다. 둘째, 조선총독부는 일찍부터 한인들의 만주 이주를 조선 국내에서 날로 격화되고 있는 민족모순과 계급모순을 완화하고 '과잉인구' 문제를 해결할 수 있는 일거양득의 방책으로 인식하고 있었다. 특히 1937년 7월 일제가 전면적인 중국 침략전쟁을 발동하여 조선과 만주국이 일제의 대륙전쟁 병참기지로 변한 이후에는 한인 이민의 필요성이 더욱 절박하였다. 셋째, 만주에서의 '興農增産'을 위해서는 단위당 수확고를 현저히 증가시킬 수 있는 수전 개발과 농사에 능숙한 한인 농민들의 대량 이주가 필요했기 때문이다. 넷째, 1936년에 이르러 일제는 만주에서의 자신들의 식민통치질서가 기본상 '확립'되었고, 한인문제에서 늘 근심하던 치안문제가 기본상 '해결'되어 계획적인 한인 이민을 실시할 수 있는 사회적 여건이 기본상 '형성'되었다고 판단하고 있었다.

일제는 1936년 8월에 제정된 「재만 조선인 지도요강」에 근거하여 동년 9월 서울과 신경에 각각 선만척식회사와 만선척식회사를 설립하고 한인들의 만주이민과 관련된 업무를 처리하였다.28) 「재만 조선인 지도요강」의 주요내용은 다음과 같다. 첫째, 새로 이주하는 한인 이민은 특정지역인 간도나 동변도에 이주하게 하고, 기주 한인은 군사상의 수요와 현재 또는 장래 일본인이주를 방해하지 않는 범위 내에서 일정한 지역에 집단적으로 이주하게 한다.29) 둘째, 1936년 가을부터 1937년 봄까지 한인 이민을 간도와 동변도의 23개 현에 이주시키되,30) 이주지 건설의 중점은 안도·왕청·훈춘·연길·무송·장백·집안·임강·흥경·휘남·금천·유하 등 12개 현에 두어야 하며, 이주지는 원칙적으로 집단부락이어야 하며 자작농창정을 목적으로 하여야 한다.31) 셋째, 한인 농민에 대한 사무를 지도·통제하는 기관을 설치하는데 각 성정부에는 척정과나 척정고를 신설하고, 간도와 동변도의 23개 현에서는 척정판사처를 설립하며, 안도·도문·상삼봉 등지에는 만선척식회사의 선농보도처를 설치해야 한다고 규정하였다.

그 후 만주국 정부는 1937년 「재만 조선인 지도요강」을 수정하여 첫째, 강제적으로 시도하였던 국경지역 기주 한인에 대한 철수를 취소하고, 특수한 상황을 제외하고 원지에 안정시키는 완화된 조치를 취하는 것; 둘째, 기주 한인 통제집결지역을 남만을 중심으로 한 16개 현으로 축소한다고 규정하였다.32) 기주 한인의 통제집

---

28) 1936년 5월 11일 관동군 주최하에 신경에서 제2차 이민회의를 개최하였다. 이 회의에서 만주농업이민 백만 호 계획을 수립함과 동시에 한인 이주를 주관하는 선만척식주식회사와 만선척식회사를 창설할 것을 결정하고 9월에 가서 두 회사를 설립하였다.(『만주년감』 1940, 제340쪽.)

29) 만철산업부, 『조선인농업자유이민처리규정』 앞의 책, 제1~3쪽; 1936년 위만주국이 발표한 『재만 조선인 지도요강』 참조.

30) 간도와 동변도의 23개 현이란, 연길·왕청·훈춘·화룡·안도·관전·환인·집안·통화·임강·장백·무송·무순·청원·흥경·유하·해룡·동풍·휘남·금천·몽강·반석·목릉 등 현을 말한다.

31) 만철산업부, 『조선인 농업자유이민 처리규정』 앞의 책, 제40~42쪽.

결지역이 주로 남만으로 결정됨에 따라 봉천과 안동 두 성의 치안 유지회에서는 1937년 4월 1일에 「봉천·안동 양성 이주 선인 통제 규정」 13개 조항을 발표하였고,[33] 일본관동군도 1937년 4월 2일에 「남방위지구 이주 선인 지도요강」을 발표하여 상술한 지구들에서 시종 일관하게 치안 제일주의를 관철할 것을 강조하였다.

1938년 7월 22일 개척민 사무 처리 위원회에서는 「재만 조선인 지도요강」을 제2차로 수정하고, 「선농취급요강」 12개 조항을 결정하였다.[34] 이 요강은 첫째, 농업경영을 목적으로 만주에 새로 이주하는 한인 이주민은 매년 1만 호 가구로 통제; 둘째, 신규입식 이주민의 형태를 처음으로 집단·집합·분산 등 세 가지로 규정; 셋째, 종래의 새로 이주하는 지역인 23개 현, 집결지역인 16개 현으로 지정된 제한을 원칙적으로 철폐하고 특정지역 외에는 만주의 어떠한 곳에나 입식할 수 있음; 넷째, 한인 이주민들의 소질제고를 위하여 조선과 만주에 훈련소를 설치하여 이주민들을 지도할 수 있는 '간부'와 '중견인재'를 양성한다고 규정하였다.

1939년 12월 22일 일만 양국은 새롭게 「만주개척정책기본요강」[35]을 제정 발표하였는데, 이 '요강'에서는 종래의 한인 이주민을 처음으로 개척민이라 지칭하였고, 원칙상 한인개척민을 일본개척민에 준한다고 규정하였으며, 한인개척민에 관한 구체적인 조항들을 제정하였다. 이런 의미에서 볼 때 본 요강은 일만 양국이 한인 이주민

---

32) 16개 현 기주 한인통제집결지역은 개원·철령·서안·서풍·영길·액목·돈화·쌍양·회덕·서란·화전·영안·수화·태래·요남·통료 등 현을 말한다.

33) 만철산업부, 『조선인농업자유이민취급규정』 1937년, 제37쪽.

34) 『만주개척년감』 1941년, 제292쪽.

35) 위의 책, 제293쪽.

에 대한 또 하나의 대표적인 정책이고, 한인 이주민정책에서 하나의 획기적인 발전이라 할 수 있다.

이와 같이, 집단이주민시기의 한인 이주는 1936년 8월에 제정한 「재만 조선인 지도요강」을 토대로, 1938년 7월 22일에 「재만 조선인 지도요강」을 제2차로 수정한 「선농취급요강」, 그리고 1939년 12월 22일 일·만 양국이 제정한 「만주개척정책기본요강」에 의해 시행되었음을 알 수 있다.

이 시기 한인의 만주 이주를 집단·집합·분산 세 가지 형태로 나누어 살펴보면 다음과 같다.

집단이주민: 집단이주민이란 시종 만선척식회사에서 전문적으로 취급하는 이주민을 말한다. 만선척식회사는 1936년 9월에 설립된 후 집단이주민들이 입식할 입식지를 조사, 매수함과 동시에 기타 필요한 준비를 추진하여 1937년부터 입식을 시작하였다.[36] 1939년까지 안도·왕청·심양·홍경·휘남·금천·유하·통화·화전·회덕·반석·목릉·영안·위하·연수·태래·반산·용진·눈강 등 현에 입식한 집단이주민부락은 147개, 호 가구 수는 9,000호 가구, 인구는 49,000명이었다.[37] 그리고 1940년 11월까지 4개의 집단개척단 총 3,494가구, 9,966명이 북만 지역에 배치되었다.[38]

집단이주민은 원칙상 1인당 한전이면 4정보, 수전이면 2정보를 소유하게 하여 자작농으로 창정하는 것을 목표로 했다.[39] 그리고 조선총독부로부터 주로 남한 각 도에서 집단이주민을 선정하였는데

---

36) 『만주개척년감』 1940년, 제208쪽.

37) 위의 책, 제208~209쪽.

38) 『만주개척년감』 1941년, 제277쪽.

39) 만철조사부, 『만주농업이민개설』 제103~105쪽.

1939년에는 충청남북도·경상남북도·전라남북도·강원도 등 7개 도에서 3,000가구를 선정하였다.[40]

일제는 이른바 집단과 집합이주민의 소질을 '함양'한다는 명분으로 조선과 만주에다 훈련소를 설치하였다. 훈련내용은 첫째, 황국신민의 덕성을 갖추고 농민정신을 함양하며, 둘째, 만주국의 건국정신을 철저히 이해하고 '일만불가분'의 신념을 함양하며, 셋째, 이주지의 영농상 필요한 지식과 기능을 체득시키는 것이었다. 총독부는 선만척식회사로 하여금 조선 내의 강원도 평강군 고삽면 세포리에 세포훈련소를 설치하게 하고, 각 도에서 추천한 한인 청년 105명을 수용하여 1938년 1월 26일에 훈련을 시작하였다. 이 훈련소는 1939년까지 졸업생 478명[41]을 만주로 파송하였다. 만주국에서는 만선척식회사의 주도로 길림성 영길현 강밀봉에 훈련소를 설치하고, 57명의 한인을 모집하여 1939년 11월부터 훈련을 시작하였다.[42] 이 훈련소에는 간부훈련생과 중견청년훈련생이 있었다. 지원자 자격은 중등학교 정도 이상의 졸업생, 만 25세 이상의 남자였다. 목적은 개척단의 단장 혹은 지도원을 양성하는 것이었다. 훈련기간은 약 10개월, 그중 1개월은 개척지에 파견되어 현지훈련을 했다. 중견청년훈련생 지원자 자격은 초등학교 졸업생, 만 20세 이상의 남자면 가능하였다. 목적은 노동훈련을 통하여 학술기능을 체득하는 것이었다. 훈련기간은 4개월이었다.[43]

집합이주민: 집합이주민이란 1938년 말에 인정받아 1939년 봄부터

---

40) 만철조사부, 『만주농업이민개설』 제103~105쪽.

41) 『만주개척년감』 1941년, 제287쪽.

42) 동상.

43) 『만주개척년감』 1941, 제212쪽.

실시되었다.[44) 집합이주민은 집단이주민보다 규모가 작았으며 주로 만선척식회사와 만주국의 위촉을 받은 지방금융회의 지도 원조로 추진되었다. 집합이주민의 종류는 대체로 세 가지로 나눌 수 있다. ① 1940년 봄 개척단법에 의해 종래 집단개척민이 집합개척민으로 개칭된 것, ② 1939년부터 구금융회에서 취급해오던 것을 1940년 4월부터 만선척식회사에서 인수한 것, ③ 1940년부터 정부가 직접 취급해온 것이다. 1940년까지 집합이주민 상황은 아래의 표와 같다.

1940년까지 만선척식회사에서 신규입식한 한인 농민 상황[45)

支店 別	건설한 부락수(개)	입식호수(호)	입식인구(명)
신경	49	1,197	11,807
봉천	35	1,953	10,329
연길	79	5,910	30,726
목단강	11	912	5,134
북안건설사무소	24	2,810	6,274
정부에서 취급한 것	2	13,977	65,065
합계	200	26,759	129,325

1940년 구금융기관 및 정부에 취급한 집합개척민 상황표[46)

종류	支店 別	입식호수(호)	입식인구(명)
구금융기관에서 취급한 것	신경	100	521
	봉천	43	231
	연길	272	1,460
	목단강	464	2,469
	합계	879	4,681
정부에서 취급한 것	빈강성	195	805
합계		1,074	5,486

---

44) 위의 책, 제277쪽.
45) 『兩社五年史』 제72~74쪽.

분산이주민: 분산이주민이란 사실상 자유이주민으로서 개척총국이나 지방행정기관에서 취급하는 것을 말한다. 분산이주민의 대상은 정책적으로 규정된 1만 호 가구, 5만 명으로 제한되어 있기 때문에 한인 농민들은 이전처럼 아무 때나, 마음대로 만주로 이주할 수 없었다. 따라서 총독부에서 발급한 이주증명서가 필요하였다. 그리고 총독부에서는 신의주·만포진·혜산진·상삼봉·남양에, 만주국 측에서는 안동·집안·장백·개산툰·도문에 각각 개척총국청 정판사처를 특설하고, 이주 증명서가 없는 한인 농민은 세관을 통과하지 못하게 했다.[47] 그러므로 개척총국의 통계에 의하면 1938년부터 1940년 사이에 만주에 이주한 분산이주민은 6,775호 가구, 24,912명밖에 되지 않았다.[48] 이 통계숫자는 상기 5개 판사처의 공식 숫자로서 사실상 판사처를 통과하지 않고도 압록강과 두만강을 마음대로 건너 국경을 넘을 수 있었기에 분산 이주민의 수는 공식적인 통계수보다 훨씬 더 많을 것으로 추정할 수 있다.

일제의 한인 이주정책에서 조선으로부터 한인 농민들을 새롭게 만주로 이주시키는 것도 주요한 내용이었지만, 재만 한인에 대하여 통제 집결하는 것도 또한 주요한 사업이었다. 통제집결지역은 국방상, 치안상 일본인 이민에 방해되지 않는 지역을 선정하였다. 처음에는 남만을 위주로 하는 16개 현에 국한되었으나, 후에는 북만 지역까지 확대되었다. 재만 기주 한인에 대한 통제 집결은 주요하게 집단부락 형식으로 이루어졌다. 일제는 1939년 10월까지 안도·왕청·반산·금서·유하·철령·회덕·반석·서란·이하·태래·서

---

46) 『만주개척년감』 1941년, 제280∼281쪽.

47) 『兩社五年史』 제80쪽.

48) 『만주개척년감』 1941년, 제282쪽.

과전기·목릉·영안·대함장·벌리 등의 현에 집단부락을 건설하고 재만 기주 한인 2,730호, 12,221명을 통제 집결시켰다.[49] 1940년에는 신경·봉천·연길·목단강 등 支店에 재만 기주 한인 2,828호 가구, 12,668명을 집결시켰다.[50]

상술한 바와 같이, 집단이민시기 일제가 실시한 한인 이민정책으로 인하여 수많은 한인 특히 남한 농민들이 집단·집합·분산 등 이주형태로 일제의 강압적인 수단과 기편적인 수단에 의하여 만주로 이주하였다. 그 결과 만주에서의 한인 인구는 급속한 증가를 보였으며, 1936년에 재만 한인 인구가 854,411명이던 것이 1939년에는 1,065,523명으로 증가하였다.[51]

2) 개척이민시기(1941년~1945년 8월)

일제는 1941년 태평양전쟁을 도발하면서부터 1945년 패망할 때까지 한인에 대하여 개척이민정책을 실시하였다. 일제의 개척이민정책은 한인개척민에 대한 모든 행정업무와 정책집행을 담당했던 만선척식회사가 종래 일본인 개척민만 취급하던 만주척식공사와 통합되면서부터 실시되었다.

만주척식공사와 만선척식회사의 통합은 1939년에 제정한「만주개척정책기본요강」에서 이미 제기된 바 있다. 여기에서는 '만주척식공사를 개편해 만선척식회사를 통합하여 그 기능을 조절하는 동시에 개척사업의 일원화를 도모한다. 각종 개척민에 대한 공정한 보도조성과 민족협화를 적극적으로 이루기를 기대한다. 동시에 개

---

49)『만주개척년감』 1940년, 제210~211쪽.

50) 위의 책, 제285쪽.

51)『재만 조선인개황』 제1장,「인구통계」 참조.

척 사업에 관계되는 금융, 물자배급 등을 모두 일본인의 통제 밑에 두고 각종 개척민의 특성에 맞게 적당한 방도를 취한다.'52)고 했다. 사실 이민과 개척사업의 통일과 일원화 방침을 둘러싸고 만주척식공사와 만선척식회사 사이에는 일찍부터 찬·반 논쟁이 있었다. 그러나 이러한 논쟁은 어디까지나 일본 침략의 근본이익을 이탈하지 않는 전제하에서의 논쟁이었기에 「기본요강」에서 통합이 결정된 후에는 양쪽 기관은 상호협력하면서 통합내용을 구체화한 후 1941년 6월 1일에 정식 통합조인을 했다.53)

두 회사의 「통합처리요강」에서는 만주척식공사가 만선척식회사의 전부를 매수하고, 그것을 해산시키며, 만선척식회사가 해산한 후에도 그 주요 주주였던 조선은행과 동양척식회사 등 조선관계기관은 새로 조선인 개척 사업을 조성하기 위하여 만주척식공사와 함께 그 자금을 조달하기 위해 노력한다고 했다.54) 만주개척공사가 한인개척민을 주요 사업대상으로 하던 만선척식회사를 통합한 후, 한인개척민에 대한 정책은 모두 일본개척민에 준하게 되었고, 만주개척공사에서 취급하게 되었다. 이리하여 만주개척공사는 개척부 경영과 가운데 제2경영계와 개척경영부에 제2금융계를 설치하여 특별히 한인개척민을 취급한 외의 기타 모든 것은 일본인 개척민과 동일하게 취급하였다.

만주척식공사가 만선척식회사를 통합함에 따라 만주국은 1940년 5월 3일 34개 조항으로 된 개척단법을 공포하고 한인개척민에게 이 법을 적용하기로 했다.55) 따라서 개척총국도 1940년 11월에 개

---

52) 『만주개척년감』 1940년, 제15쪽.

53) 『만주개척년감』 1942년, 제307~308쪽.

54) 동상.

55) 『兩社五年史』 제187~188쪽.

척단법을 한인개척민에게 정식으로 적용하였다.56) 그리고 興農部에서는 1941년에 「조선인 개척 흥농회 설립과 조성지도에 관한 건」, 「조선인 흥농회 설립과 조성지도요령에 관한 건」을 공포하고57) 개척 흥농회를 설립하였다.

일제는 태평양전쟁의 수요에 따라 1941년 12월에 만주개척 제2차 5개년 계획을 수립하고, 새로운 개척민 입식계획을 작성하였다. 이 계획은 1943년부터 실시하였는데, 일반 개척민과 의용군 개척민을 합쳐 모두 22만 호 가구, 청년의용대 13만 명을 입식시킨다는 계획이었다. 송출기간은 종전의 3~4년에서 1~2년으로 단축하고, 첫 해에 60%, 그 다음 해에 40%로 했다. 집단개척단은 반드시 50호 가구 이상으로 구성되어야 하며, 종래의 집단과 집합으로 구별하던 것을 철폐한다고 했다.58) 이 계획에 따르면 한인개척민의 예정 수는 3,000호 가구, 일반 일본인 개척민 1,500호 가구, 의용대 개척민 11,800호 가구, 만주개척청년의용대 13,500명, 만주건설근로봉사대 11,100호 가구, 일본 개척민 10,600호 가구였다.59) 여기에서 알 수 있는 바, 이 시기 일본의 이민정책은 주로 전시체제에 적응하여 식량증산, 일본인 개척민 중심에 중점을 두고 있었으며,60) 한인개척민 입식은 거의 포기상태에 처해 있었는데, 이는 중일전쟁과 태평양전쟁에 따른 일본과 조선 국내 사정과 밀접한 관계가 있었다. 1937년 중일전쟁 이후 일제가 조선에게 '대륙병참기지화' 정책을 실시하였고 조선 국내의 노동력이 대량으로 필요하였다. 또 중일전쟁이 확대됨에 따라

---

56) 동상.
57) 『만주개척년감』 1943년, 제280쪽.
58) 『만주개척년감』 1943년, 제257쪽.
59) 『만주개척년감』 1944년, 제90, 138쪽.
60) 동상.

일본 국내에서도 많은 청·장년들이 전쟁 제1선에 동원되었기에 후방에서 군수품을 생산할 수 있는 노동력도 매우 부족하였다. 이러한 상황에서 전쟁에 필요한 물자나 노동력을 해결하기 위해 일제는 1938년 4월 「국가총동원법」을 발표하였고, 1939년 7월에는 「국민징용령」을 제정하여 일본 군사공업의 주요한 산업에 한인 노동자들을 배치하기로 했다. 따라서 「국민징용령」을 한인에게 그대로 적용하여 한인을 대량적으로 모집하는 정책을 강행하였으며,[61] 태평양전쟁 후인 1942년 3월부터는 조선총독부를 매개로 보다 조직적이고 강제로 한인을 일본으로 연행하는 정책을 실시하였다.[62] 그리하여 이 시기 한인이 일본과 만주로 이동한 수는 전 시기에 비하여 역전되는 결과가 나타났다. 조선총독부가 1944년 8월에 작성한 「제85회 제국의회 설명자료」를 보면, 1936년부터 1940년까지 한인이 일본에 이동한 수는 249,916명이고 만주에 이동한 수는 255,991명으로 거의 비슷하였다. 그러나 1941년부터 1944년까지 일본으로 이주한 한인은 363,327명이고, 만주로 이주한 한인은 6,500명으로 격감되었다.[63] 결과 1945년 일제패망까지 한인 징용노동자들이 일본 내지, 화태, 남양 등지에 근 40만 명이 강제 연행되었던 것이다.[64]

이러한 실정에서 만주개척총국은 1942년 12월 8일에 「전시긴급 실행방책」을 결정하고 1943년도의 개척중심목표를 '입식의 확보'와 '증산의 완수'에 두었다. 그리고 1943년 9월 일본정부는 일·만 공동식량 자급체제를 건립할 것을 공언하고, 만주국 긴급농지조성계

---

61) 박경식, 『조선인강제연행기록』 미래사, 1965년, 제50쪽.

62) 松村高夫, 「日本帝國主義下に於ける '滿洲'への朝鮮人移動について」, 『三田學會雜誌』 63권 6호, 제59, 87쪽.

63) 『조선근대사자료』 2, 앞의 책, 제205쪽.

64) 동상.

획을 작성하였다. 긴급농지조성계획에 따르면 신규 조성지로 제2송화강 유역과 東遼河 유역의 미경지를 개척하여 수전 경작을 하는 것이었다. 그리고 기정의 계획 중에서 조성할 토지는 학립강·연강구·태평진·흑대·신개하·음마하·차로하·후유이·수하·감남·반산·강평 등 12개 곳이다.[65]

일제는 긴급농지조성계획의 수요와 '국책 개척민으로서 사명을 발휘하게 하기 위해 전시체제에 적응하여 식량증산에 적극적으로 가담해야 한다.'는 제2차 5개년 계획에서 한인개척민에 대한 계획에 근거하여 일본인 백만 가구 이주 계획에 어려운 것을 보충하는 수단으로 남한으로부터 수많은 개척이민단을 조직하여 만주의 북만과 서만의 東西 遼河와 송화강 유역의 황무지에 이주시켜 수전을 개간하게 했다. 그 결과 1945년 일제가 투항하기 직전 재만 한인 실제인구는 2,163,115명으로 증가하였다.[66]

---

65) 『만주개척년감』 1944년, 제93~94쪽.
66) 『조선년감』 1948년; 玄圭煥, 『韓國流移民史』(上),語文閣, 1967년, 제169쪽.

제3절 만주국시기 한인들의 생활실태

1. 자작농창정과 한인 이주민

만주사변 이후부터 1945년 일제패망까지 14년간 전반적인 식민통치 시기에 일제는 재만 한인에 대한 통치와 착취를 강화하기 위하여 이른바 「자작농창정 계획」을 실시하였다. 자작농창정 계획이란 조선총독부가 안전농촌, 집단부락 건설과 함께 3대사업의 일환으로 추진하였다.

일제가 만주에서 실시한 자작농창정 계획은 북간도부터 시행되었는데, 그 원인을 살펴보면 다음과 같다.

첫째, 만주사변으로 북간도 농촌지방 한인들도 만주의 기타 지방과 마찬가지로 피해가 컸다. 피해 받은 한인들은 육속 안전지대라고 인식되는 도회지에 모여 들었는데,[1] 1932년에 북간도지방 도회지에 몰려온 한인이 6,000가구, 35,000명에 달하였다. 이러한 현상은 조선 국내의 식민통치에도 크게 영향을 미치게 되어 이들을 수용하고 '구제'하는 것이 조선총독부의 의사일정에 오르게 되었다.[2]

둘째, 북간도에서 한인이 차지하는 인구가 압도적인 우위를 차지하고 있으면서도 소작농이 많다는 점이다. 당시 북간도 지방의 연길, 훈춘, 화룡, 왕청 4개 현의 인구는 총 565,086명이었는데, 그중

---

1) 『全滿朝鮮人民會聯合會會報』 제27호, 1935년 5월, 제110쪽.

2) 中谷忠治, 「間琿地方に於ける鮮農集團部落」, 『朝鮮』 1월호, 제244호.

한인이 411,735명으로 총 인구의 73%를 차지하고 있었다.[3] 하지만 소작인은 한인이 많고 지주는 중국인이 많았다. 1932년의 통계에 따르면 한인 지주는 7.1%, 중국인 지주는 43.7%, 한인 빈농은 31.2%, 중국인 빈농은 13.7%이었다.[4]

셋째, 북간도 지방은 만주에서 가장 일찍이 항일유격대와 항일유격근거지를 건립하여 항일유격전쟁을 활발히 전개한 지역이었다. 항일유격대와 항일유격근거지의 창시자와 일반 민중의 절대 다수는 한인들이었다. 이 같은 상황에 대해 일제는 한인 농민들이 적화되는 원인을 한인 농민들의 빈곤에서 찾고 그들을 경제적으로 '안정'시켜 소작농을 자작농으로 만들어야 그들의 적화를 방지할 수 있다고 판단하였다.

이와 같이 조선총독부는 재만 한인들에 대해 '통제와 안정', '통제와 무육'이라는 정책하에 식민회사와 손잡고 이른바 자작농창정 계획을 수립하고 추진하였던 것이다. 자작농창정은 1932년 조선총독부가 동척과 결탁하여 종전에 동척이 꾸리던 지주식 농장을 자작농창정으로 경영하면서 시행되었다. 이 계획에 따르면 1933년부터 1937년까지 조선총독부가 50만 원(1년에 10만 원)을 투자하고 동척이 150만 원(1년에 30만 원)을 투자하여 동척이 직접 북간도 지역에서 '성실'한 한인 농민과 난민 2,500가구를 선발하여 연리 8~10푼으로 하여 15년 내에 한인 농민과 난민에게 대여하여 준 토지 값과 기타 값을 年分하여 상환함으로써 소작농을 자작농으로 전환한다는 것이다. 그러나 조선총독부는 자작농창정 대상에 대해 세 가지 조건을 제시하였다. 첫째, 간도와 훈춘에 거주하는 한인 가운데서 성실한 자를 선택하

3) 「東滿地方に於ける農村現狀と '集團部落'建設重要性」, 『滿洲評論』 제9권 제3호.
4) 金正明, 『朝鮮獨立運動』 5, 앞의 책, 제509쪽.

여 토지구매 및 개량비, 가옥건축비 그리고 부대적으로 농업경영에서 그 성격에 따라 연분 상환 혹은 분기 상환하는 방법으로 대부금을 주어 점차 소작농을 자작농이 되게 한다. 둘째, 현재 소작농 겸 자작농이거나 혹은 자작농으로 되기에 토지가 너무 적어 합리적인 경영을 할 수 없는 자가 토지를 확대하기 위해 자금이 필요할 때 고려해 본다. 셋째, 피난 한인 가운데 자력으로 원주지 혹은 다른 지역을 갈 수 없는 자에 대해 집단적으로 거주하기 적합한 토지를 소개하여 그들을 이주하게 하고 위와 같은 방법으로 대부금을 주어 농업생산에 종사하게 한다. 본안은 피난민이 아닌 한인 농민도 포함시킬 수 있다.[5] 한마디로 자작농창정 방법은 동척에서 구입한 토지를 1년 후 한인 농민에게 할당해 주면 한인 농민은 15년 내에 연분 상환하는 방법으로 토지권을 취득한다는 것이다.

자작농창정에서 한인 농민에게 할당되는 토지대부금, 가옥건축비, 耕牛購入費, 농경자금을 합쳐 모두 800원이다. 이것을 5년 내에 분기 상환해야 하는데, 그중 농경자금은 1년에 정기상환하고 3년 계속하여 당시 대금을 한다. 그리고 가옥과 같은 경우 자금은 5년 동안 연부하며 농경자금은 1년 후부터 회수한다. 회수한 원금은 해마다 반복적으로 한인 농민들에게 대출되어 자작농을 점차 증가시킨다는 방침이다. 금리는 어느 것을 막론하고 모두 8푼 2리였다.[6]

'자작농창정' 정책은 먼저 북간도에서부터 실시하였는데 1933년부터 시작하여 5년 내에 조선총독부와 동양척식주식회사에서 해마다 북간도 지역에 40만 엔씩 투자하여 5년에 도합 200만 엔으로

5) 朝鮮總督府間島派遣員, 『間島に於ける鮮農自作農創定事業に就いて』 1935년 참조.
6) 『朝鮮總督府施政年報』 1934년, 제593~594쪽.

2,500세대의 한인 소작농을 '자작농'으로 '창정'한다고 계획하였다. '동척'에서는 이미 약탈한 토지의 가격을 정하고 매 세대당 수전 5무, 밭 30무를 소작농들에게 나누어주고 토지 값, 건축비, 역축구매비 등 연리가 8푼 2리인 대부금 800엔을 대출하여주면서 10년 내지 15년 내에 시기를 나누어 본금과 이식을 갚게 했다. 이 정책에 따라 1935년 12월까지 118개 부락의 2,902세대가 자작농으로 '창정'되었으며 그 토지 면적이 1만 305정보나 되었고 총 대부금액은 147만 1,614엔에 달하였다.[7] 그러나 북간도지방 집단부락에서의 자작농창정 계획의 실시는 이상적이 되지 못하였다. 1935년 6월 말까지 북간도와 훈춘지역 한인들에 대한 자작농창정 가구 수는 33%, 토지면적은 21%밖에 추진하지 못하여 투자금의 6%밖에 해당되지 않았다.[8] 1936년 8월 말까지 집단부락 내에서의 자작농창정 상황은 토지면적의 19.6%, 투자액의 17.5%에 지나지 않았다.[9] 1937년 12월 상황을 보면 창정된 가구 수는 2,906가구, 토지자금과 기타 잡비 1,677,193원에 달하였다. 이 같은 결과를 초래케 한 주요 원인은 난민들로 구성된 집단부락의 경제기반이 워낙 빈약하고 집단부락에 입촌한 한인 농민 대부분이 소작농이라는 점이다. 그러므로 집단부락에서 한인 농민들의 자작농창정을 위해 대부한 자금을 원리금을 합쳐 연부 상환하는 시간은 대체로 10~15년이나 소요되었다. 소작인은 처음부터 한 푼도 없는 상황에서 시작하여야 했고, 또 다음해 수확까지 생활비마저 지주에게 빌려 써야 하는 상황에서 제 시간에 상환금을 마련하기에는 사실상 거의 불가능했던 것이다.

7) 동양척식주식회사, 『東洋拓植會社三十年誌』 제143쪽.
8) 『全滿朝鮮人民會聯合會會報』 제4권 제6호, 1936년 6월, 제30쪽.
9) 朝鮮總督府, 『間島集團部落』 1936년 8월, 제34쪽.

앞에서 살펴본 바와 같이, 1936년 8월 일제는 「재만 조선인 지도 요강」을 작성하고 재만 한인에 대하여 종전의 '통제와 안정' 정책으로부터 '통제와 무육' 정책으로 전환하였다. 그 후 중일전쟁이 발발하자 일제는 한인통제집결구역을 남만을 중심으로 하는 16개 현으로 확정하고 자작농창정 계획을 한인 이민경영에 이용하였다. 따라서 자작농창정 지역도 북간도 지역을 벗어나 서간도와 동변도의 23개 현, 후에는 39개 현으로 확대하였다. 1939년 만선척식회사는 동아권업에서 인수한 철령, 영구, 하동, 수화, 삼원포 등 5개의 안전농촌을 10년 혹은 15년간에 토지비용과 기타 촌락 건설비용을 연부 상환케 하는 방법으로 자작농촌으로 창정하였다. 그러나 이들 지역에서의 자작농창정도 북간도 지역과 같이 별 성과를 거두지 못하였다. 왜냐하면 자작농창정의 본질은 일제가 한인들에 대한 '통제와 안정' 정책을 실시하는 하나의 구체적인 조치에 불과한 것으로서 이른바 한인 농민들을 '원조'한다는 허울 밑에 한인 이주민들에 대한 착취를 더욱 강화하는 은폐적인 고리대착취였기 때문이다. 다시 말하면 자작농창정이란 '한인 소작농들을 자작농으로 되게 한다.'는 허울을 쓰고 자신들이 약탈한 토지를 고리대형식으로 한인 농민들에게 나누어주고 비교적 긴 기한을 정하여 해마다 본금과 높은 이식을 갚게 하는 방식인 바,10) 이는 겉으로 보기에는 '자신의 토지'가 있는 '자작농'을 '창정'하는 것이라고 하지만 기실은 한인 농민들을 식민회사의 빚에 얽매인 '노예'로 만들자는 기편술에 불과했던 것이다. 사실 당시 일본식민회사에서는 자작농들이 대부금을 환납하지 못하면 토지집조를 발급하지 않았으며 또한 마음대로 마을을 떠나지도 못한다고 규정하

---

10) 위의 책, 제93쪽.

고 그들을 일본식민회사의 토지에 얽매여 놓았다. 이로부터 알 수 있는바 '자작농창정'은 한인 농민들을 봉건지주의 예속관계로부터 일본식민회사의 예속관계에로 전환시켜 일본 독점자본이 마음대로 한인 농민들을 착취하도록 하는데 그 목적이 있었다.

2. 안전농장·집단부락과 한인 이주민

만주국 성립 후, 일제는 만주에서 식민지 지배질서 확립에 박차를 가하였다. 식민지 지배질서 확립에서 만주농업 이민정책은 중요한 자리를 차지하였다. 만주농업 이민정책이란 일제가 만주를 대륙침략의 기지로 건설하기 위한 목적으로 일본인 또는 한인을 만주에 이주, 정착시키는 것을 말한다. 그런데 일제는 만주사변 직후 만주의 사회질서가 혼잡하고 사회치안이 불안정하며 식민통치체계가 아직 확립되지 못한 점을 감안하여 일본인 만주농업이민만을 실시하였다. 한인 만주이민에 대해서는 장려도 제한도 하지 않는 방임정책을 취하였다. 그리고 재만 기주 한인에 대해서는 '통제와 안정', '통제와 무육' 정책을 취하였다.

안전농촌과 집단부락의 건설, 자작농창정의 실시는 만주사변 직후 재만 한인들의 처지와 일제가 재만 한인에 대한 '통제와 안정' 정책의 필연적인 산물이라 할 수 있다. 재만 한인들은 만주사변의 큰 충격과 중국 패잔병이나 마적들의 피해를 받아 수확을 앞두고 하는 수 없이 모든 것을 포기하고, 유랑의 길에 오르게 되었다. 그리고 적지 않은 재만 한인들은 만주사변 이후 일제의 침략을 반대하는 반일운동에 가담하였다. 재만 한인사회의 이 같은 동향은 일제의 대륙침략과 조선에 대한 식민통치에 커다란 타격을 주었을 뿐만 아니라 만주사회의 식민통치 질서 확립에도 가장 위험한 존재로 되었다. 이에 일제는 피난 한인들을 '구제'한다는 미명하에 재만 한인들을 강제적으로 집결시켜 그들을 조직화하고자 하였는데, 그 대표적인 사례가 안전농장과 집단부락 건설이다.

1) 안전농장(안전농촌)

안전농장은 만주사변 후 조선총독부의 재만 한인을 위한 3개 사업 가운데 하나였다.[11) 안전농장은 주로 남만과 북만에 건설되었다. 안전농장 건설에 필요한 토지는 주로 관동군과 대사관에서 주선하고, 동아권업주식회사가 조선총독부에서 보조한 자금으로 만주국 혹은 만주인 지주로부터 商租한 것이다.[12) 총독부의 위촉을 받고 동아권업주식회사는 1932년부터 1935년 사이에 철령・영구・하동・수화・삼원포 등 5개 지역에 안전농장을 건설하였다.

철령 안전농촌을 난석산 안전농촌이라고도 부른다. 1932년 조선총독부는 동아권업회사에 약 7만 원을 보조하였다. 동아권업은 여기에 자기의 자금을 합쳐 모두 21만 원으로 만철연선인 철령 남쪽 20km 떨어진 곳에 위치하고 있는 난석산역의 서쪽에 약 600정보의 수전기 경지를 매수하여 안전농촌을 건설하였다.[13) 1932년 말 조선총독부의 독려와 동아권업이 여러 수단을 사용하여 만주사변 당시 천진으로

---

11) 조선총독부가 재만 한인을 위한 3개 사업이란 안전농촌・집단부락 건설・자작농창정을 말한다.(「朝鮮總督府の三事業」, 『全滿朝鮮人民會聯合會會報』 27, 1935년. 5, 제107쪽.
12) 『全滿朝鮮人民會聯合會報』 제4권 제4호, 1936년. 4, 제15쪽.
13) 「朝鮮人安全農村に就いて」, 『滿鐵調査月報』 제11권, 1934년 5월호, 제99쪽.

도망간 장작림의 매제 양춘방으로부터 426정보의 토지를 매수하여 한인 농민 190가구, 천여 명을 수용하였다. 1933년 말에는 233가구, 1,271명으로 증가되었다.[14] 1934년에 예정되었던 토지매수는 기본상 끝내고, 관개 수리시설도 완공되어 경작면적은 650정보에 달하고, 한 부락에 30～40가구씩 나누고 8개 부락을 창설하였다.[15]

1933년 동아권업은 조선총독부에서 하동 안전농촌과 영구 안전농촌을 건설하기 위하여 보조한 비용 56만 원으로[16] 하동 안전농촌을 건설하였다. 商租계획면적은 수전 2,000정보와 한전, 택지 470정보 등을 합쳐 2,470정보였는데 그중 기성 수전은 780정보였다.[17] 하동 농촌에는 주로 만주사변과 북만에서 발생한 수해에 의해 하얼빈에 피난 중에 있던 한인 농민들이 수용되었는데 모두 851가구, 3,485명 이었다.[18] 조선총독부와 동아권업은 이곳에 이미 살고 있던 한인과 중국인을 강제로 퇴거시키고 안전농촌을 건설하였다.[19]

1933년 조선총독부는 봉천성 영구현 전장대부근에 영구 안전농촌을 건설하였다.[20] 원래 계획은 800가구의 난민을 수용하고 미개 간지를 개척하여 2,000정보의 토지를 얻어 전 부락을 12개로 분할 하여 방사도로를 건설하기로 하였던 것이다.[21] 이 지역은 염질토양 의 황무지였기에 조선총독부와 동아권업은 건설비용 90여만 원만

---

14) 朝鮮總督府, 『朝鮮總督府施政年報』 16, 1933년, 제551쪽.

15) 朝鮮總督府, 『朝鮮人移民問題の重大性』 1935년, 제65쪽.

16) 『朝鮮總督府施政年報』 제16권, 1933년, 제539～541쪽.

17) 동상.

18) 朝鮮總督府, 『朝鮮人移民問題の重大性』 제67쪽.

19) 『滿鐵調査月報』 제11권, 1934년 5월호, 제101～102쪽.

20) 『조선총독부시정년보』 제16권, 1933년, 제540쪽.

21) 『滿洲評論』 제4권 제25호, 제21쪽.

투자하고[22) 황무지 약 2,580정보를 상조하여 수전 개간에 1,920정보, 가속 및 채소밭에 80정보, 수로, 제방, 도로에 580정보를 충당하였다.[23) 중국식 가옥, 병원, 보통학교, 경찰분서, 사무소 등을 건축하였다. 1933년 2월 안동, 무순, 봉천, 해룡 등지에서 온 피난민 600가구[24)와 재향군인 40가구, 181명[25)을 수용하였다. 1934년에 열하와 남한 낙동강 지역의 난민 500가구를 수용하여 모두 1,817가구, 5,482명을 수용하였다.[26)

1934년 3월 조선총독부는 14만 원을 동아권업에 보조하여 한인 농민 400호 가구, 2,000명을 수용할 수 있는 수화 안전농촌을 건설하게 했다.[27) 수화 안전농촌은 중국인들의 한전을 매수하여 수전으로 개답하였는데 그 면적은 1,000정보, 수전건설비는 35만 원이었다.[28) 수화 안전농촌은 하얼빈, 齊齊哈爾, 海拉爾 등 도시에 피난한 직업 없이 아편 등 금지제품을 밀매하는 한인을 수용할 목적으로 건설되었다.[29) 1934년 4월 처음으로 285가구를 수용하고, 이듬해에 수재민을 수용하여 모두 350가구가 9개 농무계에 분산되어 있었다.[30)

1935년에는 삼원포를 중심으로 유하현 제4구와 제5구의 일부를 포함시켜 삼원포 안전농촌을 건설하였다. 토지는 총 470정보를 商租하였는데 400정보는 수전으로 개척하고 나머지는 택지와 기타 雜地로

---

22) 西野雄治, 『滿洲移民農村の現狀並に緊急移民對策』 1935년, 제15쪽.

23) 「朝鮮人安全農村に就いて」, 『滿鐵調査月報』 1934년 5월호.

24) 西野雄治, 『滿洲移民農村の現狀並に緊急移民對策』 1935년, 제16쪽.

25) 「朝鮮人安全農村に就いて」, 『滿鐵調査月報』 1934년 5월호.

26) 朝鮮總督府, 『朝鮮人移民問題の重大性』 1935년, 제63쪽.

27) 『조선총독부시정년보』 제18권, 1935년, 제586~602쪽.

28) 西野雄治, 『滿洲移民農村の現狀並に緊急移民對策』 1935년, 제18~19쪽.

29) 『만주년감』 1938년, 제357쪽.

30) 西野雄治, 『滿洲移民農村の現狀並に緊急移民對策』 1935년, 제18~19쪽.

계획하였다.[31] 여기에 수용하는 호 가구 수는 200가구였는데 1936년 3월 말까지 177가구, 854명을 수용하였다. 삼원포 안전농촌은 외부의 피난한인들을 수용한 것이 아니라 그 토지의 소작인으로 있던 한인 농민들을 전부 안전농촌의 주민으로 정착시키는 데 목적이 있었다.

일제가 상술한 5개 안전농촌을 건설한 목적은 1932년 8월에 제정한 재만 한인에 대한 '통제와 안정' 정책에 따라 치안제일주의를 일관되게 관철하고자 하는데 있었다. 안전농촌을 건설한 5개 지방은 모두 만주사변 전후 반일운동이 활발한 지방들이었다. 이런 지방에 안전농촌을 건설한다는 것은 한인들을 집단 거주시켜 그들을 통제하려는데 그 목적을 둔 것이 사실이며, 사실상 안전농촌에다 경찰서, 자위단을 설치하고 재향군인까지 거주시켰다. 예를 들면 영구에 18명, 하동에 30명, 철령에 2명, 수화에 15명의 경찰관을 주재시켰으며[32] 삼원포에는 1935년 6월 말 조사에 의하면 일만 군경 200명, 한인자위단 100명, 만인자위단 24명을 배치하였다.[33]

1937년에 이르러 안전농촌의 경영은 조선총독부로부터 만주국으로 이관되었다. 따라서 조선총독부의 '안전농촌 관계시설'도 모두 '만주국 관계 관헌'에 인계하였다.[34] 북간도로부터 실시하기 시작한 자작농창정 계획을 안전농촌에 도입하여 안전농촌의 한인 농민들이 자작농으로 되는 계획을 수립하였다. 이 계획에 따르면, 철령은 7년, 영구·수화·삼원포는 10년, 하동은 15년으로 하여 모든 자금을 분년 상환하기로 했다.[35]

---

31) 『朝鮮總督府施政年報』 1935년, 제604쪽.

32) 『全滿朝鮮人民會聯合會報』 제4권 제4호, 1936년 4월호, 제19쪽.

33) 「時局ニ因ル避難朝鮮人ニ對スル措置」, 『外務省警察史―在滿大使館』 제119쪽.

34) 『朝鮮總督府施政年報』 1940년, 제649쪽.

안전농촌 설치개황을 도표로 작성하면 다음과 같다.

안전농촌 설치 개황(표―1)[36]

	시기	소재지	자본금	수전 (町步)	기타 (정보)	수용계획호수
철령 안전농촌	1932. 3	봉천성 철령부근	21만원	600	100	260
하동 안전농촌	1933. 3	빈강성 주하현	56만 원	2,000	470	1,000
영구 안전농촌	1933. 3	봉천성 영구부근	90만 원	2,400	600	1,047
수화 안전농촌	1934. 3	빈강성 수화부근	35만 원	1,000	100	400
삼원포 안전농촌	1935.	봉천성 유하현	―	400	70	200
합계			202만 원	6,400	1,340	2,907

안전농촌 설치 개황(표―2)[37]

	용수원 및 시설	지구실행 면적 (정보)	선농수용 인원	1934년 파종면적(町步)	1934년 수확량(정보)	주재 경관수
철령 안전농촌	대범하 자연관개	730	1,300명	650	17,000	2
하동 안전농촌	마의하 자연관개	2,343	5,000명	1,398	32,000	35
영구 안전농촌	료하 기계관개	2,956	5,413명	1,840	30,000	12
수화 안전농촌	궁매하 자연관개	1,154	2,000명	412	4,000	8
삼원포 안전농촌	―	―	―	―	―	―
합계		7,183	13,713명	4,300	83,000	57

35) 「東北墾殖史資料」 연변대학민족연구원 소장, 등사본, 제128쪽.

36) 만철조사부, 『滿洲農業移民槪說』 산업조사자료 제52편, 제78쪽.

37) 平井千乘, 『新興滿洲國の經濟線(二): 滿洲の安全農村の建設』 『朝鮮及滿洲』 1935년 7월호, 제322호.

언급한 5개 안전농촌 외에 조선총독부는 하북성 영하현에 많은 양의 토지를 구입하여 북경과 천진 그리고 경산선 연선에서 방황하고 있던 직업이 없는 한인을 수용하여 장래 북중국에서 모범적인 시설이 될 수 있는 노대모범 농촌건설을 계획하였다. 이리하여 1937년 5월부터 준비하기 시작하여 1940년에 예정된 공사를 완성하였다. 여기에 수용할 자를 처음에는 천진·북경·당산·산해관·석가장 등지의 무직업자들로 예정하였지만 후에는 중국인 소작농을 지도할 수 있는 우수한 농가를 입식시켜 농업경영의 모범을 보여주어야 한다는 목적으로 한국 내에서 150가구를 엄선하여 입식시켰다. 이렇게 하여 1940년 수전 농사를 처음 시작하였는데 1,700정보에서 벼 16,000여 石을 수확하였고, 이듬해에는 1,900정보에서 42,000石을 수확하였다.[38]

2) 집단부락

집단부락 건설 역시 안전농촌과 마찬가지로 만주사변 후 조선총독부의 재만 한인을 위한 3개 사업 중의 하나였다. 이는 일제 기주 재만 한인에 대한 '통제와 안정' 정책의 필연적인 산물이며, 조선총독부를 포함하여 일본의 여러 기관에 의해 계획된 것이었다. 후에 만주국도 군부의 사촉하에 집단부락을 건설한다는 계획을 수립하였다. 그러므로 집단부락을 조선총독부에서 건설한 것과 만주국 측에서 건설한 것으로 나누어 볼 수 있다.

---

38) 『朝鮮總督府施政年報』 1940년, 제644~666쪽.

① 총독부에서 건설한 집단부락

만주지역에서 집단부락의 건설은 북간도로부터 시작되어 점차 기타 지역에로 파급되었다. 간도지방에서의 집단부락 건설은 세 차례에 걸쳐 진행되었다. 조선총독부가 동양척식회사에 자금보조 및 기타 원조를 하고 간도총영사의 협력하에 조선인 민회를 말단행정 단위로 하여 自作自衛하는 집단부락을 건설하였다. 집단부락 건설이 좋은 효과를 거두었다고 판단됨에 따라 길림공서특파주연판사처에서는 민정부의 허가를 얻어 3년 동안 92개의 집단부락을 건설하려고 계획하였지만 결과적으로는 67개밖에 건설하지 못하였다. 이리하여 조선총독부가 건설한 것을 포함하면 전 간도 지역에 건설한 집단부락은 80개가 되었다.[39]

집단부락을 건설하는 위치는 아래의 조건에 부합되어야 했다.[40]
① 일만 군경이 현재 주둔하는 지점과 가깝고 경비가 가능한 지역.
② 부근에서 경작할 수 있는 경지 300정보 내지 400정보를 확보할 수 있는 곳.
③ 땔나무와 음료수를 얻기 쉽고 부락 구축에 필요한 재료를 얻기 쉬운 등 생활환경이 좋은 곳.
④ 장래 오지를 개발하는데 거점이 될 수 있는 곳 또는 부락에 수용한 호 가구 수 이상의 귀농 혹은 신규이주자들을 초래할 수 있는 지점.
⑤ 자동차가 통과하는 도로에 인접하고 또한 부락용지와 경작지는 앞으로 도로를 닦는데 사용할 수 있는 곳.

---

39) 『全滿朝鮮人民會聯合會會報』 제4권 제3호, 1936년 3월호, 제86쪽.
40) 嘉村龍太郎, 「間島に於ける集團部落」, 『滿蒙』 제15년 제7호, 1934.7.

이 외에 한 개 집단부락을 형성하는 조건으로 100가구에 반드시 소를 소유한 가구가 30가구 이상이어야 하며, 1개월 이상 먹을 수 있는 식량과 당년에 파종할 수 있는 종자를 확보하여야 한다.[41]

집단부락에 입주할 수 있는 자격 조건은 다음과 같다. 첫째, 사상이 건실하고, 근면해야 한다. 둘째, 가족 중에서 노동할 수 있는 사람이 2명 이상이어야 한다. 셋째, 가옥이 불탔거나 피해가 막대하여 원주지에 복귀할 수 없거나 다른 지역에 이주해 농업경영을 할 수 없는 자여야 한다.

집단부락의 수용자는 민회에서 선택하고 부락건설에 관한 직접적인 지도는 조선인 민회에서 예속된 기술원이 책임지며, 각 부락은 일만 군경의 지도하에 자위단을 조직하고 조선인 민회가 조선총독부와 영사관의 지도 감독하에 집단부락의 경을 맡아서 실시하였다.[42]

집단부락의 구조는 농경지 중앙에 일하는 부락민을 감시하는 망루를 쌓는다. 부락 주위에는 토담(방어벽)을 쌓거나 혹은 굵고 긴 나무로 울바자를 세우고, 밖에는 깊이 3자, 너비 3자나 되는 해자를 팠다. 부락 안에는 2가구 1동, 2칸씩 축사가 붙어있는 온돌 가옥을 서로 이어줄 집을 지었다. 부락주위에는 동서남북에 4개의 대문을 세우고, 정문으로부터 부락중앙의 광장까지 통하는 도로에는 아무런 건물도 짓지 않았다.[43]

언급한 부락 위치의 선정조건, 부락민의 입주자격, 부락의 관리와 경영, 부락의 구조로부터 볼 수 있는 바, 집단부락의 건설은 재만 한인들을 부락마다에 통제 집결하여 집단 거주케 함으로써 부락

---

41) 동상.
42) 朝鮮總督府, 『間島集團部落』 1936년, 「제1차집단부락 건설요강」 참조.
43) 조선총독부, 『間島集團部落』 1936년, 제2쪽.

민들과 항일유격대의 연계를 단절하려는데 그 목적이 있었다. 따라서 집단부락은 현실상 인간지옥이었던 것이다.

제1차 집단부락 건설은 1933년 4월 초순부터 중순까지로서[44], 선정된 지점은 북하마탕과 태양촌 등 10개 부락으로 매 부락에 100가구 기준으로 1,000가구를 선정하였다. 자금은 조선총독부에서 1933년에 6만 원을 동척에게 보조하고 36,000원은 동척으로부터 차입하는 형식으로 모두 96,000원을 동척에게 지불하였다.[45]

제2차 집단부락 건설은 1934년 4월 초순부터 중순까지로서, 선정된 지점은 금불사와 상명월구 등 15개 곳이었다. 여기에 제1차 예정지였던 탑자구를 포함하여 모두 16개 지역이었다.[46] 자금은 1934년에 총독부에서 68,000원, 관동군에서 5만 원, 금융부에서 6만 원을 차입하여 지불하였다.[47]

제3차 집단부락 건설은 1935년 4월 하순부터 5월 초순까지 진행되었다. 만주사변 후 한국으로 피난한 한인 농민들을 상대로 건설하였다. 1935년 3월부터 함경남북도, 강원도로부터 400가구를 모집하여 예정호 가구가 차지 않은 각 부락에 246가구, 1,454명[48]을 보충 입촌시켰다. 그리고 나머지는 남하마탕, 용암평, 장흥동, 봉암동 등 4개의 집단부락을 건설하여 입주시켰다. 자금은 조선총독부의 보조금 33,664원과 동척의 자작농창정 자금 62,908원을 포함하여 모두 95,762원을 배정하였다.[49]

---

44) 嘉村龍太郎, 「間島に於ける集團部落」, 『滿蒙』 제15년 제7호, 1934.7.
45) 「最近の間島農業狀態」 2, 『全滿朝鮮人民會聯合會會報』 제3권 제10호, 1935년 10월호.
46) 「最近の間島農業狀態」, 『全滿朝鮮人民會聯合會會報』 1935년, 11호.
47) 嘉村龍太郎, 「間島に於ける集團部落」, 『滿蒙』 제15년 제7호, 1934.7.
48) 『全滿朝鮮人民會聯合會會報』 제3권 제10호, 1935년 10월, 제72∼73쪽.
49) 「移民」, 『滿洲年鑑』 1937년, 제313쪽.

이렇게 1차부터 3차까지 건설된 집단부락은 모두 28개였다. 1936년 6월말까지 2,933가구, 16,469명의 한인 농민들이 입주하였다.[50]

② 만주국에서 건설한 집단부락

만주국에서는 집단부락 건설의 취지를 간도 각지에 산재하고 있는 한인 농민부락을 집단적으로 통일·병합하여 피난민이 원지에 귀환하는 것에 도움을 주며 '匪禍'에 시달리는 한인 농민을 구제하고 지방치안을 유지하는데 두었다.[51]

만주국 吉林省駐延辦事處는 1933년에 집단부락 건설계획을 제기하여 만주국 민정부의 동의를 얻어, 간도지방에 3년 동안 92개 집단부락 건설계획을 작성하였다. 이 계획을 표로 작성하면 다음과 같다.

<표 5> 만주국에서 간도지방 집단부락 건설 계획표[52]

단계	년도	부락 수(개)	수용 호수(호)	소요경비(원)
제1기	1933	25	2,504	175,280
제2기	1934	31	3,690	258,300
제3기	1935	36	3,202	224,140
합계		92	9,396	657,720

이 계획은 만주국 민정부 대신이 허가를 한 후 만주국 화폐 657,720원을 8푼 4리의 낮은 이자로 융자하였고, 자금의 명목은 '가옥건축자금' 469,800원, '농경자금' 187,920원으로 하고 추진하

---

50) 嘉村龍太郎, 「間島に於ける集團部落」, 『滿蒙』 제15년 제7호, 1934.7.

51) 嘉村龍太郎, 「間島に於ける集團部落」, 『滿蒙』 제15년 제7호, 1934.7.

52) 「間島四縣集團部落建設狀況調査書」, 『民政部月刊』 1934년 10월호.

기로 했다.[53)]

　그러나 이 계획은 재원 부족으로 실행에 옮김에 있어서 어려움이 많았고, 속도도 늦었다. 제1기 집단부락 건설은 1935년 3월말까지 진행하였고, 총 입촌 가구 수와 인구는 2,534가구에 13,622명이었다. 제2기는 1935년 5월 20일까지로서 총 입촌 가구 수와 인구는 2,996호에 15,418명이었다.[54)] 여기서 볼 수 있는 바, 제1기는 시간 상에서는 늦어졌지만 제1기 계획의 2,504가구보다 30가구가 더 많았다. 하지만 제2기는 시간상에서도 늦어졌을 뿐만 아니라 제2기 계획의 3,690가구보다 694호 가구가 줄어들었다. 제3기는 원 시간 내에 진행하지도 못하였다.

　만주국 측의 집단부락 건설은 1934년 12월 3일 만주국 민정부 대신 장식의의 명의로 봉천과 길림 등 각 성장에게 집단부락 건설에 관한 훈령을 발표[55)]한 후 점차 간도로부터 만주의 기타 지방에로 파급되었다. 이리하여 1938년까지 민정부의 집단부락 건설계획을 보면 9개 성, 92개 현에 4,230개의 집단부락을 건설하려 했다.[56)]

3. 한인 농민들의 생활실태

　1936년 일제가 만선척식회사를 설립하여 대규모 이주를 획책하

---

53) 穩田作兵衛, 「東滿地方に於ける農村の現狀と '集團部落'建設の重要性」, 『滿洲評論』 제9권 3호.

54) 「最近の間島農業狀態」 3, 『全滿朝鮮人民會聯合會會報』 1935년 제11호. 조선총독부, 『간도집단부락』 1936. 8, 제61〜62쪽.

55) 金靜美, 『中國東北部における抗日朝鮮・中國民衆史序說』 現代企劃室, 1992년, 제349쪽.

56) 滿洲國軍政部顧問部, 『滿洲共産匪の研究』 2, 1937년, 제28쪽.

는 단계에서 집단부락이 중심역할을 하였다면 안전농촌은 그 전 단계에서 시범적, 과도기적 모습을 보이는 일종의 '모델빌리지'였으며 '허구적 한시통제기구'의 성격을 가진[57] 식민 침략 기구에 불과하였다. 그러나 일제는 만주의 안전농촌은 생활은 물론 안전도 보증하는 명실상부한 '안전' 농촌이라고 호도하면서[58] '1만 3천여 명의 선농이 내일은 자작농'이며 '방랑하던 어제의 사람들은 모두 이 상향의 주인이 될 것'이라고 선전하였다.[59] 일제의 호도된 선전에 미혹되어 안전농촌에 입주한 한인 농민들은 장래 자작농창정을 통해 자작농이 되고 안전과 생활이 보장된 '모범촌'에서 생활할 기대에 부풀어 있었다. 그러나 일제의 선전과는 달리 안전농촌의 한인들은 일제의 폭압적 강제와 무관심 속에 이루 말할 수 없는 고통의 나날을 보내야만 했다.

만주사변 후 일제는 한인의 유랑자를 수용하기 위해 안전농촌을 건설하였다고는 하나 사실 당시 유랑자가 급증한 데는 전쟁으로 인한 요소도 있었겠지만 자연재해와도 밀접한 관계가 있었다. 자료에 의하면 1932년 북만주 일대에는 유사 이래 보기 드문 호우가 계속되었다고 한다. 강우량의 급속적인 증가로 송화강의 제방이 붕괴되고 송화강 하류지방인 13개 현의 경작지 670만 정보가 침수되는 등 대규모 농작물의 피해가 속출하였다. 그리고 1934년에도 수해와 흉작이 발생하여 대부분 농촌지역이 심한 곤궁에 처하였다.[60] 또한

---

57) 유필규, 「1930년대 초반 만주 지역 안전농촌의 설치와 운영」, 중국해양대학교 해외한국학 중핵대학 사업단 편, 『근대 동아시아인의 이산과 정착』 도서출판 경진, 2010년, 제72쪽.

58) 鎌田澤一郞, 『朝鮮人移民問題の重大性』 1935년 5월, 제62쪽.

59) 平井千乘, 「新興滿洲國の經濟線(二): 滿洲に安全農村の建設」, 『朝鮮及滿洲』 1935년 7월호(제332호)

60) 『만주경제년보』 1935년, 참조.

1936년에도 대규모 풍수해로 철령 안전농촌은 거의 '전멸'에 가까운 피해[61]를 입었으며, 1937년에도 대규모 수해가 영구와 철령 안전농촌을 엄습하여 막대한 피해를 냈는바, 이 수재로 철령 안전농촌은 '水國化'되기에 이르렀다.[62]

이와 같이 일제의 폭정과 기편적인 수탈, 여기에 자연재해까지 덮쳐 안전농촌의 한인들의 생활은 실로 비참하기 그지없었다. 안전농촌에서 제일 고통스러운 것이 열악한 위생환경이었다. 1936년 4월 철령 안전농촌에는 경상남도에서 이주해 온 50호 가구가 정착하였는데, 이들은 변소를 하나만 이용하였고, 따라 위생상 매우 열악하였다. 뿐만 아니라 수질은 더욱 나빴는데, 악취가 풍기고 끊임없이 적색으로 변하는 우물을 이용하는 등 전염병의 위험에 그대로 노출되어 있었다. 그리하여 1936년 5월부터 이듬해 2월 사이 사망한 인구수가 52명에 달하였다.[63] 열악한 수질은 영구 안전농촌에서도 마찬가지였다.[64] 안전농촌에서 주민생활에 있어서 제일 기본적인 위생환경이 해결되지 않았다는 것은 실로 심각한 문제가 아닐 수 없었다. 여기에는 여러 가지 원인이 있겠으나 주로 동아권업주식회사로 대표되는 농업회사의 '간접경영'에 따른 한계가 그 이유 중의 하나라고 분석된다. 동아권업회사는 일종의 농업회사로서 부지의 선정과 입촌 등에만 관여하여 입촌 이후 한인들의 삶에는 전혀 관심을 주지 않았다. 조선총독부가 직접 관여한 북간도 지역의 집단부락이 빈번한 '비적의 襲來'에 대비하기 위해 무장에 치중하

---

61)『조선신문/신문스크랩자료』서울대도서관소장, 1936년 9월 28일자.

62)『동아일보』1937년 8월 8일자,「滿洲安全農村도 水亂, 營口 鐵嶺에 被害莫大」.

63) 만철산업부농림과,『移民地調査資料』제2집, 1937년 제283, 286, 288쪽 참조.

64)『전만조선인민회연합회회보』29, 1935년 7월, 제24쪽.

고 엄격한 통제 속에 재만 한인들을 억압하였다고 한다면, 안전농촌의 한인들은 자유를 박탈당한 노예와도 같은 생활 속에서도 철저한 무관심, 무관리 상태에 놓여 있었던 것이다.[65]

이와 같이 안전농촌의 한인들은 관리 주체가 확정되지 않은 채, 만주국 정부, 관동군, 일본영사관 등에 의해 이중, 삼중의 간섭과 통제를 받았으며, 역설적으로 어떠한 '혜택'도 받지 못한 채 거의 '방치' 상태에 머물렀다. 이러한 임기응변식의 안전농촌 운영은 구조적 모순을 내포할 수밖에 없었고, 한인의 안정이 목적이 아닌 효율적 통제와 수탈이 목적이었다는 것을 반영하는 모습을 그대로 드러냈다.[66]

일본식민회사에서는 안전농장과 집단부락의 한인 농민들에 대하여 이른바 '자작농'을 '창정'한다는 기편적인 수단으로 착취의 수위를 높였다. 특히 식민회사는 만주국에 의거하여 강제로 토지를 '수매'하고 '넘겨주는' 가운데 토지가격을 10배 내지 30배로 올려 폭리를 얻었으며 한인 농민들에게 여러 가지 명목의 '비용'들을 분담시켜 횡재를 했다. 예를 들어 흑룡강성 수화지역에서 토지를 '수매'할 때 1헥타르의 황무지의 가격은 10엔이었고 경작지의 가격은 25엔이었다.[67] 그러나 일본식민회사에서 농민들에게 토지를 '분양'하여 줄 때 토지를 높은 가격으로 정하였을 뿐만 아니라 농무계약비, 교육비, 생활비, 경작비, 부락건설비 등 여러 가지 '비용'들을 가첨하여 1헥타르당 150엔을 부담하게 했다. 여기에다 높은 이자까지 합하면 10년 내에 농민들은 회사에다 본 토지가격의 11~15배

---

65) 유필규, 「1930년대 초반 만주 지역 안전농촌의 설치와 운영」, 중국해양대학교 해외한국학 중핵대학 사업단 편, 『근대 동아시아인의 이산과 정착』 도서출판 경진, 2010년, 제64쪽.

66) 유필규, 「1930년대 초반 만주 지역 안전농촌의 설치와 운영」, 중국해양대학교 해외한국학 중핵대학 사업단 편, 『근대 동아시아인의 이산과 정착』 도서출판 경진, 2010년, 제64~65쪽.

67) 『전만주조선인민회연합회회보』 1934년 11월, 제86~90쪽 참조.

나 높은 토지 값을 갚아야 하였던 것이다. 이자 한 가지만 하여도 120여원에 달하였으며, 특히 '자작농창정'을 하면서 '부락건설비용'을 분담할 때 먼저 부락을 단위로 하여 매긴 후 농무계약연합회에서 다시 이를 매 세대에다 분담하였는데 매 세대에서는 자신의 토지면적과 등급에 따라 이에 따르는 '부락건설비용'을 부담하여야 했다. 결국 농민들은 자신이 '분양'받은 경작지의 '토지비용'을 바쳐야 했을 뿐만 아니라 전 부락범위 내의 황무지, 소택지 등 '공유지'의 땅값과 이식도 부담하여야 했다. 1937년 수화, 철령, 하북, 영구, 삼원포 등 다섯 곳의 '안전농촌'을 놓고 볼 때 농민들이 경작하는 토지의 면적은 7,774정보였지만 농민들은 총면적이 9,845정보인 전 마을의 땅값을 물어야 했다.[68]

일본동아권업회사는 봉천과 흥안성의 오가황, 공태보, 통료, 大牛溝, 왕청문과 영릉지구에서도 논 2,570정보와 밭 8,926정보를 구매하고 1,106세대의 한인 농민과 548세대의 한족농민들을 수용하여 식민농장을 경영하였으며, 길림, 봉천 두 개 성의 12개 지방에서 7,300여 정보의 토지를 약탈하고 한인 농민들을 소작농으로 모집하여 '토지를 소작 주고 소작료를 받는' 지주 장원을 꾸렸다.[69]

집단부락에 입주한 한인 농민들의 생활도 안전농촌 못지않게 비참하였다. 집단부락 이민은 집이 완성될 때까지 근처에 가리고야라 불리는 임시 막집을 세우고 생활하였다. 가리고야란 땅을 조금 파고 그 위에 삼각으로 된 나무틀을 세우고 거기에 삿자리를 두 겹으로 친 막을 말하는데, 길이가 약 15미터에서 30미터에 달하며 내부

---

68) 만주국통신사, 『만주개척년감』 1938년, 제375쪽.

69) 남만철도주식회사산업조사부, 『만주농업이민개황』 1939년, 제77~81쪽.

양쪽에 팔뚝만큼 두터운 통나무를 편 다음 그 위에 마른 새를 깔고 다시 삿자리를 펴 놓았다. 그리고 가운데에 복도를 내고 그 양쪽에 한 집씩 들 수 있도록 막아놓았다. 밥은 가족 단위로 가리고야 밖에서 해 먹었다. 돌 몇 개 주워놓고 그 위에 솥을 올리고 밥을 지었다. 가리고야는 돼지굴과 다름이 없었다.[70] 이주초기 한인 농민들이 가장 견디기 어려운 것이 엄동설한의 추위였다. 어른들은 밤을 새워가며 번갈아 난로에 불을 지폈지만 살을 에는 추위 속에서 면역력이 약한 노인과 아이들이 무리죽음을 당하였다. 1938년에는 강원도 금화군에서 안도현 스치개로 이주한 200가구 중 약 20여 명의 젖먹이 아이들이 추위와 굶주림을 견디지 못해 가리고야에서 목숨을 잃었다.[71]

집단부락에도 전염병이 많이 돌았다. 당시에는 머저리병 또는 장질부사라 불리우는 전염병이 있었는데, 일단 이 병에 걸리면 그 집에 새끼줄을 두르고 모든 사람의 출입을 금지시켰다.[72] 이 시기 한인 이주민들이 병 치료를 받을 수 있는 의료시설은 자그마한 진료소에 불과하였다. 1937년 안도현 명월구의 진료소에는 겨우 80명을 수용할 수 있었으나 200여 명의 개척민 환자들을 수용하여야 하였기 때문에 5명의 사망자를 내기도 했다.[73] 1939년에 嫩江의 柏根里 개척지에는 조선의 경상도, 전라도, 충청도와 강원도에서 온 800여 가구가 선견대로 입주하였으나 열악한 환경으로 하여 몇

---

70) 최민호, 「철조망 안의 사람들—위만주국 시기 '집단부락'과 이주민들의 삶을 중심으로—」, 연세대학교 국학연구원 HK사업단 편, 『디아스포라 민족정체성, 문학과 역사』 2016년, 제184~185쪽.

71) 김춘선 편, 『중국조선족사료전집』 역사편, 이주사 11권, 연변인민출판사, 2013년, 제259쪽.

72) 위의 책, 제174쪽.

73) 『전만조선인민회연합회회보』 제5권 제5호, 제129쪽, 1937년 5월.

십 명만 남았고, 1940년에는 1200가구를 입주시켰으나 역시 800가구 밖에 남지 않았다.[74]

만주사변 후 한인들의 만주 이주는 어떠한 형식으로 이루어졌든 간에 모두 일제의 식민침략과 한인 농민들에 대한 약탈, 착취를 목적한 것이었다. 그러므로 만선척식회사는 집단이민들의 정착과정에 소요된 모든 비용을 빚으로 받아내고자 했다. 거기에는 기차를 타고 온 비용, 만주에 와서 집짓기와 소, 수레 등 생산도구를 대준 비용, 밭과 논의 개척비용과 그 땅값 등을 모두 계산하여 이민 세대마다 빚을 안겼다. 그리하여 이들은 만주 땅에 발을 들여놓는 순간부터 식민회사의 채무자가 되어 행동의 자유를 상실하고 이들의 감시와 착취를 받을 수밖에 없었다. 빚을 갚기 위해 이들은 다양한 부업에 종사해야 했으며 그 외에도 일제의 강압에 못 이겨 온갖 부역에 나가야 했다. 남성들이 숯을 구우면 여성들은 집에서 가마니를 짜야 했다. 집집마다 한 해에 가마니 40장 외 목화, 아편 등도 바쳐야 했다. 안도현 소사하에서는 '봉사'라는 이름으로 봄에는 고사리를 바치고 가을에는 머루도 바쳤다. 그리고 안도현과 왕청현에는 송근유 공장이 있었는데 남성들은 여기에 강제 동원되기도 했다.[75] 이러한 실정에서 집단부락 사람들은 지옥 같은 삶에서 벗어나려고 도주를 하기도 했다. 안도현 남도툰의 경우 1939년에 99호 가구가 집단이주를 왔는데 그 이듬해에 39가구가 도주하고 60가구만 남았다.[76]

---

74) 后藤澤治, 『訪嫩江鮮係開拓民』 『동아일보』 동아연맹사, 1940년.

75) 최민호, 「철조망 안의 사람들―위만주국 시기 '집단부락'과 이주민들의 삶을 중심으로―」, 연세대학교 국학연구원HK사업단 편, 『디아스포라 민족정체성, 문학과 역사』 2016년, 제198~199쪽.

76) 김춘선 편, 『중국조선족사료전집』 역사편, 이주사 11권, 연변인민출판사, 2013년, 제229쪽.

이주 초기 만선척식회사에서는 대부분의 집단부락에 뜬 좁쌀이나 통강냉이를 배급으로 주었다. 반찬감으로는 무말랭이를 주었는데 간혹 미역을 주는 곳도 있었다. 농사를 지어 수확이 되면 회사에서는 배급을 정지하고 출하를 받아갔다. 벼는 전부 몰수하고 다른 잡곡도 조금만 남겼다. 이유인 즉 많이 남기면 항일부대가 빼앗아 간다는 것이다. 1938년 음력 2월 경상남도 밀양에서 연길현 복만툰으로 온 리영자 가족은 그 해 농사로 수확한 벼 15마대, 콩 20마대, 감자 10마대를 수레에 싣고 안도시장에 갔으나 무리를 지어 그 곳에서 지키고 있던 만선척식회사 사람들에게 몽땅 빚으로 빼앗아 갔다.[77] 배를 굶지 않으려면 곡식을 감추어야 했다. 순사들에게 발견되지 않기 위해 심지어 변소나 소똥무지 밑에 감추어 두었다가 봄에 파내서 먹기도 했다. 곡식을 빼앗기면 사람들은 나물과 겨, 도토리(상수리) 등으로 배를 채워야 했다. 그리하여 사람들은 보릿고개를 넘기 위한 보리를 경작하였다.[78]

집단부락 건설은 일제가 한인에 대한 '통제와 안정' 정책의 일환에서 시도된 것이었다. 그러므로 집단부락은 식민약탈과 더불어 항일부대를 고립시키기 위한 주요한 수단 중의 하나였다. 그리하여 집단부락은 항일부대의 습격대상이 되어 한인들은 2중 3중의 피해를 보기도 했다. 일제는 항일부대와 백성들 간의 관계를 차단하기 위해 집단부락에 입주한 한인들에게 일률로 지문이 찍힌 거주증을 발급하였다. 이러한 거주증은 만주국 민정부 警務司에서 통일적으로 관리하였고, 지문관리 지역을 6개 지역 즉, 장춘, 심양, 길림성,

77) 위의 책, 제45쪽.
78) 김춘선 편, 『중국조선족사료전집』 역사편, 이주사 11권, 연변인민출판사, 2013년, 제121쪽.

하얼빈, 용강성, 열하성으로 나눈 후 각 지역의 경찰청 혹은 경무청에 별도로 지문관리국을 설치하고 산하에 관리과, 검식과, 노무과 등의 기구를 설치하였다.[79]

4. 소결

만주사변과 만주국 성립 후, 일제는 만주에서 식민지 지배질서 확립에 박차를 가하였다. 식민지 지배질서 확립에서 滿洲農業移民政策은 중요한 자리를 차지하였다. 만주농업 이민정책이란 일제가 만주를 대륙침략의 기지로 건설하기 위한 목적으로 일본인 또는 한인을 만주에 이주, 정착시키는 것을 말한다. 그런데 일제는 만주사변 직후 만주의 사회질서가 혼잡하고 사회치안이 불안정하며 식민통치체계가 아직 확립되지 못한 점을 감안하여 일본인 만주농업이민만을 실시하였다. 반면에 한인 만주이민에 대해서는 장려도 제한도 하지 않는 방임정책을 취하였다. 그리고 재만 거주 한인에 대해서는 '통제와 안정' 정책을 취하였다.

무엇보다도 이 시기의 安全農村과 集團部落의 건설, 自作農創定의 실시는 만주사변 직후 재만 한인들의 처지와 일제의 재만 한인에 대한 '통제와 안정' 정책의 필연적인 산물이라 할 수 있다. 재만 한인들은 만주사변의 큰 충격과 중국 패잔병이나 마적들의 피해를 받아 수확을 앞두고, 하는 수 없이 모든 것을 포기하고, 유랑의 길에 오르게 되었다. 그리고 적지 않은 재만 한인들은 만주사변 이후

---

79) 만주국치안부, 『지문관리국분과규정』 『만주국공보』 제1542호.

일제의 침략을 반대하는 반일운동에 가담하였다. 재만 한인들의 이러한 상황은 일제에게 여러 가지로 불안을 가져다주었다. 그리고 만주 사회치안에 가장 위험한 존재가 되었다. 따라서 1931년부터 1936년까지 일본인 만주 농업이민이 최우선 과제가 되었다. 한인 이주에 대한 일제의 정책은 세 가지 측면에서 추진되었다. 첫째는 旣住 在滿韓人에 대한 '통제와 안정'을 유지하고, 둘째는 한인 농민들의 만주 이주를 저지하지도 않고, 장려도 하지 않는 자유방임을 유지하는 것이고, 셋째는 금후 20년 사이에 10만 가구 한인을 자작농으로 창정하여 재만 한인들을 통제하려고 했다.

1936년 이후 일제는 중국대륙에 대한 본격적인 침략전쟁을 전개하면서, 만주는 일본 제국주의의 '大東亞聖戰'의 병참기지와 후방 공급기지로 탈바꿈하게 되었다. 이에 따라 일제는 한인 이주에 대한 종전의 방임적인 태도를 버리고 계획적인 이주를 실시하였다. 재만 한인에 대한 정책도 '통제와 안정' 정책에서 '통제와 무육' 정책으로 바뀌게 되고, 한인 이주에 대해서도 통제와 강제를 동반한 계획적인 이주를 실시하게 되었다. 이러한 한인의 계획이주는 1936년에 설립된 滿鮮拓殖會社에 의하여 추신되었다. 이 회사는 1936년 8월에 제정한 「在滿朝鮮人指導要綱」, 1938년 7월 22일에 「재만 조선인 지도요강」을 제2차로 수정한 「선농취급요강」 그리고 1939년 12월 22일 일·만 양국이 제정한 「滿洲開拓政策基本要綱」에 의해 한인의 계획이주를 집행하였다. 따라서 한인의 이주는 집단·집합·분산 세 가지 형태로 전개되었다.

1941년 일제는 태평양전쟁을 도발하면서 한인에 대하여 開拓移民政策을 실시하였다. 이 시기 한인의 개척이민정책을 추진한 기구는 종전의 한인 집단이민을 담당한 만선척식회사와 일본인 이민을 전담하던 滿洲拓殖公社를 통합한 만주척식공사였다. 만주척식공사는 1940년 5월에 발표된 개척단법에 근거하여 한인 개척단 이민정책을 수행하여 나갔다. 일제의 적극적인 이민정책에 힘입어 1944년 재만 한인 인구는 1,658,572명에 이르렀다.

이와 함께 만주사변 직후 일제는 재만 한인을 '통제'하고 '안정' 시키기 위한 총체적인 목적에서 안전농촌과 집단부락 건설, 자작농창정 등 3대 사업을 추진하였다. 1932년부터 1935년 사이에 조선총독부는 동아권업주식회사에 위탁하여 철령, 영구, 하봉, 수화, 삼원포 등 5개의 안전농촌을 건설하였다. 이 지역에서는 만주사변을 전후하여 반일운동이 활발하게 전개되고 있었다. 일제가 이런 지방에 안전농촌을 건설한 것은 한인을 집단거주 시켜 그들을 통제하고, 반일운동을 근절시키려는데 그 목적을 두고 있었다. 집단부락 건설은 조선총독부를 포함한 일제의 여러 기관에 의해 추진되었고, 후에는 만주국에서도 집단부락 건설에 참여하였다. 따라서 집단부락은 조선총독부에서 건설한 것과 만주국 측에서 건설한 것으로 나누어 볼 수 있다. 집단부락의 건설은 간도 지방에서 처음 시작되어 점차 다른 지역에로 파급되었으며, 간도 지방에서의 집단부락 건설은 3차에 걸쳐 진행되었는데 3년 동안 88개를 건설하였다. 그리고 만주국 측에 의하여 추진된 집단부락 건설은 1934년 12월에 시작되어 1938년까지 만주국 9개성, 92개 현에 4,230개의 집단부락을 건설하려 계획하였다.

「자작농창정 계획」은 일제가 만주를 강점하였던 1931년부터 1945년까지 재만 한인을 통치하고 착취를 강화하기 위한 목적에서 추진되었다. 자작농창정 계획은 간도에서 시작되었다. 이 계획에 따르면 1933년부터 1937년까지 조선총독부가 50만 원을 투자하고 동척이 150만 원을 투자하여 간도 지역에서 '성실'한 한인 농민과 난민 2,500호 가구를 선발하여 연리 8~10푼으로 하여 15년 내에 한인 농민과 난민에게 대여하여 준 토지 값과 기타 값을 연분하여 상환하게 한다는 것이었다. 간도로부터 시작된 자작농창정 계획은 1936년에 이르러 2,800호 가구의 한인 농민을 창정하였다. 토지면적은 13,057정보에 이르고, 대여한 금액은 1,448,780원에 달하였다. 일제가 실시한 자작농창정 계획은 농산품에 대한 약탈의 정도, 한인 이민의 증가와 분포의 변화, 일제가 실시한 한인 이민정책의 변화를 보였다. 그 실시단계를 살펴보면, 「만주사변」 후 한인 이주사의 단계와 궤를 같이 하고 있음을 주목할 수 있다. 이러한 상황에서 일제는 피난 한인들을 '구제'한다는 미명하에 강제적으로 집결시켜 그들을 조직화하고자 했다. 이를 위해 치안대책상 통제하기 쉬운 일정한 지역에 집단 거주시켰다. 그러므로 안전농촌과 집단부락의 건설 그리고 자작농창정의 실시는 일제가 재만 한인에 대한 조직적 착취를 위한 '統制와 安定' 정책의 필연적인 산물이라 할 수 있다.

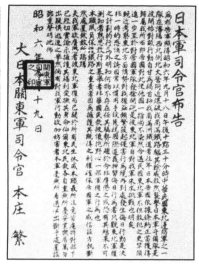

<그림 4-1> 9.18사변을 일으킨 후 동북육군병기공장을 점령한 일본관동군

<그림 4-2> 9.18사변을 조작한 후 그 책임을 중국 측에 떠넘기기 위해 작성한 일본관동군사령관의 포고문

<그림 4-3> 1930년 요녕성 영구에 건설한 안전농장. 사진은 영구 제1안전농촌으로 불리는 영흥 중앙툰의 일각이다.

<그림 4-4> 1920년대 북간도 용정소시장

<그림 4-5> 1930년대 일제의 강제이주 계획에 따라 왕청현 전각루 집단부락으로 이주하는 한인이주민 행렬

<그림 4-6> 1930년대 일제의 집단이주 계획에 따라 왕청현 사인반에 이주한 한인이주민들. 사진은 정착지에 임시초쳐 놓고 밖에서 가마를 걸고 밥을 지어 먹는 정경

<그림 4-7> 1930년대 재만 한인의 지역별 분포

<그림 4-8> 1930년대 회막동(지금의 도문) 거리

<그림 4-9> 1931년 4월 한인들이 장춘 부근의 만보산에서 너비 5미터, 길이 10여 킬로미터에 달하는 渠道를 준공하였다.

<그림 4-10> 1932년 2월 하얼빈을 점령한 일본군의 열병식

<그림 4-11> 1932년 3월 1일 일제는 장춘에 이른바 괴뢰만주국을 창설하였다. 사진은 부의의 집정부임의식 장면이다.

伪满间岛省公署
成立仪式上省长
蔡运升讲话

1936年金井章
次出任伪满间
岛省省长，是
第一位担任此
职的日本人

<그림 4-12> 1932년 위만주국 건립 후 1934년 12월 1일 북간도 국자가에 간도성공서가 설립되었다. 사진은 간도성공서 성립의식 장면이다.

<그림 4-13> 1933년 6월 20일 도문에서
남양으로 통하는 도문철교가 준공되었다.

<그림 4-14> 1933년 하동안전농장에는 577호,
2492명의 한인들이 거주하고 있었다.
사진은 하동안전농장 금하집단부락 구조도이다.

<그림 4-15> 1934년 7월에 장춘에 준공된
위만주국국무원 청사

<그림 4-16> 1934년 수화에 건립한 안전농촌 사무소

<그림 4-17> 1937년 왕청현 남하마탕에 집단이주한 17명의
한인이주민 제1세대들. (1999년 10월 25일 촬영)

<그림 4-18> 1937년에 건립한 왕청현 사인반구
향수하자 집단부락

<그림 4-19> 1938년 3월 연길현 명월구 도안구에
건립한 개척민부락 전경

<그림 4-20> 1938년 만선척식회사에서 왕청현 목단천에
건립하려던 집단부락 전경이다. 항일연군의 공격에
의해 일제는 집단부락 건설을 잠시 중지할 수밖에 없었다.

<그림 4-21> 1940년 5월 15일 북간도 안도현 삼도구 부근의
집단부락 건설에 동원된 한인들

<그림 4-22> 연길현 고려촌 집단부락. 사진은 일경들이
집단부락 주민들을 훈계한다는 명의하에 몽둥이로
마구 때리는 모습

<그림 4-23> 1942년 하동촌 소학교의 아침체조 전경

<그림 4-24> 1943년 전시체제 하에서 요녕성 신빈현 鄕下窪子村의 학생들이 벼내기에 동원된 모습

<그림 4-25> 간도성 집단부락 분포도

<그림 4-26> 돈화현 중위자구 집단부락. 대문을 경유하는 주민들은 반드시 거민증, 출입증, 물품휴대허가증 등 증명서류를 검사 받아야만 했다.

<그림 4-27> 일제는 1932년 철령 안전농장을 건설하였다. 사진은 1937년 철령 고산툰 농장창설10주년기념사진이다.

<그림 4-28> 일제는 1932년부터 자원약탈을 위한 철도건설에 박차를 가했다. 사진은 돈도(돈화-도문)철도를 부설하고 있는 장면이다.

<그림 4-29> 일제는 1935년 유하현 삼원포에 안전농촌을 건립하였다. 사진은 삼원포 한인자위단 일동이다.

<그림 4-30> 일제의 집단부락 건설계획에 따라 한창 건설 중에 있는 안도현 도목구 집단부락 전경이다.

<그림 4-32> 한인이주민들이 북간도 모아산 부근에서
잠시 휴식하고 있는 모습

<그림 4-31> 한인들이 경영하는 조일신발상점

<그림 4-33> 북만주에 이주한 한인들의 벼 탈곡

<그림 4-34> 북만주의 붉은 수수

<그림 4-35> 두만강에서 배로 물자를 운송하는 장면

<그림 4-36> 만선척식주식회사 연길지점

제5장

재만 한인의 국적문제와
중국조선족

제1절 광복 전 재만 한인의 국적문제

　조선 후기부터 한인은 만주지역으로 이주하기 시작하였다. 청 정부는 경제적인 원인으로 이주한 한인 개간민들에게 '치발역복'이란 동화정책을 실시하였으나 한인들은 이에 능동적으로 대처하면서 새로운 생활터전을 마련해갔다. 그 후 일제가 조선을 강점하자 한인들의 만주 이주는 급속히 증가하였으며 이러한 현상은 위만주국 시기에 이르러 일제의 식민정책으로 말미암아 더욱 고조되었다. 그 결과 광복 전 중국 동북지역의 한인수는 무려 230만에 달하였다.

1. 청조시기 재만 한인의 국적문제

　1644년 북경으로 천도한 청 정부는 장백산(백두산) 일대를 저들 조상의 '발상지'로 간주하여 봉금정책을 실시하였다. 그러나 1860년 ≪중러 북경조약≫ 체결이후 러시아가 북간도 일대에서 연속적으로 국경분쟁을 도발하자 청 정부는 1880년대에 북간도 일대를 개방하고 이른바 '이민실변' 정책을 실시하였다. 이를 계기로 한인 월간민들이 북간도를 비롯한 만주지역에 대량으로 이주하기 시작했다. 이때부터 한인 이주민들의 국적문제는 조청 양국 간의 민감한 외교문제 중의 하나로 부각되면서 한인들의 지속적인 이주와 정착에 커다란 영향을 주었다.

청조시기 재만 한인들의 국적문제는 대체로 1909년 ≪대청국적조례≫의 반포를 기준으로 하여 두 단계로 나누어 볼 수 있다.

첫 번째 단계는 1909년 ≪대청국적조례≫ 제정 이전시기이다. '이민실변' 초기 청 정부는 '무릇 淸領을 경작하는 자는 청 국민으로 간주한다.'는 방침하에 한인 이주민들에게 '치발역복'을 강요하였다. 그러나 '치발역복'은 민족동화를 의미하는 것이었기에 조선정부의 강력한 반발과 한인들의 저항에 부딪쳐 제대로 집행되지 못했다. 이러한 상황에서 1882년 길림장군 명안은 대륙을 통일하는 과정에서 남부지역 소수민족들에게 일정한 자주와 자치를 허용했던 '土司制度'의 경험에 착안하여 한인들에게도 그와 유사한 방법을 사용할 것을 예부에 다음과 같이 제안하였다.

첫째, 운남성과 귀주성의 묘족들과 같이 잠시 그들의 편의를 도모하되 반드시 조선국왕의 인가를 받아 실행하고, 또 예부의 의도대로 귀화 입적을 강행하여도 한인들은 공순하여 반드시 이를 따를 것이므로 徭役과 같은 賦役은 면제시켜 관용을 베풀 것. 둘째, 귀화 입적 編甲升科한 한인들은 훈춘과 돈화현에서 분할 관리하며, 지방의 소송과 인명안 및 절도안건 등은 길림에서 일률적으로 통괄할 것. 셋째, 이미 치발역복한 한인 농호와 공상인들은 犯禁者에 속하지 않으므로 그들을 학대하지 말아야 하며 금령은 계속 엄격히 실시할 것.[1]

이에 기초하여 1882년 3월 청의 예부는 조선정부에 월경간민은

---

1) 北京古宮博物館 編, 『淸光緖朝中日交渉史料』 卷3, 文件番號 98, 「吉林將軍銘安等奏朝鮮貧民占種吉林邊地遵旨妥議覆陳摺」, 臺北, 文海出版社 印本, 1964年, 제6～7쪽.

본래 懲辦해야 할 것이나 개간한 지 오래되고 인수가 많기 때문에
관대히 처리하여 旣往을 不咎하고 호적을 査明하여 훈춘과 돈화현
에 귀속시킬 것이니 이후에 엄격히 금령을 준수하기 바란다는 諮照
를 조선정부에 보냈다.2) 이에 대해 조선정부는 월간한민들은 풍토
와 습관이 청국인과 달라 만약 청 측에 編籍될 경우 사단의 야기가
우려되며, 또 북쪽의 러시아와 동쪽의 일본에서도 모두 '天朝'의 例
를 따라 한인들을 귀화시킬 우려가 있으므로 이주 한인들을 전부
쇄환하겠다고 통보하였다.3) 그 후 1900년 러시아의 간도침입, 뒤이
어 조선정부의 진위대 및 변계경무서의 설치, 북간도관리사의 파견
등 일련의 사건이 벌어지면서 청조의 '치발역복' 정책은 사실상 유
명무실해졌다.

그러나 당시 청 정부의 '치발역복' 정책이 가지고 있는 근본적인
한계는 근대적인 국적법(법적규정)이 결여되어 있다는 점이다. 이
와 같은 한계는 1907년 일제가 용정촌에 통감부파출소를 설치하고
한인에 대한 관할권을 주장하면서부터 표면화되었다. 1909년 일본
경찰이 귀화 한인 玄德勝을 체포하여 한국에 인도하자 청 측은 현
덕승은 귀화인이므로 즉시 석방하여 귀환시킬 것을 요구하였으나
일본 측은 오히려 현덕승이 귀화하였다는 확실한 증거를 제시할 것
을 요구하였다. 이에 대해 길림순무 陳昭常은 '아국의 국적법에는
아직 외국인의 귀화에 대한 전문적인 규정이 제정되어 있지 않지만
유일하게 연길지역의 월간한민들은 광서 16년(1890) 총리아문에서
발급한 토지문서를 영유한 자는 모두 치발역복·편입민적 하여 중

---

2) 권석봉, 「淸末 間島地方의 越墾韓民策研究」(上), 『人文學研究』23輯, 中央大 人文科學研究所,
   1995.8, 제291쪽.

3) 中央研究院近代史研究所 編, 『淸季中日韓關係史料』 3, 台北, 泰東文化社, 1972년. 제972~973쪽.

국인과 똑같이 대우하였고, 민사 및 형사사건은 모두 중국지방관이 처리하였으므로 현재 한민들이 소유하고 있는 토지집조가 바로 귀화 입적의 확실한 증거'⁴⁾라고 주장하였다. 그 후 현덕승을 비롯한 한인들의 국적문제가 중일 양국 간의 외교문제로 비화되자 동삼성 총독 錫良은 1909년 6월 외무부에 전보를 보내어 '우리나라는 비록 국적법이 명확히 규정되어 있지 않지만 재산의 소유에 따라 조세를 부여하고 있으므로 이는 사실상 입적증거와 같다. 또 광서 16년 길림장군은 무릇 치발역복한 한민들이 청국의 토지를 소유하고 있고 조세를 납부하는 자는 모두 입적한 자로 간주하며 그렇지 않으면 구축하여 귀국시킴으로써 私墾을 불허하였다.……그러므로 현재 領照納稅하고 구축당하지 않은 한민들이 바로 귀화 입적의 鐵證이며 치발역복이라는 단어에 너무 구속될 필요는 없다'고 주장하였다.⁵⁾ 같은 시기 吉林巡撫 陳昭常도 '이주자 중 부동산이 없는 자는 韓僑(비귀화인)로, 토지를 소유하고 지방정부에 세금을 납부하는 자는 墾民(귀화인)으로 구분'하되,⁶⁾ 토지소유권은 '광서 16년의 토지집조의 발급을 기준으로 하는 것이 영토와 주권을 보호할 수 있는 유일한 방법'⁷⁾이라고 건의하였다. 이와 같은 사실은 당시 청 정부가 근대적인 국적법이 결여된 상황에서 과거 '치발역복'에 의존하던 귀화 입적 정책을 사실상 재산의 소유 내지 토지소유권을 중심한 귀화 입적 형태로 정책변화를 시도하고 있었음을 시사하는 것이었다.

---

4) 秋憲樹, 『資料 韓國獨立運動』 4卷, 下, 延世大出版部, 1971년, 제1466쪽.
5) 秋憲樹, 위의 책, 제1466~1467쪽.
6) 『東三省政略』 「邊務 延吉篇」, 앞의 책, 제5쪽.
7) 『東三省政略』 위의 책, 제94쪽.

1909년 중일 변무교섭에 참가하였던 변무방판 오록정은 당시 청 정부의 대한인 정책의 한계로 ① 국적법의 미확정, ② 토지권의 무한제, ③ 이주자의 無稽査, ④ 재판권의 무획일, ⑤ 납세의무의 未均平 등을 지적하였다.[8] 그리고 그 대책으로 첫째, 월간자 즉 한국 영토에서 월경하여 여러 해 동안 개간에 종사했고 일찍이 토착인으로 살고 있는 사람은 완전한 귀화인으로서 청인과 같이 취급함. 둘째, 초간자 즉 간도 미개간지를 개간한 자를 토착화된 토지급여대상자로 간주함. 셋째, 비귀화인에 대해서는 일본이 대만인의 국적을 정한 예와 같이 2년을 기한으로 그 기간에 재산을 정리하여 자유로이 왕래하며 간도에 있는 동안은 완전히 청인과 동일한 권리를 부여하여야 한다고 주장하였다.[9]

한편 이 시기 연길청도 한인 이주민들의 국적문제에 비상한 관심을 보였다. 연길청은 먼저 한인들의 호구를 철저히 조사하여 華人과 韓人, 귀화인과 비귀화인들의 호적을 명확히 구분하도록 했다. 이에 따라 1909년 연길청은 한민호들의 문패를 화인들과 동일하게 통일적으로 번호를 매긴(編號) 후 거기에 '寄戶' 二字를 새겨 관리하기 편하도록 했다.[10]

두 번째 단계는 ≪대청국적조례≫ 반포 이후시기이다. 1909년 말 청 정부는 최초의 국적법인 ≪대청국적조례≫를 제정, 발표하였다. 이는 동남로도가 근대적인 국적법에 의하여 한인의 입적문제를 보다 원만히 해결할 수 있는 하나의 획기적인 계기가 되었다. 본 「條

---

8) 吳祿貞, 『延吉邊務報告』奉天學務公所, 1907년, 제12~15쪽.

9) 日本外務省, 『日本外交文書』卷42, 1冊, 제474~475쪽.

10) 延吉府知府檔案資料, 「延吉府詳送巡警局調査韓僑戶口總表請鑒核由」, <4－1－62>, 宣統2年12月 28日, 延邊檔案館所藏.

例」는 총 5章 20조로 구성되었는데, 그중 외국인들의 입적법에 대한 규정은 제2장 제3조로서 주요내용은 다음과 같다.

1) 중국에 10년 이상 지속적으로 거주한 자
2) 20세 이상으로서 해당 국가의 법률에 해당되는 자
3) 품행이 단정한 자
4) 상당한 財産이 있거나 藝能이 있어 능히 自立할 수 있는 자
5) 해당 국가의 법률에 의해 입적 후 본국 국적을 소실할 수 있는 자[11]

≪대청국적조례≫는 외국인의 입적조건을 주요하게 10년 이상 중국에 지속적으로 거주하였으며, 상당한 재산이나 예능이 있어 능히 자립할 수 있으며, 입적 후 본국의 국적을 이탈할 수 있는 자로 규정하였다. 그러나 이상의 조건을 한인에게 적용할 시, 거주연한의 문제, 예능의 소지문제, 본국국적 이탈문제 등 일련의 문제점들이 존재하고 있었다. 이러한 실정에서 일부 지방관원들은 입적 시 거주연한에 대한 기준과 본국국적 이탈 조건을 북간도 한인의 실정에 알맞게 적당히 수정할 것을 건의하였다.[12] 그 결과 東南路道는 1910년 9월 한인들을 대상으로 구체적인 「입적세칙」을 공표하였다.[13] 여기에서 동남로도는 한인들의 입적에 필요한 거주기한을 10년에서 5년으로 수정하였으며, 품행이 단정하거나 입적 후 확실히

---

11) 『東方雜誌』 第26卷 第4號, 제129~130쪽. (楊昭全·李鐵瑛 編, 『東北地區朝鮮人革命闘争資料彙編』 上, 遼寧民族出版社, 1992年, 제52~53면에서 재인용)

12) 吉林東南路道檔案資料, 「詳覆韓民呈墾入籍各情形請示遵行由」, <4-1-136>, 宣統2年10月21日, 延邊檔案館所藏.

13) 吉林省檔案館檔案, 吉林東省 「東南路呈報韓人入籍并調查及善後方法」, 檔案番號 1857卷 34號

본국의 국적을 상실할 수 있는 자에 한하여서는 거주기한이 5년이 되지 않아도 지방관청에서 신청을 접수한다고 규정하였다. 그리고 한인호들의 門牌도 원래의 寄戶에서 新正戶와 新副戶로 바꾸어 입적자와 비입적자를 명확히 구분하도록 했다.

이와 같이 동남로도는 한편으로는 「입적세칙」을 제정하여 한인들의 귀화 입적을 적극 추진함과 동시에 다른 한편으로는 일본이 한인들의 국적문제를 빌미로 중국내정에 간섭하지 못하도록 구체적인 방지대책도 마련하였다. 이를 요약하면 첫째, 한인들이 입적 신청 시 제출하는 甘結에 '愿盡棄本國權利'라는 구절을 반드시 첨부하도록 규정하였다.14) 둘째, 「限制細則」15)과 「取締細則」을 제정하였다. 「限制細則」은 한인들의 이주를 단속하기 위한 조치로서 잡거구역인 연길·화룡 등지에서는 적당한 住處와 경작지가 없는 한민을 査出하여 축출하는 것이었고, 비잡거지역인 훈춘·왕청 등 지역에서는 새로 이주하려는 한민들의 입경을 철저히 엄금한다는 것이다. 그리고 「取締細則」에서는 비잡거지역에서 화인들이 한인을 雇用하여 토지를 경작하게 하는 것을 엄금하도록 했다. 그러나 「취체세칙」의 내용을 자세히 관찰하여 보면 「細則」의 실질적인 목적은 한인들의 모든 권한을 박탈하여 그들을 경외로 추방하려는 것이 아니라 한인들을 압박하여 그들 스스로 귀화를 자원하도록 하는데 있었음을 알 수 있다. 이는 「취체세칙」에서 비잡거구 내 한인들의 모든 권리를 부정하면서도 '만약 한인들이 이로 인하여 자발적으로 귀화를 요구할 시에는 각 지방관청에서 이를 인준하여 귀화하도록 한

---

14) 동상.

15) 楊昭全·李鐵瓌 等編, 『東北地區朝鮮人革命鬪爭資料彙編』上, 遼寧民族出版社, 1992年, 제58-59쪽, 「限制細則」.

다.'고 규정하였으며, 심지어는 귀화 입적 조례에 부합되지 않는 한민들도 자발적으로 신청을 요구하면 먼저 관청에서 그들의 신청을 접수한 후 정부의 심사처리를 기다리도록 규정한 사실을 통해서도 확인할 수 있다.16)

2. 중화민국시기 재만 한인의 국적문제

1912년 신해혁명을 통해 성립된 중화민국 정부는 청 정부에서 제정한 ≪대청국적조례≫를 그대로 적용하였다. 그러나 일제의 침략이 날로 심해지는 가운데 중국지방관원들은 한인들에게 토지소유권을 주면 일제의 대륙침략정책에 이용될 수 있다는 이유로 점차 한인의 토지소유에 대하여 엄격히 제한하기 시작하였다.17) 그 후 한인 이주민들의 국적문제는 1915년 ≪만몽조약≫ 체결을 계기로 이른바 상조권 분쟁에 휘말리게 되면서 중일 양국 간의 첨예한 외교문제로 비화되었다.

중일 간의 토지상조권 분쟁에서 일제는 한인들의 二重國籍과 토지소유권을 미끼로 저들의 침략세력을 확대함과 동시에 본격적인 토지약탈을 감행했다. 이에 맞서 중국 지방당국은 한인들의 토지소유권과 소작권에 대하여 엄격한 규제를 가하면서 한인관리를 대폭 강화하였다. 이 시기 중국당국의 한인들에 대한 관리는 대체로 두 가지 방향으로 진행되었다. 하나는 한인들의 귀화 입적을 보다 적

---

16) 吉林省檔案館檔案, 吉林東省「東南路呈報韓人入籍幷善後方法」, 檔案所藏番號 1857卷 34號
17) 張朝柱, 『吉林汪淸縣政治報告書』 2冊, 「沒收韓民崔喜等數十戶私墾地畝保全國土鞏固邊疆 文」, 1912. 5. 11, 제49~53쪽.

극적으로 권장하는 것이었고, 다른 하나는 한인들의 토지소유권과 소작권에 대하여 각종 규정을 제정하여 엄격히 단속하는 것이었다.

1915년 10월 12일, 연길현 勸學所員 鄭蘭幹은 延吉道尹에게 建白書를 올려 보증인과 수수료가 없이 한인들의 귀화 입적을 받아들일 것을 건의하였다. 이는 당시 북간도에서 한인들이 이미 40% 이상의 토지를 소유하고 있는 상황에서 그들을 적극 귀화시켜 自國民化 하려는 중국관원들의 적극적인 정책으로부터 비롯된 것이었다. 이에 대하여 당시 일본 측도 '간도지방과 같이 전 주민의 3/4 이상의 한인 인구를 갖는 지방에서 이들을 모두 일본인으로 여긴다면 간도는 사실상 일본인에 의해 점령된 형태이기 때문에 이들 지역에서 한인들에게 귀화를 권유하여 중국인으로 만들려는 방침을 채택하고 있는 것은 중국 측의 입장에서 보면 너무도 당연한 것이었다.'[18]고 자인하였다.

이 시기 중국정부는 한인 이주민들을 쟁취하기 위하여 '입적하면 토지소유권 및 참정권의 모든 공권을 부여하고 일본관헌의 체포구금도 면할 수 있다'[19]고 선전하였다. 그리고 지방관청에서는 한인들의 귀화 입적 절차도 최대한 간소화하였으며 심지어 대다수가 이를 신청하고 나중에 推尋해가지 않으면 지방정부에서 내무부에 송금하는 의무가 있다는 이유로 아예 누구에게든지 장당 얼마씩 받고 賣却하는 奇異한 현상까지 출현하였다.[20]

중국 지방당국은 한인들의 귀화 입적 절차를 간소화하였을 뿐만 아니라 입적자들에게 토지소유권은 물론이고 지방정권에 참여할 수

---

18) 赤塚, 「在滿鮮人問題」, 『朝鮮統治史料』 10卷, 1921년, 제232쪽.

19) 朝鮮總督府警務局, 『在滿鮮人卜支那官憲』 行政學會印刷所, 昭和五年, 제209쪽.

20) 玄圭煥, 『韓國流移民史』 上, 三和印刷出版部, 1976년, 제239쪽.

있는 참정권까지 부여하였다.[21] 중국 지방당국의 이와 같은 조치는 간도 지역 한인 이주민들로 하여금 '입적 붐'을 일으켜 수많은 한인들이 입적하는 결과를 초래하였다. 불완전한 통계에 의하더라도, 1917년 9월 간도 지역 한인 이주민 중 귀화집조를 받은 호수가 1,427호, 귀화수속 이행자 호수가 2,111호로서 도합 3,538호에 달하였으며,[22] 1919년에는 4,982호로 대폭 증가하였다. 뿐만 아니라 1916년 12월 2일 鄭安立 등 462명의 귀화간민 대표들은 중국 외교총장에게 '청원서'를 제출하여 귀화 한인들은 당당한 중화민국 국민임을 강조하면서 중국당국의 보다 적극적인 보호와 일제의 영사재판권을 철폐해 줄 것을 촉구하였다.[23] 이와 같이 1915년 중일 상조권 분쟁 이후 중국당국은 한인들의 토지소유권에 대한 직접적인 취체보다도 오히려 한인들을 적극적으로 귀화 입적시키는 방법을 통해 한인에 대한 지배권을 확대해 나갔다.

다음으로 중국 측은 비귀화 한인들이 전민제도[24]를 통하여 토지를 구입하는 것을 엄격히 제한하기 시작했다. 1922년 화룡현 지사는 화룡현 경내에 거주하는 한인 중 1日耕 이상의 토지를 소유하고 있는 자는 반드시 귀화 입적 하여야 한다고 지시하였으며, 만약 이에 불응한 자는 엄벌에 처한다고 경고하였다.[25] 그리고 1924년 11월 훈춘현 지사도 귀화하지 않은 한인들이 전민제 방법으로 구입한

---

21) 玄圭煥, 위의 책, 제242쪽.

22) 玄圭煥, 앞의 책, 제240쪽.

23) 秋憲樹, 『資料 韓國獨立運動』 第4卷, 下, 1975년, 제1484~1485쪽, 「延約事」.

24) 전민제도라 토지소유권이 없는 수 명의 비귀화인들이 함께 漢人지주나 귀화한 한인들의 명의를 빌어 토지를 구매한 후 나누어 가지는 형태를 말한다. 여기에서 명의를 빌려준 지주나 귀화인들은 명의지주, 비귀화인들을 전민이라 호칭한다. 전민제도는 1910~1920년대 북간도에서만 유행된 제도이다.

25) 朝鮮總督府警務局, 『在滿鮮人ト支那官憲』 行政學會印刷所, 昭和五年, 제205쪽.

토지에 대해서는 절대로 토지관리권 및 地上權을 인정하지 않을 뿐만 아니라 무조건 몰수할 것을 명령하였다. 그 결과 전민제 형태로 토지를 소유하고 있던 한인들은 분분히 귀화 입적을 신청하여 한 달 동안 春化鄉에 261명, 崇禮鄉에 5명, 德惠鄉에 11명, 勇知鄉에 7명이 귀화 입적 했다.26)

1926년 5월 연길도윤은 각 현의 지사들에게 한인들이 전민제 형식으로 토지를 구입할 시 반드시 사전에 귀화 입적 절차를 마무리할 것을 지시하였으며 동년 7월에는 연길현 지사도 「延吉縣所屬墾民分劈地照辦法繕具簡章」을 제정, 공표하였다. 본 「簡章」은 '제1조: 간민들이 하나의 집조를 수 명이 공동으로 享有하고 있는 자들은 이를 변경할 때 반드시 성명을 連署하여야 하며 지주의 甘結을 가져오게 함으로써 다른 사람이 대체하지 못하도록 하여야 한다. 제2조: 공유지 若干은 매개인이 分劈하여 각자가 소유하고 그 四至는 지주와 공동 상의하여 인준을 얻은 후 비준한다. 제3조: 매개 집조 한 장에 수속비 四吊와 註冊費 四吊 외 1상에 지방보조비 吉洋 1원을 징수한다. 제4조: 집조의 分劈을 신청할 시 먼저 입적을 권유하여야 한다.(본 조항은 布告 내에 기재하지 않으나 집행 시 실시함) 제5조: 본래의 집조에 새로운 집조를 첨부하여 이미 세금을 납부하였음을 증명한다.'라고 규정하였다.27)

이 외에도 연길현 지사는 연길현 관할 내에서는 귀화, 비귀화를 불문하고 일률적으로 토지소유권을 인정할 것이므로 종전에 비귀화인들이 귀화인의 명의로 토지를 구입한 자는 소유한 토지를 속히

---

26) 朝鮮總督府警務局, 위의 책, 제206~207쪽.

27) 延吉道尹公署檔案, 「延吉縣所屬墾民分劈地照辦法繕具簡章」, 1926년 7월, 延邊檔案館所藏.

관청에 보고, 등록할 것을 지시하였다.28) 그러나 연길현 지사의 이와 같은 조치는 비귀화인들이 적극적으로 토지등록에 참여하도록 유혹하는데 불과한 것이었고 실제로는 비귀화인들의 토지소유권을 인정하지 않았다. 왜냐하면 상술한「簡章」제4조에서 '집조의 分劈을 신청할 시 먼저 입적을 권유하여야 한다.'고 규정하였으나 '본 조항은 布告 내에 기재하지 않으나 집행 시 실시함'이라고 하여 표면적으로는 귀화인과 비귀화인을 막론하고 이들 모두의 토지소유권을 인정하여 주는 것 같았으나 내부적으로는 반드시 귀화를 전제로 하였음을 알 수 있다.

1926년 8월 화룡현에서도 한인의 귀화 입적 조건을 새롭게 제정하여 무릇 귀화 입적을 원하는 자는 반드시 일본과의 관계를 철저히 단절할 것을 강요하였다. 당시 화룡현서에서 제정한 한인들의 입적조건은 1) 조선인 민회로부터 탈회하고 동회의 의원직을 가진 자는 즉시 사직하여야 한다. 2) 속히 일본국적을 이탈하여야 한다. 3) 귀화 여부를 막론하고 조선인 민회비 부담을 거절할 것 4) 중국 국적을 가지지 못한 자로서 지금까지도 여전히 토지를 소유하고 있는 자들은 속히 입적수속과 토지이동 수속을 끝마쳐야 하며, 만약 이에 응하지 않는 자들에 대해서는 그들의 토지를 몰수함과 동시에 엄중히 처벌한다.29)는 것이었다. 이러한 실정에서 당시 화룡현 덕신사에서만 하여도 근 700명의 한인이 토지이동 수속을 마쳤으며, 화룡현 15개 사를 합치면 무려 만여 명이 토지소유권을 확보하기 위하여 귀화하였던 것으로 추정된다.

---

28) 『在滿鮮人ト支那官憲』 앞의 책, 제210쪽.
29) 『在滿鮮人ト支那官憲』 前揭書, 제209~210쪽.

이 시기 토지이동 수속은 두만강 상류 지역의 무산대안으로부터 시작되어 점차 하류 지역으로 옮겨가면서 북간도 전 지역에서 폭넓게 진행되었다. 통계에 의하면 1927년 연길현의 귀화 입적자의 수는 1,705호, 9,741명으로서 이는 연길현 한인수의 5%에 달하였고, 화룡현은 5,261호, 30,653명으로서 이는 화룡현 한인수의 18%에 달하고 있음을 알 수 있다. 그런데 이를 1925년도의 귀화 입적 수와 비교하여 보면 연길현은 1925년의 824호에서 약 2배의 증가를 보였고, 화룡현은 994호에서 무려 5배나 증가되었음을 알 수 있다.[30)

그러나 중국정부의 상술한 조치에도 불구하고 한인들의 귀화 입적은 중국 측의 기대에 미치지 못하였다. 예를 들면 1928년 말 북간도 지역에서 조선인 민회에 가입한 호수는 북간도 한인 총 호수의 약 73.3%에 달하는데 반해 중국적에 가입한 귀화 한인 호수는 불과 24%에 지나지 않았다. 또한 그중 약 11%에 해당되는 5,029호는 여전히 조선인 민회에 가입하고 있는 실정이었다.[31) 이와 같은 상황에서 중국 외교부는 1928년 5월 1일 길림성장에게 '근래 각국 거류민 중 동삼성에 거주하는 자의 다수가 중국의 권리를 받고자 귀화 입적을 청구하였으나 입적 후에도 여전히 그 원래 국적을 이탈치 않고 있으므로 교섭사건이 발생할 경우에는 번잡함을 면할 수 없고 곤란을 겪게 된다. 이 분쟁과 번잡을 제거하려면 한인들의 귀화를 제한하지 아니할 수 없으며, 금후 만일 귀화 입적하려는 자에 대해서는 원유국적을 이탈케 하고 단일국적을 취득하도록 노력할 것'[32)을 지시하였다. 이에 따라 동년 길림성장공서에서는

30) 金正明 編, 『朝鮮獨立運動』 2, 동경, 原書房, 1968년, 제1075~1076쪽.

31) 吉林公署, 「歸化朝鮮人職業別調査(1928年末)」, 『滿蒙事情』 昭和5年2月號 參照.

32) 玄圭煥, 『韓國流移民史』 上, 三和印刷出版部, 1976년, 제239~240쪽.

각 현 지사들에게 1) 이중 국적자 즉, 중국국적에 가입한 자는 반드시 중국법령에 복종하여야 하며 이에 응하지 않는 자는 국적을 취소하고 거주를 허락하지 않는다. 2) 華鮮兩民의 의지소통 및 한인의 동화를 촉구할 것, 3) 비잡거구에 거주한 한인에 대하여 지사는 그들의 귀화를 권유하여야 하며 출원자에 대해서는 속히 省長公署를 통하여 內務部에 귀화집조 발급을 신청할 것, 4) 6개월 내에 입적하지 않은 자들에 대한 각종 규제방법, 즉 화인들에게 밀령을 내려 그들에게 토지, 가옥을 대여해 주지 말 것 등을 명하였다.[33]

1929년 2월 5일 중화민국에서는 새로운 ≪중화민국 국적법≫을 공포하였다. 개정된 ≪중화민국 국적법≫은 입적자들의 중국 거주 연한을 10년에서 5년으로 줄였으나 귀화조건이 훨씬 세분화되어 이주 한인들의 귀화 입적이 더욱 어렵게 되었다. 뿐만 아니라 귀화자와 그 가족에 한하여 공직에 취임하지 못하게 하는 등 차별적인 규정이 포함되어 이주 한인들이 귀화를 기피하는 요인으로 작용하기도 했다. 여기에 1929년 8월 길림성정부에서 과거 한인들의 귀화 입적에 대한 우대조건들을 전부 취소해 버리고 반일운동의 일환으로 이른바 한인들에 대한 '구축운동'이 벌어지면서 수많은 한인들이 다시 본국으로 귀환하는 사태가 빚어졌다.

통계에 의하면 1929년 만주지역의 한인 이주민은 130만에 달했다. 그중 요녕성에 50만/귀화자 1만, 길림성에 70만/귀화자 10만, 흑룡강성에 10만/귀화자 5천 명으로서 귀화자 수는 전체 인구의 10분의 1에 달했다.[34]

---

33) 『在滿鮮人ト支那官憲』前揭書, 제210~214쪽.
34) 楊昭全·李鐵環 등편, 『東北地區朝鮮人革命鬪爭資料彙編』 요녕민족출판사, 1992년. 제94쪽.

3. 만주국시기 재만 한인의 국적문제

1931년 '9.18'사변을 일으켜 동북을 점령한 일제는 1932년 3월 1일 신경을 중심으로 위만주국을 설립하였다. 3월 1일 공포된 위만주국 건국선언에는 '무릇 신국가 영토 안에 거주하고 있는 자는 모두 종족의 구별과 존비의 구별이 없다. 원래의 한족, 만주족, 몽고족과 일본, 조선의 각 민족뿐만 아니라 기타 국인으로서 장기간 거주하기를 원하는 자도 평등한 대우를 받을 수 있다'[35]고 역설하면서 이른바 5족(일본인, 한인, 한족, 만족, 몽고족)공화를 표방하였다. 뿐만 아니라 일제는 위만주국의 새로운 지배질서를 확립한다는 미명하에 이른바 새로운 '만주국인'을 형상화하는 작업을 벌였으며 국민들에게 四海동포주의, 박애, 만국평화, 만국도덕 등을 강조하면서 '민족협화'를 제창했다.

만주국 정부는 오족 공화를 제창하는 한편 새로운 '국적법'을 제정하기 위해 각 기관을 동원하여 일련의 국적법 관련 법안들을 제정하였다. 예를 들면 1932년 4월 만철경제조사회의 「만주국의 국적문제」, 1932년 5월 일본외교부의 「공민권초안」, 1934년 관동군 특무부의 「만주국 국적법사항에 관하여」, 이 외에도 개인의 명의로 작성된 「만주국적법 초안」, 「만주국적법 건의」, 「만주국 국적문제의 고찰」 등이다. 그러나 이러한 법안들은 모두 재만 한인들의 '이중 국적' 문제를 제대로 해결할 수 없었다. 일본정부는 중화민국시기에도 재만 한인들의 귀화 입적에 대하여 시종 승인하지 않았다. 그리하여 당시 재만 한인들은 대체로 조선에 호적이 있는 자와 없

---

35) ≪만주국 정부공보≫ 1932년 3월 1일자.

는 자로 구분되어 있었는데 재만 한인의 절반 이상이 무적자[36]에 해당되었다. 이들 무적자들도 대체로 두 가지 부류로 구분되는데 하나는 일본국적을 소지하고 있으나 조선에 호적이 없는 자들이고, 다른 하나는 이미 중화민국시기에 귀화 입적한 이중 국적자들이다. 1930년대 초 약 50—70만의 재만 한인들이 이들 무국적자에 해당되었다고 볼 수 있다.[37]

松葉秀文이 작성한 「만주국적법 초안」의 '고유의 국적' 제1조에서는 '1) 만주에 본적이 있는 자', '2) 1933년 3월 1일까지 만주에 주소가 있는 자', '3) 만주건국운동에 참가하였거나 본 법안 실행 시 만주에 주소 혹은 거주지가 있는 자', '4) 본 법안 실행 전 만주에서 5년 동안 농업에 종사한 자'는 모두 '고유의 만주인'으로 인정한다고 규정하였다. 그리고 제1조의 보충설명에서는 중화민국시기 중앙정부의 비준을 받은 자는 그의 고유 국적을 승인하고 지방정부의 인가를 받은 자는 일률적으로 승인하지 않는다고 해석하였다.

일제는 위만주국에서 이른바 '치외법권'을 철폐하기 위하여 1936년 8월 15일 ≪재만 조선인 지도요강≫을 제정, 발표하였다. 여기에서 일제는 '재만 조선인은 만주국의 중요한 구성분자임을 진지하게 자각하고 스스로 그 소질을 향상시켜 내용을 충실하게 하며 함께 기꺼이 만주국민으로서 의무를 이행하고 나아가 만주국의 발전에 공헌할 뿐만 아니라 치외법권 철폐에 따라 그 주권 아래에서 다른 민족과 협화, 융합하고 균등한 조선인으로써 여러 방면에서 견실한 발전을 도모할 수 있도록 한다고 했다.[38]

---

36) 1909년 4월 1일 대한제국에서 새로운 민적법 실시 이전 만주에 이주하였거나 여러 가지 원인으로 민적 혹은 호적에 등록되지 못한 자.

37) ≪전만조선인민회연합회회보≫ 제3권 제5호 제7쪽, 1935년 5월.

38) 「關參滿 제305호(소화 11년 8월 18일)」 '재만 조선인 지도요강의 건'의 부속문건, 「재만 조선

위에서 살펴본 바와 같이 재만 한인들은 일찍이 일제가 한국을 강점한 시기부터 자신들의 의지와는 관계없이 이른바 '일본제국의 신민'으로서의 '법적 지위'를 가지게 되었다. 이러한 현상은 1937년 11월 일제가 만주국에서 치외법권을 철폐하기 전까지 지속되었다. 그러나 만주국시기 일제가 재만 한인들에게 '치외법권'을 인정한 것은 결코 한인의 법적 권리와 지위를 신장시키기 위해서가 아니라 '일본신민'으로 간주한 한인들을 일제의 만주통치와 대륙침략에 적극 이용하기 위한 것이었다. 이에 따라 위만주국은 5족 공화를 표방하면서 한인을 '만주국 국민'으로 육성하려 했으며, 조선총독부에서는 '내선일체'의 원칙 아래 한인을 '일본제국 신민'으로 육성하려 했다. 그 결과 재만 한인들은 만주국과 조선총독부 양자로부터 이중적 탄압과 지배를 받게 되었다.

4. 소결

1881년 청 정부는 러시아의 남하정책과 국경도발을 제지하기 위하여 북간도 일대를 개방하고 '이민실변' 정책을 실시하였다. 이를 계기로 조선 북부지역의 변민들이 북간도를 비롯한 중국 동북지역에 대량 이주하기 시작하였다. 이 시기 청 정부는 한인 월간민들이 '청령'을 경작하기에 청 국민으로 간주하다는 방침하에 그들에게 민족동화를 상징하는 '치발역복'을 강요하였다. 그러나 한인 이주민들은 청 정부의 민족동화 정책에 능동적으로 대처하면서 동북지역에

인 지도요강」(관동군사령부, 소화 11년 8월 15일).

새로운 생활의 터전을 가꾸어 갔다. 그 후 청 정부의 '치발역복' 정책은 1900년의 러시아의 간도침입, 1901년 조선정부의 진위대 및 변계경무서의 설치, 1902년 북간도관리사의 파견 등 일련의 사건을 겪으면서 사실상 유명무실해졌다. 1907년 일제는 이른바 한인들의 '생명, 안전보호'를 빌미로 용정촌에 통감부파출소를 설치하고 공개적으로 한인들의 관할권을 요구하였다. 청 정부는 외교부를 통해 강력히 항의하는 한편, 귀화 한인들은 이미 '치발역복'하였기에 청국국민임을 주장하였다. 이에 일제는 청 정부에 그들이 청국국민이라는 증거를 제시할 것을 요구하였고, 청 정부는 1890년 총리아문에서 귀화 한인들에게 발급한 토지집조가 바로 그 증거라고 주장하였다. 1909년 청 정부는 ≪대청국적조례≫를 발표하였다. 이는 동남로도가 근대적인 국적법에 근거하여 한인의 입적문제를 원만히 해결할 수 있는 하나의 획기적인 계기였다. 이를 토대로 동남로도는 한인들의 입적조건에 알맞은 「입적세칙」을 제정하여 한인들의 입적을 적극 추진시킴과 동시에 「제한세칙」과 「취체세칙」을 만들어 한인들을 이용한 일제의 토지약탈을 미연에 방지하고자 했다.

중화민국시기 한인 이주민들의 국적문제는 1915년 ≪만몽조약≫의 체결을 계기로 이른바 '상조권 분쟁'에 휘말려 들면서 중일 양국 간의 첨예한 외교문제로 비화되었다. 이 시기 중국당국은 한편으로는 한인들의 귀화 입적을 보다 적극적으로 권장하고 다른 한편으로는 한인들의 토지소유권과 소작권에 대한 관리를 강화하였다. 그 결과 한인 이주민들의 귀화 입적자 수는 대폭 증가하였다. 그러나 1929년 새로 수정된 ≪중화민국 국적법≫이 공포되고 여기에 1925년 ≪삼시협정≫ 체결을 계기로 동변도 지역에서 실시되던 한인구축 정책이 급속히 전 동북지역으로 확산되면서 한인들에 대한 압박이 강화되어 수많은 한인들이 본국으로 귀환하는 사태가 빚어졌다.

위만주국 시기 위만정부는 이른바 '5족 공화'를 표방하였으나 한인들은 본인들의 의사와는 관계없이 일본천황의 '신민'으로 생활할 수밖에 없었다. 이 시기 위만주국은 한인을 '만주국 국민'으로 육성하려 했으며, 조선총독부는 '내선일체'를 표방하면서 한인을 '일본제국 신민'으로 육성하려 했다. 그 결과 재만 한인들은 위만주국과 조선총독부 양자로부터 이중적 탄압과 지배를 받았다.

제2절 광복 후 재만 한인의 국적문제와 중국조선족

　광복 전 중국 동북지역에는 약 230만의 한인들이 거주하고 있었
는데, 광복과 더불어 약 80만(혹은 70만)이 한반도로 귀환하였다.
이 시기 동북지역 한인들의 귀환과 정착은 제2차 세계대전 후 국제
질서가 재편성되는 과정과 중국 국내의 복잡한 정치·군사적 정세
하에서 이루어졌다.

　그중 광복 직후 약 80만에 달하는 한인들이 압록강과 두만강을
넘어 자유롭게 조선으로 귀환하였고 백여만에 달하는 한인들은 현
지에 정착하였다.[1] 광복 후 재만 한인들의 귀환과 현지정착은 당시
동북지역에서 치열한 격전을 벌이고 있던 국공 양당의 대한인 정책

---

1) 염인호, 「조선의용군 연구」, 국민대학교 박사학위논문, 1994; 손춘일, 「해방직후 재만 한인들의
한반도 귀환」, ≪해방직후 인구이동과 서울의 도시문제≫(제9회 서울향토사학술대회 발표문),
2002. 11. 15. 서울시립대; 李海燕, 「第二次世界大戰後 中國東北地區居住 朝鮮人의 引揚實態에
대하여」, ≪一橋研究≫ 136호, 一橋大學大學院一橋研究編輯委員會, 2002; 한시준, 「대한민국임
시정부의 환국」, ≪해방 후 해외 한인의 귀환문제 연구≫ 한국학술진흥재단 2002년도 기초학문
육성 인문사회분야 한국근현대과제 학술심포지엄 논문집, 2003. 5. 24. 국민대학교; 김중생,
≪조선의용군의 밀입북과 6·25전쟁≫ 명지출판사, 2000; 이종석, ≪북한-중국관계(1945~
2000)≫도서출판 중심, 2001; 염인호, ≪조선의용군의 독립운동≫ 나남출판, 2001; 김춘선, 「광
복 후 중국 동북지역 한인들의 귀환과 정착」, 『한국근현대사연구』28, 한국근현대사학회, 2004; 서
행, 「전후 화북지구 한교의 안치와 송환」, 『한국근현대사연구』28,한국근현대사학회, 2004; 장석흥,
「해방직후 상해지역의 한인사회와 귀환」, 『한국근현대사연구』28, 한국근현대사학회, 2004; 김
승일, 「대한 한교의 역사적 천이상황과 귀환문제」, 『한국근현대사연구』28, 한국근현대사학회,
2004; 김정미, 「해방 후 해남도지역 조선인 귀환에 대하여」, 『해방 후 중국지역 한인의 귀환문
제 연구』 제2회 귀환문제연구 국제학술심포지엄, 국민대학교 한국학연구소, 2003; 김승일, 「중국
해남도에 강제 연행된 한국인 귀환문제」『한국근현대사연구』 25집 ; 손염홍, 「해방직후 북경지역
한인사회와 귀환」, 『한국독립운동사 연구』 23집 ; 황선익, 「해방 후 대만 지역 한인의 귀환」, 한국근
현대사학회 발표논문. 2005. 3, ≪한인의 귀환문제 연구≫ 한국학술진흥재단 2002년도 기초학문
육성 인문사회분야 한국근현대과제 학술심포지엄 논문집, 2003. 5. 24. 국민대학교.

과 밀접한 관계가 있는데 그 핵심은 국적문제였다.

1. 국민당의 한교관리 정책과 국내송환

광복 직후 국민당정부는 동북지역을 비롯한 대부분 재중 한인들을 소수민족이 아닌 한교로 인식하고 모든 정책을 제정했다. 1945년 말 중화민국 행정원에서 공포한 「한교집중실시방법」[2]에서는 한인에 대하여 친일성향의 유무에 따라 구분하여 취급하는 정책을 실시하기로 하였으나 국공내전이 임박한 급박한 환경에서 지방당국은 한인과 일본인을 크게 구별하지 않고 敵國民 내지 포로에 준하여 처리하는 경향을 보였다. 그 후 주화대표단의 적극적인 교섭으로 말미암아 1945년 11월 한인사무처리를 위한 임시법을 제정하여 전범자가 아님을 전제로 한인들에게 여행증명서를 발급해 주고 자발적으로 귀국하는 것을 허용하였다.[3]

1946년 4월, 중화민국 행정원은 화북 일대의 사회질서가 어느 정도 회복되었다고 판단되자 「한교처리방법대강」[4]을 반포하여 한교들에 대한 구체적인 관리방침을 천명하였는데, 중심 내용은 지역별 집중관리와 국내송환이었다. 이에 따라 북평, 석가장, 태원, 장가구 등 화북지역의 대다수 한교들은 우선 해당지역의 한교관리처에 소집된 후 천진 南貨場으로 이송되었다가 다시 塘沽港으로 가서

---

2) 天津市檔案館檔案: 「韓僑集中實施辦法」, 全宗號J13, 案卷號119 (舊字 13—1—119).

3) 「函送韓僑處理辦法請查照轉陳由」, 1945년 11월 21일, 『중국지역 한인귀환과 정책』 4, 한국학연구소, 2004, 제18~20쪽.

4) 天津市檔案館檔案, 「韓僑處理辦法人綱」, 全宗號J19, 案卷號14(舊字 19—1—14).

배를 타고 한국의 인천항으로 송환되었다. 천진시는 동년 5월 일교관리처 산하에 「한교집중관리소」를 설치하고 한교에 대한 조사, 등록, 관리, 감화, 교육, 송환 등의 제반 업무를 처리하기 시작하였는데,[5] 1946년 2월부터 7월까지 천진을 통해 귀국한 한교들은 도합 28,723명에 달했다.[6] 그중 북평에서 온 한교는 1만 6천여 명으로 가장 많았으며 다음으로 천진의 9천4백여 명, 산서 태원시에서 온 1천1백 명, 장가구시·察哈爾·綏遠에서 온 5백여 명 순이었다.[7]

국민당은 동북지역의 한인들도 한교라는 전제하에 모든 방침을 정했으나 기본적으로 한인들을 전부 송환한다는 점에 초점이 맞춰져 있었다.[8] 그러나 광복초기 동북지역이 국민당의 수복지역과 공산당의 해방구로 양분되자 국민당정부는 한인들을 사회불안의 한 요인으로 보고 한인들의 재산을 무차별 몰수하거나 차압하는 정책을 취했다. 1945년 8월 국민당 동북복흥위원회에서 공표한 「동북복원계획강요초안」에서는 한인들에 대하여 '日韓移民의 농장을 접수, 관리하며', '일본이 동북 점령 시 이주한 한인들에 대해서는 귀환을 명하고 재산은 조례에 따라 처리한다.'고 규정하였다.[9]

1946년 4월에 이르러 동북보안사령장관부에서는 《한교처리임시방법》을 제정하여 한인들 중 '무릇 생산에 종사하지 않거나 적당한 직업이 없는 한교는 일률적으로 집중하여 먼저 송환 귀국 시킨

5) 天津市檔案館檔案, 「奉令成立韓僑集中管理所」全宗號J13, 案卷號89(舊字 13—1—89).

6) 天津市檔案館檔案, 「天津市及各地韓僑集中遣送月逐月統計表」, 全宗號J13, 案卷號123(舊字13—1—123).

7) 徐行, 「전후 화북지구 한교의 안치와 송환」, 『한국근현대사연구』28, 한국근현대사학회, 2004년.

8) 「戰後中國의 韓僑處理에 關한 件」; 秋憲樹 編, 『資料 韓國獨立運動』第1卷, 延世大出版部, 1971년, 제494~495쪽에서 재인용.

9) 南京第二歷史檔案館資料, 全宗171, 卷91, 「東北復員計劃綱要草案」.

다'는 방침을 제정하였다. 그 후 국민당정부의 동북지역 한인들에 대한 송환정책은 동북행원에서 제정한 「동북한교처리통칙」에 따라 신속히 추진되었다. 우선 동북행원에서는 1달 동안의 시간을 이용하여 요녕성·안동성의 한교는 안동에, 길림성·송강성·흥안성의 한교는 연길에, 흑룡강성·嫩江省의 한교는 장춘에, 요북성·흥안성의 한교는 심양에 각각 집결시킨 후 3개월 내에 전부 송환하거나 추방하기로 했다.[10]

동북지역 한인들의 제1차 송환은 1946년 12월에 이루어졌다. 제1차 송환계획은 북위 38도 이남의 1만 5천 명 한인들을 선정해 배를 이용하여 한국에 송환시키려는 것이었다. 이에 1946년 12월 7일부터 심양의 철서수용소에는 주로 외지에서 심양으로 온 피난민을 수용하였고, 서탑수용소에는 심양시 한교들을 수용하기 시작했는데 총 2,492명이 수용되었다. 원래는 1만 5천 명을 송환하기로 계획하였으나 시간이 긴박한데다 날씨가 춥고 교통이 불편하여 겨우 2,483명 (수용된 2,492명 중 6명 병사, 3명 이탈)만이 귀환 길에 올랐다.[11] 제2차 송환계획은 1947년 9월부터 약 1만 명의 한인들을 먼저 심양에 집결시킨 후 葫蘆島를 이용하여 인천·목포·부산 등지로 송환시키기로 계획하였으나 여러 가지 원인으로 실현되지 못했다.[12]

한인들의 송환이 계획대로 이루어지지 않은 상황에서 국민당 점령구역 내의 한인상황은 점점 악화되어 갔다. 1947년의 통계자료에 의하면 국민당 점령구 내 한교 실업난민수는 무려 2만 5,630명에

10) 「東北韓僑處理通則」, 연변대학 민족연구원 소장.

11) 謝松泉, 「東北韓僑遣送槪況」, 연변대학 민족연구원 소장.

12) 김춘선, 「광복 후 중국 동북지역 한인들의 정착과 국내귀환」, 『한국근현대사연구』28, 2004년, 제200쪽.

달했다. 그리고 심양현·철령현·무순현·신민현 등 4개 현과 그 주변 일대의 적빈 한농 수는 3,250호에 1만 5,737명이었다. 이러한 상황에서 국민당정부는 점령구역 내 한교들에 대한 정책을 과거의 '暫準居留'에서 '准豫居留'로 수정하고 정당한 사업에 종사하거나 수전 농업에 종사하는 한교들은 모두 '준예거류'자로 분류하였으며, 1947년 8월 18일에는 동북행원공서 「東北韓僑居留證領發方法」을 제정, 반포하기도 했다. 이에 따라 동년 10월까지 심양, 영구, 청원, 철령, 사평 등 국민당 점령구 내의 11개 현, 시에서 도합 9,896호, 34,713명에 달하는 한교들이 체류증을 발급받았다.13) 이 외에도 국민당은 1948년 8월 1일 「한교처리방법대강」을 제정하여 '행위가 선량하고 정당한 직업'이 있으면 당국에서 심사하여 체류증을 발급한다고 규정하기도 했다.

2. 중국공산당의 소수민족 정책과 중국조선족

중국공산당은 일찍이 1922년 7월에 개최된 중국공산당 제2차 전국대표대회의 선언문에서 '변강 인민의 자주성을 존중하여 몽골, 서장, 신강의 自治邦을 추진하며 진정한 자유연방제의 바탕에서 중화연방공화국을 건립함으로써 중국의 통일을 달성해야 한다.'고 주장했다.14) 여기에서 중공은 연방제로 국내 민족문제를 해결할 것을 주장했는데, 이 같은 입장은 1928년 7월의 제6차 전국대표대회에

---

13) 「東北行轅政務委員會韓僑事務處工作報告」1948년 4월, 연변대학 민족연구원 소장.

14) 중앙당학교민족종교이론실 편, 『新時期民族宗教工作宣傳手冊』 종교문화출판사, 1998년, 제22쪽.

서 통과한 「민족문제에 관한 결의안」에서 재차 천명되었다. 그리고 1930년 6월의 「만주 고려인 문제에 관한 만주성위의 提案」에서는 '중국 소비에트정부는 만주에 있는 고려인의 거주와 자유 및 경제 생활의 발전을 보장한다.'고 규정하였으며, 1931년 11월에 제정된 「中華蘇維埃共和國憲法大綱」에서는 '소비에트정권 영역 내에 있는 … (漢·滿·蒙·回·藏·苗·黎와 중국에 있는 臺灣·高麗·安南人 등) 은 소비에트 법률 앞에 일률적으로 평등하며, 모두 소비에트공화국 의 공민'15)이라고 규정하였다. 이와 같이 중국공산당은 광복 전부 터 만주지역에 거주하는 한인을 중국 경내의 소수민족으로 인정하 였으며, 정치·경제·문화상에서 기타 민족과 똑같이 모든 권리를 가질 뿐만 아니라 자치권과 분립권도 향유할 수 있음을 천명하였 다.16) 이로 미루어볼 때 1930년대 초반까지만 하더라도 중국공산 당의 민족정책은 소수민족의 자결권, 심지어 분리와 독립까지도 인 정하는 혁명적이며 이상주의적인 경향을 보여주었다. 그러나 중국 공산당의 이 같은 주장은 2만 5천리 장정을 거치고 농촌지역에 혁 명근거지와 소비에트공화국을 건립하면서 점차 자결권보다는 자치 권을 강조하는 방향으로 전환되어 갔다.17) 1937년 7월 중국공산당 의 '항일구국 10대 강령'에서는 중국 경내 각 민족은 "민족자결, 민 족자치의 원칙하에 공동으로 일본에 대항한다."고 하였으나, 1938 년 6월의 중공 제6차 대표대회에서는 '민족자결'이 아닌 '민족자치' 만 강조함으로써 이는 이 시기 중공의 민족정책이 이미 기존의 '민

---

15) 中共中央統戰部, ≪民族問題文獻彙編≫ 中共中央黨校出版社, 1991년, 제87, 166쪽.

16) 주보중, 「연변조선민족문제(초안)」1946년 12월, 延邊朝鮮族自治州檔案館 編, ≪中共延邊吉東 吉敦地委延邊專署重要文件彙集≫ 제1집, 1985년, 제358쪽.

17) 1936년 10월 寧夏 남부지구에 豫海縣回民自治政府를 건립한 것이 그 대표적인 사례이다.

족자결'에서 '민족자치'로 전환되었음을 시사하는 것이라 분석된다. 이에 따라 중국공산당은 1939년부터 섬서, 감숙, 영하 변구에서 소수민족의 구역자치를 강조하기 시작하였으며 1941년 5월에 발표된 시정강령 제17조에서는 "민족평등의 원칙에 근거하여 한족과 몽골 및 회족과의 정치적, 경제적, 문화적 권리의 평등을 실현하고 …… 몽, 회민자치구를 건립한다."고 규정하였다.[18] 그리고 광복 후 중국공산당의 민족구역자치제는 1947년 5월 1일 내몽골자치정부가 설립되면서 시행에 옮겨졌고, 1949년 9월 제1차 전국정치협상회의에서 통과된 「중국인민정치협상회의 공동강령」에서 국가의 대정방침으로 최종 확립되었다. 본 '강령'에서는 "중화인민공화국 경내 각 민족은 일률적으로 평등하고 단결호조를 실행하며", "각 소수민족들이 집거한 지구에는 마땅히 민족의 구역자치를 실시하여 민족이 집거한 지구에는 인구의 다소와 구역의 대소에 따라 분별하여 각종 민족자치기관을 건립해야 한다."고 규정하였다. 그 후 민족구역자치제도는 1952년 8월 9일에 발표한 '민족지역자치 실시요강'에 따라 진일보하여 구체화되었다.

1945년 8월 일제가 패망하자 중국공산당의 재만 한인에 대한 민족정책은 새로운 도전에 직면하였다. 즉 과거 중국공산당의 대한인 정책은 민족평등의 원칙하에 한인민중을 단결시키고 동원하여 반제반봉건혁명투쟁에 참여시키고 민족해방을 쟁취하는 것이었다. 그러나 광복 후 송화강 이북지역을 실질적으로 장악한 공산당은 해방구 내 한인들(동북지역 한인 수는 1,068,889명, 그중 연변지역 563,000명)의 국적문제, 즉 한인은 중국 경내의 소수민족이냐 아니면 외국

---

18) 중앙당학교민족종교이론실 편,『新時期民族宗敎工作宣傳手冊』종교문화출판사, 1998년, 제226쪽.

의 교민이냐 하는 문제를 실질적인 법규로서 해결하여야만 했다.

1945년 9월 중공중앙 동북국은 "화북지역에서 항전을 전개하고 있는 의용군을 제외한 동북지역의 조선민족은 중국 경내의 소수민족으로 인정하여야 하며 漢族과 동등한 권리와 의무를 향유한다."[19]고 선고하였다. 그러나 그에 따른 구체적인「법규」가 제정되지 않아 각 지방에서는 크고 작은 민족문제가 연이어 발생하였다. 이러한 실정에서 1946년 1월 1일 연변전원공서는「신년축사」를 통하여 '중국국적을 원하는 한국인은 입적하여 중화민국의 국민으로 될 수 있다. 이렇게 되면 조선족은 능히 중화민족 중의 한 개 소수민족으로 된다. 우리정부는 민족평등 원칙에 따라 조선족의 정치, 경제와 문화상에서 해방과 발전의 권리를 향유할 수 있도록 하며 민족의 언어와 문자, 풍속습관, 종교와 신앙 등도 일률적으로 존중을 받도록 할 것'임을 천명하였다.[20] 여기에서 주목되는 것은 중화인민공화국이 창립되기 전 중국공산당은 동북지역 한인들의 중국국적 취득을 중화민국 국적에 가입하는 방법으로 해결하고자 하였다는 점과, 동북지역 한인들을 과거 고려인, 조선민족, 조선인이 아닌 중화민족의 소수민족 즉 중국조선족으로 호칭하였다는 점이다.

이 시기 한인들의 국적문제 해결에 있어서 결정적인 작용을 발휘한 사람은 당시 延邊地委 서기였던 劉俊秀였다. 그는 한인들의 감정을 존중하여 조선이 그들의 조국이라는 것을 승인함과 동시에 그들을 중국 공민으로 인정하는 즉, 이중 국적(双重國籍)을 부여하는 방법을 제안하여 중앙으로부터 긍정적으로 평가를 받았다.[21] 이와 같

19) 주보중,「연변조선민족문제(초안)」1946년 12월, 延邊朝鮮族自治州檔案館 編, ≪中共延邊吉東古敦地委延邊專署重要文件彙集≫ 제1집, 1985년, 제327쪽.

20) ≪연변민보≫ 1946년 1월 1일,「新年獻辭」.

이 중국공산당은 일찍부터 한인들을 중국의 소수민족으로 인정하고 그들에게 토지소유권을 주어야 한다고 주장하였으며, 광복 직후에는 한인들에게 이중 국적을 부여하는 방법으로 해방구 내에서 민주정권 건설과 토지개혁을 추진하고자 했다. 그러나 당시 연변지역에는 한인들의 국적문제 뿐만 아니라 위만주국 시기 식민정책의 산물인 공유지라는 복잡한 토지관계가 형성되어 있었다. 그리하여 동북행정위원회는 동북지역 한인들의 이중 국적과 복잡한 토지관계를 우선 공유지에 대한 무상분배를 통하여 해결의 실마리를 찾고자 했다.

공유지란 위만주국 시기의 국유 개척용지, 동척·만척·기타 敵逆産토지를 말하는데 대체로 동척지, 만척지, 동척자작농창정지, 만척자작농창정지, 흥농합작사자작농창정지, 일본인개척지, 조선인개척지, 중국인개척지, 군용지, 철로용지, 도읍계획용지, 買回地, 학전지, 묘지, 각종회사공장용지, 성·현 공유지 등 16개 유형이 있었다. 당시 훈춘현의 공유지는 약 13,009坰, 총 경작면적의 30%, 왕청현은 약 12,006坰으로서 30% 이상, 연길현은 약 57,583坰으로서 3분의 1, 화룡현과 액목현은 50% 이상, 교하현은 12,054상으로서 30% 이상, 안도현은 6,320상으로서 60%, 화전현은 54,000상으로서 90% 이상으로 집계되었다.[22] 그런데 위만주국 시기 상술한 공유지의 절대 다수는 한인들이 경작하고 있었기에 중국인들이 한인들에 대한 불만이 컸으며 이는 결국 토지개혁에도 불리한 요소로 작용했다.

1946년 4월 18일 길림성 연변 행정독찰 전원공서에서는 「공지분

---

21) 劉俊秀, 「在朝鮮族人民中間」, 『연변당사자료통신』 1987년 제1기, 중공연변주위당사공작위원회 편, 제1~3쪽.

22) 雍文濤, 「吉林解放區公地問題」, 1946년 12월 11일, ≪中共延邊吉東吉敦地委延邊專署重要文件彙編≫ 第1集, 연변조선족자치주당안관 편, 1985년 5월, 제99쪽.

배에 관한 제3차 지시」를 내려 몰수한 토지(공유지)는 농민들에게 무상으로 분배한다는 기본방침을 제시하였다.[23) 공유지분배는 인구조건 외에 경제상황, 계급성분, 노동력 등을 참작하였으나 어디까지나 현 경작자에게 우선권을 주는 원칙하에 진행되었다. 비록 일부 지역에서 '단결분지', '민족분지', '공개분지' 등 구호도 제기한 바 있으나 '기본적으로 原種地戶를 위주로 공평하게 분배'하였다.[24) 이러한 방법은 당시 대부분의 개척지와 자작농창정지의 경작권을 소유하고 있던 한인들에게 유리한 요소로 작용하였다. 공유지는 무상으로 농민들에게 분배하지만 3년 내에 매매하는 것을 불허하였다.[25) 이와 같이 1946년 봄, 공유지를 일차적으로 분배하였지만 지방일꾼들이 '전면적이고 철저한 토지개혁의 사상이 결핍'되어 있었기 때문에 '화평분지', '은사분지'의 현상이 보편적으로 존재하였으며 심지어는 일부 토지가 위만 직원, 지주, 부농의 수중에 들어가는 현상도 나타나 지방정부의 주의를 불러일으켰다.[26)

1946년 5월 4일, 중공중앙에서는 「청산, 감조 및 토지문제에 관한 지시」(「5.4」지시)를 내려 '항일전쟁시기의 감조, 감식 정책을 통하여 지주의 토지를 몰수하여 농민에게 나누어주는 정책으로 전환할 것'을 요구하였다. 이에 근거하여 동북해방구에서는 기세 높은 토지개혁운동이 전개되었다. 연변지역의 토지개혁운동은 1946년 7월부터 시작하여 1948년 4월에 끝났다. 당시 연변의 총 호수는 15만 4,243호에 71만 8,886명(그중 조선족이 81.9%)이었다. 그중 토

---

23) 「吉林省延邊行政督察專員公署指示第8號」, ≪關於公地分配第3次指示≫ 1946년 4월 18일.

24) 雍文燾, 「吉林解放區公地問題」, ≪中共延邊吉東吉敦地委延邊專署重要文件彙編≫ 第1集, 제108쪽.

25) 위의 책, 제149~150쪽.

26) 위의 책, 제149~150쪽, 「孔原同志在群衆會議上關於土地問題的報告」, 1947년 1월.

지분배에 참여한 호수는 11만 6,681호이고 토지를 분배받은 인구수는 54만 9,961명이었다. 토지분배에 참여한 호수는 연변 총 호수의 76.29%를 차지하고 분배받은 인구수는 연변 총인구수의 76.39%를 차지하였다. 만약 농촌인구만 계산하면 토지분배에 참여한 인구수는 90% 이상으로 볼 수 있다.[27] 그리고 연변의 경작지 총 면적은 222,767,656坰인데 분배한 토지는 182,064,511상으로서 총면적의 81.16%를 차지하였다. 농촌 인구는 각각 4.5~7.05무의 토지를 분배받았다. 1947년 통계에 의하면 돈화, 액목의 두 현에서는 총호수가 2만 5,959호에 인구가 11만 7,352명이었는데 그중 1만 8,400호에 8만 976명이 총 4만 3,820헥타르의 토지를 분배받았다. 흑룡강성의 한인들도 토지개혁을 통해 토지를 분배받았는데 松江地域 4만 548세대의 한인 농민들은 5만 3,928헥타르의 수전을 받았다. 이는 1세대에 평균 1.3헥타르, 1인 평균 2.9畝에 해당하는 수치이다. 1951년의 통계에 의하면 동북지역 조선족의 경작지 면적은 수전 1,531,761坰, 한전 1,785,644坰으로 총 3,317,405坰에 달했다.[28]

1948년 토지개혁이 성공적으로 종결되자 中共延邊地委와 전원공서에서는 한인들이 분배받은 토지의 소유권을 확보해주기 위해 동북행정위원회에서 동년 6월 1일 「토지집조반포명령」을 반포하고 땅을 분배받은 한인들에게 土地執照(토지대장)를 발급해 주었다. 뿐만 아니라 분배 받은 토지에 대한 雇工 · 借貸 · 賣買 · 租佃 등에 대해서는 일률적으로 간섭하지 않았으며 누구든 황무지를 개간하면 그에게 土地執照를 발급하여 개간한 토지의 소유권을 인정해 주었

27) 위의 책, 제94쪽, 「劉政委在延邊地委專署直屬機關新年幹部晚會上報告」, 1949년 1월 1일.
28) 金春善, 「광복 후 중국 동북지역 한인들의 정착과 국내귀환」, 『한국근현대사연구』 28, 한국근현대사학회, 2004년 봄호.

다. 한마디로 연변지역을 비롯한 '해방구'에서의 토지개혁은 광복 후 한인들이 국내로 귀환하지 않고 중국에 정착하는데 결정적인 요소로 작용하였다. 토지개혁을 통하여 한인들은 민주정부로부터 무상으로 토지를 분배받았으며, 가난하던 빈농과 고농들은 집과 농기구·가축 등도 무상으로 분배받았다.29)

1946년 12월 토지개혁이 한창 진행되고 있을 때 개최된「길림성 위군공회의」에서 주보중은 중국공산당은 재만 한인들에 대하여 "아직까지 중국 경내 소수민족임을 선포하지 않았으나 토지개혁에서 소수민족으로 간주하고 평등정책을 실시하였다"고 천명하였으며 "우리는 최근 반년 간 토지개혁을 영도하면서 실제적으로 민족문제의 본질은 농촌의 토지관계문제에 있음을 인식하였다. 토지문제만 정확히 처리된다면 민족문제의 해결에 기본적 의거가 될 수 있다."고 지적하였다.30) 이와 같이 중국공산당은 해방구에서 토지개혁을 통하여 '토지는 밭가는 자에게'라는 원칙을 철저히 집행하였을 뿐만 아니라 이중 국적자인 한인들에게도 중국인들과 똑같이 무상으로 토지를 분배함으로써 사실상 한인들을 법적으로 중국 경내의 소수민족, 즉 중국조선족으로 인정하기에 이르렀던 것이다.

토지개혁이 끝난 1948년 8월 15일 중공연변지위에서는「연변민족문제」에 관한 결의안을 채택하여「연변 조선민족 인민에 대한 방침정책」을 제정하였다.「결의안」에서는 우선 '우리당과 정부가 한인들의 중국 경내 소수민족지위를 비준한 것은 매우 정확한 정책'임을 강조하였으며, 현재 '연변조선민족의 일부분(일부 청년학생과

---

29) 연변조선족자치주개황편집조,『연변조선족자치주개황』연변인민출판사, 1984년, 제80쪽.

30) 주보중,「연변조선민족문제(초안)」1946년 12월, 延邊朝鮮族自治州檔案館 編, ≪中共延邊吉東吉敦地委延邊專署重要文件彙集≫ 제1집, 1985년, 제328쪽.

지식분자들)은 측면적인 조국(북조선)관념'이 있는데 이는 '과거 역사상에서 북조선과 직접 혹은 간접적인 경제생활, 정치, 사상, 종교와 가족의 관계상에 일정한 연유'가 있기 때문이라고 설명하였다. 그리고 이러한 실정에서 지방정부는 한인들의 호적을 기준으로 하여 공민과 교민으로 분명히 구별해야 한다고 지적하였다. 즉 "무릇 연변에 거주하고 있는 조선인민으로서 호적이 있는 사람은 公民이며, 잠시 내왕하는 자로서 호적이 없는 사람과, 정부의 비준을 거쳐 이주해갔다가 다시 돌아온 자, 우리 측 고급정부의 비준을 거치지 않고(최근에) 이주해온 자는 僑民"으로 취급한다고 규정하였다. 또한 "가족이 조선에 있지만 가장과 재산이 연변에 있는 자는 정부의 비준을 거쳐 공민으로 승인을 받을 수 있으며, 공민과 교민은 권리 및 의무상에서 구별되어야 한다."고 지적하였다.[31] 이와 같이 중공 연변지위는 토지개혁을 통하여 토지를 분배받은 한인들에게 호적을 올려줌으로써 광복초기 조선과의 특수한 역사관계를 고려하여 双重國籍자로 인정하던 한인들을 호적의 유무에 따라 법적으로 분명하게 중국공민과 조선교민으로 구분하기에 이르렀던 것이다.

이 외에도 「연변민족문제」에 관한 결의안에서는 조선민족을 조국이 있는 소수민족, 혁명전통이 있는 소수민족, 노동 관념이 강하고 독서를 즐기며, 조직적 생활을 즐기는 민족으로 평가하였다. 그리고 중국 호적에 등록된 조선족들의 생활안정을 위해 첫째, 북조선과 상호 간에 외교관계 성격이 있는 기관의 설립, 둘째, 국경연안 마을에 조선족들의 생활필수품을 상호 교환할 수 있는 무역 혹은

---

31) 延邊地委, 「延邊地委關於延邊民族問題」1948년 8월 15일, 延邊朝鮮族自治州檔案館 編, ≪中共延邊吉東吉敦地委延邊專署重要文件彙集≫ 제1집, 1985, 제383~387쪽.

나루터를 설치, 셋째, 도문강의 지류변화로 국경분규가 발생할 시, 현지의 주민들은 자의로 원거주지에 계속 거주하거나 혹은 본국으로 돌아갈 수 있다고 규정하였다.

한편 중국공산당은 해방구에서 토지개혁을 실시하여 현지에 정착하려는 한인들에게 토지를 분배해줌과 동시에 일부 국내 귀환을 요구하거나 국공내전으로 인하여 해방구로 몰려온 한인 유민들에 대해서는 송환과 소산이라는 두 가지 방법으로 해결책을 강구하였다.

1948년 8월 5일 동북행정위원회에서는 「朝鮮人請求歸國暫行方法」을 제정, 반포하였다. 본 「方法」 제1조에서는 "무릇 조선인으로서 귀국을 신청하는 자는 반드시 사전에 當地 縣 이상 정부의 비준을 얻어야 한다."고 규정하였으며, 제3조에서는 "귀국을 인준 받은 조선인은 政委會에서 북조선인민위원회에 서류를 보내어 동의를 받아야 한다."고 규정하였다.[32] 이와 같이 당시 延邊專員公署와 東北行政委員會에서는 한인들의 귀국문제에 있어서 모두 조선정부의 認證書를 재삼 강조하였다. 이에 따라 연변전원공서에서는 무릇 북조선 郡 이상의 인민위원회의 증명을 소지한 자에 한해서는 전원공서를 거치지 않고 직접 圖們辦事處에 가서 처리하도록 했다.

1948년 8월 15일 중공연변지위에서는 한인들의 귀환과 유민들의 소산에 대한 구체적인 정책을 다음과 같이 규정하였다. 1) 政委會에서 북조선정부 측과 교섭하여 북조선으로 되돌아가려는 일부분 사람들을 송환시킨다. 2) 정부에서 일정한 경비를 지불하여 이들을 遣散시키고 安置費를 지불하며, 각 지방정부에서는 이들을 각 농촌에 배치하여 농업에 종사하도록 한다. 3) 정부에서 이들을 광산이

---

32) 「朝鮮人請求歸國暫行方法」, 延邊檔案館, 1948년, 제3호 全宗, 3—3호 目錄, 제13호 案卷.

나 공장에 보내어 노동에 참가시켜 일반 노동자와 같은 월급을 주어 생활하도록 한다. 만약 노동능력이 있으면서도 노동하지 않으면 강제적인 방법을 사용해서라도 노동에 참가시킨다. 4) 전문적으로 밀수에 종사하는 자는 엄격히 처리한다. 5) 公民이 아닌 자는 반드시 僑民證을 지녀야 하며, 僑民證을 소지하지 못한 자는 정부가 법령에 의해 처리한다.[33]

상술한 규정을 요약하면 첫째, 귀환을 요구하는 한인들에 대해서는 북조선 측과 협의한 후 일부만 송환시키며, 둘째, 유민들에 대해서는 정부에서 경비를 지불하여 소산시켜 안치하며, 셋째, 불법자는 법에 의해 엄격히 처리하고 교민은 반드시 교민증을 소지해야 한다는 것이다. 여기에서도 알 수 있는 바와 같이 이 시기에 이르러 중공연변지위의 대한인 정책은 한인들의 국내송환보다는 오히려 유민들의 소산과 안치에 비중을 두고 있음이 확인된다고 할 수 있다. 그런데 상술한 방침이 실제로 집행되었는지의 여부는 아직 자료에서 나타나지 않아 증명할 수 없다. 다만 당시 延邊專員公署와 吉東保安軍司令部가 1946년 소련군으로부터 인계한 일본인포로들을 각 현에 분산시킨 후 탄광과 농촌에 보내어 노동에 종사하도록 처리한[34] 사실들로 미루어 볼 때 상술한 계획도 일정한 규모에서 그대로 집행되었음을 추정할 수 있다.

이 외에도 중공연변지위는 토지개혁에서 해결하지 못했던 한인 유민문제를 집단이민의 형식으로 해결하고자 했다. 집단이민계획은

---

33) 「延邊地委關於延邊民族問題」, 1948년 8월 15일, ≪中共延邊吉東吉敦地委延邊專署重要文件彙編≫ 第1集, 연변조선족자치주당안관 편, 1986년 12월, 제388~389쪽.

34) 「關於處理日本俘虜兵問題」, 전원공서, 길동보안군사령부, 길동보안군정치부, 1946년 4월 15일, 延邊檔案館, 1946년, 제3號 全宗 3—1號 目錄, 5號 案卷.

1947년 말부터 1948년 초 사이에 吉東專署에서 계획하고 추진한 사업이다. 이 사업은 주로 전화로 발생한 유민들과 전염병으로 인하여 두만강 연안의 한인마을에 집중된 한인들을 돈화와 액목 등 현에 분산, 이주시켜 그곳의 토지를 소유하도록 하는 것이었다. 초기 이민계획은 총 1만 3,500호 중 7,500호를 돈화와 액목으로 이주시키는 것이었다. 吉東專署는 이번 이민은 '토지를 평균적으로 분배하여 경작자에게 토지를 주자'는 목적에서 추진하는 것이라고 설명하였으나 충분한 준비가 없이 급히 추진된 이번 이민은 여러 가지 원인으로 말미암아 국내귀환을 포기하고 새로운 개척지에서 행복한 생활을 영위하고자 했던 조선족들에게 예상치 못했던 시련을 가져다주었다. 그 결과 이 시기에 새로운 희망을 품고 이민을 갔던 대부분 조선족들은 수많은 부모형제들을 그곳에 묻은 채 전후로 연길과 화룡지역으로 되돌아왔다.[35]

토지개혁 후 한인들을 공민과 교민으로 엄격히 구분한 지방정부는 1948년 말에 이르러서 중국조선족의 자치문제를 해결하는데 주력하였다. 유준수는 ≪민족정책 중의 몇 가지 문제에 관하여(초안)≫에서 우선 중국 경내의 조선족은 원래의 자신들의 조국—조선민주공화국을 가지고 있음을 승인하여야 하며, 만약 그들의 조국 조선이 제국주의 침략이나 위협을 받을 때 중국 경내의 조선족은 제국주의를 반대하고 조국을 보위할 책임이 있으며, 현재는 미 제국주의의 조선에 대한 침략과 이승만의 매국반동정부를 견결히 반대하여야 한다고 호소하였다. 그는 이어서 지방정부에서는 중국공산당의 민족정책을 견결히 관철하여야 하며 계획적이고 절차 있게 아래로부터

---

35) 김춘선, 「중국 연변지역 전염병 확산과 한인의 미귀환」, ≪한국근현대사연구≫ 43집, 2007년.

위로의 인민의 민주적 자치정부를 수립하여 조선족들의 민족자치를 실현해야 한다고 주장하였다.[36) 그리고 이를 위해서는 반드시 당의 간부정책과 당의 민족정책을 밀접하게 결합시켜 민족간부 양성에 주력해야 한다고 강조하였다. 이에 따라 지방정부에서는 토지개혁과 함께 조선족간부들을 적극 배양하여 정권건설에 참여시켰다. 당시 연변지역만 하더라도 토지개혁운동 과정에서 4,631명의 촌급간부 중 79.7%가 조선족이었고, 783명 區級간부 중 83.9%, 221명 縣級 간부 중 59.3%가 조선족간부였다. 그리고 1949년 1월의 통계에서는 연변의 5개 현 縣黨委, 52개 區黨委, 440개 黨支部, 808개 黨小組가 건립되었고, 당원 수는 5,244명으로 그중 조선족이 3,834명이었다. 이와 같이 중국공산당은 조선족간부를 적극 배양하여 정권건설에 참여시키는 방식으로 민족자치의 기틀을 마련해 갔다.

3. 소결

광복 직후 2백여 만의 재만 한인 중 약 80여만이 자유롭게 한반도로 귀환하였다. 그 후 국공내전이 전개되면서 동북지역은 국민당의 수복구와 공산당의 해방구로 양분되었다. 초기 국민당은 동북지역을 비롯한 재중 한인들을 한교로 취급하여 일본인과 크게 구별하지 않고 적국민 내지 포로에 준하여 처리하였다. 1946년 「한교처리방법대강」을 제정하여 한인들에 대한 구체적인 관리방침을 규정하였으나 중심 내용은 지역별 집중수용과 국내송환이었다. 1946년 2

---

36) 유준수, 「민족정책중의 몇 가지 문제에 관하여(초안)」, ≪中共延邊吉東吉敎地委延邊專署重要文件彙編≫ 第1集, 연변조선족자치주당안관 편, 1985년 5월, 제392~394쪽.

월부터 7월까지 천진을 통해 28,723명의 한인들이 귀환하였다. 동북행원에서도 1946년 12월부터 두 차례에 걸쳐 2만 5천 명의 한인들을 한반도로 송환하기로 계획하였으나 여러 가지 원인으로 겨우 2,484명만을 호로도를 통해 인천으로 송환하는데 그쳤다. 이러한 실정에서 동북행원은 한인들에 대한 '잠준거류'를 '준예거류'로 수정하고 3만 4천여 명에게 체류증을 발급하였다.

중국공산당은 1928년부터 동북지역 한인들을 중국 경내의 소수민족으로 인정하여 왔다. 광복 후 공산당은 해방구에서 상술한 민족정책을 공유지분배, 토지개혁 등을 통하여 실질적으로 구현하였다. 1945년 9월 중공중앙 동북국은 '동북지역의 조선민족을 중국 경내의 소수민족으로 인정하며 漢族과 동등한 권리와 의무를 향유하도록 한다.'고 선포하였으며, 1946년 「신년축사」에서는 '중국국적을 원하는 한국인은 입적하여 중화민국의 국민으로 될 것'을 호소하였다. 한편 중공연변지위는 현 주민 중 귀환을 요구하는 자들은 북조선 측과 협의하여 귀환조치를 취했으며 타 지방에서 귀환을 위해 두만강 일대로 몰려 온 유민들에 대해서는 소산과 집단이민 등의 방법으로 그들의 생활 안정을 도모하였다.

1946년 5월 4일 중공중앙의 「5.4」지시가 전달되자 동북해방구의 토지개혁은 본격화되었다. 토지개혁을 앞두고 중공연변지위는 한인들을 두 개의 조국을 가진 이중 국적자로 인정하여 토지개혁에 참여시켰다. 그리고 자발적으로 토지개혁에 참여한 한인들에게 호적을 등록해주는 방법으로 중국 경내의 소수민족 즉, 중국조선족으로서의 법적지위를 인정하였다. 그 결과 근 백만에 달하는 한인들이 중국조선족으로 동북지역 해방구에 정착하게 되었다.

<그림 5-1> 1945년 8월 10일 소련원동군은 연변에 진격하여 선후로 훈춘, 왕청, 도문, 연길, 용정, 돈화, 화룡, 안도 등지를 해방하였다.

<그림 5-2> 1947년 3월 27일 연길현 광개구 광소향에서 토지공작대는 농민들과 함께 토지개혁에서 몰수한 농지를 농민들에게 나누어 주고 있다.

<그림 5-3> 1947년 연변 각지에서는 토지개혁과 농지분배 운동이 광범위하게 전개되었다.

<그림 5-4> 1947년초, 연길현 평안구 영안촌에는 김시룡의 인솔하에 농민들에게 농경지를 분배해 주고 있다.

<그림 5-6> 1949년에 동북행정위원회에서 발급한 토지대장

<그림 5-5> 1948년 5월 연변행정독찰전원공서에서 공표한 폐경토지 분배와 관리규정에 관한 포고

<그림 5-7> 1950년 연변의 신문들은 토지를 분배받고 농사일에 떨쳐나선 농민들의 사적을 열심히 보도했다.

<그림 5-8> 1952년 9월 3일 연변조선민족자치구 성립대회에는 3만여 명의 군중들이 모였다.

<그림 5-9> 1952년 9월 3일 연변조선민족 자치구성립을 선포하는 주덕해

<그림 5-10> 1952년 9월 길림성 연변조선민족자치구각족각계 제1차인민대표대회에서 32명의 정부위원들이 선거되었다.

<그림 5-11> 연길현 명동촌의 토지분대 기념사진(1947년 3월 16일)

<그림 5-12> 왕청현 분고농대표대회 결의

<그림 5-13> 요녕성 환인현 상단하자촌 한농들이
동북해방을 축하하는 대회를 개최

<그림 5-14> 중국토지법대강

<그림 5-15> 토지개혁 후 농업일선에 떨쳐나선
각족 인민들

<그림 5-16> 토지개혁을 통하여 광대한 농민들은 꿈에도
그리던 '耕者有其田'의 숙원을 이루었다.

<그림 5-17> 토지개혁의 승리를 경축하는 대회에서 행복에 겨워
흥겹게 춤을 추는 연길현 광개구향 한인농부들

<그림 5-18> 토지를 분배 받은 연길현
연명촌의 농민들이 집체로 공량을 국
가에 바치는 모습

제6장

중화인민공화국시기
중국조선족

조선 후기(명말, 청초)로부터 시작하여 중국 동북지역에 이주한 한인들은 수백 년에 걸쳐 이 지역을 개척하면서 한인사회를 형성, 발전시켜 왔다. 청조시기와 중화민국시기를 거치면서 형성된 재만 한인사회는 괴뢰만주국 시기에도 일제의 민족말살 정책에 맞서 무장독립운동을 전개하는 한편, 한민족의 유구한 전통문화를 전승, 발전시켜 왔다. 1945년 8월 광복을 맞이한 재만 한인들은 국내 귀환이냐 아니면 현지 정착이냐 라는 갈림길에서 약 백만이 국내로의 귀환을 선택하였고, 116만 명이 제2의 고향으로 간주하던 중국 동북지역에 남아 새로운 삶을 시작하였다. 광복 직후 동북에 남은 한인들은 중국공산당의 민족정책에 의해 국적을 취득하고 동북의 기타 민족들과 똑같이 정치, 경제, 문화상의 모든 권리를 향유할 수 있는 인민민주정권의 진정한 주인이 되었다. 따라서 재만 한인들은 민족의 평등과 권익을 수호하기 위하여 중국 내의 제3차 국내혁명전쟁에 적극 참여하여 중화인민공화국의 창건에 막대한 공헌을 함으로써 중화인민공화국 내의 당당한 소수민족의 하나인 중국조선족으로 자리매김 했다.

중화인민공화국 창건 후 재만 한인사회는 그 전 시기에 비해 질적인 변화를 가져왔다. 제6부 중화인민공화국시기 중국조선족에서는 '사회주의 개조와 건설' 시기, '문화대혁명' 시기 등 두 시기로 나누어 살펴보았다. 제1장 사회주의 개조와 건설시기의 중국조선족에서는 주로 광복 후 조선인들의 '조국관' 문제와 공화국창건 후 민족구역자치를 실시, 그리고 사회주의 개조와 대약진, 인민공사화 운동 등을 살펴본 후 반혁명진압운동, 3반·5반운동, 반우파운동 정당정풍운동 등 정치운동과정을 분석하면서 조선족사회의 굴곡적인 발전과 그 영향에 대하여 규명하였다. 그리고 제2장 '문화대혁명' 시기 중국조선족에서는 민족구역자치의 특성상 연변지역을 중심으로 '문화대혁명'의 발발과 전개과정을 살펴보고 '문화대혁명'이 연변지역, 나아가 조선족사회에 미친 영향을 규명하였다.

제1절 사회주의 개조와 건설시기의 중국조선족

1. 공화국 창건 전후시기 조선인사회의 동향과 '조국관' 문제

1945년 8월 15일 일본은 무조건항복을 선언하였다. 항일전쟁의 종국적 승리는 중국 국내의 정세와 계급관계에 심각한 변화를 가져왔다. 전쟁의 종결과 함께 중국 국내의 정치정세는 항일전쟁으로부터 국내의 계급투쟁으로 전환되면서 항일전쟁시기 사회의 주요모순이었던 일본 파시스트와 중화민족 간의 민족모순이 중국공산당을 대표로 하는 인민대중과 소수의 대지주, 대자본가 계급을 대표로 하는 장개석 국민당 간의 계급모순으로 전환되었다.

광복 후 중국의 동북지역은 정치적으로나 군사적으로나 국공 양당 간에 서로 양보할 수 없는 중요한 지역으로 주목되었다. 따라서 동북지역의 조선인사회는 공산당과 국민당의 대립구도 속에서 양당 간의 주요 쟁탈 대상이 되었다. 국민당은 동북지역에 진출한 후 지주, 토호, 자본가, 관료 등을 규합하여 국민당 지방조직을 건립하고 산하에 이른바 치안유지회, 자위대, 지하군, 선견대 등을 조직하였다. 그리고 위만주국 시기 일제의 민족이간정책으로 인하여 형성된 민족 간의 모순을 이용하여 도처에서 사단을 일으키면서 공산당의 인민정권 건립과 토지개혁 등을 백방으로 저애하였다. 그리고 국민당 동북행원에서는 '한교사무처'를 설립하고 일부 민족진영의 조선인 인사들을 중심으로 '민족자위군'을 조직하고 국민당을 미화하면서 조선인들을 국민당편으로 끌고 가려 했다.[1] 하얼빈과 길림지역의 일부 조선인들은 이에 미혹되어 국민당을 중국의 정통정부로 인정하는가 하면, 목단강지역의 일부 조선인들은 여전히 민족주의사상을 선전하면서 공산당의 호소에 따르지 않았고, 남만 지역의 '조선인회'는 국민당의 지시에 쫓아 조선인사회의 일반 사무를 관장하기도 했다.[2]

한편 이 시기 '조선독립동맹'을 비롯한 남, 북만 지역의 대다수의 조선인농민들은 국민당과 일부 '한국민회'의 선전에 유혹되지 않고 민족평등과 자치를 주장하는 공산당을 따라야 한다고 주장했다.[3] 그 결과 조선인사회 내부에서는 중국공산당의 영도를 옹호하는 '조선독립동맹'과 국민당의 지지를 받고 있는 '한국민회'가 서로 대립되면서 광복을 맞은 조선인들이 구경 국민당을 따를 것인가 아니면 공산당을 따를 것인가 하는 문제를 둘러싸고 치열한 논쟁을 전개하였다.[4] 이와 같이 광복 직후 동북지역의 조선인사회는 미래의 운명을 선택하는 갈림길에서 내부적인 분열과 대립의 양상을 보였으나 결과적으로는 절대다수의 조선인들이 계급해방을 호소하면서 민족평등과 민족'자결'을 제창하는 공산당을 선택하게 되었다.[5]

주지하는 바, 중국공산당은 일찍부터 동북 경내에 거주하는 조선

1) 최후택, ≪영명한 결책, 휘황한 려정≫ 흑룡강조선민족출판사, 1997년, 제335쪽.

2) 이희일·이명훈 주편, ≪조선의용군 제3지대≫ 흑룡강조선민족출판사, 1987년, 제64—65쪽.

3) 이인섭·변호철, '광복 직후 개원현 조선족들의 혁명투쟁 단편', ≪중국조선민족발자취총서(5)— 승리≫ 민족출판사, 1992년, 제121—123쪽.

4) 조경형, 서명훈, '조선독립동맹 북만특별위원회', ≪중국조선민족발자취총서(5)—승리≫ 민족출판사, 1992년, 제129쪽.

5) 림창배 주필, ≪승리≫ 중국조선민족발자취총서(5), 민족출판사, 1992년, 제1—3쪽.

인사회에 깊은 중시를 돌리면서 조선인은 이미 만주 소수민족의 중요한 구성원 중 하나이며 중국의 기타 민족과 마찬가지로 경제, 정치, 문화상의 평등한 권리를 향유하며 응당 토지소유권과 거주권을 누려야 한다고 지적한 바 있다.[6] 그리고 광복 후에는 '동북의 조선인은 마땅히 중국 경내의 소수민족으로 보아야 하며',[7] '중국국적에 가입하려는 韓國人들은 입적을 통하여 중화민국의 국민으로 되어 중화민족 중의 일개 소수민족으로 될 수 있다.'고 재차 천명하였다.[8] 당시 延邊地委 서기였던 劉俊秀도 인민정권 건설과 토지개혁을 앞두고 조선인들의 감정을 존중하여 우선 조선이 그들의 조국이라는 것을 승인함과 동시에 그들을 중국 공민으로 인정하는 즉, 이중 국적(双重國籍)을 부여하는 방법을 제안하여 중앙으로부터 긍정적으로 평가를 받았다.[9] 이와 같이 중국공산당은 건립초기부터 동북지역 조선인들을 중국의 소수민족으로 인정하고 그들에게 기타 민족과 동일한 정치, 경제, 문화상의 평등권과 자치권을 주어야 한다고 주장하였으며, 광복 직후에는 조선인들에게 이중 국적을 부여하는 방법으로 해방구 내 인민민주정권 건설과 토지개혁에 적극 참여시킴으로써 조선인들도 새로 건립된 인민민주정권의 당당한 주인공이라는 자부심을 심어주었다. 그 결과 과거 천대받고 차별받던 조선인들은 자신들의 운명과 새로운 삶의 희망을 공산당에 기

---

6) 권립, '력사상 중국조선족의 사회지위문제를 론함', 리홍석 편, ≪권립사학론문집≫ 료녕민족출판사, 2014년, 제234쪽.

7) 주보중, 「연변조선민족문제」(1946.12), 연변조선족자치주당안국편, ≪중공연변길동길돈지위연변전서중요문건휘편≫ 제1집, 내부발행, 1985년, 제327─333쪽.

8) 董昆一, 「신년축사」(1946.1.1), 연변조선족자치주당안국편, ≪중공연변길동길돈지위연변전서중요문건휘편≫ 제1집, 내부발행, 1985년, 제8쪽.

9) 劉俊秀, 「在朝鮮族人民中間」, 『연변당사자료통신』 1987년 제1기, 중공연변주위당사공작위원회편, 제1~3쪽.

탁하면서 보다 적극적으로 인민무장을 조직하여 토비숙청과 참군참전 등 운동을 전개함으로써 동북해방전쟁의 승리와 중화인민공화국의 창건에 커다란 공헌을 했다.

1945년 9월 소련 경내에서 야영훈련과 소부대활동을 하던 항일연군의 주력부대는 주보중, 이조린, 최석천(최용건)의 인솔하에 동북에 진출하였다. 당시 조선인간부인 강신태와 김광협은 연길과 목단강 지역을 책임지고 조선인 대중을 동원하여 인민정권을 건립하고 지방무장을 조직하기로 했다.[10] 같은 시기 관내에서 활동하던 조선독립동맹과 조선의용군도 중공중앙의 명령에 따라 동북에 진출한 후 조선의용군 제1, 3, 5지대를 편성하여 동만, 남만, 북만 지역으로 이동하여 중국공산당 지방조직을 회복, 건립하는 사업에 착수하였다.

9월 18일 연길에 도착한 동북항일련군 연변선견대는 즉시 중공당조직을 회복하는 사업에 착수하였다. 강신태와 김만익은 연길에서, 최명석은 왕청에서, 박락권은 용정에서, 최시영은 화룡에서 각각 지방당 조직을 건립하였다. 이를 토대로 10월 20일 중공동북위원회에서는 연길에 중공연변위원회를 설립하고 강신태를 서기로 임명하고 지희겸, 전윤필, 박근식을 위원으로 임명하였다. 연변에 선견대로 먼저 파견된 조선의용군 제5지대의 30여 명의 관병들도 각지에 내려가 건당사업을 추진하였다. 11월 12일에 옹문도, 운청, 동곤일 등 31명의 한족간부들이 연길에 도착한 후[11] 중공중앙 동북국과 중공길림성사업위원회에서는 중공연변위원회를 중공연변지방위원회로 개칭하고 옹문도를 서기로 임명하였다. 중공연변지방위원

---

10) ≪동북항일련군투쟁사≫ 집필소조 편, ≪동북항일련군투쟁사≫ 인민출판사, 1991년, 제486쪽.
11) 한준광·요작기 편, ≪해방전쟁시기의 동만근거지≫ 연변인민출판사, 1991년, 제3쪽.

회는 연길, 화룡, 훈춘, 왕청, 안도 등 5개현을 관할하였다.

지방당조직의 건립과 함께 혁명대중단체를 결성하는 사업도 전개되었다. 우선 10월 초, 연변지역에 건립되었던 노농청총동맹을 연변민주대동맹으로 개편하고 「민주대동맹선언」과 40개 조항에 달하는 '강령'을 발표하였다. 그 후 10월 말부터 11월 초까지 화룡, 왕청, 훈춘, 돈화, 안도현에서 전후로 대동맹을 건립하였는데 회원이 무려 14만여 명에 달하였다.[12]

북만의 조선인집거지역에서도 조선의용군 제3지대와 구 항일연군 간부들의 영도하에 당의 지방조직과 혁명대중단체 건설이 순조롭게 진행되었다. 1945년 8월 20일 조선독립동맹 북만특별위원회가 하얼빈에서 설립되었다. 서기에 김택명, 위원으로 정경호, 현정민, 김용진, 조경형 등이 당선되었다. 그 후 조선독립동맹 특별위원회는 오상, 나림, 아성, 주하, 연수, 빈현, 방정, 통하, 목란, 동흥, 바얀, 수화, 덕도, 목릉 등의 현에 조선독립동맹위원회를 건립한 후[13] 조선독립동맹을 조선인민주연맹으로 개칭하였다. 이 시기 목단강지역에서는 고려인민협회를 토대로 조선민족해방동맹을 건립하였다가 조선인민주동맹으로 개칭하였으며, 길림지역에서도 길림조선인해방동맹을 조직하였다가 1946년 3월에 길림성민주연맹으로 개편하였다. 남만 지역에서는 1945년 11월 10일 심양에서 조선독립동맹 남만사업위원회를 조직하였는데 국민당이 진격해 오자 통화지구로 전이한 후 동북조선인민주연맹으로 개칭하였다.

혁명대중단체의 건립과 더불어 각지에서는 인민민주정권을 건립

---

12) 연변정협편, ≪문사자료선집≫ 연변인민출판사, 1982년, 제5쪽.

13) 서기술·서명훈, ≪흑룡강조선민족≫(한문판), 흑룡강조선민족출판사, 1988년, 제103쪽.

하는 사업도 본격적으로 이루어졌다. 1945년 11월 20일 연길시에서 연변 각 민족 각계의 인민대표대회가 소집되었다. 이는 광복 후 연변지역에서 처음으로 소집된 인민대표대회였다. 대회에서는 간도임시정부의 해산을 선포하고 연변정무위원회를 설립하였다. 이어 11월 21일 연변정무위원회에서는 제1차 회의를 소집하고 길림성 연변행정독찰전원공서를 설립하였다. 전원공서는 연길, 훈춘, 화룡, 왕청, 안도 등 5개 현을 관할하였다.

흑룡강지역에서도 조선인이 많이 거주하고 있는 수녕과 송강 그리고 합강성의 정권건립에 조선인대표들이 다수 참가하였다. 10월 1일 하얼빈에서 빈강성정부가 창립되었는데 민정청에 조선인과를 설치하고 산하에 사회, 교육, 산업 등 3개의 고(股, 계)를 설치하였다. 조선인과는 신민주주의정책에 따라 전 성 조선인들의 정치, 경제, 문화, 교육, 위생 등 사업을 관리하였다. 이어 11월 중순에 목단강시 인민정부, 1946년 2월 22일에는 가목사에서 합강성정부, 4월 15일에는 수녕성 참의회와 수녕성정부가 전후로 건립되었는데 적지 않은 조선인들이 주요간부로 임명되었다.[14)

이와 같이 광복 직후 동북에 진출한 동북항일련군 선견대와 조선의용군 장병들 그리고 일찍부터 동북지역에서 지하공작에 종사하던 조선독립동맹을 비롯한 조선인혁명가들은 조선인사회를 토대로 혁명군중단체와 지방정권건설 등 일련의 사업을 실속 있게 진행함으로써 중국공산당의 동북근거지 창설에 튼튼한 초석을 쌓았다.

이 시기 동북지역 조선인사회의 역할에 있어서 주목할 것은 인민정권수립과 함께 해방전쟁에 필요한 무장부대 건설에 크게 이바지

---

14) 서기술·서명훈, ≪흑룡강조선민족≫(한문판), 흑룡강조선민족출판사, 1988년, 제106—107쪽.

하였다는 점이다. 항일련군 내의 조선인간부들과 조선의용군은 동북에 진출한 후 연변민주대동맹, 조선독립동맹 북만특별위원회 등 사회단체를 설립하여 사회질서를 유지하는 한편 무장부대의 설립에 박차를 가하였다. 팔로군 기열료군구의 파견으로 심양에서 지하공작을 하고 있던 한청은 광복 직후 심양, 영구 일대에서 조선의용군 선견종대를, 김택명은 하얼빈에서 길흑보안총대 조선독립대대를, 김광협은 목단강에서 고려경찰대를, 강신태는 연길에서 연변경비연대(團)를 각각 조직하였다. 그리고 조선의용군은 1945년 11월에 제1지대, 제3지대, 제5지대로 편성되어 남만, 북만, 동만으로 진출하였으며 제5지대는 길림지역에서 새롭게 제7지대까지 내왔다. 이와 같이 조선인들로 조직된 이들 무장부대는 후에 중국인민해방군 제4야전군 계열에 편입되었는데, 조선의용군 제1지대는 중국인민해방군 제166사로, 제3지대와 제7지대는 목단강군구의 제14연대와 합쳐 중국인민해방군 제164사로, 제5지대는 연변경비 제1연대, 제2연대와 통합되어 조선의용군 제15연대, 제16연대로 편성되었다, 그후 조선의용군 제15연대는 독립 제6연대, 제7연대와 통합되어 중국인민해방군 제156사로, 제16연대는 독립 제4연대와 통합되어 중국인민해방군 제47군 제141사로 발전하였다. 이 외에도 동만, 목단강, 통화 등 지구에서 활동하던 제2선병단의 조선족관병들은 동북인민해방군 포병, 공병, 철도 등 병종에 편입되어 해방전쟁에 참여하였다. 상술한 무장부대들은 광복초기 국민당의 '지하군', '선견대', '정진군' 등을 망라한 동북지역의 토비를 숙청하는 작전을 성공적으로 진행하여 인민정권수립과 토지개혁의 순조로운 진행을 보장하였을 뿐만 아니라 전국해방전쟁에서도 혁혁한 전과를 올림으로써 중화인민공화국의 창건에 크게 이바지하였다.

　해방전쟁시기 중국공산당의 민족평등, 민족자치 정책이 실시되면서 조선인들은 당당한 중국내의 소수민족인 중국조선족으로 자리매김 했다. 따라서 조선족인민들은 자신들이 수립한 인민정권을 보호하고 토지개혁운동에서 분배받은 토지를 지키기 위해 참군, 참전, 전선원호사업을 강력하게 추진하였다. 이 시기 조선족들의 적극적인 참군, 참전은 상술한 원인 외에도 당시 중국공산당의 남한에서의 미군정폭행에 대한 항의운동과 중국내에서의 미군퇴출운동과도 밀접한 관계가 있다. 1946년 7월 10일에 개최된 '조선독립동맹 합강성 제1차 대표대회'에서 중공대표인 장문천은 '국민당은 지주, 자본가 등 극소수계급을 위한 독재를 실시코자 하며 인민을 억압하며 매국주의, 제국주의, 파시스트주의를 실천했고 실현코자 한다. …… 이런 정황은 단지 중국뿐만 아니라, 여러분들의 조국 조선에 있어서도 마찬가지이다. 南鮮에서 미제국주의는 소수 반동파를 책동하여 다수 민주파를 반대하고 있다. …… 중국에서 미제국주의 원조와 국민당 반동파를 타도함으로써 중국의 독립이 완성되는 동시에 조선독립도 다 완성되는 것이다. 또한 반대로 조선에서 조선 동지가 견결히 단결하여 미제국주의를 반대하여 독립을 완성하는 날이면 중국 문제도 또한 해결될 것이다. 중·조의 관계는 이와 같이 불가분적이며, 중·조의 완전독립은 이렇게 상관적 관계를 가졌으며, 중·조 민중은 형제적 관계에 있는 것이다.'고 지적하였다.[15] 그리고 1947년 2월 16일 연길시에서 개최된 '연변조선민

---

15) 「조선독립독맹 합강성 제1차 대표대회 회의록」(1946. 7. 10.), 염인호, ≪또 하나의 한국전쟁≫ 역사비평사, 2010년, 제82쪽에서 재인용.

중 남조선 미군폭행 항의준비 위원회'에서도 '중국에 있어서의 미제국주의와 그 주구 반동파 장개석의 진공을 반대 분쇄함과 남조선에 있어서의 미제의 폭행 침략정책과 그의 주구 김구, 이승만의 민주파괴 음모를 반대 분쇄함은 중・한 인민의 공통임무'라고 호소하였다. 그리고 동년 3월 1일에 개최된 3.1절 기념행사에서 연변민주대동맹 위원장인 지희겸은 '연변 중・한 인민은 일치단결하여 생산, 엄격하게 절약하고 전선을 지원하여 계속적으로 인민자위전쟁의 승리를 획득하는 것이 이웃나라 조선에 대한 하나의 지원'이라고 역설하였다.[16] 이와 같이 중국공산당과 조선인 지명인사들의 이같은 설명과 호소는 당시 조선족들로 하여금 적극 참군, 참전하여 국민당을 쳐부수는 것이야말로 '조국'인 조선의 완전독립과 중국의 독립이 동시에 이루어지는 첩경이라고 인식하게 하였으며 이는 결국 조선족사회의 참군, 참전열기를 더 한층 고조시키는 촉진제로 작용하였던 것이다.

해방전쟁기간 전 동북지역에서 약 6만 3,000여 명의 조선족 청장년들이 입대하였는데 이는 조선족 17명당 1명이 참군한 셈이다. 이들은 전략적 방어단계(1945. 11—1947. 4)의 '4보임강', '3하강남' 전역에서 용맹을 떨쳤고, 전략적 진공단계(1947. 5—1948. 11)의 장춘포위전, 사평해방전투, 황화산—철령저격전, 금주해방전투, 흑산—대호산저격전, 심양해방전투 등 주요 전투와 전역에서 민족의 기개와 영예를 떨쳤다. 그리고 전국해방단계의 평진전역, 단풍전투, 대용전투, 중경해방전투, 해남도해방전투, 상서토비숙청전 등에서도 '동북호랑이'의 위풍을 떨치면서 맡은 바 임무를 훌륭히 완수하여 불멸

---

16) ≪길림일보≫ 1947년 3월 3일자.

의 전공을 세웠다. 이 시기 조선족인민들은 전선원조사업에도 크게 이바지하였다. 당시 연변에서 나간 담가대와 운수대원들 중 3,427명의 공로자와 1,582명의 모범근무자가 쏟아져 나왔다. 통계에 의하면 해방전쟁시기 희생된 조선족 혁명열사는 무려 3,550명에 달한다. 그들이 쌓은 위대한 업적은 조선족의 혁명투쟁사는 물론이고 나아가 중화민족의 혁명투쟁사에서도 빛나는 한 페이지를 장식하였다.

그러나 여기에서 주목되는 것은 비록 중국공산당의 민족평등, 민족자치 정책으로 인하여 조선인들은 사실상의 중국공민, 즉 중국조선족으로 신분전환이 이루어지면서 경제적 해방과 정치적 생명을 부여받았지만 문화, 심리적으로는 여전히 고유의 민족적 정서를 간직하고 있었으며 조선민족이라는 자긍심을 버리지 않았다는 점이다.[17] 그리고 이들이 가지고 있던 강한 민족문화와 가치의식은 민족에 대한 강렬한 정체의식과 고향에 대한 그리움과 더불어 조선을 조국으로 생각하는 '조국관'에 그 뿌리를 두고 있었다.[18] 이러한 원인으로 광복 후 중국공산당이 조선인을 중국조선족이라는 하나의 소수민족집단으로 인정하였음에도 불구하고 조선인들의 마음속에서는 여전히 조선을 조국으로 생각하는 사람들이 적지 않았다. 이러한 실정에서 중국공산당도 조선인들의 조국에 대한 감정과 민족에 대한 애정을 존중하여 중국 경내의 조선인은 "원래의 자신들의 조국─조선민주공화국을 가지고 있음을 승인하여야 하며, 만약 그들의 조국 조선이 제국주의 침략이나 위협을 받을 때 중국 경내의 조선족은 제국주의를 반대하고 조국을 보위할 책임이 있으며 현재

---

17) 허명철, 「광복 후 조선족의 가치의식 전환과 해방전쟁의 참여」, 김춘선 주필, ≪해방전쟁시기 중국조선족≫ 연변인민출판사, 2016년, 제118쪽.

18) 북경조선족청년학회 편, ≪중국조선족이민실록≫ 연변인민출판사, 1992년.

에는 미제국주의가 조선에 대한 침략과 이승만의 매국반동정부를 견결히 반대하여야 한다."고 호소하였다.[19]

광복 후 조선인들의 상술한 '조국관'은 중국공산당의 '이중 국적' 부여와 토지개혁, 특히는 조선민주주의인민공화국의 창건과 1950년 6월 25일 조선전쟁의 발발을 계기로 더 한층 고조되었다. 이중 국적 부여와 토지개혁이 조선인들의 신분전환과 조국에 대한 인식에 어떠한 변화를 가져왔는가는 이미 제5부에서 서술하였기에 여기에서는 조선민주주의인민공화국의 창건과 조선전쟁 기간 조선인들의 '조국관' 인식에 대하여 살펴보기로 하겠다.

1948년 8월 15일 남한에서 단독으로 총선거를 단행해 대한민국이란 새로운 단독정부를 수립하자 북에서도 동년 9월 9일 선거를 통해 조선민주주의인민공화국을 성립하였다. 조선민주주의인민공화국이 건립되자 중국 동북지역의 조선족사회에서는 공화국 정부수립 축하운동이 대대적으로 이루어졌다. 동년 9월 19일 연길시 2중에서 개최된 '조선민주주의인민공화국 중앙정부수립 경축대회'에[20] 이어 대련, 길림, 하얼빈 등지에서도 연이어 각종 경축대회가 열렸다.[21] 연길시에서는 11월 1일부터 경축기간을 설정하고 여러 가지 형식의 경축행사를 거행했으며,[22] 용정, 도문, 돈화, 교화, 서란 등 지역들에서도 각종 경축대회가 개최되었다.[23] 축하대회와 더불어 1948년 11월부터는 '동북 조선인 대표단'이 조선 평양을 방문했으며,[24]

---

19) 유준수,「민족정책중의 몇 가지 문제에 관하여(초안)」, ≪中共延邊古東古敎地委延邊專員重要文件彙編≫ 第1集, 연변조선족자치주당안관 편, 1985년 5월, 제392~394쪽.

20) ≪연변일보≫ 1948년 10월 4일, 8일, 26일자.

21) ≪연변일보≫ 1948년 9월 21일자.

22) ≪연변일보≫ 1948년 10월 27일자.

23) ≪연변일보≫ 1948년 11월 2일, 7일, 9일, 13일자.

귀국 후에는 '방북귀환보고회'와 '사진 전람회'를 열어 '조선 민주건설의 휘황한 성취'를 대대적으로 선전했다.[25] 당시 동북조선인대표단 단장이었던 주덕해는 ≪연변일보≫의 기사에서 '조국 강토를 멀리 떠나 중국 동북에서 조국의 통일독립을 갈망하는 중국 동북 조선동포 150만을 대표'하여 "북조선 방방곡곡에 휘날리는 찬란한 인민공화국 국기와 국장을 바라보며 독립적 민족으로서의 역사적 임무를 수행하게 된 영광을 깊이 감사하는 동시에 국장과 국기를 영원히 빛나게 할 것을 맹세"한다고 호소하였다. 이와 같이 당시 대표단들이 귀국 후 진행했던 보고회와 전람회, 특히 신문 등 언론 매체를 통한 조선 국내의 상황 보도는 36년간 일제에게 나라를 빼앗겨 망국노의 생활을 할 수밖에 없었던 동북지역 조선인들에게 민족정체성과 '조국애'를 크게 불러일으켰다.[26]

이 시기 동북지역 조선인들의 조선을 조국으로 인식하는 '조국관'은 해방전쟁에 나선 조선족 장병들에게서도 강하게 표출되고 있었다.[27] 당시 중국인민해방군 제4야전군 내에는 약 2만 명에 달하

---

24) 1947년 5월 연변군분구 사령 김광협과 부사령 전우는 중공 동북군구와 성군구를 대표하여 조선건군절을 축하하기 위해 조선으로 나갔다가 김광협은 조선에 남고 전우만 돌아왔다.(김형직 주필, ≪격정세월—문정일 일대기≫ 민족출판사, 2004년, 제141쪽)

25) 延邊大學新八·二七革命造反團 002專案組 劉永俊戰鬪隊, 「朱德海賣國投修的歷史罪證—揭穿,' 東北朝鮮人代表團的組成及其賣國活動」, ≪新延邊≫ 1968년 9월호; 염인호, ≪또 하나의 한국 전쟁≫ 역사비평사, 2010년, 제192쪽에서 재인용.

26) 염인호, ≪또 하나의 한국전쟁≫ 역사비평사, 2010년, 제194쪽.

27) 1950년 1월 29일에 작성된 「中國人民解放軍獨立十五師組織情況」에 의하면 당시 하남성 정주에 집결하기로 한 중국인민해방군 제4야전군 내의 조선인은 장병 수는 다음과 같다. 38군(원 동북인민해방군 제1종대) 출신 770명, 39군(2종대) 출신 9명, 40군(3종대) 300명, 41군(4종대) 20명, 42군(5종대) 420명, 43군(6종대) 2,007명, 강서군구(원 43군) 4,193명, 44군(7종대) 862명, 47군(10종대) 1,965명, 호남군구(원 47군) 1,721명, 49군(12종대) 2,408명, 13병퇀 771명, 신?? 1,843명 등 도합 17,289명이다. 이 자료는 중공중앙에서 1950년 1월 23일 제4야전군 내의 조선인장병들에 대한 조선 국내 귀환을 결정한 후 작성한 자료로 추정되기에 실제로 동년 3월 하남성 정주에 집결하여 중남군구 독립15사를 결성한 부대인원수와는 일정한 차이가 있는 것으로 판단됨.

는 조선족 장병들이 있었다. 이들은 동북해방전쟁에 참가하여 앞사람이 쓰러지면 뒷사람이 뒤를 이어가면서 용맹하게 싸워 국민당을 동북에서 깨끗이 몰아냄으로써 동북전쟁의 최종승리를 맞이하였다. 그러나 평진전역 후 전국해방을 위해 선견대로서 남진 길에 오르게 되자 조선족 장병들 중 적지 않은 대원들이 고향과 조국에 대한 그리움이 표출되면서 조선으로 돌아가려는 정서가 만연되었다. 1949년 2월 12일자의 ≪전선≫에 따르면, 467연대의 병사들 중 '귀국사상'을 가진 병사가 64명이나 된다고 하였으며, 2반 전사 태상욱은 국민당 군대 병력과 인민해방군 병력을 비교해보면 이제는 조선인 부대가 없어도 능히 혁명을 완성할 수 있으니 조선으로 돌아가면 좋겠다고 생각했다고 고백했다 한다.[28] 그리고 러시아 학자 예프게니 바자노프 부부가 국내 ≪서울신문≫에 게재한 기사에 따르면, 제4야전군 조선인 병사들 사이에서는 자신들이 중국 남부로까지 가게 되자 조국으로 돌려보내달라는 소요가 일어났다고 했다. 특히 평진전역 이후 조선인 부대들에는 '이제 중국혁명이 이 정도 진행되었으니 조선으로 나가자'는 분위기가 팽배했으며, 47군 내 조선인 부대들에서는 병사들이 총을 묶어놓고 더 이상 진격을 거부하는 사태까지 발생했다고 보도했다.[29]

이러한 정서를 해결하기 위해 선견대로 편성된 중국인민해방군 제4야전군 제43군 156사 부사장이었던 전우는 남하를 앞두고 조선족

---

28) 1949년 8월부터 10월 사이 장춘과 심양에서 위수임무를 수행하던 동북인민해방군 제164사와 제166사 약 2만여 명에 달하는 조선인장병들이 상급의 명령에 따라 조선의 나남과 신의주로 이동하여 조선인민군 제5사단과 제6사단으로 개편되었다.(朱建榮, ≪毛澤東の朝鮮戦争≫ 岩波書店, 1999, 제26쪽).

29) 「6.25내막—모스크바 새 증언(6)」, ≪서울신문≫ 1995. 5. 28. 염인호, ≪또 하나의 한국전쟁≫ 역사비평사, 2010년, 제265쪽에서 재인용.

장병들에게 우리들이 남하작전에 참가하는 것은 조선혁명의 역량을 기르는 것이라고 설명하면서[30] "미 제국주의 주구 이승만 반동정권을 타도하고 독립, 민주, 자유, 통일된 조선을 건설하기 위하여 반드시 장개석 비적의 나머지 세력을 견결히 철저히 전부 소멸한 후 승리의 깃발을 높이 들고 조국으로 돌아가서 조선의 반동파를 타도하고 조선인민을 해방하기 위해 분투해야 한다."고 호소하였다.[31]

한편 1950년 1월 초 중국인민해방군 제4야전군 사령관 임표도 모스크바를 방문 중이던 모택동에게 보낸 전문에서 중국 인민해방군 산하에 1만 6천 명 이상의 조선인이 있음을 밝히면서 해방군이 장강 남안으로 도하한 뒤 조선인 병사들의 동요가 시작되었으며, 그들 중 일부는 고국으로 돌아가기를 원했다고 보고하면서 이들의 요청을 들어 줄 것을 제의했다.[32] 이에 근거하여 모택동과 중국공산당 중앙군사위원회에서는 1950년 1월 23일 제4야전군 내의 조선인 장병들을 조선으로 보내기로 결정하였다. 1950년 초, 약 12,000여 명에 달하는 조선인대원들이 상급의 명령을 받고 선후로 정주에 집결하여 중남군구 독립15사를 결성하였다. 동년 3월 전우를 사장으로 한 독립15사가 조선으로 출발하기 직전 제4야전군 사령관 임표는 "조선의 지휘관과 전사들은 중국 인민해방전쟁에 참가하여 고도의 국제주의 정신을 보여주었으며, 인내심 강하고 용감하며 기율을 잘 준수하고 학습을 열심히 하는 등 우수한 자질을 보여주었다. 우리들은 조선 동지들이 중국혁명에 바친 공헌에 대해 심심한 감사를 표시하는 바이며, 아울러 조선해방이 전부 성공하기를 마음 깊

---

30) ≪전선≫ 1949년 2월 25일자.
31) ≪전선≫ 1949년 11월 4일자.
32) 「6.25眞相」, ≪조선일보≫ 1994. 7. 23.

이 바라마지 않는다."라는 글자가 새겨진 깃발을 건네주었다.[33]

1950년 6월 조선전쟁의 발발은 동북지역 조선인사회에 커다란 파문을 일으켰다. 그것은 조선인들이 조선에 대한 조국애뿐만 아니라 이미 조선으로 진출한 수만 명에 달하는 부모 형제와 사랑하는 아들딸들의 생사존망과 직접적인 관계가 있었기 때문이었다. 불완전한 통계에 의하면 조선전쟁이 일어나기 전 조선으로 이동한 조선족 장병들 수는 무려 4만 명에 달했다.[34] 특히 미군을 중심으로 한 유엔군의 참전과 인천상륙작전 이후 38선 이북으로의 진격은 중국 동북변강의 안전을 심각하게 위협하였다. 그 결과 중공중앙위원회는 1950년 10월 8일 정식으로 '조선출병'을 결의하였으며, 10월 15일부터 인민지원군이 압록강을 넘어 조선으로 진출함으로써 중국 내에는 기세 높은 '항미원조 보가위국' 운동이 대대적으로 전개되었다.

항미원조(6.25) 운동이 일어나자 조선에 대한 조국애에 젖어 있던 동북지역 조선인사회는 이에 적극적으로 호응해 나섰다. 1950년 11월 8일 연변사범학교 717명의 사생은 연명으로 모택동에게 편지를 써서 입대를 요청했으며, 9일에는 500여 명이 집회를 열어 펜이 아닌 총을 들기로 뜻을 모았다. 1950년 겨울부터 51년 봄까지 연변의 거의 모든 조선족 청년들이 입대를 신청했다.[35]

1950년 9월 22일 중국 외교부는 "중국 경내에 거류하는 조선인민이 돌아가 자신의 조국을 보위하고 조국의 건설사업에 참가하는 일은 그들의 정당한 권리이자 신성한 책임"이라고 규정했다. 조선족대표로 신중국 성립 1주년 기념행사에 참가하기 위해 북경에 갔

---

33) 염인호, ≪또 하나의 한국전쟁≫ 역사비평사, 2010년, 제272쪽.
34) 김중생, ≪조선의용군의 밀입북과 6·25전쟁≫ 명지출판사, 2000, 제159쪽.
35) 조선족간사수정본편사조, ≪조선족간사≫ 민족출판사, 2009년, 제189쪽.

던 연변대학 부교장 임민호도 중앙인민라디오방송에 출연하여 "동북 거주 조선민족 인민들은 그들(조선인민들)이 전개하는 정의의 전쟁을 지지한다."고 표명하면서 중국에 거류하는 조선인민은 돌아가 조국을 보위할 권리가 있다는 중국 외교부의 성명을 열렬히 옹호한다고 천명했다.[36] 또한 임민호는 각종 궐기대회에 참가하여 "조국의 재난을 물리치기 위해, 조국을 재난으로부터 구출하기 위해 일어납시다, 용사들이여 총칼을 들고 압록강을 넘어 조국으로 달려가 조국을 보위하기 위하여 전진합시다."라고 호소하였다.[37] 당시 동북지역의 조선족사회에서 널리 유행되던 '조국 위해 바치자'라는 노래의 "나가자 동무들아 때 돌아왔다/압록강 두만강 뛰어 넘어/조국이 부르는 길 힘차게 달려 나가자."라는 가사를 통해서도 당시 동북지역 조선인들이 조선을 조국으로 간주했으며 조국의 해방을 위해 목숨까지 바칠 준비가 되었음을 알 수 있다.[38]

불완전한 통계에 의하면 조선전쟁(항미원조) 기간 연변에서는 5천여 명이 입대했고, 5,740명이 後勤(후방지원)부대에 참가하여 조선으로 진출했는데 1951년 한 해 동안만 하여도 무려 8,266명의 청장년들이 항미원조 전선에 나갔다.[39] 현재 연변조선족자치주 민정국에 공식적으로 등록된 항미원조 시기 조선족 열사만 하여도 6,840명에 달한다. 조선전쟁에서 연변지역 조선인들이 '조국'의 해방을 위해 얼마나 큰 희생을 감수하였는가를 알 수 있다.[40]

---

36) ≪인민일보≫ 1950. 10. 15.
37) 延邊大學 八․二七革命造反團頭批改辦公室, 「資産階級知識分子統治延大的滔天罪行資料集」, 7—4,7—5쪽. 염인호, ≪또 하나의 한국전쟁≫ 역사비평사, 2010년, 제292쪽에서 재인용.
38) ≪동북조선인민보≫ 1950. 11. 22.
39) 연변당사학회편, ≪연변40년기사(1949—1989)≫ 연변인민출판사, 1989년, 제29,50쪽.
40) 조선족간사수정본편사조, ≪조선족간사≫ 민족출판사, 2009년, 제191쪽.

그러나 동북지역 조선인들의 조선에 대한 조국애(조국관)는 중국의 항미원조 운동과 같은 시기 중국 국내에서 대대적으로 전개되었던 반혁명숙청운동과 '3반·5반'운동41)을 거치면서 현저한 변화를 보이기 시작하였다. 그리고 1952년 연변조선민족자치구 설립을 계기로 조선인들이 조선에 대한 조국애는 완전히 중국을 유일한 조국으로 인식하는 조국관으로 질적인 변화를 가져오면서 조선인 혹은 조선민족이란 호칭은 점차 중국소수민족을 상징하는 조선족으로 자리 잡아 갔다.

2. 중공의 민족구역자치 정책과 연변조선민족자치구의 설립

중국공산당은 창립직후부터 소수민족 문제에 중시를 돌려왔다. 초기 공산당의 소수민족 정책은 러시아를 모델로 하여 중화연방공화국 내에서의 민족자결권에 대한 보장에 초점을 맞추었다. 그리하여 1922년 7월에 개최된 중국공산당 제2차 전국대표대회의 선언문에서는 "중국인민은 응당 우선 먼저 모든 군벌을 뒤엎고 인민들이 중국을 통일하고 진정한 민주공화국을 건립해야 한다. 동시에 경제차이 원칙에 근거하여 한편으로는 군벌세력의 팽창을 없애고 다른 한편으로는 변강 인민의 자주성을 존중하여 몽골, 서장, 신강의 自治邦을 추진하며 진정한 자유연방제의 바탕에서 중화연방공화국을 건립함으로써 중국의 통일을 달성해야 한다."42)고 주장하였다. 중국공산

---

41) 3반은 汚職, 낭비, 관료주의를 말하며, 5반은 뇌물수수, 탈세, 국가자재의 절도, 직무유기와 재료착복, 국가경제정보 절취 등을 가리킨다.

42) 중앙당학교 민족종교이론실 편, 『新時期民族宗教工作宣傳手冊』 종교문화출판사, 1998년, 제225쪽.

당의 이 같은 주장은 1928년 7월의 제6차 전국대표대회에서 채택된 「10대 정강」의 제3조 '민족문제에 관한 결의'에서 재차 천명되었다. 그 후 제1차 국공합작의 파열로 인해 무산계급에 의한 도시폭동과 혁명이 실패하고 혁명의 중심지가 농촌을 비롯한 소수민족지역에로 이동하면서 중공의 소수민족 정책은 보다 구체화되어 갔다.

1931년 11월에 제정된 「중화소비에트공화국 헌법대강」 제14조에서는 "중화소비에트 정부는 중국 영토 안에 있는 소수민족의 민족자결권을 인정하며 각 약소민족이 중국과 완전히 분리하여 독립국가를 형성할 권리를 인정한다. 몽고, 회, 장, 묘, 이, 고려인 등 무릇 중국 영토에 거주하는 모든 사람들은 완전한 자결권을 가진다. 그들은 자신들이 원하는 바에 따라서 중화소비에트연방에 가입할 수도 있고 그로부터 분리하여 자기들의 자치지역을 건립할 수도 있다. 중화소비에트정부는 소수민족이 제국주의와 국민당 군벌 및 봉건 지배 계급의 억압적인 통치로부터 해방하여 완전한 자주를 쟁취하려는 투쟁에 적극 협력할 것이다. 중화소비에트정부는 이들 소수민족이 자신들의 민족문화와 민족언어를 발전하려는 것을 적극 고무해야 한다."[43]고 규정하였다. 이와 같이 1930년대 초까지만 하더라도 중공의 소수민족정책은 어디까지나 민족자결에 바탕을 둔 연방제 혹은 독립적인 민족국가의 건립이었다. 그러나 1930년대 중, 후반에 이르러 중공의 '민족자결' 원칙은 중국 내 여러 민족의 역사문화와 집거구역상의 특징, 그리고 다년간에 걸친 소수민족지역에서의 혁명 경험에 비추어 점차 '민족자치'로 전환되어 갔다.

---

43) 중앙당학교 민족종교이론실 편, 『新時期民族宗敎工作宣傳手冊』 종교문화출판사, 1998년, 제 226쪽.

1936년 5월 25일 모택동은 「중화소비에트중앙정부의 회민(回民, 회족)에 대한 선언」에서 "우리는 민족자결의 원칙에 따라 회민 내부의 사무는 완전히 회민 자체에 의해서 해결되어야 하며 회민만 집거한 구역은 회민이 자체의 독립적이고 자주적인 정권을 건립하고 모든 정치, 경제, 종교, 습관, 도덕, 교육 및 기타 일체 사무를 처리하며, 회민과 漢民이 잡거한 지역은 역시 구, 향, 촌을 단위로 회민이 스스로 자기의 사무를 관리하도록 하며 민족평등의 원칙하에 연합정권을 건립하여 회, 한 두 민족의 공동의 문제를 해결하여야 한다."고 지적하였다.44) 1936년 10월 12일 寧夏 남부지구에서 건립된 豫海縣回民自治政府는 이 시기 중공의 소수민족 정책이 '민족자결'로부터 '민족자치'로의 전환을 상징하는 것이었다. 그 후 중공의 민족자치 정책은 1938년 10월에 개최된 중공 제6차 대표대회 6중전회에서 한 모택동의 「새로운 단계를 논함」에서 재차 강조되었다. 여기에서 모택동은 중국의 소수민족은 한족과 평등한 권리를 가지며 자기로서 자기의 사무를 관리할 권리를 가지며 한족과 연합하여 통일된 국가를 건립할 권리를 가지며 각 민족의 문화, 종교, 습관은 응당 존중을 받아야 한다고 천명하였다.

1930년대 말, 중공의 '민족자결' 정책은 소수민족지역인 서북지역 근거지 내에서 실행되면서 소수민족의 거주특징에 따라 '민족구역자치'의 형태로 발전되어 갔다. 맑스―레닌주의는 민족문제를 해결하는 방법으로 민족자결원칙·민족연방제도·민족구역자치제도 등 세 가지 방법을 제시한 바 있다. 여기서 민족자결원칙은 식민지 혹은 피억압 민족이 완전 분립하여 독립 국가를 수립할 수 있는 권

---

44) 위와 같음.

리를 말한다. 민족자결원칙은 제국주의의 강압적인 집중과 합병을 타파하고 여러 민족이 민주적이고 자원적인 의사를 바탕으로 한 집중과 연합을 궁극적인 목적으로 하고 있었다. 민족연방제도는 러시아 10월 혁명 이후 레닌에 의하여 소비에트사회주의공화국이 가맹한 사회주의연방제 국가, 즉 소련을 탄생시키면서 실천에 옮겨졌다. 소련은 연방제도를 실시하면서도 각 가맹공화국 내부에서 민족구역자치도 실천에 옮겨 보았다. 민족구역자치제도는 통일된 사회주의 국가 내에서 국가 헌법에 근거하여 소수민족이 자신이 거주하는 지역 내부의 사무를 담당, 처리하는 권리를 말한다. 민족구역자치제도의 궁극적인 목적은 소수민족 자신이 '자신이 두 발로 걸음을 걸을 수 있도록 한다.'는 것이었다. 중국공산당은 중국의 역사와 민족 현실에서 출발하여 국가의 통일을 대전제로 하여 국내 여러 소수민족의 평등한 법적 지위와 평등한 정치 권리를 행사할 수 있는 민족구역자치제를 중국의 민족문제를 해결하는 근본 대법으로 선택하였던 것이다.[45]

1941년 중공중앙은 중앙정치위원회에 변강국을 설치하고 주요 소수민족지구에 자치구역을 설치하도록 했다. 이에 따라 섬서, 감숙, 영하변구에서는 「陝甘寧邊區綱領」을 제정하였는바, '강령'에서는 민족평등 원칙에 근거하여 여러 민족의 정치적, 경제적, 문화적 권리의 평등을 실현하기 위해 '몽·회민자치구를 건립한다.'고 규정하였다.[46]

민족구역자치 정책은 1945년 4월에 개최된 중공 제7차 전국대표

---

45) 沈林, ≪中國的民族鄕≫ 민족출판사, 2001년, 제69—70쪽.
46) 중앙당학교 민족종교이론실 편, 『新時期民族宗敎工作宣傳手冊』 종교문화출판사, 1998년, 제 226쪽.

대회에서 모택동이 한「연합정부를 논함」에서 체계적으로 제시되었다. 여기에서 모택동은 '민족자결'을 강조하면서도 소수민족의 '분리, 독립권'을 언급하지 않고 모든 소수민족이 '일률로 평등하다.'는 원칙하에 통일 중화민국을 건립하고 소수민족의 정치적, 경제적, 문화적 해방과 발전을 추구하여야 한다고 강조하였다. 이에 근거하여 1947년 5월 1일 내몽골자치정부가 설립되었는데 이는 중국공산당의 민족구역자치 정책이 이미 실천의 검증을 거쳐 성숙 단계에 들어섰음을 상징하는 것이기도 했다.

1949년 4월 23일 중국인민해방군은 남경을 해방하여 국민당정권의 복멸을 선고했다. 그리고 동년 9월 중국인민정치협상회의 제1차 전원회의가 북평에서 열렸다. 회의에서는「중국인민 정치협상회의 공동강령」과「중화인민공화국 중앙인민정부 조직법」이 채택되었다. '공동강령' 제6장 '민족정책'에서는 다음과 같이 규정되어 있다.

제50조: 중화인민공화국 경내 각 민족은 일률로 평등하고 단결 호조를 실행하며 제국주의와 각 민족내부의 인민의 공동한 적을 반대하여 중화인민공화국으로 하여금 각 민족이 호상 우애합작 하는 대가정이 되게 하여야 한다. 대민족주의와 협애한 민족주의를 반대하여야 하며 민족 간의 기시, 압박과 민족단결을 분열하는 행위를 금지해야 한다.

제51조: 각 소수민족들이 집거한 지구에는 마땅히 민족의 구역 자치를 실시하며 민족이 집거한 지구에는 인구의 다소와 구역의 대소에 따라 분별하여 각종 민족자치기관을 건립해야 한다.

제53조: 각 소수민족은 모두 자기의 언어문자를 발전시킬 자유

와 자기의 풍속습관을 보존하거나 개혁할 자유가 있으며 종교를 신앙할 자유가 있다. 인민정부는 마땅히 각 소수민족 인민대중들을 도와 정치, 경제, 문화, 교육의 건설 사업을 진행해야 한다.[47]

1949년 10월 1일에는 중화인민공화국 중앙인민정부 주석 모택동이 중화인민공화국의 창건을 전 세계에 선포하였다. 이는 중국에서 100여 년간 지속되어 오던 반식민지반봉건의 역사를 종결하고 중화인민공화국란 새로운 역사의 기원을 알리는 일대 장거였다. 중화인민공화국의 창건과 함께 제1차 전국정치협상회의에서 제정된 중국공산당의 '민족평등'과 '민족구역자치' 정책은 최종적으로 헌법에 기입되어 중국의 기본 국책과 정치 제도로 자리 잡았다.[48]

광복 후 중국공산당의 올바른 민족평등과 민족자치 정책 덕분에 정치, 경제, 문화상의 모든 권리를 기타 소수민족과 똑같이 향유할 수 있게 된 재만 한인들은 토지를 분배 받고, 인민정권 건설에 참여하면서 명실상부한 중국의 공민―조선족으로 되었다. 그리하여 해방전쟁시기 조선족들은 수백 년간 대대손손 내려오면서 신근한 노력으로 가꾸어온 제2의 고향과 같은 삶의 터전을 지키기 위하여 동북근거지건설과 인민정권 건립에 적극 참여하였다.

1949년 중화인민공화국 건립이후 연변을 비롯한 동북지역 각급 인민정부에서는 민족평등과 민주집중제의 원칙에 따라 인민대표회의를 소집하여 민족구역자치와 관련된 여러 가지 문제들을 논의하고 구체적인 조치들을 취하기 시작했다.

---

47) 「중국인민정치협상회의공동강령」, ≪인민일보≫ 1949년 9월 30일자.

48) 허명철, 「연변조선족자치주의 성립과 조선족사회」, 인하대학한국학연구소 편, 동아시아 한국학연구총서 18 ≪연변조선족의 역사와 현실≫ 소명출판, 2013년, 제144~145쪽.

우선, 민족자치를 실시하기 위한 조선족간부대오 건설 강화에 주력하였다. 당과 정부에서는 關內에서 항전에 참가했던 조선족간부와 흑룡강성에 주둔한 조선의용군 제3지대의 부분적 골간들을 연변에 파견하여 군정대학, 민주학원 등 간부양성학교를 세우고 조선족간부를 힘써 양성하여 조선민족구역자치를 실시하기 위한 조직적 기반을 마련하였다.

다음으로, 민족구역자치의 지리적 범위를 확정하기 위하여 연길, 화룡, 왕청, 훈춘, 안도 등 5개 현을 길림성 연변 행정독찰 전원공서의 관할로 정하였고 '간도시'를 연길시로 개명한 후 연길현에 귀속시켰다.

1952년 2월 22일 정무원 제125차 회의에서 「중화인민공화국 민족구역자치 실시요강」과 「지방민족민주연합정부의 실시방법에 관한 규정」, 「일체 산재지역의 소수민족성분의 민족평등 권리를 보장할 데 관한 결정」 등이 채택되었다. 이는 중국공산당과 중앙인민정부에서 1949년 9월 29일에 채택한 「공동강령」에 비추어 소수민족의 민족평등을 실시하기 위한 중요한 조치였다. 「공동강령」에서는 '각 민족은 인구가 많든 적든 간에, 경제, 사회발전수준이 높든 낮든 간에, 풍속습관과 종교 신앙이 상이하든 동일하든 간에 모두 중화민족의 일부분으로서 국가생활 가운데서 평등한 정치적 지위와 법적 지위를 가질 수 있었다. 이 외에도 상기 '규정'과 '결의'들에서는 '중화인민공화국 경내의 각 민족은 일률로 평등하며 단결 호조한다.' '소수민족이 집거한 지구에서는 민족구역자치를 실시해야 한다.' '각 소수민족은 자기의 언어와 문자를 발전시키고 자기의 풍속과 습관 및 종교 신앙을 보존하거나 개혁할 자유를 가진다. 인민정부는 각 소수민족 인민대중들로 하여금 자지방의 정치, 경제, 문화, 교육의 건설 사업을 발전시키도록 도와준다.'[49]고 규정하였다.

한편 이 시기 연변전원공서도 연변조선민족자치구 건립에 박차를 가하면서 延邊地委의 명의로 된「길림성 연변조선민족 집거구의 구역자치 실시에 관한 계획」,「길림성 연변조선민족자치구 각계인민대표회의 조직조례」,「길림성 연변조선민족자치구 인민정부 조직조례」 등을 제정하였다. 그러나 당시 조선족 백성은 물론이고 적지 않은 조선족 간부들조차도 중국공산당의 민족구역자치 정책에 대하여 제대로 인식하지 못하고 있었다. 그중 제일 중요한 문제는 앞에서 살펴본 바와 같이 '조국관' 문제였다. 명말, 청초로부터 여러 가지 원인으로 한반도로부터 동북지역으로 이주해 온 한인들은 장기간에 걸쳐 중국의 봉건통치자와 군벌들에 의해 민족적, 계급적 차별을 받아 왔기에 동북지역이 자신들의 피와 땀으로 개척하고 건설한 제2의 고향임에도 불구하고 중국을 조국이라고 생각하는 사람들이 많지 않았다. 심지어는 중국공산당을 따라 항일전쟁과 해방전쟁에 참여했던 일부 조선인 간부들조차도 '조국관'에 있어서는 '소련은 프롤레타리아의 조국이고, 조선은 진정한 조국이며, 중국은 거주하고 있는 고장이다.'고 인식하여 '연방제를 실시한 소련을 본받아 연변에도 가맹공화국을 세워야 한다.'고 주장하기도 했다. 이러한 실정에서 중공연변지위에서는 1952년 8월 20일부터 9월 15일까지를 민족정책 학습주간으로 결정하고 민족구역자치 정책에 대한 대대적인 선전활동과 학습활동을 조직, 전개하였다.[50] 중화인민공

---

49)「중국인민정치협상회의공동강령」, ≪인민일보≫ 1949년 9월 30일자.
50) 중공연변지위선전부,「민족정책 학습운동을 전개할 데 관한 지시」, ≪동북조선인민보≫ 1952년 8월 22일자.

화국 창건과 중국인민정치협상회의 제1기 위원회 제1차 회의에 조선족 대표로 참가했던 중공연변지위 서기 겸 연변전원공서 전원 주덕해는 각종 회의와 강연에서 당시 소련에서는 왜서 연방제를 실시하여야 했고 중국은 왜서 민족구역자치제도를 실시하여야 하는가 하는 문제를 과거 러시아와 중국의 역사와 민족구성의 특징을 구체적으로 비교분석하면서 민족구역자치제도는 국내 여러 민족의 역사 문화와 분포정황에 부합되며 여러 소수민족의 발전에도 유리한 제도'임을 조리 있게 설명하였다.[51] 민족정책 학습과정을 통하여 조선족 간부들과 군중들은 점차 올바른 '조국관'을 수립하고 민족구역자치의 필요성과 중요성에 대한 인식이 제고되어 금후 민족구역자치 정책을 구현하는데 튼튼한 사상적 토대를 닦아놓았다.[52]

1952년 8월 29일 길림성 연변조선민족자치구 제1차 각 민족, 각 분야 인민대표회의가 연길시 스탈린극장에서 개최되었다. 연변 5개현, 1개시의 72만 인민을 대표하는 300명의 대표들은 열렬한 논의와 협상을 거쳐 주덕해 등 35명을 자치구인민정부 주석, 부주석과 위원으로 선거하고 정치협상회의 위원 33명을 선출하였다. 동년 9월 3일에는 항일전쟁 승리 7주년 기념일에 맞추어 연길시에서 연변조선민족자치구 건립대회가 개최되었다. 자치구인민정부 주석 주덕해가 회의에서 길림성 연변조선민족자치구의 창립을 장엄하게 선포하였다. 연변조선민족자치구의 건립은 재중 한인들이 중화인민공화국의 소수민족인 중국조선족으로서 금후 정치, 경제, 문화, 교육 등 제 방면에서 자치권을 향유하며 진정한 나라의 주인이 되어 여러 민족들과 함

---

51) ≪주덕해일생≫ 집필소조 편찬, ≪주덕해 일생≫ 민족출판사, 1987년, 제135, 136쪽.

52) 「연길시 최죽송농업생산합작사 사원들 연변자치구의 창립을 열렬히 옹호」, ≪동북조선인민보≫ 1952년 8월 28일자 제2면.

께 공동 번영을 추진할 수 있는 든든한 초석이 되었다.[53]

민족구역자치에 있어서 민족자치기관의 민족화는 민족구역자치에 있어서 필수적인 요건이다. 민족화는 대체로 민족간부, 민족언어·문자와 민족형식 등 3개 방면을 포함한다. 1952년 9월 연변조선민족자치구의 각급 간부는 도합 7,814명이었는데, 그중 조선족간부가 6,090명으로서 약 78%를 차지하고, 한족과 기타 민족 간부가 1,724명으로서 22%를 차지하였으며, 자치구내의 인민정부 주석, 부주석 등 영도직무는 모두 조선족이 담당하였다. 민족 언어·문자와 민족형식면에서도 자치기관은 조선어문과 한문을 동시에 직권행사도구로 삼았고, 전문적인 번역 기구를 설립하거나 전임 번역 간부를 두어 각 기관의 공문과 법원소송, 그리고 지방신문과 간행물, 출판, 방송 등을 조·중 두 가지 언어문자를 병용하도록 했다. 또한 각항 사업에서 당지의 실정에 근거하여 민족특점을 존중하는 원칙에서 조선족의 우수한 문화예술전통을 전승, 발전시키는데 주력하였다.

길림성 장백현은 다민족잡거지역이지만 상대적으로 조선족이 비교적 집중된 곳이다. 길림성정부는 「중화인민공화국 민족구역실시요강」과 정무원의 「지방민족연합정부 실시방법」에 근거하여 요동성인민정부의 비준을 거친 후 1954년 3월 2일에 十八道溝朝鮮族自治區政府를 건립하였으며, 조선족이 집거하고 있는 이십일도구촌, 천교구촌, 중화촌, 西崗村에 조선족자치촌을 설립하였다. 그 후 1956년 1월 14일에 길림성인민정부의 비준을 거쳐 십팔도구조선족자치구를 취소하고 龍泉鎭, 십팔도구, 반절구, 마록구와 撩荒地 등 지역에 조선족

53) 그 후 1955년 12월 길림성 연변조선민족자치구는 '헌법'의 규정에 근거하여 길림성 연변조선족자치주로 개칭하고, 1958년 10월에는 길림성 돈화현을 자치주의 관할에 귀속시켰다.

자치향을 설립하였다.[54) 1956년에 장백현의 조선족인구는 9,891명으로서 총인구의 36.8%를 차지하고 57개 촌 가운데 조선족인구가 10% 이상인 촌이 45개로서 전체 촌수의 78.9%를 차지하였다. 그리고 현 인민대표 가운데 조선족대표가 37.5%를 차지하고 정부위원 가운데 조선족위원이 13.3%, 과급간부가 35%, 부국급 이상 간부가 20%를 각각 차지하였다. 1958년 9월 15일 장백현 제3차 인민대표대회에서는 국무원의 제77차 회의 결정에 따라 장백현조직체제를 취소하고 정식으로 장백조선족자치현을 건립하였다. 회의에서는 장백조선족자치현 인민대표대회와 인민위원회 조직조례를 채택하고 조선족 간부 元相奎를 장백조선족자치현 초대현장으로, 조선족간부 金奉來를 자치현 인민법원 초대원장으로 선거하였다. 선거된 15명 정부위원 가운데 조선족위원이 53.5%를 차지하였다.

흑룡강성에서는 1952년 8월부터 선후로 5개 조선족자치구(현관할구)와 110개 조선족자치촌을 설립하였지만 이들 자치구와 자치촌의 구역이 작고 인구가 적은 관계로 초기에는 별도로 자치기관을 설립하지 않았다. 그 후 1956년 봄 흑룡강성정부에서는 국무원의 지시에 근거하여 조선족들이 집거하고 있는 지방에 30개 조선족향을 설립하였다. 이 시기 길림성에서도 선후로 7개 조선족향과 1개 만족조선족연합향을 설립하였으며 요녕성과 내몽골에서도 각각 3개 조선족향을 설립하였다. 그 결과 1958년에 이르러 중국 내에는 도합 43개 조선족향이 설립되어 있었다.

이와 같이 연변조선민족자치구를 비롯한 동북 각 지역의 자치현

---

54) 1957년 3월 4일 길림성인민정부는 십팔도구조선족자치구를 회복시켜 상술한 5개 자치향을 관할하도록 했다.

과 자치향의 설립은 조선족인민들이 수백 년간 갈망하던 진정한 민족평등과 민족자치의 소원을 이루어지게 했다. 중국공산당과 인민정부에서는 조선족집거구에서의 민족구역자치를 담보하였을 뿐만 아니라 전국 각 지방에 잡거, 산재하고 있는 조선족인민의 민족평등 권리도 충분히 보장하였다. 이는 조선족인민들로 하여금 명실상부한 중화인민공화국의 공민으로서 민족특점과 지역특점에 따라 본 민족의 정치, 경제, 문화 사업을 발전시킬 수 있는 토대를 마련해주는 것으로서 조선족사회의 지속적인 발전에 결정적인 요소로 작용하였다. 이때로부터 조선족인민들은 진정한 나라의 주인으로서 정치, 경제, 문화, 교육 등 제 방면의 자치권을 향유하면서 기타 여러 민족들과 함께 공동번영을 길로 나아갔다.

중국에서의 민족구역자치제도는 두 가지 특징을 가지고 있는데 하나는 국가의 통일적인 영도 하에서의 자치, 즉 각 민족의 자치지방은 모두 중국의 일부분이고 민족자치기관도 중앙정부 영도하의 1급 지방정권이라는 점이고, 다른 하나는 단순한 민족자치나 지방자치가 아니라 民族因素와 區域因素의 상호결합, 즉 政治因素와 經濟因素의 결합이라는 점이다. 민족구역자치기관은 民族立法權, 變通執行權, 財政經濟 自主權, 문화, 언어문자 자주권, 공안부대 조직자주권, 소수민족간부에 대한 임용우선권 등 권리를 지닌다.

연변조선민족자치구는 자치기관의 민족화를 실현하는데 주력하였다. 지난 매기의 인민대표대회 대표 가운데서 조선족대표의 비율은 전 자치구 총인구에서 차지하는 조선족인구의 비율보다 높았다. 자치기관의 간부는 민족화의 요구에 따라 배치하였다. 지난 매기의 자치구인민정부(인민위원회)의 주석(주장)은 조선족간부가 맡았고 부주석(부주장)과 處, 局, 委 책임자 가운데의 조선족성원의 비율도 전 자치구 총인구 가운데서 차지하는 조선족인구의 비율보다 높았다. 자치구 중급인민법원 원장과 인민검찰원 검찰장은 모두 조선족이 맡았다.[55] 전 자치구 간부대오의 조선족비율도 상응하게 높았다. 1952년 전 자치구의 조선족인구가 74%를 차지했을 뿐인데 조선족간부는 총인구수의 78%를 차지하였다.[56] 각급 정부 및 그 산하 기능부문의 주요지도자는 일반적으로 德才가 겸비한 조선족간부가 맡았다. 1962년의 통계에 의하면 현위서기, 현장이상 지도간부들 가운데서 조선족이 57.4%를 차지하여 기본상에서 간부민족화를 실현하였다.[57]

소수민족간부를 양성하고 임용하는 것은 민족구역자치를 실시함에 있어서의 중요한 원칙의 하나이다. 자치구창립 후 조선족간부의 양성사업을 중요시하였다. 해방 후에 연변지구에서는 동북군정대학 길림분교, 민주학원, 연변정치간부학교 등 간부학교를 통하여 비교적 튼튼한 조선족간부대오를 형성시켰다. 중공연변지위당교(원 연변정치간부학교)에서는 1953년 4월부터 1961년 10월까지 도합 13기에 걸쳐 2,767명의 간부들을 강습시켰는데 그 가운데서 조선족간부가 74.9%를 차지하였다.[58] 이와 동시에 연변대학 및 연변재정무역학교 등 대학, 전문학교들에서 전문인재를 양성한 외 일부 간부들을 중공길림성위당교, 중앙당교, 중앙간부학교와 중앙민족학

55) 중공연변주위조직부, ≪길림성연변조선족자치주 정부・해방군・통전부 군중단체계통조직사료≫ (1949―1987년), 제3―27쪽.
56) ≪연변조선족자치주개황≫ 집필소조, ≪연변조선족자치주개황≫ 연변인민출판사, 1984년, 제 158―159쪽.
57) 연변조선족자치주지편집소조, ≪연변조선족자치주지≫(상권), 중화서국, 1996년, 제344쪽.
58) 중공연변주위당교편집소조, ≪중공연변주위당교 교사≫(1948―2008년), 2008년, 제13, 38쪽.

원 등 고등학교에 보내어 학습시켰다.

경제면에서 국가의 통일적인 계획의 지도 밑에 자지방의 실정에 결부시키면서 지방경제와 민족경제를 발전시킬 권리를 향유하였다. 농업에서는 조선족의 특장인 벼농사 등 알곡생산을 발전시키는 동시에 잎담배 등 부업생산과 축목, 과수, 남새 등 생산, 그리고 농기계생산도 발전시켰다. 공업에서는 석탄, 전력, 야금업, 임업, 제지업 등 대, 중규모의 국영기업을 발전시키는 동시에 농기구, 목재가공, 인쇄, 의약, 철물, 식량가공, 양주, 석회, 벽돌, 기와, 도자기, 복장 등 분야의 공업과 교통, 체신, 상업무역, 도시와 농촌의 시장무역을 발전시켰으며 민족특수공업도 힘써 발전시켜 자치구의 민족경제의 신속한 발전을 도모하였다.

3. 3대 개조[59] · 대약진 · 인민공사 운동과 조선족사회

1) 사회주의 3대 개조운동과 조선족사회

중화인민공화국 창건 후 공산당은 전국의 각 족 인민들을 영도하여 신민주주의에서 사회주의에로의 전환을 이루어왔다. 그러나 1953년 전국적으로 토지개혁이 완성되면서 토지를 분여 받은 농민들의 생산적극성은 아주 높았으나 분산되고 빈약한 개체농업경제는 국가공업의 발전에 따른 농산품의 수요를 만족시킬 수 없었다. 다시 말하여 건국 후 토지개혁과 3년간의 경제회복시기를 거쳐 중국

---

59) 사회주의 3대 개조란 공산당의 영도하에 진행된 농업, 수공업 및 자본주의 공상업에 대한 사회주의 개조를 말한다.

은 신민주주의 혁명을 기본적으로 완성하였으나 국민경제에서 사회주의 경제가 차지하는 비중이 높지 않았다. 1952년의 통계에 의하면 국민경제의 총수입 중 사회주의 국영경제는 19.1%, 개인 자본주의 경제가 6.9%, 농업과 수공업 등 개체경제가 71.8%에 달했다. 여기에 토지개혁 후 일부 농민들 중 토지를 사사로이 매매하거나 工人과 농민, 성시와 농촌 간의 빈부차별이 격화되자 일부 영도간부들은 이론적으로 사회주의는 소농을 토대로 건립할 수 없는데다가 방금 토지를 획득한 개체 사유자인 중국농민들은 아직 정치상에서 사회주의 길로 나갈 수 있는 사상적 준비도 되지 않았기에 농업에 대한 사회주의 개조는 마땅히 공업화가 이루어진 이후에 진행해야 한다고 주장하였다. 이에 대하여 모택동은 토지개혁 후 개체경제 소사유자로서의 농민들이 자발적으로 자본주의 길로 나아가려는 적극성과 노동자로서의 농민들이 호조합작과 당의 영도를 받아들여 사회주의 길로 나아가려는 적극성을 동시에 지니고 있으므로 당은 마땅히 이들을 이끌고 사회주의 길로 나아가야만이 진정으로 신민주주의에서 사회주의에로의 전환을 이룰 수 있다고 지적하였다. 이에 따라 1953년 6월 중국공산당은 '아주 상당히 긴 시간에 걸쳐 국가의 공업화와 농업, 수공업 및 자본주의 공상업에 대한 사회주의 개조를 기본상에서 실현한다.'는 과도시기의 총 노선을 제출하였다.

1952년부터 중국은 국민경제 제1차 5개년 계획이 추진되었는데 이듬해인 1953년부터는 5개년 계획과 함께 전국적인 범위에서 생산자료사유제에 대한 사회주의 개조운동 즉, 3대 개조운동이 전개되었다.

농업에 대한 사회주의 개조는 세 개 단계, 즉 自願互利의 원칙에 따라 우선 사회주의 맹아가 있는 몇 호, 혹은 몇 십호를 단위로 농업생산호조조를 조직하고, 다음으로 농민들에게 토지, 농구, 목축을 가지고 통일경영을 특점으로 한 반사회주의 성질의 농업생산합작사―초급사를 조직하며, 세 번째는 생산의 발전과 농민들의 각오가 제고된 기초 위에서 대형적, *按勞分配*적, 사회주의 성질의 농업생산합작사―고급사를 조직하는 형식으로 추진되었다.

여기에서 주목되는 것은 조선족이 집거하고 있는 연변지역의 호조합작운동은 1953년이 아니라 사실상 토지개혁을 실시하기 전인 1946년부터 추진되었다는 점이다. 광복 직후 연변지역은 중공의 해방전쟁에 있어서의 주요한 근거지로 역할하면서 수많은 조선족 젊은이들이 항일전쟁과 토지개혁의 승리과실을 보호하기 위해 자발적으로 무장단체를 건립하여 인민정권을 수호하는 한편 국민당군의 침공에 대항하여 참군, 참전열조를 일으켰다. 1946년부터 1948년 3년 동안 돈화, 액목, 안도, 연길, 화룡, 훈춘, 왕청 등 7개 현에서 참군한 인원수는 무려 61,000명에 달했다. 여기에 공안대, 구중대, 민병 등 지방무장조직에 가입한 인원까지 합하면 10만 명을 넘으며, 연변지역에서 전선원호사업에 동원된 민공은 연인원수로 379,168명에 달했다.[60]

이와 같이 젊은 청장년들의 대량적인 참군, 참전으로 하여 당시 대부분 조선족농호들에서는 노동력의 결핍으로 정상적인 농업생산활동이 이루어질 수 없었다. 이에 조선족마을에서는 우선 '군대를 옹호하고 그 권속을 우대하는(*擁軍優屬*)' 위원회를 결성하고 노동력이 적은 군인가족과 열사 유가족을 도와 생활과 생산에서 부딪친 어려움을 해결해주었으며 부녀회에서는 밭을 대리로 갈아주거나 도맡아 경작해주기도 했다. 이러한 실정에서 1946년 2월 17일 중공

---

60) 연변군분구, 《연변군분구군사》 1961년, 내부자료, 제25쪽.

연변지방위원회와 연변전원공서에서는 '자원적인 원칙에 따라 생산 호조를 조직할 것'을 호소하였다. 이에 따라 연변에는 품앗이조, 소겨리호조조, 임시호조조, 계절호조조, 연간호조조가 조직되었다.

소겨리호조조는 부림짐승과 농기구를 한곳에 집중시키고 인력의 품으로 부림짐승의 품을 바꾸는 호조조였다. 이와는 달리 봄, 여름, 가을 세 계절에 일손을 도와주고 품앗이를 하는 계절성호조조는 소겨리호조조보다 인력, 축력, 농기구 등을 보다 쉽사리 조절할 수 있어 농민들의 적극적인 호응을 얻었다. 그리하여 계절성호조조는 재빨리 연간호조조로 확대 발전하면서 농민들의 노동 적극성과 생산 효율성을 크게 제고시켰다. 그 결과 1950년에 이르러 전 연변의 14,065개 호조조 중 연간호조조가 10,803개로서 총 호조조수의 76.8%를 차지하였다. 그리고 호조조에 참가한 호수는 농민 총 호수의 52.64%를 차지하고 호조조의 경작지는 총 경작지 면적의 47.99%를 차지하였다[61]

1951년 중공중앙은 '지방에서 농업생산호조합작을 실행할 데 관한 결의(초안)'을 공표하였다. 이에 중공연변지위에서는 동년 3월 '적극적 발전, 안정적 추진'이란 방침을 제정하고 1947년에 연길현 동성용 영성촌에서 설립되었던 '김시룡호조조'를 토대로 '토지를 출자하고 통일적으로 경영하며 토지와 노력의 비례에 따라 수익을 분배하는 것'을 취지로 한 '새벽초급농업생산합작사'를 꾸렸다. 동북인민정부의 1951년도 「조사보고」에 따르면 김시룡의 새벽초급농업생산합작사는 건립된 첫해에 수전 헥타르당 수확고가 기타 호조조에

61) ≪연변조선족자치주개황≫ 집필소조, ≪연변조선족자치주개황≫ 연변인민출판사, 1984년, 제 136쪽.

비해 65킬로그램 높았으며, 동조건 개체농호의 수전 헥타르당 수확고보다 2,631킬로그램 더 증산하였다. 새벽초급농업생산합작사의 성공적인 경영은 기타 호조조들의 연간호조조 나아가 초급사에로의 발전에 크게 공헌하였다. 통계에 의하면 1952년 말 연변의 초급사는 74개로서 농업총가구 수의 1.2%, 연간호조조는 15,586개로서 농업총가구 수의 76.48%를 각각 차지하였다. 그리고 연간호조조와 초급사의 집체화경작지면적은 총경작지면적의 88%에 달했다.[62]

1953년 겨울부터 1954년 봄 사이 중공연변지위에서는 광범한 농민들에게 농업합작화 운동에 대한 사상정치교육과 조직사업을 강화하는 한편 빈농합작화기금으로 148만 원의 대부금을 내주어 초급농업합작화의 발전을 촉진시켰다. 그리하여 연변지역의 초급사는 1952년의 74개로부터 1953년에는 334개, 1955년에는 무려 2,830개로 대폭 증가되었으며 참가호수는 67,677호로서 총가구수의 57%에 달했다. 1956년 1월 5일의 통계에 의하면 전 연변의 89%에 달하는 농민호들이 이미 초급사에 가입함으로써 연변지역은 촌, 구로부터 현에 이르기까지 초급농업합작사의 기본적인 체계가 형성되기에 이르렀다.[63] 그리하여 연변조선족자치주는 당시 전국 소수민족지역 중 제일 먼저 초급농업합작화를 완성한 민족지구로 평가받았다.

1953년 10월 중공중앙에서는 '농업생산합작사를 발전시킬 데 관한 결의'를 제정, 발표하였다. 중공연변지위에서는 1954년 봄 중공중앙의 '결의'정신에 따라 연길현 새벽초급농업생산합작사를 토대로 길림성의 첫 고급농업생산합작사─'새벽집체농장', 즉 새벽고급

62) 김성주 주필, ≪연변신문지─연변일보신문지≫ 연변일보사지판공실, 1988년, 제143쪽.
63) 김규방 주필, ≪연변경제사≫ 연변인민출판사, 1990년 조선문판, 제146─147쪽.

농업생산합작사를 시범적으로 출범시켰다.[64] 약 1년간의 시범경영
을 거친 후 중공연변지위에서는 새벽집체농장에 대한 운영경험과
교훈을 총화하고 1955년 2월 각 현과 시들에서 기존의 초급농업합
작사를 운영함과 동시에 중점적으로 1~2개의 고급사를 시험적으
로 설립할 것을 호소하였다. 그 결과 동년 연변지역에는 선후로 19
개에 달하는 고급농업합작사가 조직되었다.[65] 1956년에 들어서자
초급사로부터 고급사로 이행하는 농업합작화 운동이 본격적으로 추
진되었다. 그리하여 동년 2월의 통계에 따르면 전 연변에 617개의
고급사가 세워졌으며 고급사에 가입한 농민호수는 총호수의 98.2%
를 차지하여[66] 전국 소수민족지역 중 제일 먼저 농업에 대한 사회
주의적 개조를 기본상 완성한 자치주로 되었다.[67]

그러나 연변지역의 농업에 대한 사회주의 개조는 상술한 성과에
도 불구하고 여러 가지 부작용도 나타났다. 우선 고급농업합작사는
규모에 비해 조직에 대한 관리능력이 따라가지 못했다. 고급농업합
작사는 각 생산대의 실제 상황을 제대로 파악하지 못했기에 생산노
동과 생산량에 대한 체계적인 계획과 예산을 제대로 세울 수 없었
다. 따라서 고급농업합작사와 생산대, 생산대와 생산대 간의 갈등
이 날로 심화되어 갔다. 여기에 1956년의 자연재해까지 겹치면서
생산량이 현저히 감소되고 사원들의 수입마저 현저히 줄었다. 또한
입사하면서 들여놓은 가축에 대한 가격 책정이 보편적으로 낮아 사
원들의 불만이 나타났으며 급기야는 농민들이 합작사에서 퇴사하는

---

64) 김성주 주필, ≪연변신문지─연변일보신문지≫ '연변일보'사지판공실, 1988년, 제143쪽.
65) 연변조선족자치주편찬위원회 편, ≪연변조선족자치주지≫(상권), 중화서국, 1996년, 제695쪽.
66) 위와 같음.
67) 김성주 주필, ≪연변신문지─연변일보신문지≫ '연변일보'사지판공실, 1988년, 제143쪽.

사태가 발생하기도 했다.[68]

연변에서의 수공업에 대한 사회주의적 개조는 국민경제복구시기부터 시험적으로 추진되었다. 구체적인 방법으로는 개인수공업에 대한 대부, 원자재공급, 가공주문, 계획적 수매와 판매의 형식을 통하여 수공업생산의 발전을 도모하는 한편, 우선 수공업생산소조를 수공업공급판매합작사로 전환시킨 후 다시 수공업생산합작사로 이행시켜 사회주의적 개조를 완성하는 것이었다. 이에 따라 1951년에 열린 제1차 수공업생산합작사회의 후 연변의 여러 지역들에서는 도자기, 의류, 농기구, 철공 등 업종의 수공업생산합작사(조)가 조직되기 시작하였는바, 1952년에 이르러 수공업생산합작사는 도합 18개로 증가되었고 수공업자 인원은 560명에 달했는데 이는 수공업생산합작사(조) 총수의 10.18%를 차지하였다.[69] 이를 토대로 1953년부터 연변의 개인수공업에 대한 사회주의적 개조는 본격적으로 이루어졌다. 즉 '자원호혜, 전형시범, 국가지원'의 방법으로 대량의 수공업업종을 묶어세우고 생산수단소유제개조와 기술개조를 결부시키면서 소규모로부터 대규모에로의 전환, 저급단계로부터 고급단계에로의 전이, 분산형태로부터 집중형태에로의 이행, 수공작업으로부터 기계조작에로의 발전을 도모함으로써 생산능력을 최대한 높이기에 주력하였다. 그 결과 연변지역의 수공업에 대한 사회주의적 개조는 신속히 이루어졌는바, 수공업합작사 수는 1953년에 33개, 1954년에 62개, 1955년에는 무려 116개 사(조)로 증가하였다. 그리고 수공업합작사에 참여한 사(조)원은 2,895명(수공업자 총

---

68) 연변조선족자치주편찬위원회 편, ≪연변조선족자치주지≫(상권), 중화서국, 1996년, 제695쪽. 1957년 화룡현에서는 가축을 가지고 퇴사한 사건이 무려 43차례나 발생하였다.

69) 수희림 등 주필, ≪발전도상의 연변≫ 연변인민출판사, 1989년, 제475쪽.

수의 53.07%), 연간 총생산액은 5,319,000원(수공업 총생산액의 37.19%)에 달했다.[70]

1956년 봄, 연변에서는 기세 높은 수공업합작화 운동이 일어났다. 수개월 사이에 136개의 수공업생산합작사(조)가 설립되었으며 수공업자 수는 4,579명으로서 수공업자 총수의 93.5%를 차지하였다.[71] 1956년 말에 이르러 새로 조직된 수공업생산합작사(조)들에서는 수공업 총생산액의 96.2%를 점하는 1,381만 원의 생산액을 올렸다.[72] 그리고 공사합영의 공업기업소는 30개소에 달했는데 이는 사영공업기업소 총수의 93.75%를 차지하였다. 일부 규모가 큰 사영공업기업소들은 개조와 합영의 단계를 거치지 않고 직접 지방 국영공업기업소에 편입되는 사례도 있었다.[73] 이 시기 사영상업업체에서는 자체의 성격, 규모에 비추어 공사합영상점 또는 합작상점(봉사업종을 망라함) 347개를 내왔는데 이는 사영상업업체 총수의 91.6%를 차지하였다.[74] 통계자료에 의하면 1956년 연변지역의 사영공상업에 대한 사회주의적 개조에서 5,469명, 4,053개의 사영공상업기업소가 참여하였는데 이는 사영공상업분야 총종업원수의 90.4%와 사영공상업기업소 총수의 87.5%를 차지하였다.[75]

한마디로 중국정부는 사회주의공업화를 실현하기 위하여 '1953―1957년 국민경제발전 제1차 5개년 계획'에 따라 대규모의 경제건설을 진행함과 동시에 전국 범위에서 생산수단 사유제에 대한 사회

---

70) 김규방 등 주필, ≪연변경제사≫ 연변인민출판사, 1990년 조선문판, 제166쪽.

71) 수희림 등 주필, ≪발전도상의 연변≫ 연변인민출판사, 1989년, 제475쪽.

72) 김규방 등 주필, ≪연변경제사≫ 연변인민출판사, 1990년 조선문판, 제167쪽.

73) 연변력사연구소 편, ≪연변조선족자치주개황≫ 연변인민출판사, 1982년, 제133쪽.

74) 위의 책, 제134쪽.

75) 연변조선족자치주편찬위원회 편, ≪연변조선족자치주지≫(상권), 중화서국, 1996년, 제418쪽.

주의적 개조를 진행하여 사회주의에로의 이행과 사회주의 제도의 확립을 실현하기에 주력하였다. 중국에서 농업, 수공업과 자본주의 공상업 생산자료 사유제에 대한 사회주의 개조는 이론과 실천상에서 맑스—레닌주의 과학사회주의 이론을 한층 발전시켰으며, 공, 농, 상의 사회변혁과 국민경제의 발전을 유력하게 추진시켰다. 즉, 생산자료사유제를 사회주의공유제로의 전환은 정치상에서 사회주의 기본제도의 확립을 상징하며, 경제상에서는 사회주의 계획경제의 확립을 상징하는 것으로서 이는 중국이 사회주의 공업화 내지는 사회주의 현대화를 실현하는데 초석이 되었다. 그 결과 중국은 사회주의 3대 개조를 통하여 생산자료사유제를 공유제로 전환시켰으며, 노동분배제도에서도 안노분배원칙을 기본상에서 실현함으로써 계급관계상 착취계급을 소멸하고 사회주의 제도를 확립시켰다.

2) '대약진'·인민공사 운동과 조선족사회

중국공산당은 '제1차 5개년 계획'기간 사회주의 3대 개조운동을 통하여 사회주의 공업화를 실현할 수 있는 기초를 닦아놓았는데 성공하였다. 이에 고무된 중공중앙은 1957년 11월 13일 ≪인민일보≫ 사론을 발표하여 이른바 '대약진'이라는 구호를 제출하였다. 그리고 1958년 5월에는 당의 제8차 대표대회 제2차 회의를 개최하고 '열의를 다 내어 앞장을 다투며 많이, 빨리, 좋게, 절약하면서 사회주의를 건설하자'는 사회주의 건설 총노선을 제정하고 15년 내 혹은 더욱 짧은 기간 내에 주요 공업산품 산량에서 영국을 따라잡거나 초과한다는 목표를 세우고 이른바 '대약진'과 인민공사화 운동을 전개하였다.[76]

---

76) 진술, ≪중화인민공화국 60년≫ 중공당사출판사, 2009년, 제45쪽.

대약진 운동은 1958년부터 시작된 '국민경제발전 제2차 5개년 계획'과 함께 추진되면서 연변지역 조선족사회의 경제발전에 커다란 영향을 미쳤다.

우선 농업분야에서의 대약진 운동은 농업생산의 고속도만 추구하고 계획지표를 대폭 높이는 '좌'경적 과장풍이 만연하는 형태로 나타났다. 1958년 3월 중공연변주위에서는 「전국농업발전요강」에 근거하여 '제2차 5개년 계획'기간 양곡수확고를 헥타르당 1,592kg으로부터 3,000kg으로, 연간수확고를 25만 톤으로부터 43만 톤으로 높일 것을 지시하면서 농민들에게 '이를 악물고 악전고투하여 5년에 10년 계획을 완수할 것'을 호소하였다.[77] 동년 5월 당중앙위원회 제8기 제2차 전원회의에서 '열의를 다 내어 앞장을 다투며 많이, 빨리, 좋게, 절약하면서 사회주의를 건설하자'는 사회주의 건설 총노선을 제정하자 중공연변주위에서는 즉시 "사회주의 건설의 총노선을 학습하고 미신을 타파하며 대담하게 생각하고 대담하게 일하자"는 구호를 제출하고 인민대표대회 제3기 제1차 회의를 개최하여 "3년 안으로 '농업발전요강'을 완수하기 위하여 힘쓰자"는 구호를 제기하였다. 그리고 1962년까지 양곡수확고를 헥타르당 3,000kg으로부터 3,461kg으로 수정하고 연간 총 수확고를 43만 톤에서 53.3만 톤으로 높이기로 결정하였다. 이런 실정에서 연변지역의 '과장풍'은 마치 경쟁이나 하듯이 비약적으로 상승하였다. 1958년 초, 연길현에서는 수전 면적을 1,500헥타르 늘이기로 계획했으나 두 차례의 수정을 거쳐 4,000헥타르로 증가되었으며,[78] 화룡현 서

---

77) 김규방 주필, ≪연변경제사≫ 연변인민출판사, 1990년, 제120쪽.
78) 현광호 주필, ≪연변의 넓은 대지에서≫ 민족출판사, 2006년, 제232쪽.

성향의 한 생산대에서는 '벼 한 이삭에서 0.5kg 수확하기' 운동을 전개하기로 계획하고 헥타르당 벼 수확량 지표를 6,800kg에서 17,500∼22,500kg으로 수정하기도 했다.[79]

다음으로 농업생산의 높은 지표를 실현하기 위한 조치로서 이른바 '深耕運動'을 벌였다. 1958년 10월 초 중공 연변주위에서는 연길현 동성공사에서 현지회의를 열고 11월 5일 전으로 반드시 9.8만 헥타르의 심경임무를 완수하되 생산대마다 2∼3자 깊이로 판 높은 표준의 심경지 2헥타르씩 만들 것을 지시하였다. 그러나 심경에서 熟土는 심층에 묻히고 生土가 표층에 올라오면서 경지의 비옥도가 떨어지면서 이듬해 심경지의 수확고는 전례 없이 하락하여 농민들의 불만을 자아냈다.[80]

세 번째는 농업기본건설에서도 범위를 늘이고 빨리 건설하려는 '대약진'의 기세가 나타났다. 중공연변주위에서는 연변 각지에 1958년 7월부터 1959년 3월 사이에 대형저수지 12개, 중형저수지 24개, 소형저수지 2,117개, 소형발전소 112개를 신축한다는 방침을 제정하였으나 실제로 1958년까지 총저수량 2억 6,116만 입방미터의 중형저수지 10개, 총저수량 5,917만 입방미터의 소형저수지 54개를 겨우 건설하는데 그쳤다.[81]

공업 분야에서의 '대약진'운동은 주로 주요 공업산품의 생산량을 높여 15년 내 혹은 더욱 짧은 시간 내에 영국을 초과하고 미국을 따라잡는 무모한 생산 고조를 일으키는 형태로 전개되었다. 연변자치주인민대표대회 제3기 제1차 전원회의는 1962년까지 지방공업총

---

79) 위의 책, 제233쪽.

80) 위의 책, 제261쪽.

81) 길림성지방지편찬위원회 편찬, ≪길림성지, 권 45, 민족지≫ 길림인민출판사, 2003년, 제68쪽.

생산액을 5억 6,000만 원에 도달시켜 1957년의 4,500만 원에 비하여 12배 늘이고 강철생산량은 1962년까지 선철 14만 톤, 강철 10만 톤을 제련한다는 이른바 '제2차 5개년 계획'시기의 심화적 '약진'계획을 채택하였다. 이에 따라 여러 유형의 공장, 광산 기업소들이 순식간에 우후죽순마냥 일떠섰다. 통계에 의하면 1958년 7월에 매일 평균 32개의 공장, 광산 기업소가 창설되고 생산에 들어갔다. 또한 농촌의 여러 생산합작사들에서는 재래식 민간방법으로 화학비료공장을 수풀처럼 일떠세웠다. 7월 19일—25일간의 7일 동안만 해도 전 주적으로 재래식 민간방법에 의한 화학비료공장 도합 811개소가 설립되었는데 이는 매일 115개씩 세운 셈이다. 이러한 화학비료공장은 설비가 보잘 것 없고 생산기술이 단일하고 낙후하여 제품의 품질은 운운할 여지도 없었다.

1958년 8월, 북대하에서 소집된 중공중앙 정치국 확대회의에서는 농업생산 상황에 대한 비현실적 평가에 기초하여 각 성(시), 자치구 黨委에 사업 중심을 농업으로부터 공업으로 전환할 것을 요구하였다. 회의는 전당, 전민이 일떠나 강철생산을 크게 전개할 데 관한 방침을 확정하고 1958년 강철생산량을 1957년의 두 배, 즉 1,070만 톤으로 증가시켰다.[82] 이에 근거하여 동년 9월 4일 중공연변주위에서는 모든 사업의 중심을 강철생산량을 제고시키는 방향으로 전환하기로 결정하고 '전당, 전민이 일떠나 전투적 자세로 56,000톤의 강철생산임무를 완수하기 위하여 분투하자'고 호소하였다.[83] 이어 10월 3일에는 '전당, 전민이 긴급동원하고 10일간 분전

82) 개균 주필, ≪중국공산당 80년 역사 간략≫ 중공중앙당교출판사, 2001년, 제183쪽.
83) 최상철, 「중화인민공화국의 창건과 국민경제의 회복」, 조룡호·박문일 주필, ≪21세기로 매진하는 중국조선족의 발전방략연구≫ 요녕민족출판사, 1997년, 제282쪽.

하여 3,500기의 민간용광로를 세울 것'을 지시하였다.[84] 그리고 만약 용광로 건설자재가 부족하면 기관의 낡은 집, 담장, 창고와 구락부 등 건물을 허물어 쓰도록 제안하였으며 심지어는 제방을 쌓은 돌까지 파내어 용광로 건설자재로 쓰도록 권유했다.[85]

불완전한 통계에 의하면 3년간의 '대약진' 시기 연변에서는 683만 원의 자금을 투입하고 11만 명의 노력을 동원하여 도합 4,249기의 재래식용광로와 신식용광로를 건설했다. 하지만 그중 표준적인 용광로가 362기 밖에 안 되어 용광로 총수의 12분의 1에 지나지 않았다.[86] 그 결과 이 기간 도합 2,686톤의 선철을 제련하였지만 단 1톤의 순강도 제련하지 못했다. 게다가 제련한 선철마저 저렴한 품질에 엄청난 원가로 인하여 대부분 파철로 폐기할 수밖에 없었다.

인민공사화 운동은 1958년 7월 1일 '홍기' 잡지의 제3기에 陳伯達의 '全新의 社會, 全新의 人'이란 문장을 발표하여 '합작사를 농업합작도 있고 공업합작도 있는 기층조직단위 즉 실제상의 농업과 공업이 서로 결합한 인민공사로 건설하여야 한다.'고 발표하면서부터 공론화되었다. 그 후 제4기에서 진백달은 '모택동 동지의 기치하에서'란 문장을 재차 발표하여 모택동은 '우리의 방향은 마땅히 점차적으로 질서 있게 공, 농, 상, 학, 병을 대공사로 조직하여 우리나라의 사회의 기층단위로 하여야 한다고 지적하였다.'고 선언함으로써 전국적인 범위에서 인민공사화 운동이 신속히 전개되었다.

인민공사의 기본특징을 '크고 공유적인 것'으로 개괄할 수 있다.

---

84) 오태호 저, ≪연변일보 50년사≫ 연변인민출판사, 1998년, 제296쪽.

85) 최성철, 「연변지구 '대약진'운동의 회고」, 현광호 주필, ≪연변의 넓은 대지에서≫ 민족출판사, 2006년, 제234쪽.

86) 위의 책, 제238쪽.

인민공사는 그 규모가 커 고급사의 10~20배 되었으며 政社合一, 一鄕一社를 실시하여 鄕政府를 인민공사로 개칭하고 工農商學兵을 통괄하도록 했다.

1958년, 연변에서는 '대약진'운동을 진행하는 한편, 인민공사화 운동도 함께 추진하였다. 8월 29일 중공연변주위와 연길현위에서는 연길현 동성용향을 동성인민공사로 개편, 발전시켰다. 뒤이어 주위에서는 각 현(시) 농업부장들이 참가한 현지회의를 열고 인민공사 건립을 호소하였다. 그리하여 한 달 사이에 전 주적으로 921개의 고급농업생산합작사가 78개의 인민공사로 합병되었고, 172,588호 농민들이 인민공사에 가입하였다.[87] 당시 언론매체들에서는 사원들은 인민공사를 두고 '공산주의로 진입하는 대통로'라고 하면서 '달음박질하여 공산주의에 진입할 수 있게 되었다'고 기꺼워하였다고 보도하였다.

인민공사는 무상 징발권과 절대적 지휘권을 갖고 있었다. 고급사 시기에는 사원들의 소, 말과 농기구 등을 환가하여 장부에 기입했지만 인민공사 설립 후에는 이 같은 장부들을 몽땅 폐기하고 사원 개인의 재산을 일률로 인민공사의 소유로 전환시켰다. 그리고 사원 개인이 사양하고 있는 돼지, 양 등 가축 또는 개인들이 재배하고 있는 과일나무도 죄다 무상으로 집체소유에 귀속시키는가 하면 사원 개인의 자류지까지 전부 몰수하였다. 그중 왕청진 인민공사는 84,000원의 가치에 달하는 왕청관리구의 재산을 공사의 소유에 귀속시켰고 연길현 동성인민공사는 각 관리구의 송아지를 몽땅 공사의 목축장에 넣도록 지시하였다.[88]

---

87) 연변조선족자치주편찬위원회 편, ≪연변조선족자치주지≫(상권), 중화서국, 1996년, 제696쪽.
88) 오태호 저, ≪연변일보 50년≫ 연변인민출판사, 1998년, 제230쪽.

인민공사에서는 분배에서 배급제와 노임제를 결합시키는 제도를 실시하였다. 각 인민공사들에서는 수입정황에 비추어 각각 취사배급제(하루 세끼 식사) 또는 식량배급제를 실시하였고 생산대를 단위로 공동식당을 꾸리고 '밥을 먹어도 돈을 내지 않고 배불리 먹을 수 있도록 했다.' 당시 이것을 '수요에 따라 분배하는 공산주의 요소'라고 높이 평가하였다.

인민공사화 운동은 개인재산과 노력을 무상으로 동원하고 조절하는 '공산풍'을 대대적으로 일으켰기 때문에 농촌생산력을 파괴하고 농민들의 생산열성을 좌절시켰다. 이와 같이 '달음박질하여 공산주의에 진입하는 것'을 특징으로 한 생산관계는 일상적 생산 질서를 파괴하고 수많은 인적낭비와 무보수 노동의 대가를 치르게 했다. 1958년에 전 주 농촌의 인구당 소득은 57.96원 밖에 안 되어 흉작해인 1957년보다도 더 낮았다.[89]

1959년 초, 당중앙은 제8기 제6차 전원회의를 소집하고 「인민공사의 약간한 문제에 관한 결의」를 채택하였다. '결의'정신에 좇아 주위에서는 인민공사화 운동 가운데서 나타난 문제들을 해결하고자 했다. 각 인민공사들에서도 '낡은 장부'를 펼쳐놓고 '공산'한 개인재산을 돌려주거나 배상하였다. 동년 5월말까지 전 주의 66개 인민공사들에서 427만 원의 가치에 달하는 '공산'한 재산을 사원들에게 돌려주었거나 배상해주었다.[90]

그러나 동년 가을 '세 폭의 붉은 기를 보위하며' '우경기회주의를 반대하자'는 정치적 주장이 강조되면서 거짓말을 하고 허위보고

---

89) 조룡호·박문일 주필, ≪21세기로 매진하는 중국조선족의 발전방략연구≫ 요녕민족출판사, 1997년, 제286쪽.
90) 위와 같음.

를 하는 기풍이 또 다시 머리를 쳐들었다. 연변지구의 각 인민공사들에서는 앞 다투어 알곡수확고를 늘여 보고한 결과 징수수매임무가 가중해지면서 사실상 농민들의 부담이 대폭 증가하였다. 따라서 1959년, 전 주 알곡 총수확고는 1958년보다 7,738만 킬로그램 감소되었으나 징수수매량은 도리어 1,193킬로그램 증가되었다. 그리하여 총수확고의 41.5% 비중을 차지하던 징수수매량은 일약 53.6%로 뛰어 올랐다. 따라서 동년 연변 농촌의 인구당 식량은 겉곡으로 188킬로그램밖에 안 되었다.[91]

1959년 역축은 1952년의 147,800마리로부터 119,300마리로 줄어 19.3%의 하락세를 보였다. 돼지의 출하량은 180,700마리로부터 171,100마리로 줄어 5.3%의 하락세를 보였다.[92] 1960년, 연변의 농촌은 또 보편적으로 흉작이 들어 여러 민족 인민들은 더욱 궁핍한 생활난을 겪었다. 자연재해를 입었던 1957년에도 연변의 알곡 총수확고는 213,200톤이었지만 1960년에는 207,400톤 밖에 안 되어 17% 감산되었다.[93] 그리하여 1960년 여름부터 연변 여러 지역에는 식량기근이 들었다. 전 주 각지에서 기근에 대처할 일부 조치를 강구하였건만 심각한 식량난을 해결할 수가 없었다. 하여 식량표준을 낮추거나 남새로 식량을 대체하면서 겨우 굶주림을 면하였다. 사원들은 자류지를 집체소유에 넘겼기 때문에 남새로 식량을 대체할 수 있는 물질적 토대까지 잃고 말았다. 그리하여 겨, 강낭대, 나무껍질, 들나물을 쌀에 섞어 간신히 생계를 유지하였다.

이와 같이 1959년부터 1961년까지 연변은 전국 각지와 마찬가지

---

91) 현광호 등 주필, ≪연변의 넓은 대지에서≫ 민족출판사, 2006년, 제237쪽.

92) 수희림 등 주필, ≪발전도상의 연변≫ 연변인민출판사, 1989년, 제245쪽.

93) 연변조선족사집필소조 편, ≪연변조선족사≫ 중, 연변인민출판사, 2014년, 제128쪽.

로 총노선, '대약진', 인민공사화 운동의 영향을 받아 국민경제가 파국의 변두리에 직면하게 되었다. '제2차 5개년 계획'시기(1958—1962년) 전 주의 연간사회생산액의 성장률은 0.88% 밖에 안 되어 '제1차 5개년 계획'시기의 7.5% 수준보다 낮았다. 연간공농업생산 총액의 성장률은 1.07% 밖에 안 되어 '제1차 5개년 계획'시기의 6.1% 수준보다 현저히 하락하였다. 그중 연간공업총생산액의 성장 률은 0.49% 밖에 안 되어 '제1차 5개년 계획'시기의 10.6% 수준보 다 낮았다. 국민소득의 성장률은 '제1차 5개년 계획'시기에 5.68% 였지만 '제2차 5개년 계획'시기에는 0.15% 수준으로 내려갔다. 지 방재정수입, 전민 기본건설투자액, 사회상품 총소매액 및 도시, 농 촌 주민저축성예금잔고 등의 연간성장률도 '제1차 5개년 계획'시기 보다 훨씬 낮았다. 종업원들의 연간화폐노임은 '제1차 5개년 계획' 시기에는 8.43% 성장하였으나 '제2차 5개년 계획'시기에는 1.21% 의 수준으로 내려갔다.[94]

4. 연속되는 정치운동과 조선족사회

중국정부는 1950년 12월부터 1951년 10월 사이 전국적인 범위 내에서 반혁명분자들을 철저히 조사하고 진압하는 정치운동, 즉 '반혁명진압운동'을 전개하였다. 중국은 이 운동을 통하여 제국주 의와 국민당이 남겨놓은 반혁명 잔여세력을 깨끗이 숙청함으로써 사회질서가 안정되어 토지개혁과 항미원조의 순조로운 진행을 유력

---

94) 수희림 등 주필, ≪발전도상의 연변≫ 연변인민출판사, 1989년, 제11—12쪽.

하게 지원할 수 있었다.

주지하는바, 제3차 국내혁명시기 공산당에 패배한 장개석과 국민당은 비록 대만으로 도주하였지만 그들의 잔여세력은 중국의 방방곡곡에 도사리고 있었다. 이들 세력은 공산당의 인민정권 수립과 토지개혁을 반대하여 도처에서 폭동과 파괴, 암살 등을 감행하면서 공화국의 사회질서를 심각하게 파괴하였다. 특히 1950년 6월 조선전쟁이 발발하자 이들은 '제3차 대전이 곧 폭발할 것'이며, '장개석도 곧 대륙으로 진격해 들어올 것'이라고 요언을 날조하며 광대한 대중들을 공포 속에 몰아넣었다. 이러한 실정에서 중공중앙에서는 1950년 10월 10일「반혁명활동을 진압할 데 관한 지시」를 반포하고 동년 12월부터 전국적으로 대대적인 반혁명진압운동을 전개할 것을 호소하였다.

1) 반혁명진압운동

연변지역의 반혁명진압운동은 중공연변지위 서기인 주덕해를 조장으로 한 '반혁명진압 5인 영도소조'의 직접적인 영도하에 진행되었다. 1951년 6월부터 연변지역 각 현 공안국에서는 ≪중화인민공화국 반혁명징치조례≫에 근거하여 죄악이 큰 반혁명분자들을 검거, 체포하기 시작하였다. 그 결과 연변지역에서는 반혁명분자 284명 체포하였는데 그중 죄악이 큰 62명을 처단하고 125명을 감금하였으며 97명을 지방에서 감독과 개조를 받도록 조치하였다.[95] 이와 같이 약 3년에 걸친 반혁명진압운동을 통하여 국민당의 잔여세력을 비롯한 반혁명분자들의 음모를 분쇄하고 적대세력들의 사회적

---

95) 연변조선족자치주편찬위원회 편, ≪연변조선족자치주지≫(상권), 중화서국, 1996년, 제538쪽; 일본학자 今井駿·久保田文次 등이 저술한 ≪중국현대사≫(山川出版社, 1984년, 제247쪽)에 의하면 중국은 반혁명진압운동에서 도합 480만여 명에 달하는 반혁명분자들을 처벌하였다.

토대를 분화, 와해시킴으로써 연변지역의 사회치안과 질서를 안정시켰으며 특히 조선전쟁을 유력하게 지원하여 항미원조의 최종승리를 쟁취하는데 크게 공헌하였다.

그런데 여기에서 주목되는 것은 이 시기 연변지역에서는 반혁명진압운동과 더불어 장기간 조선족사회의 악폐로 존재하던 아편과 마약에 대한 대대적인 숙청운동도 함께 전개되었다는 점이다. 주지하는바 아편과 마약은 일제강점기에도 동북지역 조선인사회의 큰 사회문제로 제기되어 왔었다. 특히 중조변경지역에 위치한 연변의 조선인은 조선 국내와의 내왕이 잦은데다가 인가가 드물고 광활한 장백산림해가 펼쳐져 있어 마약밀수업자들에게 罌粟을 재배하고 마약을 제조하는데 편리한 여건을 조성해주었다. 1952년 4월 중공연변지위에서는 마약숙청위원회를 설립하였으며, 각 현들에서도 마약숙청위원회 외 수백 명의 간부들을 선발하여 기층공작대를 구성한 후 농촌에 내려가 대중들을 발동하여 마약판매집단을 색출하고 검거하는 운동을 벌였다. 약 1년간의 숙청운동을 통해 1953년 말까지 도합 2,308명의 마약판매업자와 마약흡식자를 단속하고 89,439냥의 아편, 1,900냥의 모르핀을 사출하였으며 513명의 용의자들을 검거하였다.[96] 그 결과 연변지역에서는 백여 년간 지속되던 사회적 악습이 점차 자취를 감추게 되었다.

2) '3반'·'5반'운동

1951년 10월부터 연변에서는 반혁명진압운동과 함께 '3반'·'5반'운동이 전개되기도 했다. '3반'·'5반'운동은 당시 전국적으로 진행된

---

96) 연변조선족자치주편찬위원회 편, ≪연변조선족자치주지≫(상권), 중화서국, 1996년, 제533쪽.

증산절약운동 중 노출된 국가기관의 간부들의 '탐오, 낭비, 관료주의' 등 '三害'와 사리사욕에 빠져 뇌물을 먹이고 탈세하며 국가재산과 경제정보를 절취하고 노동원가와 원료를 속이는 등 '五毒' 현상을 숙청하는 것이었다. 중공중앙에서는 1951년 12월과 1952년 1월을 선후하여 「기구간소화를 실시하며 생산을 늘리고 절약하며 탐오를 반대하고 낭비를 반대하며 관료주의를 반대할 데 관한 결정」과 「도시에서 기한부로 단호하고 철저한 대규모의 '5반'투쟁을 진행할 데 관한 지시」를 내림으로써 전국적인 '3반'·'5반'운동의 서막을 열었다.

연변에서의 '3반'·'5반'운동은 대체로 대중운동을 통한 자백, 적발, 검거단계, 역량을 집중하여 전형적 범죄 집단 혹은 개인 검거단계, 종합적인 사법처리 단계 등 세 개 단계로 나누어 진행되었다. 이 운동에서 연변지역에서는 도합 3,561명의 탐오 분자들을 검거, 처리함으로써[97] 공산당의 청렴건설, 부패척결, 사회기풍의 정화에 크게 이바지하였으며, 나아가 사회주의 개조와 연변지역 국민경제의 지속적인 발전을 유력하게 추진할 수 있는 사회, 경제적 환경을 조성해주었다.

3) '반우파'운동

1956년 11월 중국공산당 제8기 2중전회에서는 자산계급 '우'파들을 반대하기 위한 정치운동의 일환으로 1957년부터 당내정풍운동[98]을 전개하기로 결의하였다. 이 정풍운동은 대체로 두 가지 측면에서 전개되었는데, 하나는 적아모순으로 규정된 자산계급 우파

---

97) 연변당안관 소장, ≪연변 '3반'·'5반'운동 속보≫ 참조.
98) 정풍운동은 중국공산당이 1942년 연안에서 전개한 당내정풍운동에서 비롯된 것이다. 정풍운동은 대체로 이론학습과 함께 비평과 자아비평의 방법으로 당원들의 사상인식을 통일하고 제고시키는 방법으로 진행되었다.

와의 투쟁이고, 다른 하나는 인민 내부 모순을 해결하는 투쟁으로서 당 내부의 정풍운동이었다. 여기서 자산계급 우파란 이른바 사회주의 혁명과 건설에 불만을 가지고 공산당의 영도를 반대하고 사회주의를 반대하는 세력을 지칭하는 것이었다.

1957년 2월에 모택동은 '인민내부의 모순을 정확히 처리할 문제에 관하여'란 중요한 연설을 발표하자 당 중앙에서는 동년 4월에 인민내부의 모순을 정확히 처리하는 것을 주제로 하고, '단결―비평―단결'의 방침을 원칙으로 하며 관료주의, 종파주의와 주관주의를 검사, 극복하는 것을 주요 내용으로 한 전 당적인 정풍운동을 진행하기로 결정하였다. 정당정풍운동 초기 연변지역의 각급 당조직들에서는 대중들을 동원하여 당과 사회주의 개조에 대한 의견을 광범위하게 '청취'하였다. 1957년 6월부터 1958년 4월까지 일명 '대자보'라고 하는 벽신문형식으로 제출된 의견만 하여도 20만 6,800여 건에 달하였다.[99] 이들 벽신문이나 각종 회의에서 제출된 의견이나 건의들은 대체로 새로 집권한 공산당간부들의 부패와 관료주의에 대한 의견이거나 1952년부터 추진된 사회주의 개조운동에서 생산수단을 박탈당한 계층의 불만을 일부 반영한 내용들이 포함되어 있었으나 절대 대부분은 중국공산당과 사회주의 건설 노선과 정책에 대한 건설적인 의견들이었다. 그러나 이러한 의견들은 공산당을 반대하고 사회주의를 반대하는 자산계급 우파의 주장으로 간주되어 비판과 투쟁의 대상이 되면서 정풍운동은 이른바 '반우파'운동으로 승화되어 갔던 것이다.

1957년 6월 8일 중공중앙에서 '역량을 조직하여 우파분자들의 진

---

99) 김명한, 「지방 민족주의를 반대하고 민족 단결을 강화하자!」, ≪연변일보≫ 1958. 4. 26일자 제1면.

공을 반격할 데 관한 지시'를 하달하였다. 이에 따라 중공연변주위[100]에서는 정풍영도소조를 설립하고 8월부터 이른바 '우파분자'에 대한 대대적인 반격을 개시했다. 초기의 정풍운동에서 일부 사람들이 제출한 건의와 의견을 두고 '반당, 반사회주의' 언론이란 감투를 씌우고 마구 비판하였다. 8월 19일 연변의학원 교원 정규창의 '반당, 반사회주의 언행'을 적발하는 '투쟁'[101]에 이어 8월 28일에는 중국작가협회 연변분회의 문학예술일꾼들이 회의를 열고 최정연의 이른바 '반당, 반사회주의 언행'을 폭로, 규탄하였다. 9월 1일 ≪연변일보≫는 '누가 연변에 우파가 없다고 하는가?'란 사설을 발표하였으며, 공청단 주위에서는 9월 5일부터 3일간 각 현(시) 직속 공장, 광산의 공청단서기 회의를 열고 청년들에게 '반우파' 투쟁의 앞장에 설 것을 호소하였다. 9월 11일부터 18일까지 거행된 연변자치주 제2기 인민대표대회 제2차 회의와 10월 7일에 거행된 연변자치주정치협상회의 제1기 위원회 제2차 회의에서는 집중적으로 '우파분자'들의 언행을 폭로, 규탄함으로써 연변의 '반우파'투쟁의 고조를 일으켰다.

그런데 여기에서 주목되는 것은 당시 연변지역의 정당정풍 및 '반우파'투쟁은 민족지구의 특성상 '지방 민족주의'에 대한 비판과 '반우파'투쟁의 확대화로 발전하면서 무고한 조선족간부들이 '투쟁' 받고 피해 받음으로서 조선족자치주의 진정한 자치와 조선족사회의 지속적인 발전을 크게 저애하였다는 점이다.

1958년 4월 2일 연변주위에서는 중공길림성위의 「연변지구의 정풍에 관한 지시」에 따라 '지방 민족주의를 반대하는 것을 중심으로

---

100) 1956년 12월 8일, 중공길림성위의 결정에 따라 중공연변지위를 중공연변조선족자치주위원회로 개칭.

101) ≪연변일보≫ 1957년 8월 28일자.

하는 정풍운동을 일층 심도 있게 전개할 데 관한 주위의 계획'을 제정하였다. 이에 따라 연변지구 정풍운동은 주로 '우경을 반대하는 것'과 '지방 민족주의'를 반대하는 것을 주요 내용으로 한 민족정풍운동으로 전환되면서 수많은 조선족간부들이 '우파' 혹은 '민족주의자' 매도되어 정치무대에서 쫓겨나거나 법적 처벌을 받았다.

1958년 4월 16일, 주위에서는 주 직속기관 각 단위 정풍영도소조 소조장 회의를 열고 지방 민족주의를 반대하는 것을 중심으로 하는 정풍운동과 반우경투쟁을 진행하여 민족문제에 있어서의 사회주의와 민족주의 간의 계선을 똑똑히 가르고 정확한 조국관과 맑스—레닌주의 민족관을 수립할 것을 요구하였다. 17일 연변자치주 직속기관 당원, 간부대회에서 주위 부서기 김명한은「지방 민족주의를 반대하고 민족단결을 강화하자」는 제목으로 보고하였다. 그는 보고에서 '자산계급우파분자들이 당과 사회주의를 향해 창궐하게 진공하고 있을 때 조선족 가운데의 소수의 민족주의 분자들도 기회를 타서 민족문제를 빌미로 당과 사회주의를 악랄하게 공격하고 있다. 그들은 민족의 이익을 위한다는 허울 밑에 소수민족에 대한 당의 영도를 반대하고 사회주의 제도를 반대하며 민족 간의 갈등을 조작하고 민족단결을 파괴하며 조선족인민들로 하여금 당의 영도와 사회주의 길을 이탈하고 자본주의 길로 나아가도록 유인함으로써 민족의 분열을 초래하고 조국의 통일을 파괴하려 시도하고 있다.'고 지적하면서 '지방 민족주의를 철저히 비판하자'고 호소하였다.102)

김명한의 '보고'를 계기로 연변에서는 '지방 민족주의를 비판하는' 민족정풍운동이 대대적으로 전개되었다. 연변주위에서는 연변의 지

---

102) 연변당사학회 편찬, ≪연변 40년 기사≫ 연변인민출판사, 1989년, 제122쪽.

방 민족주의는 한족과의 '민족동화'를 반대하고, 연변지역의 '특수화'와 '순수화'를 주장하면서 중국공산당의 민족구역자치 정책을 반대하고 민족을 분리시키고 조국의 통일과 각 민족의 단결을 파괴하는 것이 주요 목적이라고 인식하고 있었다. 그리하여 연변의 민정풍운동은 주로 조선족들의 '조국문제', '민족구역자치', '민족단결', '민족의 형성' 등 문제에 대한 인식, 토론과 '자치구역 확대론', '다조국론', '민족우월론', '민족언어 순결론', '민족지구 특수론', '민족형식 불가침론' 등에 대한 비판이 이루어졌다. 특히 연변주위에서는 우파 분자들이 조국 문제에서 '다조국론'을 제기하여 민족분리주의를 고취한다고 주장하였다. 김명한은 위의 '보고'에서 "어떤 우파 분자는 한 개 민족의 조국은 자기가 거주한 국가, 공민의 권리를 향수 여부, 공민 의무의 이행 등 조건에 의하여 확정할 것이 아니라 '선조와 혈통'에 의하여 확정해야 한다고 한다. 그들은 중국을 자기의 조국이라고 하는 것은 '조선 민족의 감정을 손상'하는 것으로 '치욕'이라고 하면서 중국이 자기 조국이라는 것을 부인한다. 어떤 자는 한 사람이 동시에 2─3개의 조국을 가질 수 있게 하며 그것을 '민족조국', '제1조국', '법률조국', '무산계급 조국' 등등으로 구분하고자 한다. 그들은 만약 중국만을 '자기의 조국'으로 승인한다면 한족에게 '동화'될 것이라 떠들고 있다."고 분석했다. 또한 그는 '공산당이 영도하는 근로 인민의 천하에는 한 개 공민에게 한 개의 조국이 있을 수 있을 뿐이고 두 개거나 세 개의 조국이 있을 수 없다. 이른바 '다조국론'은 실제를 탈리한 망상에 지나지 않는다.'고 주장하면서 민족과 무산계급의 최고 이익으로 사회주의를 재삼 강조하였다.[103]

---

103) 김명한 「지방 민족주의를 반대하고 민족 단결을 강화하자!」, ≪연변일보≫ 1958. 4. 26일자 제3면.

10월 13일에 주위에서는 상무위원회의를 열고 주위 상무위원이며 연변대학 당위 서기인 裵克 등 4명 간부들에게 누명을 들씌우고 중점적 비판대상으로 내몰았다. 뒤이어 연변대학 당위확대회의와 주위전원확대회의를 열고 배극의 문제를 가일층 적발하였다. 27일부터 30일까지 주 직속산하 문화, 교육, 위생 분야의 책임간부대회를 열고 문화, 교육 분야에서 저지른 배극의 '죄행'을 전면적으로 비판하고 배극을 '반당집단의 우두머리'라고 그릇되게 인정하였다. 연후에 중공길림성위 정풍영도소조의 심의와 비준을 거쳐 배극의 당적과 공직을 제명하였다.104)

'지방 민족주의'를 반대하는 것을 중심으로 한 연변지구의 '반우파투쟁'이 갈수록 심각하게 번져 졌기에 1,006명에 달하는 무고한 간부와 지식인들이 '우파' 누명을 쓰고 비판받았다.105) 연변에서 진행된 '정풍과 반우파투쟁'은 당내뿐만 아니라 당 외의 간부와 광범한 조선족 군중들에게까지 확대되었기에 1,006명의 '우파' 중 12명의 성급간부, 18명의 주급간부, 96명의 당원간부와 14명의 '지방민족주의 분자'106) 외 모두 일반 간부와 군중들이었다.

1959년 12월 12일에 중공연변주위에서는 전 단계의 정풍운동에 대하여 초보적인 총화를 짓고, 1960년 9월에 77명의 '우파분자' 누명을 벗겨주었다. 그 후 1962년에 중공연변주위의 「반우파 투쟁과 정풍운동에서 비판, 처리한 그릇된 사건에 대해 재심사하고 바로잡

---

104) 중공연변주위 조직부 편, ≪중국공산당 길림성연변조선족자치주 조직사 자료≫(1928—1987), 1991년, 제169쪽. 1978년에 배극의 억울한 죄명을 벗겨주고 그의 당적과 공직을 회복시켜주었다.

105) 연변당사학회 편찬, ≪연변 40년 기사≫ 연변인민출판사, 1989년, 제108쪽.

106) 「우리 주에서 우파를 잘못 구분한 것을 시정하는 사업 기본상 결속」, ≪연변일보≫ 1979년 4월 1일.

을 데 관한 의견」에 따라 747명의 '우파분자'들이 누명을 벗었고,[107) 그 외의 '우파'들은 문화대혁명이 끝난 후인 1979년에 이르러서야 비로소 억울한 누명을 벗을 수 있었다.

1958년부터 약 2년 동안 진행된 연변지역의 '민족정풍'은 연변조선족자치주의 민족자치는 물론이고 정치, 경제, 문화, 교육 등 방면에 막대한 손실과 악영향을 초래하였다. 우선 수많은 조선족 간부와 지식인들이 '지방 민족주의 분자'와 '우파분자'란 누명을 쓰고 박해를 받았기 때문에 민족자치의 주요한 징표인 자치기관 간부의 민족화가 심각하게 파괴되었고, 다음으로 민족지구의 특수성이 말살되어 민족교육과 민족문화의 지속적인 발전이 크게 침체되었으며, 마지막으로 민족단결이 심각하게 파괴되어 민족자치가 유명무실해 졌으며 사회적 불안이 만연하여 자치주의 사회질서를 심각하게 파괴하였다.

그럼에도 불구하고 이번 민족정풍은 조선족들의 민족관과 조국관의 변화에 커다란 변화를 가져오는 계기가 되었으며 특히 조선족들의 국민의식을 크게 제고시키는 결과를 초래했다. 즉 조선족들이 기존에 가지고 있던 '다조국관'을 하나의 통일된 유일 중국조국관으로 전환시켰으며, 중국공민 즉 중국조선족으로서 중국에 삶의 뿌리를 더욱 굳건하게 내리려는 의지가 더 한층 강화되었던 것이다. 즉 조선족들은 민족, 문화적인 측면에서 고국(한반도)에 대한 미련(조국애)을 버리고 중국 국민으로서 살아가야 한다는 국민의식과 사명감이 증대되었다. 그 결과 조선족은 조선민족의 고유의 문화전

---

107) 중공연변주위 조직부 편, ≪중국공산당 길림성 연변조선족자치주 조직사 자료≫(1928―1987), 1991년, 제175쪽.

통을 바탕으로 중국이라는 새로운 삶의 터전 속에서 한족을 비롯한 다른 민족과의 교류를 통하여 중국조선족 특유의 새로운 민족문화를 창조하는 길로 나아가게 되었다.[108] 이러한 측면에서 볼 때 연변지역의 민족정풍운동은 민족사회의 발전에는 커다란 걸림돌로 되었지만 이념과 사상적인 측면에 있어서는 조선족과 조선반도의 민족, 문화적인 연계성을 억제하고, 중국 내에서 다른 민족들과의 문화적인 교유에 주력하면서 조선족으로 하여금 중국 국민으로 확실하게 자리매김 하는 결과를 가져왔음을 알 수 있다.

5. 민족교육과 문화사업의 굴곡적인 발전과 좌절

1) 민족교육의 발전과 좌절

1949년 10월 중화인민공화국의 창건은 중국조선족 교육발전에 있어서 획기적인 것이었다. 공화국 창건 후 중국공산당은 민족평등 원칙에 입각하여 소수민족들에게 정치, 경제, 문화상의 평등한 권리를 부여함과 동시에 중국의 국민으로서 사회주의 개조와 사회주의 건설 사업에 적극 참여하도록 지지, 성원하였다. 이 시기 중국은 신민주주의로부터 사회주의에로 과도하는 시기였으므로 교육도 신민주주의 교육으로부터 사회주의 교육으로 전환해 갔다. 「중국인민 정치협상회의 공동강령」에서는 중화인민공화국의 문화교육은 '민족적이고 과학적이며 대중적인 신민주주의 교육'임을 강조하면서 인

---

108) 김태국, 「연변조선족자치주의 성립과 조선족사회의 변천(1949—1965)」, 고구려연구재단 편, 《연변 조선족사회의 과거와 현재》 연구총서 16, 2006년, 제173—174쪽.

민정부의 문화교육 사업은 "인민들의 문화수준을 높이며 국가건설 인재를 양성하며 봉건적이고 매판적이고 파시스트주의적인 사상을 숙청하고 인민을 위하여 복무하는 사상을 발전시키는 것을 주요한 과업으로 삼아야 한다."는 방침을 제기하였다.

이 시기 조선족교육은 사회주의 개조(1949.10—1956)와 사회주의 건설(1957—1966)이란 두 개 단계를 거쳐 신속한 발전을 가져왔다. 사회주의 개조시기 조선족교육은 건국 전에 형성된 민족교육체계를 진일보 발전시키면서 초등교육의 보급에 박차를 가하였다. 그리고 사회주의 건설시기에는 사회주의 교육체계를 확립하는 과정에서 다양한 교육형태가 구비되면서 일반교육은 물론이고 성인교육, 특수교육, 반일제교육 등 교육의 다양화가 이루어 졌으며 교육체계가 보다 완미해졌다.

첫째, 소학교와 초급중학 교육을 보급하였다. 연변지역은 일찍이 건국이전에 중, 소학교 교육이 초보적인 규모를 갖추었고 민영 중, 소학교가 많았다. 건국 이후 민영 중, 소학교가 연이어 공영학교로 전환되었으며 1952년에 이르러 연변지역에 소학교 교육이 보급되어 소학교 취학률이 이미 90%를 넘었다. 그리고 1958년에는 초급중학 교육이 보급되었으며 고급중학 교육도 신속한 발전을 가져왔다. 1957년 연변지역에는 대학이 1개소에 불과하던 것이 1958년에 이르러 5개로 증가하였으며 고중은 6개로부터 15개로, 직업중학은 전무하던 데로부터 103개소로 대폭 증가하였다.[109]

둘째, 청장년의 문맹을 퇴치하고 노동과외 교육체계(즉 성인교육)를 확립하였다. 건국 이후 성인교육을 먼저 문맹퇴치로부터 착수하

---

109) 연변조선족자치주 교육처 편, ≪교육연보≫ 1957—1958년 참조.

여 20세기 50년대 중, 후기에 청장년 문맹을 거의 퇴치하였으며, 1958년에는 연변조선족자치주가 전국에서 처음으로 문맹퇴치문화주로 되었다. 문맹퇴치 교육과 함께 과외 농민대학, 과외노동자대학 등을 설립하여 소학교로부터 대학교 교육에 이르기까지 노동과외 교육체계가 점차 확립되었다.

셋째, 대학교, 중학교는 단일적인 전일제 교육체제로부터 각종 학제가 병존하는 다각적인 체제로 발전하였다. 1958년 이후 기존의 전일제 중학교와 대학교의 토대 위에 반공반독, 반농반독 형식의 반일제 직업중학교와 농업중학교가 연이어 설치되었고, 전국에서 첫 번째로 선 농민대학인 연길현새벽과외농민대학과 민족연합 반농반독 대학인 연길현세린하공산주의노동대학, 연변장백산공산주의노동대학 등이 연이어 설립되어 중, 고등학교의 민족교육은 다양화로 발전하는 국면이 나타났다.

넷째, 민족교육체계가 확립되었다. 연변을 중심으로 동북 각지에 조선족 학교의 교육망이 이루어지면서 민족 특성이 있는 사회주의 민족교육체계가 확립되었다. 이 시기 조선족 중소학교 교육의 토대 위에 민족고등교육도 발전하여 정규적인 초등, 중등, 고등 민족교육망이 이루어졌으며 본 민족의 언어와 문자를 그대로 사용하였다. 그리고 학교운영 형식에서도 단독민족학교를 꾸리는 것을 제창하였으며, 자체의 민족교육출판기관을 설치하여 민족 특성이 있는 교과서와 참고서들을 대량 편집 출판할 수 있었다. 이 밖에도 학교교육, 성인교육, 유아교육, 특수교육도 잘 배합되어 교육구조가 다양하고도 합리적으로 발전하였다.110) 그리하여 1960년에는 1957년에 비

---

110) 김병호 등, 「중화인민공화국의 창건된 후 17년간의 조선족교육」, ≪조선학≫ 민족출판사,

하여 대학생 수는 62%로 늘어났고, 중등사범 학생 수는 2배, 기타 중등전문학교 학생 수는 약 3.5배 늘어났다. 그리고 1949년 교과서 79종, 교육도서 17종에 137만 6천 부를 출판하던 것이 1965년에는 교과서 152종, 교육도서 28종에 381만 1천 부를 출판할 수 있는 수준에 도달했다. 1949년부터 1966년까지 출판한 교과서와 교육도서는 도합 4,418종에 4,659만 5천 부에 달했다.[111]

그러나 이 시기 조선족교육은 비록 중국의 민족평등 정책과 사회주의 교육정책에 의해 전면적인 발전을 가져왔으나[112] 연속되는 정치운동으로 말미암아 민족교육의 특수성은 점차 소실되어 갔다. 1950년 10월 이후의 '항미원조 보가위국'운동, 1951년과 1952년 사이의 '3반'・'5반'운동, 1957년의 반우파투쟁, 1958년의 대약진, 인민공사 운동, 1964년의 사회주의 교양운동 등 일련의 정치운동에서 민족교육은 사회주의 교육이념에 입각한 '사회주의 각오가 있고 문화가 있는 근로자를 육성'하는 정치, 문화운동의 일환으로 간주되어 민족교육의 구체적인 내용, 방식, 제도 등은 소외되었다. 특히 1958년부터 1959년 사이 '좌'적 사조의 영향하에 교육계에서 생산노동이 강조되고 '민족문화 무용론'이 대두되면서 조선족교육은 굴곡적인 과정을 거치게 되었다. 1958년 중공중앙은 "교육은 반드시

1999년, 제210쪽.

111) 연변대학교육학・심리학 연구실, 연변민족교육연구소 교육사연구실 편, ≪연변조선족교육사≫ 연변인민출판사, 1987년, 제289쪽.

112) 1950년대까지 연변조선족자치주는 중국내에서 이미 '열 가지 제1'을 실현하였다. 1) 1952년에 소학교교육 보급, 2) 1958년에 초급중학교 교육을 기본상 보급, 3) 1958년에 청장년 문맹 퇴치를 실현, 4) 1958년에 맹아학교를 설립, 5) 1958년에 용정현 여명농민대학 설치, 6) 1949년 3월 민족대학인 연변대학 설립, 7) 대학문화수준소지자 비율이 전국에서 1위(漢族의 3.3배, 소수민족의 5배), 8) 전문기술인재 비율도 전국에서 1위(한족의 2배, 소수민족의 3배), 9) 당정기관, 기업산업단체의 지도일꾼 민족비율이 전국에서 1위(한족의 2배, 소수민족의 3배), 10) 산업부문에 종사하는 일꾼들의 비율이 제1위였다.

무산계급 정치를 위하여 복무하여야 하며 교육과 생산노동을 결합시켜야 한다."는 교육방침을 제기하였다. 이에 따라 1958년부터 두 가지 교육제도 두 가지 노동제도, 즉 전일학습, 전일노동과 병행된 반공반독 교육제도와 노동제도를 확립, 학교에서 공장을 꾸리고 공장에서 학교를 꾸리는 경향이 나타났다. 또한 동년 10월의 '전국소수민족교재출판좌담회'에서는 민족교육에서 사용하는 교과서의 내용도 통용교과서의 내용을 위주로 하여야 한다는 교재편집 방침이 제정되었다. 그 결과 민족교과서는 대체로 통용교과서를 번역한 내용이 70%를 차지하였고, 조선어교과서는 '정치교과서' 혹은 '번역교과서'로 전락하였다. 뿐만 아니라 이 시기 교육계에서는 '민족우월론', '민족언어 순결론', '민족형식의 불가침범론'을 비판하면서 조선족 교육은 심대한 타격을 받았다. 그 후 1959년부터 전국적으로 진행된 교육정돈사업 후 상술한 경향이 점차 극복되어 조선족교육은 다시 민족교육의 특색을 되살리는 계기를 마련하는 듯 했으나 결국 1966년 문화대혁명의 발발로 또 다시 새로운 시련에 직면하게 되었다.[113]

2) 민족문화사업의 발전과 좌절

연변 조선족의 민족문학예술창작은 1950년 1월 연길에 연변문학예술연구회를 조직하고, 1953년 7월에는 연변문학예술계연합회를 설립하면서부터 본격화되었다. 특히 연합회는 기관지로 ≪연변문예≫ ≪장백산≫ 등 한글 월간지를 창간하여 문학, 음악, 무용, 연극, 미술

---

113) 교육부분의 내용은 졸고, 「연변지역 조선족교육의 형성 발전과 금후전망」, 고구려연구재단 편, ≪연변 조선족사회의 과거와 현재≫ 연구총서 16, 2006년, 제223-240쪽을 참조하였음.

촬영 등 분야에서의 창작성과를 사회에 널리 선전하였다. 그 후 1956년 8월 중국 내 소수민족지구에서의 첫 작가협회인 중국작가협회 연변분회를 설립하고 문학잡지 ≪아리랑≫을 창간하여114) 연변을 비롯한 동북3성 광범한 조선족 독자들의 환영을 받았다. 이 외에도 작가협회, 음악가협회, 무용가협회, 연극가협회, 미술가협회, 촬영가협회, 민간문학가협회, 구연가협회, 서예가협회 등 민간학회들이 설립되어 연변지역은 조선족의 민족문화예술의 중심지로 자리 잡아 갔다.115)

1950년 공화국 창건 1주년 축전공연에 참한 연변가무단은 '춘경무', '절구춤', '집체농장무'와 독창 '베짜기 노래', '새 아리랑' 등 민족풍격이 농후한 다채로운 종목을 공연함으로써 모택동, 주덕, 주은래 등 당과 국가의 지도자들의 호평을 받았다. 이로부터 조선족예술의 독특한 민족풍격과 명성은 중국의 방방곡곡에 알려졌으며 조선족예술가들은 중화의 대지 위에서 마음껏 장기를 자랑하기 시작하였다. 그 후 조선족무용가들은 조선민족의 민간예술유산을 발굴, 가공하여 '농악무', '장고춤', '물동이춤', '부채춤' 등 현대특색을 갖춘 민족무용으로 승화시켰다. 특히 무용가 조득현이 '농악놀이'에 기초하여 창작한 '농악무'는 풍작을 즐겁게 경축하는 조선족 농민들의 환락의 정경을 생동하게 반영함으로써 사회주의 개조와 건설시기 조선족들의 새로운 생활을 갈망하고 또한 이러한 새 생활의 창조를 위해 꾸준히 분투하고 있는 아름다운 모습들을 충분히 체현하였다. 그리고 '물동이춤'은 조선족소녀들의 근로하고 순박하

---

114) 원래는 ≪연변문예≫였는데 후에 ≪아리랑≫을 ≪연변문학≫으로 바꾸고 1961년 5월에는 ≪연변≫으로 개칭하였다.

115) ≪연변조선족자치주개황≫ 집필소조, ≪연변조선족자치주개황≫ 연변인민출판사, 1984년 제266쪽.

며 지혜롭고 선량한 군상을 반영한 것인데 1956년 국경절 경축공연에 참가하여 우수종목으로 평가받았으며, '부채춤'은 조선족의 민간무용으로서 그 무용동작이 우아하고 아름다워 1955년 폴란드의 바르샤바에서 거행된 제5기 세계청년축전에서 금메달을 수여받았다. 이 외에도 연변가무단의 대합창교향곡 '장백의 노래'와 방초선의 여성 소프라노 독창 '처녀의 노래'는 국내는 물론이고 1957년 소련 모스크바에서 열린 제6기 세계청년축전 예술콩쿠르에 참가하여 각각 은메달을 취득하였다.116)

이 시기 조선족문학 창작에서도 휘황한 성과를 거두었다. 시가창작분야에서는 선후하여 「해란강」 등 10여 부의 종합시가집이 출간되었으며, 소설창작 분야에서는 「해란강아, 말하라」(김학철 저), 「범바위」(리근전 저), 「새로운 마을」(김창걸 저) 등을 비롯하여 10여 부의 중, 장편소설과 수백 부의 단편소설들이 창작되었다. 그 가운데서 장편소설 「해란강아, 말하라」와 「범바위」는 조선족문학역사제재에 대한 개척이고 중편소설, 장편소설의 창작에 있어서 선구자적 역할을 놀았다.

조선글 신문과 조선말 방송사업도 신속한 발전을 가져왔다. 광복 직후 연변지역에는 ≪연변민보≫(1945. 11. 5.), ≪길동일보≫(1946. 4. 1.), ≪인민일보≫(1946. 9. 1.), ≪길림일보≫(1947. 3.), ≪연변일보≫(1948. 4. 1.), ≪동북조선인민보≫(1949. 4. 1.) 등 조선글 신문들이 속속 발행되었고, 목단강지구에서는 ≪인민신보≫, 하얼빈지구에서는 ≪민주일보≫, 통화지구에서는 ≪단결보≫ 등의 신문들이 조선문으로 발행되었다. 그중 ≪연변일보≫는 중공연변지방위원회의 기관지

---

116) 수희림 등 주필, ≪발전도상의 연변≫ 연변인민출판사, 1989년, 제711-712쪽.

로서 초기에는 ≪동북조선인민보≫의 제호로 발행되다가 1955년 1월 1일부터 정식으로 ≪연변일보≫로 발간되었다.117) ≪연변일보≫는 1955년에 이르러 통신원이 도합 1,360여 명에 달했는데 그중 기간통신원 48명, 농민통신원 226명, 노동자통신원 103명, 특약통신원 1명이 망라되었다.118) ≪연변일보≫는 창간초기의 발행량은 겨우 15,408부에 불과하였으나 1956년에 이르러 22,024부로 늘어났고 1966년 '문화대혁명' 발발 직전에는 무려 33,281부로 급증하였다.

조선말 방송사업도 신속한 발전을 가져왔다. 1951년 4월 1일, 연길인민방송국(전신은 1946년 6월 연길에 설치되었던 신화방송국)을 연변인민방송국으로 개칭한 후 중앙방송국의 '공동보도와 신문요지' 프로를 중계방송 하는 외 기타 프로는 모두 조선말로 방송을 진행하였다. 연변인민방송국의 '문예무대' 프로는 매우 짙은 민족특색으로 수많은 청취자들의 주목을 끌었다. 1953년부터 매년 근 100수의 민족민간음악작품을 편집, 제작하여 노래공부 프로를 꾸렸으며, 1956년에는 '요청음악' 프로를 개척하여 매주 일요일마다 한 시간씩 방송했으며 청취자대상은 주내로부터 동북3성 나아가 국외에까지 확대시켰다. 1958년부터 연변방송국에서는 공연조를 신설하고 조선말로 된 방송극과 재담 등 장르의 프로를 방송하였으며, 1960년부터는 지방종목인 '장백의 아들', '범바위', '광활한 천지' 등을 망라한 많은 대형방송극을 제작하여 1966년까지 도합 87부를 방송하였다.119)

---

117) 최상철, ≪건국후의 17년 문화≫ ; 조룡호, 박문일 주필, ≪21세기로 매진하는 중국조선족 발전방략연구≫ 료녕민족출판사, 1997년 제303쪽.

118) ≪연변신문지─연변일보신문지≫ 1988년, 제147쪽.

119) ≪연변조선족자치주 방송텔레비죤지≫(1938─1985년), 1988년, 제14쪽.

조선문 출판업도 현저한 발전을 가져왔다. 1947년 3월 연변교육출판사 설립에 이어 1951년 8월에 연변인민출판사가 설립되었다. 1949년부터 1966년까지 연변교육출판사는 2,263종의 중소학교 교재, 121종의 사범학교 교재, 234종의 노농과외교재, 193종의 교수용 도서를 편집, 출판하였으며,[120] 연변인민출판사는 사회과학, 자연과학, 문학예술 등 여러 학과의 도서 2,632종을 편집, 출판하였다.[121] 일반도서의 출판도 큰 성과를 올렸다. 인민출판사에서는 1949년부터 1966년까지 철학, 사회과학, 자연과학기술, 문학예술 등 학과의 여러 가지 유형의 도서 2,632종을 편집, 출판하였으며,[122] 연변교육출판사에서도 중소학교의 교재 외 학교교육과 사회교육에 관계되는 수많은 도서들을 조선문으로 번역, 출판함으로써 조선족 독자들의 독서욕을 만족시킴과 동시에 다채로운 문화생활을 즐길 수 있게 했다.

이와 같이 공화국 창건 후 조선족 민족문화예술사업은 커다란 발전을 가져왔다. 그러나 복잡한 국내외 정세변화와 연이어 전개되는 정치운동을 거치면서 조선족사회의 민족문화예술사업은 적지 않은 간난곡절을 겪었다. 특히 1957년의 '반우파'운동과 이에 따른 이른바 지방 민족주의를 숙청하는 민족정풍운동, 그리고 1959년의 '반우경'투쟁, 문학예술계의 '수정주의'를 겨냥한 각종 비판운동 등은 조선족문화예술의 지속적인 발전에 치명적인 타격을 주었다. 연속되는 정치운동, 군중운동, 문예비판운동은 완전히 시비를 전도하고

---

120) 수희림 등 주필, ≪발전도상의 연변≫ 연변인민출판사, 1989년, 제751쪽.

121) 김동휘 주필, ≪연변인민출판사 창립 50주년 기념화책≫(1951. 8.—2001. 8.), 연변인민출판사, 2001년, 제116—123쪽.

122) 위와 같음.

적아계선을 혼동하여 광범한 독자와 관중들의 애대를 받고 있던 우수한 민족작가, 민족예술가, 민족예술 간부들을 '자산계급 우파분자', '지방 민족주의 분자', '반동작가' 등 누명을 씌워 잔혹하게 박해하였다. 이러한 경향은 1966년부터 시작된 '문화대혁명'에서 고조에 달하면서 조선족사회의 민족문화사업은 크게 좌절되는 운명에 놓이게 되었다.

제2절 '문화대혁명' 시기 중국조선족

1. '문화대혁명'의 발발과 전개

'문화대혁명'은 1966년 5월부터 1976년 12월까지 중국에서 벌어졌던 사회상·문화상·정치상의 대동난이다. 모택동은 공화국 창건 이후에도 계속 혁명을 주창하여 인민내부에 있는 자본주의 복벽 세력에 대해 투쟁할 것을 호소하였다. '3반'·'5반'운동, '반우파'투쟁, 사회주의교육운동 등등이 바로 그것이다. 모택동은 일찍이 문화대혁명은 소련의 수정주의가 중공에서 재연되는 것을 방지하고 중국에서 보다 이상적인 공산주의 국가를 건설하기 위한 조치였다고 천명한 바 있다. 즉, 모택동은 사회주의 개조와 건설시기에 부르주아 계급의 자본주의와 봉건주의, 관료주의 요소가 공산당과 중국 사회 곳곳을 지배하고 있으니 우리들은 프롤레타리아 '혁명 후의 영구적 계급투쟁'을 통해 이를 제거해야 한다고 주장하였다.

1965년 11월 10일 상해 ≪문회보≫에는 요문원[1]의 문예비판문장 「신편사극 '해서의 파직'을 평함」이란 글이 실렸다. 이는 강청의 사주하에 계획적으로 준비된 문장이었고 모택동이 주장하는 '영구적인 계급투쟁'의 일환인 이른바 '문화대혁명'을 일으키기 위한 '여론준비'이자 '도화선'이었다. 이어 1966년 8월 5일, 모택동의 「사령부를

---

[1] 당시 ≪문회보≫ 편집임.

포격하자—나의 한 장의 대자보」란 글이 발표되었는데, 이는 모택동이 군중을 동원하여 대약진과 인민공사화 운동 이후 실추되기 시작한 권력을 되찾고 자신이 구상하는 이상적인 공산사회 건설을 앞당기려는 의지를 집약적으로 반영한 호소문이자 당내에 보내는 일종의 지령이기도 했다. 이에 근거하여 동월 8일 중공중앙 전원회의에서는 「무산계급 문화대혁명에 관한 결정」이 채택되었다. '결정'에서는 "부르주아 계급은 타도되었지만, 이들은 아직도 다른 계급을 착취하던 낡은 이념, 문화, 풍속, 관습을 이용하여 대중을 타락시키고, 그들의 마음을 사로잡아서 역사를 되돌리려 하고 있다. 프롤레타리아 계급은 이것의 반대로 해야만 한다. 프롤레타리아 계급은 이념면에서 당면의 모든 부르주아 계급의 도전에 응전해야 하며, 프롤레타리아의 새로운 이념, 문화, 관습, 습관을 이용하여 모든 사회의 정신적 시야를 바꾸어야 한다."고 지적하면서 "현재로서는 우리의 목표는 자본주의의 길을 걷는 모든 당국자들과 투쟁하여 이들을 분쇄하는 것이고, 반동적인 부르주아 학문의 권위자들과 부르주아 계급이나 다른 모든 착취 계급의 이념을 비판 및 규탄하고, 공산주의적 경제 토대와 맞지 않는 교육, 문학, 예술, 그리고 모든 상부구조를 변환하여 공산주의 체제의 공고화와 발달을 촉진하는 것"이라고 규정하였다. 이와 같이 모택동과 그를 추종하는 세력은 당내는 물론이고 광범한 대중들에게까지도 이른바 자본주의의 길로 나아가는 모든 당국자들과 반동적인 부르주아 학문의 권위자들에 대해 공격할 것을 호소하였다. 그 결과 1966년 8월부터 전국적인 범위에서 '자본주의 길로 나아가는 당내의 집권파를 타도하자!', '반란에는 도리가 있다.'는 혁명적 구호를 외치는 수백만에 달하는 紅衛兵과 군중대오가 광장과 거리에 몰려나왔다. 이어 8월 18일, 천안문광장에서는 100만 명이 참가한 무산계급문화대혁명 경축대회가 거행되었다. 대회에서 홍위병대표가 모택동의 팔에 '홍위병' 완장을 끼워주었다. 그 후 11월 26일까지 모택동은 전후하여 8회나 홍위병들을 접견했는데 연인원수로 무려 1,100만 명에 달했다.[2] 이때로부터 중국의 방방곡곡에서는 붉은 기의 물결과 더불어 홍위병들을 중심으로 하는 '문화대혁명'이 고조되기 시작하였다.

1966년 8월 12일, 중공연변주위에서는 문화혁명영도소조를 설립하고 조장에 주위 제1서기 주덕해, 부조장에 제2서기 요흔을 각각 임명하였다. 8월 17일, 연변 각 지역들에서는 대학생과 군중들이 함께 집회를 가지고 시위행진을 단행하면서 「무산계급 문화대혁명에 관한 결정」의 발표를 경축하였다. 8월 25일 북경, 대련, 하얼빈 등지의 학생들이 연변에 와서 이른바 '혁명적 연계 맺기'를 시작하면서 연변의 문화대혁명은 본격적으로 전개되었다. 8월 31일, 연변대학 내에서 적극적인 造反(집권자 및 기득권자들의 타도를 적극 주장)을 주장하는 일부 교원과 학생들이 8.27革命造反團을 설립하자 이를 반대하는 기타 교원과 학생들은 이른바 보수를 표방하는 紅旗戰鬪聯軍이라는 조직을 결성하였다.[3]

한편 이 시기에 외지에서 온 학생들이 연길시 제1백화상점 앞에 「사령부를 포격하자!」, 「주덕해를 불사르자!」는 대자보를 내붙였다.[4] 그리고 9월 3일 연변농학원에서는 보통 교직원과 간호원, 취사원,

---

2) 진술 저, ≪중화인민공화국 60년≫ 중공당사출판사, 2009년, 제76쪽.

3) 정판룡, 「연변의 '문화대혁명'」, 중국조선족역사발자취편집위원회, ≪풍랑≫ 민족출판사, 1993년, 295쪽. 문혁 연구자들은 대체로 8.27혁명조반단을 造反派로, 홍기전투군을 保守派로 분류하고 있다.

4) 연변당사학회 편찬, ≪연변 40년 기사≫ 연변인민출판사, 1989년, 제239쪽.

학생들을 '반혁명분자', '반당분자', '검은 무리'로 모함하면서 그들의 목에 팻말을 달아가지고 용정의 큰 거리에서 조리를 돌렸다.[5] 이로부터 연변의 '문화대혁명'은 현지의 '자본주의 길로 나아가는 집권파'를 타도하고 '반혁명분자', '검은 무리'를 적발 투쟁하며 온갖 '잡귀신'들을 쓸어버리는 학생 중심의 홍위병운동으로 전환되었다. 그 후 11월 23일, 연변 제2중학교의 8.31혁명조반단, 연변농학원의 동방홍조반단, 연변대학의 8.27혁명조반단 등 13개 학교의 '造反'조직들이 연합하여 연변무산계급조반대군을 설립하였다.[6]

그러나 이 시기 연변의 문화대혁명은 모원신[7]의 추종하에 무모하게 조선족간부를 타도하고 민족분열을 조장시키는 방향으로 전개되었다. 12월 7일 하얼빈군사공정학원 조반단의 신분으로 연변에 온 모원신은 연변대학에서 8.27혁명조반단(8.27파로 약칭)의 학생들에게 주덕해에 대해 극'좌'적인 행동을 취하라고 선동하였다.[8] 12월 26일, 연변1중 신9.1혁명조반단이 먼저 중공연변주위 기관청사에 진입하여 주위의 인장, 문건, 보관서류를 빼앗고 '주덕해를 포격하자!', '주덕해를 불사르자!', '주위를 포격하자!'는 대자보를 붙였다. 이로 인하여 연변주위기관은 거의 마비상태에 빠졌고 정부기관으로서 홍위병 조반파들의 폭력적이고 무모한 행동을 통제할 수 있는 기능을 완전히 상실하였다.

1월 4일, 상해의 '1월 폭풍'과 '전면적 권력탈취' 소식이 연변에

---

5) ≪연변조선족자치주지≫(상권), 중화서국, 1996년, 제76쪽.

6) 연변당사학회 편찬, ≪연변 40년 기사≫ 연변인민출판사, 1989년, 제244쪽.

7) 모택동의 조카 모원신은 당시 공개적인 신분으로는 연변 주재 하얼빈군사공정학원 연락소 소장이었고, 내부적으로는 중공중앙 문화혁대혁명영도소조의 연락원이었다.

8) ≪연변조선족자치주지≫(상권), 중화서국, 1996년, 제76쪽.

전해졌다. 이에 고무된 8.27파와 연변일보사 내의 혁명조반단은 연합으로 연변일보사를 점령하고 "'연변일보'가 연변의 자본주의 길로 나아가는 당내의 한줌도 못되는 집권파의 의도를 충실히 집행"하고 있기에 8.27파가 오늘부터 연변일보사를 접수, 관리한다고 선언하였다.[9] 이어 8.27파는 1월 13일 연길시 중심거리에서 집회를 갖고 사회와 중, 고등학교의 수십 개 반란단체들을 규합하여 연변홍색조반자연합총부(홍색으로 약칭)를 결성하고 연변자치주의 권력을 완전히 탈취할 준비에 돌입하였다.[10] 그러나 8.27파의 시도는 보수파인 홍련파들의 도전에 부딪쳤다. 18일, 보수 성향을 가진 3만여 명의 군중들이 모여 대회를 개최한 후 '홍군'과 '홍기군' 단체를 설립하였다. 대회 후 '홍군'과 '홍기군'(후에 홍련으로 통합됨)은 공동으로 8.27혁명조반단의 단독 탈권 행동을 맹렬히 비판하면서 그들이 점거한 연변일보사를 탈환하려고 일보사 청사를 겹겹이 포위하였다. 이리하여 일보사 쟁탈을 둘러싼 이른바 '1.18'사건이 발생하였다. 이번 쟁탈전에서 1명이 숨지고 30여 명이 부상을 당했다.[11] 이튿날 8.27파는 1.18사건을 보수세력이 조반파를 압살하려는 심각한 '반혁명사건'이라고 비난하면서 홍기군 100여 명을 잡아 연변대학에 감금하고 심문과 구타를 감행함으로써 양파 간의 갈등과 대립이 심화되어갔다.

8.27파가 ≪연변일보≫의 권력을 탈취하자 모원신은 그들을 '고무격려'하면서 연변에서 지속적인 폭력과 반란이 이루어지도록 유도하였다. 모원신은 1월 30일부터 5월 4일까지 연이어 「연변의 진

---

9) ≪연변일보≫ 1967년 1월 12일자.

10) ≪연변일보≫ 1967년 1월 14일자.

11) 연변당사학회 편찬, ≪연변 40년 기사≫ 연변인민출판사, 1989년, 제249쪽.

정한 조반파들은 연합하라」, 「혁명적 대동란은 아주 좋다」, 「우리들의 관점」, 「연변 혁명의 대동란을 환호한다」, 「결전의 전야」, 「루산관 험한 길 철 같다 말라, 오늘은 대 활보로 다시 넘노라」, 「모택동 사상의 위대한 붉은 기치를 높이 들고 용감히 전진하자」 등 이른바 연변지역의 문화대혁명을 논평하는 '7론'을 발표하여12) '연변은 반드시 크게 혼란해져야 한다.'고 크게 떠들어댔다.13) 그 결과 연변에는 '권력탈취', '관원철직' 바람이 불어치면서 각급 당, 정 영도기관은 하나둘씩 홍위병 조반파들에게 장악됨으로써 사회는 급속히 혼란 상태에 빠졌고 정부는 사실상 유명무실해 졌다.

1월 25일, 신문사를 장악하고 모원신의 지지까지 받게 된 홍색은 자신들의 연합총부야말로 진정한 좌파조직이라 자처하면서 연합총부 제1호 '통고'를 내어 구 중공 연변주위가 갖고 있던 문혁 영도권을 접수, 관리함과 동시에 '무산계급 독재를 보위하고 반혁명 정변을 방지하기 위하여', '주위와 주인민위원회 당, 정 기관의 권력을 탈취'했음을 선포하였다.14) 그 후 연변지역의 문화대혁명은 모원신 일당의 통제하에 '대동란, 대진동'의 소용돌이에 휘말려들면서 주덕해에 대한 박해수위를 더 높여 갔다. 모원신은 학생들을 선동하여 주위와 시공안국 청사에 쳐들어가 '절은 작아도 부처는 크다', '못은 작아도 자라새끼들이 욱실댄다.', '주덕해를 타도하자'는 등 대자보를 도처에 붙여놓도록 했다. 모원신은 연변의 두 군중조직이 연변 당정기관을 산산이 짓부수고 주덕해를 타도하며 전면적으로 권력을 탈취하는 면에서 입장이 견정하지 못하며 행동이 과단하지 못하다

---

12) 연변당사학회 편찬, ≪연변 40년 기사≫ 연변인민출판사, 1989년, 제247쪽.

13) ≪연변조선족자치주지≫(상권), 중화서국, 1996년판, 제77쪽.

14) ≪연변일보≫ 1967년 1월 26일자.

고 불만을 표하면서 이들 조직에 대한 '대 분화', '대 개편'을 획책한 후 이른바 '좌파'조직과 보수파 조직으로 구분하여 상호 대립과 충돌이 발생하도록 유도하였다. 그리하여 이 시기 연변에는 '홍색혁명위원회', '8.27', '白抗工'15), '홍기연군' 등 4대계파로 분화되어 계파 간의 충돌이 비일비재하였다.16)

1967년 초, 중국의 각 성, 시에서는 홍위병들의 조반과 집권자들에 대한 무차별적인 투쟁으로 인하여 모든 정부기관들이 관리와 통제기능을 상실하여 중국 사회는 사실상 무정부상태에 처하게 되었다. 이러한 실정에서 중공중앙, 국무원, 중앙군위, 중앙문혁소조는 「인민해방군이 혁명좌파 군중을 단호하게 지지할 데 관한 결정」을 발표함으로써 사실상 전국적으로 군사통제(軍管制)가 실시되었다. 그러나 당시 연변지역의 군사통제에 투입된 연변주둔군부대와 연변군분구는 연변의 어느 조반파가 진정한 '좌'파인지 명확히 구분할 수 없었다. 그리하여 군사통제 초기 연변주둔군부대는 모원신의 영향을 받아 8.27파를 지지하였고,17) 군분구는 보황파로 불리우는 '홍련'에 기우치는 경향이 나타났다.18) 2월 23일 홍련 측이 8.27파가 장악하고 있는 신문사를 공격하려 하자 주둔군은 즉시 '국가재산과 인민생활의 안전보호'라는 명목으로 연변일보사에 진주하여 8.27파의 세력을 보호해 주었는데, 이는 홍련과 8.27파 간의 무력

---

15) 연변의학원의 '반란'조직 '베쯘공사(白求愚公社)'['백공(白公)'으로 략칭], 연길시 2중의 '항일군정대학반란군(抗日軍政大学造反軍)'['항대(抗大)'로 략칭], 사회 각 공장, 광산, 기업소의 로동자들로 구성된 '공인혁명위원회(工人革命委员会)'['공혁회(工革会)'로 략칭] 등 세 개 군중반란 조직으로 이루어진 파벌의 략칭 백항공(白抗工)을 말한다.

16) ≪연변조선족자치주지≫(상권), 중화서국, 1996년, 제77쪽.

17) 紅造隊宣傳組, 「3168부대의 좌파지지사업 아주 잘했다」, 『홍색조반자』 1968년 1월 29일.

18) 곡애국·증범상, ≪조남기전≫ 연변인민출판사, 2004년, 제172—175쪽.

대결을 무마시켰다는 긍정적인 측면도 있지만 주둔군부대의 이른바 좌파 지지와 보수파 홍련의 와해라는 그들 나름대로의 목적도 내포하고 있었던 것으로 분석된다.[19] 이로부터 알 수 있는바 당시 모원신은 선전매체를 통해 연변 문혁을 폭란으로 발전하도록 선동하는 데 주력했다면 주둔군은 군사통제의 명의하에 보수파를 약화시키고 이른바 조반파를 강화시키는 행동대 역할에 충실했음이 증명된다 하겠다.[20]

3월 6일부터 연변주둔부대와 연변군분구는 중공연변주위와 주인민위원회를 비롯한 주내 각 기관에 진주하여 연변지구에 대한 전면적인 군사통제를 실시하기 시작하였다. 동월 9일, 연변군사관제위원회가 설립되고 산하에 생산지휘부를 설치하여 전 주의 경제활동을 조직, 지도하게 했다.[21] 주둔군은 각 기관에 진입하여 군사통제를 실시하는 한편, 보수파를 약화시키고 좌파를 지지하는 각종 조치를 강구함으로써 중공연변주위, 주인민위원회, 연길시 인민위원회를 비롯한 공안국, 우편국, 신문사 등 군사관제 기관에서 좌파들이 주도권을 장악하도록 했다. 그 후 8.27의 일부 대원들이 주덕해에 대한 투쟁에 적극적으로 나서지 않자 곧 8.27파에 대한 분화 공작을 감행하여 일부 세력들이 조직을 이탈해 새로운 신8.27단체를 건립하도록 종용하였다.[22] 이 기초 위에서 1967년 4월 말, 주둔군부대의 적극적인 지지하에 각 기관의 혁명조반파는 '紅造隊'와 '紅

19) 紅造隊宣傳組, 「3168부대의 좌파지지사업 아주 잘했다」, 『홍색조반자』 1968년 1월 29일.

20) 염인호, 「'전단'을 통해서 본 중국 연변지방 문화대혁명과 파벌투쟁」, 고구려연구재단편, ≪연변 조선족사회의 과거와 현재≫ 2006년, 제200쪽.

21) 곡애국·중범상, ≪조남기전≫ 연변인민출판사, 2004년, 제193쪽.

22) 노동문, 「동북의 태상황 모원신이 연변에서 저지른 죄행」, 앞의 책, ≪풍랑≫ 제397쪽.

革會'를 설립하였다가 동년 6월에 이르러 홍색조반자연합지휘부를 새롭게 결성하기에 이르렀다. 이렇게 성립된 홍색은 주덕해를 타도하는 것을 주요한 투쟁목표로 설정하고 '주덕해, 姚昕, 田仁永을 타도하고 전 연변을 해방하자'는 구호를 제기하였다.[23] 이에 맞서 홍련 등 주덕해를 보호하고자 했던 단체들은 상호 연합하여 각 계통에서 홍색과 대립되는 노동자혁명위원회(노혁회), 농민혁명위원회, 상업계통혁명위원회 등을 결성하였다. 이때로부터 연변지역의 문화대혁명은 각 단체들 간에 주덕해 타도파와 옹호파로 나뉘어 치열한 공방전을 벌이면서 점차 무력충돌로 발전되어 갔다. 양파 간의 무력충돌은 대체로 주총리의 지시에 의해 주덕해가 북경으로 호송된 후에 가열화 되었는데, 대표적인 사례로는 '5.8사건'[24], '5.20사건'[25], '5.30사건'[26], '6.1사건'[27] 등이다.

7월 30일부터 8월 2일까지 연길현 개산툰에서 대규모의 무장충돌[28]이 벌어진 데 이어 8월 2일부터 4일까지는 전국을 뒤흔든 이른바 '반국가폭동(나라배반폭란)'사건이 연길시에서 발생하였다. 이 사건에서 53명이 죽고 130명이 불구로 되었으며 수만 명의 사람들이 연루되어 박해를 받았고 국가재산에도 심각한 손실을 입혔다. 사실 '반국가폭동'사건은 군관회에서 획책한 음모였다. 사건 전인 7월 30일, 홍색전선지휘부에서 연변군분구 무기창고에 쳐들어가 기

---

23) 정판룡, 「연변의 '문화대혁명'」, 앞의 책, 제299쪽.

24) 紅旗 측 여대원과 哈軍工 여대원 간에 벌어진 폭력사건.

25) 연변 2중의 井崗山, 연길시 2중의 抗大, 齊向陽 성원들이 工交系統 紅色造反者革命委員會 측의 선전차를 습격한 사건.

26) 抗大派가 중공 연변주위를 공격하여 갇혀있던 전인영 등 7명의 영도간부들을 빼돌린 사건.

27) 홍색파에서 연길시 2중을 포위하고 항대파 학생들을 공격한 사건.

28) 1967년 7월 30일에서 8월 2일 사이 연길현(현 용정시) 개산툰에서 홍색파와 연사파 간의 있었던 대규모 무장충돌 사건. 이 사건에서 30여 명이 죽고 200여 명이 부상당했다.

관총 2정, 권총 141자루, 반자동보총 13자루, 신호총 3자루, 소구경 보총과 군용보총 탄알 11상자, 수류탄 1,140개를 탈취해갔다. 8월 2일, 홍색파는 군사관제 기관인 주공안처와 시우전국을 점령하고 양식을 날라다가 저장하였다. 노동자(工人) 혁명위원회파들이 시 우편전신국(郵電局)을 점령한 홍색파에 공격을 감행하여 치열한 무장충돌이 발생했다. 무장충돌은 4일까지 지속되었는데 싸움에서 해방로에 위치해있는 작은 식당, 중앙소학교, 복장공장, 수놓이사와 일부 주민사택에 불이 나면서 피해가 증폭되었다. '8.2', '8.4'사건에서 죽은 사람은 53명이며 불구나 부상을 입은 사람은 130여 명에 달했다.[29] 군관회의 주요책임자는 '8.2', '8.4' 사건을 빌어 심양군구에 "지금 연길시의 형세가 매우 긴장하다, 그들은 '연길시를 피로 씻고 도문강을 넘어 고향으로 돌아가려고 한다, 반란을 일으킬 가능성이 확실한데 좌파에게 무기가 없어 여러 번이나 실패했고 자위할 능력마저 없다."고 거짓보고를 하고 군사훈련의 명의로 좌파에게 민병들이 쓰던 총 500자루를 내어주었다. 그리고 연변군관회에서는 4일 「공혁회(공인혁명위원회의 약칭)와 홍조사[30]에서 방화하고 폭행을 감행한 데 관한 엄중경고」와 「방화범과 흉수를 체포할 데 관한 통고」를 공표하였다. 이어 5일에는 홍색파에게 총 1,000여 자루를 내주고 해방군 8개 중대(連)를 파견하여 연변병원 입원부와 연변의학원을 포위하였다. 군관회의 주요책임자는 홍색전선지휘부 성원들에게 "'공혁회'에서 방화하고 폭행을 감행했으니 이미 성질이 변했다. 상급의 명령에 쫓아 부대에서 '공혁회'를 포위하고 방화범과 흉수들

---

29) 정판룡, 「연변의 '문화대혁명'」, 앞의 책, 제304쪽.
30) 연변의학원의 '베쭌공사', 연길시 2중의 '항대(抗大)'를 중심으로 구성된 학생연합 '반란'조직인 '연변홍위병조반사령부(延辺紅卫兵造反司令部)'의 략칭 '홍조사(红造司)'를 말한다.

을 붙잡으려 하니 군중조직에서 협조해줘야 하겠다."고 하면서 군용지도를 펼쳐놓고 구체적인 병력배치까지 해주었다. 부대의 행동에 부응하기 위해 홍색전선지휘부에서는 은행, 우전국, 연길호텔, 삼림조사대청사 등을 무력으로 점거하였다. 이에 대해 군관회에 불만이 있는 공혁회파 대원들은 전단을 뿌리고 표어를 써 붙여 대중들에게 진실을 호소하는 한편, 군관회에 찾아가 항의하였으나 군관회는 오히려 자신들의 죄행을 덮어 감추기 위해 요언을 날조하고 가짜현장을 꾸며 전람시키는 등 수단을 써가며 군중들을 기만하고 미혹시켰다.31)

8월 8일, 8.27파가 연길호텔 앞에서 「무산계급문화대혁명에 관한 결정」 발표 1주년기념대회를 개최하기 위해 연변대학으로부터 대열을 지어 이동하였다. 그러나 이들 대오가 공원다리 중심에 이르자 동쪽 제방에 매복해있던 홍색파 무장대원들의 강압적인 제지를 당했다. 8.27파의 일부 대원들이 계속 앞으로 밀고 나가자 홍색파의 무장대원들이 이들에 향해 사격을 가했는데 현장에서 3명이 죽고 9명이 부상당하였다.32)

8월 10일, 연변군관회의 조종하에 「전국 인민들에게 알리는 글—조국의 동북변강 연길시에서 사람을 놀래우는 반혁명폭란사건이 발생」이라는 전단과 '8.2', '8.4' 반혁명사건 실기—불! 불! 불! 피! 피! 피!」란 화판이 인쇄되어 전국 각지에 발송되었다. 화판에는 19폭의 이른바 '나라배반폭란죄행' 사진들이 실렸는데 죄다 오려 맞춘 가짜 사진들이었다.33) 전단과 화판은 연변의 민족모순을 격화시켰고 민

---

31) 연변당사학회 편찬, ≪연변 40년 기사≫ 연변인민출판사, 1989년, 제257—258쪽.
32) ≪연변조선족자치주지≫(상권), 중화서국, 1996년, 제78쪽.
33) 연변당사학회 편찬, ≪연변40년 기사≫ 연변인민출판사, 1989년, 제259쪽.

족단결과 군민관계를 심각하게 파괴하였으며 그 영향이 국외에까지 파급되었다. 그 후에도 이 같은 유혈사건이 계속 발생하였는데 8월 16일 연길시에서는 이른바 백공관[34]과 연변병원 입원부를 무력으로 점령한 사건이 발생하였고,[35] 8월 18일에는 개산툰에서 江心島事件[36]이 발생하였다.

한편 연변군관회에서는 상술한 사건들을 모두 '반국가폭동'으로 규정하고 '진압'과정에서 '체포'한 3,000여 명의 '반국가 폭동범'들을 '엄격'히 조사하여 그중 '나쁜 주동자'들은 공안국에 넘겨 공개적으로 심사, 처리할 것을 지시하였다. 이에 따라 연길시공안국에서는 '나쁜 주동자 학습반'을 꾸리고 '체포한' 지도간부들을 구치소에 가두고 '심사'를 진행했다. 이른바 '심사'란 갖은 혹형을 써가면서 '나쁜 주동자'들로 하여금 자기들이 범한 '반국가폭동죄'와 주덕해는 '연변의 자본주의 길로 나아가는 으뜸가는 집권파'이고 '변절자'이며 '반국가폭동의 막후 지휘자'라는 것을 인정하게 하는 것이었다. 이 학습반은 88일간 유지하다가 1968년 2월 12일에 종결되었다. 학습반에 참가했던 사람들 중 10명이 구타에 의해 사망하였고, 40여 명이 불구자가 되었다.[37]

홍색과 주둔군에서는 '8.2', '8.4'사건을 '반혁명폭란사건' 혹은 '나라배반폭란사건'으로 규정지었을 뿐만 아니라 그 배후에는 북한(조

---

34) 연변의학원 '白求恩公社'를 白公이라 약칭. 따라서 그들이 점거하고 있는 연변의학원청사를 백공관이라 호칭하였음.

35) 1967년 8월 16일 군관회의 지시에 따라 홍색선전지휘부 성원들이 무력으로 공혁회파가 장악하고 있는 백공관을 공격, 점거한 사건.

36) 1967년 8월 18일 군관회의 지시에 따라 홍색파의 무장대원들이 개산툰 강심도에 있는 연합사령부 대원들이 월경을 시도하려 한다고 하면서 그들을 향해 사격을 가한 사건.

37) 정판룡, 「연변의 '문화대혁명'」, 앞의 책, 제305쪽.

선민주주의인민공화국)인이 있다고 주장하였다. 홍색은 8월 2일에 작성한「긴급」보도문에서 '최근에 백공, 항대, 공혁회 중의 한 줌도 못되는 반동 두목들은 '김일성 만세!'를 공공연히 높이 외치고 '연길시를 피로 물들이고 도문강을 넘어 내 고향으로 가자'는 반동 구호를 제기하고 무단적 투쟁을 전례 없이 심각한 지경에까지 승급'시켰다고 비난하였다. 그러나 문혁 후인 1978년 연변에서 진행한 문혁 중 억울하게 당한 4가지 사건조사에서는 '나라배반폭란사건'이 완전히 조작된 것임이 입증되었다.38) 이에 대하여 노동문은 1967년 7월 27일 군사관제위원회 회의에서 고봉은 '연길시를 피로 물들이고 도문강을 뛰어 넘어 고향으로 돌아가자'는 글이 써진 종이쪽지를 내놓으면서 '지금 노혁회파에서 이 구호를 부르고 있으니 연구해보자'고 하였다고 증언하면서 1967년 7월 중순부터 모원신과 고봉은 '조선족은 믿음성이 없다', '연변문화대혁명에 외국이 손을 뻗쳤다'는 여론을 퍼뜨리면서 밀실에서 조선족을 음해하는 구호를 만들었다'39)고 설명하였다.

　1967년 8월 20일, 주위기관의 '홍색반란병단'에서「공고」를 발표하여 중공연변주위기관대권을 전부 접수, 관리한다고 선포하였다. 그리고 연길시 '홍색조반자총부'에서는 주군관회의 비호 하에 '홍색무장영'을 설립하고 산하에 4개련, 5개 독립소대(排)를 두었다. 이때로부터 홍색은 군관회의 세력을 업고 도처에서 폭력으로 반대파 세력들을 모함하고 구타하는 행위를 서슴지 않았으며 심지어는 시위 군중들을 향해 총격을 가해 무고한 사람들을 살해하는 만행을

---

38) ≪연변일보≫ 1978년 6월 3일자.
39) 노동문,「동북의 태상황 모원신이 연변에서 저지른 죄행」, 앞의 책, ≪풍랑≫ 제399─400쪽.

저지르기도 했다.[40)]

1968년부터 연변군관회는 무력으로 홍색파의 대립세력을 탄압하는 한편 각 현, 시에 혁명위원회를 세우기 시작하였다. 1968년 1월 13일, 연길현혁명위원회가 설립된데 이어 2월 16일부터 8월까지 기타 7개 시, 현들에서도 속속 혁명위원회가 건립되었다. 이 시기 연길시 주둔군부대에서는 '해방군모택동사상선전대'(약칭 군선대)를 조직하여 연변대학을 비롯한 기타 대학과 중학교에 진주시켜 이른바 '투쟁, 비판, 개조'운동을 지도함과 동시에 각 파 간의 연합을 추진시켜 혁명위원회를 설립하도록 촉구하였다. 이 기초 위에서 동년 8월 18일, 연변조선족자치주혁명위원회가 설립되었다.[41)] 그러나 얼마 후 연변에서는 혁명위원회 정당지도소조의 영도하에 전면적인 정당운동이 전개되었다. 정당운동의 주요목표는 '혁명적 대 비판'을 크게 벌여 '계급투쟁식멸론', '순종도구론', '군중낙후론', '입당출세론', '당내평화론', '공사용화론' 등 이른바 유소기의 '검은 6론'을 비판함과 동시에 '당내의 자산계급'을 청산하고 노 당원을 몰아내고 세대교체를 완성시킨다는 것이었다. 이를 위해 정당지도소조에서는 비판하고 개조할 중점대상들을 '5.7'간부학교에 집중시켜 노동개조를 시키는 한편, 그들을 비판, 투쟁하여 문화대혁명 가운데서의 문제를 철저히 자아비판 하도록 했다.[42)]

연변에서의 계급대오 정리사업은 일찌감치 1968년 4월부터 시작되었다. 농촌과 도시, 기업소, 정법 등 분야에서 여러 가지 파시스

---

40) ≪연변조선족자치주지≫(상권), 중화서국, 1996년, 제78쪽.

41) 중공연변주위조직부, ≪중국공산당 길림성 연변조선족자치주 조직사 자료≫(1928─1987년), 1991년, 제243쪽.

42) 중공연변주위조직부, ≪중국공산당 길림성 연변조선족자치주 조직사 자료≫(1928─1987), 1991년, 제244쪽

트적인 모진 형벌로 자백을 강요하고 사사로이 법정을 설치하여 각급 영도간부와 군중들을 잔혹하게 박해하며 억울한 사건, 조작된 사건과 잘못 처리된 사건을 빚어냈다. '학습반'에서는 이른바 '몽둥이 아래에서 특무가 나온다.', '한 방울의 피로 온 몸을 검증 한다'는 방법으로 전 주 사법계통에서만 175명의 조선족 정법간부와 경찰들이 '조선특무'로 처벌받았다. 이는 전 주 조선족 정법간부, 경찰 총수의 70%를 차지하였다. 그 가운데서 12명이 맞아서 죽었거나 핍박에 못 이겨 자살했으며 82명이 얻어맞아 종신불구가 되었다. 이 외에도 '몽둥이' 아래에서 이른바 '지하당', '지하 민족군' 등 20여 개 특무집단이 생겨나 3,000여 명이나 '특무'란 누명을 쓰고 갖은 박해를 받았다. 그중에서 200여 명이 맞아죽었거나 핍박에 못 이겨 자살했고 800여 명이 구타에 의해 불구가 되었으며 40여 명이 형사판결을 받았고 200여 명이 당내 처분과 행정처분을 받았다. 그리고 각종 억울한 누명을 썼거나 박해당한 사람은 만 명도 넘는다. 주위와 주인민위원회 부처장급 이상 조선족간부들은 대부분이 '특무집단' 명단에 올랐으며 심지어 어떤 단위는 '특무'로 판정받은 사람이 종업원 총수의 80%도 넘었다.[43]

9월 20일부터 28일까지 주혁명위원회에서는 안도현 万寶公社에서 '계급대오정리운동' 현지회의를 열었다. 각 현(시), 공사, 생산대대의 책임자들과 주 직속기관 책임자 도합 700여 명이 회의에 참가하였다. 회의 참가자들은 연변군관회 주요 책임자의 지시에 따라 설치한 만보공사의 '산 과녁 전람관'을 참관하였다. '산 과녁 전람관'이란 '계급대오정리운동' 가운데서 색출했다는 이른바 '계급의 적' 30

43) 연변당사학회 편찬, ≪연변 40년 기사≫ 연변인민출판사, 1989년, 제267—268쪽.

여 명을 '반역자', '특무', '역사반혁명분자', '나쁜 분자', '현행반혁명분자' 등 5개 관람장에 분별하여 줄을 세워놓고 '산 사람 전람'을 시키는 한편, 즉석에서 비판, 투쟁을 진행하는 것이었다. 현지회의 후 만보공사의 '경험'에 비추어 전 주내에서는 마구 붙잡고 마구 투쟁하며 핍박하여 자백하게 하는 투쟁형식이 급속히 만연되었다. 회의 직후 만보공사에서만 적발한 '계급의 적'만 해도 264명이나 되었는데 그 가운데서 39명이 맞아죽었거나 박해를 받아 죽었다. 연길현 의란공사에서도 '만보경험'에 따라 천여 명이 참가한 회의를 열고 그 자리에서 170여 명을 붙잡아 내어 투쟁했는데 단 한 달 동안에 20여 명이 맞아죽었거나 박해로 인하여 죽었다. 세린하공사에서도 '지하국민당'을 잡아낸다는 명분으로 11명을 구타하여 사망하게 했다.[44] 1969년 4월부터 1970년 8월 사이 연길현 덕신공사에서는 이른바 '특무혐의분자'를 적발한다는 명의로 사사로이 법정을 세우고 24명의 무고한 농민과 간부들을 고문, 핍박하여 거짓 자백을 받아냈는데 이로 하여 180명이 연루되어 피해를 받았고 2명이 핍박에 의해 사망하였으며 6명이 불구자가 되였다.[45] 불완전한 통계에 의하면 계급대오 정리운동 가운데서 도합 38,000여 명에 달하는 무고한 간부와 군중들이 잔혹한 박해를 받았다.[46]

---

44) 연변당사학회 편찬, ≪연변 40년 기사≫ 연변인민출판사, 1989년, 제272―274쪽.

45) ≪연변조선족자치주지≫(상권), 중화서국, 1996년, 제78―80쪽.

46) 중공연변주위조직부, ≪중국공산당 길림성 연변조선족자치주 조직사 자료≫(1928―1987년), 1991년, 제244쪽.

2. 조선족경제의 전면적인 좌절

'문화대혁명' 전인 1965년에 연변에는 324개의 공업기업소가 있었는데 그 가운데 전민소유제 기업소가 139개이고 집체소유제 기업소가 185개소이며 경공업기업소가 255개이고 중공업기업소가 69개소였다.[47] 그러나 이들 기업소들은 '문화대혁명'을 거치면서 대부분이 생산을 정지했거나 마비상태에 빠졌다. 1968년, 연변의 공업총생산액은 1967년보다 13.3% 줄어들었고 1965년보다는 무려 26.4%가 감소되었다.[48] 공업 분야에서도 대약진시기의 경험에 비추어 여전히 '강철생산을 기본 고리로 하는' 방침을 내세웠고, 기업형태도 이른바 전쟁준비에 알맞은 소형 화학비료공장, 소형 탄갱, 소형 시멘트공장, 소형 기계공장, 소형 강철공장 등 '다섯 가지 소형기업'만을 맹목적으로 발전시켰다. 1969년 안도현 석문공사에 세운 방직공장과 유수촌 동곡령에 세운 화력발전소,[49] 그리고 1970년 화룡현 와룡공사 계남에 세운 강철공장 등이 그 대표적인 사례이다. 그중 와룡강철공장은 1972년부터 생산을 시작하였으나 장기간 결손을 보아서 1979년 11월에 도산되었다.[50] '다섯 가지 소형기업'은 경제효율은 무시된 채 일방적으로 고지표, 고속도를 추구하였기에 에너지 자원과 원자재가 딸리고 제품의 질이 낮아 공업생산효율성이 크게 떨어졌다. 1972년에 이르러 전 주에 73개의 '다섯 가지 소형기업'을 세웠는데 생산액이 겨우 872만 원에 달했다.[51]

---

47) 수희림 등 주필, ≪발전도상의 연변≫ 연변인민출판사, 1989년, 제13쪽.

48) ≪연변조선족자치주지≫(상권), 중화서국, 1996년, 제79쪽.

49) 연변조선족자치주당안관, ≪연변대사기≫ 연변대학출판사, 1990년, 제255쪽.

50) ≪연변조선족자치주지≫(상권), 중화서국, 1996년, 제80쪽.

1974년, 전 주에서 90개의 전민소유제 기업소가 결손을 보았는데 이는 전 주 전민소유제 기업소 총수의 43.2%를 차지하였고 결손액은 무려 1,966만 원에 달하였다. 1976년에는 결손기업이 94개소로 늘어났고 결손액은 2,688만 원으로 대폭 증가하였다.[52]

연변은 조선족자치주이기에 '문혁'전에는 민족자치 정책에 따라 당과 국가에서는 소수민족의 특수용품생산을 적극 지원해주었다. 그러나 '문혁'기간 모원신을 비롯한 '4인방' 추종자들은 민족특징과 민속습관을 낡은 습관이라고 비판하면서 소수민족특수용품생산 기업소들을 곤경으로 몰고 갔다. 그 결과 조선민족이 즐겨 사용하는 특수용품, 예를 들면 플라스틱 제품, 가죽제품, 가정용 전기기구, 공구(五金)제품, 가구, 공예미술품, 민족악기, 의약보건품 등을 생산하는 기업들이 전례 없는 불경기에 처하여 다수의 기업들이 조업중단, 조업단축 상태에 처하였다.

농업생산에서도 주관적이고 맹목적인 경영과 분배원칙이 집행되어 농업생산의 지속적인 발전을 크게 저해하였다. 1971년 8월 19일, 중공연변주위와 주혁명위원회에서는 「농업에서 大寨를 따라 배우는 군중운동을 깊이 있게 전개할 데 관한 결정」을 선포하고 전 주 농촌들에서는 한전은 '다락 밭(梯田)'으로, 논밭은 '원전화(园田化)' 혹은 '방전화(方田化)' 농경지로 만들 것을 호소하여 대량의 옥토들이 황무지로 변해버렸다.[53] '집단노동'과 분배에서도 '노동에 따른 분배(按勞分配)'의 원칙을 버리고 '평균주의 분배방식'을 취함으로써 농민들의 생산 적극성에 큰 타격을 주어 생산효율이 현저히 하락하였다.

51) ≪연변조선족자치주지≫(상권), 중화서국, 1996년, 제897쪽.

52) ≪연변조선족자치주지≫(상권), 중화서국, 1996년, 제630쪽.

53) 연변당사학회 편찬, ≪연변 40년 기사≫ 연변인민출판사, 1989년, 제320쪽.

공화국 창건 직후 연변의 변경지방무역은 신속한 발전을 가져왔다. 1958년 조선과의 무역 총액이 이미 1,119,600원에 달했으며,[54] 1965년에 이르러서는 무려 3,561,680원으로 대폭 증가하였다. 그러나 1966년부터 연변의 변경지방무역은 점차 내리막길을 걸었다. 조선과의 수출입총액은 1966년의 847,567원으로부터 1970년에는 14,583원으로 감소하였다.[55] 1971년 후에는 '문화대혁명'으로 하여 변경무역이 아예 중지되었다.

상술한 바와 같이 '문혁'기간 공업과 농업생산을 비롯한 모든 분야의 생산과 공급, 판매가 동시에 하락하면서 전 주의 재정수입은 심한 곤경에 처하게 되었다. 1965년 연변의 재정수입은 6,248만 원이었으나 1966년, 1967년, 1968년에는 각각 6,163만 원, 5,263만 원, 4,710만 원으로 급속히 하강하였다. 그 결과 1976년에 이르러 연변의 재정총수입은 12,179만 원에 그쳐[56] 10년 전인 1966년보다 2배 증가된 것으로 나타나지만 10년 동안 연변지방재정수입의 연평균 증가율은 겨우 7%에 불과했다.[57]

3. 민족문화 교육의 시련과 좌절

'문화대혁명'은 당과 국가 그리고 여러 민족 인민들에게 엄청난 재난을 가져다준 전례 없는 대동란이었다. 이 동란에서 조선족의 민

---

54) 《연변조선족자치주지》(상권), 중화서국, 1996년, 제1319쪽.

55) 《연변조선족자치주지》(상권), 중화서국, 1996년, 제1320쪽.

56) 《연변 50년》 편찬위원회 편찬, 《연변 50년》 연변인민출판사, 1999년, 제204쪽.

57) 《연변조선족자치주지》(상권), 중화서국, 1996년, 제11쪽.

족교육은 더욱 심한 파괴를 당했다. 1952년 9월 연변조선민족자치구 설립 이후 조선족의 언어, 문자는 연변에서 통용되는 언어, 문자였다. 그런데 '문화대혁명' 가운데서 동북의 '太上皇'인 모원신 등은 민족 언어, 문자 평등정책을 부정하고 연변에서 '조선어 무용론'을 고취하였다. 그 결과 '문화대혁명' 기간에 각급 지도기관, 사회생활에서는 물론이고 학교교육에서까지도 민족의 언어, 문자가 보호받지 못하고 '있어도 되고 없어도 되는' 무용지물로 변해버렸다. 각급 당정지도기관, 기업단위와 사업단위에서 회의를 하거나 문건을 작성할 때 조선족의 언어, 문자를 사용하지 않았고 조선어문 연구기구와 번역기구가 폐지되었으며 조선문 잡지의 대부분이 정간되었다.

학교교육에서는 '조선어 무용론'과 '조선어 혁명론'의 영향으로 말미암아 적지 않은 학교들에서는 고등학교(高中) 단계에서 조선어문과정을 아예 없애버렸다. 소학교 단계의 조선어문 수업시간도 전반적으로 대폭 감소되었다. '문혁'기간에 제정된 10년 일관제 조선족학교의 교수계획에는 조선어문수업 시간이 소학교가 1,060교시이고 중학교가 540교시로서 중학교와 소학교의 시간을 합쳐도 겨우 1,600교시에 불과했다. 이는 '문혁' 전의 조선족학교 10년제(소학교 1학년부터 고중1학년까지)의 조선어문 총 수업교시보다 약 1,000여 시간이나 감소된 것이었다.58) 그리고 '문혁'기간에 사용한 중학교와 소학교의 조선어문 교수요강과 교재는 민족문화와 생활특징에 맞추어 편찬된 것이 아니라 전부 한족학교 어문교수요강과 교재를 그대로 번역하여 사용하였다. 또한 조선어문 교과서의 내용을 분석해 보면 '문혁' 전에는 민족작품이 30%이고 번역 작품이 70%

---

58) 박규찬 등 편저, ≪연변조선족교육사고≫ 길림교육출판사, 1989년, 제177쪽.

였는데 '문혁'시기에는 번역 작품이 99.4%이고 민족작품이 겨우 0.6%에 불과했다.[59]

'문혁'기간 조선족중학교의 교육체계도 심하게 파괴되었다. 임표—강청 반혁명집단 및 그 추종자들은 민족학교의 운영은 '지방 민족주의를 키우는 형식'이고 '민족의 협애성으로 학교를 운영하는 형식'이라고 비판하면서 민족연합학교야말로 민족의 융합을 촉진하는 '혁명적' 형식이라고 떠들어대면서 조선족학교와 한족학교들을 '합병'하여 민족연합학교로 개편할 것을 강요하였다. 그리하여 '문혁'시기 조선족인구가 비교적 적은 훈춘현에서는 17개의 민족연합학교를 설립하였고, 돈화현에서는 45%의 조선족 중학교와 소학교를 한족학교에 합병하고 23%의 조선족 중학교와 소학교는 아예 취소해버렸다.[60] 그런데 여기에서 주목되는 것은 조선족들이 다수지역인 일부 현, 시들에서도 '조선언어 무용론'이 팽창되면서 적지 않은 조선족 학부모들이 갖은 방법을 동원하여 자녀들을 한족학교에 보내는 경향이 나타났다는 점이다. 1976년의 통계에 의하면 연변조선족 소학생들의 12.5%, 중학생의 25%가 한족학교에서 공부하였다. 그 결과 이들 조선족학생들을 중심으로 자기 민족의 언어와 문자도 모르는 새로운 '조선어문 문맹' 집단이 형성되기 시작하였다.[61]

1960년대 연변지역의 조선족교육체계는 소학교로부터 대학에 이르는 학교교육을 중심으로 성인교육, 유아교육 등의 면에서 비교적 완정한 민족교육체계를 확립함으로써 민족경제와 문화사업의 발전

---

59) 김재률 주필, ≪연변조선족자치주교육지≫(1715—1988), 동북조선민족교육출판사, 1992년, 제128—129쪽.

60) 박규찬 주필, ≪연변조선족교육사≫ 연변인민출판사, 1987년, 제317쪽.

61) 박규찬 등 편저, ≪연변조선족교육사고≫ 길림교육출판사, 1989년, 제181쪽.

에 수많은 우수한 인재들을 육성하였다. 그러나 '문혁'기간 '4인방'을 중심한 반혁명세력은 건국 이후 이루어놓은 민족교육체계를 '수정주의', '지방 민족주의'라고 비방하면서 민족교육을 대폭 축소하거나 아예 취소해버렸다. 그중 조선족의 고급인재를 육성하는 연변대학은 이들 세력들의 주요 공격대상이 되었다. 이들은 연변대학을 '민족분열주의를 실시하는 검은 거점'이고, '나라를 배반하고 수정주의에 투항하는 분자들을 키우는 온상'이라고 모함하면서 '이런 민족대학은 박살내야 한다.'고 떠벌였다.62) 그 대책으로 이들은 우선 교원과 학생들의 민족비례를 인위적으로 변화시켰다. '문혁' 전 조선족 교직원들과 기타 민족 교직원 간의 비례는 8:2였지만 '문혁'시기에 1:1로 조정되었으며, 조선족학생과 기타 민족 학생 간의 비례도 8:2에서 3:7, 혹은 2:8로 수정하였다. 그 결과 이 시기 대학교 내의 조선족 교직원들은 민족편제가 초과되었다는 이유로 학교에서 쫓겨났거나 농촌으로 내려가 이른바 '노동개조'를 받았고, 동북지역의 많은 조선족학생들은 편제가 제한되어 입학이 갈수록 어려워졌다. 다음으로 이들은 민족대학의 특수성을 부정하고 전공구조와 과정안을 마음대로 뜯어고치고 중학교 조선어문교원을 양성한다는 명의하에 조선어문전공에 한족학생을 모집하고 심지어는 한어로 강의하도록 했다. 이에 따라 1970년 조선어문전공에서 신입생 27명을 모집했는데 그 가운데 한족학생이 16명이나 되어 한족학생이 조선어문전공 학생의 60%를 차지하였다. 그리고 모집한 한족학생들이 조선어를 몰라 정상적인 수강을 할 수 없자 이들은 현대조선어 과목까지도 한어로 강의하도록 강요하였으며 기존의 한어전공은 중문전업으로 전환시

---

62) 박규찬 등 편저, ≪연변조선족교육사고≫ 길림교육출판사, 1989년, 제178쪽.

컸다.63) 세 번째로 이들은 연변지역의 3개 대학교 중 연변대학만 남겨두고 연변의학원과 연변농학원을 중등전문학교로 강등시켜 연변 민족대학의 교육체계를 완전히 파괴하여 버렸다.

'문혁'시기 민족교육에 있어서 교육체제와 교학내용 뿐만 아니라 민족교원대오도 심대한 타격을 받았다. 조선족학교의 대부분 교장들은 터무니없이 '자본주의 길로 나아가는 집권파', '잡귀신', '반역자', '특무', '민족분열주의 분자' 등의 죄명을 쓰고 비판 받거나 타도되었다. 그리고 '계급대오정리' 운동 중에서도 적지 않은 교원들이 '현행반혁명분자', '특무', '역사반혁명분자' 등의 누명을 쓰고 비판을 받고 '노동개조'를 받았다. 그 결과 대량의 억울한 사건, 날조된 사건, 잘못 처리된 사건들이 생겨났다. 통계에 의하면 '문혁' 시 2,000여 명의 대학교, 중학교, 소학교의 간부와 교원들이 강제적으로 농촌에 추방되어 '재교육'을 받았다.64) 연변대학에서 갖가지 누명을 쓰고 비판받았거나 투쟁당한 간부와 교원이 124명인데, 그중 119명이 조선족이었다.65) 그리고 210명의 간부와 교원들이 편벽한 산간마을로 쫓겨 내려갔거나 '5.7'간부학교에 보내져 '노동개조'를 받았는데, 그중 198명이 조선족으로서 전체 조선족 간부와 교원(316명)의 62.7%를 차지하였다.66) 이 외에도 연변농학원의 3분의 1의 교직원이 '계급대오정리' 가운데서 '반혁명', '특무'란 누명을 썼는데, 이 시기 3개 대학교의 간부와 교원 가운데 비판 받고 투쟁당

---

63) 위의 책, 제179—180쪽.
64) 김재률 주필, ≪연변조선족자치주 교육지≫(1715—1988), 동북조선민족교육출판사, 1992년, 제5쪽.
65) 당시 연변대학 교직원 수는 도합 539명인데 그중 조선족 교직원이 316명이었다.
66) 박규찬, ≪연변대학교사≫ 연변대학출판사, 1989년, 제101—102쪽.

한 사람이 1,247명이고 농촌으로 쫓겨 간 사람이 366명이며 '5.7'간 부학교에서 '노동개조'를 받은 사람이 75명이다. 그 결과 1970년에 이르러 3개 대학교에 교직원이 250명밖에 남지 않았는데 이는 '문혁' 전 전체 교직원 수의 23.7%에 불과했다.[67) 중학교의 교원대오도 이와 유사했다. '문혁'시기 연길현 제5중학교에는 교원이 도합 76명이 있었는데 그 가운데서 여러 가지 죄명을 쓰고 비판받고 투쟁당한 교원이 45명이었으며, 1966년 연길현 제2중학교 교직원 수는 도합 90명이었는데 1970년에 이르러 22명밖에 남지 않았다. 그리고 연변 제1중학교 교원의 3분의 1과 직원의 4분의 1이 갖가지 누명을 쓰고 농촌으로 쫓겨났다.[68)

'문혁'시기 조선족의 민족문화 영역에서도 심대한 타격을 받았다. 1966년 7월 13일 '문화대혁명' 공작조가 연변문학예술계에 파견되어 왔다. 이어 9월에는 연변문련 및 그 산하의 각 분회가 '혁명의 중점대상'이 되어 강제 해산되었고, 그해 10월에는 ≪연변≫잡지가 정간되었다. 1968년 주 혁명위원회가 설립되면서 산하의 정치부에서 전 주의 문화예술사업을 총괄하였다. 이들은 우선 사회주의 건설시기 민족문학예술사업에서 이룬 모든 성과를 '민족문화혈통론'이라는 죄명을 씌워 부정하고 비판하였다. 이에 따라 훌륭한 민족문화예술작품들이 '독초', '반동작품'으로 전락하고 수많은 문예계인사들이 터무니없는 죄명을 쓰고 비판받았다. 1969년 7월에 개최된 이른바 '두 갈래 노선 투쟁사' 학습반에서는 직접 투쟁의 예봉을 중공연변주위 제1서기인 주덕해의 '민족문화혈통론'에 집중시켰다. 조선민족

---

67) 김재률 주필, ≪연변조선족자치주교육지≫(1715—1988), 동북조선민족교육출판사, 1992년, 제259쪽.

68) 박규찬 주필, ≪연변조선족교육사≫ 연변인민출판사, 1987년, 제320쪽.

민간전통예술의 대표작으로 평가받던 교향곡 '장백의 노래'와 연극 '장백의 아들' 등은 죄다 '민족문화혈통론'을 고취하고 '매국주의, 투항주의', '나라를 배반한 수정주의'라는 죄명을 쓰고 비판을 받았다. 이러한 실정에서 조선족의 문화예술유산을 발굴, 수집, 정리하는 사업들이 연이어 중단되고 수많은 조선족의 전통적인 예술작품들이 '매국적인 이국문화', '수정주의 대 독초'로 간주되어 매장되었다. 조선족 인민들이 제일 사랑하는 '농악무'는 지주계급이 심심풀이하는 '놀잇감'으로 폄하되었고, 전통적인 무용예술풍격이 다분한 상모동작은 '당을 의심하는 표현'으로 간주되어 공연하지 못하게 하였고 우아한 '장고춤'도 宮庭의 '노리개 감'으로 매도하면서 관중과 만나지 못하게 했다. 연변가무단은 1968년에 모택동 사상 선전소에 귀속되었다가 이듬해 11월에 본보기극 학습반에 편입되어 약 3년간 교향악 '사가풍', 피아노 방창 '홍등기', 무용극 '백모녀' 등 이른바 '본보기극(樣板戲)'만 공연하였다. 그 후 1971년 1월 주 혁명위원회 정치부 문공단으로 개편되었다가 1974년 4월에야 비로소 연변가무단이라는 명칭을 회복하였다. 그리고 연변연극단은 1969년에 취소되고 배우 17명만 남겨서 본보기극 학습반에 참가시켜 '紅燈記'를 보급하는 외 나머지 사람들은 죄다 농촌에 내려 보냈다가 1973년에야 비로소 복직시켜주었다. 이처럼 극단적인 정치운동의 소용돌이 속에서 연변의 전문예술공연단체들은 막심한 재난을 당하였으며 연변의 조선족 민족문화예술은 거의 마비상태에 빠졌다.[69]

'문혁'시기 연변의 조선문 신문들도 전국 기타 지방의 신문과 마찬가지로 막중한 재난을 입었다. 1967년 초, 연변일보사에 대한 군사

---

69) 손춘일 등 편찬, 《중국조선족사회문화발전사》 연변교육출판사, 2008년, 제283쪽.

통제가 실시되면서부터 ≪연변일보≫ 조, 한문은 모두 제호를 ≪신화사전문≫으로 바꾸어 발행했다.[70] 조선문판은 1967년 2월 25일부터 1968년 7월 31일까지 약 520일간 ≪신화사전문≫으로 발행되었는데 그동안 조선족과 관련된 보도는 물론이고 지방소식마저도 단 한편도 게재하지 못하고 전부 신화사전문만 번역하여 실었다. 1968년 8월 1일 ≪연변일보≫가 다시 제호를 회복하였으나 1976년 10월까지의 약 7년 2개월 동안 ≪연변일보≫ 조선문판은 여전히 ≪연변일보≫ 한문판의 내용을 그대로 번역하여 게재하는 식으로 운영되었다. 그 사이 연변일보사에서는 1968년 10월부터 1969년 6월 말까지 약 9개월 동안 이른바 '계급대오정리' 운동을 전개하였다. '계급대오정리' 운동에서 연변일보사의 조선족 편집, 기자, 간부들은 '지하노동당', '조선특무', '지하국민당', '현행반혁명분자' 등 누명을 쓰고 갖은 구타와 박해를 받았다. 통계에 의하면 1969년 12월을 전후하여 연변일보사에서는 이른바 '5.7'전사라는 명의로 62명의 편집, 기자와 행정간부들을 농촌에 내려 보내 '노동개조'를 받게 했다. 그중 조선족이 58명, 한족이 3명, 만주족이 1명이었다. 이들 대부분은 가장 간고하고 편벽한 산간마을에 내려가 짧게는 2년, 길게는 10년간의 '노동개조'를 받은 후에도 유관부문의 엄격한 심사를 통과해야만 비로소 일보사로 복직할 수 있었다.

연변방송국에서는 1967년 1월 13일부터 모든 지방프로를 중지하고 중앙방송을 중계방송하거나 조선어로 번역한 신화사 '전문'원고를 방송하는 형식으로 운영되었다. 그리고 음악프로와 문예프로는 '혁명적 본보기 극' 외에 다른 프로를 절대 방송하지 못하도록 규정

---

70) ≪연변신문지─연변일보신문지≫ 1988년, 제144쪽.

되어 있었기에 대체로 모주석의 '어록노래', '시사노래'와 '남니만', '홍색낭자군', '팔로군행진곡' 등만 반복적으로 방송하였다.

'문혁'의 10년은 연변의 민족출판사업에도 전례 없는 재난을 가져다주었다. 이 시기 연변의 조선문 출판사는 민족역사 및 문화예술과 관련된 어떠한 책자들도 출판하지 못하고 단지 ≪모주석어록≫만 출판하는 '어록출판사'로 전락함으로써 서점은 거의 전폐되었고 독자들은 마땅히 읽을 책이 없어 심한 '도서위기' 현상까지 초래하였다. 연변인민교육출판사의 사정도 예외가 아니었다. 1966년 6월 '문화대혁명' 공작조가 교육출판사에 진주하면서부터[71] 전 출판사의 종업원들은 모든 사업을 중지하고 전문적으로 '문화대혁명'에 참가하여 영도간부와 편집들에 대한 비평과 투쟁을 진행함으로써 출판사는 이른바 '文革宣傳所'로 변해버렸다. 따라서 두 출판사의 편집부는 해체되거나 취소당했으며 수많은 편집 일꾼들은 여러 가지 누명을 쓰고 농촌으로 쫓겨나 '노동개조'를 받았다. 당시 두 출판사에서 중점 혐의대상으로 지목되어 비판과 투쟁을 받은 편집일꾼이 종업원 총수의 40%에 달했고 40여 명의 간부와 군중들이 '자본주의 길로 나아가는 집권파', '계급이색분자', '반역자', '특무', '반혁명분자' 등 죄명을 쓰고 갖은 비판과 투쟁을 받았다. 통계에 의하면 당시 60% 이상의 출판, 편집 일꾼들이 농촌으로 쫓겨나 '노동개조'를 받았다.[72]

---

71) 그 시기에 연변인민출판사와 교육출판사는 한 개 지도부에 두 분야의 편집부를 갖고 있으면서 대외에 두 출판사의 명칭을 썼다.

72) 수희림 등 주필, ≪발전도상의 연변≫ 연변인민출판사, 1989년, 제752쪽.

4. '문화대혁명'의 교훈과 영향

장장 10년 동안 지속된 '문화대혁명'은 연변에 심한 재난을 가져다주었다. 연변지역의 '문화대혁명'이 조선족사회에 미친 영향과 교훈을 요약해보면 대체로 다음과 같다.

첫째, 중국공산당의 민족정책이 여지없이 짓밟혔으며 민족간부대오가 심각하게 파괴되었다. '문화대혁명'이 시작된 후 동북의 '태상황' 모원신은 자기의 특수한 신분을 이용하여 당의 민족정책을 무시하고 군중을 선동하여 민족갈등을 야기하는 수단으로 대동란의 국면을 조성하였다. 그 결과 당의 민족정책이 전면적으로 파괴되었고 민족구역자치가 유명무실해졌다. 그리고 민족문제를 처리함에 있어서도 억울한 사건이 무더기로 나타났다. 끊임없는 정치운동 가운데서 많은 조선족간부들이 박해를 받았다. 특히 '주덕해사건', '반국가폭동사건', '조선특무사건' 등 억울한 사건에서 무참하게 살해된 사람이 2,500여 명이고 불구가 된 사람이 5,000여 명이며,[73] 이에 연루되어 박해받은 간부와 군중은 무려 38,000여 명이나 되었다.[74]

둘째, 여러 민족 간의 단결이 심각하게 파괴되었다. '문화대혁명' 기간 이른바 '지방 민족주의'를 중점으로 삼아 비판하면서 운동의 예봉을 주덕해 등 조선족 간부와 군중한테 돌려 수많은 조선족 간부와 군중들을 모함, 배척하며 공격하였다. 그리하여 '대한족주의' 경향이 다시 머리를 쳐들게 하였을 뿐만 아니라 한족과 기타 소수민족 간의 관계를 악화시켰다. 이와 동시에 한족들 내부에서도 서

---

73) 중공연변주위 조직부, 《중국공산당 길림성 연변조선족자치주 조직사 자료》(1928—1987), 1991년 5월, 제15쪽.

74) 《연변조선족자치주지》(상권), 중화서국, 1996년, 제79쪽.

로 '지하국민당'을 잡아내는 동족상잔의 비극도 초래하였고 나아가서는 여러 민족이 서로 의심하고 서로 색출해서 투쟁하는 일들이 비일비재로 나타나 조화를 잘 이루던 여러 민족 간의 관계는 급속히 악화되어 갔다.

셋째, 민족문화사업이 엄중하게 유린당하였다. 운동초기 '네 가지 낡은 것'을 타파하는 과정에 허다한 전통문화를 짓부숴 버리거나 파괴하였다. 학교에서는 날마다 '교육혁명'의 미명하에 '어록'을 읽는 것으로 교수를 대체하였으며, 민족전통예술인들을 '잡귀신'으로 몰아 투쟁하거나 농촌으로 내려 보내 '노동개조'를 받도록 했다. '본보기극'과 '홍색선전대'의 '붉은 종목'이 모든 예술무대를 독점하였고 '충성무'로 군중문화를 대체하였으며 군사훈련과 노동으로 체육과목을 대체하여 민족문화사업이 완전한 마비상태에 빠지게 했다.

한마디로 최고지도자에 의해 그릇되게 발동된 '문화대혁명'은 반혁명집단에 이용되어 당과 국가는 물론이고 여러 민족 인민들에게 심각한 재난을 가져다주었다. 약 10년간의 사회동란 가운데서 조선족자치주의 국민경제발전이 지체되고 교육, 과학, 문화 사업이 심각하게 파괴되었다.

<그림 6-1> 1958년 8월에 연변의 첫
인민공사 - 동성인민공사

<그림 6-2> 1962년 9월 3일 연변조선족자치주
성립 10주년 경축활동

<그림 6-3> 1978년 주덕해에게 씌운 누명을
벗기고 명예를 회복해주었다.

<그림 6-4> 거센 대약진의 흐름 속에서
사람마다 제철작업에 떨쳐나섰다.

<그림 6-5> 공화국창건초기인 1952년의 연길시 정경

<그림 6-6> 농업분야에서는 '농업에서 대채(大寨) <그림 6-7> '문혁'시기에 수많은 간부와 지식인들이 농촌에
를 따라 배우기'운동을 대폭 벌리면서 다락 쫓겨 가거나 '5.7'간부학교에 가서 '노동개조'를 받았다.
밭을 만드는 붐이 일어났다.

<그림 6-8> '문화대혁명'의 대폭풍속에서 연변의 '파벌혼 <그림 6-9> 전국 첫 농민대학 - 연길현 새벽농민대학
전'이 날로 증폭되어 군중간의 '무력투쟁'이
갈수록 치열해졌다.

제7장

맺는말:
향후 연구과제와 전망

지금까지 한국과 중국학계에서 재만 조선인 이주사에 대한 연구는 양적인 면에서나 질적인 면에서 적지 않은 성과를 축적하였다. 한국의 경우 초기의 해외 독립운동사 연구의 일환에서 진행되던 재만 한인사회에 대한 연구가 점차 이주사를 비롯한 정치, 경제, 문화, 교육 등 제 분야로 확대되었음이 확인된다. 특히 근래에 이르러서는 연구방법도 일국사적인 시각에서 벗어나 역사학자는 물론이고 사회학, 인류학, 민족학, 지리학 등 다양한 분야의 학자들이 참여하면서 재만 조선인의 이주와 정착뿐만 아니라 지금의 중국조선족사회에 대한 연구도 활발히 이루어지고 있다. 그럼에도 불구하고 한국학계의 재만 조선인사회에 대한 연구는 아직까지도 광복 전 중국의 역대 정권과 일본의 조선인 지배정책에 대한 연구가 주축을 이루고 있다. 그러므로 한국에서의 만주지역 조선인 이주사 연구는 비록 양적, 질적 성장을 가져왔으나 조선인 이주민들이 만주지역에서 역대 통치세력에 능동적으로 대처하면서 자신들의 신근한 노력으로 제2의 고향을 개척하고 건설한 모습을 제대로 그려내지 못하고 있으며 현재 중국조선족사회에 대한 연구는 아예 초기 단계에서 방황하고 있는 실정이다. 최근 한국사학계에서는 동아시아 한국학의 정립과 확산, 혹은 한국학의 세계화를 추구하기 위한 대형 프로젝트들이 진행되고 있다. 이러한 실정에서 금후의 재만 조선인사회에 대한 연구는 한국근대사의 한 범주로서가 아니라 중국동북 현대사를 비롯한 한중, 한일, 중일관계사의 시각에서 연구되어야 한다고 생각된다.

　주지하는바, 중국조선족 사학계의 조선족사 연구는 대체로 중국 소수민족사의 시각에서 접근하고 있음을 알 수 있다. 물론 중국에서의 조선족사 연구는 조선민족사거나 한국(조선)사의 연장선이 아닌 마땅히 조선족을 주체로 한 중국 경내 조선민족 역사에 대한 전면적이고 체계적인 연구가 이루어져야 한다. 특히 중국조선족은 '과경민족'의 후예들로서, 근대적 디아스포라라 할 수 있다.[1] 이러한 시각에서 볼 때 금후 재만 한인 이주사(중국조선족 이주사) 연구는 중국 소수민족으로서의 국민정체성 뿐만 아니라 조선민족의 디아스포라로서의 민족정체성 연구에도 관심을 돌려야 한다. 즉 조선인의 만주 이주와 정착, 나아가 중국조선족공동체의 형성과 발전과정을 근대적 디아스포라라는 시각에서 접근하는 다양한 연구방법이 요망된다 하겠다. 근래 중국 내에서 조선족 정체성 문제를 둘러싸고 치열한 논쟁이 전개되고 있는데, 이를 종합해 보면 대체로 국민정체성을 강조한 '100% 조선족'[2], 디아스포라 성격을 강조한 '이중정체성'[3], 이중문화성격을 반영한 '변연문화론'[4] 등이 대표적인 시각이라 할 수 있다. 황유복은 중국조선족은 비록 한반도에서 이주한 천입민족으로서 조선민족이라는 종족집단의 한 부분이지만 '중국 국적을 가진 중국 소수민족의 일원'임을 강조하였고, 김호웅은 중국조선족의 정체성을 근대적 디아스포라 시각에서 접근하여 "조선족은 정치적으로 중국화 되었지만 문화적 측면에서는 한반도 문화와 밀접한 관련이 있는 '코리안 디아스포라'의 한 갈래"라고 분석하면서 이중문화신분을 갖고 있는 조선족은 민족문화의 정체성

---

1) 김호웅, ≪재중 조선인 디아스포라 문학연구≫ 연변대학출판사, 2010년.

2) 황유복, 「조선족 정체성에 대한 담론」, ≪중국조선족사연구≫ 2009, 민족출판사, 2011년.

3) 김호웅, 「중국조선족과 디아스포라」, 한국방송통신대학교 재외조선인학회포럼, 2010.2.18

4) 김강일, 「조선족의 정체성과 조선족의 미래」, ≪조선족의 정체성과 향후 역할에 관한 연구≫ 동북아공동체연구회, 2010년,

을 보전하면서 중국의 주류민족의 장점을 받아들여 자립적인 민족으로 거듭나야 한다고 주장했다. 그리고 조선족의 이중문화성격을 강조한 김강일은 중국조선족의 정체성을 유지하려면 중국문화에로의 동화를 지양하는 동시에 한국의 극단적 민족주의 경향을 경계하면서 중국문화와 한반도문화에 대한 취사선택을 통해 보다 합리적이고 특유한 조선족문화를 발전시켜야 한다고 지적하였다.

근래 중국조선족 사학계에서는 조선족 역사연구에서 나타나고 있는 복잡하고 다양한 문제들을 '一史兩用'의 시각으로 접근하여 협애한 민족주의 사관이나 일국사적 편견을 극복하는데 크게 기여하였다. 그러므로 금후 재만 한인 이주사 혹은 중국조선족사 연구도 근대 디아스포라 시각에서 다각적이고 체계적인 연구가 이루어져야 한다고 생각된다.

참고문헌

1. 사료·자료

1) 한국

≪世祖實錄≫ ≪成宗實錄≫ ≪睿宗實錄≫ ≪世宗實錄≫ ≪成宗實錄≫ ≪仁祖實錄≫ ≪肅宗實錄≫ ≪顯宗實錄≫ ≪英宗實錄≫ ≪正宗實錄≫ ≪純祖實錄≫ ≪備邊司謄錄≫ ≪通文館志≫ ≪高麗史≫

金正柱·吳世昌 編, ≪間島問題≫ 韓國史料研究所, 1968.

고려대 아세아문제연구소 편, ≪구한국외교문서≫ 「淸案」 9, 1971.

추헌수, ≪자료 한국독립운동≫ 1~4, 연세대 출판부, 1971.

국회도서관, ≪間島領有權關係拔萃文書≫ 1975.

한국침략사료집, ≪間島關係(開放及調査)≫ 1~2, 고려서림, 1990.

陸洛現 편, ≪간도령유권관계자료집≫ 1~2, 백산자료원, 1993.

김노규, ≪北輿要選≫(≪間島領有權關係資料集≫ 2, 백산자료원, 1993)

朴權, ≪北征日記≫(≪間島領有權關係資料集≫ 2, 백산자료원, 1993)

崔宗範, ≪江北日記≫(≪間島領有權關係資料集≫ 2, 백산자료원, 1993)

한국독립운동사자료총서 제8집, ≪龍淵 金鼎奎 日記≫ 상·중·하, 독립기념관 한국독립운동사 연구소, 1994.

한국독립운동사자료총서 제10집, ≪北愚 桂奉瑀資料集≫(1), 독립기념관 한국독립운동사 연구소, 1996.

2) 중국

≪淸實錄≫ ≪淸三朝實錄≫ ≪大淸穆宗毅皇帝實錄≫ ≪延吉縣志≫ ≪和龍縣志≫ ≪汪淸縣志≫ ≪琿春縣志≫ ≪寧安縣志≫ ≪遼史≫「地理志」

郭布羅·長順 修, 李桂林 纂, ≪吉林通志≫ 1891.

吳祿貞, ≪延吉邊務報告≫ 奉天學務公所, 1907.

徐曦 著, ≪東三省紀略≫ 商务印书馆, 民国四年.

王芸生 編, ≪六十年來 中國與日本≫ 天津, 1932.

王彦威 等編, ≪淸季外交史料≫ 27~28, 台北, 文海出版社, 1964.

北京古宮博物館 編, ≪淸光緖朝中日交涉史料≫ 3, 台北, 文海出版社, 1964.

中央研究院近代史研究所 編, ≪淸季中日韓關係史料≫ 1~11, 台北, 泰東文化社, 1972.

趙中孚·張存武·胡春惠 主編, ≪近代中韓關係史資料彙編≫ 1~7, 台北, 國史館, 1987.

高永一 編, ≪中國朝鮮族歷史硏究參考資料—明代至辛亥革命—≫ 延邊大學出版社, 1989.

潘哲 등, ≪淸入關前史料選集≫ 중국인민대학출판사, 1989.

徐世昌 편찬, ≪東三省政略≫ 상·하, 吉林文史出版社, 1989.

李澍田 주편, 「琿春副都統衙門檔案選編」 上·中·下, ≪長白叢書≫ 5, 吉林文史出版社, 1991.

楊昭全·李鐵煥 編, ≪東北地區朝鮮人革命鬪爭資料匯編≫ 上·下, 遼寧民族出版社, 1992.

吳振臣 撰, ≪寧古塔紀略≫ 上海古籍出版社, 1995版本, 影印本.

阿桂 等 纂修, ≪盛京通志≫ 遼海出版社, 1997.

김춘선 주필, ≪중국조선족사료전집≫ 력사편(천입사 1~11권, 정치경제편(경제사 1~11권), 연변인민출판사, 2008—2014.

연변대학 민족연구소 소장 中華民國當案資料

연변당안관 소장 中華民國當案資料

연변조선족자치주당안관 편, ≪延吉縣延吉府文集≫ 연변조선족자치주당안관소장.

張朝柱, ≪吉林汪淸縣政治報告書≫ 1~11, 1913.(延邊大學民族硏究所 所藏)

3) 일본

조선총독부시대관계자료, ≪齋藤實文書≫ 9~11권, 고려서림, 1990.

김정주 편, ≪조선통치사료≫ 1~10권, 한국사료연구소, 1970.

梶村秀樹・姜德相 編, ≪現代史資料≫ 25~30卷, みすず書房, 1972.

일본외무성, ≪特殊調査文書≫ 1~2권(고려서림 복간), 1921.

조선총독부, ≪淸國國境關係書類≫ 3冊, 明治 43年 10—12月.

조선총독부, 「國境地方視察復命書(1915)」, ≪白山學報≫ 9, 백산학회, 1970.

만철자료과, ≪滿鐵調査月報≫ 1권~21권.

동아경제조사국, ≪東部吉林省經濟事情≫ ≪經濟資料≫ 14卷 2號, 1928.

東亞勸業 編, ≪東亞勸業株式會社拾年史≫ 1933.

李學文, 「間琿地方農況」, 昭和 8年 1月號.

光瀨進, 「在滿鮮農の社會的諸條件(1・2)」, 昭和 11年 8・9月號.

中谷忠治, 「間島に於ける農業機構の概要」, 昭和 10年 12月號.

_____, 「間島の耕地生産力竝人口支持力」, 昭和 11年 5月號.

_____, 「間珸地方に於ける鮮農集團部落」, 『朝鮮』 224, 1934.1

池田和夫, 「間島に於ける特産物配給組織の特殊性に就て」, 昭和 11年 7月號

野中時雄・近藤三雄, 「間島地方に於ける鮮農經濟事情」, 第11卷第 9號, 昭和 6年 9月.

2. 신문・잡지

≪東亞日報≫ ≪朝鮮日報≫ ≪中外日報≫ ≪外事警察報≫ ≪間 島新報≫ ≪民聲報≫ ≪獨立新聞≫ ≪大韓每日申報≫ ≪每日申 報≫ ≪勸業新聞≫ ≪해조신문≫ ≪길림일보≫ ≪연변일보≫ ≪인민일보≫ ≪동북조선인민보≫ ≪中央日報≫ ≪吉長日報≫ ≪중앙일보≫ ≪高等外事月報≫ ≪朝鮮≫ ≪朝光≫ ≪東光≫

3. 저 서

金海龍, ≪間島在住韓人ノ親族慣習及其他≫(필사본), 1908.

統監府臨時間島派出所殘務整理所, ≪間島産業調査書≫ 1910.

東洋拓植株式會社, ≪間島事情≫ 1918.

細井肇, ≪鮮滿の經營 朝鮮問題の根本解決≫ 1921.

永井勝三, ≪會寧及間島事情≫ 會寧印刷所, 1923.

조선총독부, ≪만주 및 씨비리의 조선인사정≫ 1923년

조선총독부 철도국영업과 편, ≪두만강유역 경제사정≫ 1926년

만철서무부조사과, ≪만주수전이야기≫ 1926년

永井勝三, ≪北鮮間島史≫ 會寧印刷所, 1927.

牛丸潤亮, 『最近間嶋事情』 서울, 朝鮮及朝鮮人社, 1927,

오이께 우이찌로, ≪만몽의 미작과 이주선농문제≫ 1927년

朝鮮總督府, ≪秘 吉林省東部地方ノ狀況≫ 1928.

朝鮮總督府, ≪在外朝鮮人の概況≫ 1928.

矢內原忠確, ≪植民及植民政策≫ 岩波书店, 1928.

北鮮日報社, ≪咸北間島事情≫ 昭和 4年.

朝鮮總督府, ≪極秘 在滿鮮人ト支那官憲≫ 1930.

朝鮮總督府警務局(高等警察資料), ≪間島問題の經過と移住鮮人≫
昭和6年.

金三民, ≪在滿朝鮮人の窮狀と其の解決策≫ 新大陸社, 1931.

篠田治策, ≪ '間島問題'の回顧≫ 中日文化協會, 1931.

朝鮮總督府警務局, ≪秘 間島問題の經過と移住鮮人≫ 1931.

朝鮮總督府外事課, ≪在滿朝鮮人の概況≫ 1932.

朝鮮總督府殖産局, ≪朝鮮の農業≫ 1932.

民政部總務司調查課編, ≪在滿朝鮮人事情≫ 長春, 1932.

李勳求, ≪滿洲와 朝鮮人≫ 平壤崇實專門學校 經濟硏究室, 1932.

조선총독부, 「만선농사주식회사계획요항」, 1932년

조선총독부관방외교과, 『재만 조선인 이민에 대하여』 1932년

柳光烈, ≪間島小史≫ 太華書館, 1933.

石森久彌, ≪對滿朝鮮移民の堅實性≫ 朝鮮公論社, 1933.

日本農業硏究編, ≪日本農業年報≫ 東京, 1933.

日本外務省 亞細亞局 編, 『在滿朝鮮人槪況』 동경, 1933년

朝鮮總督府, 『朝鮮の經濟事情』 1933년

朝鮮總督府, 『昭和5年朝鮮國勢調查報告』 1, 1934

朝鮮總督府, ≪朝鮮移民問題の重大性≫ 1935.

西野雄治, 『滿洲移民農村の現狀竝に緊急移民對策』 1935년

軍政部顧問部,≪滿洲共産匪の研究≫ 1936.

在滿日本大使館,≪在滿朝鮮人槪況≫ 1936.

朝鮮總督府,『間島集團部落』1936년

全滿朝鮮人民會聯合會,≪表解 圖解 在滿朝鮮人現勢要覽≫ 1937.

金躍淵,『동만노회30주년약사』1937.

만철산업부,『조선인농업자유이민취급규정』1937년

만선척식주식회사, ≪間島省安圖縣鮮农移民地建設入殖實施經過≫ 1937년

篠田治策,≪白頭山定界碑≫ 樂浪書院, 1938.

국적정리국,≪간도성의 전민제도에 대하여≫ 1938년

남만철도주식회사산업조사부,≪만주농업이민개황≫ 1939년

고견성,≪선만척식주식회사・만선척식주식회사 5년사≫ 만선척식, 1941년

朴殷植,≪韓國獨立運動之血史≫ 서울신문사 출판국, 1946.

全錫淡・李基注・金漢周,≪日帝下의 朝鮮社會經濟史≫ 조선금융조합연합회, 1947.

동아권업주식회사,≪東亞勸業株式會社十年史≫ 1947년

蔡根植,≪武裝獨立運動秘史≫ 대한민국공보처, 1949.

P.H. 왈터,≪승리의 십자가―연길교구 초대교구장 백 테오도르 주교의 생애―≫ 연길교구 설정 50주년 기념출판, 1952.

張博泉,≪東北地方史稿≫ 吉林大學出版社, 1958.

연변인민출판사 편,≪혁명투쟁 회억록≫ 1~5, 연변인민출판사, 1958~1960.

金 哲,≪韓國の人口と經濟≫ 岩波, 1965.

박경식, 『조선인강제연행기록』 미래사, 1965년

현규환, ≪한국 유이민사≫ 上, 語文閣, 1967.

大倧敎總本司, ≪大倧敎重光60年史≫ 東進出版社, 1971.

高承濟, ≪韓國移民史硏究≫ 章文閣, 1973.

昭顯世子, ≪瀋陽日記≫ 大洋書籍, 1975.

李恩淑, ≪民族運動家 아내의 手記─西間島始終記─≫ 正音社, 1975.

滿洲移民史硏究會 編, ≪日本帝國主義下의 滿洲移民≫ 龍溪書舍, 1976.

요녕대학역사계, ≪重譯滿文老檔≫ 제1분책, 1978년,

申基碩, ≪間島領有權에 關한 硏究≫ 探求堂, 1979.

金俊燁·金昌順, ≪韓國共産主義運動史≫ 4, 아세아문제연구소, 1980년

姜念東 外, 『僞滿洲國史』 長春, 吉林人民出版社, 1980년

高永一, ≪朝鮮族歷史硏究≫ 遼寧民族出版社, 1982.

박영석, ≪한민족독립운동사 연구─만주지역을 중심으로─≫
일조각, 1982.

박영석, ≪만보산사건 연구≫ 아세아문화사, 1982.

임종국, ≪일본침략과 친일파≫ 청사, 1982.

澤地久枝, ≪もうひとつの滿洲≫ 文藝春秋社, 1982.

愼鏞廈, ≪朝鮮土地調査事業硏究≫ 知識産業社, 1982.

김영복, ≪근대동아시아와 일본 제국주의≫ 한밭출판사, 1983.

伊藤六十次郞, ≪滿洲問題の歷史≫ 原書房, 1983.

≪中國近代史≫ 編寫組, ≪中國近代史≫ 中華書局, 1983.

陣景磐, ≪中國近代敎育史≫, 人民敎育出版社, 1983.

朴永錫, ≪日帝下獨立運動史硏究≫ 一潮閣, 1984.

연변조선족자치주개황편집조, 『연변조선족자치주개황』 연변인민

출판사, 1984년

윤병석, ≪이상설전≫ 일조각, 1984.

西村茂雄, ≪中國東北地域史硏究≫ 法律文化社, 1984.

리관직, ≪우당리회영실기≫을유문화사, 1985년

延邊朝鮮族自治州檔案館 編, ≪中共延邊吉東吉敦地委延邊專署重
要文件彙集≫ 제1집, 1985.

권석봉, ≪청말대조선정책연구≫ 一潮閣, 1986.

김산·님 웨일즈 공저, 『백의동포의 영상』 요녕민족출판사, 1986년

≪朝鮮族簡史≫ 編寫組, ≪朝鮮族簡史≫ 延邊人民出版社, 1986.

小林英夫·淺田喬二 編, ≪日本帝國主義の滿洲支配≫ 時潮社, 1986.

沈茹秋, ≪延邊調査實錄≫ 1930, (延邊大學校出版社, 1987, 復刻).

박경수, ≪연변농업경제사≫ 연변인민출판사, 1987.

이희일·이명훈 주편, ≪조선의용군 제3지대≫ 흑룡강조선민족출
판사, 1987년

황용국 주편, ≪조선족혁명투쟁사≫ 료녕민족출판사, 1988.

≪주덕해일생≫ 집필소조 편찬, ≪주덕해 일생≫ 민족출판사, 1987년

이재화, ≪한국현대민족해방운동사≫ 백산서당, 1988.

김동화 등 편저, ≪연변당사 사건과 인물≫ 연변인민출판사, 1988.

서기술·서명훈, ≪흑룡강조선민족≫(한문판), 흑룡강조선민족출
판사, 1988년

김성주 주필, ≪연변신문지―연변일보신문지≫ 연변일보사지판공
실, 1988년

李鴻文 等著, ≪東北人民革命鬪爭史≫ 吉林人民出版社, 1989년

弘昼·鄂尔泰·福敏·徐元梦等编纂, ≪八旗滿洲氏族通譜≫ 遼寧

書社, 1989.

수희림 등 주필, ≪발전도상의 연변≫ 연변인민출판사, 1989년

한준광 주편, ≪중국조선민족천입사론문집≫ 흑룡강조선민족출판사, 1989.

소재영, ≪間島流浪40년≫ 조선일보사, 1989.

孔經偉 主編, ≪淸代東北地區經濟史≫ 1冊, 黑龍江出版社, 1990.

김규방·동창순·추영춘·박경수, ≪연변경제사≫ 연변인민출판사, 1990.

田志和·潘景隆 編, ≪吉林建置沿革槪述≫ 吉林人民出版社, 1990.

의보중, ≪동북농업근대화연구≫ 길림문사출판사, 1990년

李成煥, ≪近代東アジアの政治力學—間島をめぐる日中朝關係の史的展開—≫ 錦正社, 1991.

김동화, ≪중국조선족독립운동사≫ 느티나무, 1991.

한준광·요작기 편, ≪해방전쟁시기의 동만근거지≫ 연변인민출판사, 1991년

박규찬 주필, ≪중국조선족교육사≫ 동북조선민족교육출판사, 1992.

김재률 주필, ≪연변조선족자치주교육지≫(1715—1988), 동북조선민족교육출판사, 1992년

金靜美, ≪中國東北部抗日朝鮮·中國民衆史序說≫ 現代企劃室, 1992.

楊昭全·李鐵琇 等編, 『東北地區朝鮮人革命鬪爭資料彙編』上, 遼寧民族出版社, 1992年

북경조선족청년학회 편, ≪중국조선족이민실록≫ 연변인민출판사, 1992년

서굉일·마해룡, ≪간도사신론≫ 상·하, 우리들의 편지社, 1993.

심혜숙, ≪중국조선족 취락지명과 인구분포≫ 연변대학출판사, 1993.

중국조선족역사발자취편집위원회, ≪풍랑≫ 민족출판사, 1993년

강창석, ≪조선통감부 연구≫ 국학자료원, 1994.

金鼎奎, ≪용연 김정규 일기≫ 독립기념관 한국독립운동사 연구소, 1994.

馬汝珩・馬大正 主編, ≪淸代的邊疆政策≫ 中國社會科學出版社, 1994.

천경화, ≪일제하 재만 민족교육연구≫ 백산출판사, 1994.

김택 주필, ≪해방전 연변경제≫ 연변인민출판사, 1994년

박창욱, ≪중국조선족력사연구≫ 연변대학출판사, 1995.

허 은, ≪아직도 내 귀엔 서간도 바람소리가≫ 정음사, 1995.

연변조선족자치주지편집소조, ≪연변조선족자치주지≫(상권), 중화서국, 1996년

乾隆, ≪盛京通誌≫ 심양, 遼海出版社, 1997년

최후택, ≪영명한 결책, 휘황한 려정≫ 흑룡강조선민족출판사, 1997년

최소자, ≪명청시대 중・한관계사연구≫이화여자대학교출판부, 1997.

한국독립유공자협회 엮음, ≪중국동북지역 한국독립운동사≫ 집문당, 1997.

조룡호・박문일 주필, ≪21세기로 매진하는 중국조선족의 발전방략연구≫ 요녕민족출판사, 1997년

조동걸, ≪한국근현대사의 이해와 논리—한국민족주의의 성장과 독립운동사 연구—≫ 지식산업사, 1998.

반병률, ≪성재 이동휘 일대기≫ 범우사, 1998.

佟冬 주편, ≪중국동북사≫ 제4권, 길림문사출판사, 1998년

오태호 저, ≪연변일보 50년사≫ 연변인민출판사, 1998년

≪연변 50년≫ 편찬위원회 편찬, ≪연변 50년≫ 연변인민출판사, 1999년

박주신, ≪간도한인의 민족교육운동사≫ 아세아문화사, 2000.

김중생, ≪조선의용군의 밀입북과 6・25전쟁≫ 명지출판사, 2000

강룡범, ≪近代中朝日三國對間島朝鮮人的政策硏究≫ 흑룡강성조선민족출판사, 2000년.

孫春日, ≪해방전 동북조선족 토지관계사 연구≫ 상·하, 길림인민출판사, 2001년,

鶴嶋雪嶺, ≪中國朝鮮族の硏究≫ 關西大學出版部, 平成 9年.

김춘선, ≪延邊地區朝鮮族社會的形成硏究≫ 길림인민출판사, 2001년.

서중석, ≪신흥무관학교와 망명자들≫ 역사비평사, 2001년

이종석, ≪북한-중국관계(1945~2000)≫도서출판 중심, 2001

염인호, ≪조선의용군의 독립운동≫ 나남출판, 2001

沈林, ≪中國的民族鄕≫ 민족출판사, 2001년

황유복, ≪중국조선족사회와 문화의 재조명≫ 요녕민족출판사, 2002년.

길림성지방지편찬위원회 편찬, ≪길림성지, 권 45, 민족지≫ 길림인민출판사, 2003년

김경일·윤휘탁·이동진·임성모 지음, ≪동아시아의 민족이산과 도시―20세기 전반 만주의 조선인―≫ 역사비평사, 2004년

김영, ≪근대 만주 벼농사발달과 이주 조선인≫ 국학자료원, 2004년.

김형직 주필, ≪격정세월―문정일 일대기≫ 민족출판사, 2004년

곡애국·증범상, ≪조남기전≫ 연변인민출판사, 2004년

문재린·김신묵 회고록, ≪기린갑이와 고만녜의 꿈≫도서출판 삼인, 2006

현광호 주필, ≪연변의 넓은 대지에서≫ 민족출판사, 2006년

고구려연구재단 편, ≪연변 조선족사회의 과거와 현재≫ 연구총서 16, 2006년

楊昭全·金春善 等著, ≪中國朝鮮族革命鬪爭史≫ 吉林人民出版社, 2007.

유지원·김영신·김주용·김태국·이경찬 지음, ≪근대 만주도시 역사지리 연구≫ 동북아역사재단 연구총서 26, 동북아역사재단, 2007년.

한석정·노기식 편, ≪만주, 동아시아 융합의 공간≫ 소명출판, 2008년.

이화자, ≪조청 국경문제 연구≫ 집문당, 2008년,

朴今海, ≪日本對東北朝鮮族的植民主義敎育政策≫ 延邊人民出版社, 2008

안동독립운동기념관편, ≪석주유고≫(상,하), 경인문화사, 2008년

손춘일 등 편찬, ≪중국조선족사회문화발전사≫ 연변교육출판사, 2008년

김춘선 주필, ≪중국조선족통사≫ 상·중·하, 연변인민출판사, 2009.

손춘일, ≪중국조선족이민사≫ 중화서국, 2009년.

진술 저, ≪중화인민공화국 60년≫ 중공당사출판사, 2009년

김춘선 주편, ≪연변조선족사≫ 상, 연변인민출판사, 2010년

염인호, ≪또 하나의 한국전쟁—만주조선인의 '조국'과 전쟁—≫ 역사비평사, 2010년.

인하대학교 한국학연구소 편, ≪범월과 이산—만주로 건너간 조선인들≫ 동아시아 한국학 연구총서 3, 인하대학교출판부, 2010년

김호웅 저, ≪재중조선인 디아스포라문학연구≫ 연변대학출판사, 2010년

김춘선 주편, ≪연변조선족사≫ 상, 연변인민출판사, 2010년

김춘선 주필, ≪신해혁명과 중국조선족≫ 연변인민출판사, 2011.

김관웅, ≪력사의 강 두만강을 말한다≫ 상·하, 연변인민출판사, 2012.

김철수 주편, ≪연변조선족사≫ 하, 연변인민출판사, 2012년

인하대학한국학연구소 편, 동아시아 한국학연구총서 18 ≪연변조
선족의 역사와 현실≫ 소명출판, 2013년

김춘선 주필, ≪해방전쟁시기 중국조선족≫ 연변인민출판사, 2016년

4. 논 문

魏聲和, 「東三省韓僑槪況」, ≪地學雜誌≫ 1920, 5期.

韓興烈, 「延吉敎區 天主敎會略史」, ≪가톨릭靑年≫ 41, 1936년
　　　　10월호.

高 恩, 「中韓國界之歷史性」, ≪邊疆建設≫ 1946, 10~11期.

申基碩, 「間島歸屬問題」, ≪中央大 30周年紀念論文集≫ 中央大學
　　　　校, 1955.

陳亞子, 「日本帝國侵略延邊」, ≪東北師大科學集刊≫ 1957, 4期.

洪相杓, 「北間島」, ≪新東亞≫ 1965. 4.

이용옥, 「간도귀속문제에 대한 역사적 고찰」, ≪시사≫ 31, 내외
　　　　문제연구소, 1966.

梶村秀樹, 「1930年代滿洲における抗日鬪爭にたいする日本帝國主義の諸策
　　　　動―在滿朝鮮人問題と關連して―」, ≪日本史硏究≫ 94, 1967.

문은도, 「1920~1930년대초 동만지방 조선인민들의 계급구성과 생
　　　　활상태」, ≪력사과학≫ 1967년 1호, 사회과학원력사연구소

高承濟, 「間島移民史의 社會經濟的 分析」, ≪白山學報≫ 5, 白山
　　　　學會, 1968.

秋憲樹, 「1920年代 在滿韓人에 對한 中日의 政策」, ≪3・1運動50
　　　　周年紀念論集≫ 東亞日報社, 1969.

宋炳基, 「吉林朝鮮商民隨時貿易章程譯註」, ≪史學硏究≫ 21, 韓

國史學會, 1969.

朴永錫, 「萬寶山事件의 歷史的 背景」, ≪白山學報≫ 6, 白山學會, 1969.

吳世昌, 「在滿韓人의 社會的 實態」, ≪白山學報≫ 9, 白山學會, 1970.

朴永錫, 「日帝의 大陸政策과 萬寶山事件」, ≪建大史學≫ 2, 建國大學校 史學會, 1971.

井上學, 「日本帝國主義と間島問題」, ≪朝鮮史研究會論文集≫ 10, 朝鮮史研究會, 1973.

高承濟, 「東拓移民의 社會史的 分析」, ≪白山學報≫ 14, 白山學會, 1973.

金得榥, 「간도영유권 분쟁시기에 있어서 청의 서간도 개발경영」, ≪白山學報≫ 15, 白山學會, 1973.

李馨載, 「韓國移住民과 東北官憲」, ≪論文集≫ 창간호, 建國大學校 大學院, 1974.

趙中孚, 「近代東三省移民問題之研究」, ≪中央研究院近代史研究所集刊≫ 제4기, 1974.

依田憙家, 「滿洲における朝鮮人移民」, ≪日本帝國主義の滿洲移民≫ 龍溪書舍, 1976.

蘆啓鉉, 「間島領有權 問題에 關한 研究」, ≪世林韓國學論叢≫ 1, 世林獎學會, 1977.

學嶋雪嶺・西重信, 「朝鮮人の間島入植と日本の朝鮮政策」, ≪部落問題研究室紀要≫ 4, 關西大學, 1978.

이현종, 「남만주철도주식회사의 극동연구」, ≪민족문화≫ 4, 민족문화추진회, 1978.

吳世昌, 「在滿朝鮮人民會硏究」, ≪白山學報≫ 25, 白山學會, 1979.

董萬侖, 「光緖初年吉林東部邊疆的開發」, ≪北方論叢≫ 1980, 5期.

梁泰鎭, 「白頭山天池를 圍繞한 韓・中 國境線」, ≪韓國學報≫ 22, 一志社, 1981.

柳澤遊, 「'滿洲事變'をめぐる社會經濟史硏究の諸動向」, ≪歷史評論≫ 377, 1981.

姜萬吉, 「日帝時代의 火田民生活」, 上・下, ≪東方學誌≫ 27・28호, 1981.

朴永錫, 「일제하 재만 韓國流移民 신촌락 형성에 관한 연구: 특히 석주 이상룡의 화이관을 중심으로」, ≪東國史學≫ 15, 1981.

高永一, 「間島問題的始末」, ≪延邊大學學報≫ 1981, 3期.

楊全練, 「淸廷對吉林邊疆少數民族地區的統治」, ≪歷史硏究≫ 1982, 6期.

金慧子, 「朝鮮後期 北邊越境問題 硏究≫ ≪梨大史苑≫ 18・19합집, 1982.

秋月望, 「통감부 간도파출소의 설립 동기」, ≪史叢≫ 26, 高麗大學校 史學會, 1982.

李漢九, 「동양척식주식회사의 식민지 전개과정」, ≪민중≫ 1, 청사편찬부, 1983.

千敬化, 「大倧敎의 民族敎育運動에 관한 硏究―中國 東北地方(滿洲)을 中心으로―」, ≪白山學報≫ 27, 白山學會, 1983.

金森襄作, 「滿洲における中・朝共産黨の合同と間島5・30蜂起について」, ≪朝鮮史叢≫ 7, 1983.

張璇如, 「淸初封禁與招民開墾」, ≪社会科学战线≫ 吉林省社会科学院, 1983, 1期.

高永一, 「淸代延邊和間島問題」, ≪朝鮮族及延邊史誌資料≫ 延邊大學古籍硏究所, 1984.

千敬化, 「對滿移住: 韓國人의 背景과 在滿韓國人 社會形成에 관한 硏究」, ≪論文集≫ 4, 부천공업전문대학, 1984.

崔賢彬, 「延邊地區水田開發歷史初探」, ≪延邊史志≫ 1, 1986.

西重信, 「‘北朝鮮ルート論’と朝鮮人の間島移住」, ≪關西大學經濟論集≫ 제37권, 제4호, 關西大學經濟學會, 1987.

朴昌昱, 「試論中國朝鮮族的遷入及其歷史上限問題」, ≪朝鮮族硏究論叢≫ 1, 延邊大學出版社, 1987.

이형찬, 「1920～1930년대 한국인의 만주 이민 연구」, ≪일제하 한국의 사회계급과 사회변동≫ 문학과 지성사, 1988.

黃敏湖, 「滿洲地域 民族唯一黨運動에 關한 硏究」, ≪崇實史學≫ 5, 崇實大學校 史學會, 1988.

朴昌昱, 「중국조선족역사와 민족구역자치의 실시」, ≪朝鮮族硏究論叢≫ 2, 연변대학민족연구소, 1989.

孫春日, 「試論延邊朝鮮族聚集區的形成」, ≪朝鮮族硏究論叢≫ 2, 延邊大學出版社, 1989.

姜龍範·孫春日, 「中國朝鮮族歷史上限新探」, ≪朝鮮族硏究論叢≫ 2, 延邊大學出版社, 1989.

金元石, 「關於朝鮮族歷史上限的起點問題」, ≪中國朝鮮族遷入史論文集≫ 黑龍江朝鮮民族出版社, 1989.

朴京才, 「明末淸初遼東地區的朝鮮人與中國朝鮮族歷史上限」, ≪中

國朝鮮族遷入史論文集≫ 黑龍江朝鮮民族出版社, 1989.

權 立, 「試論中國朝鮮族在歷史上的法律地位問題」, ≪朝鮮族研究
論叢≫ 2, 延邊大學出版社, 1989.

許青善, 「中國朝鮮族教育的形成与發展」, ≪朝鮮學研究≫ 1, 延邊
大學 ≪朝鮮學研究≫ 編輯委員會,1989.

權 立, 「光復以前 中國居住 韓民族의 法的地位에 대하여」, ≪汕
耘史學≫ 4, 汕耘學術文化財團, 1990.

朴永錫, 「張學良 中國 東北軍閥政權의 對韓人政策―吉林省管內의
諸般 訓令을 中心으로―」, ≪汕耘史學≫ 4, 1990.

朴永錫, 「日帝下 在滿韓人의 法的地位―二重國籍을 중심으로―」,
≪尹炳奭敎授華甲紀念論叢≫ 지식산업사, 1990.

李萬烈, 「1880년대 서간도한인촌 기독교 공동체에 관한 연구」,
≪崇實史學≫ 6, 崇實大學校 史學會, 1990.

朴昌昱, 「조선족의 중국이주사 연구」, ≪역사비평≫ 1991. 겨울호.

金春善, 「'9·18事變'前 日帝의 朝鮮人에 대한 政策과 그 後果」,
≪民族史碩士論文集≫ 연변인민출판사, 1991.

金春善, 「試論日本帝國主義對朝鮮族的 '統制与利用'政策」, ≪朝鮮
族研究論叢≫ 3, 연변인민출판사, 1991.

朴吉春, 「從 '東三省政略'看淸末朝鮮族移民的法律地位」, ≪朝鮮族
研究論叢≫ 3, 延邊人民出版社, 1991.

尹炳奭, 「尹政熙 저 '間島開拓史' 附(永新學校 沿革)解題」 ≪한
국학연구≫(3) 별집, 仁荷大學校 韓國學研究所, 1991.

尹炳奭, 「韓人 '朝鮮族'의 間島開拓과 民族運動」, ≪金昌洙敎授華
甲論文集≫ 1992.

全海宗・李承旭・金翰奎, 「延邊의 韓族에 對한 基礎研究」, ≪東
　　　　亞研究≫ 24, 西江大學校 東亞研究所, 1992.

權九熏, 「日帝의 統監府間島派出所 設置와 性格」, ≪한국독립운동
　　　　사 연구≫ 6, 독립기념관 한국독립운동사 연구소, 1992.

權 立, 「만주 '근대 수전'의 개발과 우리 민족」, ≪김창수교수 화
　　　　갑기념논총≫ 1992.

尹輝鐸, 「1920～30年代 滿洲 中部地域의 農村社會構造—間島地
　　　　方의 朝鮮人 農民을 中心으로—」, ≪朴永錫敎授華甲紀念
　　　　韓國史學論叢≫ 下, 探求堂, 1992.

洪鐘必, 「1920년대 '在滿' 朝鮮人의 定着上 問題에 對하여—商租
　　　　權・歸化・小作習慣을 中心으로—」, ≪이태영교수 화갑
　　　　기념논총≫ 동논총간행위원회, 1992.

金成鎭, 「淺談中國朝鮮族遷入和形成」, ≪中國朝鮮族歷史研究論叢≫
　　　　2, 延邊人民出版社, 1992.

金元石, 「中國朝鮮族의 遷入史에 對한 研究」, ≪東亞研究≫ 25,
　　　　西江大 東亞研究所, 1992.

趙東杰, 「1920년대의 日帝 收奪體制」, ≪韓國民族主義의 발전과
　　　　獨立運動史研究≫ 지식산업사, 1993.

劉秉虎, 「試論朝鮮族反日民族運動中的 '自治'思想」, ≪中國朝鮮族
　　　　史研究≫ 1, 延邊歷史研究所, 1993.

朴慶輝, 「在中朝鮮族의 法的地位에 對한 歷史的考察」, ≪韓國民
　　　　族運動史研究≫ 7, 韓國民族運動史研究會, 1993.

申奎燮, 「日本の間島政策と朝鮮人社會—1920年代前半までの懷柔
　　　　政策を中心として—」, ≪朝鮮史研究會論文集≫ 31, 朝鮮

史研究會, 1993.

黃有福, 「중국조선족 이민사의 연구」, ≪조선학≫ 북경 중앙민족
　　　　학원 조선학연구소, 1993.

金勝一, 「東北抗日根據地의 社會經濟的 基礎」, ≪汕耘史學≫ 7,
　　　　汕耘學術文化財團, 1993.

權赫秀, 「1920~30년대의 東北地方 조선족 농민의 경제상황에
　　　　관하여」, ≪明知史論≫ 5, 明知大學校 史學會, 1993.

金基勳, 「'滿洲國'時代 日帝의 對滿 朝鮮人 農業移民政策史 硏究」,
　　　　≪陸軍博物館 學藝誌≫ 3, 육군사관학교, 1993.

全海宗, 「韓族의 滿洲(특히 間島)移住에 대하여―19세기 중기까
　　　　지의 略史와 硏究의 問題点―」, ≪東亞硏究≫ 26, 西江大
　　　　學校 東亞硏究所, 1993.

洪鐘必, 「在滿朝鮮人移民의 分布狀況과 生業―1910~1930년을
　　　　중심으로―」, ≪白山學報≫ 41, 白山學會, 1993.

洪鐘必, 「滿洲(中國東北地方) 朝鮮人移民의 展開過程 小考」, ≪明
　　　　知史論≫ 5, 明知大學校 史學會, 1993.

정판룡, 「연변의 '문화대혁명'」, 중국조선족역사발자취편집위원
　　　　회, ≪풍랑≫ 민족출판사, 1993년

全海宗, 「延邊 韓族의 定着過程과 初期 韓人社會―19世紀末에서
　　　　1920年代初까지의 移民과 農業經營―」, ≪東亞硏究≫
　　　　28, 西江大學校 東亞硏究所, 1994.

金基勳, 「關東軍의 入滿 朝鮮人 '放任' 정책 형성과정」, ≪육사논
　　　　문집≫ 46, 1994.

朴昌昱, 「1920~1930년대 재만 민족주의계열의 반일민족운동」,

≪역사비평≫ 1994. 겨울호.

張世胤, 「1930년대초 間島(中國 延邊)지방에서의 韓人 大衆蜂起」, ≪東北亞秩序의 形成과 變動≫ 한국정치외교사학회, 1994.

車成琶, 「茂山人早期遷入東北之透視」, ≪中國朝鮮族史硏究≫ 2, 延邊歷史硏究所, 1994.

黃敏湖, 「1920년대 후반 在滿韓人에 대한 中國當局의 政策과 韓人社會의 對應」, ≪韓國史硏究≫ 90, 韓國史硏究會, 1995.

千壽山·洪景蓮, 「'九·一八'事變前東北三省朝鮮人的入籍情況」, ≪朝鮮族硏究論叢≫ 4, 延邊大學民族硏究所, 1995.

權 立, 「中國居住 韓民族 歷史의 特點에 대하여—二重的 性格과 二重的 使命을 中心으로—」, ≪吳世昌敎授 華甲紀念論叢≫ 동간행위원회, 1995.

權錫奉, 「淸末 間島地方의 越墾韓民策 硏究」 上·下, ≪人文學硏究≫ 23·24, 中央大學校 人文科學硏究所, 1995.

辛珠柏, 「중국 동북지방 역사학계의 연구동향과 자료현황—연변지방을 중심으로—」, ≪역사와 현실≫ 15, 한국역사연구회, 1995.

金燦奎, 「間島의 領有權」, ≪韓國北方學會論集≫ 창간호, 한국 북방학회, 1995.

朴昌昱, 「朝鮮族遷入我國史程芻議」, ≪中國朝鮮族歷史硏究≫ 延邊大學出版社, 1995.

朴昌昱, 「中國의 民族平等政策と朝鮮族人民의 民族區域自治의 實行」, ≪差別と偏向のない社會に向つて≫ 日本鳥取縣 國際學術討論會 特輯, 1995.

유원숙, 「1930년대 일제의 조선인 만주이민정책」, ≪釜大史學≫ 19, 釜山大學校 史學會, 1995.

朴永錫, 「일본 제국주의 재만 한인의 법적 지위에 관한 제 문제 ―1931년 만주사변 이전을 중심으로―」, ≪한국민족운동사 연구≫ 11, 1995.

尹輝鐸, 「1920~30年代 滿洲 中部地域의 農村社會構造―間島地方의 朝鮮人 農民을 中心으로―」, ≪朴永錫敎授華甲紀念 韓國史學論叢≫ 下, 探求堂, 1995.

朴昌昱, 「19世紀 80~20世紀初 '間島'와 中國朝鮮族 問題에 對한 中韓兩國間의 爭端」, ≪東北亞研究≫ 제2집 1호, 朝鮮大 東北亞問題研究所, 1996.

金周溶, 「1910년대 北間島 韓人의 法的地位―土地所有權과 裁判權을 중심으로―」, ≪東國史學≫ 30, 東國史學會, 1996.

金基勳, 「'滿洲國'下 在滿 朝鮮農民의 經濟狀況―1930년대 延吉縣 陽城村 B屯을 중심으로―」, ≪육군사관학교 화랑대연구소 연구보고서≫ 1996.

金基勳, 「近代 中國東北(滿洲)史 研究의 動向」, ≪白山學報≫ 47, 白山學會, 1996.

尹善子, 「間島 天主敎會의 設立과 朝鮮人 天主敎信者들의 間島 移住」, ≪全南史學≫ 11, 全南大學校 사학회, 1996.

尹善子, 「日帝下 天主敎 信者들의 間島 移住와 民族運動」, ≪釜山敎會史報≫ 11, 釜山敎會史研究所, 1996.

蔡永國, 「1920년대 중후기 中日合同의 재만 한인 탄압과 대응」, ≪한국독립운동사 연구≫ 11, 1997.

朴昌昱, 「在滿朝鮮人國籍問題に對する日本帝國主義の支配政策」, ≪中國延邊大學與日本明治大學共同學術討論會論文集≫ 1997.

姜錫和, 「白頭山 定界碑와 間島」, ≪韓國史硏究≫ 96, 韓國史硏究會, 1997.

金春善, 「墾民會 硏究」, ≪韓國民族運動史硏究≫ 于松趙東杰先生停年紀念論叢刊行委員會, 나남출판사, 1997.

金春善, 「北間島地域 韓人社會의 形成과 土地所有權 問題」, ≪한인의 해외이주와 그 정착과정≫ 전주대 역사문화연구소·이화여대 한국문화연구원 공동주최 국제학술대회 논문집, 1998.

金春善, 「1880∼1890년대 청조의 '移民實邊' 정책과 한인 이주민 실태 연구」, ≪한국근현대사연구≫ 8, 한울, 1998.

金春善, 「조선 후기 한인의 만주로의 '犯越'과 정착과정」, ≪白山學報≫ 51, 白山學會, 1998.

朴州信, 「중국의 간도 한국인에 대한 교육정책과 한국인의 교육적 저항」, ≪한국교육사학≫ 제21집, 한국교육학회 교육사연구회, 1999.

崔厚澤·朴美蘭, 「論東北朝鮮族民族主義反日團体的 '民族自治'運動」, ≪延邊大學學报≫(哲學社會科學版),1999,4期.

金泰國, 「북간도 지역 조선인 거류민회(1917∼1929)의 설립과 조직」, ≪역사문제연구≫ 4, 역사문제연구소, 2000.

姜龍範, 「淸政府移民實邊政策与中國朝鮮族的形成」, ≪社會科學戰線≫ 2, 2000.

金春善, 「19世紀末淸朝的移民實邊政策与延邊朝鮮族專墾區的形成」, ≪中朝韓日關係史研究論叢≫ 2, 東方文化硏究院, 延邊大學出版社, 2001.

千壽山, 「朝鮮王朝時期中朝兩國的邊禁問題」, ≪中國朝鮮族史硏究≫ 4, 연변역사연구소, 연변대학출판사, 2001.

孫春日, 「淸季東疆的經營与朝鮮邊民的冒禁遷入」, ≪韓國學論文集≫ 9, 북경대학한국학연구중심, 2001.

강성문, 「정묘·병자호란시기의 포로 송환연구」, ≪군사≫ 46, 한국국방부 군사편찬연구소, 2002.

李洪錫, 「試論19世紀60~70年代東疆地區封禁政策的危機」, ≪延邊大學學報≫ 3, 2002.

朴杰淳, 「북간도 간민회의 해산과 추이」, ≪중앙사론≫ 30, 2009.

권립, '력사상 중국조선족의 사회지위문제를 론함', 리홍석 편, ≪권립사학론문집≫ 료녕민족출판사, 2014년

허명철, 「광복 후 조선족의 가치의식전환과 해방전쟁의 참여」, 김춘선 주필, ≪해방전쟁시기 중국조선족≫ 연변인민출판사, 2016년

5. 學位 論文

1) 석사학위 논문

蘆啓鉉, 「동간도 귀속문제를 논함」, 延世大學校, 1958.

손규성, 「간도귀속문제에 관한 연구」, 慶熙大學校, 1969.

蔡鉉錫, 「일제하 재만 한인기독교회에 관한 연구」, 檀國大學校,

1983.

이형찬, 「1920~1930年代 韓國人의 滿洲移民 硏究」, 서울대학교, 1988.

孫春日, 「試論延邊朝鮮族聚居區形成」, 延邊大學, 1988.

劉秉虎, 「論日本帝國主義向東北的朝鮮人移民政策及其影響」, 延邊大學, 1988.

金春善, 「試論'九一八'前日帝對朝鮮族的政策及其後果」, 延邊大學, 1989.

林永西, 「1910~20년대 間島韓人에 대한 中國의 政策과 民會」, 서울대학교, 1993.

方香, 「論'九一八'前在朝鮮族問題上的中日矛盾及其影響」, 延邊大學, 1993.

韓永憲, 「淺談吳祿貞的《光緒丁未延吉邊務報告》」, 延邊大學, 1999.

鄭海雲, 「沈茹秋與《延邊調查實錄》」, 延邊大學, 2001.

李碩, 「試論匡熙民的延吉廳領土問題之解決」, 延邊大學, 2002.

安明哲, 「佃民制研究」, 延邊大學, 2004.

王禹, 「東北朝鮮族國籍問題研究」, 延邊大學, 2004.

李鐘洙, 「淺析張朝柱的《吉林汪清縣政治報告書》」, 延邊大學, 2004.

徐征, 「淺析'江北日記'」, 延邊大學, 2007.

鄭升權, 「中國朝鮮族: 從朝鮮移民到中國公民」, 延邊大學, 2008.

劉建明, 「明清中朝邊界之形成——以對'閑曠地帶'之領有權為中心」, 延邊大學, 2009.

許微微, 「試析吳祿貞在'間島問題'交涉中發揮重要作用的原因」, 延邊大學, 2009.

李濤, 「論朝鮮移民對中國東北地區的影響」, 延邊大學, 2011.

2) 박사학위 논문

李日杰, 「間島協定에 關한 硏究」, 成均館大學校, 1991.

姜錫和, 「朝鮮後期 咸鏡道의 地域發展과 北方領土意識」, 서울대
    학교, 1996.

金炅春, 「鴨綠·豆滿江 國境問題에 關한 硏究」, 國民大學校, 1997.

尹善子, 「朝鮮總督府의 宗敎政策과 天主敎會의 對應」, 國民大學
    校, 1997.

姜龍範, 「近代中朝日三國對間島朝鮮人的政策硏究」, 延邊大學, 1999.

金泰國, 「满洲地區 '朝鮮人民會'硏究」, 國民大學校, 2001.

劉秉虎, 「在滿韓人의 國籍問題 硏究(1881—1911)」, 중앙대학교, 2001.

禹英蘭, 「日帝의 經濟侵略과 間島의 對日貿易」, 경북대학교, 2002.

彭懷彬, 「奉系軍閥對東北朝鮮人政策硏究」, 延邊大學, 2010.

김춘선 金春善 ——————————

1956년 중국 길림성 화룡현 출생.
1982년 중국 북경중앙민족학원 역사학부 졸업.
1989년 중국 연변대학 민족연구소 석사.
1999년 한국 국민대학교 국사학과 박사.
현재 중국 연변대학 인문사회과학학원 교수. 연변역사학회 회장

저서 및 논문
≪연변지역 조선족사회 형성 연구≫, ≪북간도 한인사회의 형성과 민족운동≫, ≪최진동
장군≫(공저), ≪중국조선족혁명투쟁사≫(공저), ≪중국조선족통사≫(주편), ≪연변조선
족사(상)≫(주편)외 논문 다수.

자료집 및 열사전
≪중국조선족사료전집≫ 1-100권 (주편)
≪중국조선족혁명렬사략전≫ 1-40권(주편)

재중 한인 이주사 연구

초판인쇄 2018년 11월 30일
초판발행 2018년 11월 30일

지은이 김춘선(金春善)
펴낸이 채종준
펴낸곳 한국학술정보㈜
주소 경기도 파주시 회동길 230(문발동)
전화 031) 908-3181(대표)
팩스 031) 908-3189
홈페이지 http://ebook.kstudy.com
전자우편 출판사업부 publish@kstudy.com
등록 제일산-115호(2000. 6. 19)

ISBN 978-89-268-8629-8 93330